U0562700

作者于 2002 年在加拿大蒙特利尔举行的世界桥牌锦标赛中与世界桥坛传奇人物伽洛佐合影。伽洛佐是前意大利蓝队的主力队员之一，曾被公认为世界桥坛最出色的桥牌选手。2017 年在法国举行的第 43 届百慕大杯赛中，年已 90 岁的伽洛佐仍为意大利队的成员之一，如此高龄的选手参赛在百慕大杯赛史上尚属首次。

作者与美国桥牌选手索洛威（图左）、哈曼合影。哈曼是美国爱司队的最初几名成员之一，索洛威后来也曾加入过爱司队。哈曼和索洛威都荣获过多次世界桥牌锦标赛的冠军，哈曼曾雄踞世界桥坛的第一把交椅长达 20 余年，被誉为世界桥坛的"常青树"。

作者与沙加斯合影。沙加斯是巴西最优秀的一名桥牌选手,他极富想象力,善于诱导对手出错。他和哈曼一样,是三冠王(分别荣获过百慕大杯赛,奥林匹克桥牌团体赛和世界桥牌公开组双人赛冠军)的成员之一。

作者与齐亚合影。齐亚原籍巴基斯坦,1981年在他的带领下,名不经传的巴基斯坦队获得了百慕大杯赛的亚军。齐亚移居美国并加入了美国国籍,2009年他作为美国尼柯尔队的成员之一,与哈曼为伴,代表美国赢得了百慕大杯赛的桂冠。

实用桥牌诱骗战术大全

瞿克师 著

上海远东出版社

图书在版编目(CIP)数据

实用桥牌诱骗战术大全/瞿克师著. —上海：上海远东出版社,2017
ISBN 978-7-5476-1284-2

Ⅰ.①实… Ⅱ.①瞿… Ⅲ.①桥牌-基本知识 Ⅳ.①G892

中国版本图书馆CIP数据核字(2017)第111948号

实用桥牌诱骗战术大全

瞿克师 著
责任编辑/郑西海 装帧设计/张晶灵

出版：上海世纪出版股份有限公司远东出版社
地址：中国上海市钦州南路81号
邮编：200235
网址：www.ydbook.com
发行：新华书店 上海远东出版社
　　　上海世纪出版股份有限公司发行中心
制版：南京前锦排版服务有限公司
印刷：上海文艺大一有限公司
装订：上海文艺大一有限公司

开本：890×1240 1/32 印张：20.5 插页：2 字数：532千字
2017年12月第1版 2017年12月第1次印刷
印数：1—6100册

ISBN 978-7-5476-1284-2/G·816
定价：69.00元

版权所有 盗版必究（举报电话：62347733）
如发生质量问题，读者可向工厂调换。
零售、邮购电话：021-62347733-8538

自　序

　　什么是桥牌诱骗战术(deceptive play in bridge，下文简称诱骗战术)？诱骗战术是一种不道德的欺骗行为吗？学会诱骗战术有什么好处？诱骗战术很难学吗？学会了诱骗战术之后就不会在牌桌上被人骗了吗？等等。这些问题的答案肯定是对诱骗战术知之不多的读者是很想知道的。

　　先来谈谈什么是桥牌活动中的欺骗行为。凡是秘而不宣的同伴之间的默契，有意回避对手的提问或作些模棱两可的解释，非法传递信息，违规出牌等都属欺骗行为。某日，齐亚和希汉在伦敦的一家俱乐部打牌[①]，齐亚右边的对手开叫 3♥，齐亚加倍。在他俩的约定中，这个加倍是技术性的。齐亚左边的对手 pass，现在轮到希汉叫牌了。在略加思索之后，希汉叫了 3♠。事后发现，希汉的牌除了草花四张外，其余的都是三张几乎零点的牌。齐亚不禁纳闷地问希汉："你的牌除了叫 3♠ 外根本没有其他的选择，不知你刚才在想什么呀？"希汉正色回答说："一个有道德的牌手，在持好牌和坏牌时所用的思考时间应该是同样多的。"一席话令齐亚肃然起敬并不敢忘怀。这个例子告诉我们，如果我们有时很快地叫出一门花色，或是很快地 pass，而有时却又经过一番思考后才叫牌，那么在专业水准的裁判的眼中都可被认为是

[①] 齐亚原籍巴基斯坦，年幼时随母亲一起定居伦敦，一个偶然的机会使他爱上了桥牌并成为世界闻名的桥牌高手。希汉是英国桥牌高手，他们二位的精彩牌例在本书中均有介绍。

不合法的表现①。相应的,防御方的出牌也不应有时间差。在实战中,防家有时会发现定约人面临着一个双向飞牌的选择,当定约人打出 J 时,极个别不道德的防家尽管手中并没有 Q,但也可能会装出一副欲盖与否的犹豫姿态。对于这种不道德的行径,我们非但应予以谴责,而且在必要时可招请裁判来调整分数。不过这班人在高人面前可能反倒会搬起石头砸自己的脚了。前英国桥牌高手兼著名桥牌作家里斯在一次比赛中发现,自己正面临着一个双向飞牌的猜测,他的经验很有借鉴的价值。

♠ A 6 4
♥ A 7 5
♦ Q J 9 5 3
♣ 4 3

双方有局,叫牌过程如下:

南	北
2NT	3♦
3NT	6NT

♠ K Q J
♥ K J 10
♦ K 10 6 4
♣ A K 7

由于持低限开叫且只有一个 A,南家里斯在同伴应叫 3♦ 后赶忙用 3NT 示弱,然而同伴仍推进到了满贯。西家首攻草花,里斯拿下后立即请出了对手的 ♦A,防家拿后打回草花,里斯用 ♣K 拿。至此,里斯对该以谁作为红心飞牌的对象仍毫无头绪,他决定

---

① 桥牌裁判对牌桌上的同一行为的判决可能会因人而异,他可能判一名优经验的桥牌选手违规,但他可能会对一名初学者作出宽容。譬如说,裁判可能认为前者不该用过多的时间思考某一个叫品,而后者用时稍多则属正常。众所周知,光有桥牌竞赛规则的制约往往是不够的,为使桥牌能成为一种高尚的娱乐活动,还需参与者具有相应的道德水准。

先试试防家的反应。当里斯从手中打出♠J时,他左边的对手在作出一副难决的样子后跟出了小黑桃,尽管这张♠J已是个赢张了,里斯也还是用明手的♠A拿。接着他通过方块回到了手中,现在他打出了♥J,这回他左边的对手飞快地跟出了小红心。里斯决定对这位对手的行为予以相反的理解,于是他让明手也跟小红心,结果飞牌成功了。要是那位仁兄打一开始就规矩行事,那么没准里斯会飞错红心的。

在有了反面的例子和说明之后,就不难解释什么是诱骗战术了。打个通俗易懂的比方,诱骗战术就好比是体育竞技项目中的假动作。不难想象,不懂做假动作的运动员不可能成为优秀的运动员,没有假动作的对抗赛不可能精彩甚至很乏味。如果没有假动作,那么拳击选手就没有佯攻或声东击西的规避,而只会一味地蛮打或被打;足球选手过不了人,他的盘带将被阻截;篮球选手的传球将被切断,投篮被封盖……桥牌选手则把自己的牌型、牌力或意图和盘托出而处于被动地位。诱骗战术是一种符合桥牌竞赛规程的正常出牌,它在客观上起到了误导对手的作用,并诱使对手就此踏上了一条失败的不归路。

使用诱骗战术有悖道德标准吗?丝毫不,你从未听说舆论批评或谴责某运动员的假动作吧。阿根廷足球选手罗西的盘带功夫堪称一流,他用假动作晃过对手射门入网为所有足球爱好者所津津乐道,从来没有人会觉得他使用假动作欠光明正大。相应地,会打桥牌的人也从来没批评或谴责过某选手使用的诱骗战术,不仅如此,善使诱骗战术并取得成功者还会得到众人的欣赏和褒扬。国际桥牌新闻协会(International Bridge Press Association,下文简称IBPA)组织桥牌新闻工作者,每年对国际桥牌赛事中的牌例予以评选,分别得票最高的那两手牌,便被评为当年最佳打牌

(best play)和最佳防守(best defense)，也就是说，每年有两名桥牌选手将荣膺IBPA的这两项最高荣誉①。自1974年IBPA设立这两项奖以来，共有70余手牌获此殊誉。信不信由你，本书中介绍的众多牌例中，有14手牌是因诱骗战术的成功而获奖的。已故的英国桥牌女选手布鲁纳女士，曾在两次比赛中分别使出了两个诱骗战术，挫败了两个原该完成的定约，为此她于2008年和2009年荣获了IBPA的两个最佳防御奖，迄今为止，还没有第二名选手曾连续两年荣获过IBPA的最佳防御奖呢。

从布鲁纳女士的得奖，你可以看到，防家使用诱骗战术，就有可能使一个本该完成的定约折向失败的不归路；相应的，定约人使用诱骗战术，就有可能使一个本该失败的定约起死回生。就这一点来说，诱骗战术可说是所有桥牌战术中最有趣的一个。2005年世界桥牌锦标赛威尼斯杯赛的1/4决赛在中国女队和英格兰女队之间进行，中国女选手在一手牌上叫到了大满贯。由于缺桥短路，因此定约人只好在调将牌时不得不先打出A，而单张将牌K恰好位于她的左手方，如果将牌A击落了将牌K，那么定约便可完成了。谁知布鲁纳女士设下妙计，在首轮出牌时有意让明手拿一墩，定约人便兴冲冲地利用这次意外的进手机会飞将牌，于是宕了一墩。好在中国女队在大部分牌的处理上都占了上风，积蓄甚丰，否则这手进出近30个IMP的大牌将改写那场比赛的胜负。2008年首届世界智力运动会在北京举行，其中女子桥牌锦标赛的决赛在中国女队和英格兰女队之间进

---

① 荣膺IBPA奖的选手将得奖金，报道这手牌的新闻工作者也将因此获得奖金。最初最佳一手牌并不区分定约人的打牌和防御，自1986年起，分别设立最佳打牌奖和最佳防守奖。在此之前，有索罗门奖，前全国人大常委会委员长万里先生因出色的打牌而荣获过1985年度索罗门奖。后来人们习惯上把这个奖也归入IBPA奖。

行。中国女队在上半场的比赛中失误过多,以致英格兰女队以极大优势遥遥领先。在下半场的比赛中,中国女将放下包袱轻装上阵,她们敢打敢拼,逐渐将差距拉小并反而超出。在比赛快要结束前的一手关键牌中①,英格兰选手使出诱骗战术致使中国女队的一位女选手中计,结果中国女队以1个国际桥牌新闻协会(IMP)(下同)饮恨屈居亚军。这是中国女子桥牌队在世界大赛中获得的第三块银牌,而且这一次她们几乎已经触摸到了金杯,但非常不幸的是最终又失去了它。假如那位失误的中国女选手非常熟悉桥牌诱骗战术,假如她能对英格兰选手的不寻常表现有所警惕,假如她能及时地改变对策,即使她不能完成定约,只要她能使定约少宕一墩,那么英格兰女选手也不能保住已取得的优势了。由此可见,诱骗战术是整个桥牌战术的一个相当重要的组成部分,掌握了它并能适时地运用于实践中,有时能成为克敌制胜的重要武器。

诱骗战术的重要性已毋须赘言,那么它是不是很难学会吗?并非如此。诱骗战术这门独特的技艺不同于其他的一些桥牌战术,它可以发生于防家的首攻时,或是定约人和防家的首轮跟牌时;它也可以发生于攻防对峙的局中,甚至是打了数轮之后。诱骗战术不像一些桥牌战术那样有规律,而且各种诱骗战术之间并不存在什么直接的循序渐进的关系。它不像桥牌紧逼法,假如不懂得什么是单紧逼战术,那么绝无掌握其他复杂些的紧逼战术的可能。所以说诱骗战术有其好学易用的一面,哪怕是初学者也不难学会其中的一招半式。各种诱骗战术彼此之间又独立并不依附,诱骗战术之多显然也难以悉数消化吸收,再加上适时运用自如更

---

① 那位不幸的女选手出错的那两手牌在本书中均有介绍。

需大量实践才有可能，这也是诱骗战术难以学全和学精的一面。为了帮助桥牌爱好者熟悉并能尽快地学会这门独特的技艺，我尝试将一些打法分门别类并给出尽可能多的牌例加以说明。对于真人实例，尤其是世界桥牌名家在大赛中的上乘表演，我收集和列举的方针则是多多益善，一来真人实例更具说服力，二来令人赏心悦目的表演永远是不嫌多的。

前面我提到那位中国女选手①曾两次在世界桥牌锦标赛中分别折在两位英格兰女选手的手中，请不要因此以为她不懂什么是诱骗战术，因为懂得再多，上当受骗也完全是可能的。学会诱骗战术，哪怕很精通且很善于使用它，这并不等于每次都能识破对手的诱骗战术。在本书中，读者将见到西姆斯、冯-泽德威兹、戈伦、索伯尔夫人、贝拉唐纳、福奎、伽洛佐、哈曼、沃尔夫、齐亚、赫尔格莫、麦克威尔等等一些不同历史时期的世界顶尖选手，他们中的大多数又是多次世界冠军获得者，他们都一而再、再而三地使用诱骗战术蒙住了他们的对手；然而他们自己也都曾折倒在对手的诱骗战术上。为什么这些精通这门战术的高手也不能有点"免疫能力"呢？很不幸，没人能有这样的免疫能力，因为他们的失误并不在于不知或是漠视，有时他们肯定已意识到对手可能在使诈，但他们已没办法去验证了。举个简单的组合来说。

♠ K Q 8 4

♠ 2　　　　　♠ J 9 6 5

♠ A 10 7 3

---

① 另一名中国桥牌女选手在2014年的世界桥牌锦标赛的一手牌中，也曾栽在对手的诱骗战术之下，她绝非弱手，须知她在世界桥牌锦标赛中夺得过金银铜牌呢。她出错的那手牌在本书第二篇的第三章中也有介绍。

假设黑桃是将牌,定约人着手调将牌时总是先从手中出小黑桃或是直接先从明手出♠K的。如果东家很随便地跟个小黑桃,那么定约人将别无选择地再打去明手的♠Q,因为定约人手中的♠A、10决定了他只能这样打,结果全歼了防家的将牌。如果当首轮黑桃时,东家从容地跟出♠9就将大不一样了。♠9的出现使得原来的单向飞牌变成了双向飞牌了,为防一名防家持着♠J为首的四张将牌,定约人仍可以东家作为飞牌对象继续打去♠Q,他也可以西家作为飞牌对象回手打去♠A。在实战中,绝大多数的定约人会接下来打去♠A的,哪怕他已估计到东家在使诈。给定约人制造个机会,一个出错的机会,这就是许多诱骗战术的精髓所在。定约人可怀疑东家之举,但他却没办法去辨别其真伪,打去任何一方的大牌都可能是一场灾难的开始,因为他要么接受它(相信它是张真牌①),要么拒绝它(判断它是张假牌)。

我们该在什么时候使用诱骗战术呢?一般来说,诱骗战术应该是各种战术中之末选,道理很简单,骗术再高明,再逼真,也有被识破的可能。在众多的世界冠军中,伽洛佐、沙加斯和齐亚可说是最善使用诱骗战术的高手了,至少他们在世界范围内广有"善骗之恶名"(请注意,这里须带有引号),在本书中你将见到伽洛佐和齐亚的妙计都曾破产过,原来他们的对手把他们的表现朝截然相反的含义去理解了,结果反倒取得了成功。此外,舍弃其他更有效的办法,优先使用诱骗战术也有可能会弄巧成拙。2004年美国凯文迪希桥牌邀请赛中出现过这么一手牌,它能很

---

① 凡是非诱骗的牌都叫做"真牌"(true card),反之便是"假牌"(false card)。譬如说,前面提到的有能力吃下却不露声色地忍让,出的那张小牌便是张假牌,而没能力吃下跟出的小牌便是张真牌了。又如,明明手中这门花色有不止一张,却在对手出A时送出了K或Q,好像是个单张似的,这故意送出大牌便是张假牌,而单张大牌被击落便是张真牌了。

好地解释这一点.

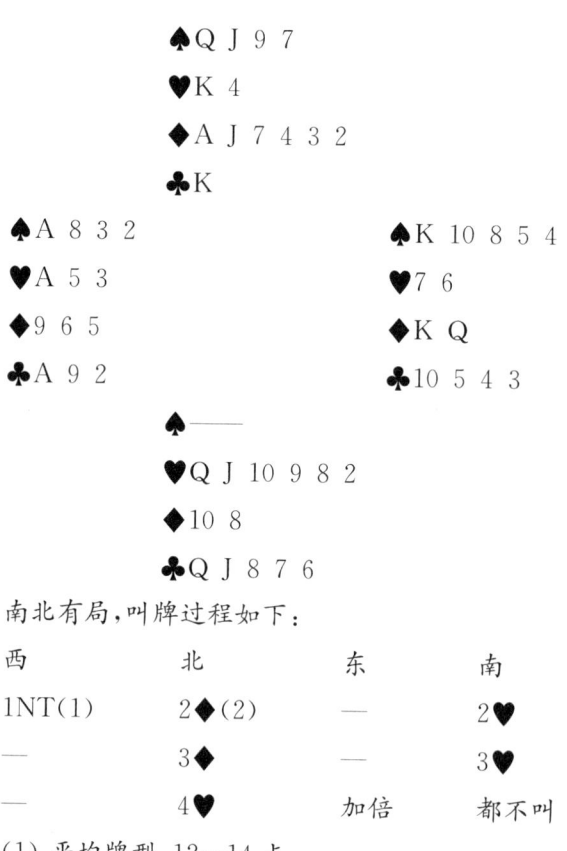

♠Q J 9 7
♥K 4
♦A J 7 4 3 2
♣K

♠A 8 3 2
♥A 5 3
♦9 6 5
♣A 9 2

♠K 10 8 5 4
♥7 6
♦K Q
♣10 5 4 3

♠——
♥Q J 10 9 8 2
♦10 8
♣Q J 8 7 6

南北有局,叫牌过程如下：

西	北	东	南
1NT(1)	2♦(2)	——	2♥
——	3♦	——	3♥
——	4♥	加倍	都不叫

(1) 平均牌型,12—14 点
(2) 黑桃及一低套

西家的首攻很出色,他出的是♥3,定约人格鲁克用明手的♥K拿,他随即送出♣K。西家用♣A拿后兑现♥A,接着他改出♦5。定约人让明手跟小方块,东家用♦K吃进。东家打出♠K,定约人将吃。叫牌显示出西家该持有三个A,他还会有♦Q吗?如果他确实还有着♦Q,那么定约人可以飞捉这♦Q;如果西家只有三个光杆A,那么定约人只有使用击落战术以指望东家持着♦K

Q双张了。考虑再三,定约人格鲁克认为东家单凭两个K未必会加倍他的4♥,结果他一举击落了东家的◆Q而完成了定约。

东家在防御过程中使用了两个诱骗战术:一是他用◆K而不是◆Q去赢得那墩方块,二是他没有打出小黑桃而特地打出了♠K,这两个手法在本书的第三篇中均有介绍。通过前者,东家试图告诉定约人"我只有◆K而没有◆Q";通过后者,东家企图尽可能多地把自己的大牌拿出来亮相,使定约人以为他不再有别的大牌了。很不幸,定约人并没有被骗住。东家的诱骗战术在使用过程中无可挑剔,他的失误在于他根本不需要使出任何诱骗战术即能击败定约。假如东家在◆K拿下一墩后随即打回方块给明手,那么定约人便回天无术了,明手的方块套虽已树立起,但定约人却无法利用这些赢张了,因为这时西家还有一张将牌在手,而明手则不再有别的进手张了。这个牌例告诉我们,要想成为一名出色的桥牌选手,确实需要学会各种诱骗战术,但掌握好各种基本功更为重要,否则一味地依赖诱骗战术便舍本取末了。

当你看完本书之后,你将发现诱骗战术一点都不深奥,然而要不失时机地使出并不很容易。首先需要的是很丰富的想象力,其次是善于揣摩对手的心理,最后是较强的推理能力,三者缺一不可。事实上,光有这三方面的能力还不够,还需在使用时不露出任何破绽。我们说假动作要做得逼真,若被对方识破就变成真动作了。那么诱骗战术又如何能做得逼真呢?我相信你也看出成功地使出诱骗战术的难度恐还在于反应和判断。书中那些使用诱骗战术的高手,可说都是在瞬时之间就完成了这么几个思考过程:审时度势,把所有可能的对策逐一筛选,最终发现唯有诱骗战术才可能奏效,紧接着是不露丝毫痕迹地将它付诸实施。由此可见,思绪敏捷和技术全面是善使诱骗战术的两大关键,当然要做到这两点也绝非一朝一夕之功。但第三个方面是人人都有可能做到的,那就是养成一个不紧不慢的出牌节奏,因为在出牌前的任何迟疑都有可能使一个出色的诱骗战术破产。譬如说,定约人和防家都可以通过不露声色地忍让使对手中计。试想,当你犹豫片刻之后却又跟小牌放过,那么对手马上知道你在忍让了,因为没能力吃下时的迟疑决不是一种不道德的违规行为。要做到持大牌和持小牌保持均衡的速度并非不可能,这完全要靠读者平时有意识地这样训练自己,久而久之,不露破绽的出牌速度便能培养出来了。我曾有幸见过多次世界冠军获得者索洛威打牌,他出牌总是不紧不慢的,对手根本猜不透他究竟持着什么牌。

成功地把诱骗战术运用于实践中,除了上述的几点要素之外,还要强调的是需因材施用和因人施用。因材施用不难理解,在持有相关大牌时,你有机会忍让,或用不必要大的大牌拿下一墩,或主动送出大牌给对手吃等等,要是不具有相关大牌时,你就根本无法运用这几个战术中的任何一个。因人施用又如何理解呢?你不能指望同一个诱骗战术对所有人都适用。譬如说,当你持有大牌忍让时,初学者很可能以为飞牌成功而重复飞牌,而一名好手会对你的忍让产生怀疑,他未必会再飞。如果随后他有机会投入你,那么你的忍让也就可能是鸡飞蛋打了。你可对一名好手赠送"希腊礼物",但你送礼给初学者时,他很可能浑然不觉,未必会在收下礼物的同时作出合乎逻辑的下一步。

如果你想使自己成为一名技艺全面的桥牌选手,或是你不想在牌桌上屡屡跌入对手的陷阱中去,那么你有必要认真阅读本书。如果你想看一本非常有趣的桥牌书,或是了解到一些世界桥坛的轶闻趣事,从上个世纪30年代的克勃森到最近几届的世界桥牌锦标赛,全书三百来个真人实例肯定能满足你在这方面的愿望。

此外有两点说明，一是为方便阅读，本书一概以南家作为定约人，读者可能会发现本书的图例与实战中的座位旋转了90度的若干倍；二是考虑到人名的译音很难统一，于是每当初次介绍一名外国选手时，我都给出其英文名字或英文拼音，以免与其他桥牌书不同的译法造成不必要的混淆。

目　　录

自序 …………………………………………………………… 1

第一篇　单套花色上诱骗战术的运用 …………………… 1
第一章　定约人如何使用诱骗战术 ………………… 1
第二章　防家如何使用诱骗战术 …………………… 37

第二篇　定约人在整手牌时骗招的运用 ………………… 69
第一章　如何劝说防家继续出某门花色 …………… 69
第二章　如何劝说防家改出别的花色 ……………… 103
第三章　主动处理短、弱花色，常有意外硕果 …… 128
第四章　如何"偷"得一墩 …………………………… 149
第五章　如何掩饰自己的牌型和实力 ……………… 207
第六章　如何掩饰自己的意图 ……………………… 234
第七章　如何干扰和利用防家的信号 ……………… 251
第八章　中国式飞牌 ………………………………… 269
第九章　诱使防家的两大牌互撞 …………………… 280
第十章　精神紧逼 …………………………………… 303

第三篇　防家在整手牌时诱骗战术的运用 ……………… 324
第一章　令定约人对大牌位置误判的首家出牌 …… 324
第二章　如何使定约人对某门花色长度的误判 …… 400
第三章　忍让，而且要敢于忍让 …………………… 426

第四章　主动送出大牌给定约人吃 …………… 486

第五章　用不必要大的大牌赢得一墩 …………… 524

第六章　小心处理好你的将牌 …………………… 541

第七章　反探索术 ………………………………… 555

第八章　"希腊礼物" ……………………………… 575

第九章　妙如双簧的默契配合 …………………… 592

第十章　你可曾骗过你的同伴 …………………… 610

附：格罗斯芬诺妙招 ……………………………… 631

第一篇　单套花色上诱骗战术的运用

第一章　定约人如何使用诱骗战术

第一节　定约人跟牌的艺术

一、劝说对手改出或是继续出某门花色

例 1.1.1－1　在有将定约时,对手兑现(譬如说首攻)A K 中的一个大牌。

　　　　　　♠Q 6 3
♠A K 8 2　　　　　　♠10 9 7 4
　　　　　　♠J 5

面对你的 4♥ 定约,西家首攻♠K,东家跟♠4 表示不欢迎①。假如你很不愿意西家接着兑现他的♠A,那么你应该毫不迟疑地跟出♠J。考虑到再出♠A 有可能被你将吃,从而让明手的♠Q 得到升级,西家很可能会改出其他花色。当然,如果你并不反对西家

---

① 必须说明,本书中所谈到的信号都是指标准信号(standard signal),也就是说在使用表态信号时,跟、垫较大牌表示欢迎同伴出该花色,反之,跟、垫较小牌则希望同伴改出别的花色。在表示张数时,跟、垫较大牌表示持偶数张,而跟垫较小牌则表示持奇数张。现在有不少选手使用大小颠倒信号(up-side down signal),它使用的方法恰与标准信号的相反,所以当你遇到这样的对手时,你所使用的骗招也就不能照搬不误了。

再出黑桃,那么你总是跟♠5的,这样你将能很容易地树立起明手的♠Q。

例 1.1.1－2 无将定约时,定约人有时很希望对手继续出某门花色。

```
         8 4 3
出 5              跟 J
         K Q 6
```

西家首攻 5 来对付你的三无将定约,明手跟 3,东家则放上了 J。西家的 5 很像是长套第四张,你自然很希望西家待会儿沉不住气地拔出他的 A,为此你必须用 K 拿。假如你用 Q 拿下这一墩,那么西家马上就知道你手中还有着 K,因为当东家持 K J 时,他总是会先出 K 的。与此同时,当东家持 Q J 时,他总是先出 J 而不是先出 Q 的,因为出 Q 就排除了他还会有 J。于是当你用 K 拿下这一墩时,西家一时无法知道究竟谁有着 Q。如果西家上手后怕你马上有 9 墩牌入账,而他又看不出该改出别的什么花色,那么他就有可能会继续出这门花色的。

例 1.1.1－3 将上例略加改动,得

```
         8 4 3
出 5              跟 J
         K Q
```

定约仍是三无将,首攻和东家的跟牌也均不变,不同的是现在你只有 K Q 双张在手,你出牌的策略就大不相同了。在上例中你是想掩饰手中的 Q,为的是希望西家再出该花色,现在你则很怕西家上手后拔出他的 A 并击落你的另一张大牌。你的最好的策略是用 Q 拿下首墩,明白无误地告诉西家你还有着 K 在手,但愿他见后不会轻易地打出他的 A 来。

例 1.1.1－4 当你持 A K 10 或是 A K 10 ×时,不论是有

将定约还是无将定约,你都大可施展身手来蒙骗对手。

```
              7 6 5
J 8 4 3               Q 9 2
              A K 10
```

西家出 3,东家自然放上了他的 Q,你应该用 A 拿,西家一时无法知道究竟是你还是其同伴持着 K。

例 1.1.1-5 将上例略加改动,得

```
              10 5 3
Q 7 6 4               J 8 2
              A K 9
```

请千万不要吝惜明手的那张 10,不管你放上了 10 或否,东家一概会出 J 的,但二者传递给西家的信息就大相径庭了。如果你把 10 保留在明手,那么东家的 J 很清晰地告诉同伴说:我手中并没有 9。于是一旦西家获得了出牌权,他怎么还肯继续出该花色呢?反过来,如果你放上了明手的 10,东家自然盖上了他的 J,西家仅知道你有着 A K 而已,他无法知道 9 在谁手中。退一步说,在你牺牲了明手的 10 后,你手中的 K 9 嵌张会受到什么不利影响吗?丝毫也不呀。

例 1.1.1-6 尽管这种情形并不经常出现,然而一旦你使出了诱骗战术,那么对手是很难识破真相的。

```
              J 10 2
K 8 7 6 5               4 3
              A Q 9
```

面对你的一个无将定约,西家首攻 6,绝不要随便地从明手取出那张 2 来。请放上明手的 J 或是 10,而且当东家跟小牌时你不要忘了用 Q 盖拿,造成一种你仅有 A Q 双张的假象。

例 1.1.1-7 同上例类似,还是个无将定约。

```
                    J 9 6
A Q 8 7 5 2                    4
                    K 10 3
```

西家首攻 7,你最好是放上明手的 J,同时你跟出手中的 10,这样有可能使西家误以为你仅持 K、10 双张。尤其是当西家弱开、争叫过 2 时,你更应该这样做,因为西家通常只有一次上手的机会,假如他急不可耐地兑现他的 A,那么不就解放了你手中的 K 了吗?

例 1.1.1‑8　在有将定约时,对手有时会作出消极性首攻。

```
              ♥A K J
首攻♥ 10
              ♥Q 8 6 2
```

对付你的 4♠定约,西家首攻了♥10,很像是出自♥10 9 8 ×或是♥10 9 ×之类的结构。如果你并不希望西家改出其他花色,那么你最好是用明手的♥A 或♥K 拿,同时视东家的跟牌来决定你的出牌,你尽量出一张比东家那张略大一点的牌。譬如说,东家跟出的是♥5,那么你出♥6;东家跟的是♥7,那么你出♥8,使西家误以为同伴是在鼓励他继续出这门花色呢。

例 1.1.1‑9　在无将定约时,对手首攻的那门花色对你的威胁有时要小于另一门花色,为了不让对手发现你的薄弱所在,你很有必要隐瞒你在那门首攻花色上的实力,竭力劝说对手继续出这门花色。

```
              ♥8 4
♥Q 9 7 5 3             ♥10 6 2
              ♥A K J
```

你打 3NT,西家首攻了♥5,东家放上了♥10,你当然可以用♥J 拿,在你确保 3 墩红心的同时,西家马上也就知道了你还有

♥A K在手。你发现树立方块长套是你的唯一出路,而方块又面临着一个双向飞牌的问题,一旦飞方块失败,对手必将会捅向你那薄弱的黑桃。为此你最好是用♥K 拿下第一墩,接着从明手飞方块。飞牌成功固然最好,万一飞牌失败,那么西家很可能会再出红心,因为他会以为同伴还有着♥J呢。

例 1.1.1-10 同上例相似,有时你主要目的并不在于去赚对手一墩牌,因为自身的安全比某一门花色上多得一墩显然重要得多。

♥ 4

♥A Q 9 5 3　　　　　♥10 8 3

♥K J 7 6

还是由你打 3NT,西家还是首攻了♥5,东家仍旧跟出了♥10,你当然可以用♥J 拿。有一点你很清楚,那就是一旦东家上了手,只要他打回♥8,那么西家便会毫不客气地连拿 4 墩红心了。你在树立你的长套赢墩时,你肯定会竭力不让东家获得出牌的机会,除此之外,你是不是还能做些什么使西家放松警惕呢? 那就是在首轮红心时,你最好是用♥K 拿,让西家误以为同伴有着♥J。一旦西家先上了手,他多半不会努力地去找东家的一个进手张,相反,为了防止不必要的阻塞,西家很可能会打回小红心。需指出的是,只要东家上手打回♥8,那么你手中留下的♥J 7 6 或是♥K 7 6 都将毫无区别地被西家捕尽杀绝。反过来,只要是西家主动出红心,那么你留下♥J 7 6 仍还能抵挡一阵。

二、跟出对手已经知道的那张牌

跟出对手已经知道你所有的那张牌,这是跟牌的原则之一,在你想隐瞒真相时,更应该这样做。由一位防家的出牌,使得其同伴知道你持有了某张牌,因此尽早地将那张已公开的牌打掉往往是明智之举。

例 1.1.1－11

```
            ♠8 6 4
♠9 5                ♠K Q J 7 3
            ♠A 10 2
```

在东家叫过黑桃之后,你方叫到了 3NT,为此西家首攻了♠9,东家很自然地跟出了♠J。为切断防家之间的联系,你打算忍让一轮,应该跟出的是♠10 而不是 2。♠10 是张东家已经知道你所持有的那张牌,因为西家的首攻已很清楚地表明了这一点。如果你先跟♠2 然后用♠A 拿,那无非是告诉东家你还有张♠10 在手而西家持的是双张黑桃。反之,你先跟♠10,然后用♠A 拿,那么东家将一时无法知道♠2 在谁手中,这对你来说毫无损失,但对东家来说,给他推算牌型的分布自然也带来了一定的困难。

例 1.1.1－12 假如在东家叫过黑桃之后,你成了 4♥定约的定约人。

```
            ♠K J 7 4
♠8                  ♠A Q 10 5 3 2
            ♠9 6
```

西家首攻♠8,这张牌明白无误地告诉东家你有着♠9,既然♠A Q 10 这些牌都在东家手中,你干脆让明手跟小黑桃。当东家出♠10 时,你应毫不迟疑地跟出♠9。假如你漫不经心地抽出了♠6,那么东家将可以毫无顾虑地兑现他的♠A 或是他出小黑桃让同伴将吃。但要是你有所准备地打出了♠9,那么东家将面临一个很困难的选择。当西家持♠8 6 时,他首攻的也是♠8,这时东家打回黑桃不是自讨苦吃了吗?

例 1.1.1－13 在东家阻击叫 3♠之后,你方无所畏惧地推进到了 4♥。

```
          ♠10 7 4
♠Q                  ♠A J 9 8 5 3 2
          ♠K 6
```

西家首攻的是♠Q，东家当然用♠A拿，你应该毫不犹豫地送出♠K，除非你有充分理由认为让西家将吃一次于你有利而无弊。很显然，要是你舍不得将♠K往虎口里送，那么东家将很清楚地知道除了♠6之外，你还有♠K。反过来，如果你能大大方方地打出♠K，那么东家接下来真不知道该不该再出黑桃了。因为西家持♠Q 6时也是首攻♠Q的，要是这时东家再出黑桃，不是帮你树立起明手的♠10了吗？

例 1.1.1‐14 有时作阻击叫的是西家，你同样有可能使他误判。

```
          ♠J 6 5
出♠A              跟♠7
          ♠K 4
```

西家首攻♠A来对付你的4♥定约，在此之前他曾阻击叫过3♠。如果你随手跟出♠4，那么他大可放心地打出第二张黑桃来，因为不论东家持的是单张♠7，还是♠K 7，对防家都无损失。但要是你能不露声色地跟出♠K，那么西家为下一轮该出什么不得不三思而后行了。假如你的♠K果真是个单张，那么西家再出黑桃便将使明手的♠J成为一个赢张了。

例 1.1.1‐15 下面这个组合不论是在有将定约还是无将定约，你处理的方法是一样的。

```
       7 6 2
出 5         跟 10
       A Q J
```

西家出5，东家跟出了10，你应该用Q拿，因为西家知道同伴要是有Q 10是绝对不会出10的。当然,西家还知道你有着A,因为当东家有着A 10时肯定会用A拿的。反过来,假如你用J拿,那无非是告诉西家你还有着A Q在手。现在你用Q拿,西家一时无法知道J在谁手中,因为当东家持有J 10时,他总是会先出10而不是J。

例1.1.1-16 有时你手中哪一张牌已经被"公开了身份",还需经过一番推理后才能确认。

♠K 8 6 3

首攻♠2　　　　　出♠A

♠Q J 10

假如这是个以红心为将牌的定约,西家首攻♠2,东家用♠A拿。首先,这♠2很像是个单张,你自然不希望东家拿后打回黑桃让西家将吃。其次,♠Q J 10对你来说是一般大小,但是你出其中的哪一张牌所告诉东家的信息是不一样的。当西家持♠Q J 2或是♠J 10 2时,他是绝对不会首攻♠2的,换句话说,西家的♠2表明他不可能有着♠J,所以我们的结论是你应该不作任何停顿地跟出♠J来。

例1.1.1-17 同上例一样,本例中究竟哪张牌已为防家所知也是需经过一番逻辑推理才能看出,而东家可能已比你先判断出那张牌的所在了。

♠K 8 3 2

首攻♠4　　　　　跟♠Q

♠J 10 9

假设这还是个以红心为将牌的定约,西家首攻♠4,非常像是个单张,明手跟小牌,东家打出了♠Q。你很不情愿看到东家用♠Q拿后,继而兑现♠A并再给西家将吃,那么你跟哪一张牌有可能使你避免一下子连输3墩黑桃呢?答案是♠10。当西家持♠J 10

4或是♠10 9 4时,他会首攻♠4吗?绝无此可能,他不是出♠J,就是出♠10,所以说当西家出♠4时好比是当众宣布了♠10在你手中。显然,当西家持着♠J 9 4时,他是会首攻♠4的。在见到你不假思索(不大容易吧)地跟出♠10时,东家会犯难一阵的。

三、易忽略的小牌有时能起重大作用

前面所举的一些牌例可能会给你这么一个不很全面的印象:跟出一些大牌常能蒙住防家。事实并非如此,在一些场合下,小牌所起的作用是绝不可轻视的。

例 1.1.1‑18 假设在西家叫过黑桃之后,你成了4♥的定约人。

♠Q 7 3

♠A K 10 8 4   ♠J 9 5

♠6 2

现在西家首拔♠K看看,东家跟♠5。♠6和♠2对你来说都是微不足道的两张小牌,然而你出哪一张对于西家可能有着不一样的影响。假如你漫不经心地抽出了♠2,那么西家立刻知道东家的♠5是张最小的牌。不论防家使用的是表态信号还是张数信号,西家都会知道你还有着♠6在手。但要是你藏起♠2而打出了♠6,那么对西家来说,在众多的可能性中有一种是你持着♠J 9 6,而东家持的是♠5 和♠2。一旦西家作出了误判而拔出了♠A,那等于是帮助你树立起了明手的♠Q。

例 1.1.1‑19 本例恰与上例所处的情形相反,上例是你巴不得对手主动帮你在该花色上树立起一个赢张,而本例你则希望打消他继续出该花色的念头。

♠Q 7 3

♠A K 10 8 4   ♠5

♠J 9 6 2

这是个以红心为将牌的定约,西家首攻♠K,东家跟出♠5,这时你必须出♠2。假如西家看不见♠2,那么他肯定会认为同伴持着♠2的,他会接着拔出♠A。在你跟出♠2后,西家将停下来思考这么一种可能性:东家会持♠J 9 5(或是♠J 6 5、♠9 6 5之类的牌)吗？应当承认,西家也会想到当你持♠6 2时多半会出♠6的。但是有一点是可以肯定了的,如果说有可能阻止西家继续出黑桃,那么就你的这手牌而言,没有其他什么牌能比♠2更起作用了。

有条颇具实用价值的经验可供参考:你经常需要设身处地为对手着想,也就是说,当你主打时,所应该想到的是:假如我现在是防家,那么我将会如何给出信号？反之亦然。就大多数人所使用的信号系统来说,当防家希望同伴继续出某门花色时,他总会设法给出大小信号;而当他希望同伴改出别的花色时,他往往会出他最小的那张。顺提一笔,如今使用大小颠倒信号的人日渐增多,但是对于定约人来说,在你掌握了防家的心态和信号方法之后,你总能相应地找出合适的牌跟出,以使防家的信号模糊不清甚至产生误解。

例1.1.1‑20 偶尔你在叫牌过程中有意或是无意地没叫出手中的一门长套花色,把3NT揽过来由你打,参加过双人赛的人多半会有这方面的经历吧。

♣8 4 2

首攻♣Q　　　　　　跟♣7

♣A K 6 5 3

假设你没叫出草花便成了3NT的定约人,西家首攻了♣Q,东家跟♣7,这很像是个单张。如果你想拿到至少3墩的草花,那么何不请对手来协助你呢？要是你拿下首墩草花后再连打草花,那么西家不改出别的花色才怪呢。但要是你不露声色地跟♣5,那么西家很可能会再出草花,尤其是当他持♣Q J 10 9时,他多少有点有恃无恐吧。退一步说,即使西家用♣Q拿了首墩后突然改出其他花色,那么你也没损失什么。

例 1.1.1－21　有时需要蒙骗的不一定是首攻者,他的同伴也可能是你的劝说对象。

♣K 6

♣J 9 5 3　　　　　　♣10 7

♣A Q 8 4 2

同样,在你叫出你的草花长套之前,你已经成了 3NT 的定约人,西家不知情地首攻♣3。经验告诉我们西家多半是持着四张草花,很少有人会首攻一门未叫过的三张的低级花色的。你让明手跟♣6,东家放上了♣10。假如你这时跟♣4,那么东家是不是会以为同伴持有五张质量不错的草花呢?东家有什么理由不为树立同伴的长套尽力呢?当然,这样打的前提是你并不奢求 5 墩草花,而且也不愿意防家会在你树立起第五张草花之前把矛头指向你的某门薄弱花色。

四、必要时也需要虚张声势一番

前面介绍的种种定约人跟牌时所使用的诱骗战术大多是定约人有意遮掩手中的大牌实力,不过,有时你在某门花色上根本没有什么大牌实力,而又非常不情愿看到对手一而再、再而三地在该花色上打击你,恐怕这时得模仿诸葛先生演一出空城计。

例 1.1.1－22

8 7 2

Q 5

不管是有将定约还是无将定约,你都不愿见到对手瞄准这门花色对你狂轰滥炸吧。假如东家出了张小牌,譬如 3、4 或 6 之类的,那么你千万不要随随便便地跟出 5 来,当西家用 9 或是 10 拿了这一墩而不打回这门花色真乃咄咄怪事也。但如果你镇定自若放上了你的 Q,那么西家又将如何想呢?假设他拿的是 A J 9 × 或是 K J 9 ×,你说他必定打回该花色的可能性又有多大呢?

例 1.1.1 - 23

```
                J 7 5
Q 10 8 4 3              A 9 2
                K 6
```

这是个无将定约,西家首攻 4,东家用 A 拿。十位定约人中可能有八个会跟出 6 的,东家也必定会尽义务打回同伴的花色。如果你非常不情愿东家打回该花色(譬如说在你拿到足够的墩数之前你还不得不脱手一次),那么你大可装作毫不在乎的样子送出你的 K[①],或许这样做会唬住东家。上例中你出 Q 目的是劝说西家相信你还有一张大牌在手,而本例则是力图让东家以为你还持着 Q。一旦东家真的以为你在该花色上还有两个止张(手中子虚乌有的 Q 和明手的 J),那么他有可能会改出其他花色。

[①] 在对付一个无将定约时,防家首攻一张小牌(譬如说长套第四张)往往是手中还有着 10 或者是比 10 更大的一张甚至两张牌。为了避免同伴打回某个花色却毫无发展前途,在手中无大牌首攻长套时,专家建议不要出小牌而代之出一张稍大点的牌。换言之,作为定约人,当你看到防家首攻某花色的长套第四张时,你可判断他手中该是有着某张大牌的。此外,当东家持着 A Q 为 × 时,他首轮跟的将是 Q 而不是 A,除非是他发现定约人有着立刻能拿足墩数的可能而不愿失去控制。出 Q 而不出 A,将使持 K 的定约人很难用忍让的方法使防家在该花色上的联络中断。所以说当你看到西家首攻张小牌而东家出的又是 A,那么你大概可以很有把握地认为那张 Q 在西家手中。对本例这个组合来说,你留着 K 在手只能拿到一墩,而你慷慨地扔掉这张 K 你还是能拿到一墩。不过话要说回来,当东家是个经验不足者,那么你不要贸贸然地扔掉这张 K,没准他持 A Q × 时先打出 A 呢。

例 1.1.1－24

```
        Q 6
出 K
        10 7 3
```

当西家出 K 时,你受到了震撼般的冲击吧,这样的组合使你一点招架的能力也没有。如果你能镇定自若地把明手的 Q 扔掉装作解封,那么西家又将如何作想呢? 有一点大概是可以肯定了的,当你把孤零零的那张 Q 留在牌桌上时,西家多半是很乐意将它擒走的。

例 1.1.1－25

```
            ◆ J 5
◆ K Q 8 3        ◆ A 9 4
            ◆ 10 7 6 2
```

假设你现在是 3NT 的定约人,西家首攻某门花色后东家上了手,经细细斟酌,东家认为打回原花色无益,他决定改出方块。你最怕他出哪张方块呢? 不用我说你已经看出来了吧,他出的是◆9! 唯有这张牌将使你在顷刻之间再连输 4 墩牌。为了劝说西家以为这张◆9 是个顶张从而打回方块有损无益,在西家用大牌拿的同时你应毫不吝惜地把明手的◆J 送给他吃,好像你是在解封一样。要是你真的持有◆A 10 7 2 在手,那么西家打回方块岂不是自投罗网吗?

第二节　定约人出牌时的艺术

定约人自己处理一门花色,或调将牌,或树立某一门花色等,显然要比被动跟牌有着更多的主动性和隐蔽性。尽管如此,在你打出一张牌之前,你还是应该好好研究一番,因为在你所动的那门花色中,究竟出哪一张牌是很有讲究的。

一、小牌的重要性不可忽视

要想成为一名优秀的桥牌选手,那么在你出牌、跟牌和垫牌时,绝不能养成把小牌先送出去给对方吃的坏习惯,小牌往往并不能成为赢张,但是小牌在打牌过程中所起的作用有时会是举足轻重的。

例 1.1.2-1

```
            K Q 10 7
J 9 5                 A 8 4 2
            6 3
```

当明手有着 K Q 10 × 这样的结构时,每一位定约人都是先从手中出小牌而很罕见立即用 10 飞牌的,当西家跟小牌时便放上明手的 K。在这 K 拿到一墩后,定约人会再次从手中出小牌,然而当西家又跟小牌时,定约人便犯难了:究竟该放上 Q,还是用 10 飞呢? 假如没有其他线索可循,那么用哪张牌飞各有 50% 的成功率,就是连桥牌专家也可能作出错误的选择。如果东家用 A 于第一轮吃掉了明手的 K,那么定约人的这个烦恼就不复存在了,定约人接下来总是会用 10 飞的,因为飞牌的成功率要远比击落东家的双张 J 的高。所以对每一位定约人来说,这个问题的实质是:"如果东家有 A,那么我能否请他在第一轮时就拿? 要是东家果真用 A 拿了,我也就一心一意地用明手的 10 飞了。"在这个很常见的问题上常人与高手有着同样的烦恼,但二者在这个问题的处理方法上可能还是有着较大的区别。

这里建议你攥着 3 在手而打出 6,西家自然是跟他最小的 5,明手放上 K,东家有可能会用 A 拿。至少,当东家不是老谋深算的高手时,他会迟疑片刻,考虑拿还是不拿。东家的丝毫迟疑,对你来说不啻是个极重要的信息。为什么说东家有可能会拿呢? 让我们先来看看假如你不是出 6 而是出 3 又将怎样呢？那么东家看到同伴跟出的 5 时肯定会不露声色地忍让,因为东家很清楚地知道同伴持着三张牌,也就是说你还有一张牌在手,他何必急着用 A 拿呢？反过来,你打出的是 6 而不是 3,情况就有所不同了。东家看不见 3,如果他无法根据叫牌判断出你还有一张牌在手,那么他可能会想：同伴会是持 J 9 5 3 从而想给我 5-3 大小信号吗？东家的任何犹豫或考虑,对你来说只会是增加你接下来作出正确判断的机会。请记住,6 和 3 在这里都是无法赢得一墩的小牌,但是在你出牌的过程中,收效可能大不相同。

例 1.1.2－2

```
              ♦ K Q J 7 3
♦ 10 6 4                  ♦ A 9 8
              ♦ 5 2
```

在你开叫 1NT 后,其余三家都 pass 了,你发现明手除了在方块上有 6 点大牌外便一无所有了。在正常情况下,你只能拿到一墩方块,因为对手会忍让一轮方块,然后扼杀整个明手的。你自然希望防家会错误地多忍让一轮,这样就能额外地多得一墩牌了。在希望多拿一墩方块的时候,你千万不要漫不经心地打出♦2来,应该先从手中出♦5。西家跟♦4 乃正常之举,明手放上♦K,东家忍让。接下来你从明手出♦Q 时,东家有什么理由一定会用♦A 拿呢？东家没看见♦2,它可能在你手中,也可能在西家的手中,如果是后者,那么西家的方块将会是♦4 2,而你持的则是♦10 6 5。与此同时,东家更会这么想：万一你持三张方块而他只忍让一轮,那么其后果将是让你拿到 4 墩方块而不是 2 墩了！为了求稳,东家有可能会忍让第二轮的。反过来,如果你先出♦2,西家还是跟♦4,那么东家将很清楚知道同伴有着三张方块,他将不慌不忙地放过♦K,接下来在方块上切断你和明手的联络了。

例 1.1.2－3

　　　　　　　♦ K Q J 7 4
♦ 6 5　　　　　　　　♦ A 9 3
　　　　　　　♦ 10 8 2

同前例相反的是,此时此刻你非常不希望东家忍让两轮方块,假如你能成功制造你只有双张方块的假象,那么就有可能拿到4墩方块了。先从手中出♦2,西家必然会跟♦6,东家也必定会放过明手的♦K的。接着从明手出♦Q,给东家一个难题做做:同伴会不会持♦10 8 6啊? 如果他判断错了,那么你就能多拿2墩方块了。顺提一下,在双人赛中,东家出错的机会要远多于队式赛的。对于前者,一墩的出入可能是至关重要的,而对于后者,让定约人多拿一墩可能不过是输一个 IMP 而已。

例 1.1.2－4　可能你已经看出来了,假如东西两家的牌互换一下,你这样打防家是不会错判的了。为什么? 如果东家错判了你的实际张数,那是因为他只能看到同伴的一张牌,换句话说,之所以能使他错误地理解了同伴的信号,那是因为你攥着一张很关键的牌在手,使他把同伴的较小的牌看成是大小信号的一部分,或是把同伴不小的牌看成是小大信号的一部分。这个牌例说明两个要点,一是要选择你欺骗的对象,二是绝不能让他看清同伴的两张跟牌之后再决定取舍。

♦ K Q 10 9

♦ J 6 2

与前两例相似的是明手不再有任何旁套进手张了,你很希望防家会只忍让一轮方块,不过在实施你的劝说方案之前,要研究一下,谁更像你的目标。

如果从叫牌或是首攻中使你认为西家像是持有♦A,那么最好出◆J,在对手忍让之后接着再从手中出◆6。西家只能看见同伴的一次跟牌,而东家的这张牌总比你的◆2要大。假如西家得到的印象是东家可能是在设法给出大小信号,那么不论东家持的是双张方块还是四张方块,当西家持◆A × ×时,他的忍让已没必要了。

当东家持◆A时,你的处理方法将截然不同,但有一点是不变的,那就是让东家看到同伴的一次跟牌后就要逼迫他表态:拿,还是不拿? 于是你最好是从手中出◆6并放上明手的◆9,似乎你是在飞◆J。在东家忍让后,你立即从明手出◆K。如果你能给东家这么一个印象:西家该是持着◆J × × ×吧,那么东家大概是不肯让明手的◆K拿到一墩的。

例 1.1.2－5

◆A K 7

◆Q 4 2

这个组合不可能给你带来 4 墩方块,不过我们当前讨论的主题不是如何多得一墩,而是如何恰当地安排手中的小牌。如果你现在需要出张方块到明手,与此同时你不愿意对手攻击你的某一门花色,那么你最好是出◆4 而不是◆2。不论是东家还是西家,他们都可能以为同伴是在给出大小信号呢,在其中的一个人获得了出牌权之后,他没准会盯着方块打回来的。

例 1.1.2－6

◆A Q J 2

◆K 5 3

如果需要通过方块作桥去明手处理旁的花色,那么建议你出◆5 而不是◆3,同时你假装用明手的◆J 飞。西家可能会想:同伴是在忍让的同时给出大小信号吧；而东家则可能以为西家有着♦K从而误判你在旁的花色上有着相应的实力，因为你如果没有♦K，那么你就该有着其他的某一张K了。

二、如何去赚取对手的大牌

每一个人都懂得物尽其用的道理，大家都很乐意用自己的A去捕杀对手的K或是Q，恐怕没人情愿用大牌去空吃一张小牌的吧。在这个小节里，我们将着重探讨如何向对手施加压力，给他制造这么一个印象：再不拿就可能为时已晚了。如果你的对手真的屈从于你的压力，那么他就可能用他的一张大牌去空吃你的一张不重要的牌了。

例 1.1.2-7

```
              ♦K 7 4 3
♦J 9 5                    ♦A 10 6 2
              ♦Q 8
```

假设你现在是4♠的定约人，你很想在方块上获得2墩，按上述组合，并不真正存在这种机会。即使你的♦Q拿到一墩后你送出方块，东家的♦A也并不因为你将吃一轮方块而跌了出来。正确的打法是从明手出♦3，东家这时受到了一丁点压力，假如他误判你持单张♦Q，那么他会莽撞地扑下他的♦A，通常他更会攥紧♦A，看你出什么。在你的♦Q拿到一墩后，设法再次从明手出小方块，这时东家开始坐卧不安了。如果他担忧你持♦QJ，那么他当然会出♦A的。退一步说，哪怕他识破了你的诡计，那么你也并没损失一墩。

例 1.1.2-8

```
              ♦K 8 7 4
♦Q 10 6 2                ♦A 9 5 3
              ♦J
```

你和同伴叫到了 4♠，为筹集到 10 墩牌，你指望能在方块上产生一墩。正常的打法是从手中出 ♦J，希望西家持有 ♦A。但要是叫牌显示了 ♦A 多半在东家之手呢，上述打法便失去了意义。为此你最好是从明手出小方块，如果东家误判你持着单张 ♦Q，那么他会沉不住气地打出 ♦A 来的。

例 1.1.2－9

```
              ♦ 8 5
♦ Q 6                  ♦ A 10 9 3
              ♦ K J 7 4 2
```

你现在仍然是 4♠ 的定约人，打算树立起手中的方块套。当明手还有若干张将牌时，你从明手出方块，东家总是先跟小牌的。你可以用 ♦J 飞，也可以用 ♦K 飞，如不考虑其他因素，那么这两种飞牌的成功率均等。不过前者往往让防家较容易地看出你的意图和推算出你的牌型。在首轮方块时用 ♦K 飞是一种值得考虑的打法，较具隐蔽性，譬如你持 ♦K × × 时也会如此打，在 ♦K 拿到一墩后再让明手将吃方块。此外，在你方将牌并不很长时，这样打或许还能帮助你节省将牌而树立起你的方块。让我们从你的 ♦K 拿到一墩说起，千万不要随随便便地送出个小方块，设法再次从明手出方块，这时东家不出 ♦A 的可能性有多大？他哪里知道你并没有 ♦Q？但有一点他是很清楚的，如果他的 ♦A 再不扑下来，那么他就拿不到一墩方块了。

例 1.1.2－10 当你的将牌并不坚强时，切勿放弃吁请对手来协助你的机会。

```
              ♠ K 8 7
♠ J 2                  ♠ A Q 9
              ♠ 10 6 5 4 3
```

你在躲避对手的围攻后在 2♠ 上停了下来，这种尴尬的局面恐怕人人都经历过吧。你很可能连输 3 墩将牌，为了树立起明手的某一长套，只好硬了头皮调将牌。你很自然地从手中出小黑桃，东家无情地捕杀了明手的♠K。接下来请不要再从手中调将牌，不可能出现任何奇迹的。但如果你从明手调将牌呢，没准东家会沉不住气地打出♠Q的，尤其是当他担心尔后♠Q上手被投入的时候。

例 1.1.2－11 下面这个组合也十分常见，一般人只会简单地飞一下，似乎飞成与否都是顺理成章的，其实在飞牌之前定约人还有别的手段来增加成功的可能性。

♦A Q 8 7

♦J 10 6 3　　　　　♦K 9 2

♦5 4

西家并没有首攻♦J 来对付你的 4♠定约，你对方块的分布并不清楚，但你希望能拿到 2 墩方块，最常见的是定约人拿起牌就飞，结果因飞不成而只能拿到一墩方块。假如先输一墩方块并不危及你的定约，那么最好的办法是从明手出♦7。东家这时受到了不小的压力，因为当你持♦J ×时你也可能这么打的。如果让你的♦J 拿到一墩，接着兑现♦A，然后将吃小方块击落了东家的♦K，那么东家将看着你拿 3 墩方块，而他却两手空空，这恐怕是东家所无法接受的。退一步说，即使这一墩被西家的一张不大的牌所赢得，那么你想飞方块的机会依然存在。

例 1.1.2－12

♦Q 10 6 4

♦J

你还是 4♠的定约人，通常得送出 2 墩方块才能换来一墩，有没有可能你只输一墩方块就树立起一个方块赢张呢？有是有的，但要看你怎么打了，当然也看防家能否识破你的意图。你最好是从明手出♦4，当♦A K分居两边时东家有可能不出大牌，尤其是当他持♦K但没♦A时，你说他扑下♦K的可能性有多大？如果让西家的♦A拿了这一墩，那么你接下来就可用将吃飞牌的办法树立起明手的♦10了。

三、诱使防家的大牌互撞

看着对手的两大牌互撞，这是导演出这场悲剧的定约人所喜闻乐见的。这种惨事永远轮不到定约人的头上，因为他能看到并摸到己方的26张牌。但对防家来说，大牌互撞自然是防御上的一大失败。这不仅仅是损失一墩的问题，与此同时还少了个重要的止张，在攻防的速度较量中，防家又慢了一拍，很有可能的让定约人完成一个不该完成的定约。除此之外，错判的防家又可能被指责为过度惊慌或是对同伴的不信任，从而可能会羞恼交集。许多桥牌专家发现，因大牌互撞的失误给防家的打击要远甚于其他，这种失误是防家所深恶痛绝的，而防家两大牌同归于尽给定约人带来的收益恐怕远不止一手牌，这种沮丧的阴影有时会笼罩这两名选手一个下午或是一个晚上。

例 1.1.2 - 13

♥9 7 5 4

♥K 6　　　　　　　♥A

♥Q J 10 8 3 2

你现在是4♥的定约人，在此之前西家曾叫过无将，因此在调将牌时最好是从手中出♥Q而不是从明手出红心。对西家来说，他面临了个不小的考验，你能说他不放上♥K总是个正确的选择吗？请看如下形势，由于西家叫过牌，因此定约人判断♥K不可能飞成功。

♥9 7 5 4
♥K 6   ♥3
♥A Q J 10 8 2

定约人决定放弃无谓的飞牌,而且他也不认为西家持着单张♥K,于是定约人从手中打出了♥Q,此时此刻西家拒拿岂不是个可悲的错误吗?

例 1.1.2－14 将上例的情况略微改动一下,假设东家曾叫过无将,从而你知道他可能在红心上不短且有大牌。当遇到下面的这个组合时,千万不要让他优哉游哉地看着你调将牌。

♥Q 6 3
♥A   ♥K 10 8
♥J 9 7 5 4 2

作为 4♥ 的定约人,你的目标是免输 3 墩将牌或是只输一墩将牌。对于前者,你最好是从手中出小红心,只要有足够多的桥,哪怕东家持♥A K 10 8,他也只能拿到 2 墩而已。对于后者,你不妨从明手出♥Q 试试。即使此举并未令东家如坐针毡,至少他会头痛一阵。请不要过早地断言东家是不会盖上他的♥K 的,请看下面这个组合:

♥Q 6 3
♥9   ♥K 10 8
♥A J 7 5 4 2

明手的牌不变,东家的牌也无异。不过有一点是可以肯定的,如果这时从明手出♥Q 而东家拒绝盖上♥K,那么东家将两手空空。

例 1.1.2－15

♠J 4

♠A 9 8 7 6 3

假设你是 4♠ 的定约人,有可能只输一墩将牌吗?你马上会回答说,当西家持♠K 10 或是♠Q 10 时,先从手中出小黑桃,西家只得用大牌拿。接着从明手出♠J,用铲飞的手段击落防家的另一张大牌及♠10。那么当东家的黑桃比西家的短时呢?譬如说这个组合:

♠J 4

♠Q 5 2　　　　　　　　♠K 10

♠A 9 8 7 6 3

你现在仍然有机会只输一墩黑桃,尽管西家的黑桃比其同伴多了一张,你能使西家紧张甚至出错。你仍从手中出小黑桃,西家将很不好过,如果他错误地放上了♠Q,那么你不是可以少输一墩黑桃了吗?西家有理由放上♠Q 吗?没错,譬如说,当定约人持♠A K 9 8 7 3,为了使自己免输 2 墩黑桃,订约人不也会从手中出小黑桃吗?

例 1.1.2－15

♠J 6 5 4

♠A 9 7 3 2

这在有将定约时是个极常见的组合,可能 90% 以上的人都是先拔了♠A 再送出小黑桃的,这种最简单的打法是不需要人教的。但是 3－1 分布的概率要多于 2－2,于是正确的打法是从明手出♠J 作为你调将牌的开始。首先,当西家恰好持单张♠10 时,你这样打仅输一墩黑桃而已。其次,当东家持♠K 10 8 或是♠Q 10 8 时,没准他会盖上个大牌让你达到一箭双雕之目的。倘若西家持三张黑桃时,你没有什么好办法使他出错,所以当你在布置骗局时,你只能假设西家的黑桃较短。

例 1.1.2－16　有些人常觉得盖上明手的大牌使自己的牌得

到升级并不吃亏,其实并不尽然。请看下面这个组合,绝大多数的定约人在这时未能把握住机会,因为他们在调将牌的时候,常常是先抽出了大牌。

♠10 5 2

♠——　　　　　　　　♠J 9 8 6

♠A K Q 7 4 3

在调将牌之前没人能知道黑桃竟然会是4-0分布,只要你有足够的桥梁来去自如,只要你并不指望明手的♠10有何作为,那么当你调将牌的时候总是应该从明手出♠10的。如果东家稀里糊涂地盖上了他的♠J,那么你不是能将他的将牌一网打尽了吗?当然,东家盖上♠J是个可悲的错误,只要东家不把自己的牌摊给对手看,那么没有一个定约人会在调将牌时一开始就用♠10飞过去的。

例1.1.2-17　下面的这个组合也很常见:

♠9 8 2

♠A K 7 6 5

你和同伴最终叫到了4♠。怎么调将牌为好呢?拔♠A K吗?那可是初学者一看即会的粗活儿,当将牌3-2分布时固然不错,而当将牌4-1时则归咎于运气欠佳,那恐怕很难得到长进的。配上东西两家的牌,得:

A.　　　　♠9 8 2

♠Q　　　　　　　　♠J 10 4 3

♠A K 7 6 5

在定约人用♠A击落西家的♠Q后,他及时地扔掉了明手的♠9,接着他送出小黑桃,让东家吃掉明手的♠8,结果他只耗费了一座桥就飞捉了东家的♠J 4。这位定约人的灵活和果断值得称颂。不过这里建议你另外一种打法,只要来去桥梁不成问题,那么你最好是从明手先出♠9,假如东家错误地盖上了大牌,那么你不是可以免输一墩将牌了吗?即使东家很正确地不为所动,你也仍然可以用♠A击落西家的♠Q,然后送出小黑桃。显而易见,采用这种诱骗战术对定约人来说是有益而无害的。

将组合A稍加改动,得组合B:

B.　　　♠9 8 2

♠Q　　　　　　♠J 10 7 3

　　　♠A K 6 5 4

一张小牌的易位可能致使定约人输2墩黑桃了。同样,正确的打法还是应该先从明手出♠9。看到自己的♠7将可得到升级,东家可能会大方地盖上他的♠10的,这样一来定约人不是可以少输一墩将牌了吗?

看了例1.1.2-17的A和B后,或许有人会不以为然地说:我持东家的牌时是不会轻易盖上自己的大牌的。但我想最好还是不说这类大话为宜。在实战中,尤其是在重大比赛的巨大压力之下,任何人都会犯下这样或是那样的错误。

四、不仅仅是飞牌

打桥牌的人中没有一个不知道飞牌的,而且不论是初学者,还是桥牌专家,飞牌都是使用率最高的一门战术。不过并不是所有人都能掌握这门技巧的,也不是所有人都能对飞牌时的若干细节予以注重的。此外,飞牌通常只有50%的成功率,假如你能把飞牌和诱骗战术有效地结合起来,那么你飞牌的成功率肯定会有不少提高。

例 1.1.2-18

♣K J 8 2

♣6 5

假设你现在是 6♦ 的定约人,当同伴把牌摊下来之后,你发现这个满贯的成败将取决于草花上究竟是输一墩还是 2 墩。我们撇开♣A Q 居于同一侧的可能,着重探讨一下当♣A Q 分居两侧时如何使飞牌成功的可能性增大。当你赢得首墩后,你最好的策略是立即打出♣6。如果西家有♣A,那么在他掌握有关信息之前就要逼着他表态:"这个♣6 会是个单张吗? 如果它确实是个单张,那么会不会因为我拒拿而让定约人完成一个该宕的满贯呢?"此外,在双人赛中,让对手超额一墩常是个不小的错误。西家的任何思索或是迟疑都将会给你提供非常有用的情报,如果西家不假思索地跟出小草花,那么你多半是只好用♣J 飞了。

作为定约人我们常常希望把该输的牌尽早地输掉,这样对我们通盘计划及来去桥梁的安排都有利而无弊,那么在我们的飞牌本该失败的时候,我们如何来劝说防家不要忍让呢?

♣A Q 9 3

♣J 10 5

你现在的定约是 4♠,希望尽早知道草花上的飞牌成败如何。万一草花飞不成,那么你将不得不在红心或是方块上图发展了。如果草花飞牌成功,那么你在处理红心和方块上就不必冒风险,或是在调将牌时你可选择某种较安全的打法了。当你从手中出♣J 并拿到一墩时,能断定你飞牌成功吗? 不能,因为东家有♣K 时,他十之八九会忍让的。再飞一次当然有可能澄清这个问题,不过飞不成是不是会有被西家将吃的危险呢? 假如自我在草花上阻塞一次并不妨,那么建议你出♣5 并用明手的♣Q 飞,唯恐有可能拿不到一墩草花,当东家持♣K 时,他多半不敢忍让。

例 1.1.2-19　我们在例 1.1.2-1 时讨论过类似的组合,那时讲的是明手持 K Q 10 × 而定约人手中只有小牌,我们将两者的位置互换一下,得:

7 6 2

K Q 10 4

在无将定约时,你想树立该花色,总是从明手出小牌的,很想知道究竟谁有着 A。如果西家持有 A,那么你希望他不要忍让,从而再次从明手出牌时,你将用 10 飞,因为飞捉 J 的机会要比击落西家双张 J 的大。反过来,当西家并没有 A 时,如果东家再次跟小牌,那么你会考虑第二次放上你的大牌的。经验告诉我们,在处理上述组合的牌时,你选用的策略最好是因人而异。当你的对手牌技不高时,可放上你的 K,西家可能分辨不清谁有 Q 而对你的 K 毫不留情。当你与高手对垒时,他将不认为你只有孤零零的一张大牌 K,他可能会不露声色地忍让。遇到这样的对手,你与其出 K 还不如出 Q,可能西家会认为你有 J 而其同伴有着 K,如果这时他忍让,那么整个防御的节奏将放慢一拍。

例 1.1.2 - 20 同上例相仿的是,当你在处理如下的牌时,飞牌的策略也需因人而定。

6 5 4

A Q J 3

当你第一次用 Q 飞时,绝大多数的西家有 K 是会不客气地收下的,因为他们弄不清 J 的所在,他们担心不拿可能会白不拿。当一位高手位于西家时,他很可能会忍让的,他会认为你之所以敢树立该花色,你手中多半还有着 A 和 J。遇到这样的对手时,藏起你的 Q,第一次用 J 飞,西家可能会用 K 拿的。为什么?因为那位西家可能会判断你有 Q 而没有 A。

例 1.1.2 - 21 当你用大牌连张飞牌之前你可曾想过,这两张牌对你来说是一般大小,但你出其中的哪一张对防家来说是否有区别呢?显然是有的,只是有些人未曾如此深入思考罢了。我们不妨这么说,当你不希望对手盖上他的大牌时,最好是用你的次大牌飞;反之,你用较大的那张牌飞。

◆K 8 4 3

◆J 10

假设你现在打5♣,当然不希望输2墩方块,当◆A Q分居两边时,你的愿望有可能实现。当你打出◆J时,会指望西家鲁莽地扑下他的◆A(除非是他手中还有着◆Q)吗?设身处地为西家想一想吧,你处于他的位置时,不是也不愿贸然动用你的◆A吗?让定约人费劲地猜或是让定约人误判乃是防家的乐事一桩,当西家持◆A时他肯定是会跟小方块的。正确的打法是从手中出◆10。西家不知道谁有着◆J,他也无法知道你既可用◆K飞,又可用◆10飞。对西家来说,他会认为你将别无选择地放上明手的◆K的,因此当他有◆A时,他可能会认为忍让并没有什么必要,尤其是当他担心你持单张◆10 的时候。由此推理,当西家跟小牌的时候,你最好是留◆K在明手而用◆10飞过去。

例1.1.2－22 同伴把你的1NT加至3NT,当他把牌摊在牌桌上时,你发现他的全部家当都在方块上。

◆A K J 4

◆10 9

如果你仅需要3墩方块,那么你怎么飞都行。但要是你不拿到4墩方块你就完不成定约,那该怎么办呢?无疑,西家持◆Q是个先决条件,然而在你打第一轮方块时,西家盖上了他的◆Q,你还是无法拿到4墩方块。你说当你出◆10还是出◆9时,西家更会下决心以◆Q相拼呢?那当然是◆10给西家的刺激更大了,再说当你出◆9时,西家没准还以为你在双飞◆Q和◆10呢。

例 1.1.2‑23　下面这个组合也十分常见，双飞的打法是成功率最高的一种，即先用◆Q飞，万一西家恰好持单张◆J时，你还可以不输一墩方块。如果首轮方块飞牌失利，那么你将用◆9再飞一次。

◆Q 8 4

◆A 10 9 3

现在把条件改变一下，明手没有足够多的桥供你连飞方块之用，为此你不得不先从手中出方块，那么出哪一张好呢？显然，当西家持◆K时，你很希望这张大牌会出来，而要是西家不出◆K呢，那么你准备飞◆J了。如果你出◆10或是◆9，都会让西家猜到你并没有◆J，他将会毫不迟疑地跟小方块的。所以你最好是先出◆3，西家哪会知道你既可用◆Q又可用◆8飞呢？假如他判断你将别无选择地放上明手的◆Q，那么他会毫不客气地用◆K拿的，与其让你先下手连拿2墩方块，倒不如他截下抢个先手。现在你一定很清楚了，当你出◆3西家不为所动地跟小方块时，你就用明手的◆8飞过去。再引申讲几句，在你初次用◆8飞牌被东家的◆J拿后，接下来你从明手出◆Q，你很有可能用一座桥就能拿到3墩方块呢。

例 1.1.2‑24　接下来的也是个极常见的组合，攻防双方可能在这个问题上都有着成功的经验或是失败的教训。

A 7 3

Q J 9

当西家有K时，你希望他会错误地盖上你的一个大牌，这样你还可回过头来飞东家的10，哪怕是第二个飞牌失败了你也没损失什么。前面我们已经讨论过了，当你希望对手盖上大牌时，应该出 Q 而不是 J。那么作为西家来说，他在什么情况下拒绝该上会是个错误呢？请看下面这个组合：

♦ A 7

♦ K 8 6 4   ♦ J 10 5 3 2

♦ Q 9

你现在是 4♠ 的定约人，在赢得首墩后你发现这手牌不存在什么残局打法来迫使对手替你动方块。既然你将不得不自己主动地打方块，那么干脆趁对手还摸不清虚实时，你从手中大胆地打出 ♦Q 来，西家不一定会盖上 ♦K 的。就上述组合而言，西家是该上的，但要是你持的是 ♦Q J 10，那么他盖上 ♦K 不是白送你一墩方块了吗？只要你自己不放弃希望，那么对手出什么样的错误都是有可能的。请别以为这个建议是想入非非，它有个很独特的名称，叫做"中国式飞牌"，当你看完第二篇的第八章之后，你就知道了还真有好几个人用这个打法取得了可喜的成功。

例 1.1.2 - 25 你和同伴叫到了 4♠，由于 ♠K 在外，因此你调将牌的唯一打法便是单向飞牌了。

♠ A 7 2

♠ Q J 10 6 3

你手中有三张等值大牌，但是否想过同样是飞牌，同样是大的三张牌，出哪一张可有什么区别吗？假设西家持的是 ♠K 9 4，那么你说他面临你的两个飞牌选择时，他愿意盖上你的 ♠Q，还是 ♠10 呢？恐怕没人的答案会是后者吧，因为不论是双飞还是深飞，定约人出 ♠10 都是很可能的。假如你接受了这个概念，那么当你从手中出 ♠10 时，西家很爽快地盖上了他的 ♠K，你是否会觉得这个现象很蹊跷？假如你是作如此深入的思考了，那么你是不是打算回手出 ♠7 来飞捉东家的 ♠9 8 5 4 呢？

例 1.1.2‑26　下面的这个组合也极常见,譬如说是在开叫无将后应叫方使用斯台曼约定叫而取得了将牌的一致。

♠A 9 4 3

♠K J 10 8

你现在是 4♠ 的定约人,在调将牌之前,你对 ♠Q 的位置毫无线索,这时最好是从手中出 ♠J。假如西家没盖上大牌,那么你就用明手的 ♠A 拿,再回手飞东家的。当西家有 ♠Q 时,他的确是不该盖上,但偶尔出错也还是可能的,因为有时候西家持 Q 而不盖上定约人的 J 会是个错误。譬如:

　　　　　　♠K 10 5 4

♠Q 7 2　　　　　　　♠A 9 6

　　　　　　♠J 8 3

为树立起明手的黑桃,定约人总是从手中先出 ♠J 的(只要定约人不认为西家会恰好持 ♠Q 9 双张),现在西家不盖上他的 ♠Q,将白让定约人可多得一墩黑桃。

例 1.1.2‑27　在对手首攻后,有时你会感到有遭对手将吃的危险,于是立即不停顿地调将牌已成了你的头等大事。

♠K 7 5

♠Q J 10 6 2

你打 4♠,在西家首攻后你发现东家有可能会将吃红心,你肃清他的将牌已迫在眉睫。在你调将牌时,你最好是从手中出 ♠J,给西家一个你想飞 ♠Q 的印象,希望当西家持 ♠A 时,他并不急于拿下。

例 1.1.2‑28　如果知道飞牌肯定会失败,那么坚持飞牌除了验证一下这个结果之外是没什么实际意义的。如果在这个时候尝试一下其他方法,那么柳暗花明还是有可能的。

♣A Q 6 4

♣J 10

如果叫牌显示了东家持着♣K,那么草花飞牌就等于先送一墩给东家,但你还可能有三个草花赢墩。但要是让东家上了手又可能对你产生威胁,那么草花飞牌就不该坚持了。只要你并不依赖3墩草花仍能完成定约,而且你又不愿意让东家击穿你的薄弱花色,那么你可以考虑从手中出♣J并用明手的♣A拿,接着从明手出小草花。担忧他的♣K可能被你将吃,东家有可能不愿放上他的♣K,尤其是当他也有四张草花的时候,多半更愿意看守住明手的♣Q。顺便提一笔,当你有♣J而没♣10时,譬如说持的是♣J 7,你也可以用类似的手法来蒙骗东家,即先从手中出♣7并用明手的♣A拿,接着从明手出小草花回来。

例1.1.2‑29 同上例很相似,有时你会遇到这样的情形。

♥A 9 4 3

♥Q 10

在东家开叫1♥后,你和同伴叫到了4♠。西家理所当然地首攻了♥J,这张牌明白无误告诉你东家持着♥K,飞红心既要立即输一墩,又可能有被西家将吃的危险。你在用♥A拿下的同时应毫不迟疑地跟出手中的♥Q(这是前面所讲过的"已暴露的那张牌")! 在肃清将牌之后,你从明手出小红心,东家有可能不愿放上他的♥K。因为西家的首攻很像是出自♥J 10这样的连张,西家的红心显然也不多,贸然扑下♥K非但可能拿不到一墩红心,而且还会让你树立起明手的♥9。

例1.1.2‑30 在打牌的时候我们应抛弃不必要的胆怯,该输的总是要输的，并不会因为我们害怕输牌而少输一墩，也不会因为我们往后拖延而产生什么奇迹。

```
              K 10 5
Q 8 4                  A 9 6 3
              J 7 2
```

这是个很常见的组合，通常定约人只能拿到一墩而已。有人迟迟不愿动这门花色，他以为防家会为他代劳。事实上，哪怕是东家被迫出牌，定约人也还是得丢 2 墩牌，当东家出 3 时，定约人会跟 2，西家只需放上 8，那么定约人只好拱手交出余下的 2 墩给防家了。假如你没办法投入西家，那么只好自己动手了。有人喜欢先出 2 并用明手的 10 飞，但因西家的 Q 并不跌下，定约人还是输了 2 墩。当你发现你不可能迫使西家出该花色时，最好策略是趁对手对形势不甚明朗时尽早地从手中出 J！没错，当西家盖上 Q 时，你确是输了 2 墩牌，不过西家有不愿意盖上的时候。譬如说，当你持的是 A J 2 时，西家盖上 Q 岂不帮了定约人的大忙吗？

例 1.1.2‑31 最后我们来讨论一下在打牌的过程中关注对手跟牌的重要性。有人主打时会坚定不移朝既定方向走下去，也有人会疑惑不定，很显然，优柔寡断常会断送一个好机会的。需指出的是，主意坚定并不等于可以漠视对手的出牌，因为防家很正常的跟牌有时也会向定约人揭示某个很重要的秘密，或者是向定约人提供了个很重要的信息。

A.
```
              K J 8 6 2
Q 9 7                  10 3
              A 5 4
```

这可能是门将牌花色，也可能是某个旁套花色。为防东家有可能持单张 Q，人们常会先打掉手中的 A，接着用明手的 J 飞牌。当东家是对诱骗战术知之不多时，他多半是会跟 3 的。但要是东家是名好手,他肯定会跟 10 的,因为他想劝说定约人放弃飞牌而采用击落战术,从而保护了西家的 Q。

B. 将上述组合稍加变动并假设你还是与那名好手对垒。

```
            K J 8 6 2
10 9 7                Q 3
            A 5 4
```

你还是先从手中出 A,这时东家无法不跟 3 了。当你见到这张 3 出现在牌桌上时,切勿漠视它向你提供的重要信息。这张牌告诉你,东家可能持有三张,他也可能只有一张。假如东家持的是双张时,那么只可能是 Q 3 而不可能是其他。为什么?因为当东家持 10 3、9 3 或是 7 3 时,他都会先出他最大的那一张的。在洞察了这张牌的秘密之后,你肯定会放弃飞牌而采用击落战术的。万一东家持单张 3 怎么样?那也不可怕,回手后再打一轮不也只输一墩给 Q 吗?

五、树立长套时的诀窍

作为定约人,你在树立长套赢张的同时,应设法不让防家弄清你的牌型及大牌位置。如果越能较长时间地唬弄他们,那么他们也就越难发现你的薄弱所在,从而你的定约也就越安全。出于这个原因,许多优秀的桥牌选手在树立长套时并不拘泥于教科书中的说教。

例 1.1.2 - 32

```
              ◆ K J 7 6 4
◆ 9 3                   ◆ Q 10 8
              ◆ A 5 2
```

为了拿到 4 墩方块,通常定约人会先拔掉◆A,见◆Q 并不跌下来时使用明手的◆J 飞。这样打的优点是避免让东家的单张◆

Q白拿一墩,此外,从例 1.1.2-31B 我们知道,定约人还将视东家的跟牌可在飞牌和击落二者之间作一取舍。不过,这样打也有个很明显的缺点,那就是把方块的分布暴露无遗了。有时防家的首攻并未击中定约人的要害,而防家及时地转攻定约人的薄弱环节将危及这个定约,于是掩饰自己的牌型和大牌位置在这时就很有必要了。如果你处于这种形势,那么不妨从手中出小方块并立即用明手的◆J飞,东家用◆Q拿后未必会意识到余下的方块已是你的一统天下了。

例 1.1.2-33 如果在树立长套的过程中,你不得不输一墩给防家,那么尽早地送出一墩往往是个明智的策略。

◆ 8 7 5 3 2
◆ Q 10　　　　◆ J 6 4
◆ A K 9

假如你不存在阻塞的问题,那么连打三轮方块,除了把对手逼急了要与你拼命之外可说是一无是处。聪明的定约人在这时会从明手出小方块并用手中的◆9伴飞,防家哪能立即意识到定约人接下来将连拿4墩方块呢。如果你手中并没◆9,或是明手的进手张并不多,那么从手中先送出小方块也不失是个好办法。

例 1.1.2-34 当你无法采用残局打法来迫使防家为你提供免费飞牌时,利用防家对牌型知情有限的有利条件,大胆地糊弄他们一次。

♥ J 7 4
♥ K 10 8 2　　　　♥ A 9 3
♥ Q 6 5

在对手首攻方块来对付你的黑桃定约时,你发现这手牌并不存在任何残局机会,既然你将不得不自己主动地出红心,那么最好尽早地从明手出♥J！东家可能以为你想飞捉♥Q而不愿放上他的♥A。反过来,不论是从哪一方,只要你先出小红心,那么你在红心上将全军覆没。

例 1.1.2-36 信不信由你,有时你越是敢于"胆大妄为",越是有可能镇住对手而拿到一墩意想不到的牌。如果你对此将信将疑,那么下回有机会一试即知,至少是瑞典的沃林就曾从里斯的兜中"偷"回过一墩牌,在第二篇的第四章中有这样的牌例。

♣K 7 5

♣A 9 3　　　　　♣Q 10 7 2

♣J 8 4

看了四家牌,我们知道订约人在这个组合时能拿到一墩牌,同时我们也还知道,定约人♣自己动草花时,有输3墩之虞。假如你指望尽快地拿到一墩,那么从明手出♣K试试!为阻止你树立起草花,西家有可能会忍让。更有甚者,假如♣K真的拿到了一墩,假如有足够的胆略,那么请你再次从明手出小草花,东家是没理由扑下他的♣Q的,因为他还担心你手中有♣A J呢。当你大胆地放上你的♣J时,西家将如何作想呢?只要西家忍让过一轮,那么其原因在于他可能误以为你手中有着♣Q,于是说他可能会再次忍让未必是痴人说梦吧。

例 1.1.2-36 接下来的这个组合在树立长套时很常见:

♠J 3

♠10 8 7 2　　　　　♠A 4

♠K Q 9 6 5

有多种方法来树立手中的黑桃,如果该花色的分布并不奇特(譬如5-1或是6-0),那么定约人可望拿到3墩或是4墩。有没有什么办法保证能拿到4墩的?坦率地说,机会很少,但我们可以增加这样的机会。在你着手处理黑桃之前,一件重要的事是你判断或是假设谁持着♠A?如果你认为西家持有♠A,那么可从手中出小黑桃到明手的♠J，在从明手出黑桃回来时你可以放上你的大牌（准备硬打3-3），也可以跟小黑桃放过（期望西家恰好持双张♠A）。

如果你认为东家持有♠A，那么上述打法在黑桃4-2分布时就只能拿到3墩了。这时你最好是从明手出♠J，东家可能会以为你要飞捉♠Q而拒绝用♠A拿。尤其是当东家对你的黑桃长度不十分清楚时，他更容易出错，因为东家拒绝放上♠A有时是正确的。

```
              ♠J 3
♠Q 2                    ♠A 4
              ♠K 10 9 8 7 6 3
```

同样地，你还是从明手出♠J，如果这时东家迫不及待地用♠A拿，那么他不是帮你解决了一大难题吗？

第二章　防家如何使用诱骗战术

不论是对一般水准的桥牌爱好者还是对桥牌专家来说，大家普遍地认为防御难于主打，其中一个主要原因是定约人与明手之间不存在什么意念沟通的问题，他一人可以操纵26张牌的去留。而防家则不然，全靠出牌和跟、垫牌来交换信息，而且又常常不能将真情实况和盘托出，因为当一位防家在向同伴吐露真言时，定约人也将此重要情报悉收眼底。同样，防家的诱骗战术若要取得成功往往也难于定约人的，就像是出双簧戏那样，一个人是难以淋漓尽致地演好两个角色的。防御时的诱骗战术，有时单凭一个人的努力是无法逼真表现的，要是另一位防家未能领会同伴的意图，那么独具慧眼的巧妙设计也将会付诸东流，形成实际上的"三家打一家"的尴尬局面。尽管如此，防家还是能在不少情况下使定约人上当受骗的，从定约人手中夺回一墩甚至数墩。

第一节 防家跟牌的艺术

虽说被动跟牌时防家的空间很小，但只要你持的不是单张，那么可以十分肯定地说，你跟哪一张牌往往是大有讲究的。

一、给定约人多一个选择

打桥牌的人常用"自古华山一条路"，来形容在别无其他选择时定约人铤而走险地完成定约之壮举。要是定约人有两条路可走，而且其中的一条又是条失败之路，那么定约人不是有50%的可能上不了华山吗？这里我们着重讨论一下防家如何使出诱骗战术来制造假象，从而使定约人获得了不止一个的选择，而且其中有一个是错误的选择。

例1.2.1-1 假设南北方通过斯台曼问叫成功地叫到了4♠，在赢得了首攻之后，订约人着手处理将牌了。

♠A J 7 3
♠K 5   ♠10 9 4
♠Q 8 6 2

定约人从手中出♠2，西家别无选择地跟♠5，定约人用明手的♠J飞得一墩，东家跟♠4。定约人打掉明手的♠A，很幸运地击落了西家的♠K，结果他一墩黑桃都没输。这样的结局真那么顺理成章吗？并不如此。说得稍严重点那就是，由于东家的不动脑筋，因此他把同伴的♠K给出卖了。

假如在首轮黑桃飞牌时东家跟出的是♠9或是♠10，那么又将怎样呢？可以肯定地说结果将大不相同了。当东家跟♠4时，定约人除了硬拔♠A之外，他没有其他办法可想。但要是东家跟

♠9时，定约人就多了一个选择：硬拔♠A 或是采取铲飞的战术。如果东家持的是♠10 9 双张，那么硬拔将输一墩黑桃，而定约人出♠Q 铲飞则可免输一墩黑桃。那么当东家跟♠4 时，定约人为什么不考虑铲飞呢？那是无济于事的，即使定约人一举击落了♠K 和♠9，他也还是得输一墩黑桃给♠10 的。这个牌例告诉我们，一是不要养就一成不变的从小牌跟起的坏习惯，二是尽管手中没大牌，有时还得扛起保护同伴的重任。

例 1.2.1－2 南家通过阻击叫定约 3♠，现在他同样面临着如何调将牌的问题。

    ♠ 3
♠ J 10 5   ♠ A 4
   ♠ K Q 9 8 7 6 2

当定约人从明手调将牌时，东家总是跟小牌的，除非他有充足的理由非抢到出牌权不可，定约人当然会放上一个大牌的，西家跟哪一张黑桃就需（应该在定约人调将牌之前就）想一想了。假如西家跟的是♠5，那么 99.9％以上的定约人接下来会送出小黑桃的，结果他只输一墩将牌而已。定约人不出第二张大黑桃的理由非常简单，撞下♠10 又有何用，还不是得输一墩给♠J 吗？但要是西家跟的是♠10 或是♠J，那么情况就大不一样了。定约人现在就多了一个选择，他可以仍旧当东家持♠A 4 双张处理，他也可以打出♠Q 以求撞下西家的♠J 或是♠10。如果说上例中东家随手跟出小黑桃没能保护好同伴，那么这回西家欠思考的跟牌则没能保护好自己。

例 1.2.1－3 南北方叫到了 3NT，在北家把牌摊下后，防家发现明手除了有很不错的方块套之外，另外只有一个进手张。

    ♦ A Q 10 7 3
♦ K 6 2   ♦ 9 8 5 4
    ♦ J

当定约人出♦J时,西家不愿盖上他的♦K,因为叫牌显示了定约人不像是有两张方块,再说当定约人持两张或是三张方块时,盖上与否都无法阻止定约人全拿5墩方块。当定约人只有一张方块时,西家盖上后定约人送出一墩方块便可拿到4墩方块了,定约人想了一想后放上了明手的♦Q并拿到了一墩,他接下来打掉明手的♦A,东家这时的跟牌可能会关系到定约的成败。如果东家信手在♦4之后又跟了♦5,那么定约人只好从明手送出小方块了,与其说他运气很好,请下了西家的♦K,倒不如说是愚钝的东家没保护好自己。假如东家在♦4之后跟的是♦8,那么结局就可能大相径庭了。东家的♦8可能是出自♦9 8 4,如果是这样的话,定约人送出小方块就要让东家拿一墩,而西家的♦K仍能有效地阻止明手方块的树立。如果定约人判断东家持的是♦9 8 4,那么他肯定会从明手出♦10而不是♦3,结果他将遗憾地发现自己错失一个拿4墩方块的机会。

例1.2.1-4 南北家叫到了3NT,定约人还是想树立起明手的方块长套。

　　　　　　♦K J 8 7 3
♦Q 6 2　　　　　　　♦10 9 5
　　　　　　♦A 4

看了四家牌,我们发现定约人能很轻易地拿到5墩方块。不过,假如东家决心反抗,那么从定约人手中夺回一墩还是可能的。当定约人打掉♦A时,如果东家跟的是♦5,那么定约人十之八九会用明手的♦J飞的,结果定约人兴高采烈地全拿5墩方块。但要是东家跟出的是♦9或是♦10呢? 定约人怎能不停下来深思呢? 如果东家持的是♦Q 9或是♦Q 10,那么飞牌意味着白送一墩方块且至多拿到3墩,于是定约人很可能会以击落战术来代替飞牌的。需指出的是,当西家持♦Q 6 5 2时,飞牌是能得到成功,但定约人还是不得不交出一墩方块给西家,所以说哪怕定约人估计到了东家可能持的是♦10 9双张，定约人也会认为使用击落打法并不吃亏。只要定约人只准备拿到4墩方块，那么防家是完全有可能不让他拿到5墩的。顺便提一下，当东家持双张方块时，他也有机会使定约人少拿一墩的。

```
               ♦ K J 8 7 3
♦ Q 9 6 2                 ♦ 10 5
               ♦ A 4
```

如果东家在首轮方块时跟的是♦10，如果这张牌使定约人误以为东家持的是♦Q 10或是♦10 9，那么定约人就有可能接下来放弃飞牌而放上了明手的♦K，于是西家就能拿到不止一墩的方块了。有时候正是因为这额外的一墩使得定约人短缺了关键的一墩牌，或是防家多了这么一道防线从而抢在定约人前面击败了定约。

例1.2.1-5 假设南家现在成了4♥的定约人，他要着手调将牌了。

```
               ♥ Q 5
♥ J 10 3                  ♥ 8 2
               ♥ A K 9 7 6 4
```

几乎所有定约人都会先打掉明手的♥Q，如果两位防家跟的都是小红心，那么定约人将接着连拔♥A K，结果全歼防家的将牌，这似乎是理所当然的一个结局。需指出的是防家本来是有着机会改变这样的一个结局的，那就是在出首轮将牌时西家应毫不迟疑地跟上♥J或♥10。如果西家的♥J是个单张，那么东家持的便是♥10 8 3 2了，连拔三轮将牌将致使将牌上出现一个输张。当然，西家要是持的不止一张红心，那么飞一次红心将白输一墩将牌了，更重要的是，定约人现在根本无法验证一下西家这张牌的真伪。很显然，西家跟小红心使得定约人别无选择地连调三轮将牌，但要是西家跟♥J或是♥10，那将使定约人多了一个错误的选择。如果定约人怀疑东家确是可能持着四张红心，或是他很不愿意让东家得到上手的机会，那么他很可能以飞牌代替击落打法的。

例1.2.1-6 接下来这个组合非常重要，不论是在有将还是无将定约，防家都有着极好的机会挫败定约：

```
    A 8 5 4
6              J 9 7 2
    K Q 10 3
```

如果叫牌未能提供任何线索，那么定约人总是会先打掉手中的K或是Q的，接着他出小牌到明手的A。对定约人来说，他手中的10决定了他只能飞捉东家的J，当西家持J９６２时，定约人是无能为力的。当定约人按例出K时，如果东家能镇定自若地跟出9，那么局势将大不相同了。原来的单向飞牌顿时变成一个双向飞牌了，定约人仍能有效地对付东家持四张的情况，同时他还能将西家的J７６２——缉拿归案。问题是定约人现在怎么能知道他该以哪一家作为飞牌的对象呢？可以这么说，只要定约人认为西家持四张是可能的，那么他不出错的可能性将会微乎其微。在一次世界桥牌锦标赛中，英国桥牌好手史密斯女士就是如此这般地令对手的一个大满贯夭折的，这个牌例在本书第三篇的第五章中将有介绍。

需提请读者注意的是，万一定约人先打掉明手的A，那么东家切切不要自以为聪明地先扔掉9。为什么？首先，扔掉9并不能把单向飞牌变成双向飞牌，因为现在明手没有大牌了，定约人想以西家作为飞牌对象也为时已迟。定约人接下来总会先兑现手中的一张大牌的，西家的垫牌将使真相大白。其次，万一西家恰好持单张10，东家抛弃9的结果是使定约人恰能将东家的J７２陆续捕尽杀绝(当东家跟2时，定约人深飞；否则，盖上东家的某一张牌即可），而本来东家是肯定能拿到一墩的。

例 1.2.1-7 下面这个牌例与前例很相似，防家在跟牌时切勿忽视这几张小牌的作用而坐失良机。

```
              K J 9 3
10 8 5 4                A
              Q 7 6 2
```

当定约人从手中出 2 时，西家一定要毫不迟疑地跟出他的 8，明手的 J 当然被东家的 A 所擒去。反过来，要是西家吝惜那张 8 代之跟的是 4，那么定约人接下来总是会兑现手中的 Q 的，因为当东家持 A 10 8 5 时，他是无能为力的。现在西家果断地送出 8，就使定约人多了一个飞捉东家 10 的选择。只要定约人相信西家持单张 8 是可能的，那么接下来他不打错才怪呢。

例 1.2.1-8A 此例很常见，不少人也知道持东家牌时该如何对付，但总还是有些人因舍不得丢大牌而贻误战机的。

```
              A K J 9 8
7 6 5 2                 Q 10
              4 3
```

定约人从手中出 3，他并没立即飞牌而是放上了明手的 A，作为定约人，如果你这时看见东家跟的是 10，你将怎样打呢？我想你一定会再拨 K 的吧，因为当东家持单张 10，或者说当西家持 Q 7 6 5 2 时，飞一次并不解决问题，还是得输一墩的，但要是东家持 Q 10 呢，放弃飞牌将使定约人免输一墩了。所以说，在定约人放上明手的 A 时，东家应该不加任何犹豫地跟出 Q，现在为难的该是定约人了。他可以继续拨张大牌，当西家持 10 7 6 5 2 时，定约人非得送出明手的 9 才能树立起明手的 8；同时他也可以用 9 飞一次，飞成功将使他不必脱手即能拿到 4 墩。给定约人多一个选择吧，这样对你是有利而无弊的。

例 1.2.1‐8B　这种情形常见于南家开叫 1NT 后,北家使用了贾可比转移叫,结果南家成了 4♥ 的定约人。

♥A K J 9 8
♥7 6 5　　　　　　　♥Q 10
♥4 3 2

从南家选择 4♥ 而舍弃 3NT,防家可知南家不会只有两张红心,于是当定约人先打掉明手的 ♥K 时,东家切勿依样画葫芦地扔掉他的 ♥Q,因为没有一位定约人会大喜望地马上用 ♥9 飞牌的,他一定会再兑现明手的一张红心大牌,在确认西家持四张红心时再飞亦不迟也。东家在此时此刻必须跟 ♥10,让定约人自己来决定飞牌还是击落吧。

例 1.2.1‐8C　当东家看到明手没有 ♥9 时。

♥A K J 8 7
♥9 6 5　　　　　　　♥Q 10
♥4 3 2

看起来是两张并不显眼的小牌位置互易,其实还是有些变化的。当定约人打掉明手的 ♥K 时,如果东家跟 ♥10,那么定约人接下来将在飞牌和击落中作一选择,他当然有 50% 的机会出错。但要是东家跟的是 ♥Q 呢? 定约人有了一种新的飞牌和击落的选择,即:他有可能击落东家的 ♥10,他也可以立即通过双飞来捕捉西家的 ♥10 9 6 。作为定约人,当你两次分别看到东家跌出来的是 ♥10 和 ♥Q,比较相信哪一张更像是单张呢? 多数人比较倾向后者吧。那怎么知道西家持着 ♥9 呢? 恐怕没人能准确地区分西家有还是没有 ♥9,不过假若我是东家,当我看见明手没这张牌时,我便假设同伴持着它的。

通常当人们位于东家且持几张关键的嵌张来对付明手时,总是很乐意见到定约人飞牌失误的,不过当你持这样的牌位于西家时也不必心灰意懒,尽管明手的大牌能将你的大牌嵌张一一捕捉,你仍应振作起来,动一番脑筋努力抵抗,有时你还是会有收获的。相信下面的几个牌例将会给你一些启迪的。

例 1.2.1‑9A　不论是作为将牌花色还是在无将定约时,这个组合很常见,如果你是西家,那么请你不要因为没能再有一张黑桃而遗憾。

♠A K 8 6 5
♠Q 10　　　　♠7 4 3
♠J 9 2

通过转移叫,南家成了4♠的定约人。在拿下首攻后,他着手调将牌了。假如你信手跟出了♠10,那么你的♠Q还会有生路吗?不论是定约人硬拔或是回手尝试飞牌,你的♠Q总是逃不出明手大黑桃的掌心的,哪怕定约人学桥牌才三天,他也不会输一墩黑桃的。现在再来看一下如果你首先跟出的是♠Q又将怎样呢?如果定约人不管三七二十一仍旧硬拔,那么你只好自认倒楣了;但如果定约人判断你的♠Q是个单张,那么东家持的便是♠10 7 4 3了,定约人要是放弃飞牌不是准备输一墩将牌给东家了吗?你的♠Q给他出了道难题,他要么接受它,认为你确实持的是单张♠Q;要么他认定你在使诈而继续用大牌砸,但他没有任何办法来验证你这张牌的真伪。

例 1.2.1‑9B　将上例中的♠K和♠Q的位置互易,防家仍可使用同一手法令定约人陷入困难的猜测。

♠A Q 8 6 5
♠K 10　　　　♠7 4 3
♠J 9 2

定约人还是从手中出♠2作为调将牌的开始,作为西家,你应毫不迟疑地送出你的♠K。前面已分析过了,当你跟♠10时,定约人是不可能出错的。但要是你大方地将♠K作为贡礼献出呢,定约人很可能投桃报李的。只要他相信你的♠K是个单张,那么接下来他不用♠9飞牌才怪呢。

例 1.2.1‑10 将上例略加改动,得如下的组合。约60年前,在北美桥联的一场大赛中,发明迈克尔斯扣叫的迈克尔斯(Mike Michaels)利用定约人出牌次序的错误,奇迹般地从定约人手中索回了一墩牌。

```
            ♠K J 9 8 6
♠Q 10                    ♠7 4 3
            ♠A 5 2
```

如果定约人先拔掉手中的♠A,那么我也无法给你讲下面如何怎样了,因为这样一来西家手中的♠Q是不可能保住的。大概是鬼使神差吧,定约人先从手中出的是小黑桃,位于西家的迈克尔斯连眼睛也不眨一下地跟出了♠Q! 定约人先是一愣,接着马上判断出东家必是持着♠10 7 4 3这样的四张黑桃。在用明手的♠K拿下后,定约人回手用♠9飞了过去,当他看到西家笑眯眯地掏出了♠10时,他几乎要厥倒了。

例 1.2.1‑11 在下面的这个组合中,西家可说是十分背运的,不过积极抵抗或许还是会有所改变。

```
            Q 10 4
A J 9                    7 6 3
            K 8 5 2
```

当定约人从手中出2时,如果西家用A拿下,那么接下来不论定约人是硬拔还是用10飞,余下的都是他的囊中物;如果西家跟9,那么恐怕没有一个定约人会不放上明手的10。鉴于上述两种情形西家都无法保住自己的J,那么西家干脆痛快地送出J又怎么样呢?毫无疑问,定约人将会用明手的Q拿的。如果定约人的回手桥梁有限,那么定约人接下来的一个选择是从明手出 4 并用 8 飞,因为当西家持 A J 双张时,西家也会跟 J 的。当然,如果定约人根本不存在桥梁的问题,那么西家是不可能拿到 2 墩的,因为定约人很可能会回手之后从手中出 5 的。不管怎么说,西家首轮跟 J 总要比出另两张牌积极一点。

例 1.2.1‑12　在下面的这个组合中,东家该设法为自己谋条出路了。

```
           Q 10 8 7 4
K 6 5 2                J 9
           A 3
```

定约人打掉手中的 A 后又打出了 3,西家没理由急急地用 K 拿下(除非西家拿下后能击败定约而他要是不拿则会让明手的 Q 拿了而完成定约),那么定约人放上明手的哪张牌将会与东家的首轮跟牌有关。如果东家跟的是 9,那么定约人很可能判断东家的这门花色不长,要么单张 9,要么在 9 的上面还有张大牌。如果东家持 K 9 双张,那么定约人无法不输 2 墩;如果东家持 J 9 双张,那么定约人放上明手的 Q 就可能仅输一墩。由此而知,东家最好是先跟出 J,定约人多半接着会用明手的 8 飞的。

例 1.2.1‑13　如果你赞同上述的分析和打法,那么在本例中,作为东家,你多半能给同伴一个惊喜呢。

```
           Q 10 8 7 4
J 6 5                  K 9 2
           A 3
```

定约人仍是先打掉手中的 A 再出 3,如果两位防家跟的都是小牌,那么接下来定约人在用 Q 飞还是用 10 飞的选择上有 50% 的概率出错。如果定约人渴望得到 4 墩牌,那么东家就有机会使定约人的出错率大大高于 50% 了。这话怎么讲?那就是在首轮跟牌时，东家应跟出9。如果东家持K 9双张，那么西家持的便是J 6 5 2四张，定约人无法不输2墩牌。如果东家持J 9双张，那么定约人放上明手的Q不是仅输一墩牌了吗？

例1.2.1‑14 J 9双张组合还真有不少文章可做，所以当你持这样的组合时可别忘了使出几招让定约人瞧瞧。

♥A Q 6 5 2
♥J 9   ♥K 7 4
♥10 8 3

在转移叫之后，南家成了4♥的定约人。当定约人调将牌时，你如果位于西家，记住要毫不犹豫地跟出♥J。如果你舍不得你的那张♥J，那么在飞牌失败之后，定约人除了硬拔已别无选择。如果你大大方方送出♥J，那么接下来他不出错的可能性就很小了。你的♥J很像是个单张，换句话说东家持的该是♥K 9 7 4了，如果定约人硬拔，那么他不是准备再送东家的♥9拿一墩又是在干嘛？当定约人想到这点时，他怎么会不用手中的♥8飞牌呢？

看了以上几个大牌嵌张的牌例后，可以得出这么条经验，那就是保不住的大牌不要指望或是力图硬保它，痛痛快快送出有时反倒会有所收获的。

例1.2.1‑15 再举一个不要试图硬保大牌的例子：

　　Q 9 3
7 5 4　　　　　K 10
　　A J 8 6 2

定约人往往是从明手先出小牌的，在用J飞得一墩之后，定约人又用A击落了东家的K，结果他很幸运地全拿5墩牌。换一种打法试试，当定约人从明手出小牌时，东家不跟10代之以毫不迟疑地送出他的K又将怎么样呢？这时定约人倒有可能送还一墩给东家了。当东家先跟 10 时，定约人别无选择地用 A 硬砸了；如果东家大大方方送出 K 后，定约人就多了一个选择：他仍旧可以连打 Q 和 J，也可以在 A 拿了之后用明手的 9 飞。只要定约人认为东家是可能持单张 K 的，那么他当然想把西家 10 7 5 4 四张牌一网打尽。

不必说当定约人没料到东家会使诈而采用飞牌结果白输了一墩牌，就是想到了这一层，他仍旧有 50% 的可能出错。你想，他估计到东家持 K 10 双张的可能，他又不得不防西家确实持 10 7 5 4，但是他已经没办法来验证一下东家出 K 的真伪了，因为他用大牌再拔一张就永远地失去了飞捉西家 10 的机会，放在定约人面前的选择很简单：信其真便飞捉西家的 10，要不然就再连打 Q J。不单是大牌嵌张常常不该硬保，就是不带嵌张的大牌也常常不该硬保，尤其是那些拖到最后一刻仍无生路的大牌，应尽早送出，有时反倒会使庄家网开一面的。

例 1.2.1‑16 南家开叫 1NT 后，北家加叫到 3NT。西家首攻红心后发现明手 7 点大牌竟然全部集中在草花上，不由得暗暗叫苦。

♣A Q J 9 6 3

♣K 7　　　　　♣10 5 2

♣8 4

当定约人从手中出 ♣4 时，西家跟了 ♣7，定约人飞牌成功。接着定约人回手后再出草花，结果全拿 6 墩草花。看上去，这过程很顺理成章，但其实并不然。要是西家一开始就毫不迟疑地跟出 ♣K 又将怎样呢？定约人敢拿下这一墩吗？我看未必吧，万一西家持单张 ♣K，定约人不肯忍让的结果是将只有 3 墩草花收入，而要是忍让一轮，则保证可拿到 5 墩。只要定约人不是非拿 6 墩草花不可，只要定约人并没有一门花色会被防家立即攻穿，那么即使定约人怀疑这 ♣K 未必是个单张，但为了稳妥起见，定约人也一定会忍让的。

在本小节的末了，我们来讨论一下防家在下面的两种情形时如何使定约人受挫。

例 1.2.1－17A

```
            A J 9 5 4
Q 10 6                K 8 3
              7 2
```

假如你现在是定约人，想树立起明手的长套，当西家跟小牌时，你会放上明手的哪一张牌呢？我想在别无其他线索的前提下，大多数人是会选择 9 的。用 J 飞成功的条件是西家持两大牌，而用 9 飞成功的条件是西家持 10，所以说用 9 飞的成功率是用 J 飞的两倍。好，在明确了定约人如何打之后，我们再来研究一下防家的策略。既然大多数的定约人打算用 9 飞，因此西家跟小牌的结果是东家被迫用 K 拿（当然，东家也可以忍让一轮），定约人只要再飞一次便可拿到 4 墩牌。考虑到这一层，西家最好是跟出 Q 而不是小牌。一来当西家持 K Q 两大牌时有可能会盖上其中的一个，这将使得定约人不得不仔细地揣摩一下西家的真实目的何在；二来这样可使定约人在该花色上一时受阻，他将不得不使用其他进手张才能树立起该花色。

例 1.2.1－17B

```
            A J 9 5 4
K Q 6                 10 8 3
              7 2
```

一般说来，西家这时最好的策略是跟 6，因为前面已分析过了，定约人多半是会用明手的 9 飞的。需指出的是，骗招是心理战的一个组成部分，常人的心理与高手的心理多少有异，所以说骗招的运用最好是因人而异。当两名高手过招时，定约人见到西家跟 6 可能却用 J 飞,因为他知道对手会使出骗招来对付他的。同样道理,在例 1.2.1－17A,当西家首次出 Q,接着跟 6 时,定约人可能却会用 9 飞。这就是人们常说的反其道而行之的道理。

假设你位于西家,有一点大概是可以肯定了的,当定约人对骗招所知有限时,你在例 1.2.1－17A 时不妨先出 Q 后跟 6,而在例 1.2.1－17B 时不要放上一个大牌。

二、跟出定约人已知的那张牌

我们在"定约人跟出防家已知的那张牌"的那一小节中,已体会到了这一原则的重要性,这条原则对防家也完全适用。反过来,要是防家迟迟舍不得打出已经暴露的那张牌,那么除了帮助定约人推算牌型之外,恐怕没有任何实际意义。

例 1.2.1－18

♥6 5 4

♥K 9 7 2　　　　♥A Q 10 8 3

♥J

在东西方都叫过红心之后,南家成了 3♠ 的定约人。西家首攻♥2,东家用♥A 拿后打回♥8,定约人将吃。不久,东家上手后再出红心,定约人再次将吃,这时西家应跟出♥K。当东家用♥A 拿下首轮红心时已明白无误地告诉定约人他并没有♥K,西家支持过东家的红心,他可能持着♥K××三张,也可能持着♥K××× 四张。在第三轮红心时跟出♥K 并不会给东家带来任何麻烦,但这样做可能会使定约人对牌型的推算产生偏差。

例 1.2.1－19

♦A Q 3 2

♦K 6 5　　　　♦J 9 8 7

♦10 4

在南家开叫 1NT 后,南北方通过斯台曼叫到了 4♠。拿下首攻之后,定约人出◆4 并用明手的◆Q 飞。飞成功后定约人觉得"还原明手"(dummy reversal)的打法似乎可行且安全,于是他打掉明手的◆A 并打算用小将牌将吃,他还想在小将牌将吃成功后再用手中的大将牌将吃明手的第四张方块。在这紧要关头,西家必须毫不迟疑地跟出◆K! 首先,定约人的◆10 表明定约人不可能还有◆J,要不然他总是会再飞一次的,更可能的是他首轮飞牌就会先出◆J 或是◆10 的;其次,定约人已知道西家有着◆K,打掉这张牌不会给东家带来困难。西家跟出◆K 造成一种他仅持◆K 5 双张的迹象,使本来想用小将牌将吃的定约人不得不停下来想想这样做是否安全。

例 1.2.1-20 除了可能对定约人的将吃计划产生干扰外,大方地送出已知大牌还会影响到定约人树立明手长套的心理。

　　　　　　　　♦A Q 9 6 3
♦K J 8 4　　　　　　　　　♦10 6 2
　　　　　　　　♦6

假设南家现在打 4♠,由于受到防家首攻红心的威胁,调将牌又可能脱手,因此定约人决定立即飞方块并想树立起明手的第五张方块。在◆Q 飞得一墩后,定约人用明手的◆A 垫去了手中的一张红心。假如西家攥紧了◆K 舍不得丢弃,那么当东家跟出第三张方块时,定约人不但知道他可安全地用小将牌将吃到一墩,而且他也知道方块一定呈 4-3 分布了。如果在此时此刻西家大方且又及时地送出自己的◆K,那么定约人敢不敢再打第三轮方块也难说,即使他仍想一试,那么在选用哪张将牌将吃的问题上,他将承受到不小的压力。

例 1.2.1-21 除了对定约人的行动计划可能会产生干扰外,跟出已知的那张牌偶尔还会使防家得到额外的一墩牌。

```
                ♠K 9 6 5
♠8 7 3                        ♠Q 10 2
                ♠A J 4
```

这可能是将牌或是旁套花色,也可能是在无将定约时的一个组合。定约人从明手出小黑桃并用手中的♠J飞,拿到一墩后定约人知道♠Q一定在东家之手,因为当西家有♠Q时,他是绝对会不客气地收下的。定约人接下来打掉手中的♠A。如果在此时此刻东家不下意识地跟出♠10,那么这不是逼迫定约人用♠K来击落他的♠Q又是在干什么呢? 反过来,要是东家能毫不犹豫地送出♠Q,那么在第三轮黑桃时,定约人将会颇费脑筋地去猜测究竟是该飞牌还是该选用击落打法,结果很可能让东家的♠10拿到额外的一墩。

例 1.2.1-22 防家跟出定约人已知的那张牌,有时能有效保护他的同伴,有时也能保护到自己。

```
                ♠7 6 3
♠A K                          ♠J 9 2
                ♠Q 10 8 5 4
```

南家现在成了2♠的定约人,他从明手出黑桃作为调将牌的开始。当东家跟♠2时,定约人放上了♠10,他准备让西家的♠J拿到一墩后再用手中的♠8作第二次飞牌。令定约人眼睛一亮的是西家用♠K拿,于是定约人知道♠J在东家手中。当定约人再次从明手调将牌时,东家跟出了♠9,一个稍有分析能力的定约人会盖上他的♠Q吗? 结果一张小黑桃便请下了西家的♠A。如果东家大大方方跟出♠J又将如何呢? 定约人可能仍然会跟小黑桃,但他也可能会盖上他的♠Q,因为当东家持♠A J 2时不也是这么打的吗?

例 1.2.1-23 此例与前例很相似,西家正处于岌岌可危之中,全靠同伴及时伸出援手。

♠7 5 4
♠K Q   ♠10 8 2
      ♠A J 9 6 3

在第一轮的黑桃飞牌时,定约人用♠9便请出了西家的♠K,这明摆着东家持着♠10。在第二轮黑桃时,东家应该大大方方地拿出自己的♠10。假如东家不跟♠10代之以出♠8,那么定约人十之八九会用♠A击落西家的♠Q。只有当明手缺桥短路时定约人才会犹豫该不该使用击落战术。试想,即使东家持的是♠Q 10 8 2,只要明手有着足够的出牌机会,那么在♠A空吃一墩后,再次从明手出黑桃不是仍可捕捉到东家的♠10吗？反过来,在第二轮黑桃时东家跟出♠10,情况就大不相同了,因为当东家持♠Q 10 2不也是这样跟牌吗？

例1.2.1-24 有时防家冒着危险在坚持抵抗,假如其同伴对此无动于衷,那么除了防家的大牌"英勇就义"及整个防线崩溃之外,是不可能还有什么善终的。

♣A Q 10 8 6 2
♣J 5 3   ♣K 7
      ♣9 4

南家开叫1NT并买下了这份定约。当北家把牌摊在牌桌上时,两位防家均心中一沉,明手牌点不多,但都集中在草花长套上,定约人不无例外地想树立起草花套咯。当定约人打出♣9时,西家很正确地拒绝盖上,定约人便飞了过去,早有准备的东家毫不迟疑地跟♣7忍让,因为他知道拿下意味着让定约人全拿余下的5墩草花,这告诉定约人♣J在西家手中。在第二轮草花时,西家一定要跟出那张♣J！假如他仍吝惜那张♣J,那么定约人一定会用♣A击落东家的♣K的。为什么？要想拿到至少5墩的草花,那么定约人一定会假设西家并没有四张草花,因为当西家持♣K J 5 3时,再次飞牌成功也只能给定约人带来3墩草花。如果西家懵然不觉地跟出♣5而使得定约人击落了东家的♣K,那么我们有理由说西家是不知不觉地把同伴给出卖了。反过来,如果西家痛痛快快跟出已暴露身份的♣J,那么定约人将处于左右为难之中,他如何能知道西家持的是♣J５３而不是♣K J 3呢？一旦错判,那么乱了阵脚的便是定约人了。

三、不露痕迹的忍让常有意外收获

这里所谓的不露痕迹的忍让,是指防家不作任何犹豫地忍让,就像他根本没能力拿下这一墩牌似的。反之,防家在出牌时的任何犹豫会被定约人视为有能力拿下的表现。人人都知道忍让是防御时的一个很常用的战术,前例东家的勇敢表现便是个明证。此外,如果防家在一手牌的开始阶段就把 A 和 K 陆续打了出来(若能立即击败定约那也是一种办法),那么大牌的过早暴露常使得定约人得到更多的线索。反过来,如果开始几轮防家的大牌都隐而不现,那么将使定约人缺乏头绪。更主要的是,防家不露痕迹的忍让,常使定约人误以为飞牌成功,从而定约人会放弃其他途径而继续一个行将失败的飞牌。

例 1.2.1－25　这个组合很常见,哪怕定约人是位桥牌专家,他也会有错判的时候。

♥K Q 10 7
♥J 9 3　　　　　♥A 8 2
♥6 5 4

几乎所有定约人都是先用明手的一张大牌飞的,假如东家不客气地照单收下,那么定约人接下来将不得不用明手的♥10飞了。但要是东家能不露痕迹地忍让一轮,那么感到为难的便是定约人了,他怎么知道接着该用哪张牌飞呢？如果定约人相信东家并没有♥A,那么他不出错才怪呢。

例 1.2.1－26　将东西两家牌互换,得如下组合:

```
              ♥K Q 10 7
♥A 8 2                    ♥J 9 3
              ♥6 5 4
```

定约人还是从手中出红心并用♥K飞,在拿到一墩后,定约人回手再出红心,西家再次忍让,他不紧不徐地跟出♥8,定约人一定会放上明手的♥Q吗?不见得,为什么?假如定约人知道你和同伴都擅使诱骗战术,那么他将不会认为♥K的轻易得手意味着西家持有♥A,在踌躇一番后用♥10飞的可能性依然存在。

例1.2.1‑27 接下来的这个组合很常见,有人处理得当后挫败了对手的一个该成的定约,而且还因此而荣获了IBPA颁发的最佳防守奖。

```
              ♥K 10 8 6 5
♥A 9 2                    ♥J 4
              ♥Q 7 3
```

这样的组合在无将定约或是以红心为将牌的定约中很常见,只要有足够的桥梁进入明手,那么定约人总是先从明手出♥5的,当东家跟♥4时,定约人将别无选择地放上他的♥Q。西家应该用他的♥A吃下这一墩吗?假如他确实用♥A拿了这一墩,那么定约人接着从手中出♥3时,他将有两个选择,用明手的♥10飞,或是用明手的♥K击落东家的♥J。于是我们不妨说,如果西家用♥A吃下一墩之后,那么定约人可能有50%的概率要出错。让我们再来看看如果西家不露痕迹地忍让一轮又将怎样呢?西家的忍让,十之八九会被定约人解读为东家持着♥A,如果你同意这样的分析,那么接下来他又有什么理由不用♥10飞,而非要把明手的♥K往东家♥A的口里送呢?

例1.2.1‑28 前几例,忍让者都持有A,他不愁他的A会拿不到一墩,只要定约人出该花色,那么防家想什么时候拿是没人能拦得住的。但有时候防家持的是K,他忍让显然就不是那样轻松而潇洒的了。

♦ A Q J 10

♦ 9 4 3　　　　♦ K 5 2

♦ 8 7 6

定约人现在打 4♠，肃清将牌后他着手树立明手的方块套了。如果在首轮方块时东家用♦K吃掉了明手的♦Q，那么余下的方块便是定约人的一统天下了。绝大多数的东家在此时此刻都会忍让，需指出的是东家的忍让有着一定的风险。无疑，西家总是先跟♦3的，在实战中这未必是个真实的信号，如果它代表着奇数张，那么在东家弄清方块分布的同时不也让定约人一清二楚了吗？所以防家更多的是不论持三张还是四张，一概都跟了小方块。显而易见，当西家持四张方块时，东家忍让一轮就可能一墩方块也拿不到，因为定约人可以在第二轮方块时拒绝飞牌，在♦A拿后又将吃一轮方块便树立起明手的第四张方块了。只要拿一墩方块仍旧无法击败定约，那么防家大多还是会冒险忍让的，为什么？通过忍让，或许会使定约人再飞一次而断桥，或许能使定约人回手继续飞牌时在某门花色上失去控制。总之，在不忍让就缺乏生机的情况下，防家总是会尝试忍让的。更有甚者，持类如东家的牌，有人还敢若无其事地忍让两轮呢。你不信吗？在看完了贝斯等人的牌例后，我相信你定会对他们非同一般的胆识而由衷钦佩的。

例 1.2.1‑29　将上例的组合旋转180度，得：

♦ 8 7 6

♦ K 5 2　　　　♦ 9 4 3

♦ A Q J 10

假设其余条件都不变，这回定约人从明手出小方块并用♦Q飞。尽管明手并没有将吃第三轮方块的可能，西家这时的忍让还是有一定的风险。除非定约人叫过方块，否则，当定约人持双张

♦A Q时,忍让一轮岂不铸成大错? 同样,如果不忍让无法击败定约,那么虽有风险,防家还是会忍让的。不露声色地忍让一轮常会使定约人以为飞牌成功,为了继续飞牌,他就得用去通往明手的一座桥。为了使定约人与明手隔河相望而无法往来,还有人持类如西家的牌接连忍让两轮的,巴西的沙加斯,就是如此这般地挫败了对手的一个该是铁成的定约,他在1976年奥林匹克桥牌锦标赛的团体赛中的精彩表演,真令人回味无穷。

例 1.2.1‑30 既然有人持 K × ×时敢于忍让两轮,那么持 K ×时忍让一轮有时也是必要的。从理论上说,持 K ×时忍让很危险,但在实践中,防家忍让一轮后,他的 K 被定约人一举击落的现象很罕见。

♦A Q J 10 2

♦9 7 6 5　　　　　♦K 4

♦8 3

南家成了 3NT 的定约人,当北家把牌摊下来时,东家发现,除了♦A 外,明手别无可靠的进手张。当定约人用明手的♦Q 飞牌时,东家该怎么办? 拿下一墩方块,意味着把余下 4 墩拱手交给了定约人,一个有胆有谋的东家一定会毫不犹豫地跟♦4 放过的。替定约人想一想,两边总共才七张方块,你说他有什么理由接下来用♦A 拔呢?

例 1.2.1‑31 接下来的这个组合对西家来说近乎残酷,可能大多数人只能用 K 拿到一墩吧。

♥Q 8 7 6 5

♥K J 10　　　　　♥9 3

♥A 4 2

很有可能叫牌是这样进行的,在南家开叫 1NT 后,北家叫了 2♣,南家叫了 2♥,最终由南家打 3NT,或是 4♥。不论是由明手还是手中先出牌,定约人总是先打掉他的♥A,西家跟了♥10。当定约人再出红心时,如果西家用♥K拿,那么他等于是在宣布:我放弃抵抗了。西家正确的打法是跟♥J!可能你会怀疑:难道定约人会不盖上明手的♥Q吗?在看了下面的这个组合后,你会同意,定约人确实未必盖放上明手的♥Q。

♥Q 8 7 6 5

♥J 10 9　　　　　♥K 3

♥A 4 2

在这种场合下,定约人放上明手的♥Q岂不亏了一墩吗?让我们回到原来的那种组合,只要西家立刻用♥K拿下并没有什么急需出的牌,只要西家不存在后来被投入的危险,那么西家总是应该跟♥J而不该用♥K拿的。退一步而言,西家急于用♥K拿下,他只拿得一墩,他先跟♥J最坏也还是能拿到一墩。

例 1.2.1－32　当防家持Q时,不露痕迹的忍让也常能给定约人以沉重的打击。

♦A K J 9

♦7 6 5 2　　　　　♦Q 8 4

♦10 3

南家正在为他的无将定约筹集所需墩数,明手除了坚强的四张方块外,已没有任何大牌了。定约人从手中出♦10并飞了过去。如果东家唯恐自己的♦Q出现意外,那么他将会迫不及待地用♦Q拿的。如果东家能够毫不迟疑地忍让,那么结果很可能是双方各得一墩方块。

例 1.2.1－33A　有时防家的忍让并没有任何危险,然而没一定想象力的选手是无法料到忍让之奥妙的。

♦Q 2

♦10 4　　　　　♦K 7 6 5

♦A J 9 8 3

类似这样的组合屡见不鲜,常看到的是定约人笑眯眯地收入了4墩方块。但也有例外。在一个无将定约中,由于明手的进手张有限,因此定约人不打算采用双飞战术,他从手中出了张小方块。如果东家不客气地收下,那么余下的4墩方块都是定约人的囊中物了。反过来,东家不露痕迹地忍让一轮又怎么样?其结果多半会令防家喜不胜收。在东家忍让后,定约人势必从明手出方块回来,东家当然再次跟小方块,你说定约人会出哪一张牌呢?他会用◆J飞吗?这有点不合逻辑。东家的忍让,使定约人认为西家持有◆K,那么用◆J飞不是白送一墩吗?而且接下来定约人也只能硬打方块3-3分布了,与其用◆J飞,倒不如直接用◆A拔呢,因为用◆A拔之后定约人还有个硬打方块3-3的机会。定约人除了硬拔◆A外,他更可能的是用手中的◆9飞牌,因为不论是东家持◆10 6 5,◆10 7 6 5或是西家持◆K 10 4,定约人怎样打都不吃亏。

例1.2.1－33B

◆K 2

◆J 10　　　　　　　◆A 8 4

◆Q 9 7 6 5 3

定约人从手中出小方块,西家跟出◆J或◆10,定约人放上了明手的◆K,如果东家吃进,那么接下来被逼得别无选择的定约人只好硬拔◆Q了,结果全拿余下的5墩方块。如果东家不露声色地放过◆K,那么定约人一定会以为西家持有◆A了,在从明手打回方块时,定约人是没什么理由不用手中的◆9飞的。

例1.2.1－33C　假如西家多一张方块又将怎么样?

◆K 2

◆J 10 5　　　　　　◆A 8 4

◆Q 9 7 6 3

定约人从手中出小方块并放上了明手的◆K,东家需要忍让吗？我的答案是：视情而定。从理论上说，东家的忍让似无必要且有可能会损失一墩牌，但在实战中，东家不露痕迹的忍让使定约人以为♦A在西家之手，定约人再从明手打回方块时为什么要把自己的♦Q往虎口里送呢？万一西家持的是♦A 5双张，这样打岂不是让防家得到3墩方块了吗？为此我们见到的是定约人总是会出♦9飞的。试问：东家如此冒险忍让意欲何为呢？当东家想保留♦A这个重要的进手张，或是他想让西家得到一次额外上手机会，他都可能这样做。

成功的忍让者都有勇有谋。害怕少拿一墩牌的人不敢忍让，缺乏想象力的人也不可能掘出个陷阱让对手掉下去。我们熟知弗利曼(Richard Freeman，1933－2009)曾是美国尼科尔队的一名成员，在近十年中他获得了三次百慕大杯赛的冠军。40年前，当他还是个初出茅庐的小伙子时，他在下面这手牌中镇定而又精彩的表演，博得了满堂喝彩。

例 1.2.1－34

♣A Q 6

♣4　　　　　　　♣K 10 8 5

♣J 9 7 3 2

在一个无将定约中，定约人从手中出小草花并用明手的♣Q飞，如果东家收下了这一墩牌，那么接下来他的♣10势必被定约人所捕捉。因为定约人总会打掉♣A看看防家的跟牌的，当西家示缺时，定约人就飞捉了余下的草花。当时位于东家的弗利曼非但不露痕迹地忍让，他还很大方地送出了♣8！定约人马上判断♣K必在西家无疑，而且东家的♣8很像是出自♣10 8这样的双张。想到这里，定约人回手后挺兴奋地打出了♣J，令他沮丧不已的是他不但未能铲下♣10，而且他得先交出2墩牌后才能拿到3墩草花了。

例 1.2.1－35A 我们先来研究一下定约人在下面这个组合时的打法，这样将有助于在下一个例子为防家找到一个挫败定约人的好办法。

```
            J 10 7 6 5
K 9 8 3                Q 4
            A 2
```

在无将定约时,定约人先打掉手中的 A 再出 2,当西家两次都跟小牌时,定约人会放上明手的 6,为什么？当东家持双张带一大牌或是 3 - 3 平均分布时,这样打都能使定约人拿到 3 墩牌,而放上 J 或是 10 只能应付 3 - 3 分布的局面。在你对此并无异议之后,我们再来看看：

例 1.2.1 - 35B　相当多的人从不对这样一个组合予以足够的重视,可能是他们觉得作为防家,拿到 2 墩牌并不算坏吧。

```
            J 10 7 6 5
K Q 8 3                9 4
            A 2
```

条件都不变,只是东家的 Q 换到了西家的手中。定约人仍然是先拔 A 再出 2 的。常人位于西家时都会用 Q 拿,只要明手有足够的进手张,那么通过硬送,定约人拿到了 3 墩,西家则收入了 2 墩,对如此一个结局,似乎攻防双方都皆大欢喜。你可曾想过,要是西家再次不露痕迹地跟小牌又将怎样呢？前面我们已分析了,为求最大成功机会,定约人会让明手也跟小牌的,那么结果将是防家拿到 3 墩牌了。

第二节　防家出牌的艺术

首攻可说是防家出牌的一个最重要的组成部分,而首攻总是要从整手 13 张牌中挑选的,所以就单套花色去谈首攻便缺乏实际意义(为此我把关于首攻这方面的内容归入第三章"防家在整手牌时诱骗战术的运用"),于是在其他场合下防家靠出牌诱使定约人出错的机会就少多了。

例 1.2.2－1　如果明手曾经叫过方块或是他开叫过1NT——

　　　　　　　　◆K 7 5 3
◆A Q J 9　　　　　　　　◆8 6 4
　　　　　　　　◆10 2

假如南家打无将,那么不论是西家首攻◆Q,还是后来上手后改出◆Q,都将令定约人头痛不已。如果定约人拒绝放上明手的◆K,那么西家尽可大胆地再出◆J;如果定约人第二次忍让,那么西家不妨再出◆9! 当定约人判断东家持◆A且方块不多时,他总是会拒绝盖上◆K的。请先别说不见得,下回你有机会时一试即知了。退一步说,定约人无论在哪一轮盖上◆K都于防家无损,因为西家兑现◆A后不也是要让明手的◆K成为赢张吗? 顺便提一句,如果方块是有将定约时的一门旁套花色,只要你判断定约人手中有着不止一张的方块,那么你也不妨大胆打出你的◆Q。

例 1.2.2－2　下面的这个组合与前例有点相似:

　　　　　　　　◆K 8 3
◆A Q 9 4　　　　　　　　◆J 6 2
　　　　　　　　◆10 7 5

假如西家拔◆A,那么接下来只好由明手的◆K说了算了。如果西家出小方块,那么东家的◆J拿了之后打回方块也就解放了明手的◆K,这种情形我们在定约人成功地使用了坚壁清野战术时也常见到,似乎防家拿到2墩方块是桩理所当然的事。其实并不然。现在假设西家打出◆Q,定约人会盖上吗? 恐怕未必吧。当定约人判断西家持◆Q J 9而东家持◆A××时,他怎么肯轻易盖上明手的◆K呢? 1962年在纽约举行的第11届百慕大杯赛中,美国队的库恩(Charles Coon)位于西家时出的便是◆Q,定约人果然拒绝盖上,当库恩再出小方块时,定约人仍旧不肯放上明手的◆K,结果让防家拿到3墩方块。这位定约人尽管误判并吃了亏,然而没人敢小觑他,他便是当年意大利蓝队的主力成员之一、大名鼎鼎的伽洛佐(Benito Garozzo)。库恩首创的这种打法马上引起了人们的注重并效仿,后人称之为"库恩妙招"(Coon Coup)。

例 1.2.2‐3 前面提到伽洛佐所以会上当受骗,是因为他考虑到了下面的组合:

```
            K 8 3
 Q J 9 4            A 6 2
            10 7 5
```

当西家出 Q 时,盖上明手的 K 意味着让防家拿到 3 墩;拒绝盖上,则出现谁先出牌谁吃亏的僵局。将此例稍加变化,得:

```
            K 7 6
 Q 9 4 3            A J 2
            10 8 5
```

假如西家敢于打出 Q,那么定约人很可能会拒绝盖上,这个误判将致使定约人顿时连输 3 墩牌。这个组合告诉我们,一是当我们持三张、四张带一大牌时,有时不要拘泥教条非出最小的那张不可;二是当同伴不得已跟出 2 时,也不要一成不变地将它理解为不欢迎的信号。

例 1.2.2‐4A

```
            ♣ A J 3
 ♣ K Q 6 4          ♣ 10 5 2
            ♣ 9 8 7
```

这样的组合对西家很不利,不过也不要气馁,定约人怎么知道♣K Q 两大牌都在西家手中呢? 如有可能,西家最好是主动出草花,而且是一张大牌都不出。当定约人有♣10 时,最坏不过是让他先飞得一墩罢了；然而当定约人持♣9时,他十之八九会让明手跟♣3的。同样地,假如你没机会主动打草花,那么当定约人从手中出草花时,你最好是不作任何犹豫地跟出小草花,定约人多半不敢用明手的♣J飞过去的。当然,如果你仅需拿到一墩草花即可击败定约,那么请你不要冒险,还是放上你的♣K或是♣Q吧。

将上例稍加变动,得：

例 1.2.2 - 4B

◆J 9 3

◆K Q 6 4　　　◆10 5 2

◆A 8 7

如果西家出♣K或是♣Q,那么定约人总是会猜想西家持两大牌的,因为当东家持♣Q 10 ×或♣K 10 ×时,定约人没法子不输2墩草花。所以当西家被迫主动出草花时,他应该勇敢地打出♣4,定约人不用明手的♣9飞的可能性几乎是零。

例 1.2.2 - 4C

◆A J 9

◆K Q 6 4　　　◆10 5 2

◆8 7 3

如果西家首攻◆K,那么定约人不论是先忍让一轮方块,还是立即用◆A拿,他总是判断◆Q在西家手中,接下来他总会用◆J飞牌的。如果西家首攻的是◆4,或是他在局中改出了◆4,那么定约人就很有可能用◆9飞的。

例 1.2.2 - 4D

◆A J 9

◆K 10 6 4　　　◆Q 5 2

◆8 7 3

如果你赞同前例的分析,那么当你持西家牌在局中见到明手的牌之后,将出哪一张? 出◆10是不予考虑的,那无异是缴械投诚。你打算出◆4或◆6吗? 这两张牌没甚区别,定约人见了它十之八九会用◆9飞的,由此看来最好是试试你的◆K,如果定约人看出你在使诈,他接下来用◆9飞,那么你内心赞他一句,因为他本来也不像是会输2墩方块的。如果他有点小觑你,以为你傻乎乎地持着◆K Q为首的方块,那么接下来他的◆J就可能被东家的◆Q捕杀了。

例1.2.2‑5 进入残局阶段,尤其是经过一至两个花色的坚壁清野之后,定约人成功地投入了西家,迫使他出方块:

◆K 10 2
◆Q 7 6　　　◆J 8 5 4
◆A 9 3

从理论上讲,只要◆Q和◆J不都在东家之手,那么余下的这几墩方块都该归定约人了。但在实践中,定约人误判而丢一墩方块完全是可能的。如果西家出小方块,那正如定约人所期望的那样,定约人肯定会让明手跟◆2的,在擒走了东家的◆J后,定约人又飞捉了西家的◆Q。但要是西家镇定地打出◆Q,那么为难的将是定约人了,如果他判断西家持◆Q J,那么他该用手中的◆A拿;如果他认为西家不会有◆Q J,那么他该用明手的◆K拿,接着回手飞捉东家的◆J了。总之定约人此时此刻有50%出错的概率。顺便提一笔,当西家持的是◆J而不是◆Q时,他同样该打出这张大牌。

例1.2.2‑6 接下来的这个组合也十分常见:

♣J 9 3
♣K 10 5　　　♣Q 7 6 2
♣A 8 4

可能没有一位西家在看到明手的♣9之后会不暗叫讨厌的,

没错，J 9 总是 10 的克星。当西家出♣5时，定约人可放上♣9或是跟♣3；当西家出♣10时，定约人简直不需动脑筋地盖上了明手的♣J。既然如此，那么西家先出♣K又如何呢？现在轮到定约人左右为难了，如果西家持的是♣K Q ×，那么他可忍让一轮或是用♣A 拿后再出小草花并放上明手的♣J（当西家也跟小草花时）；但如果西家持的是♣K 10 ×呢，他应该用♣A 拿了再用♣9 飞的。出道难题给定约人做，何乐而不为呢？

例 1.2.2‑7A 我们先来看看这样的一个组合：

　　　　　　♣K 9 5
♣J 10 3　　　　　　♣A 7 6 2
　　　　　　♣Q 8 4

当西家被投入不得不出草花时，他不是出♣10 就是出♣J，对定约人来说，他得判断是该盖上还是让明手跟小草花。当西家持♣J 10 ×时，定约人可跟小草花，接着用明手的♣9飞的；当西家只有♣J 10中的一个时，定约人应该盖上明手的♣K，然后飞捉东家的♣J 或是♣10。一旦误判，定约人只能拿到一墩草花而已。

例 1.2.2‑7B

　　　　　　♣K 9 5
♣A J 3　　　　　　♣10 7 6 2
　　　　　　♣Q 8 4

还是西家被迫出草花，如果他出♣3，那么几乎百分之百的定约人会让明手跟♣5 的；如果西家拔♣A，那么定约人可摊牌了。但要是西家打出♣J，那么定约人就不那么轻松自在了。假如西家持的是♣J 10 ×，那么定约人就不该盖上明手的♣K；但假如西家持的是♣J × ×呢，他显然应该盖上♣K。在定约人错误地拒绝盖上明手的♣K后，只要西家接着跟♣3，那么定约人十之八九会用明手的♣9 飞牌的。顺便提一句，持西家的牌，在明手有着 K

×　×或是 Q　×　×时,先出 J 可说是个定式。当东家有 10 时,便是本例所讨论的内容,当东家没 10 但有张大牌时,这样打并不吃亏;当东家既没大牌又没 10 时,不论西家出什么都是只能由 A 拿到一墩而已。

第二篇　定约人在整手牌时骗招的运用

第一章　如何劝说防家继续出某门花色

对于防家出的某一门花色,定约人的反应不外乎有这么两种:希望防家继续出下去,或是希望防家改出其他花色。本章将着重讨论定约人在前者时的作为。

劝说防家继续出某一门花色,可说是定约人最常用的一种骗招。这种情形多发生于防家的首攻时,偶尔也可能出现于攻防双方对峙的局中。很显然,如果防家继续出某一门花色于定约人有利,譬如说,防家出的这门花色客观上是在帮助定约人树立起该花色,或是防家改出别的花色有可能危及这个定约,或是通过防家继续出该花色可以解决定约方的联络问题等等,那么定约人自然会很乐意见到防家接着出这门花色的。为了劝说防家不要改出别的花色,定约人所使用的常有四个手段:一、忍让,哪怕定约人完全有能力赢得这一墩,巧妙的忍让常使防家以为击中了定约人的薄弱环节;二、用不必要大的大牌去赢得一墩。譬如说,当定约人完全可以用 Q 拿下一墩时,他却动用了 A;三、主动送出大牌给防家吃,这常使防家觉得有利可图;四、干扰防家的信号,使出牌者以为同伴在鼓励他出下去,这一部分的内容将在第七章中详加讨论。本章将环绕前三个内容讨论定约人是如何劝说防家助己一臂之力的。

第一节 忍让,不露声色的忍让

忍让,尤其是不露声色的忍让,常使防家以为定约人在该花色上软弱甚至是无力反抗,一旦在防家的脑海中形成了这种概念,那么他们常会很起劲地继续出下去的。所谓不露声色的忍让,是使防家一时看不出定约人有能力赢得这一墩。

例 2.1.1-1 在团体赛或是盘式桥牌中,超额赢墩所起的作用并不大,为完成定约起见,还是求稳为上。

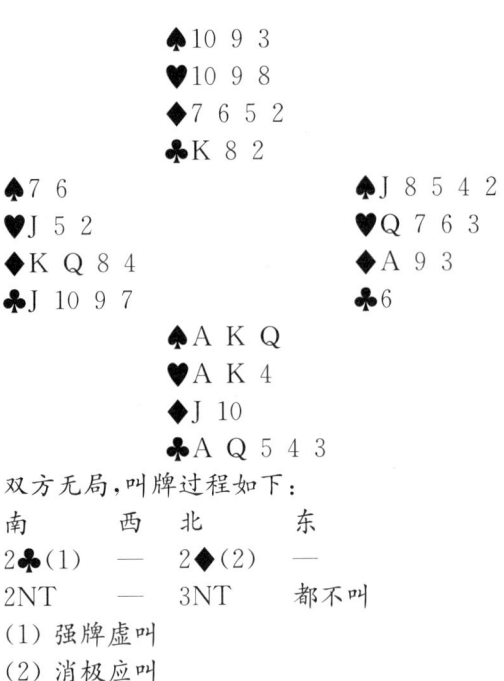

     ♠10 9 3
     ♥10 9 8
     ◆7 6 5 2
     ♣K 8 2

♠7 6   ♠J 8 5 4 2
♥J 5 2   ♥Q 7 6 3
◆K Q 8 4   ◆A 9 3
♣J 10 9 7   ♣6

     ♠A K Q
     ♥A K 4
     ◆J 10
     ♣A Q 5 4 3

双方无局,叫牌过程如下:

南	西	北	东
2♣(1)	—	2◆(2)	—
2NT	—	3NT	都不叫

(1) 强牌虚叫
(2) 消极应叫

西家首攻♣J,明手跟♣2,东家出♣6。定约人怎么办?如果草花 3-2 分布,那么定约人随手抓抓可有 10 墩牌。但如果草花 4-1 分布,那么定约人只有八个快速赢张。为得第九墩,他将不得不送出一墩给西家。在定约人连打草花的过程中,东家有不止一个的垫牌机会,他可清晰地表达出自己对黑桃和红心都没兴趣。只要西家一改出方块,那么这个定约将立即垮台了。

为了预防可能的 4-1 分布,尽管持有草花三大牌,定约人仍应不露声色地放过。西家明知定约人在忍让,但他估计持极强牌定约人的多半有着♦A,至少他一时看不出该改出什么,当他再出草花时,定约人便稳稳地有 9 墩牌了。

例 2.1.1-2 在 2008 年的巴菲特杯赛中,有一项专计个人成绩的比赛,每一手牌都有一个相应的得分,就像是双人赛那样,超额赢墩有时会起决定性的作用。由个人得分的众寡可排出名次。其中有这么一手牌:

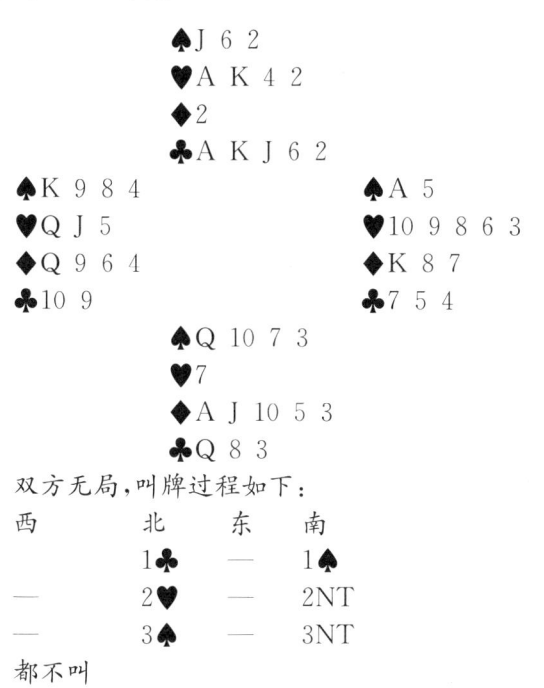

```
              ♠J 6 2
              ♥A K 4 2
              ♦2
              ♣A K J 6 2
♠K 9 8 4                  ♠A 5
♥Q J 5                    ♥10 9 8 6 3
♦Q 9 6 4                  ♦K 8 7
♣10 9                     ♣7 5 4
              ♠Q 10 7 3
              ♥7
              ♦A J 10 5 3
              ♣Q 8 3
```

双方无局,叫牌过程如下:

西	北	东	南
	1♣	—	1♠
—	2♥	—	2NT
—	3♠	—	3NT

都不叫

这里的南家是齐亚(Zia Mahmood),他的牌稍低于开叫实力,他认为如果有成局机会,那么很可能是以黑桃为将牌的一个定约。为此尽管方块比黑桃还多了一张,他也先叫出了黑桃,后来就没必要再把方块拿出来示众了。

北家的叫牌表示方块至多只有一张,西家情有可原地首攻了♦4,东家自然放上了他的♦K,齐亚非但忍让,而且他跟的是♦5,好像西家持着五张方块似的。东家"责无旁贷"地打回方块,虽然这时改出红心仍能挫败这个定约。定约人跟出♦10,西家用♦Q拿。如果西家赶快改出黑桃,那么防家还能连拿2墩黑桃,然而彻底被齐亚所蒙住了的西家再出了方块,于是定约人拿到了10墩牌,他在这手牌上得了个满分。

例 2.1.1-3 有时定约人明明有很好的止张,不露声色地忍让还是很有必要。

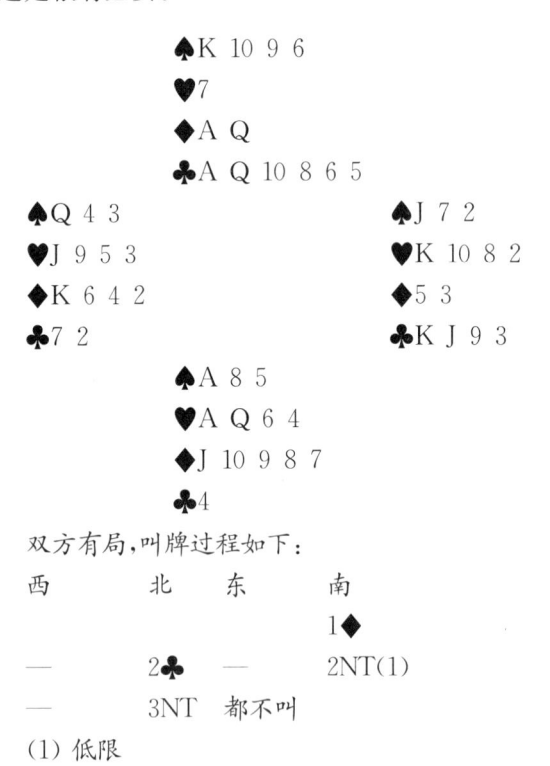

```
              ♠K 10 9 6
              ♥7
              ♦A Q
              ♣A Q 10 8 6 5
♠Q 4 3                    ♠J 7 2
♥J 9 5 3                  ♥K 10 8 2
♦K 6 4 2                  ♦5 3
♣7 2                      ♣K J 9 3
              ♠A 8 5
              ♥A Q 6 4
              ♦J 10 9 8 7
              ♣4
```

双方有局,叫牌过程如下:

西	北	东	南
			1♦
—	2♣	—	2NT(1)
—	3NT	都不叫	

(1) 低限

西家首攻♥3,东家放上了♥K,定约人用♥A拿。接着定约人打◆A 和◆Q,令他大失所望的是那位有经验的西家竟然拒拿。定约人可以回手树立起手中的方块,但他不再有第二个手张去兑现了。定约人图侥幸地从明手出♠9并飞了过去,这回西家不客气地收下了。西家准确地改出草花,东家的♣K捕杀了明手的♣Q,接着东家又打回红心……就这样,防守得一丝不漏,宕了一墩。是运气欠佳吗?多少有一点吧。方块遭对手忍让后阻塞不通,草花飞牌又不成功。不过你是不是觉得定约人的打法有值得改进之处呢?

在首轮红心时,假如定约人悄然不露声色地忍让又如何?东家如何能知道定约人居然有着♥A Q在手?东家打回红心也是在理之情,这样一来,定约人的♥A Q不就能借此良机恰好把明手的◆A 和◆Q给垫去了吗?这种把一方大牌垫去以防阻塞的打法叫做"卸包袱法"(jettison play)。

例 2.1.1-4 为了诱使对手继续出某一门花色,最好的诱饵可能是让防家觉得再出并不吃亏,抓住防家的这种心理,在局势对你有利时可施展一番手脚。已故的女子世界桥牌双人赛冠军英国的杜兰夫人(Joan Durran,1921-2005)就是这样做的。在下面这手牌中,叫牌很正常,所有的南家都成了4♠的定约人,然而完成这个定约的只有她一人。

```
            ♠ A K 8
            ♥ A 10 6 2
            ◆ J 10
            ♣ 8 5 4 2
♠ 7 3                    ♠ 6 2
♥ Q 8 3                  ♥ J 9 7 5
◆ 8 7 6 4                ◆ K Q 9 3 2
♣ A J 9 7                ♣ Q 10
            ♠ Q J 10 9 5 4
            ♥ K 4
            ◆ A 5
            ♣ K 6 3
```

双方无局,叫牌过程如下:
```
西      北      东      南
—       —       —       1♠
—       2NT     —       4♠
都不叫
```

西家首攻♦8,东家用♦Q压过了明手的♦10,定约人杜兰夫人毫不犹豫地忍让。从同伴的首攻,东家很清楚定约人有着♦A,但用她的♦K以一拼二似很有吸引力,于是定约人用♦A拿下了第二轮方块。杜兰夫人连打三轮红心,手中大将牌将吃。调一轮将牌到明手,又一次将吃使大家都不再有红心了。她再出将牌到明手,很高兴地看到黑桃2-2均布。当她从明手出草花时,悭吝的东家跟的是♣10,定约人拒绝盖上她的♣K,干着急的西家很失望地发现他们已无法动摇这个定约了。

毋庸置疑,东家没果断地先出♣Q是一大失误,按说在看到定约人完成了坚壁清野之后是不该再犯这种低级错误了。反过来,假如一开始没忍让方块,那么后来东家也未必会在草花上出错。结论是,要设法消除防家的警惕,要让他们觉得踏上错误之路是很安全的。

例2.1.1-5 桥牌战术中有不少妙招(coup),其中最简单易学的恐属巴思妙招(Bath Coup)。当西家出K Q连张中的一个时,持A J ×的定约人只消跟张小牌,西家便往往止步不前了。在这一节中,你将看到有两名好手并不是将巴思妙招生搬硬套,在他们的巧妙运用下,防家不知不觉地助了定约人一臂之力。1997年在突尼斯举行的无国界桥牌锦标赛(Transnational Team Championship)的公开组的团体赛中,英国的麦克奈尔(Andrew Macnair)为我们做出了精彩表演。

```
              ♠10 6 4
              ♥9 4
              ♦K J 5 2
              ♣A Q 6 3
♠K Q 8 3 2                  ♠9 5
♥A                          ♥5 3 2
♦10 4 3                     ♦A 8 6
♣9 8 7 5                    ♣K J 10 4 2
              ♠A J 7
              ♥K Q J 10 8 7 6
              ♦Q 9 7
              ♣
```

东西有局，叫牌过程如下：

西	北	东	南
—	—	—	4♥

都不叫

西家首攻♠K。乍一看，哪怕明手的♣A 未被利用，定约人也不愁拿不到 10 墩牌，然而定约人麦克奈尔已嗅出被击败的危险了。有人以为定约人可用巴思妙招制住西家，没想到西家并不害怕地再出黑桃。在♥A 上手之后，西家让同伴将吃了一墩黑桃，就这样，宕了一墩，简单得很。

麦克奈尔确实是忍让了一轮黑桃，不过他并没有跟♠7，他简直是不加思索地送出了♠J！西家果然再出小黑桃，结果让明手的♠10 拿到了一墩，定约人赶快把♠A 垫在明手的♣A 之下了。接下来防家除了两个红 A 外，什么也拿不到了。

你一定也看出来了吧，尽管麦克奈尔的招数很巧妙，然而还是有办法破解的，那就是西家应勇敢地打出他的♠Q 来。有人说万一东家持♠A 9 双张，黑桃不是阻塞了吗？这种可能性很小，如果东家真的持着♠A 9 双张黑桃，那么他应该用♠A 盖拿西家的♠

K再打回♠9了。即使东家一时糊涂忘了盖拿,那也没问题,有着♥A的西家总是能让同伴得到一次将吃的机会的。

例2.1.1-6 有时定约人在某门花色上非但没有输张,而且还坚强得很,为了劝说防家继续出下去,定约人还需装得像是阵地失守般地忍让着。在20世纪的六七十年代,澳大利亚有位很出名的桥牌高手,他名叫希尔斯(Thomas Peter Seres,1925-2007)。希尔斯原籍匈牙利,虽然他的最佳成绩是百慕大杯赛的季军,但他的名字足以令许多桥牌职业选手对他充满敬意,他在牌桌上的表现也使许多选手对他生畏。许多桥牌专家说,如果你请人拟定一份世界桥坛十大高手的名单,那么希尔斯的名字将会出现在所有人的名单上面。接下来请你欣赏一下他的精彩表演吧。

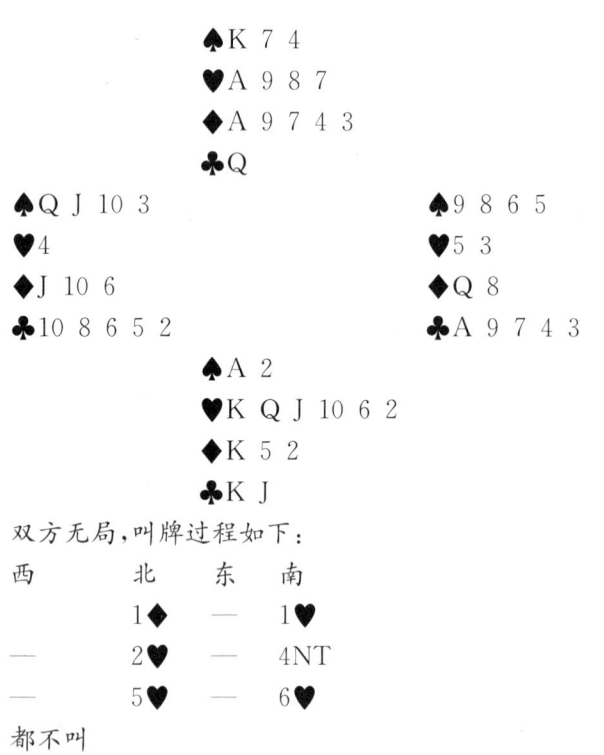

```
                ♠K 7 4
                ♥A 9 8 7
                ♦A 9 7 4 3
                ♣Q
♠Q J 10 3                    ♠9 8 6 5
♥4                           ♥5 3
♦J 10 6                      ♦Q 8
♣10 8 6 5 2                  ♣A 9 7 4 3
                ♠A 2
                ♥K Q J 10 6 2
                ♦K 5 2
                ♣K J
```

双方无局,叫牌过程如下:
西	北	东	南
	1♦	—	1♥
—	2♥	—	4NT
—	5♥	—	6♥

都不叫

叫牌很正常,只是南北方运气不够好,空长了六点草花大牌,却一墩也拿不到,不过希尔斯并没有自怨自艾。西家首攻♠Q,略加思索之后,他找到了一条蒙骗西家的计策。定约人让两边都跟了小黑桃,对此,西家的理解是同伴持着♠A,于是兴高采烈地再出黑桃,没想到希尔斯抽出了♠A,西家顿时意识到情况不妙,但为时已迟。在肃清将牌之后,明手的♠K垫去了手中的一张方块。三轮方块一打,树立起明手的两个方块赢张,垫掉了定约人手中的两张草花。

例 2.1.1 - 7 当英国桥牌专栏作家史密斯(Marc Smith)问"哪一手牌是您的得意之作"时,40余年来在世界桥坛久享盛誉的前意大利蓝队的核心人物伽洛佐(Benito Garozzo,后加入美国籍)欣然作了如下的介绍。

在1975年的意大利桥牌公开赛上,许多欧美桥牌好手在为即将举行的第21届百慕大杯赛而秣马厉兵,意大利的第一搭档——当时也被公认为世界桥坛的第一搭档,贝拉唐纳(Giorgi Belladonna,1923 - 1995)和伽洛佐遇到了这么一手牌:

```
            ♠ K 9 5
            ♥ K 6 4
            ♦ 5 4 3
            ♣ K Q 8 5
♠ 7                         ♠ 4 3
♥ Q J 9 3 2                 ♥ 10 8 7
♦ A K J 9                   ♦ 10 7 2
♣ 9 6 4                     ♣ A J 10 3 2
            ♠ A Q J 10 8 6 2
            ♥ A 5
            ♦ Q 8 6
            ♣ 7
```

东西有局,叫牌过程如下:
西	北	东	南
	贝拉唐纳		伽洛佐
—	—	—	1♠
—	2♣	—	4♠

都不叫

西家首拔♦K,在看到同伴的♦2后他改出♥Q。由于西家首轮Pass,因此伽洛佐知道西家不可能还会有♣A了。换句话说,不待明手树立起一个草花赢张来垫方块,东家肯定会打回方块的。想到这里,伽洛佐不动声色地让两边都跟小红心。就像上例的西家一样,这位西家也以为可生擒明手的♥K了,他果然很起劲地再出红心。就这样,在♥A拿后,调两轮将牌到明手,用♥K垫去了手中的草花,再通过将吃飞牌树立起了明手的♣Q,于是手中的一个方块输张便给垫掉了。

例 2.1.1-8 前两例完全相同的是,西家首攻了Q,明手有着K,很像是可以通过东家的A生擒明手的K。有时明手有着A,防家不可能逮住定约方的什么大牌,然而定约人的忍让同样会被防家认为在该花色上很值得一再打击,尤其是当西家看不出该改出别的什么花色的时候。在香港举行的一次远东地区桥牌锦标赛(后易名为亚太地区桥牌锦标赛)上,巴基斯坦队和新西兰队在交手时有这么一手牌:

```
              ♠ K J 6 3
              ♥ 10 5 3 2
              ♦ A 9 4 3
              ♣ K
♠ 9 8                       ♠ Q 7
♥ Q 4                       ♥ A K 8 7
♦ Q J 8 5                   ♦ 10 7
♣ Q 7 5 4 2                 ♣ J 10 9 6 3
              ♠ A 10 5 4 2
              ♥ J 9 6
              ♦ K 6 2
              ♣ A 8
```

双方有局,叫牌过程如下:

西	北	东	南
		1♦	1♠
1NT	4♠	都不叫	

位于北家的是人们所熟悉的齐亚,南家是齐亚早期的伙伴之一马苏德(Tahir Masood)。新西兰选手爱使用一些复杂而又奇特的叫牌体制,其中有弱开叫及接力精确制等。东家的1♦表示10-15点且没有五张高级花色,西家的1NT表示他有两低套。齐亚早就不耐这种叫法,他一跃4♠而结束了叫牌。

西家首攻♦Q,定约人马苏德发现自己在两门红花色上有四个输张,唯一可能的是用明手的方块来垫手中的红心。经过一番思考后,定约人让两边都跟了小方块。西家看不出改出红心已迫在眉睫,相反,他看到的是自己的♦Q先下一城,便再出♦5。马苏德在用♦K带走东家的♦10时高兴地默念道:多谢了。

由于东家首家开叫,加上西家特有的牌型,因此定约人毫无困难地肃清了对手的将牌。接下来的工作就像是明手作业一样简单了,定约人飞捉了西家的♦J,使手中的红心少了个输张。马苏德挽回的定约使本队收入了12个IMP,但实际影响远不止这点,那两位被蒙骗的新西兰选手的羞恼情绪显然妨碍了后面的正常发挥。

例 2.1.1-9 1997年在突尼斯举行的第33届百慕大杯赛上,美国队的骁将麦克斯特罗思(Jeffery Mechstroth)用类似的手法蒙住了欧洲名将、世界桥坛的一颗耀眼的新星赫尔格莫(Geir Helgemo)。他的精彩表演被国际桥牌新闻协会(IBPA)评为1997年度最佳一手牌。

```
                    ♠ A 9 8
                    ♥ J 10 6 5 2
                    ♦ A 10 2
                    ♣ K 8
♠ K 7 5 3                           ♠ Q J 6 2
♥ K 8                               ♥ A 9 7 4
♦ K J 9 7 4                         ♦ Q 8 6 3
♣ 3 2                               ♣ Q
                    ♠ 10 4
                    ♥ Q 3
                    ♦ 5
                    ♣ A J 10 9 7 6 5 4
```

双方有局,叫牌过程如下:

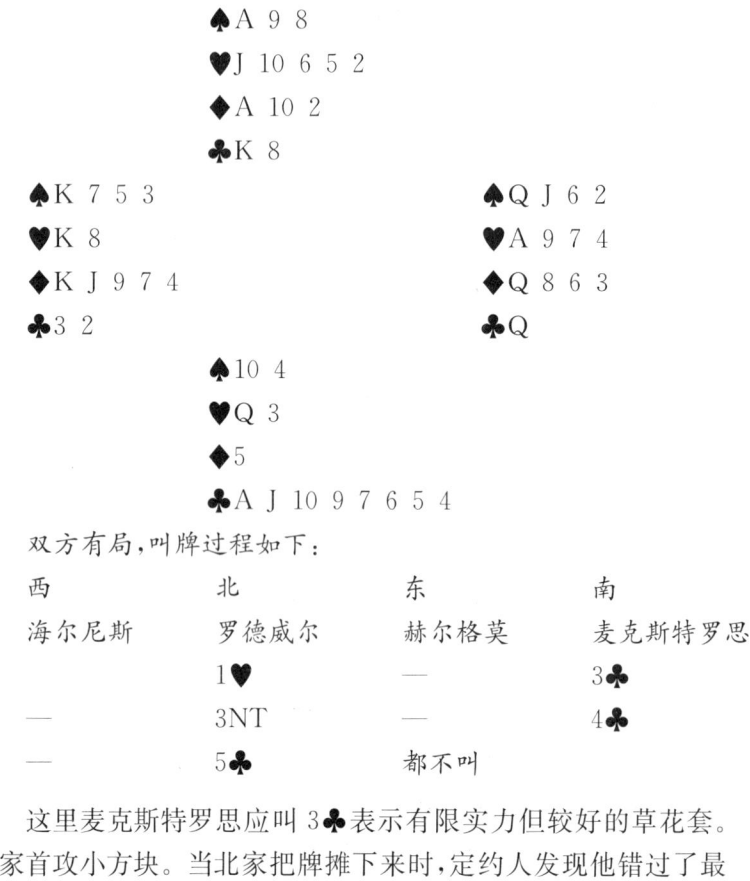

西	北	东	南
海尔尼斯	罗德威尔	赫尔格莫	麦克斯特罗思
	1♥	—	3♣
—	3NT	—	4♣
—	5♣	都不叫	

这里麦克斯特罗思应叫 3♣ 表示有限实力但较好的草花套。西家首攻小方块。当北家把牌摊下来时,定约人发现他错过了最佳定约 3NT,不过这并不妨碍麦克斯特罗思努力寻找成功之路的情绪。他沉思片刻后放上了明手的 ♦10,被东家赫尔格莫的 ♦Q 拿了。赫尔格莫一时未能看出他必须改出黑桃或是红心了,他见对手有 ♦A 不拿而以为定约人在方块上还有漏洞,结果他打回方块,让明手的 ♦A 把手中的 ♥3 给垫去了。定约人从明手出小红心,这时东家拿也不好,不拿也不好,最终赫尔格莫还是跟了小红心,西家用 ♥K 吃下定约人的 ♥Q 后马上改出黑桃,但为时已迟矣。定约人用 ♠A 止住后从明手出 ♥J,东家只得盖上 ♥A。在将

牌肃清后，明手的♥10就成了第十一个赢张。

例 2.1.1－10 有时防家继续出某一门花色于定约人没什么直接的好处，但出于某种目的，定约人为了劝说防家不要改出别的花色，他也只好鼓励防家继续出下去。埃及的萨台克（Tarek Sadek）和阿哈马迪（Walid El Ahmady），被公认为非洲最出色的一对桥牌选手。下面的这手牌出自于 2007 年的凯文迪希桥牌邀请赛双人赛中，萨台克完成了一个几乎是绝望的定约。

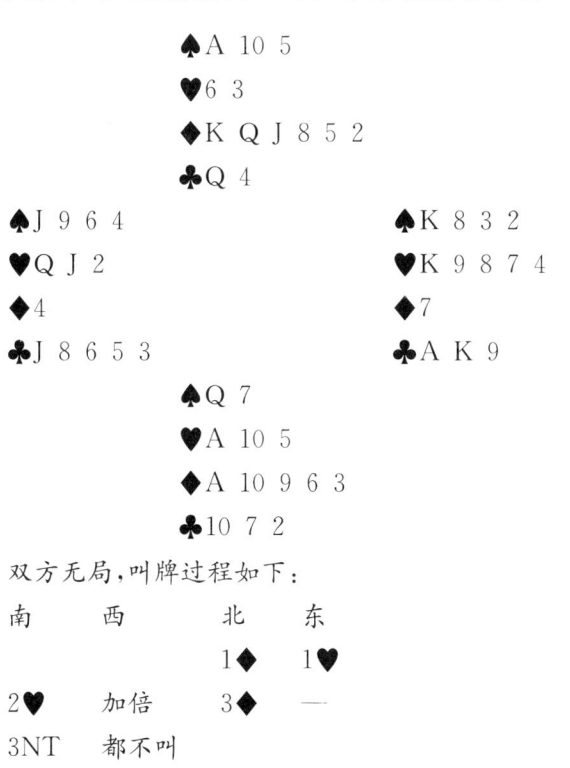

```
                ♠A 10 5
                ♥6 3
                ♦K Q J 8 5 2
                ♣Q 4
♠J 9 6 4                    ♠K 8 3 2
♥Q J 2                      ♥K 9 8 7 4
♦4                          ♦7
♣J 8 6 5 3                  ♣A K 9
                ♠Q 7
                ♥A 10 5
                ♦A 10 9 6 3
                ♣10 7 2
```

双方无局，叫牌过程如下：

南	西	北	东
		1♦	1♥
2♥	加倍	3♦	—
3NT	都不叫		

西家首攻♥Q，看了四家牌，我们知道 3NT 毫无希望。定约人萨台克的脑海中顿时浮现出好几个尝试方案：一是立即用♥A 拿，接着连打方块；二是忍让一轮红心，再连打方块；三是忍让两轮红心。他马上否定了第一方案，因为防家有的是空间可从容垫牌，

不存在什么最终能迫使对手让自己拿 2 墩黑桃的可能。他思考了片刻之后又抛弃了第二方案,因为他认为还是无法逼迫对手就范,结果他采取了第三方案。

在♥Q 拿到一墩之后,西家很高兴地再出♥J,萨台克十分沉着地再次忍让。在这场双人赛中,多宕一墩可能意味着得个底分,为追求一个绝对高分,萨台克冒着让对手连拿 7 墩牌的风险毅然忍让了两轮红心。

正如萨台克所预料的那样,西家连拿 2 墩红心后他一定会再出第三张红心的,现在定约人用♥A 拿并让明手放弃了张小黑桃。接着定约人开始逐张兑现方块赢张了,到明手还有一张方块时,东家留下的五张牌是:♠K 8 和♣A K 9。但是在最后一张方块时,东家没安全牌可垫了,为保护♠K,他只好丢弃了♣9。萨台克随即用草花投入了东家,迫使他交出 2 墩黑桃。

例 2.1.1-11 本节的最后一个牌例有点匪夷所思,那位定约人的大度忍让真令人叹为观止,他当然取得了成功,事后想想他这样做还是很有道理的。

    ♠A 7 5 4
    ♥6 5
    ♦Q J 8 6 3
    ♣K 2

♠10 8 2   ♠Q 9 6
♥8 7 4 3   ♥K Q J 10
♦A K   ♦7 5
♣J 8 6 4   ♣10 7 5 3

    ♠K J 3
    ♥A 9 2
    ♦10 9 4 2
    ♣A Q 9

双方无局,叫牌过程如下:

南	西	北	东
1◆	—	3◆	—
3NT	都不叫		

西家首攻♠2,明手自然跟小黑桃,东家很正常地放上他的♠Q,奇事发生了,定约人法国队的谢埃(Pierre Jas,1913 - 1988)好像根本没留意东家出牌似的跟出了♠3!东家当然打回红心,定约人很有把握地不予忍让。谢埃出方块,西家拿后果然再出黑桃,定约人用明手的♠A拿,同时他自己跟出了♠J。定约人再出方块,西家"很清楚"的是东家持着♠K,于是他再出黑桃……

通常西家在无将定约时的首攻是个长套第四张,就本例黑桃组合而言,定约人充其量也就可拿3墩(谁能预知西家只有三张黑桃呢?),让东家先拿一墩,定约人仍不失拿3墩的机会,不过要在牌桌上清醒地悟出这个道理也并非那么容易。假如东家打回黑桃,那么我猜定约人会放上♠K的,使对手皆以为那♠J在同伴手中,这样他还是能拿到3墩黑桃。现在东家打回红心,迫使定约人"以少换多"地放弃一墩黑桃了。

第二节 用不必要的大牌赢得一墩

人人都懂得物尽其用的道理,没人愿意用自己的一张大牌去吃对手的一张小牌。所以说当持K的防家看到定约人用A去吃掉己方的一个J时,他很容易马上想到定约人只有个A而Q一定是在同伴之手。换句话说,当定约人用不必要的大牌拿下一墩时,防家马上会想到那张次大牌必是在同伴手中了,利用这显而易见的推理过程,定约人有时便有了可乘之机。

例2.1.2 - 1 若干年前,在瑞士苏黎士举行的一次菲里普·莫里斯杯桥牌双人赛上,寓居法国的埃及桥牌好手亚路士(Leon

Yalloze)在下面的一手牌中为我们作出了精彩的表演。

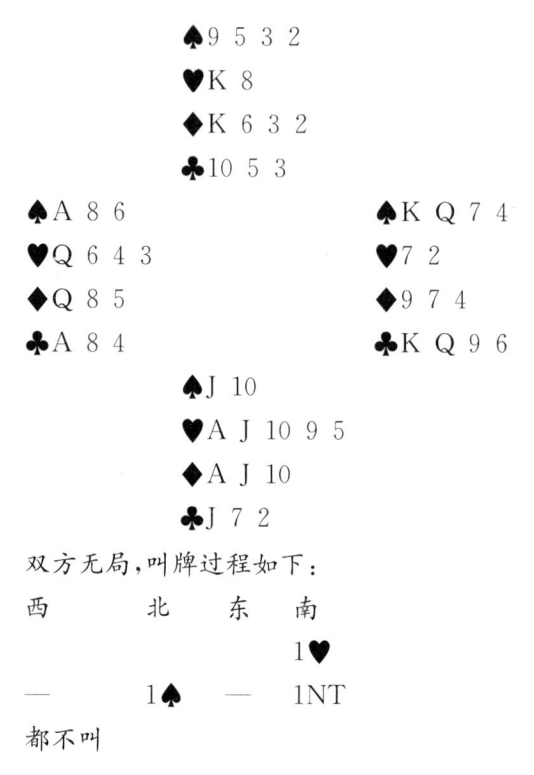

♠ 9 5 3 2
♥ K 8
♦ K 6 3 2
♣ 10 5 3

♠ A 8 6　　　　　　　♠ K Q 7 4
♥ Q 6 4 3　　　　　　♥ 7 2
♦ Q 8 5　　　　　　　♦ 9 7 4
♣ A 8 4　　　　　　　♣ K Q 9 6

♠ J 10
♥ A J 10 9 5
♦ A J 10
♣ J 7 2

双方无局，叫牌过程如下：

西	北	东	南
			1♥
—	1♠	—	1NT

都不叫

叫牌并无可厚非，但南北方实力如此薄弱，这个定约看来是凶多吉少了，然而结果却不然。西家的牌型绝对平均，唯一的四张套又是定约人的长套，于是他首攻了张小方块。明手跟的是♦2，东家放上了♦9，定约人亚路士连眉头也没皱一下就用♦A拿，在旁观看的人还以为这位老先生抽错了牌呢。定约人出张红心到明手的♥K，回手一个红心飞进了西家之手。一张♦9就逼下了定约人的♦A，这个现象令西家很振奋，他马上打回方块。令西家惊讶不已的是拿出♦10的不是同伴而是定约人。就这样，定约人一气拿到8墩牌，一个绝对顶分。

在回味亚路士的艺高胆大时，我们是否也该为防家总结一下教训呢？我想问题是出自东家，他不该机械地遵循"第三家出大牌"的教条，他放上◆9有何意义呢？如果东家考虑到这一层而跟出◆4，那么亚路士恐怕很难蒙住西家的。

例 2.1.2-2 在很多情形下，定约人之所以苦口婆心般地劝说防家继续出某一门花色，是因为定约人害怕防家会改出一门令他的定约有灭顶之灾的花色。定约人只要能安全地完成定约，哪怕放弃一墩也在所不惜。已故的谢因吾(Alfred Sheinwold，1912-1997)并不是名桥牌职业选手，但他在北美桥牌界的声誉很高，曾带队参加过百慕大杯赛，他主编过《大众桥牌》杂志，还写过几本桥牌书，其中《桥牌五周通》广为流行。在下面的一手牌中，谢因吾成功地劝说了防家不要去袭击他的最弱的花色。

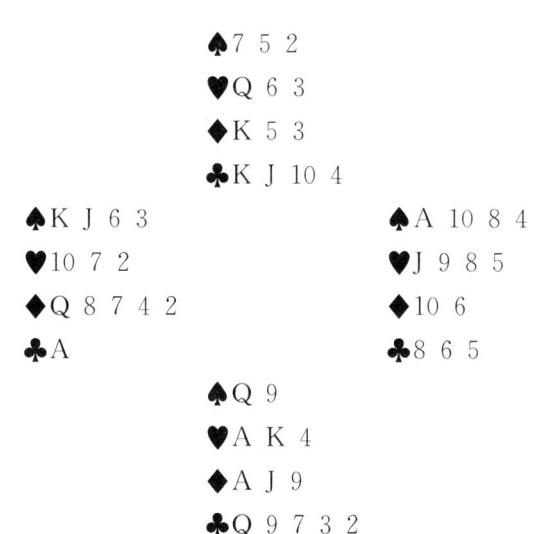

```
              ♠ 7 5 2
              ♥ Q 6 3
              ◆ K 5 3
              ♣ K J 10 4
♠ K J 6 3                  ♠ A 10 8 4
♥ 10 7 2                   ♥ J 9 8 5
◆ Q 8 7 4 2                ◆ 10 6
♣ A                        ♣ 8 6 5
              ♠ Q 9
              ♥ A K 4
              ◆ A J 9
              ♣ Q 9 7 3 2
```

位于南家的谢因吾在一场双人赛中开叫了1NT，同伴将它加叫到了3NT，西家首攻◆4。定约人发现他不得不树立草花，而一旦对手改出黑桃，那么这个定约必宕无疑了。定约人让明手跟小方块，当东家放上◆10时，谢因吾用◆A拿！接着他送出了草花。

西家自然以为同伴持着◆J，于是他在♣A拿下后再出小方块。尽管这时定约人已 9 墩牌在握,由于这是场双人赛,超额赢墩也十分重要,因此谢因吾让明手再次跟小方块。就这样,在这手牌上谢因吾成了唯一能拿到 10 墩牌的定约人。

例 2.1.2 - 3　伽洛佐是 1961 年才与福奎(Pietro Forquet)结伴为意大利蓝队打天下的,在他加盟蓝队之前,蓝队已是连续三届百慕大杯的得主了,那时福奎的同伴是希尼斯卡柯(Guglielmo Siniscalco)。由于繁忙的业务缠身,希尼斯卡柯在捧回三个百慕大杯后便功成身退了。现在知道他名字的人并不多,见过他打牌的人也就更少了,所幸的是他有一些出众的表演留下了记录。下面的一手牌出自一次欧洲桥牌锦标赛中:

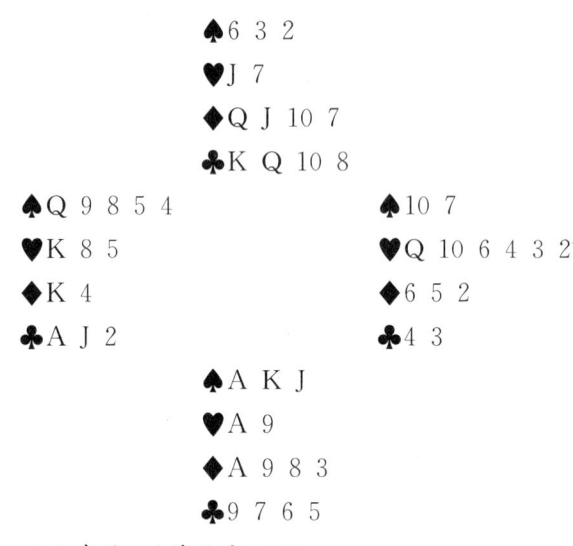

♠ 6 3 2
♥ J 7
♦ Q J 10 7
♣ K Q 10 8

♠ Q 9 8 5 4　　　　　　♠ 10 7
♥ K 8 5　　　　　　　　♥ Q 10 6 4 3 2
♦ K 4　　　　　　　　　♦ 6 5 2
♣ A J 2　　　　　　　　♣ 4 3

♠ A K J
♥ A 9
♦ A 9 8 3
♣ 9 7 6 5

双方有局,叫牌改出如下:
西	北	东	南
1♠	—	—	1NT
—	2NT	—	3NT

都不叫

西家首攻♠5,东家跟♠10。从叫牌可知,方块飞牌不可能成功,而♣A势必也在西家手中。在两门低级花色上的任何一次脱手,都有可能招来西家改出红心的致命危险。为此,希尼斯卡柯不露声色地用♠A拿下首墩,这使得西家以为同伴持着♠J 10这样的黑桃。定约人出小草花,西家跟♣2,明手的♣Q拿后,用♦Q飞进了西家手中。西家满怀信心地再出小黑桃,这时希尼斯卡柯用♠J便收下了这份厚礼,现在可没人能阻止他拿到10墩牌了。

例 2.1.2-4　1998年北美桥联秋季大赛的冠军为一支四人队伍所荣获,在这支没有替补不得不从头打到底的队伍中,其中一位女士是队长兼赞助人,两名英国桥牌国手佛莱斯特(Anthony Forester)和罗布森(Andrew Robson),还有一位便是本例的主角赫尔格莫,他当时和佛莱斯特为伴。

```
              ♠ J 8 7 4 2
              ♥ Q J 4
              ♦ 9 2
              ♣ A 3 2
♠ 9 3                        ♠ 10 6 5
♥ A 7 3                      ♥ 9 5 2
♦ K 10 4                     ♦ A J 8 6 5
♣ Q 10 9 8 7                 ♣ 6 5
              ♠ A K Q
              ♥ K 10 8 6
              ♦ Q 7 3
              ♣ K J 4
```

双方无局,叫牌过程如下:

南	西	北	东
1♣	—	1♠	—
2NT	—	3NT	都不叫

毫无疑问,4♠是个更安全的定约。然而这场比赛虽然是团体

赛,但它的结算分数的方法很特殊,叫做 board-a-match。只要一手牌产生了分差,那么得分多者(哪怕只多了 10 分)就在这手牌上得 2 分,其对手得 0 分。如果分差是 0,那么两队各得一分。为此不难理解为什么明明适合打有将定约时,叫牌最终常常停在无将上。现在赫尔格莫的 3NT 存在着危险,他很难挡住对手盯着方块狂轰滥炸。很幸运的是西家并不知情,他情有可原地首攻了♣10。

尽管这个首攻对定约人很有利,他也只有八个快速赢张,为筹得第九墩,他还不得不树立红心。为了劝说对手不要改出方块,赫尔格莫用手中的♣K 拿下了首墩。定约人马上送出小红心,为西家所得。虽说防家也使用史密斯大小信号①,但对西家而言,定约人不拥有♣J 的印象可说是根深蒂固了,他充满信心地打出了♣Q,结果发现被定约人超额了 2 墩。

例 2.1.2-5　诱使防家继续出某一门花色未必发生于第一个回合之中,在对峙的局中,有时防家所出的花色对定约人有利,那么定约人自然会十分乐意地看到防家继续出下去的。斯台曼(Samuel Stayman,1909-1993)和米切尔(Victor Mitchell,1923-1995)于上世纪 60 年代结成了一对伙伴,人们对前者早已耳熟能详,因为打桥牌的人中不使用斯台曼约定叫大概是没有的吧,但后者乃何方人氏,恐怕知之者就并不多了②。米切尔的最佳战绩是 1964 年奥林匹克桥牌锦标赛团体赛的亚军,他的头衔仅是世界桥牌终身大师,然而许多人推崇他为"桥牌专家中的专家"。相形之

---

① 史密斯大小信号(Smith Peter,又名 Smith Signal 或 Smith Echo)只用于无将定约时的表态。拿该例解释一下。当定约人树立红心时,西家应至少忍让一轮以看同伴跟的是哪两张红心。如果东家在红心上是先大后小,也就是所谓的 peter 或 echo,那么西家将知道同伴在他首攻的花色草花上对他有个很起作用的牌♣J;如东家跟的是小,大两张红心,那就表明他不具有那张关键的♣J。
② V. 米切尔的知名度恐不及其夫人(Jacquelyn Mitchell)。作为世界桥牌女子特级大师,米切尔夫人荣获过两次威尼斯杯的冠军及一次亚军,两届世界奥林匹克桥牌锦标女子团体赛的第一名,她还于 1986 年摘得世界锦标赛桥牌女子组双人赛的桂冠,真可谓战绩显赫得很。

下,斯台曼的技艺要比其同伴逊色不少了①。人们对米切尔的评价是打牌灵活多变,不拘一格,常能在关键时刻转危为安,他的这种风格在下面的这手牌中得到充分的体现。

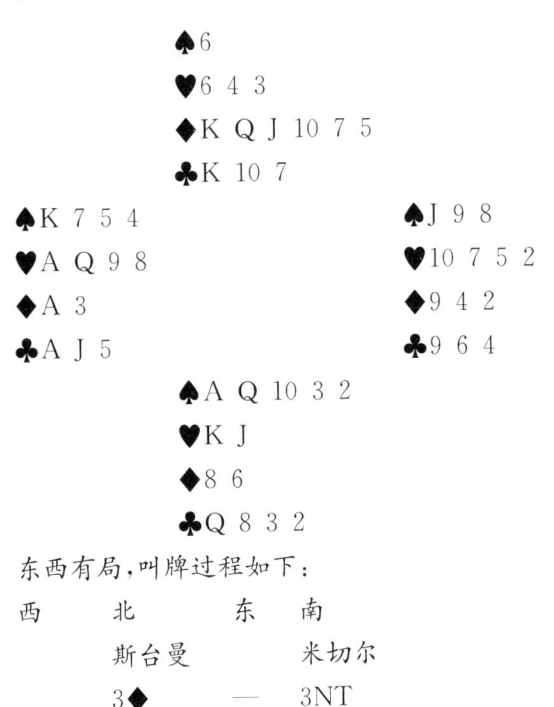

♠ 6
♥ 6 4 3
♦ K Q J 10 7 5
♣ K 10 7

♠ K 7 5 4
♥ A Q 9 8
♦ A 3
♣ A J 5

♠ J 9 8
♥ 10 7 5 2
♦ 9 4 2
♣ 9 6 4

♠ A Q 10 3 2
♥ K J
♦ 8 6
♣ Q 8 3 2

东西有局,叫牌过程如下:

西	北	东	南
	斯台曼		米切尔
	3♦	—	3NT
加倍	都不叫		

---

① 某天,米切尔抱病去参加一场比赛,赛间休息时,斯台曼见他独自一人闭目缩在一个角落里,模样十分痛苦。于是斯台曼走上前去关切地问——

斯台曼:维克,你现在感觉怎么样啊?
米切尔:仍旧很不好。
斯台曼:你可是想吃点或是喝点什么东西吗?
米切尔:谢谢了,我什么都不想要。
斯台曼:那么我能为你做点什么呢? 譬如说,你希望我打得快一点还是慢一点呢?
这时米切尔睁开双目,对同伴凝视片刻后说:"你要是能打得再好一点就好了。"

在获悉同伴有着很不错的方块套之后,位于南家的米切尔赌上了 3NT。西家的加倍使米切尔情知不妙,但逃到 4♦ 肯定也不会有什么善终,于是他硬了头皮挺了下来。西家首攻♥8,真可谓一矢中的,定约人用♥J 擒走了东家的♥10,不过这时西家还一时看不出他已能一举击落定约人的♥K 了。米切尔出方块,西家忍让并用◆A 拿下了第二轮的方块。从同伴的跟牌,西家很满意地看到定约人和明手在方块上的联络已中断了。为了寻求同伴的一个上手张,西家从容不迫地打出小黑桃,当东家跟出♠J 时,米切尔连想都不想就抽出了♠A!这使得西家对同伴持有♠Q 而深信不疑。米切尔出小草花,西家哪能容他去明手兑现方块,他立即用♣A 截下。现在西家满怀信心地再出黑桃并等同伴上手可生擒定约人的♥K。令西家惊讶而又沮丧的是米切尔亮出了♠Q 并将余下的牌都收归己有。

例 2.1.2-6 像上例那样,留着一张次大牌在手,却用张最大的牌吃掉对手的一张小牌,这绝不是什么奢侈之举。相反,它给防家印象之深刻可以说是防家往往在那一瞬间起就被蒙在鼓里了,直至定约人的整个骗局得逞之后防家才恍然大悟。已故的前意大利蓝队的顶梁柱贝拉唐纳的大名,对广大桥牌爱好者来说想必早已是如雷贯耳了,在这儿就没必要赘述他的丰功伟绩了。

1967 年在西班牙的玛拉贝拉举行的一场国际比赛中,贝拉唐纳打的一手牌令法国前桥牌国手兼后来的桥牌作家勒-唐第宇(Jose le Dentu)赞叹不已。他在法国《费加罗报》上撰文热情地称颂说:"恐怕也只有像贝拉唐纳有如此想象力的选手,才能设计出如此一个难以置信的陷阱来。"接下来我们一块儿来看看贝拉唐纳是用什么办法来劝说防家往他的陷阱里跳的。

```
                    ♠7 3
                    ♥10 6 5 2
                    ♦J 9 7 6 5 3
                    ♣A
♠A J 8 5 4                      ♠9 2
♥K Q 3                          ♥8 7 4
♦A 8 2                          ♦10 4
♣K J                            ♣Q 9 8 6 5 2
                    ♠K Q 10 6
                    ♥A J 9
                    ♦K Q
                    ♣10 7 4 3
```

双方无局,叫牌过程如下:

西	北	东	南
	阿伐雷利		贝拉唐纳
1♠	—	—	加倍
2♠	3♦	—	3NT

都不叫

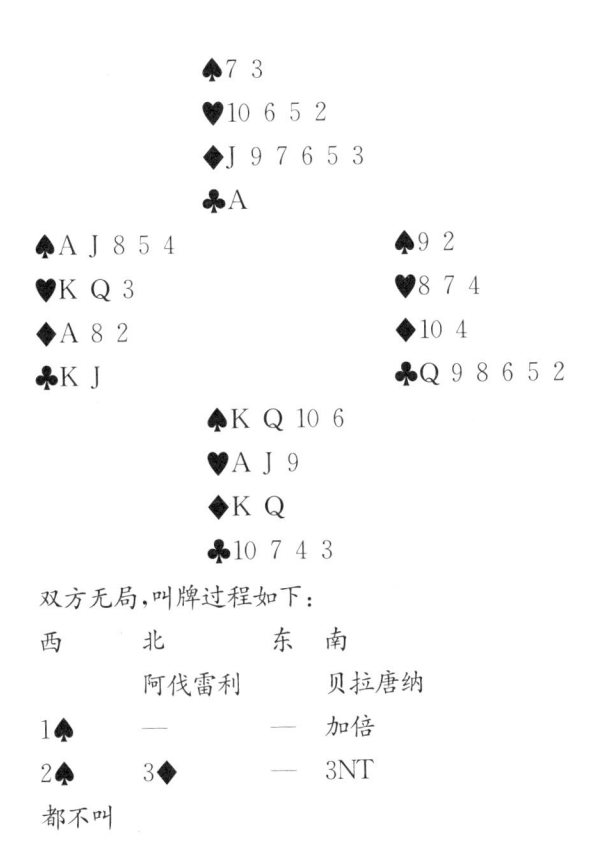

用今天的眼光来看,贝拉唐纳持 15 点大牌在平衡位置时叫个 1NT 虽有点委屈,但也不能算太保守,因为我们的艺不如他高,胆也没他大。此外,西家肯放过这个 3NT 也是相当大度的,能有几名选手持西家的牌时会对南家的冒进如此宽容地咽下这口气呢?无疑,那位西家定是十分顾忌贝拉唐纳的高超打牌技巧的。

西家首攻♠5,明手跟♠3,东家放上♠9,贝拉唐纳用♠K 拿!西家虽然没有天真地以为同伴的♠9 就能逼下定约人的♠K,但他马上判断在♠9 之上定约人只有着♠K 和♠Q 了。定约人出♦K,在未知牌型之前,西家不敢不忍让,东家则赶快跟♦10 示警。定约人再出◆Q,西家再次忍让,看来在西家坚固的防线面前贝拉唐纳该是没戏可唱了,其实并不然。

贝拉唐纳送出♥9,西家丝毫不怠慢地用♥Q拿。接着西家再出黑桃,为防同伴持♠10 9双张,西家再出的是♠4,令他大为震惊的是在他的协助之下,明手的♠7竟然成了个进手张！现在定约人从明手送出方块,西家已无法阻止定约人拿到9墩牌了。就这样,一个按说是没有长套赢张(或说是没有桥)的20点对20点大牌的三无将,居然让贝拉唐纳做成了。

例2.1.2-7 看了好几例定约人用不必要的大牌赢得一墩且都取得成功的牌例,请不要以为这一招非常管用,能屡屡得手。这些定约人之所以取得成功,是因为他们的对手有相当的推理能力,在见到了那些大牌之后推理得出了于己不利的结论。万一你遇到的对手并不具有这样的推理能力或是他洞悉了你的意图又将怎样呢？多次世界冠军获得者,美国的桥牌高手哈曼(Robert Hamman)就有过这样的一个亲身经历,有一回他遇到了完全陌生的对手,有这么一手牌:

```
              ♠ A K Q J 10 7
              ♥ K 4 3
              ◆ 9 6 4 2
              ♣ —
♠ 6 4 3 2                    ♠ 5
♥ A                          ♥ 10 9 6 5
◆ K J 10 3                   ◆ 7 5
♣ A J 7 6                    ♣ K 10 9 8 5 4
              ♠ 9 8
              ♥ Q J 8 7 2
              ◆ A Q 8
              ♣ Q 3 2
```

双方有局，叫牌过程如下：

西	北	东	南
1♦	1♠	—	1NT
—	3♠	—	3NT

都不叫

西家首攻了♦J，哈曼一看他有 8 墩牌在握，要想完成定约，那就必须在红心上也能拿到一至几墩。从西家的首家开叫，不难估计西家除了有着♦K J 10 ×这样的方块外，他还很可能有♥A。于是哈曼顿时心生一计，他用♦A 而不是♦Q 赢了首墩，很显然定约人想给西家这个印象：我在方块上只有♦A 而没有♦Q。接着哈曼出♥J，好像他想飞捉♥Q 似的。持这单张♥A 的西家只好用♥A 拿，他接下来并没有像哈曼所期盼的那样出方块而出的是草花！就这样，两位防家在拿足了 6 墩草花之后又连拿了 3 墩方块，好比东西方打三无将且超了一墩。

第三节　主动送出大牌给防家吃

没人愿意白送张大牌给对手吃，所以当对手吃到你的一张大牌时，他的第一反应是你不得不这样做，换句话说，你的这门花色一定短到不得不送出大牌给对手吃了。为了阻止防家改出一门对定约有威胁的花色，定约人哪怕是放弃一个赢张也往往在所不惜，更别说送出一张并不能成为赢张的牌了。

例 2.1.3 - 1　我相信有些读者在看了如下的这几个牌例后将会意识到，当我们打牌时，尽管我们不需要发什么信号给明手，我们在跟牌时也不宜信手把小牌打出。毫不夸张地说，跟牌时一成不变地从小牌跟起，这肯定是打桥牌的不良习惯之一。

```
            ♠ J 7 2
            ♥ 10 7 6
            ♦ 10 9 2
            ♣ A K J 5
♠ Q 10 8 5              ♠ A 4
♥ Q 8 5 3               ♥ K J 9 2
♦ A 3                   ♦ 7 6 4
♣ 10 8 4                ♣ 9 7 6 3
            ♠ K 9 6 3
            ♥ A 4
            ♦ K Q J 8 5
            ♣ Q 2
```

双方有局,在南家开叫 1NT 后,北家加叫到 3NT 成局。西家首攻♠5,定约人暗暗庆幸对手未能发现致命的红心首攻。在东家用♠A 拿时,大喜过望的定约人随手跟出了♠3,他没料到这张牌断送了这个局。从首轮黑桃出牌,东家看出同伴和定约人各持四张黑桃,他马上判断出再出黑桃无益并果断地改出了♥J。在西家的♦A 上手后,防家连拿 3 墩红心而击败了定约。

在另一张牌桌上,叫牌过程和首攻完全相同,不过那位定约人在高兴的同时保持着清醒的头脑,他宁可东家打回黑桃也不想看见他改出红心,他不动声色地跟出♠6。这张牌使得东家以为同伴持着五张黑桃,东家很有理由地再出黑桃。在看到黑桃已不构成威胁时,定约人放弃了黑桃飞牌而连打方块。定约人是多输了一墩黑桃,但他换来了定约的安全。

例 2.1.3-2 有时防家继续出某一门花色并不给定约人带来直接的益处,但考虑到某些大牌的位置与定约的安危有关,定约人宁可请防家继续出该花色也不愿看到防家会改出一门对定约更有威胁的花色。

```
            ♠K J 10
            ♥8 6 5
            ♦7 2
            ♣A Q 10 9 6
♠9 6 2                      ♠8 7 4 3
♥K Q 10 9 4                 ♥7 3
♦J 10 8                     ♦K Q 9 5 3
♣4 2                        ♣K 3
            ♠A Q 5
            ♥A J 2
            ♦A 6 4
            ♣J 8 7 5
```

南北有局,在南家开叫 1NT 后,北家加叫到 3NT 便结束了叫牌。西家首攻♥K(现在有人持 K Q 10 9 ×时首攻 Q)。人人皆知定约人只消跟♥2 即可令西家改弦易辙,这个巴思妙招的用法我们在前面已有介绍。既然再出红心将损失一墩,于是西家就不得不改出别的花色。如果西家改出方块,那对定约人有很大的威胁,哪怕是方块 4-4 分布,而草花飞牌又不能成功,那么这个定约就成问题了。考虑到上述潜在的危险,美国休斯敦的乔拉希(Ira Chorush)在打牌时很果断地送出了♥J。眼见定约人的红心将被他所攻破,西家大喜过望,他果然再出♥10。这时定约人不客气地收下。尽管草花飞牌失败,定约也是很安全的,因为东家已打不出第三张红心。顺便提一笔,即使东家有三张红心,那么定约人也只输 3 墩红心和一墩草花罢了。

例 2.1.3-3 能在实战中成功地劝说防家倒戈来帮助自己的定约人,显然是具备了胆大、心细、镇定、反应灵敏等优良素质。用艺高胆大来描述荷兰的世界桥牌特级大师斯拉芬堡(Cornelis Slavenburg)[①]

---

① 斯拉芬堡是 1966 年世界桥牌双人赛公开赛的冠军,当时他的同伴是克雷恩斯(Hans Kreyns),后者曾代表荷兰鹿特丹市参加过 1981 年上海国际桥牌邀请赛。

在下面一手牌中的表现是再恰当不过了。

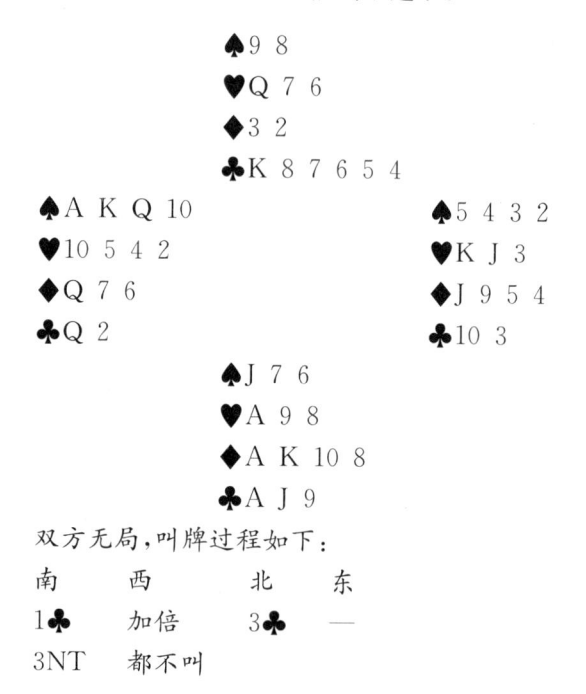

♠ 9 8
♥ Q 7 6
♦ 3 2
♣ K 8 7 6 5 4

♠ A K Q 10　　　　　　　♠ 5 4 3 2
♥ 10 5 4 2　　　　　　　♥ K J 3
♦ Q 7 6　　　　　　　　♦ J 9 5 4
♣ Q 2　　　　　　　　　♣ 10 3

♠ J 7 6
♥ A 9 8
♦ A K 10 8
♣ A J 9

双方无局,叫牌过程如下:

南	西	北	东
1♣	加倍	3♣	—
3NT	都不叫		

无疑,3NT 是个成功机会很少的定约,3♣ 要安全得多。有一点是可以肯定的,想持 22 点大牌就打 3NT,那就应具有相应的打牌本领才行,当然,最好是再加上点好运气。

西家首攻♠K,定约人斯拉芬堡在审视了两家牌之后意识到击落单张♣Q 的概率不会超过 12%,他决定不能单凭运气,应设法提高成功率。继♠K 之后,西家又拔出♠A,这时定约人不紧不慢地跟出♠J! 本来西家还担心定约人的♠J 有足够的小牌保护,见♠J 的出现后,西家的顾虑全无,他很高兴地又连拿 2 墩黑桃。斯拉芬堡在暗暗庆幸黑桃 4-4 分布的同时趁机垫去手中的♣9。在看到定约人连拿 6 墩草花的时候,西家才意识到自己帮了定约人一个大忙,因为定约人本人是根本无法解决在草花上的阻塞问题的。

例 2.1.3－4　当防家首攻不准时,定约人总是十分乐意见到防家继续出该花色的,尤其是当防家改出别的花色将威胁到这个定约时。定约人在劝说防家接着出下去时,他所劝说的对象并不局限于首攻者,有时也会是首攻者的同伴。不过,如何劝说防家继续出该花色还是大有讲究的,首先是要让防家觉得安全,其次是使防家感到再出该花色有利可图。

下面我们来看一下高手是如何设计一个骗局的。那是在2002年的凯文迪希桥牌邀请赛(Cavendish Invitational)的团体赛中,多届世界冠军获得者索洛威(Paul Soloway,1941 - 2007)就是抓住上述防家的心理,成功地劝说了防家继续出一门对他没甚危害的花色。

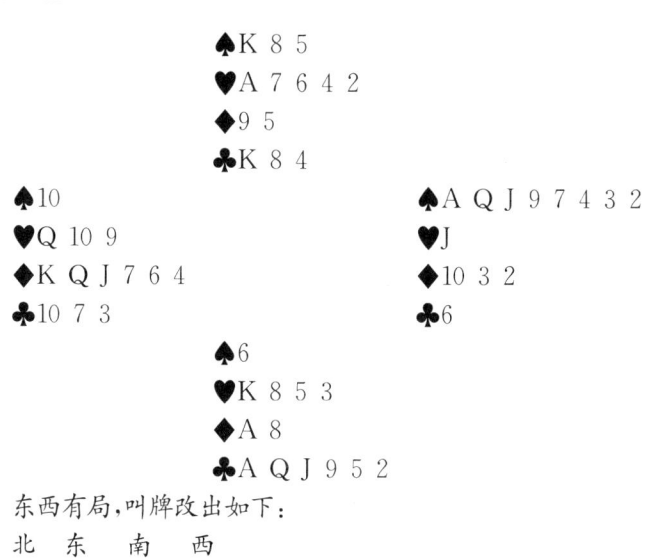

<pre>
                ♠K 8 5
                ♥A 7 6 4 2
                ♦9 5
                ♣K 8 4
♠10   ♠A Q J 9 7 4 3 2
♥Q 10 9   ♥J
♦K Q J 7 6 4   ♦10 3 2
♣10 7 3   ♣6
                ♠6
                ♥K 8 5 3
                ♦A 8
                ♣A Q J 9 5 2
</pre>

东西有局,叫牌改出如下:

<pre>
北   东   南   西
      4♠   5♣   都不叫
</pre>

在绝大多数的牌桌上,东家都开叫4♠,这给南北方多少带来麻烦。假如南家加倍,目前较流行的是作为技术性加倍,那么北家将肯定会叫5♥,只要东家不首攻方块,那么北家总能揽回11墩牌(东家若连打黑桃,北家可将明手的♦8垫去)。

其中一桌上的南家是索洛威,他选择争叫5♣。西家首攻

♠10，可能是因为他想得到将吃的机会吧，否则，只要他首攻◆K，那么定约人的希望顿时成灰。如果定约人让明手跟小黑桃，那么东家可能会用♠J 接过去，也可能东家看不出该改出什么为好而让西家来决定下一步的行动方案。总之，没有一位东家会盖拿之后再出黑桃的，因为东家出♠A 会被定约人将吃，他出小黑桃，定约人会垫去输张方块（就这手牌而言，定约人将不得不用大将牌将吃东家打回的黑桃的，因为他垫方块后在红心上还有一个输张）。为了劝说东家继续出黑桃，索洛威特意放上明手的♠K！让东家觉得再出黑桃并无危险。定约人用♣A 将吃了东家打回的♠Q，接着他仔细地先兑现了手中的♣Q，在肃清防家的将牌之后，索洛威便把方块输张垫在树立起的第五张红心之下了。

这或许是个很好的教训，当一位桥牌高手似乎犯下了一个不该犯的错误时，千万要小心，这未必真是个错误，极可能是他故意埋的一个破绽。

例 2.1.3-5 精彩的牌例未必都发生于正规比赛中，在其他场合出现的精彩牌例，经正常报道之后也可能有机会被人广为称颂，澳大利亚桥牌好手考特涅（Michael Courtney）在一次盘式桥牌中的精彩表演，就使得他荣获了 2010 年 IBPA 颁发的最佳打牌奖。

```
              ♠ 10 3
              ♥ 6 4
              ◆ A Q 10 8 7 5
              ♣ 5 3 2
♠ A 9 8 6 5 2              ♠ J 7
♥ J 10 7                   ♥ A K 8 5 3
◆ 3                        ◆ K 6 4
♣ Q 7 6                    ♣ J 10 4
              ♠ K Q 4
              ♥ Q 9 2
              ◆ J 9 2
              ♣ A K 9 8
```

双方无局,叫牌过程如下：

西　　北　　东　　南
　　　 3◆　 —　 3NT
都不叫

北家的开叫并不可取,既然他已经这样叫了,那我们只好来看看定约人是怎样应付这个局面的。西家首攻♠6,他的长套第四张,定约人让明手放上了♠10,东家盖上♠J,考特涅用♠K 拿。定约人立即飞方块,被东家拿了这一墩。东家认为在打回黑桃之前不妨先兑现自己的红心赢张,于是他打出了♥K。定约人跟小红心,西家毫不含糊地跟出了♥J,清楚无误地表示出他没有♥Q,但还有着♥10。东家再出他的♥A,这时考特涅很镇静地跟出了♥Q!这也是张防家已知的牌,西家则跟了♥10。看到♥Q 应声而落,东家显然是大喜过望,他根本没深究同伴跟出的♥10 意味着什么,他兴冲冲地再出红心而不是黑桃,没想到定约人抽出了♥9 并一下子就揽回了 9 墩牌。

假如西家有着♥J 10 9 这么三张红心,那么在先跟出♥J 后,西家第二轮应跟♥9,换句话说,他出♥10 应否认他还会有♥9。此外,即使西家有着♥9,东家也不应该再出红心而应该打回黑桃,因为让同伴的♥9 拿一墩并没太大好处,这样使得西家无法捕捉到定约人的♠Q。当然,定约人处理黑桃的方法也是有点问题的,他应该做好方块飞不成的打算,为此他只好假定西家持的是六张黑桃,忍让首轮黑桃不单是选择之一,而且是唯一正选。话要说回来,如果考特涅忍让一轮黑桃,那么他就能完成这个定约,那么他也就不可能荣获 IBPA 颁发的奖。

你一定已经很仔细且又充满兴趣地看完了这一章的二十多个牌例,想必你对如何劝说防家继续出某一门花色已有了较深的印象,接下来我出道题目让你做好吗？

例 2.1.3 - 6

♠K 8 3
♥Q 10
♦J 7 4
♣A 10 9 5 2

♠A Q 5
♥A J 2
♦9 5 3
♣K J 6 4

在南家开叫1NT后,北家加叫3NT,东西两家均缄默无语,西家首攻♥4,你放上明手的♥Q,问题是:

（1）如果东家跟出♥5,那么你出什么,接下来怎么打？
（2）如果东家盖上♥K,那么你又将如何对付？

很显然,这两个问题是不应该有着相同的答案的,你能不能在不到三分钟的时间里找到对策？你肯定也很清楚,耗时越多,那就越容易使对手生疑,你的骗术也就越难成功。

在你作出决定之前,请允许我把你所面临的局势稍加分析一下。方块是你的薄弱所在,要在对手发现你的致命弱点之前抢先拿到至少4墩的草花。如果你硬砸两轮草花,那么当♣Q不跌落时你的定约必将失败了,因为持单张草花的防家将会迫不及待地发出信号的。所以,你最好是采取飞牌而舍弃击落,再说3-1分布的几率也要稍高于2-2的。出于同一目的,你必须一张大牌也不打就立即飞草花,要不然,一旦飞牌对象选错,持单张草花的防家又有机会发信号了。如果你赞同上述分析,那么我再给个提示:你准备飞哪一家？又准备蒙哪一家？

现在让我们来看一下这两道题的答案是什么。

(1) 东家没盖上♥K,可以认为他没有♥K,那么当明手的♥Q拿到1墩之后,你不能让东家上手,因为他很可能会认为红心无望而改出方块的。好,你要飞东家的草花,就得做好让西家上手的准备,你显然也指望西家上手后会继续出红心。这手牌可能是这样的:

     ♠K 8 3
     ♥Q 10
     ♦J 7 4
     ♣A 10 9 5 2
♠J 6   ♠10 9 7 4 2
♥K 9 8 4 3   ♥7 6 5
♦A 10 2   ♦K Q 8 6
     ♠A Q 5
     ♥A J 2
     ♦9 5 3
     ♣K J 6 4

为了吸引西家对红心感兴趣,在首轮红心时,你应不加犹豫地跟出你的♥J! 接着就飞草花。如果草花飞牌失败,西家多半会想:我再出♥K便能逼下定约人的♥A,而我的♦A又是个可靠的进手张。西家不出方块的又一原因是他一时无法看出他改出方块能立即击败这个定约。

(2) 当东家盖上♥K时,你最好不露痕迹地忍让一轮! 你吃下红心后确实可以拿到3墩红心,然而当♣Q未能击落时你仅有8墩牌而已。几乎可以100%地肯定东家会打回红心的,在第二轮红心时你应放上♥J而不是♥A。为什么? 当你持♥A 2时,往往没忍让的必要,而你持♥A × 2时,通常会忍让两轮,所以当你用♥J拿下这一墩时,东家多半会以为同伴持♥A,为保持红心上联络不断,西家很自然会放过一轮。这手牌可能是这样的:

```
                  ♠ K 8 3
                  ♥ Q 10
                  ♦ J 7 4
                  ♣ A 10 9 5 2
♠ J 7 6 2                       ♠ 10 9 4
♥ 9 7 6 4 3                     ♥ K 8 5
♦ A 10 2                        ♦ K Q 8 6
♣ 8                             ♣ Q 7 3
                  ♠ A Q 5
                  ♥ A J 2
                  ♦ 9 5 3
                  ♣ K J 6 4
```

由于东家对红心的形势不明，因此他是你蒙骗的对象。在♥J拿了之后，你立即飞草花，万一草花飞牌失败，东家也极可能再出红心。

需指出的是，一般说来，对手水平越高，那么被骗的可能性也就越小。拿本例来说，假如东家被骗，那么他会因为你的♥J盖拿明手的♥10而认你持的是♥J 9 2。如果在这时西家跟出♥9，那么将令细心的东家生疑。所以说究竟是选用骗招还是其他战术，还需视对手的程度以及在某个特定场合下你所能采取的诱骗战术的可信性来决定。如果东西两家都是专家级好手，那么上述诱骗战术可能不易奏效，倒不如根据牌型分布的几率行事，即持长红心的西家往往草花短，所以干脆用♥A吃了东家的♥K后飞东家的草花。

通过这个牌例，你一定会看出，为了鼓励对手继续出某一门对你不构成威胁的花色，你不能单从该花色上考虑，而且还要想好你下一步的打牌路线，从而选择一位防家作为你的劝说对象。与此同时，你还不能错过其他更好的作战方案，你又不能花太多的时间去思考,却要不出差错地迅速地完成整个思考过程。由此可见,骗术高明的桥牌选手,首先要精通桥牌的各种战术,思路敏捷,又要很善于揣摩对手的心理,控制住情绪,难怪优秀桥牌选手真不少,而被誉为诱骗战术高手的总是凤毛麟角。

第二章 如何劝说防家改出别的花色

同前一节内容恰好相反的是,有时对手的首攻或是在对峙的局中击中了你的薄弱环节,如果防家盯住这门花色不放,那么你的定约将必宕无疑,于是你需设法劝说对手:"还是改出一门花色吧。"看上去,"改出"和"再出"仅是一字之差,事实上,劝说防家改出要比劝说对手再出要困难得多。试想,防家经过深思熟虑,从13张牌中选出这么一张牌,他凭什么会相信你所说的:"嘿,伙计,你这张牌可选错了。"光在面部表情上装得满不在乎来掩盖内心的焦虑不安是无济于事的,你需要通过合适的出牌使防家信服他并选错目标。一般说来定约人有几种方法可以尝试。

第一节 定约人在该花色上很强,防家似不值得继续投资下去

例 2.2.1 - 1 有时你明明只有一个止张,但你要装得好像有两个止张似的,由此防家可能对能否在该花色上攻破你而缺乏信心。鲍林夫妇(Jim Borin & Norma Borin)是澳大利亚桥牌名将,他俩曾于1971年代表澳大利亚参加在台北举行的第18届百慕大杯赛,夫妻同时参赛,这在百慕大杯赛史上还属首例。请看鲍林在下面这手牌中的表演,那时鲍林代表的是维多利亚省,而他的对手来自新南威尔士省。

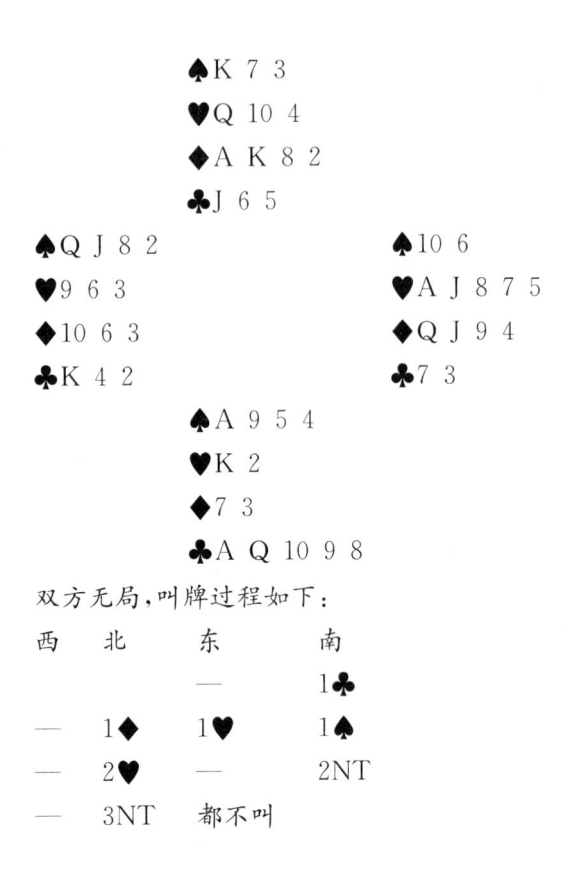

```
            ♠ K 7 3
            ♥ Q 10 4
            ♦ A K 8 2
            ♣ J 6 5
♠ Q J 8 2              ♠ 10 6
♥ 9 6 3                ♥ A J 8 7 5
♦ 10 6 3               ♦ Q J 9 4
♣ K 4 2                ♣ 7 3
            ♠ A 9 5 4
            ♥ K 2
            ♦ 7 3
            ♣ A Q 10 9 8
```

双方无局，叫牌过程如下：

西	北	东	南
			1♣
—	1♦	1♥	1♠
—	2♥	—	2NT
—	3NT	都不叫	

西家很忠实地首攻♥9。看了四家牌，我们知道定约人在红心上只有一个止张。如果他让明手跟小红心，那么东家肯定会跟♥8的。定约人将不得不树立草花，一旦飞草花让西家上了手，西家再出红心意味着防家将可连拿至少5墩牌。鲍林当然非常清楚他所面临的形势，在见了明手的牌后，他镇定自若地放上♥Q！现在轮到东家犯难了，他想了一阵后用♥A收下这一墩。担心定约人手中还余下♥K×这样两张红心，东家不敢再出红心而打回方块，现在鲍林在树立草花上就比防家快了一拍而成功地完成了定约。

例2.2.1-2 如果说上例的东家出错的主要原因在于他未能深入分析，那么本例中的东家确实是遇到棘手的判断问题了。

```
                ♠ J 10 3
                ♥ K Q 6
                ♦ Q J 9 7 4
                ♣ 8 7
♠ 8 7 6                      ♠ K Q 9 5 2
♥ 9 8 4 2                    ♥ 10 7
♦ K 6 3                      ♦ 8 2
♣ 9 5 4                      ♣ A K 6 3
                ♠ A 4
                ♥ A J 5 3
                ♦ A 10 5
                ♣ Q J 10 2
```

双方无局，叫牌过程如下：

西	北	东	南
		1♠	1NT
—	3NT	都不叫	

西家首攻♠8。一个优秀的桥牌选手势必养就这么个好习惯，那就是在出牌之前已想好了下一步乃下几步的应对方法。如果当第三家出牌之后，你再开始考虑该怎么办，那么对手一来也有了很从容的时间来研究你的牌型，二来你的意图也较容易地为对手所揣摩。无疑，盖上明手的♠10绝对必要，东家肯定也会盖上他的大牌的，接下来你该如何对付呢？

假如你用♠A拿，再以红心作桥去明手并开始你的方块飞牌，飞成功则一了百了，飞不成功则认输宕3墩，你对这种结局满意吗？几乎每一个初学者都会如此打牌。假如你在放上明手的♠10之前就想到了将来方块飞牌的成败未定，那么在东家盖上他的♠Q时你就会毫不迟疑地让他拿一墩！

首先，如果方块飞牌成功，你根本不在乎黑桃将会如何。其次,你须认识到你在黑桃上只有一个止张,哪怕用♠A 吃了东家的♠Q 后也还是不可能出现第二个止张的。再次,退一百步说,即使东家识破了你的骗局或是他认为唯有当你持♠A 4 时才可能击败定约,从而他出小黑桃捅下你的♠A,那么你在黑桃上仍有一个止张,并没有任何损失,你的定约的成败依然是取决于方块飞牌的成功与否。然而,一旦东家误判你的黑桃为♠A × 4,为了不让明手的♠J 额外地拿到一墩,他就有可能改出其他花色,这就为你树立起明手的方块套赢得时间。

那么东家会不会改出草花呢?当然有此可能,假如西家在草花上得以上手,西家再出黑桃逼下你的♠A,不过这时你的定约该是安全的。从东家首轮开叫来看,如果西家持有一张草花大牌,那么余下的大牌该是都在东家手中,于是你将很有把握地飞捉东家的♦K 了。

例 2.2.1-3 假如你对上例所介绍的打法将信将疑的话,那么我很乐意再给你个真人实例作为佐证。上个世纪 60 年代,在法国坎城举行的一场桥牌双人赛中有这么一手牌:

　　　　　♠ 5 4 2
　　　　　♥ A K 9 4
　　　　　♦ J 10 4
　　　　　♣ A 10 5
♠ K 9 8 7　　　　　♠ A J
♥ 8 7 6　　　　　　♥ 3 2
♦ 9 7　　　　　　　♦ K Q 8 5 3 2
♣ J 9 3 2　　　　　♣ Q 6 4
　　　　　♠ Q 10 6 3
　　　　　♥ Q J 10 5
　　　　　♦ A 6
　　　　　♣ K 8 7

双人赛,南北有局,叫牌过程如下:

南	西	北	东
福奎		伽洛佐	
1♥	—	2♣	2♦
—	—	3♥	—
3NT	都不叫		

在福奎和伽洛佐的叫牌体制中,开叫高级花色只保证四张,在此之后的直接跳加叫为有限实力支持,于是持开叫叫实力的伽洛佐理所当然地先用2♣过渡,然后再支持同伴的花色,这就给东家一个表示长套的机会。在此之后福奎的3NT是给同伴一个选择,而伽洛佐在对手花色上持着♦J 10 4,再说他的牌型绝对平均,于是他欣然接受下来。

西家首攻♦9,在放上明手的♦J或♦10之前,福奎发现他只有七个快速赢张,为筹集到9墩牌,他将不得不在黑花色上求得发展,换句话说,他不可能不让防家上手而先拿到9墩牌。同时,他很清楚地看到如果他用♦A拿下首墩,那么明手的方块是根本无法挡住对手的穷追猛打的。想到这里,定约人不动声色地跟♦6忍让。东家用♦Q拿了第一墩后陷入了苦苦思索之中,他无法看出同伴持的是单张还是双张方块,相应地,定约人的忍让则很像有三张方块,如果是这样的话,那么他再出方块非但一时不能击穿方块,而且将白送定约人一墩牌。左思右想之后,东家拔掉♠A并再出♠J。西家不客气地吃掉了定约人盖上的♠Q,他再出黑桃,这时福奎手中的♠10成了第八个赢张,但他还差一墩牌呢,他还需要有点运气相助,要么牌型分布对他特别有利,要么对手再犯错误。

定约人一气连拿4墩红心,得如下形势:

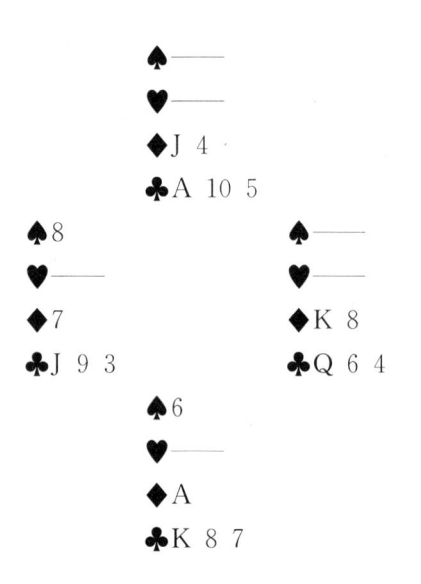

```
            ♠ —
            ♥ —
            ♦ J 4
            ♣ A 10 5
♠ 8                      ♠ —
♥ —                      ♥ —
♦ 7                      ♦ K 8
♣ J 9 3                  ♣ Q 6 4
            ♠ 6
            ♥ —
            ♦ A
            ♣ K 8 7
```

这时福奎停下来思考他的下一步行动计划,或者说,他在比较对手持牌的可能性中哪一种更大。如果东家除去方块还同时持有♣Q J 9 三张草花,那么在送出1墩黑桃给西家之后,东家在两门低级花色上将被挤得无路可走。但如果东家一个草花大牌都没有,那么西家在吃进一墩黑桃之后,他将被投入了。踌躇一番,福奎决定试试后者。他兑现了♦A,接着他送出♠6,这时所有人都余下了三张草花。西家拿了这墩后,随手打出♣3,定约人让明手跟♣5,东家不得不放上了♣Q。在用♣K拿这一墩后,定约人别无选择地飞草花,结果他很幸运地拿到第九墩牌。

这手牌给我们带来了经验和教训各一条:一是大胆忍让常可能出现转机,使对手反倒驻足不前了;二是千万不要因为同伴曾经出错而失去信心,漫不经心地出牌常会带来不必要的损失。东家的误判情有可原,而西家的掉以轻心则是难以饶恕的。试想,当西家的♠8得了一墩之后,如果他出的不是♣3而是♣J,那么福奎又如何能完成定约呢?

例2.2.1-4 当对手的首攻击中你的薄弱环节时,你当然希望他改弦易辙,这时也往往是考验你的胆魄的时候,在面部表情上是做不成文章的,你要通过合适的出牌来劝说对手把资本改投其他地方。

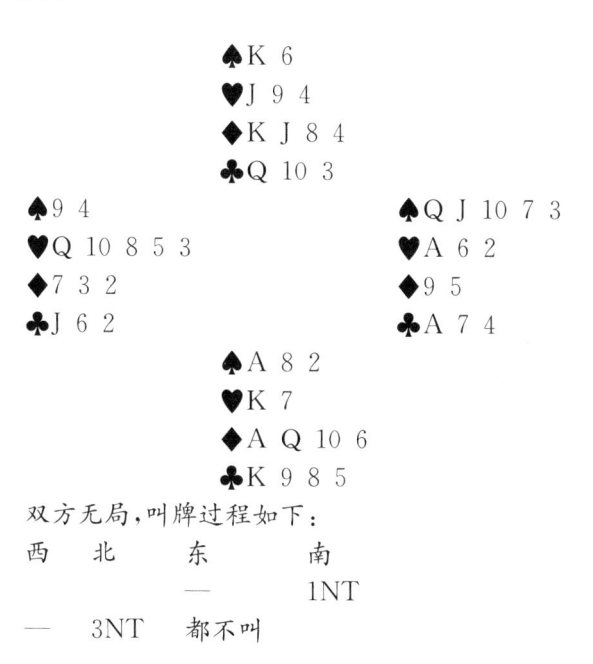

♠K 6
♥J 9 4
♦K J 8 4
♣Q 10 3

♠9 4
♥Q 10 8 5 3
♦7 3 2
♣J 6 2

♠Q J 10 7 3
♥A 6 2
♦9 5
♣A 7 4

♠A 8 2
♥K 7
♦A Q 10 6
♣K 9 8 5

双方无局,叫牌过程如下:

西	北	东	南
—	—	—	1NT
—	3NT	都不叫	

西家首攻♥5,真可谓一矢中的,当东家用♥A拿时,委内瑞拉名将贝内姆(Roberto Benaim)镇静而又毫不犹豫地跟出了♥K!定约人开叫一无将,他怎么可能持单张♥K呢?排除这种可能之后,比较合乎逻辑的解释便是他持着♥K Q双张,当时的东家就是这样想的。既然定约人在红心上还有两个止张,那就好像不值得在红心上继续努力下去了,于是东家改出♠Q。在得到喘息的机会之后,贝内姆便有时间树立自己的长套花色,在猜对♣J的位置之后,他还超额一墩完成定约。

你一定也看出来了,如果贝内姆留着♥K在手,那么他在红心上也只能抵挡一次而已,放弃♥K,明手的♥J仍能拿到一墩。既然如此,何不尝试唬退对手呢?

例 2.2.1-5 贝内姆有勇有谋的壮举在桥牌史上并非首例，比他早几十年就有人如此唬住对手。在上世纪 30 年代，弗雷（Richard Frey，1905-1988）是美国的一位知名好手，他是北美桥联最早的 10 名终身桥牌大师中的一位。

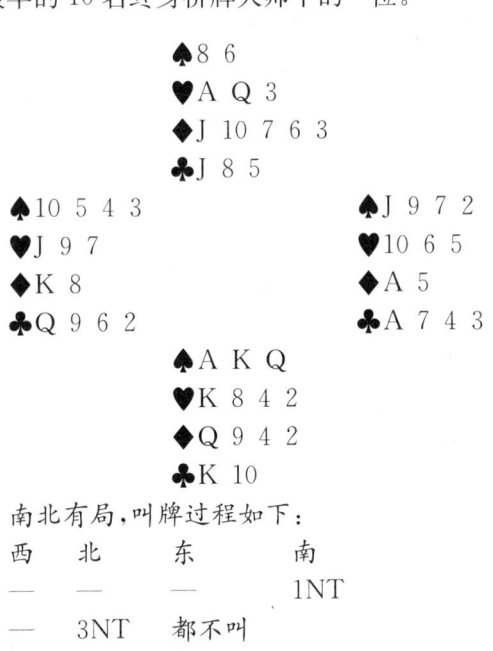

```
              ♠ 8 6
              ♥ A Q 3
              ♦ J 10 7 6 3
              ♣ J 8 5
♠ 10 5 4 3                    ♠ J 9 7 2
♥ J 9 7                       ♥ 10 6 5
♦ K 8                         ♦ A 5
♣ Q 9 6 2                     ♣ A 7 4 3
              ♠ A K Q
              ♥ K 8 4 2
              ♦ Q 9 4 2
              ♣ K 10
```

南北有局，叫牌过程如下：

西	北	东	南
—	—	—	1NT
—	3NT	都不叫	

西家首攻♠3，定约人弗雷用♠K捕杀东家的♠J。紧接着他打出小方块，他希望西家跟小牌放过，不明真相的东家拿下之后，他十之八九会打回黑桃的。西家很敏感地用♦K吃下了这一墩，非但如此，他还一针见血地改出草花。当东家用♣A拿时，定约人很镇定地送出♣K！东家对这张牌的解读是定约人肯定持着♣KQ双张在手，既然明手还有♣J，既然定约方在该花色上还有两个止张，东家就认为在草花上不值得继续投资下去。尽管西家出的♣2非常可能有张大牌，东家踌躇一阵之后还是打回黑桃，一个该宕的定约就这样被弗雷起死回生了。

例 2.2.1-6 劝说防家改出其他花色未必一定是在首攻时，

在对峙的局中,定约人只要能把握住合适的时机,也能展开劝说工作。在1950年北美桥联的夏季大赛中,两届百慕大杯赛亚军的哈岑(Lee Hazen，1905－1991)就很成功地使防家改弦易辙。

　　　　　　　　♠A
　　　　　　　　♥K J 8 6 2
　　　　　　　　♦A 8 5 4
　　　　　　　　♣Q 4 3
♠K Q 8 7 2　　　　　　　♠10 9 6 5
♥9 4　　　　　　　　　　♥10 7 5 3
♦K 10 2　　　　　　　　♦J 9
♣J 8 7　　　　　　　　　♣K 9 2
　　　　　　　　♠J 4 3
　　　　　　　　♥A Q
　　　　　　　　♦Q 7 6 3
　　　　　　　　♣A 10 6 5

双方有局,叫牌过程如下:

西	北	东	南
			1♦
—	1♥	—	1NT
—	3♦	—	3NT

都不叫

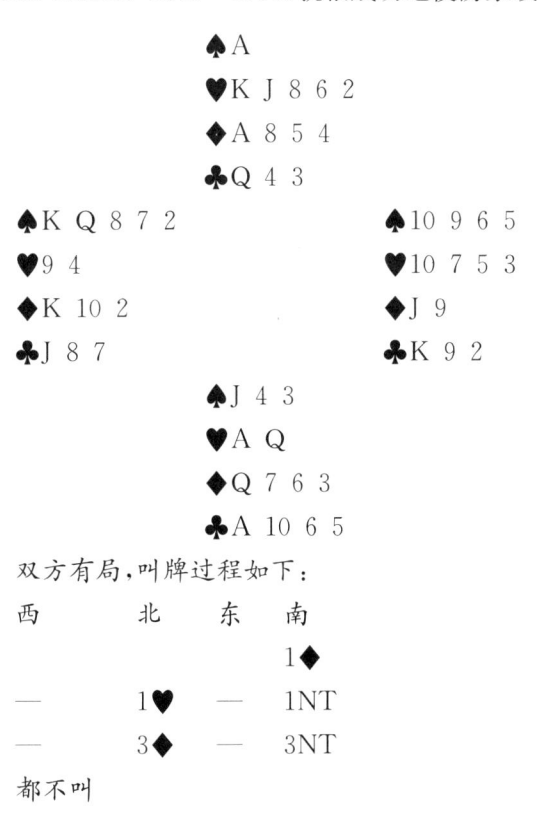

　　西家首攻♠7,一下子把定约人在黑桃上的唯一的止张打掉了。定约人现在能拿到手的有8墩牌,第九墩只可能出自方块或是草花。很显然,如果定约人自己动方块或是草花,那么不等♦Q或是♣Q成为赢张之前,防家已能拿到至少5墩牌了。定约人哈岑马上否定自己主动处理方块或是草花的方案,他先兑现♥A和♥Q,接着他打出♠J!

　　假如你是西家,那么将如何判断这张不寻常的♠J呢? 当时的西家想,定约人定是持♠J 10 9 3,通过送出黑桃,他可树立起一个黑桃赢张。想到这里(因为西家没再往下多想:南家如有四张黑桃,他为什么不叫1♠),西家改出♣7,明手跟♣3,不论东家出♣9还是♣K,现在定约人已有9墩牌在握。

例 2.2.1－7 大名鼎鼎的哈曼首次参加百慕大杯赛是在1967年,这位当时年仅29岁的年轻人听队友老将拉扎德(Sydney Lazard H.)讲述了这么一手牌。当时25岁的拉扎德正值年轻气盛,但他看了汉考克(John Hancock)打的这手牌之后,他非但佩服得五体投地,而且差一点因自叹不如而一度产生了中断桥牌生涯的念头。

```
              ♠6
              ♥J 5 4
              ♦A 6 5 2
              ♣A 8 7 6 5
♠9 8 2                    ♠A K J 10 7 5
♥A 10 3                   ♥9 7 2
♦K J 10 4 3               ♦8 7
♣10 3                     ♣9 4
              ♠Q 4 3
              ♥K Q 8 6
              ♦Q 9
              ♣K Q J 2
```

盘式桥牌,双方有局,叫牌过程如下:
西　　北　　东　　南
　　　　　　　　　1NT
—　　3NT　都不叫

全桌上的人及在旁观战者都留意到东家在3NT之后迟疑了一些时候才Pass的。在上世纪50年代,弱二开叫法尚未问世,于是东家找不到一个叫品能恰到好处地表达自己的牌。待叫牌过程一结束,定约人汉考克顿时转过身子并不客气地对西家说:"请你作出正常首攻。"

略加思考后的西家抽出的是♠9,谁也无法知道,究竟是西家见了同伴的迟疑而得到某种暗示,还是他自己猜中答案。不但西家准确无误地击中了目标,而且东家也很正确地放上了♠10以保持己方在黑桃上的联络畅通。众人把目光都集中在定约人身上,只要他用♠Q拿,那么在他抓到7墩之后大概是可以缴械了。谁知汉考克不慌不忙地跟出♠3!假如东家是名初学者之辈,那么汉考克的这一手将对东家丝毫不起作用,那样东家将会爽快地再拔♠A和♠K,结果还会乐得差点合不拢嘴——一下子连拿6墩黑桃!事实上东家循常理判断定约人定是持以♠Q为首的四张黑桃,他可不愿意帮助定约人树立♠Q呢。汉考克也正是从东家的首轮Pass而判断西家持着♥A的,要不然,纵使定约人有四张黑桃,东家也会连打黑桃的,凭借♥A东家总能一人就击垮这个定约。思考片刻后,东家改出红心,西家上手后忠实地再出♠8。谁知坚持己见的东家在♠K拿后怎么也不肯再兑现♠A!就这样,一个不可能完成的3NT在汉考克的镇定而出色地劝说下居然做成了。在听完拉扎德的故事之后,哈曼兴奋地一拍大腿,搓着双手说:"要是我能在场亲眼目睹这个精彩表演该有多好啊。"

第二节 警告防家不要再出同一花色,否则明手的牌将升级

例 2.2.2-1 防家无不担心自己的大牌遭到定约人的将吃,以致让明手的次大牌成为赢张,利用这种心理,定约人有时能劝说防家改出别的花色。

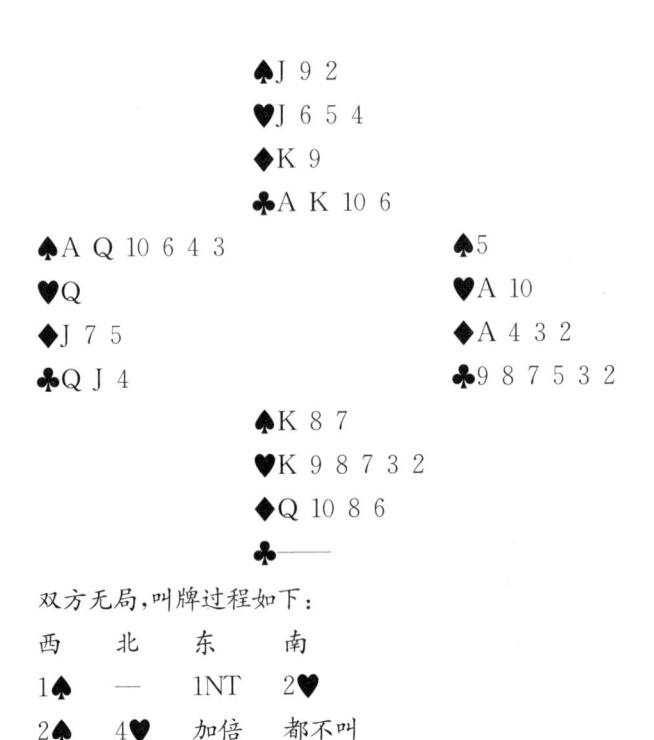

```
                    ♠J 9 2
                    ♥J 6 5 4
                    ♦K 9
                    ♣A K 10 6
♠A Q 10 6 4 3                       ♠5
♥Q                                  ♥A 10
♦J 7 5                              ♦A 4 3 2
♣Q J 4                              ♣9 8 7 5 3 2
                    ♠K 8 7
                    ♥K 9 8 7 3 2
                    ♦Q 10 8 6
                    ♣——
```

双方无局，叫牌过程如下：

西	北	东	南
1♠	—	1NT	2♥
2♠	4♥	加倍	都不叫

同伴首家开叫，自己有两个 A，再说在同伴所叫花色上持的是单张，东家自然有充分理由要加倍这个定约。西家首拔♠A，定约人齐亚毫不迟疑地跟出♠K！这张牌使西家不疑定约人还会有第二张黑桃，担心再出♠Q 遭到定约人将吃，以致明手的♠J 将成为赢张，西家改出♦5。齐亚放上明手的♦9，东家用♦A 拿后打回方块，明手拿后，齐亚着手调将牌。他估计西家持着单张红心，是♥Q，还是♥A 呢？齐亚决定从明手出♥J，东家跟♥10。当东家持♥Q 10 时，他是万万不会跟♥10 的，于是齐亚放上♥K！

西家的错误在于没把出牌和叫牌紧密地结合起来，当同伴持♠8 7 5 三张黑桃时，他会不叫 2♠而叫 1NT 吗？然而齐亚不失时机地送出♠K 给西家太深的印象，使得他不去深究这张牌的真伪。

例 2.2.2－2 乍看下面这手牌,恐怕没人会觉得有什么困难,飞一下红心不是可全拿 13 墩牌了吗?问题是你单看两家牌,何以知道该飞西家呢?40 余年前,美国好手西罗多(Sidney Silodor, 1906－1963)在打这手牌时,他令人信服地超额了一墩。

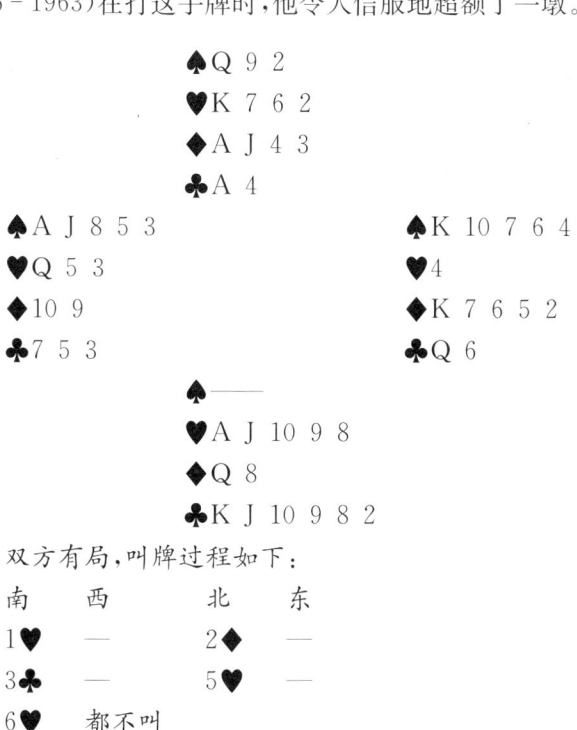

♠ Q 9 2
♥ K 7 6 2
♦ A J 4 3
♣ A 4

♠ A J 8 5 3　　　　　　　♠ K 10 7 6 4
♥ Q 5 3　　　　　　　　♥ 4
♦ 10 9　　　　　　　　　♦ K 7 6 5 2
♣ 7 5 3　　　　　　　　♣ Q 6

♠ —
♥ A J 10 9 8
♦ Q 8
♣ K J 10 9 8 2

双方有局,叫牌过程如下:

南	西	北	东
1♥	—	2♦	—
3♣	—	5♥	—
6♥	都不叫		

叫牌过程不及一些现代的体制那么细腻,两位好手凭经验和牌感找到了最佳定约。假如西家首拔 ♠A,那么我就没必要讲下去了,因为定约人将吃后,立即连打两轮将牌,接着再打草花,他可从从容容地拿到 12 墩牌。事实上西家出的是 ♦10,定约人顿时感到压力不小,飞方块失败意味着不能输一墩将牌;如果不飞方块,那么又如何处理将牌呢?

定约人西罗多是这样打的,在用明手的 ♦A 拿下首墩的同时,他跟出 ♦Q。从明手出小红心到手中的 ♥A,接着出 ♥J 飞捉西家的♥Q,全拿13墩牌。纵观西罗多打这手牌,他是这样考虑的:方块不像能飞成功,那么就不该飞牌;自己的牌型奇特,红心3-1分布的机率多于2-2的,于是以飞红心代替硬砸;与此同时还得做好红心飞牌失败的准备,为了劝说防家不要再出方块,他选择西家作为飞牌的对象,扔掉◆Q为的是警告东家一旦上手,不要再出方块了,否则明手的◆J就可能得到升级。假如你也觉得西罗多的思路有借鉴之处,那么你肯定会在许多方面做好未雨绸缪的考虑了。

例2.2.2-3 为纪念百慕大杯赛设立50周年,世界桥联特地把1999年的百慕大杯赛挪后几个月至2000年1月在百慕大群岛举行。美国的尼柯尔队已取得以美国一队的资格参赛,于是该队成员轻松悠闲地看着其余12支队伍在为美国二队这张入场券而你争我夺着。在半决赛中戈德曼(Robert Goldman,1938-1999)队[①]和凯恩队相遇,其中有这么一手牌:

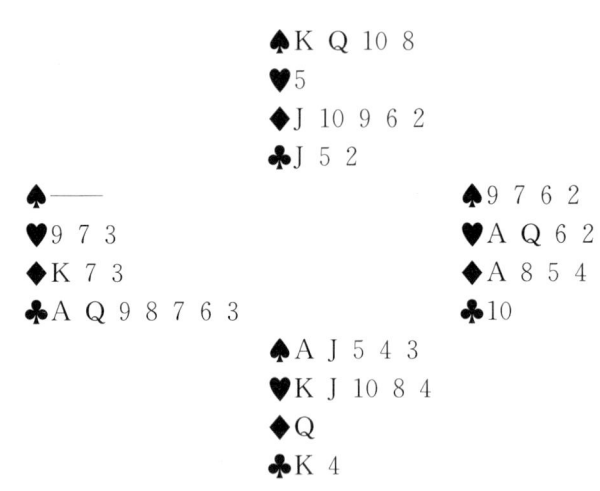

```
                ♠ K Q 10 8
                ♥ 5
                ◆ J 10 9 6 2
                ♣ J 5 2
♠ ——                           ♠ 9 7 6 2
♥ 9 7 3                        ♥ A Q 6 2
◆ K 7 3                        ◆ A 8 5 4
♣ A Q 9 8 7 6 3                ♣ 10
                ♠ A J 5 4 3
                ♥ K J 10 8 4
                ◆ Q
                ♣ K 4
```

[①] 贾可布斯所在的队中有四名美国选手,加上意大利的劳利亚和范萨契,这六名选手是1999年北美桥联春季大赛的冠军,不过意大利选手不能参加美国代表队的选拔,于是贾可布斯便邀请了戈德曼和贝茨加盟。不料戈德曼不久与世长辞,在邀请伏戈尔顶替戈德曼的同时,他们将队名改为戈德曼队以纪念这名出色的美国桥牌选手。

双方有局，叫牌过程如下：

西	北	东	南
贾可布斯	帕塞尔	卡茨	西蒙
—	—	—	1♠
3♣	4♠	加倍	都不叫

西家贾可布斯（George Jacobs）①首拔♣A，同伴跟出♣10，定约人西蒙（Michael Seamon）的♣K"应声而落"。贾可布斯对这张牌瞅了又瞅，左思右想：那张♣4在谁手中呢？很显然，当东家持♣10 4时，他也是先跟♣10的。如果是这样的话，那么再出草花将白送明手的♣J一墩牌了。最终，西家改出◆3，东家用◆A拿后继而兑现♥A，当他打回方块时，定约人将吃了。

定约人调张将牌到明手，发现东家持四张将牌，他又将吃了一轮方块，这时西家的◆K跌了下来。定约人调第二轮将牌到明手，用明手的◆J垫去了手中的♣4，将吃草花回手后，手中的♥K把明手最后一张草花给垫掉了……

贾可布斯该为未能继续出草花而蒙羞吗？有人认为东家未能开叫但敢于加倍对手的4♠，这意味着他的草花很可能是单张。这话有一定的道理，但并不绝对正确。譬如说，当东家持♠J 10 9 2、♥A J 6 2、◆A 8 5、♣10 4时，他可以加倍对手的4♠吗？恐怕没什么理由不可以，东家一人可稳稳地拿到3墩牌，西家又是在双方有局时做阻击叫，再说东家的草花并不多，仅两张而已。

贾可布斯的犹豫和改出方块无可厚非，任何人在这紧要关头都可能误判的，不过我把他的失误归咎于改出◆3，这可是张很糟糕的牌。既然要改出方块，为什么不出◆K而出◆3呢？如果东家在方块上没一定的实力，那么出◆K会亏一墩，但是出◆3同样会亏一墩的呀。但两者的区别在于，出◆K仍有可能保持控制在

---

① 活跃在北美桥坛的还有一名选手名叫贾可巴斯（Marc Jacobus），两人实力伯仲，姓氏很容易混淆，特此一提。

手,仍可视同伴的信号而决定下一轮的出牌,而出◆3好比是泼出去的水,想收也收不回了。拿这手牌而言,当贾可布斯出◆K并看到同伴跟◆4时,他将会很清楚地知道他该再出一轮草花。

例 2.2.2 - 4 1956年在蒙特卡罗曾举行了一场别开生面的桥牌赛,组织者邀请了24名当时欧美桥牌好手在五天中不断交换伙伴打24盘①牌,以最终得分的众寡来决定名次,其中有这么一手牌:

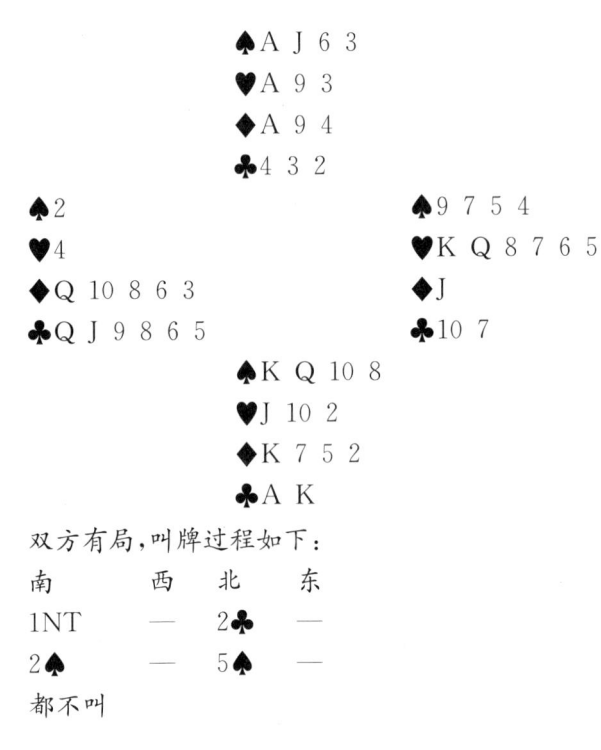

```
              ♠ A J 6 3
              ♥ A 9 3
              ♦ A 9 4
              ♣ 4 3 2
♠ 2                          ♠ 9 7 5 4
♥ 4                          ♥ K Q 8 7 6 5
♦ Q 10 8 6 3                 ♦ J
♣ Q J 9 8 6 5                ♣ 10 7
              ♠ K Q 10 8
              ♥ J 10 2
              ♦ K 7 5 2
              ♣ A K
```

双方有局,叫牌过程如下:

南	西	北	东
1NT	—	2♣	—
2♠	—	5♠	—
都不叫			

毫无疑义,北家的5♠全属画蛇添足,一来他自己绝对平均牌型打有将定约并不有利,二来三个光杆A还指望同样平均型的同

---

① 盘式桥牌是桥牌玩法中的一种,某一方率先得100分为一局,先得两局的一方便赢得一盘。例:叫2◆并完成定约可得40分,叫3♠并完成定约可得90分,于两次得分相加超过100分,就得一局。叫4♥并完成定约的得120分,自然也成一局。

伴上满贯吗？不管怎么说，定约人阿尔巴朗（Pierre Albarran，1894-1960）现在面临的可是个非常困难的定约了。阿尔巴朗和克勃森是同时代的人物，他在法国桥牌界的声誉和影响力丝毫不下于克勃森在美国的那样。阿尔巴朗非但打牌技艺出众，而且在叫牌理论上也极有造诣，他生前著有不少桥牌书，有名的"卡拿贝"叫法①就是他发明的。

  西家首攻♥4，定约人很清楚地知道这是个单张。阿尔巴朗十分镇定地让明手跟小红心，东家用♥Q拿，他从容地跟出♥10！东家看不见♥2，他情有可原地判断定约人持的是♥J 10双张红心，既然打回红心等于白送定约人一墩红心，东家理所当然地改出♣10。阿尔巴朗用♣A拿后连调四轮将牌，待肃清了对手的将牌之后，他又兑现了手中的♣K。现在他打出小方块，可怜的西家盲目地遵循"第二家出小牌"的格言，于是定约人放上了明手的♦9！东家的单张♦J很意外地拿到了这一墩，得右下局面：

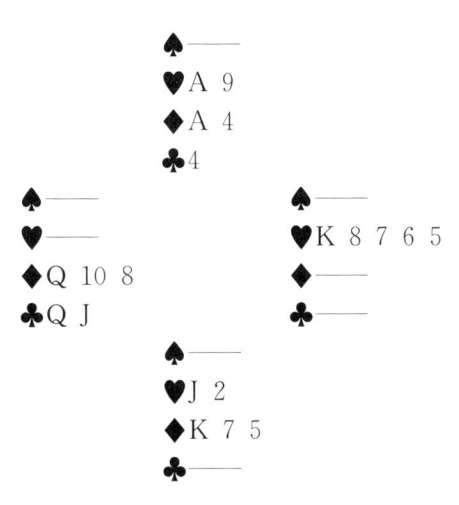

    ♠ —
    ♥ A 9
    ♦ A 4
    ♣ 4

♠ —　　　　　　　　　♠ —
♥ —　　　　　　　　　♥ K 8 7 6 5
♦ Q 10 8　　　　　　♦ —
♣ Q J　　　　　　　　♣ —

    ♠ —
    ♥ J 2
    ♦ K 7 5
    ♣ —

---

① 在自然叫牌法和绝大多数的叫牌体系中，都遵循先长后短这个原则，即后叫出的套不会比第一套长。而"卡拿贝"法则不同，如第二套在较高一级的水平叫出，这是强牌的表示，而且第二套比第一套要长。

东家唯有红心可出,他打回小红心(他出♥K 也一个样),这时西家还可安全地垫张草花,但在又一轮红心赢张兑现时,他实在没合适牌可垫了。

例 2.2.2－5 1992 年北美桥联秋季大赛在美国的奥兰多揭开帷幕,夺标大热门尼柯尔队遇到一支雇佣军的挑战,其中有这么一手牌,当时在世界桥联特级大师中排名第二的沃尔夫(Bobby Wolff)和当时年仅 22 岁的赫尔格莫之间有一场针锋相对的较量。

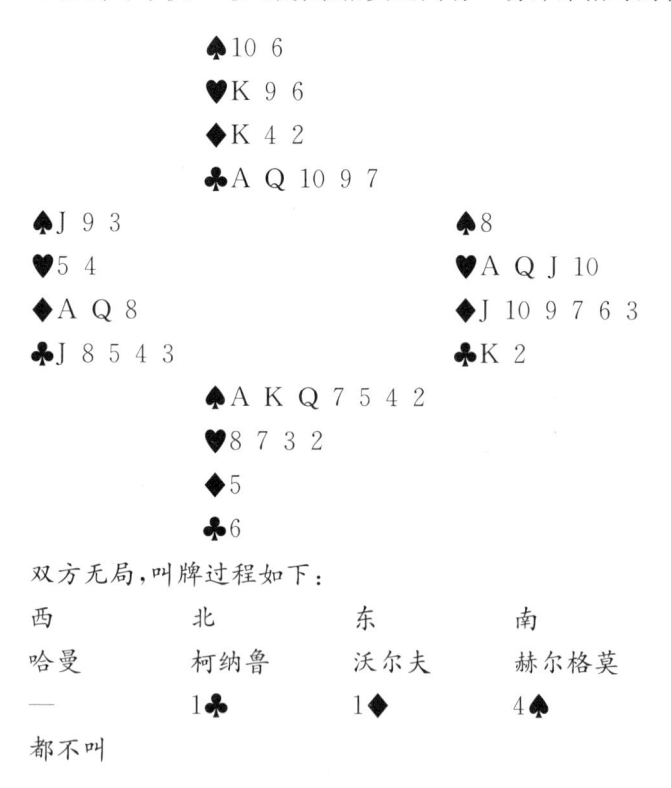

```
                ♠10 6
                ♥K 9 6
                ♦K 4 2
                ♣A Q 10 9 7
♠J 9 3                          ♠8
♥5 4                            ♥A Q J 10
♦A Q 8                          ♦J 10 9 7 6 3
♣J 8 5 4 3                      ♣K 2
                ♠A K Q 7 5 4 2
                ♥8 7 3 2
                ♦5
                ♣6
```

双方无局,叫牌过程如下:

西	北	东	南
哈曼	柯纳鲁	沃尔夫	赫尔格莫
—	1♣	1♦	4♠
都不叫			

西家哈曼首拔♦A,同伴沃尔夫跟出了♦J,这是张花色选择信号,请同伴改出除去方块和将牌外另两门中较高的那门花色。哈曼毫不怠慢地改出了♥5,明手放上了♥6,沃尔夫用♥J 拿,定约人赫尔格莫飞快地跟出了♥7。这是两位高手的第一回合,一个

跟出♥7给人以该花色较短的印象,另一个特意不用♥10拿,下面你将看到老谋深算的沃尔夫出的这张牌果真还是有其作用的。一来一时难以看出哈曼的♥5是双张的顶张,二来自己的红心又可牢牢地看住明手的红心,于是沃尔夫认为再出红心未必正确,结果他打回方块。赫尔格莫闯过第一道险关,他赶紧垫去手中的♥2。

定约人这时着手连打将牌,后悔未能及时兑现红心大牌的沃尔夫的应变能力也着实惊人,他马上就看出自己将被紧逼和投入的厄运,他首先垫去了♣2,留着孤零零的♣K在手,接着他再垫方块。在定约人打掉最后一张将牌时,明手剩下♣A Q 10这样三张草花,沃尔夫则垫去了♥Q,手中余下♥A 10和♣K。沃尔夫的垫牌将可能使绝大多数的定约人以为他必留着♥A ♣K ×三张牌,因而以为只消送出红心即可迫使东家交出最后的2墩草花。对沃尔夫来说,很不幸的是赫尔格莫并不属于那绝大多数中的一个,而且在对手犯了一次错误之后,这位年轻桥牌高手也很执拗地不肯给对手一个改过自新的机会,他毫不犹豫地用明手的♣A击落东家的单张♣K而完成定约。

第三节　暗示防家,再出同样花色不是明智之举

有不少时候,防家继续出某一门花色,并没什么让定约人或是明手的大牌得到升级的危险,不过防家再出未必是个明智之举。譬如说,面对4♥定约,东家好不容易上了手,他继续出方块能迫使定约人将吃,但是有着足够多将牌的定约人对此毫不在乎。在肃清将牌之后,定约人成功地用草花投入西家,使得西家不得不为定约人提供一个免费飞黑桃的机会。假如东家不用方块去逼迫定约人将吃,代之以替同伴打一次黑桃,那么西家也无遭投入之虞。所以说,防家在出牌机会有限时,他常常不得不考虑该为同伴做些什么。为此定约人大可利用防家的这种心理劝说对手:再出无益,还是改出别的吧。

例 2.2.3‑1 定约人送出大牌给防家吃,从而达到误导对手的作用,这种打法并不局限于无将定约,在有将定约时定约人也是有机会发挥一下的。看看韦克塞尔(Peter Weichsel),这位 1983 年和 2001 年百慕大杯赛冠军获得者是如何抓住良机的。

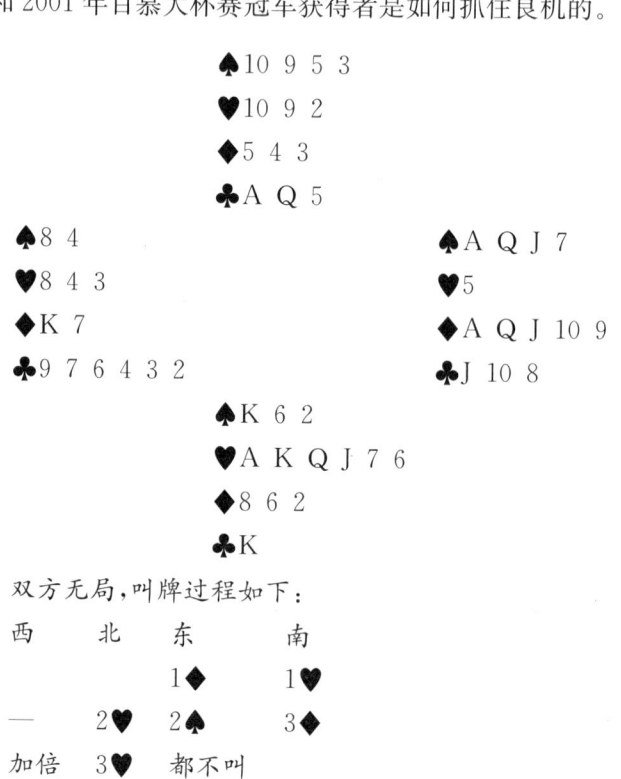

```
              ♠ 10 9 5 3
              ♥ 10 9 2
              ♦ 5 4 3
              ♣ A Q 5
♠ 8 4                      ♠ A Q J 7
♥ 8 4 3                    ♥ 5
♦ K 7                      ♦ A Q J 10 9
♣ 9 7 6 4 3 2              ♣ J 10 8
              ♠ K 6 2
              ♥ A K Q J 7 6
              ♦ 8 6 2
              ♣ K
```

双方无局,叫牌过程如下:

西	北	东	南
		1♦	1♥
—	2♥	2♠	3♦
加倍	3♥	都不叫	

位于南家的韦克塞尔一人可望拿到 7 墩牌,但他判断己方肯定与 4♥ 无缘,他扣叫 3♦ 是指望同伴有方块止张时可叫出 3NT 来。

西家首攻 ♦K,东家用 ♦A 接了过去后又连打两轮方块,这时西家垫去了 ♠8,韦克塞尔见了暗叫不好。当东家拔出 ♠A 时,定约人连眉头也没皱一下就飞快地跟出 ♠K!东家陷入深思之中:看来定约人只有一张黑桃,同伴给出的黑桃大小信号怕是持四张吧。再出黑桃并无危险,但定约人似乎不怕迫使将吃。同伴会是持♥J××三张红心吗？如果是这样的话，那么我改出第四张方块将能时同伴的将牌得到升级的机会了。想到这里，东家停下黑桃而改出方块……

东家的错误在于没将防御战术同叫牌联系起来。定约人企图打 3NT，在东家所叫过的黑桃上持单张♠K 能算是个止张吗？再说定约人所以想尝试 3NT，他所凭借的是坚强的红心长套，相对说来，西家得到将牌升级的机会也就不大。再说，持四张黑桃♠8 6 4 2，为表示出偶数张，许多桥牌专家建议先出♠6 后出♠2——即先出次大张，再出最小的那一张。然而，东家定是把注意力集中在将牌升级的思考上而忽略其他。

例 2.2.3-2 当定约人面临定约成败的紧要关头之际，设法摆脱危机乃头等大事，至于尔后如何，权且从长再议，这就是平时人们所说的过了一关是一关吧。在 1976 年世界奥林匹克桥牌团体锦标赛的循环赛中，新西兰选手科尔（Roy Kerr）发现如不劝说对手改出别的花色，那么他的定约便将立即夭折。尽管他一时也不知道手中的两个输张将如何处置，为摆脱眼前的困境，他也只好铤而走险了。

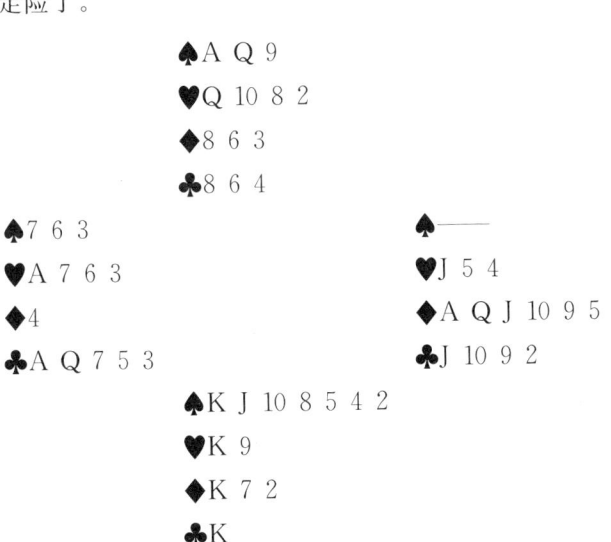

♠A Q 9
♥Q 10 8 2
♦8 6 3
♣8 6 4

♠7 6 3
♥A 7 6 3
♦4
♣A Q 7 5 3

♠——
♥J 5 4
♦A Q J 10 9 5
♣J 10 9 2

♠K J 10 8 5 4 2
♥K 9
♦K 7 2
♣K

双方无局，叫牌过程如下：

西	北	东	南
—	—	3◆	3♠
—	4♠	都不叫	

西家首攻◆4，定约人科尔马上看出这肯定是个单张。如果东家用◆A拿后并让西家将吃一轮方块，那么这个定约便无药可救了，因为定约人至少还得输2墩牌给两个A呢。为了劝说东家不要再出方块，定约人毫不犹豫地送出了自己的◆K！东家对这张牌将信将疑，巧的是防家使用的是MUD式出牌法，即先出中间张，再出最大张，后出最小张，这恰好与单张◆K的现象吻合，在长考之后东家接受了单张◆K的说法。继续出方块对东家来说丝毫无损，但削短定约人的一张将牌有意义吗？东家并不认为这有助于减轻同伴的压力，为了避免同伴今后可能面临出牌的困难，东家决定他应该为同伴做些什么，所以最终他改出♣J，西家用♣A擒走了定约人的♣K后再出草花，科尔将吃了。

定约人虽然一时成功地劝说防家不要再出方块，但是他手中的两个方块输张还得有个归宿才行。经过一番思考和推理之后，科尔坚定不移地朝他所假设的方向一步步迈去。定约人出张将牌到明手的♠9，从明手出小红心，当东家跟♥4时，科尔用♥9飞，西家只好用♥A拿。西家赶紧替定约人调将牌，定约人用♠K盖吃了明手的♠Q并兑现手中的♥K。科尔再出将牌到明手，由于东家的♥J于第三轮时为明手的♥Q所击落，因此明手的♥Q 10恰好能把手中的两张小方块给垫去了。

你一定也注意到了吧，科尔打得很仔细，他只调一轮将牌就着手飞红心了。假如他多调一轮将牌，那么明手宝贵的进手张一定会被西家所摧毁了。

例 2.2.3 - 3　法国桥牌队于 1980 年世界奥林匹克桥牌团体

锦标赛的决赛中击败了美国队而荣获冠军,四年之后法国队在此项比赛中再次杀进决赛,不过这一回法国队卫冕未成,被波兰队打得铩羽而归。在法、波决赛中有这么一手牌:

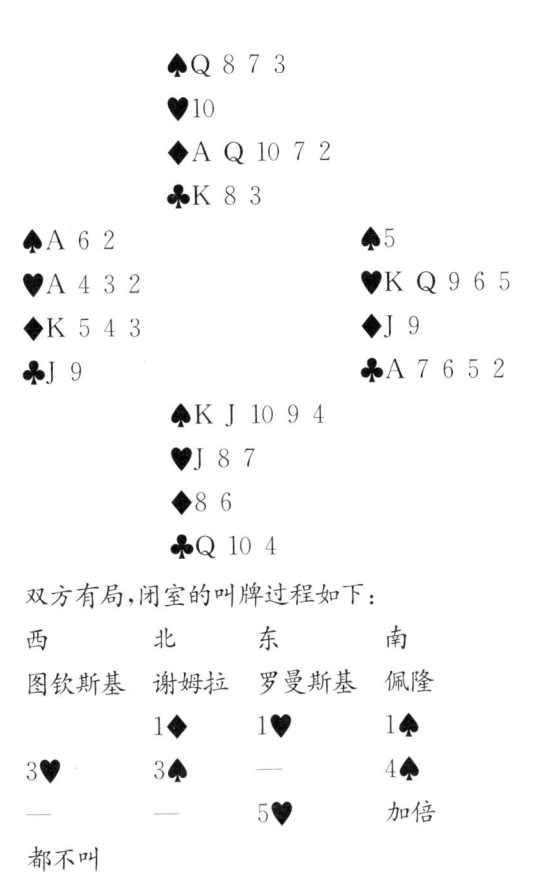

    ♠Q 8 7 3
    ♥10
    ♦A Q 10 7 2
    ♣K 8 3

♠A 6 2   ♠5
♥A 4 3 2   ♥K Q 9 6 5
♦K 5 4 3   ♦J 9
♣J 9   ♣A 7 6 5 2

    ♠K J 10 9 4
    ♥J 8 7
    ♦8 6
    ♣Q 10 4

双方有局,闭室的叫牌过程如下:

西	北	东	南
图钦斯基	谢姆拉	罗曼斯基	佩隆
	1♦	1♥	1♠
3♥	3♠	—	4♠
—	—	5♥	加倍
都不叫			

  东西方在两门低级花色上至少有三个输张无法遁去,波兰队的定约人罗曼斯基(Jacek Romanski)最终丢了 4 墩牌,法国队得 500 分。假如南北方能做成 4♠,那么宕 2 墩还是值得的,但要是 4♠ 无法做成呢?那么波兰队将在这手牌上两边都失分了。

开室的叫牌是这样进行的：

西	北	东	南
穆易艾尔	沃尔涅	斯瓦克	高里斯
	1◆	1♥	1♠
4♥	4♠	—	—
加倍	都不叫		

法国队的穆易艾尔（Herve Mouiel）的加倍很果敢，他似乎对牌情估计得很清楚了，他用首攻♣J来证明他的判断是很出色的。东家是法国队的老将斯瓦克（Henri Szwarc），他这时有两个选择：(1)忍让一轮，待♣A上手后打回草花让同伴将吃；或(2)用♣A拿并打回草花。后一种打法对穆易艾尔来说还有个小考验，那就是在他的♠A止住定约人的调将牌后，他必须低引小红心让东家上手。很不幸，斯瓦克并没有在这两个方案中作选择，他确是用♣A拿下了首墩，不过他没有打回草花，他改出了♥K。就这样，在此之后，法国队防家无法阻止定约人高里斯（Piotr Gawrys）拿到10墩牌了。法国队本来是有机会在这手牌上收入12个IMP的，但事实上反输了7个IMP。

斯瓦克为什么没有打回草花呢？因为他轻信了定约人高里斯的劝说：打回草花并无益处。高里斯又是如何劝说有效的呢？原来他在首轮草花时毫不犹豫地跟出♣Q！这张牌使得斯瓦克以为同伴持的是♣J 10 9 4这么四张草花，难怪斯瓦克见了之后改弦易辙。

例2.2.3-4 接下来的这手牌十分有趣，定约人起初是极力鼓动防家继续出方块的，在劝说无效之后，他转而又怂恿防家不要再出方块了，这一回他可成功了。请你留意一下，这位定约人是在什么形势之下如此"出尔反尔"的。

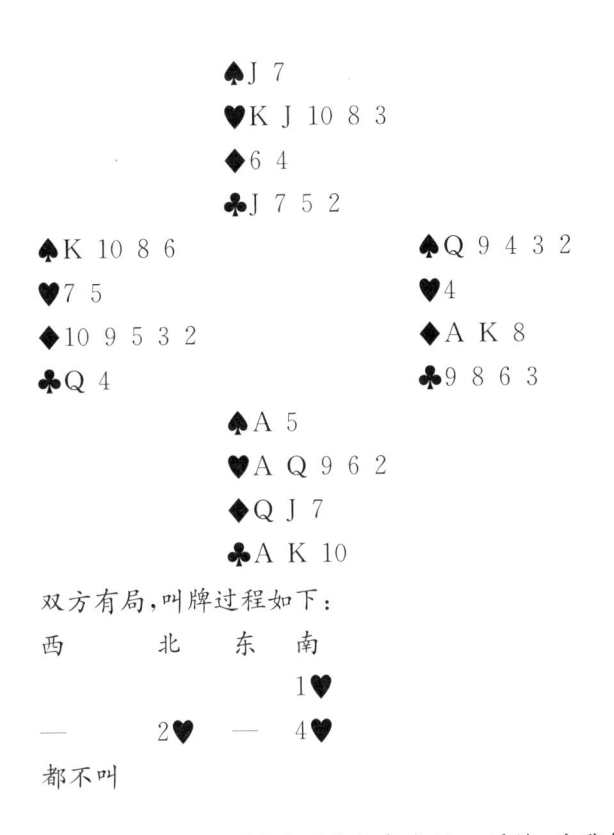

```
                    ♠ J 7
                    ♥ K J 10 8 3
                    ♦ 6 4
                    ♣ J 7 5 2
♠ K 10 8 6                          ♠ Q 9 4 3 2
♥ 7 5                               ♥ 4
♦ 10 9 5 3 2                        ♦ A K 8
♣ Q 4                               ♣ 9 8 6 3
                    ♠ A 5
                    ♥ A Q 9 6 2
                    ♦ Q J 7
                    ♣ A K 10
```

双方有局，叫牌过程如下：
西　　　北　　　东　　　南
　　　　　　　　　　　　1♥
—　　　2♥　　　—　　　4♥
都不叫

这是1984年北美桥联夏季大赛中的一手牌，为我们作出精彩表演的是来自华盛顿的曼菲尔德(Ed Manfield，1943-2000)。

西家首攻♦10，东家用♦K拿，定约人曼菲尔德跟出♦J，暗示他的♦Q遂将应声而落。假如东家中了这个圈套又兑现了一墩方块，那么定约人将在黑桃上一墩不输。可能是东家提防定约人的♦Q可能会用来垫明手的黑桃，他非常正确地拒绝再兑现方块，非但如此，东家还打出♠3。面对东家的不合作，定约人无可奈何地用♠A拿。在肃清对手的将牌之后，定约人从明手出方块，东家毫不怠慢地放上了♦A，曼菲尔德见垫黑桃已无可能，于是他痛痛快快地送出♦Q！东家再出♠2，西家用♠K拿。

东家先出♠3后出♠2，这应是持五张或是双张黑桃时的表示方法，不过西家完全可以排除东家持双张黑桃的可能。假如东家只有两张黑桃，那么定约人便该有五张黑桃了，那么他该开叫1♠而不是1♥了。事实上，西家偏信了定约人只有双张方块的说法，他认为再出方块将会给定约人一个一吃一垫的机会，结果他打回第三轮黑桃，偏偏是这张牌真正为定约人带来了转机。

看了四家牌，我们知道定约人在击落西家的双张♣Q后仍能完成定约，但在牌桌上谁知道该拒绝草花飞牌的呢？毫无疑问，曼菲尔德的一再努力应当受到嘉奖，与此同时，西家的欠思考也该受到批评。如果定约人确实只有两张方块，那么他的牌型只能是2-5-2-4了，西家再出方块确是会让定约人得到一吃一垫的机会，不过让他垫掉一张草花又有何妨呢？

第三章　主动处理短、弱花色，常有意外硕果

同前一章的内容稍有不同的是，有时防家虽然未能发现对定约有直接威胁的首攻，但是定约人却也一时无法拿到足够的墩数，而更令定约人深感头痛的是他对该从哪门花色上着手或是采用何种手段（譬如飞牌还是击落，如果飞牌，那又该飞哪一家等等）也毫无线索可循。定约人唯一清楚的是，一旦自己打错（有时并未打错，但不得不脱手），那么防家肯定会因形势明朗而瞄准己方的短、弱花色杀了过来。面对这种尴尬的局面，一些桥牌专家的经验是：与其让防家攻击你的短、弱花色，还不如抢在他们之前主动处理它。齐亚的体会更为透彻："有时定约人主动去打防家的最好的花色，结果防家可能会倒过来打定约人最好的花色。"齐亚的老搭档、世界特级大师罗森伯格（Michael Rosenberg）还给出了如下的一个范例：

南家开叫弱一无将后,其余三家都不叫了,西家首攻小黑桃,明手的♠J拿了。绝大多数的人会急急地从明手出红心,这样打在双人赛时常常是不错的。南家已看到的是防家可以在两门低级花色上至少各拿到4墩牌,加上♥A,防家至少可有九个赢墩,于是设法在红心上"偷"到一墩后拿足黑桃以宕二墩交账可能不算是个很坏的分数。但如果这是场团体赛或是盘式桥牌,那么定约人所考虑的就不是少宕而是要设法完成这个定约。为此,罗森伯格建议在♠J拿到首墩之后,定约人应从明手出草花,从手中出♣J。他说这样打可能使

♠ K J 10 6
♥ 7 5 2
♦ J 10 8
♣ 7 5 2

♠ A Q 4
♥ K Q J 9
♦ 7 5 2
♣ J 10 8

定约人在两种情形下都有可能获得成功:"首先,东家有可能抢先放上草花大牌,他拿到之后没准会改出红心,当西家有♥A时,这个1NT多半便能完成了。其次,假如西家赢了这墩草花,那么他有可能会改出红心,譬如说,当西家持♥10××时,改出红心是个很有吸引力的选择。"不管你对上述见解有多少信服,有一点是可以肯定的,那就是当定约人急匆匆地动红心时,防家便不会再出任何一门高级花色,所以说恐怕没人会指望自己通过树立红心能完成定约的吧。

为什么说这类主动"揭短"式的打法有成功的可能呢?除了大满贯之外,其他所有的定约都可被描述为攻防双方的速度较量:定约人想方设法要拿到足够的墩数,防家则不甘落后地筹集到击败定约的墩数。譬如说树立长套是定约人最常用的手段之一,而防家在对付一个小满贯时甚至会冒险首攻K或Q领头的一张小牌,不惜牺牲一墩牌无非为的是要抢在定约人之前先抓到2墩牌。从这个角度出发,每当定约人处理他的第一门花色时,防家的第一反应会认为这是定约人的一门长套,于是防家往往非但不情愿协助定约人继续树立这门"长套",而且还会努力在其余花色上去寻找定约人的薄弱所在。

其实这类越是没实力的地方，越是大胆暴露，以此来唬退对手的策略对我们炎黄子孙来说并非什么新鲜玩意儿。《三国演义》中的诸葛亮不就是敞开城门，令几名老兵洒扫街头便吓退了司马懿的十五万雄兵吗？不过敢演空城计者，一是具有相当的胆魄，二是需有不甘认输的昂扬斗志，三是要具有丰富的想象力，三者缺一不可。下面的一些牌例都源于实战中，这些定约人虽都无缘师从孔明，但他们演起空城计来居然也有板有眼，令人赞叹不已。

例 2.3.1 位于南家的齐亚开叫了弱一无将之后，其余三家均 Pass 了，于是他便成了 1NT 的定约人。

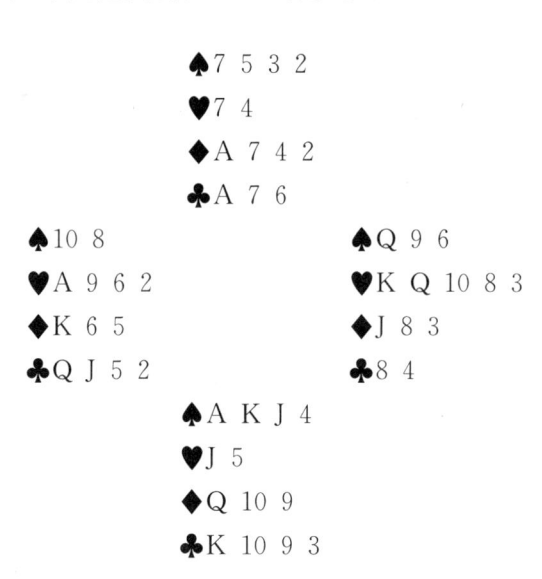

```
            ♠ 7 5 3 2
            ♥ 7 4
            ♦ A 7 4 2
            ♣ A 7 6
♠ 10 8                    ♠ Q 9 6
♥ A 9 6 2                 ♥ K Q 10 8 3
♦ K 6 5                   ♦ J 8 3
♣ Q J 5 2                 ♣ 8 4
            ♠ A K J 4
            ♥ J 5
            ♦ Q 10 9
            ♣ K 10 9 3
```

西家首攻♣2，明手跟♣6，东家放上♣8。齐亚在用♣10拿了首墩之后马上出♣3，西家毫不含糊地打出了♣J，明手用♣A拿。如果定约人现在就飞黑桃并获得成功，那么他可望拿到至少6墩的黑牌，加上♦A，完成定约是没问题的。但要是黑桃飞牌失败，防家很可能会改出红心，被防家连拿6墩红心也很有可能。齐亚不愿把自己的定约寄希望于一个50%成功率的飞牌，酷爱斗智斗勇的齐亚从明手打回的是小红心！东家跟出♥3,齐亚放上♥J,西家出♥2忍让！现在单凭大牌赢张,齐亚也能拿到7墩牌了,不过他并不满足一个+90的得分,他又送出红心。结果他拿到9墩牌。

你想知道这手牌的出处吗？它发生于1981年百慕大杯赛的决赛中,齐亚无疑是巴基斯坦队的领军人物,那么他的对手又是谁呢？他的对手美国队最终赢得那场比赛的胜利,队中有三个人现在还活跃在世界桥坛上,两位就是世界顶级选手麦克威尔,另一位是列文(Bobby Levin),他赢得百慕大杯赛的桂冠时才23岁,当时他俩正和齐亚同桌厮杀。

正是连麦克威尔这样的极优秀选手也有被蒙受骗的可能,于是齐亚的体会是这种大胆打法有时也能蒙住任何桥牌好手,他本人便有过不止一次的被骗经历。在一次全英电视转播的桥牌赛上,齐亚在百万双眼睛的瞩目之下也类似地忍让了一回,让定约人希汉(Robert Sheehan)白白地赚到了一墩。

如果防家被蒙,那么定约人有可能在如下三个方面获利：

1〕防家以为定约人在树立长套,为阻止这一目的的实现,防家可能作出不必要的忍让。

2〕防家以为定约人在树立长套,于是防家急于攻击定约人的薄弱花色,结果正中定约人下怀。

3〕防家为保存实力,不愿空耗一张大牌,结果造成防家在某门花色上的阻塞,或是让定约人抢先拿得一墩。

在下面的一些牌例中,读者将发现那些定约人无不是出于上述其中的一个目的在向防家显示自己树立"长套"的意图的,顺便提一句,无将定约往往是敢演空城计者的最佳用武之地。

例 2.3.2 1981年是整个桥牌世界初识齐亚的那一年,名不见经传的巴基斯坦桥牌队在齐亚的率领下竟然杀进了百慕大杯赛的决赛圈,在循环赛中败给巴基斯坦队的美国队虽然获得了冠军,但也被对手杀得冷汗一身,人们不由得对这位面庞英俊、黝黑的巴基斯坦年轻人刮目相看。巴基斯坦队在循环赛与欧洲列强之一的波兰队的对抗时,齐亚的精彩表演①给人留下极为深刻的印象,然而他本人可能也不会轻易忘却在与阿根廷队交手时的一手牌,因为"骗术"高超的齐亚被阿根廷队的定约人耍了一回。

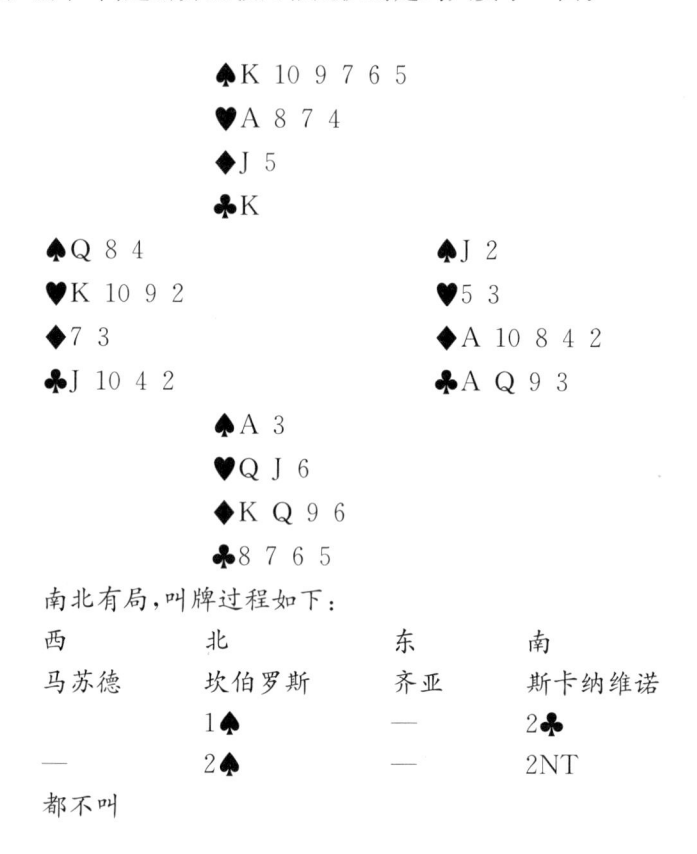

```
              ♠K 10 9 7 6 5
              ♥A 8 7 4
              ♦J 5
              ♣K
♠Q 8 4                        ♠J 2
♥K 10 9 2                     ♥5 3
♦7 3                          ♦A 10 8 4 2
♣J 10 4 2                     ♣A Q 9 3
              ♠A 3
              ♥Q J 6
              ♦K Q 9 6
              ♣8 7 6 5
```

南北有局,叫牌过程如下:

西	北	东	南
马苏德	坎伯罗斯	齐亚	斯卡纳维诺
	1♠	—	2♣
—	2♠	—	2NT
都不叫			

二无将并不是个好定约,可能是北家意识到自己的牌点价值不高而及早刹了车,假如他的♣K换成♥K,那么做成4♠定约便

---

① 齐亚的得意佳作之一便是在那次巴基斯坦对波兰的比赛中发生的,我在中国《桥牌》2002年第四期中有过介绍,读者若有兴趣,不妨拿来一阅。文章中提到波兰的西家不幸犯了个错误,被齐亚抓住不放后痛遭被挤,他就是波兰名将克鲁考斯基,在本书第四章中有他的精彩表演。

是唾手可得。

现在 2NT 处于危险之中,好在首攻♥10 不准,定约人斯卡纳维诺(Eduardo Scanavino)①用♥J 拿首墩。定约人几乎不假思索地打出♣5!位于东家的齐亚拿下这一墩后改出小方块(恐怕没人会打回草花,毕竟定约人叫的是 2♣),明手的♦J 拿后打回方块,齐亚跟小方块,于是定约人的♦K 拿下第二墩方块。斯卡纳维诺这时再次送出♣8!西家马苏德放上了♣10,他对局势捉摸不透,对大牌位置也产生误判,他改出♠4,这正中定约人下怀,他放上明手的♠10,齐亚拒绝盖上(盖上的结果也一样,定约人用♠A 吃了东家的♠J 后必然会飞捉西家的♠Q 的,为此齐亚只好指望定约人持单张♠A)。余下来就简单了,打去♠A 解封,再通过♥A 兑现所有的黑桃赢张,得 150 分。

例 2.3.3 2001 年在法国巴黎举行的第 12 届威尼斯杯赛中,东道主法国女队和南非女队在循环赛的第十轮时相遇,其中有这么一手牌:

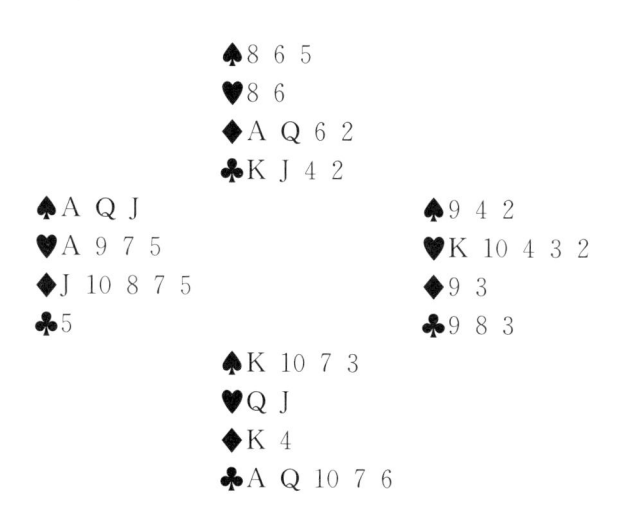

```
              ♠ 8 6 5
              ♥ 8 6
              ♦ A Q 6 2
              ♣ K J 4 2
♠ A Q J                    ♠ 9 4 2
♥ A 9 7 5                  ♥ K 10 4 3 2
♦ J 10 8 7 5               ♦ 9 3
♣ 5                        ♣ 9 8 3
              ♠ K 10 7 3
              ♥ Q J
              ♦ K 4
              ♣ A Q 10 7 6
```

---

① 斯卡纳维诺(生于 1941 年),阿根廷国手,多次代表阿根廷参加南美洲及世界桥牌锦标赛,直至 2000 年他还是参赛百慕大杯赛的阿根廷队的成员之一。

南北有局,叫牌过程如下

西	北	东	南
—	—	—	1NT
—	3NT	都不叫	

西家首攻♦J,位于南家的是法国女队的克罗妮尔(Benedicte Cronier)发现自己在两低套上充其量只能拿到 8 墩牌。一个方案是从明手出黑桃,希望东家持♠A 并不放上♠A。但克罗妮尔马上否决了它,她认为♠A 的位置于自己有利的可能性不过 50%而已,万一东家主动扑上♠A 并改出红心,那么定约成功的可能性恐不足 25%。与其被动地让对手改出红心,倒不如自己主动打红心呢。想到这里,定约人用明手的♦Q 拿下首墩并立即从明手出小红心,东家自然没任何理由冒险出♥K,定约人拿出了♥Q!西家踌躇了好一会儿,到头来她判断定约人想树立红心,结果西家忍让,于是克罗妮尔高高兴兴地摊了牌。

例 2.3.4   在接下来的这个牌例中,你将发现定约人的想象力是多么的丰富,就像通阅了四家牌,硬是把一个本无希望的三无将带回家。

```
              ♠ 6 2
              ♥ A J 10 5
              ♦ 7 5 4 3
              ♣ J 6 4
♠ Q 10 7 4 3              ♠ 9 8
♥ 2                       ♥ Q 6 4 3
♦ J 10 8 6 2              ♦ Q 9
♣ A 9                     ♣ K Q 10 5 2
              ♠ A K J 5
              ♥ K 9 8 7
              ♦ A K
              ♣ 8 7 3
```

双方无局,叫牌过程如下:

西	北	东	南
—	—	—	1♣
1♠	加倍	—	2NT
—	3NT	都不叫	

北家似乎叫得过勇了些,现在定约岌岌可危。西家首攻◆6,防御的一个良好开端。当时位于南家的是来自弗吉尼亚州的小伙子格雷柯(Eric Greco)[①],他发现这手牌是无法做成4♥的,既然如此,3NT也不至于坏到什么地步。在用◆K拿下首墩之后,格雷柯从手中打出♣3!西家认为杀鸡何需动用牛刀,他拒绝放上♣A,结果明手的♣J被东家擒走了。东家忠实地打回方块,定约人用◆A拿。定约人出个小红心到明手的♥A,回手飞捉东家的♥Q。在连拿4墩红心的同时,西家需连垫三张牌,他丢弃的是两张黑桃和一张方块。这时格雷柯送出草花,西家的♣A拿后又连拿2墩方块,但他不得不拱手交出余下的2墩黑桃。无疑,要不是西家连犯了两个错误(没用♣A拿及后来没把♣A给垫去),那么格雷柯的空城计完全会演变成失街亭的。

例2.3.5 在看了五个类似的牌例之后你可能会想那几位定约人所以能得手是因为防家的表现太糟糕的缘故,我认为这样下结论可能有欠公正。中国有句老话:当局者迷,旁观者清。可能前半句在解释那些防家为什么会受骗失误,而后半句则在说我们所以能事后说三道四,是因为我们并不在局中,当你发现许多桥牌高手在这个问题上也会出现失误后,可能你会不再持前面的看法了。接下来的这个牌例出自2001年在法国巴黎举行的第35届百慕大杯赛中,欧洲桥牌两强意大利队和法国队在循环赛中遭遇了。

---

① 格雷柯是近年来一颗十分耀眼的美国新星,他在北美和世界桥坛的各项大赛中都取得了令人瞩目的出色成绩,作为美国二队的一名成员,他在2005年的百慕大杯赛中获得了第三名。

意大利队的玻契(Norberto Bocchi)和同伴杜伯宛(Giorgio Duboin)在这手牌中叫到 3NT,通过现场闭路电视转播,观众看到两大赛事①,发现有不少队的南北家也都叫到同一定约,都宕了一墩或是更多。

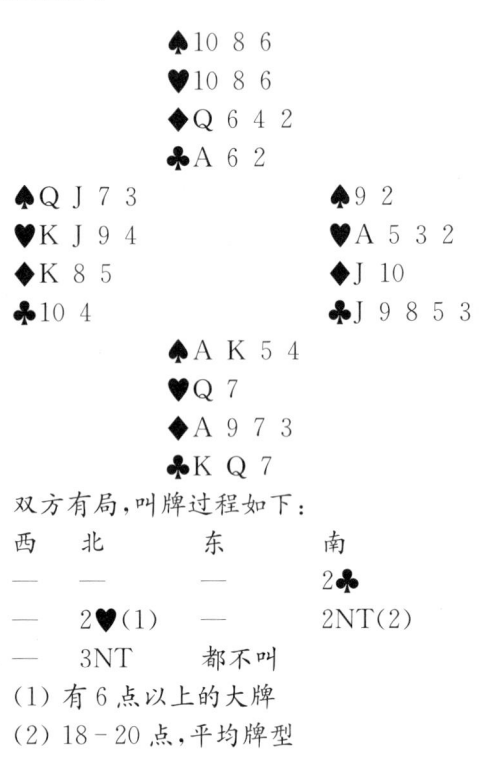

```
                  ♠ 10 8 6
                  ♥ 10 8 6
                  ♦ Q 6 4 2
                  ♣ A 6 2
      ♠ Q J 7 3                ♠ 9 2
      ♥ K J 9 4                ♥ A 5 3 2
      ♦ K 8 5                  ♦ J 10
      ♣ 10 4                   ♣ J 9 8 5 3
                  ♠ A K 5 4
                  ♥ Q 7
                  ♦ A 9 7 3
                  ♣ K Q 7
```

双方有局,叫牌过程如下:

西	北	东	南
—	—	—	2♣
—	2♥(1)	—	2NT(2)
—	3NT	都不叫	

(1) 有 6 点以上的大牌
(2) 18-20 点,平均牌型

法国队的西家首攻♠3,定约人玻契正确地放上明手的♠10,多少有点宽慰地拿到了一墩。尽管如此,定约人所能看到的赢墩也不过只有七个,路途还遥远着呢,正如现场讲评员所指出的那样,防家将能拿到 4 墩红心和 1 墩方块。

---

① 百慕大杯(Bermuda Bowl)和威尼斯杯(Venice Cup)分别是世界桥牌锦标赛中级别最高的公开团体赛和女子团体赛,自 1985 年以来,两大赛事总是于同时同地举行。近年来两大比赛采用电脑设计的发牌,而且每一场比赛队与队之间打的牌完全相同。

不甘认输的玻契的第一个对策是施放烟雾，把局面搅混，只见他从明手出♥6并大胆地放上手中的♥Q！西家在♥K拿了之后打回♠Q，定约人用♠K吃进后改出小方块，西家也跟小牌，于是明手的♦Q便成了第八个赢张。定约人从明手打回方块，他绝不能让东家上手，因为西家才是他所劝说的对象，他用♦A拿后送出方块给西家。只要西家对定约人忽然停止"树立"红心而改做方块生疑，那么这个3NT宕一墩该是免不了的。但是玻契的"胆大妄为"使得西家以为定约人像有♥A Q 10 ×这样的红心似的，而东家则像在草花上有一定的实力。经过一番踌躇，西家最终打出♠J，玻契完成一个本来是毫无生机的定约。

从上世纪90年代以来，法国桥牌队赢得一个百慕大杯（1997年）和两个世界奥林匹克桥牌团体锦标赛的桂冠（1992年和1996年），然而高人毕竟也不是神，出点差错也是在所难免的。

例2.3.6 前面谈到法国桥牌队曾于1992年荣获过世界奥林匹克桥牌团体锦标赛的冠军，在那次比赛中他们遇到了欧洲另一强队瑞典队的挑战，在这两个队的你争我夺时，出现个这么一手牌：

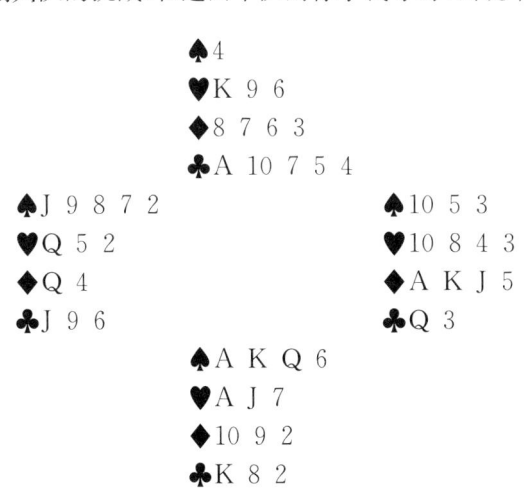

```
              ♠ 4
              ♥ K 9 6
              ♦ 8 7 6 3
              ♣ A 10 7 5 4
♠ J 9 8 7 2              ♠ 10 5 3
♥ Q 5 2                  ♥ 10 8 4 3
♦ Q 4                    ♦ A K J 5
♣ J 9 6                  ♣ Q 3
              ♠ A K Q 6
              ♥ A J 7
              ♦ 10 9 2
              ♣ K 8 2
```

两个牌桌上的叫牌结果都是由南家打3NT，两位西家也都是首攻黑桃。

在闭室中,瑞典队的定约人拿下首轮黑桃后马上兑现♣K,接着他出小草花,当西家跟出♣9时,他放上明手的♣10,被东家列维(Alain Levy)的♣Q拿下。列维低引方块,就这样,防家一气连拿4墩方块。这位定约人采用安全打法来树立明手的草花套,如果在定约没受到任何威胁时,这样打显然是正确的。现在己方的方块如此薄弱,如何处理草花就值得商榷。定约人毫无保留地把自己的实力和意图向对手和盘托出,使得有危机感的列维不得不铤而走险了,列维的沉着和仔细无疑也是值得称颂的。假如瑞典队的定约人一开始让两边都跟小草花,虽不能排除列维仍然会攻击方块的可能性,但至少这样打要隐蔽一些吧。

接下来让我们再来看看开室的情形。法国队的定约人佩隆(Michel Perron)并不急于树立明手的草花,相反,在用♠A拿下首墩之后,不慌不忙地送出◆10!西家尼尔斯兰(Mats Nilsland)迟疑了一下跟◆4放过,而东家法伦纽斯(Bjorn Fallenius)拿了之后不论出什么都无济于事,就这样,由于方块上的阻塞,使防家没可能拿到5墩牌。佩隆的处理似不惊人,但一下子就把对手的防线摧毁了,如果没有不寻常的胆略和出众的判断能力,那是不可能想到如此奥妙的一击的。

例 2.3.7　像其他所有的竞技项目那样,总有人会饶有兴趣地问:"谁是世界上最伟大的桥牌选手?"有人拿这个问题去问过齐亚,这是个很难回答的问题,齐亚自然也没正面直接地给出答案,他列举不少对出类拔萃的桥牌选手,因为他觉得一个优秀选手,如果撇开同伴的配合是很难得到淋漓尽致的发挥的。不过也有人毫无保留地说出自己心目中的偶像的,在谈到这个问题时,马库斯夫人(Rixi Markus,1910 - 1997)[①]认为论个人打牌技艺,恐怕再没有

---

① 马库斯夫人被普遍地认为是最伟大的女子桥牌选手之一。她出生于罗马尼亚,在奥地利长大,为免遭纳粹的迫害,她于二次大战前期流亡英国并于后来加入了英国国籍。马库斯夫人的显著风格是叫牌凶猛而打牌技巧高超,她是世界桥联的第一位(转下页)

第二个人能及得上弗里舒尔博士（Dr. Edward Frischauer，1895－1964）[②]的了。她的这一观点得到了另一名奥地利桥牌高手施耐德（Karl Schneider，1904－1977）的赞同，他说："不会再有第二个爱德华了。"马库斯夫人说：弗里舒尔博士思绪之敏捷已到了不可思议的地步，常常见到他不论是打牌还是防守，在第一回合时已想好了整手牌的策略，总是待对手的牌刚一出完，他就马上把牌打出来，从没见到过别人在等他出牌的。

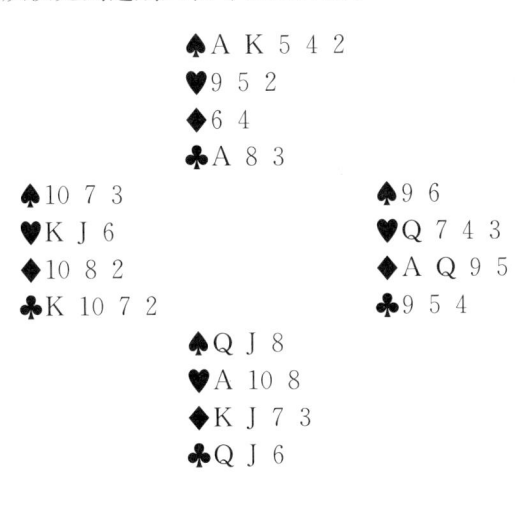

```
            ♠ A K 5 4 2
            ♥ 9 5 2
            ♦ 6 4
            ♣ A 8 3
♠ 10 7 3                    ♠ 9 6
♥ K J 6                     ♥ Q 7 4 3
♦ 10 8 2                    ♦ A Q 9 5
♣ K 10 7 2                  ♣ 9 5 4
            ♠ Q J 8
            ♥ A 10 8
            ♦ K J 7 3
            ♣ Q J 6
```

（接上页）女子桥牌特级大师（自 1974 年起），六年之后她才把此第一把交椅让位于美国的楚斯考特夫人，后者的一些精彩表演在本书中亦有介绍。有的书把马库斯译为马卡斯，为此我想一位奥裔德国同事请教了这个问题，他说应该读作"马库斯"，他还说在德国也有这个姓，只不过拼法不同，是 Marcus。除马库斯夫人外，也有人毫无顾忌地道出自己的偶像的，美国桥牌专栏作家奥尔德（Phillip Alder）说，在他的心目中，有四个伟大的桥牌选手，按他们姓氏的字母顺序排列是贝拉唐纳，福奎，伽洛佐和哈曼。无独有偶，夏里夫所崇拜的桥牌高手也只有四人，但他不肯轻易地全部道出他们的姓名，他所公开的只有伽洛佐一人，其他的三人的名字只能在他很接近的圈内才能公开。

② 弗里舒尔博士和施奈德都是奥地利最杰出的桥牌高手。在弗里舒尔博士的率领下，奥地利队于 1937 年击败了以克勃森（Ely Culbertson，1891－1955）为首的美国队而荣获世界桥牌锦标赛的冠军。那次比赛中有两手牌在我的另一本书《世界桥牌名家重大失误综析》中有介绍。在先父瞿强立先生和董齐亮先生合著的《世界桥牌名家精华录》中，对马库斯夫人和施奈德亦有介绍。

这手牌是弗里舒尔在美国参加一个桥牌双人赛时打成的，他的风格可从中略见一斑。

由于是双人赛，因此位于南家的弗里舒尔决定舍 4♠ 而打 3NT。西家首攻♣2，东家放上♣9，定约人用♣J 拿。

定约人现在有八个赢墩，是不是该从方块中去发展自己所需要的墩数呢？弗里舒尔认为对手会帮助他这样做的，再说一旦自己动了方块，对手马上就知道定约人最弱的花色便是红心了，所以博士先打黑桃来试探防家的反应。三轮黑桃后他注意到东家垫了张小红心，他从明手出红心，东家跟♥4，定约人放上♥10，西家的♥J 拿下这一墩。现在看来定约人想树立他的红心，于是西家顺理成章地改出♦2。东家用♦A 拿后也打回方块。既然现在已毫无危险，飞牌何乐而不为呢？弗里舒尔在用♦J 飞得一墩后又兑现♦K，得如下形势：

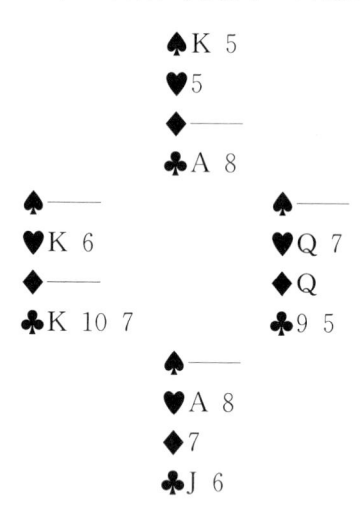

```
           ♠ K 5
           ♥ 5
           ♦
           ♣ A 8
♠ —                    ♠
♥ K 6                  ♥ Q 7
♦                      ♦ Q
♣ K 10 7               ♣ 9 5
           ♠
           ♥ A 8
           ♦ 7
           ♣ J 6
```

现在定约人出草花到明手的♣A，两人均有草花跟出。定约人兑现明手的♠K，东家垫草花，定约人和西家也各垫一张草花。当博士继而兑现♠5 时，东家为留着♦Q 而不得不垫去♥7 了。既然方块不再有利用价值，定约人便丢弃♦7。西家不能放弃他的

♣K，他只好垫去♥6。就这样，定约人用♥A一举击落防家的♥K和♥Q，一个漂亮的双紧逼，使弗里舒尔成为唯一拿到11墩牌的定约人。

例 2.3.8 接下来让我们一块儿欣赏一下巴西超级明星沙加斯（Gabriel Chagas）的精彩表演，局中几经反复，两位防家几乎要杀进空城了，但最终还是撤了兵。

```
              ♠K 4
              ♥K 5
              ♦A K J 9 5 4
              ♣10 6 5
♠10 8 7 6 3              ♠9 5
♥J 9 8 2                 ♥Q 10 4
♦ ——                     ♦Q 10 6 3
♣A 9 7 2                 ♣K J 8 3
              ♠A Q J 2
              ♥A 7 6 3
              ♦8 7 2
              ♣Q 4
```

东西有局，叫牌过程如下：
西	北	东	南
			1NT
—	3NT	都不叫	

位于南家的是沙加斯，他作弱无将（12－14点）开叫，同伴持这么好的牌欣然加叫成局。西家首攻♠6，在庆幸对手未发现自己薄弱的草花时，沙加斯看到自己只有八个快速赢张。假如方块分布有利，那么赢张将绰绰有余。为了劝说对手不要把视线从黑桃上移开，定约人在用明手的♠K拿的同时竟然手中跟出♠J！好一个未雨绸缪，竟然不惜放弃一个赢墩。当沙加斯兑现明手的♦A时，西家垫去♠3，非但方块一时无法做通，而且现在他仅有七个赢

张。面临如此不利形势,沙加斯决定抢在对手之前去打对手的花色,他从明手出♣5!当东家跟♣3时,定约人放上♣Q,西家用♣A拿,但他又如何看得出他该打回草花呢?结果西家改出小红心,明手跟♥5,南家的♥A擒走东家的♥Q。期望通过施压迫使西家垫黑桃,沙加斯再出方块,西家果然不愿抛弃红心,他也不肯丢掉草花,于是他只好垫张黑桃。现在双方再次扯平,定约人又有八个赢张。不过沙加斯并不甘心一个-50分出现在计分纸上,再说他要是满足于宕一墩的结果他早就有机会这么做了,他在西家垫牌后让出一墩方块给东家。完全不出沙加斯所料,东家果真不敢打回草花,他出红心到明手的♥K,得如下形势:

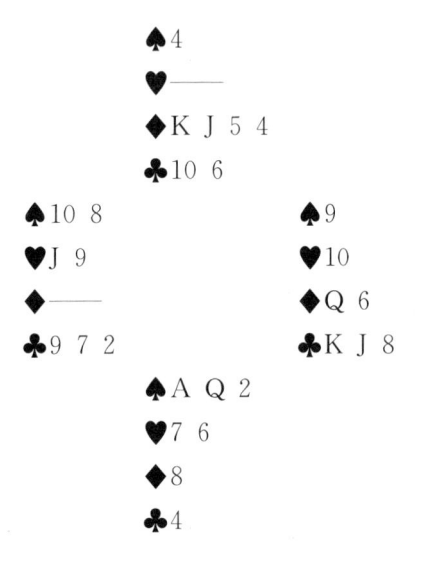

    ♠4
    ♥——
    ♦K J 5 4
    ♣10 6

♠10 8   ♠9
♥J 9   ♥10
♦——   ♦Q 6
♣9 7 2   ♣K J 8

    ♠A Q 2
    ♥7 6
    ♦8
    ♣4

  定约人一时还未能拿到9墩牌,不过防家也没筹集到4墩呀。只见沙加斯连打三轮黑桃向对手施压,西家想保护他的草花,他垫去♥9;明手连扔两张方块;东家则放弃♣8和♣J。定约人现在送出红心,西家拿后唯有草花可出,东家的♣K吃进后不得不交出余下的2墩方块给明手。直至这时,面颊涨得通红的西家才发现原来沙加斯在草花上空空如也啊。要不是从一开始西家就对草花的形势产生误判,到最后一刻,西家只消留着♥9而垫去草花,他仍能击败定约,然而先入为主的思想使他总以为定约人有不错的草花。

例 2.3.9 接下来的这个牌例令人叫绝。在 2005 年北美的春季桥牌大赛中,出现这么一手牌,粗看防家的错误有点离奇,但仔细一想他的思路并不离谱。

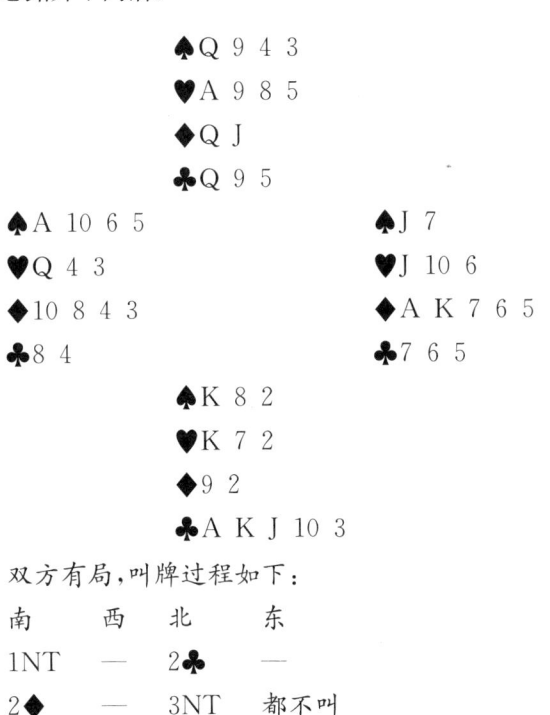

```
                  ♠Q 9 4 3
                  ♥A 9 8 5
                  ♦Q J
                  ♣Q 9 5
♠A 10 6 5                        ♠J 7
♥Q 4 3                           ♥J 10 6
♦10 8 4 3                        ♦A K 7 6 5
♣8 4                             ♣7 6 5
                  ♠K 8 2
                  ♥K 7 2
                  ♦9 2
                  ♣A K J 10 3
```

双方有局,叫牌过程如下:

南	西	北	东
1NT	—	2♣	—
2♦	—	3NT	都不叫

西家首攻♠5,明手跟♠3,东家跟♠7(这样跟牌并没错,因为当西家持♠A 10 8 5时,定约人只能拿到 2 墩黑桃而不是 3 墩),定约人阿卜度(Wafik Abdou)的♠8 便轻取这一墩。定约人现有 8 墩牌在握,如果立即出黑桃,那么西家很可能会不再寄任何希望地用♠A 拿,一旦他改出方块,那么这个定约便将在顷刻之间完蛋。再说东家拒绝放上黑桃大牌,这并不意味着他没有♠A,如果

让他上了手,那么他改出方块的可能性就更大了。

想到这里,阿卜度出个红心到明手的♥A,接着他从明手出♦Q!东家毫不客气地用♦K收下这一墩,这令阿卜度的心跳顿时明显加速。东家认定定约人有♦10,他同时还判断同伴在黑桃上肯定也有止张。为了树立自己的方块长套,为了不致使同伴和自己在方块上的联络中断,这位东家决定采取先予后取的政策:他打回小方块!就这样,喜出望外的阿卜度飞快地摊了牌。

你会责怪东家的思路出格吗?未必吧。你会埋怨西家为什么不给出张数信号吗?一来即使西家给出大小信号,东家也可能以为他有两张而不是四张方块,二来许多防家(包括桥牌专家在内)不愿屡屡给出真实的张数信号,因为他们认为这样做给定约人的好处往往会大于给同伴的。假如你认为两位防家的行为也都情有可原,那么在有机会主动处理弱短花色的时候,你的大胆表现非但可能镇住防家,到头来他们主动来协助你也并非不可能。

例 2.3.10 1980年在伦敦举行的《周日时报》桥牌邀请赛中有这么一手牌,为我们作精彩表演的是瑞典桥牌名宿森德林,他的手法真有点匪夷所思。

```
              ♠ —
              ♥ A 10 6 2
              ♦ A 10 6 4 3 2
              ♣ Q 9 6

♠ Q 10 6 3 2              ♠ A K 4
♥ K 8 5 4                 ♥ 9 3
♦ K 5                     ♦ J 9 7
♣ 8 4                     ♣ J 10 7 5 3

              ♠ J 9 8 7 5
              ♥ Q J 7
              ♦ Q 8
              ♣ A K 2
```

双方有局,叫牌过程如下:
西	北	东	南
	1♦	—	1♠
—	2♦	—	3NT

都不叫

西家首攻♥4,定约人让明手跟♥2,东家出♥9,定约人用♥Q拿。一般人会迫不及待地树立明手的方块,但森德林担心这样做很有可能会输2墩方块以致定约失败,他出的那张牌令旁观者很意外,因为他抽出♠8! 西家不慌不忙地跟小黑桃放过,明手垫方块,东家用♠K拿,他打回♥3,森德林出♥7,西家盖上♥8,明手的♥10拿下这一墩。为了给对手一个想要在草花上发展的印象,定约人特地从明手出♣9,东家跟小草花时,定约人用♣K拿并接着出♠9! 西家再次跟小黑桃,明手也再垫方块,东家用♠A收下,得以下局势:

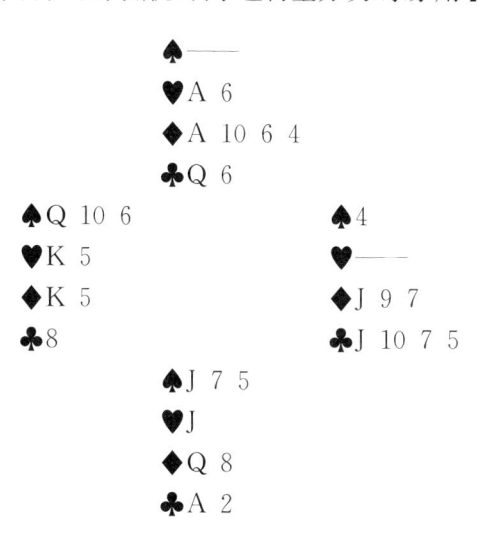

```
              ♠ —
              ♥ A 6
              ♦ A 10 6 4
              ♣ Q 6
♠ Q 10 6                ♠ 4
♥ K 5                   ♥ —
♦ K 5                   ♦ J 9 7
♣ 8                     ♣ J 10 7 5
              ♠ J 7 5
              ♥ J
              ♦ Q 8
              ♣ A 2
```

如果东家打回黑桃,那么西家吃下后打回什么好呢? 再拿一墩黑桃不可取,这样为定约人也树立一个黑桃赢张。西家的一个选择是出草花,另一个选择是出♥K,不论他出哪一个,定约人都只能拿到 8 墩牌。然而定约人起劲地做黑桃给东家留下了深刻的印象,他排除出黑桃的可能,他以为定约人一再垫明手的方块意味着他手中持着单张方块,结果他打回◆7,森德林猜对了方块大牌的位置,在拿到 2 墩方块之后,他通过♣A 回手,飞红心而拿到 9 墩牌。

假如东家不打回方块而出草花,那么定约人会用手中的♣A 拿,飞红心,然后出草花到明手的♣A(假定西家不盖上♥K,如他盖上,那么兑现♣A 迫使西家垫黑桃),在兑现◆A 后可用方块投入西家,迫使西家再给定约人 1 墩黑桃。

如果定约人手中的♠5 换成♠10,那么肯定有不少读者也会考虑主动送出黑桃,一来对手至多拿到 3 墩黑桃,二来没准还能树立两个赢张来,现在黑桃如此弱,主动送出黑桃真需要勇气十足。从另一角度想,森德林的思路也有其道理,因为西家首攻红心已使定约人能拿到 4 墩红心,当 8 墩牌在握时,尽可能地打掉一些必输牌也好为可能的投入对手扫清道路。

例 2.3.11　2014 年世界桥牌锦标赛在海南的三亚举行,在混合团体赛中,荷兰队遇上中国队,其中有这么一手牌:

```
            ♠A 7 5 4
            ♥10 9 7
            ◆A 9 7
            ♣K 5 2
♠8 3                    ♠9 6
♥K J 8 5                ♥4 3 2
◆Q 10 3 2               ◆K 6 5
♣Q 8 4                  ♣A 10 9 6 3
            ♠K Q J 10 2
            ♥A Q 6
            ◆J 8 4
            ♣J 7
```

南北有局,叫牌过程如下:
西　　北　　东　　南
　　　　　　　　1NT
—　　3NT　都不叫

当时位于西家的是中国队的一位女选手,轮到她首攻。看了四家的牌,我们知道,如果她首攻小方块,那么定约人是无计可施的了。事实上她选择的是♥5,同样四张套,她的红心强于方块,再说红心又是高级花色,她的选择完全符合桥牌书上的说教,于是明手的♥7便拿得了首墩。定约人利特梅杰(Richard Ritmeijer)接下来从明手出的那张牌很绝,因为他出的是♣2！西家用她的♣Q吃下了定约人的♣J,你能责怪她没立即打回草花吗？西家怎么能知道定约人有着五张如此之好的黑桃？在所有人(持西家的牌)看来,定约人极像要树立他的草花长套,而他的草花又极像以♣AJ为首的。西家情有可原地改出♦2。定约人让明手跟小方块,东家用♦K赢得了这一墩。东家无法生擒明手的♣K,他只好打回红心,利特梅杰用♥A拿。现在定约人开始兑现他的黑桃赢张,西家需垫三张牌,她想保留♥KJ,同时也不想完全放弃她的方块,于是她垫去两张草花和一张小方块。利特梅杰送出♥Q,被投入的西家不得不让明手的♦J拿到第九墩牌。

例2.3.12 下面这手牌发生于半个多世纪之前,除了定约人莱伯纳女士(Stella Rebner, 1910-1991)名气还不够大之外,其余三个人都是当时北美桥坛响当当的人物,其中有传奇人物戈伦(Charles Henry Goren, 1901-1991),当时北美乃至世界桥坛的女子第一高手索伯尔夫人(Helen Sobel Smith, 1910-1969),他们也是当时合作很成功的一对伙伴,还有拉扎德,他曾代表美国和北美桥联参加过数次世界桥牌锦标赛。

♠A 4
♥Q 6
♦A K 9 8 6 2
♣7 3 2

♠K Q J 9
♥K 10 5 3
♦10 5
♣9 8 4

♠8 6 5 3
♥A 8 7 4
♦Q J 4
♣10 6

♠10 7 2
♥J 9 2
♦7 3
♣A K Q J 5

东西有局，叫牌过程如下：

南	西	北	东
1♣	—	1♦	—
1NT	—	3NT	都不叫

南家持如此好的草花套，她不愿于首家时Pass，结果她作了个轻开叫1♣，北家拉扎德欣然加叫成局。

西家戈伦首攻♠K，恐怕没一个定约人会乐意面对这么一个局面吧，坦诚相认，假如我是定约人，可没有什么高招应对，还是让我们来看看莱伯纳女士是如何处理的吧。

定约人立即用明手的♠A拿，接下来她出的牌非但大大出于防家的意料之中，也令在旁观战者大为惊讶，因为她从明手出的是♥Q！假如东家索伯尔夫人用♥A截下并打回红心，那么防家可一气连拿7墩牌而收入150分。事实上她跟了个小红心放过，或许她认为定约人无法做通方块转而想树立红心吧。戈伦上手后一气连拿3墩黑桃，同伴都有黑桃跟出也无法给出什么信号。既然红心是定约人所想树立的花色，而且定约人的出牌又像飞红心，既

然明手不再有什么旁套进手张,于是戈伦有恃无恐地改出方块,得如下形势:

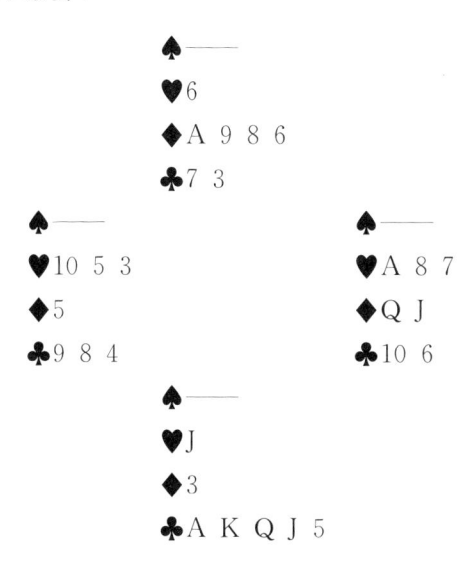

```
                ♠ —
                ♥ 6
                ♦ A 9 8 6
                ♣ 7 3
♠ —                            ♠ —
♥ 10 5 3                       ♥ A 8 7
♦ 5                            ♦ Q J
♣ 9 8 4                        ♣ 10 6
                ♠ J
                ♥ —
                ♦ 3
                ♣ A K Q J 5
```

现在莱伯纳女士连打五轮草花,她让明手垫去两张方块和一张红心,东家可安全地垫去两张红心,但第三张垫什么好呢?就这样,定约人通过紧逼东家而成功地拿到9墩牌。

第四章　如何"偷"得一墩

"偷"这个词儿实在不雅,不过恐怕也难以找到另一个动词在这里能更恰如其分地描述本章所探讨的这种打法了。"偷"意味着趁人不备或是趁人放松警惕时下手,将它翻译成桥牌语言应该是:在定约人的成功的劝说下,防家放松警惕而忍让了一墩。为什么防家有可能会忍让呢?不外乎有这么几种可能吧:(一)当定约人似乎想飞捉Q时,持A的防家往往不愿用A拿,于是在防家很乐意见到定约人飞牌失败的时候,定约人的伴作飞牌便有可能"偷"得一墩;(二)当防家顾虑其大牌有可能撞上同伴的另一张大牌时,他往往不愿用自己的大牌拿,于是制造大牌互撞的假象便有可能"偷"得一墩;(三)当明手缺桥短路时,为防止明手得到出牌的机会,防家有可能会忍让,于是伴作造桥有时也能"偷"得一墩。而定约人在什么形势下会考虑去"偷"一墩呢？这常发生于防家准确的首攻之后,定约人发现自己的定约因缺一墩而处于岌岌可危之中,不待定约人循正常途径树立起一墩来,防家已抢先一步击败定约,这好比在一场速度较量中,防家占了上风。当然,有时定约人根本无法树立他所需要的那一墩时,他也会考虑设法去"偷"得一墩。

第一节 伴作飞牌

例 2.4.1－1 定约人为"偷"一墩牌常以飞牌作幌子,为了使这种伴飞更加逼真,有时候定约人最好再配上若干个附加动作,使防家更加相信定约人的目的全在于飞牌,为了看到可能出现的定约人的误判,防家可能会拒绝用大牌吃下这墩牌。

♠ K J 10 2
♥ 9 7 3
♦ K 5
♣ 9 7 5 4

♠ A 5 3　　　　　　　　　♠ 9 7 4
♥ A J 10 6 5　　　　　　 ♥ 8 4 2
♦ 10 8 7 2　　　　　　　 ♦ Q J 4 3
♣ 3　　　　　　　　　　　♣ J 10 6

♠ Q 8 6
♥ K Q
♦ A 9 6
♣ A K Q 8 2

双方有局,叫牌过程如下:

西	北	东	南
			2NT
—	3♣	—	3NT
都不叫			

南家认为他的草花套很好,于是作为高限处理。但因为缺乏细腻的叫牌手段,所以南北家未能叫到 5♣ 而在 3NT 上停下来。西家首攻♥J(现在有人持如此组合时首攻♥10),定约人用♥Q拿,定约人一数,仅有 8 个快速赢张——假如草花不是 4-0 分布的话。如果你是定约人,那么是否会立即想在黑桃上"偷"一墩呢?"偷"一墩黑桃的想法非但正确,而且绝对必要,但立即"偷"未必是个最佳时机,或许再做些什么可能更具有蒙蔽性。建议你先兑现♣K、A,当见到西家垫牌时,你暂时撇开草花而改出小黑桃。西家可能会误以为你树立草花的计划因分布不均而受挫,从而你不得不设法另立黑桃。既然西家没有♠Q,可能他就会很希望你的飞牌失败的。一般来说,这种打法要比不动草花径直伴飞黑桃更具隐蔽性。

例 2.4.1-2 莱文屈特(Peter Leventritt,1916-1998)在北美桥联曾是位重要人物,他非但在桥牌事业上有成,而且他本人牌技出众。莱文屈特曾是盛铿(Howard Schenken,1905-1979)[①]的固定搭档之一,他曾 4 次代表北美(1957、1961、1963 和 1965年)出征百慕大杯赛。不过莱文屈特生不逢时,他恰遇上了处于巅峰期的伟大的意大利蓝队,所以他只能捧回 4 枚银牌。在下面的

---

① 盛铿被广泛誉为美国有史以来最伟大的桥牌选手之一,他荣获过三届百慕大杯赛的冠军,还获得过北美桥联的春季、夏季两大赛事(Vanderbilt KnockoutTeams, Spingold Master Knockout Teams)的冠军各十次,迄今为止,还没有人能打破此项纪录。

一手牌中,莱文屈特处险不惊,他让防家得意了一会儿,但还是他笑到最后。

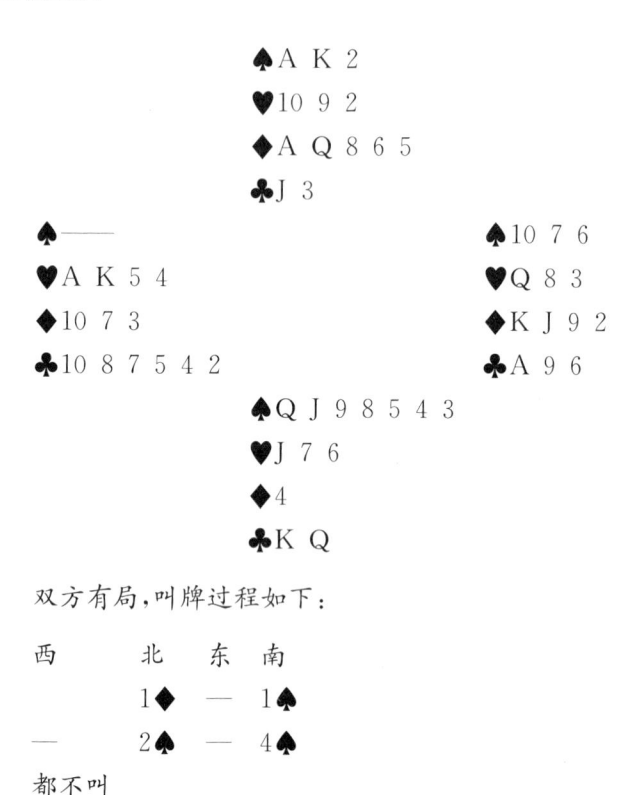

```
              ♠A K 2
              ♥10 9 2
              ♦A Q 8 6 5
              ♣J 3
♠—                          ♠10 7 6
♥A K 5 4                    ♥Q 8 3
♦10 7 3                     ♦K J 9 2
♣10 8 7 5 4 2               ♣A 9 6
              ♠Q J 9 8 5 4 3
              ♥J 7 6
              ♦4
              ♣K Q
```

双方有局,叫牌过程如下:

西	北	东	南
	1♦	—	1♠
—	2♠	—	4♠

都不叫

西家首攻♥K,东家跟♥8表示欢迎,西家连打红心,在用♥Q拿了第三墩红心之后,东家并不急于兑现他的♣A,他不慌不忙地打回小黑桃。

定约人莱文屈特让明手的♠K拿,接着他从明手出♣J,东家以为定约人还面临着草花飞牌上的判断问题,他仍不用♣A拿。在♣Q拿到一墩之后,莱文屈特精神大振,他开始逐张把将牌打

掉,得如下形势:

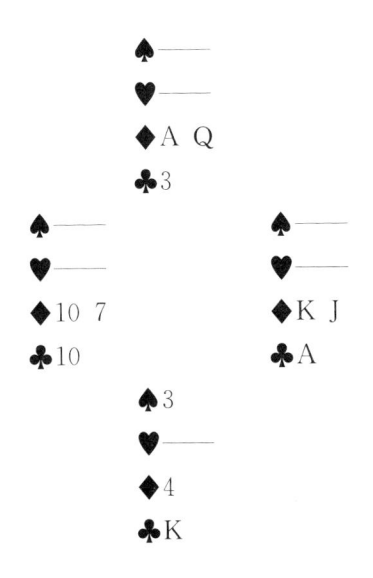

```
                    ♠ —
                    ♥ —
                    ♦ A Q
                    ♣ 3
    ♠ —                         ♠ —
    ♥ —                         ♥ —
    ♦ 10 7                      ♦ K J
    ♣ 10                        ♣ A
                    ♠ 3
                    ♥ —
                    ♦ 4
                    ♣ K
```

当莱文屈特打掉手中的最后一张将牌时,西家的牌已无关紧要了,明手垫去♣3,但是东家没有安全牌可垫了。

东家的失误在于过于大意且又贪婪。不可否认,定约人可能持♣K 10,尽管如此,飞牌的成败也并不是东家所能左右的。再说西家已有♥A K 亮过相,从大牌均布的几率考虑,定约人多半也会认为东家持有♣A。

例 2.4.1-3 美国桥牌高手鲁宾(Ira Rubin,1930－2013)是位很奇特的人物,至少也是个聪明绝顶的人物。作为数学家和电脑分析专家、顾问,鲁宾编写过电脑教科书;作为桥牌特级大师,他获得过百慕大杯的金牌和银牌,他还发明了一些很有使用价值的约定叫法和信号。不过,更使鲁宾声名远扬的还数他的恶脾气,在牌桌上他会教训甚至会呵斥他的同伴,还会毫不留情地数落他的对手,于是这位身高 1.9 米有余且又令人生畏的桥牌高手得了个野兽(beast)①绰号。

既然介绍了I. 鲁宾,他的一些很有价值的见解就应及时让读者知道,不管你是专业选手还仅是个业余爱好者,只要你希望和你的同伴在一些困难的场合下不致发生误解,那么I. 鲁宾的经验将肯定为你所喜闻乐见的。

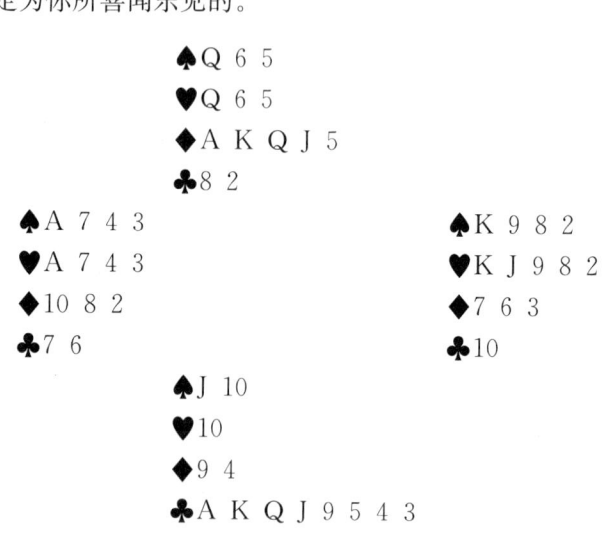

♠ Q 6 5
♥ Q 6 5
♦ A K Q J 5
♣ 8 2

♠ A 7 4 3　　　　　　　　　♠ K 9 8 2
♥ A 7 4 3　　　　　　　　　♥ K J 9 8 2
♦ 10 8 2　　　　　　　　　 ♦ 7 6 3
♣ 7 6　　　　　　　　　　　♣ 10

♠ J 10
♥ 10
♦ 9 4
♣ A K Q J 9 5 4 3

---

① 美国桥牌作家、北美桥联月刊的专栏作家兼《今日桥牌》杂志的编辑。格兰诺维特(Mathew Granovetter)在与鲁宾为伴时曾有过这么一次难忘的经历。格兰诺维特忽略了他应该把自己的两个连张大牌拆出一张来对付定约人的一个深飞,结果让定约人完成了一个该宕的定约。他立即意识到他将可能遭遇到什么,待这手牌一结束他赶紧奔向厕所躲进一个小单间并拴上门。谁知对"野兽"来说,根本不存在什么安全庇护所,鲁宾接踵追来,一边怒砸门,一边斥责同伴的过错。有必要提一笔的是美国还有位名字也叫 R. 鲁宾的桥牌好手(Ronald Rubin),他比"野兽"年轻 18 岁,他曾与哈曼、沃尔夫等人获得过 1983 年的百慕大杯赛的冠军,还获得 2005 年百慕大杯赛的季军。格兰诺维特则于 2006 年获得世界桥牌锦标赛的混合双人赛的第一名。不客观地说,I. 鲁宾并不只揪住同伴的缺陷不放,对于同伴出色的表演,他从来是不吝赞美言辞的。美国选手桑泰格曾与 I. 鲁宾为伴,有一次桑泰格选择了一个成功率较高的打法,却未能完成定约。I. 鲁宾非但没有任何嗔言,反而安慰他,尽管为此他也一块儿输了钱。要知道 I. 鲁宾是位挺在乎钱的人。人们不止一次看见他一边手里抓了一把硬币,一边急匆匆地奔向街头泊车计时器并往里面塞,但他就是不愿把车泊在收费昂贵的停车场去。

南家一开口就是 5♣,你和同伴对此没有疑义,让他买下了这份合约。作为西家,你马上想起了桥牌教科书中的教诲,你毫不怠慢地拔出♠A,同伴跟♠9 表示欢迎,这清晰无误地告诉你他有♠K。明手的方块及定约人手中的将牌令你多少有点坐卧不安,你赶紧又抽出♥A,同伴用♥9 表示他还有♥K。接下来怎么办?你很清楚一旦你打回一个错误的花色,那么你和同伴将会有一个晚上为此闷闷不乐的。

别担心,I.鲁宾有个好办法可防止你和同伴失和。那就是当东家在给出信号时,他应该既给表态信号,又给张数信号。也就是说,当东家在你出♠A 时,他不应该跟♠9 而应出♠8 来表示持偶数张黑桃,简单得很,持奇数张时跟奇数牌,持偶数张时,跟偶数牌。在你对同伴两门花色的长度一清二楚之后,你怎么还会出错呢?

I.鲁宾的这个办法还适用于你在争叫过某个花色之后,当同伴首攻该花色的 A 或 K 时,你在表态的同时也用奇数牌或偶数牌来告诉他你所持的张数。请注意的是,I.鲁宾的经验局限于鼓励同伴继续出时使用,因为你跟小牌本身就是请同伴改出别的花色了,你的张数对他来说已不那么重要了。可能有人会问,万一我手中持的都是偶数牌,或是都是奇数牌,那我又该如何办呢?你确实是无法用一张牌同时表达出两种含意,该鼓励同伴继续出时仍旧跟你该跟的大牌,他一时误解你的张数是难以避免的,好比是你和同伴没此约定之前,彼此对确切的张数也得靠自己的判断和猜测。

```
              ♠ K Q 5 4
              ♥ Q 9
              ♦ K J 9 3
              ♣ J 10 7
♠ A 3                        ♠ J 8 2
♥ K 8 7 2                    ♥ A 10 4 3
♦ 8 4 2                      ♦ 10 7 6 5
♣ K 9 8 6                    ♣ 5 2
              ♠ 10 9 7 6
              ♥ J 6 5
              ♦ A Q
              ♣ A Q 4 3
```

假设叫牌是这样进行的：

南	西	北	东
1♣	—	1♦	—
1♠	—	4♠	都不叫

你拿不准是否该出未叫花色红心，哪个持♥K者不会有此顾虑的呢？其余花色又都是对手所叫过的，考虑一番之后，你不指望在将牌上拿到2墩，于是拔出♠A。问题发生了，东家又如何能告诉你他在红心上有实力，而在草花上空空如也呢？I.鲁宾的方法简易实用，东家可扔掉他的♠J来告你该改出红心，也就是说可以在定约人的将牌花色上使用花色选择信号，是啊，为什么不如此利用它呢？

```
              ♠ J 6 2
              ♥ K Q 8
              ◆ Q 7
              ♣ K J 9 8 3
♠ 7 3                        ♠ K Q 10
♥ J 9 4 2                    ♥ 10 7 6 5 3
◆ J 10 9 5                   ◆ K 8 2
♣ A 5 4                      ♣ 7 6
              ♠ A 9 8 5 4
              ♥ A
              ◆ A 6 4 3
              ♣ Q 10 2
```

双方有局,叫牌过程如下:

```
南      西      北      东
1♠      —       2♣      —
3♣      —       3♠      —
4♠      都不叫
```

西家首攻◆J,这使得定约人鲁宾非输一墩方块不可,此外他还有三个输张似也很难遁去。定约人很沉着地盖上明手的◆Q并毫不犹豫地让东家的◆K拿了一墩。东家打回方块,鲁宾用◆A拿后从手中出♣10,西家以为他想飞牌便跟小草花放过。在"偷"得一墩草花后,鲁宾的真面目开始现出了。定约人打掉手中的♥A,出第三张方块让明手将吃,接着用明手的两大红心赢张垫去手中的草花。鲁宾用♠A调一轮将牌后,他出第四张方块让明手的♠J将吃,防家这时盖吃与否都是只拿2墩将牌而已。

例 2.4.1-4 在 2004 年北美桥联秋季大赛的团体赛(Reisinger Board-a-Match)中,作为上届这项大赛的冠军队布雷奇曼队从开始至赛程过半时均居领先地位,不过这支卫冕队未能阻挡住尼柯尔队的冲击,结果尼柯尔队夺得了第一名,而布雷奇曼队则屈居第三。在这两个队的交手时,尼柯尔队中的两员骁将麦克斯特罗思和罗德威尔(在团体大赛中,他俩总是焦不离孟地结伴参赛,为此人们常把这对高手称为麦克威尔)在下面的两手牌中分别为本队揽回两分。有趣得很,他俩所用的手法很相似,各自"偷"得一个至关重要的超额赢墩(其中麦克斯特罗思的那个牌例请见第三节)。

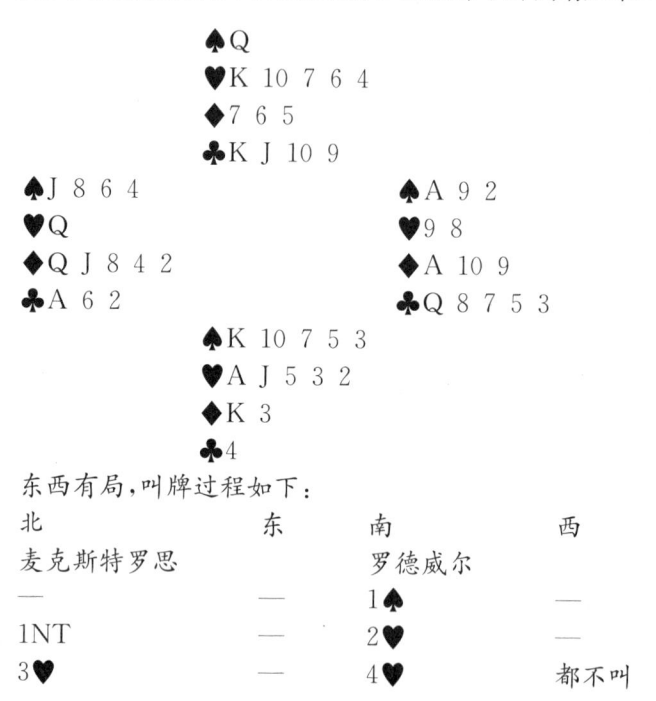

```
                    ♠Q
                    ♥K 10 7 6 4
                    ♦7 6 5
                    ♣K J 10 9
♠J 8 6 4                            ♠A 9 2
♥Q                                  ♥9 8
♦Q J 8 4 2                          ♦A 10 9
♣A 6 2                              ♣Q 8 7 5 3
                    ♠K 10 7 5 3
                    ♥A J 5 3 2
                    ♦K 3
                    ♣4
```

东西有局,叫牌过程如下:

北	东	南	西
麦克斯特罗思		罗德威尔	
—		1♠	—
1NT	—	2♥	—
3♥	—	4♥	都不叫

西家首攻♦Q,这张牌使定约人感到安全,他自然期望超额完成定约了。东家用♦A拿后打回方块,定约人罗德威尔用♦K拿。定约人从手中出小黑桃(他并没有急于要"偷"草花),东家用♠A拿后再出方块,定约人将吃。这时定约人从手中出♣4,西家以为定约人的牌型是5-4-2-2,他不露声色地跟♣2,定约人别无选择地放上♣K。就这样,罗德威尔拿到11墩牌。

当这手牌在另一个牌桌上出现时,也是由南家打4♥,西家首攻的也是♦Q,东家弗利曼同样也打回方块。定约人用♦K拿下后立即尝试草花,不料西家尼柯尔(Nick Nickell)看破定约人的企图,他毫不迟疑地用♣A拿,结果那位定约人只拿到10墩牌。这一墩牌之差使得尼柯尔队在这手牌上获得2分,而对手则得0分。

你一定也留意到了,定约人在试图"偷"得一墩牌之前,一墩将牌也不调。肃清防家的将牌固然安全可靠,但与此同时定约人也把自己的牌型和盘提出,防家就不大会再出错了。

例 2.4.1-5 同"佯作飞牌"恰恰相反的是,有时定约人是真的想飞牌,而且他想深飞,如果他出牌不当,那么就会引起防家的警惕,使预期中的深飞遭到防家的破坏,于是定约人需设防装出似乎并不有飞牌的打算,使得防家放松警惕。2004年的凯文迪希桥牌邀请赛的双人赛中,来自瑞典的选手弗雷丁(Peter Fredin)便是用这种手法对防家催眠的。

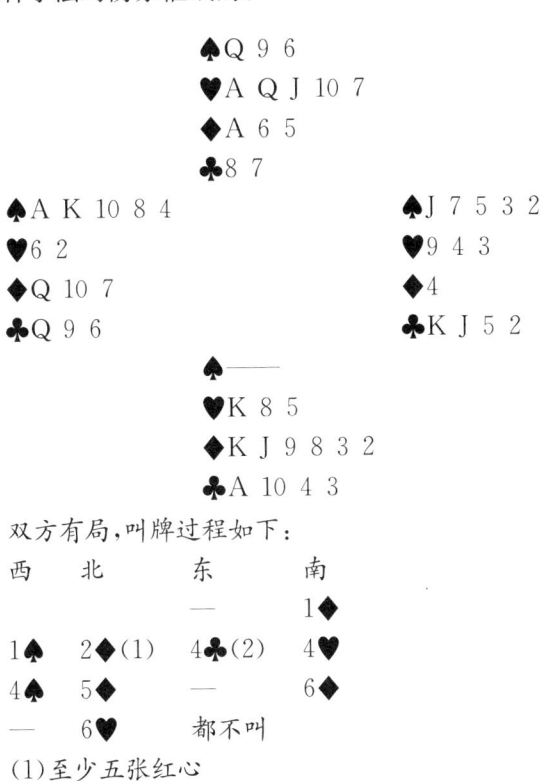

```
            ♠Q 9 6
            ♥A Q J 10 7
            ♦A 6 5
            ♣8 7
♠A K 10 8 4              ♠J 7 5 3 2
♥6 2                     ♥9 4 3
♦Q 10 7                  ♦4
♣Q 9 6                   ♣K J 5 2
            ♠—
            ♥K 8 5
            ♦K J 9 8 3 2
            ♣A 10 4 3
```

双方有局,叫牌过程如下:

西	北	东	南
—	—	—	1♦
1♠	2♦(1)	4♣(2)	4♥
4♠	5♦	—	6♦
—	6♥	都不叫	

(1)至少五张红心
(2)黑桃一致,在草花上有一定实力

西家首攻♠K,定约人将吃,他似乎有点不经意地打出了♦8,西家漫不经心地跟了♦7,他马上大吃一惊地发现弗瑞丁竟然如此深飞过去。现在防家非但无法挫败这个定约,而且还让定约人超额一墩。

例 2.4.1-6 定约人在与防家的速度较量时不见得都能占上风,于是在看到防家有可能比自己跑得更快时,定约人常常不得不在树立长套之前先"偷"得关键的一墩牌。在看清自己所面临的形势后,女选手也会毫不迟疑地下手"偷"一把的。在 2005 年威尼斯杯赛的分组循环赛中,英格兰女队的泰尔兹切尔(Kitty Teltscher)为我们作了很精彩的表演。

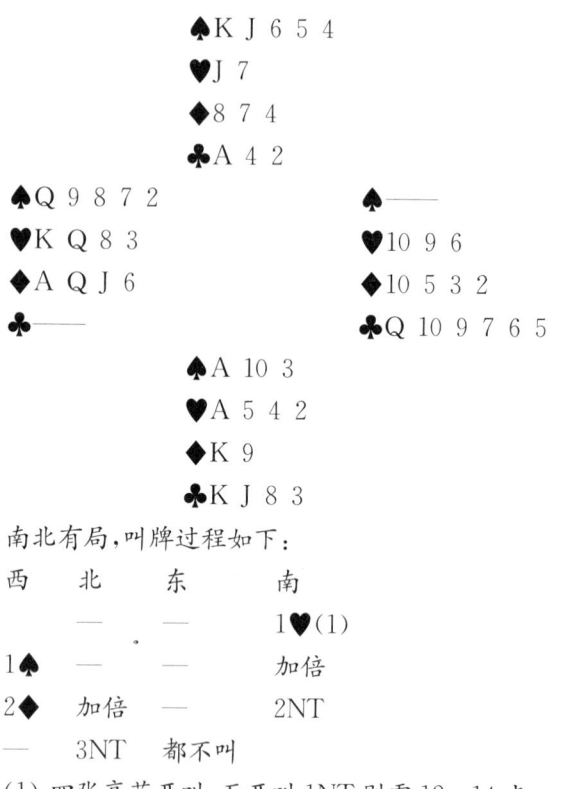

```
            ♠ K J 6 5 4
            ♥ J 7
            ♦ 8 7 4
            ♣ A 4 2
♠ Q 9 8 7 2              ♠ —
♥ K Q 8 3                ♥ 10 9 6
♦ A Q J 6                ♦ 10 5 3 2
♣ —                      ♣ Q 10 9 7 6 5
            ♠ A 10 3
            ♥ A 5 4 2
            ♦ K 9
            ♣ K J 8 3
```

南北有局,叫牌过程如下:

西	北	东	南
—	—	—	1♥(1)
1♠	—	—	加倍
2♦	加倍	—	2NT
—	3NT	都不叫	

(1) 四张高花开叫,而开叫 1NT 则需 12-14 点

西家很勇敢地首攻◆Q,定约人泰尔兹切尔不得不拿。这个首攻送给定约人很重要的一墩牌,尽管如此,她数来数去,在两门黑花色上的飞牌都获得成功后也只有 8 墩牌。定约人好像挺随便地打出了♠3,西家很自然地以为定约人要用明手的♠J飞牌,她确实很漫不经心地跟出了♠2,令西家大吃一惊的是定约人请明手跟♠4。在这么个小不点儿"偷"得一墩之后,防家无法不让定约人先拿到 9 墩牌了。

这手牌无疑会给西家一个永不忘却的教训,她的漫不经心拱手送了对手一个局,对我们事后谈论这手牌的人何尝不也是份极好的反面教材呢？一是不要一成不变地在第二家时跟小牌,二是出牌之前要尽可能地慎重些,我想这是这手牌给我们带来的现实意义吧。

第二节　制造大牌互撞的假象

在防家的种种失误中,恐怕没有一个能比己方大牌互撞更令防家深痛恶绝的了。对于这个战术,我们将在第九章中详加讨论。本该拿到 2 墩牌的因大牌互撞不单单是少拿一墩牌的问题,很可能出现的是防家与此同时还少了一个止张,让定约人树立起某一门花色,或是攻防双方在速度较量中,让定约人占先等等。总之,防家对这个问题很敏感,这也免不了有时会有神经过敏的反应。为了劝说防家不要扑下他的大牌,定约人便可以制造大牌互撞的假象。如果防家果真接受定约人的劝说,那么其结果将是定约人在速度上占先,有时甚至还可拿到额外的一墩。

例 2.4.2 - 1　2005 年世界青少年桥牌锦标赛在澳大利亚的悉尼举行,18 个队进行一场大循环赛的结果所得出的前四名是波兰队,美国一队,法国队和加拿大队。波兰队挑选法国队作为接下来淘汰赛的对手,这样波兰队可携带 16 个 IMP 进入比赛。余下来美国一队只好与加拿大对抗了,巧得很,加拿大队也占先了 16 个 IMP。在美国一队中,有四名队员参加过 2004 年的大赛,在那次决赛中他们以 4 个 IMP 之差饮恨让意大利队夺走了金杯。在美、加之争中有这么一手牌:

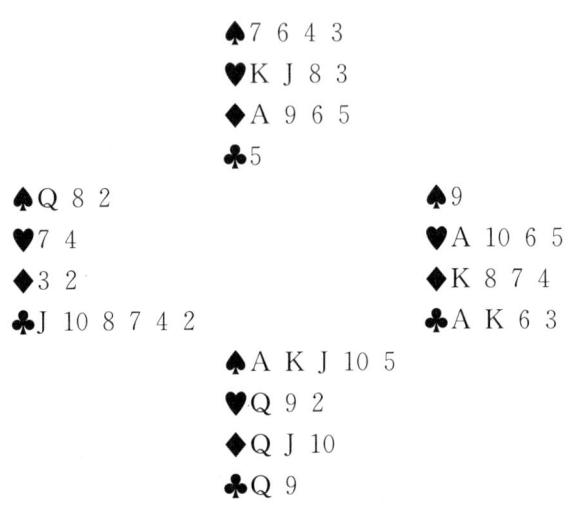

```
                ♠ 7 6 4 3
                ♥ K J 8 3
                ♦ A 9 6 5
                ♣ 5
♠ Q 8 2                         ♠ 9
♥ 7 4                           ♥ A 10 6 5
♦ 3 2                           ♦ K 8 7 4
♣ J 10 8 7 4 2                  ♣ A K 6 3
                ♠ A K J 10 5
                ♥ Q 9 2
                ♦ Q J 10
                ♣ Q 9
```

双方无局,叫牌过程如下:

西	北	东	南
澳尔普特	克兰雅克	德姆伊	格鲁
			1NT
—	2♣	—	2♠
—	3♣	—	3NT
—	4♠	加倍	都不叫

西家澳尔普特首攻♥7,东家德姆伊(Vincent Demuy)[①]——

[①] 德姆伊已移居美国并加入美籍,他于 2015 年作为美国二队的一员参加在印度举行的第 42 届百慕大杯赛并获得亚军。近几十年来,有数位加拿大桥牌好手陆续去美国发展他们的桥牌事业,像前面提到的潘德和他的同伴罗斯,人们熟知的"桥牌基地"的总裁吉特尔曼以及代表美国参加 2016 年世界锦标赛的汉普森等,都堪称北美地区的一流桥牌好手。下文中将提及这几位选手。

可能是加拿大青少年选手中最出色的一个,他很快从叫牌中判断出定约人不可能持有四张红心,从而同伴不可能持单张红心,于是他忍让,定约人格鲁(Joe Grue)用♥9收下首墩。从东家的加倍,格鲁嗅出♠Q该是无法飞捉到的,因此他立即从手中打出♠J！假如西家放上♠Q,那么他还能将吃到1墩红心,这样将可击败定约2墩。不过西家并不认为定约人持♠A K J 10 5时竟敢从手中出♠J,相反,他担忧放上♠Q可能会撞上同伴的一个大牌,犹豫片刻之后西家跟小黑桃放过。在♠J"偷"到1墩之后,定约人就不再面临任何难题了,肃清将牌,请出♦K后格鲁兴高采烈地收入590分。如你所见,格鲁年少胆大,他敢冒多输200分的风险,结果他为本队赢得12个IMP。

例 2.4.2－2 担忧大牌互撞会致使防家不愿出大牌,同它颇类似的是有时防家想经济地使用防御力量而不愿打出自己的大牌,因为谁不想"大来大吃,小来小吃"呢？雄踞世界桥坛第一把交椅近20年的美国高手哈曼在1964年作为美国队选手参加世界奥林匹克桥牌队式锦标赛时遇到了这么一手牌：

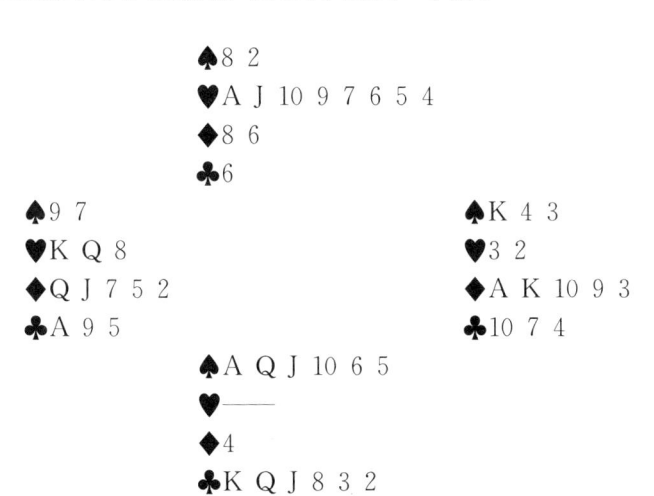

```
              ♠ 8 2
              ♥ A J 10 9 7 6 5 4
              ♦ 8 6
              ♣ 6
♠ 9 7                        ♠ K 4 3
♥ K Q 8                      ♥ 3 2
♦ Q J 7 5 2                  ♦ A K 10 9 3
♣ A 9 5                      ♣ 10 7 4
              ♠ A Q J 10 6 5
              ♥ ——
              ♦ 4
              ♣ K Q J 8 3 2
```

双方有局，叫牌过程如下：

西	北	东	南
	克劳斯		哈曼
		—	1♣①
1♦	4♥	—	4♠
—	5♥		
加倍	—	—	5♠
加倍	都不叫		

西家首攻♦Q，东家用♦K盖拿后再出♦A，定约人哈曼将吃。哈曼马上从手中打出♣J，牙买加队的西家认为用A吃J犹如用牛刀杀鸡而拒拿。在"偷"到1墩草花之后哈曼用♣K逼下了西家的♣A。由于草花3-3分布，因此哈曼高高兴兴地捞回850分，而本来他是该输200分的①。

---

① 这大概是哈曼开始他的桥牌生涯以来第二次拿到六六两套全黑一点红，他也永远不会忘记他第一次拿到如此奇特牌型的情景。哈曼当时的同伴是米洛奇，他们在博顿家玩赌钱的盘式桥牌。局中哈曼发牌，抓起牌一看，哇，六六两套，全黑一点红，棒极了。

♠KQJ654 ♥5 ♦—— ♣KQ10952

叫牌过程如下：

哈曼	弗莱克切尔	米洛奇	博顿
1♠	—	—	3♥
4♣	4♥	—	—
4♠	加倍	5♦(1)	加倍
5♥(2)	加倍	—!	—
5♠(3)	加倍	都不叫	

(1) 拯救同伴？ (2) 请在两黑套中挑一个
(3) 只好自我拯救

当哈曼的4♠被加倍后，米洛奇主动撤到5♦，哈曼气得差点晕了过去：你连1♠都Pass了，现在居然要一个人独打5♦？为了给同伴一个机会，哈曼扣叫5♥逼米洛奇在两黑套中作一挑选，谁知米洛奇还是Pass了。哈曼本还想用SOS再加倍再逼同伴一次，但他拿不准同伴是否仍旧会Pass。假如米洛奇真的这样做了，那么哈曼那晚得立刻中断赌局了，因为他口袋中的钱是不够支付这么惨重的失败的。想到这里，哈曼只好自己撤回到5♠，结果这手牌他输了1300分！可能是由于那次惨痛的教训，因此这回哈曼决定开叫1♣试试。

明手有不止一张的将牌,加上西家的草花又不长,即使东家有着♣Q,西家的♣A也难以成为一个赢张,所以说西家不用♣A拿是个很明显的错误。不管怎么说,总还是有人会犯下这类错误的,于是当你面临类如哈曼这样的形势时,千万不要放弃努力啊。

例 2.4.2-3 或许有人会说在有将定约时如此忍让实在是太危险了,需指出的是在无将定约时过于吝惜自己的大牌也可能会铸成大错的。在看了下例中的波兰定约人高明的"偷术"之后,你大概也会赞同我这一说法的。这手牌发生于1980年的菲利普·莫里斯杯桥牌双人赛,那时欧洲名手克鲁考乌斯基(Julian Klukowski)[①]非但完成了一个本该失败的定约,而且还得了顶分。

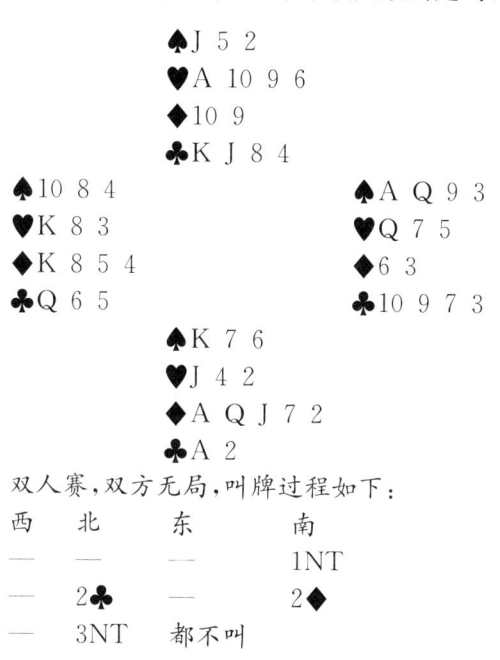

```
              ♠ J 5 2
              ♥ A 10 9 6
              ♦ 10 9
              ♣ K J 8 4
♠ 10 8 4                    ♠ A Q 9 3
♥ K 8 3                     ♥ Q 7 5
♦ K 8 5 4                   ♦ 6 3
♣ Q 6 5                     ♣ 10 9 7 3
              ♠ K 7 6
              ♥ J 4 2
              ♦ A Q J 7 2
              ♣ A 2
```

双人赛,双方无局,叫牌过程如下:

西	北	东	南
—	—	—	1NT
—	2♣	—	2♦
—	3NT	都不叫	

---

① 克鲁考夫斯基于1963年作为波兰桥牌队的一名成员,为波兰在欧洲桥牌锦标赛中赢得了第一块奖牌(铜牌)。他于1981年和1989年两次荣获欧锦赛的冠军,在这两年中他都代表波兰获得了百慕大杯赛的第三名,他还于1997年和1998年分别获得了欧锦赛和世界桥牌锦标赛老年团体赛的亚军。

在许多牌桌上的西家都首攻小黑桃来对付同样的一个定约 3NT，结果那些定约人都输了 3 墩黑桃和 1 墩方块，他们都得了 400 分。

当克鲁考乌斯基打牌时，西家首攻的是♥3。假如定约人马上用♥A 拿并立即飞方块，那么定约人将会输 1 墩方块、2 墩红心和 1 墩黑桃，他将也能获得 400 分。但要是西家持♠A 或是♠A Q 时，那么定约就面临危险甚至可能毫无希望。可能是出自上述顾虑，克鲁考乌斯基让明手跟小红心，被东家的♥Q 拿了。东家十分准确且又厉害地回攻♠Q，简直像通阅了四家牌后所作出的英明决定，定约人毫不犹豫地盖上♠K 并拿到这一墩。假如定约人现在就飞红心，那么将因红心 3－3 分布及♣Q 也能飞捉到，他可望拿到 8 墩牌。然而不甘失败的克鲁考乌斯基飞快地从手中打出◆2！西家看不出他必须立即用◆K 拿，再说他又怕自己的◆K 误伤同伴的一个方块大牌，结果让明手的◆10"偷"了一墩。定约人用◆A 回手，飞红心并连拿 3 墩红心，得如下形势：

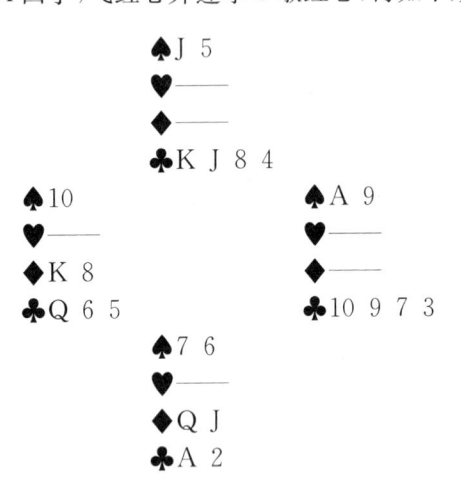

```
              ♠ J 5
              ♥
              ◆
              ♣ K J 8 4
♠ 10                      ♠ A 9
♥                         ♥
◆ K 8                     ◆
♣ Q 6 5                   ♣ 10 9 7 3
              ♠ 7 6
              ♥
              ◆ Q J
              ♣ A 2
```

定约人从明手出♣4 回手，接着他再出草花并用♣J 飞得一墩，在兑现♣K 后送出草花给东家，迫使这位毫无过错且又积极努力的防家最终还得送还 1 墩黑桃给明手，他十分窝囊但又无奈地看着定约人抓到 10 墩牌。

例 2.4.2-4 奥肯夫人(Sabine Auken)[①]是德国桥牌好手,她为德国女队荣获 1995 年和 2001 年威尼斯杯立下了赫赫战功,有人推崇她为世界女子桥牌第一高手,这种说法恐不为过。下面的一手牌出自 1996 年欧洲桥牌锦标赛的混合团体赛中,一位当时并不十分看重她的男选手结果在她的手中栽了个跟头。

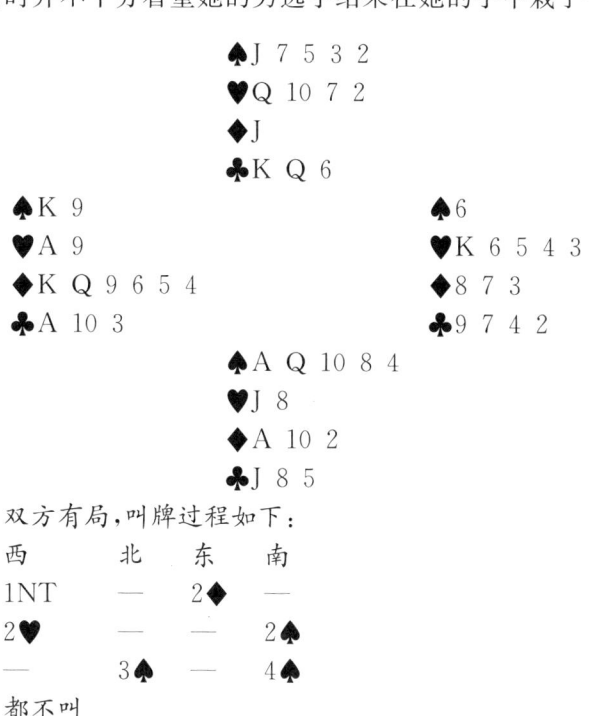

♠ J 7 5 3 2
♥ Q 10 7 2
♦ J
♣ K Q 6

♠ K 9
♥ A 9
♦ K Q 9 6 5 4
♣ A 10 3

♠ 6
♥ K 6 5 4 3
♦ 8 7 3
♣ 9 7 4 2

♠ A Q 10 8 4
♥ J 8
♦ A 10 2
♣ J 8 5

双方有局,叫牌过程如下:

西	北	东	南
1NT	—	2♦	—
2♥	—	—	2♠
—	3♠	—	4♠

都不叫

西家首攻◆K,位于南家的奥肯夫人马上看出自己的定约岌岌可危。西家并没有拔个红心大牌看看,由此奥肯判断红心两大牌分居两边。既然东家拥有个红心大牌,那么她就不会再有♠K了,在

[①] 奥肯夫人原名赞克尔(Sabine Zankel),嫁给丹麦的桥牌好手奥肯(Jens Auken)遂改名。已故的英国桥牌好手弗林特(JeremyFlint,1928-1990)曾用了 11 周的时间就获得了北美桥联终身大师的称号,这曾是一项挺了不起的纪录,但被奥肯夫人所打破,因为她只花了 8 周就获此荣誉。

拿下首墩之后定约人不加犹豫地从手中打出了小黑桃！西家对这张牌瞅了又瞅，他对奥肯这么快就放弃飞牌疑惑了好一阵，到头来他认为同伴定是持有单张黑桃大牌，为了避免自相残杀，他最终没放上他的♠K。一个必宕的定约就如此这般地被奥肯夫人"偷"回了。

例 2.4.2-5 夏里夫（Omar Sharif，1932-2015）是埃及人，生于法国巴黎。夏里夫既是桥牌好手，又是位电影明星，他曾代表埃及多次参加过国际桥牌比赛，上世纪70年代中他还组织过夏里夫桥牌表演队；他演过多部影片，他曾因在影片《阿拉伯的劳伦斯》中的卓越表现而获得奥斯卡最佳男配角的提名。夏里夫有句名言："演戏是我的业务，而桥牌才是我的激情所在。"作为好莱坞名演员兼桥牌好手，夏里夫在世界桥坛上有着极高的知名度，从他在下面一手牌中的出色表演中可知他并非浪得虚名。

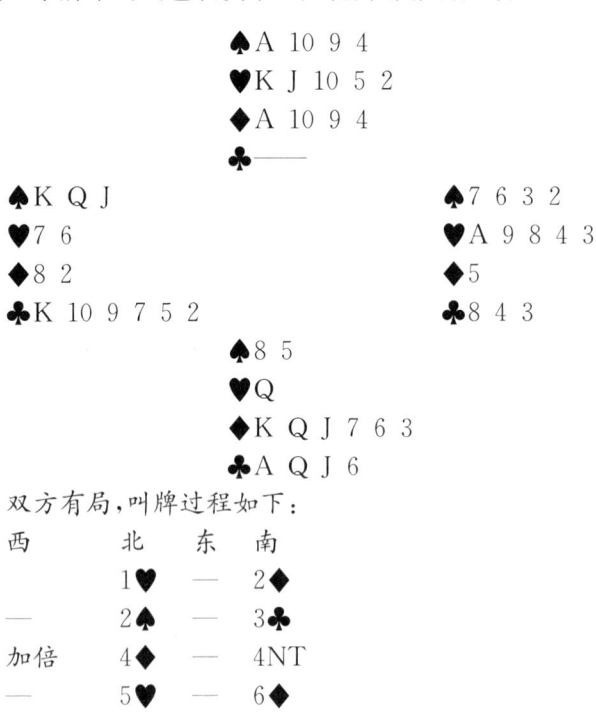

```
            ♠ A 10 9 4
            ♥ K J 10 5 2
            ♦ A 10 9 4
            ♣ —
♠ K Q J                    ♠ 7 6 3 2
♥ 7 6                      ♥ A 9 8 4 3
♦ 8 2                      ♦ 5
♣ K 10 9 7 5 2             ♣ 8 4 3
            ♠ 8 5
            ♥ Q
            ♦ K Q J 7 6 3
            ♣ A Q J 6
```

双方有局，叫牌过程如下：

西	北	东	南
	1♥	—	2♦
—	2♠	—	3♣
加倍	4♦	—	4NT
—	5♥	—	6♦
都不叫			

西家首攻♠K，一下子就击中了要害，夏里夫只得用♠A拿。稍加思考后夏里夫从明手出♥J！东家以为定约人红心缺门，他拒绝放上♥A，结果让定约人的♥Q"偷"到了一墩。叫牌表明西家有♣K，而东家又有♥A，于是定约人没费什么事就全拿了13墩牌。

事后东家不无懊丧地说："假如夏里夫从明手出小红心，那么我一定会出♥A的，因为这样打将使我认为他有着单张♥Q。"

例 2.4.2－6 前面提到的奥肯夫人的牌例告诉我们，当飞牌无望时应及时放弃飞牌而另想其他，谢因吾放弃了个必输的飞牌，他"偷"回的那个满贯，价值在 20 个 IMP 以上，那是 1959 年在科罗拉多州举行的一次北美桥联大赛中发生的。

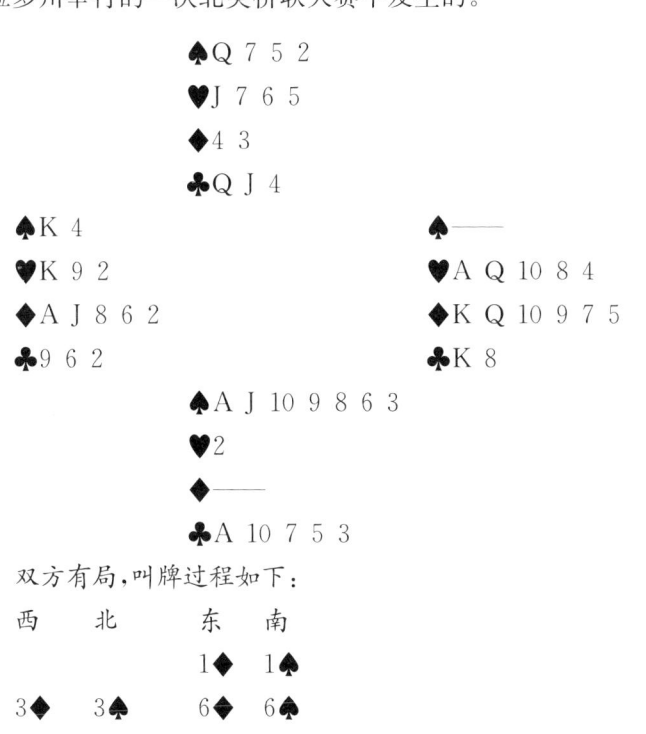

```
              ♠Q 7 5 2
              ♥J 7 6 5
              ♦4 3
              ♣Q J 4
♠K 4                        ♠—
♥K 9 2                      ♥A Q 10 8 4
♦A J 8 6 2                  ♦K Q 10 9 7 5
♣9 6 2                      ♣K 8
              ♠A J 10 9 8 6 3
              ♥2
              ♦
              ♣A 10 7 5 3
```

双方有局，叫牌过程如下：

西	北	东	南
		1♦	1♠
3♦	3♠	6♦	6♠
加倍	都不叫		

位于南家的便是谢因吾，他不认为对手会盲目地直冲满贯的，

尽管他拿着两个 A，他宁可以 6♠牺牲，也不愿加倍东家的 6♦，事实证明他的判断是极为正确的。西家首攻♦A，谢因吾将吃后不由得停下来寻思：东家至多只有一个 A，他凭什么能一跃 6♦呢？谢因吾的结论是东家势必是黑桃缺门了。想到这里定约人从手中打出♠J！西家见了这张牌如坐针毡：放上自己的♠K唯恐撞上同伴的♠A，不出♠K 又怕是上定约人的圈套。考虑到南家争叫 1♠未必有七张黑桃，同伴敢上满贯显然是是有着黑桃的首轮控制的，很可能就是♠A，再说南家更像是在以牺牲叫阻拦已方，于是西家在左思右想之后跟出了♠4。余下来就十分简单了，肃清将牌之后，定约人飞捉东家的♣K，他仅输 1 墩红心而已。

如你所见，只要判断南家的红心不会长，那么东家便能很轻易地捕捉到北家的♥J，在此之后 6♦对东家来说真可谓是唾手可得呢。

例 2.4.2‑7　上例中谢因吾"偷"了防家的一个 K，接下来你将看到潘德（Peter Pender）如何"偷"得一个 Q 的，那是 1973 年他在拉斯维加斯举行的北美桥联大赛时的一手杰作。

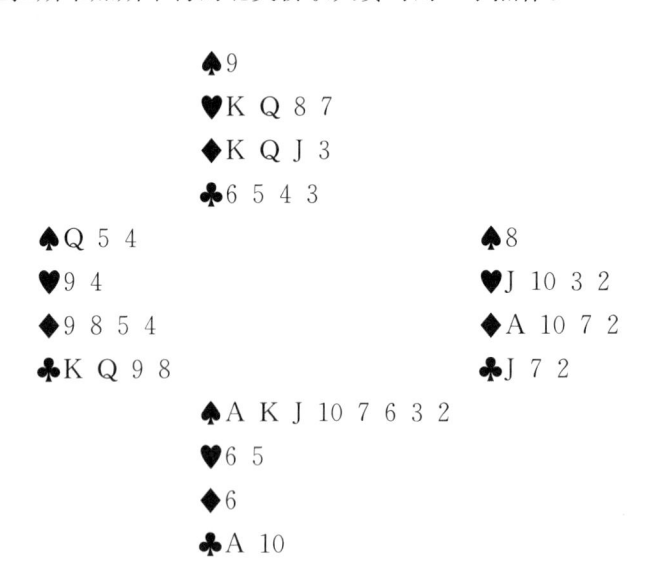

　　　　　　　　♠9
　　　　　　　　♥K Q 8 7
　　　　　　　　♦K Q J 3
　　　　　　　　♣6 5 4 3

♠Q 5 4　　　　　　　　　　　♠8
♥9 4　　　　　　　　　　　　♥J 10 3 2
♦9 8 5 4　　　　　　　　　　♦A 10 7 2
♣K Q 9 8　　　　　　　　　　♣J 7 2

　　　　　　　　♠A K J 10 7 6 3 2
　　　　　　　　♥6 5
　　　　　　　　♦6
　　　　　　　　♣A 10

南北有局,叫牌过程如下:

西	北	东	南
—	—	1♥	4♠
加倍	都不叫		

西家首攻♣K,位于南家的便是潘德,他从西家的加倍中嗅出♠Q的所在,因此他在用♣A拿下首墩后几乎是不假思索地就打出了♠2!西家左思右想,到头来猜测同伴或许持着单张♠A吧,于是他跟出了张小黑桃!

例 2.4.2-8 在1993年欧洲桥牌锦标赛的最后一轮赛事中,瑞典桥牌队遇上老对手挪威队。瑞典队因前几轮战绩不佳,所以现在需要大胜挪威队才能保住第四名的位置,这样也能作为欧洲赛区的代表参加同年在智利圣地亚哥举行的第31届百慕大杯赛。实在很遗憾,在下面的一手牌中,由于瑞典队两位防家的疏忽,他们去圣地亚哥的"机票"被对手"偷"走了。

```
              ♠ 5 3 2
              ♥ J 7 6 5
              ♦ 9 8 5 2
              ♣ 9 5
♠ J 8 7                    ♠ Q 6
♥ K Q 9 2                  ♥ A 4
♦ K Q 6 3                  ♦ A J 10 7 4
♣ 7 2                      ♣ 10 8 4 3
              ♠ A K 10 9 4
              ♥ 10 8 3
              ♦ —
              ♣ A K Q J 6
```

南北有局,叫牌过程如下:

西	北	东	南
布伦泽尔	赫尔格莫	尼尔森	海尔尼斯
		1NT	加倍
再加倍	2♣(1)	加倍	—
—	再加倍(2)	—	4♠
加倍	都不叫		

(1) 不愿让对手打 1NT,寻求配合
(2) SOS 再加倍,草花短,请同伴叫一个花色

挪威队的海尔尼斯(Tor Helness)的判断极为出色,他估计草花很可能是 4-2 分布,己方打 2♣ 只能拿到 7 墩牌而已,既然同伴的黑桃不会很短,那么他就干脆想尝试一个局了。

西家首攻♥K,东家跟♥4!假如东家持的将牌是♠Q 6 ×,那么他拒绝盖拿同伴的♥K 是有道理的,因为既然肯定有一个将牌赢墩,那就没有必要去谋求将吃了。现在他只有两张将牌,应该用♥A 盖拿并打回红心的。西家拿了首墩红心后再出小红心,这时东家只好用♥A 拿将红心阻塞在其手中。开场不甚精彩,但至少到目前为止,防家还未受到伤害。东家改出小黑桃,定约人海尔尼斯用♠A 拿并用♠K 又调一轮将牌,东西家均有黑桃跟出。定约人接着连打♣A K 并再出♣J。这时西家面临一个很困难的猜测:如果同伴有♣Q,那么他就没有理由去浪费一个将牌赢张;如果同伴并没有♣Q,那么他就必须立即将吃了,否则明手的红心输张将要被垫去一个。考虑再三,西家谢绝将吃,定约人如释重负,赶快垫了张红心,西家则追悔莫及。定约人再出♣Q,这时不管西家将吃与否,明手的第四张红心都将被垫去了,一个该宕的定约就这样被海尔尼斯给"偷"回了。

例 2.4.2-9 伦敦是欧洲桥牌活动中心,从每年的一月起,有数项著名的桥牌邀请赛在这里举行。除此之外,桥牌俱乐部也少

不了前荷兰国手伦耶尔（George Lengyel，1911 - 1984），他是伦敦 Eccentric Club 的常客。

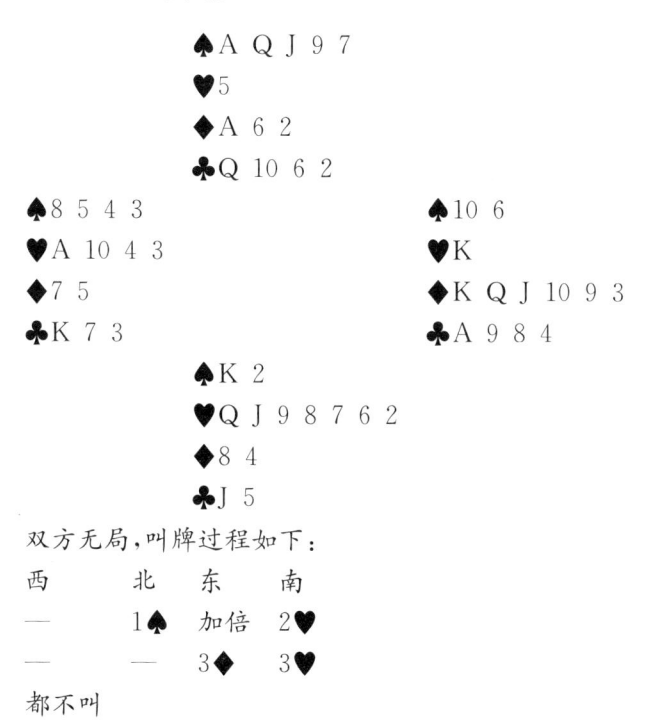

　　　　　　　　♠A Q J 9 7
　　　　　　　　♥5
　　　　　　　　♦A 6 2
　　　　　　　　♣Q 10 6 2
♠8 5 4 3　　　　　　　　　　♠10 6
♥A 10 4 3　　　　　　　　　♥K
♦7 5　　　　　　　　　　　　♦K Q J 10 9 3
♣K 7 3　　　　　　　　　　　♣A 9 8 4
　　　　　　　　♠K 2
　　　　　　　　♥Q J 9 8 7 6 2
　　　　　　　　♦8 4
　　　　　　　　♣J 5

双方无局，叫牌过程如下：
西　　　北　　　东　　　南
—　　　1♠　　加倍　　2♥
—　　　3♦　　3♥
都不叫

东家的加倍并不很规范。西家很忠实地首攻♦7,定约人伦耶尔用♦A拦下后马上连打三轮黑桃。不甘让定约人垫牌,东家毫不怠慢地用♥K将吃,定约人垫残存的那张方块。东家再出方块,早有准备的伦耶尔用♥6将吃,他随即打出♥2！西家认为他的♥10迟早可拿一墩,他何必急着放上他的♥10,再说他还担心误撞同伴的一张大牌。令西家大吃一惊的是明手的单张♥5居然成了举足轻重的一座桥梁,明手的两张黑桃大牌垫去了定约人手中的两张草花,西家虽然一人就拿到3墩红心,但他不无懊丧地看到他的疏忽导致了定约的完成。

西家的失职教训深刻。东家用♥K将吃明手的黑桃,他手中还另有将牌吗？如果有,那么应该是哪一张？单就♥K将吃之举,有两种可能：(1)不再有第二张将牌,(2)如果还有将牌,那只能是♥A。那么东家会不会有张比♥K稍小一点的将牌呢？无此可能。东家用♥K将吃,让定约人遁去一个输张,为阻止定约人垫牌得逞,东家首先会用小将牌将吃,而不会用个赢张或是一个潜在的赢张的。

例 2.4.2－10 在 2006 年的凯文迪希桥牌邀请赛[①]中,一位定约人完成了一个根本是不可能完成的定约。毋庸赘言,那是一位防家出错所致。话虽如此,那位定约人的想象力之丰富令人叹为观止,为我们作出精彩表演的是美国桥牌好手列文。

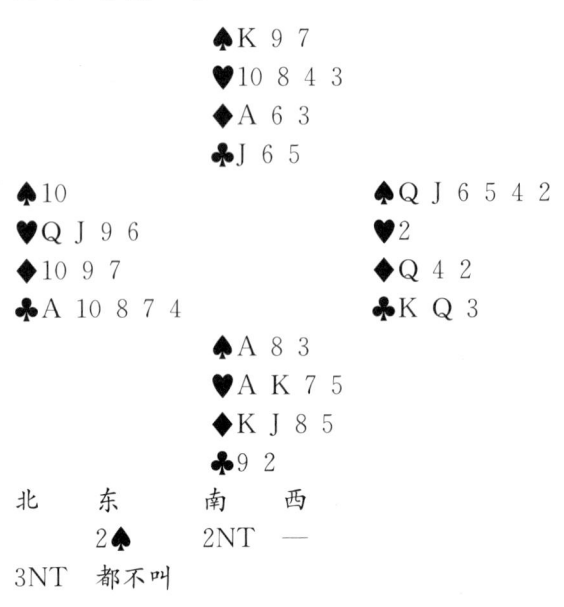

```
                ♠K 9 7
                ♥10 8 4 3
                ♦A 6 3
                ♣J 6 5
♠10                             ♠Q J 6 5 4 2
♥Q J 9 6                        ♥2
♦10 9 7                         ♦Q 4 2
♣A 10 8 7 4                     ♣K Q 3
                ♠A 8 3
                ♥A K 7 5
                ♦K J 8 5
                ♣9 2
```

北	东	南	西
	2♠	2NT	—
3NT	都不叫		

---

① 提到凯文迪希桥牌邀请赛(Cavendish Invitational),请允许我先从凯文迪希俱乐部说起。这曾是纽约乃全北美最著名的桥牌俱乐部,去那儿打牌的高手如云,其中有数名优秀选手获得过世界锦标赛的冠军。首届凯文迪希桥牌邀请赛是 1975 年在凯文迪希俱乐部举行的,故得此名。后来邀请赛与俱乐部分开运作,尽管该俱乐部关闭了,然而凯文迪希桥牌邀请赛仍延续至今。该邀请赛从开始的双人赛搞起,现在双人赛和团体赛并存。其一大特点是参加人数有限,仅邀请世界上一些知名度较高的优秀选手。此外还设立彩池,参赛选手和观众都可以下注,所以每次比赛都吸引大批的观众。

西家忠实地首攻同伴所叫的花色♠10,定约人列文稍加思索后用明手的♠K拿。假如♦J能飞成功,那么定约人将有7墩牌;假如方块恰又是3-3均布,那么定约人可望有8墩牌。不过,那第九墩牌又将来自何方呢?

只见列文从明手出张小红心到手中的♥A,紧接着他从手中打出♥5!西家对这张牌瞅了又瞅,狐疑不定。最终他认为同伴在黑桃上只有QJ这样三点大牌,那么东家有♥K的可能性也就很大了,为了避免己方两大牌不必要的互撞,他跟出♥9。在♥10"偷"到一墩之后,定约人马上改试方块。幸运果真伴随着胆大、心细且又具有丰富想象力的人,列文一下子就拿到了9墩牌,他在这手牌上的得分率高达19/22!

例2.4.2-11 在讲述下面这个牌例之前,先讨论这么两个组合,将有助于我们理解防家为什么会出错,或许也有助于我们从成功的定约人那儿得到某种启示。

```
A.              ♣9 7 3 2
     ♣Q 8 7              ♣K 5 4
                ♣A J 10
B.              ♣9 7 3
     ♣Q 8 7              ♣K 5
                ♣A J 10
```

A,假设这是无将定约或是以红心为将牌的有将定约,定约人的目标是争取拿到2墩草花。如果明手有着两个或两个以上的进手张,那么定约人可以从明手先后两次出草花,双飞将使定约人的目标毫无困难地得到实现。如果明手的牌很弱,他只有一个进手张或是根本没有上手的机会时,那么定约人很可能会从手中先打出♣J,很显然,♣Q的西家必须沉住气,万不可轻易放上他的♣Q。不然,对于A,定约人只需飞一次草花即可逮住东家的♣K;对于B,定约人在让西家先拿1墩草花之后,他可轻而易举地砸下东家的♣K而连拿2墩草花。换句话说,当明手持着几张小草花时,持♣Q的西家是有理由放过定约人的♣J的。

这是2005年百慕大杯赛中的一手牌,为我们作出精彩表演的是杰斯汀-哈基特,英国桥牌好手哈基特孪生兄弟(Jason Hackett & Justin Hackett)的弟弟。当时恰好现场转播英国队同另一个队的比赛实况,观众见了这手牌的结果之后不由得哄堂大笑,笑声透过墙并惊动了场外者。

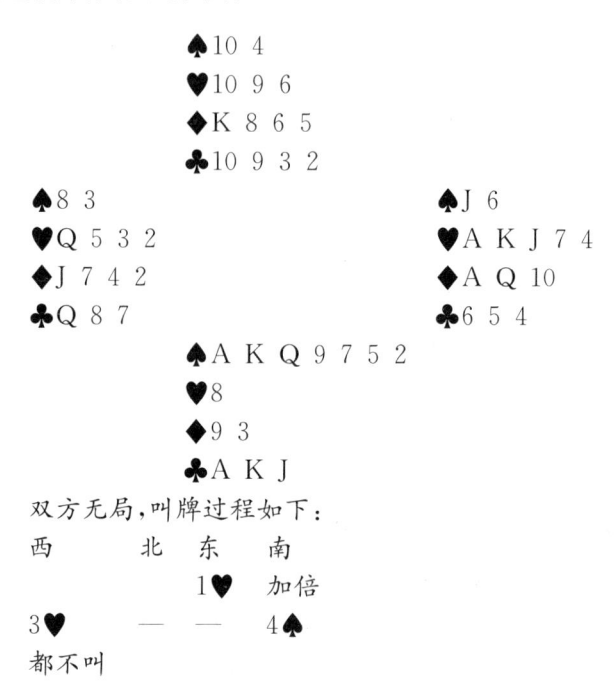

```
            ♠ 10 4
            ♥ 10 9 6
            ♦ K 8 6 5
            ♣ 10 9 3 2
♠ 8 3                   ♠ J 6
♥ Q 5 3 2               ♥ A K J 7 4
♦ J 7 4 2               ♦ A Q 10
♣ Q 8 7                 ♣ 6 5 4
            ♠ A K Q 9 7 5 2
            ♥ 8
            ♦ 9 3
            ♣ A K J
```

双方无局,叫牌过程如下:

西	北	东	南
		1♥	加倍
3♥	—	—	4♠
都不叫			

西家首攻♠3,这是个很正确的策略。一般说来,对付单边持强牌的最好办法是褫夺明手的将吃能力,余下来定约人该输的牌是难以遁去的。定约人哈基特拿了之后思考这么一个问题:明手的♦K能帮助自己拿到关键的一墩牌吗?从东家的开叫,他很怀疑♦K成为第十个赢张的可能性,他决定先打几张将牌看看对手垫牌再说。在定约人连打将牌时,他注意到东家首先垫去♥7,紧接着他

又垫去♣4和♣5,于是哈基特否定了尝试方块的念头。稍加思索之后,定约人从手中打出♣J！西家对这张牌瞅了又瞅,他很想用♣Q拿下,但他又担心出现上述组合B的情形,最终他跟了小草花放了过去。

可能有人会责备西家：东家不是已通过垫牌清楚表明他不可能持着草花大牌吗？既然如此,西家怎么还能寄希望于同伴或许持着♣K呢？光凭东家的垫牌裁决是非恐是不能令人信服的,因为防家在垫牌过程中不一定都是给出真实信号,当读者看了本篇第十章之后将会对这一点有着更进一步的认识。西家的失误非但使对手白白地收进了420分,而且这种错判使当事人深感羞愧。但我想你一定注意到了吧,即使西家识破了定约人的计谋,或是即使东家持着♣Q,这对定约人来说丝毫无损,他仍旧保留尝试方块的机会。

例 2.4.2－12 1996年世界奥林匹克桥牌团体锦标赛中,爱尔兰队与克罗地亚队相遇,其中有这么一手牌：

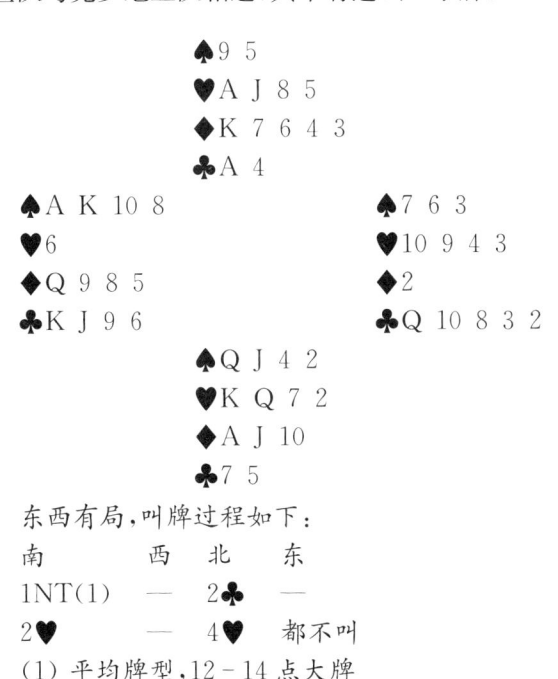

```
              ♠ 9 5
              ♥ A J 8 5
              ♦ K 7 6 4 3
              ♣ A 4
♠ A K 10 8              ♠ 7 6 3
♥ 6                     ♥ 10 9 4 3
♦ Q 9 8 5               ♦ 2
♣ K J 9 6               ♣ Q 10 8 3 2
              ♠ Q J 4 2
              ♥ K Q 7 2
              ♦ A J 10
              ♣ 7 5
```

东西有局,叫牌过程如下：

南	西	北	东
1NT(1)	—	2♣	—
2♥	—	4♥	都不叫

(1) 平均牌型,12－14点大牌

西家首攻♠A，按防家的约定，这是持 A K 时的出法，东家跟♠3 表示不欢迎，于是西家改出♣6。爱尔兰队的定约人汉伦（Tom Hanlon）认为没必要忍让，他用明手的♣A 拿，东家跟出♣10 以资鼓励。

定约人开始调将牌，为将来处理方块作准备，汉伦兑现手中的♥K 后出个小红心到明手的♥A，发现西家垫了张草花。从西家持短红心来看，西家的方块该是比东家多，相应地，西家持♦Q 的几率也就高些，但是汉伦否定了立即飞方块的打算，因为他还需要在黑桃上树立一墩。定约人从明手出♠9，当东家跟小黑桃时，他放上♠Q，西家用♠K 收下。西家出♣9 让同伴上手，东家则转手替定约人调将牌，汉伦用♥Q 截下，这时他必须处理方块了。由于缺桥短路，当定约人出♦J 而西家盖上他的♦Q 时，定约人不得不用明手的♦K 拿，在拿完 3 墩方块之后，明手余下的两张方块也就作废了。为了劝说西家不要盖上他的♦Q，汉伦从手中出的是♦10 而不是♦J，西家稍有迟疑，他已看出东家像是只有一张方块，说不定那恰好是单张♦J，再说定约人即使还有♦J 似乎也不可怕，他手中的♦Q９８还能抵挡一阵，在明手和东家都跟小方块后，得如下形势：

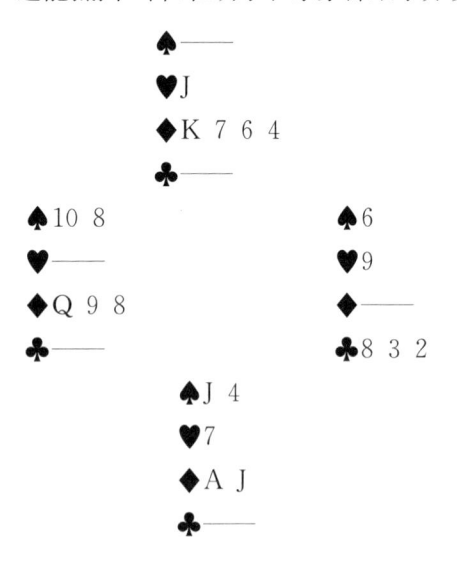

```
            ♠ —
            ♥ J
            ♦ K 7 6 4
            ♣ —
♠ 10 8                    ♠ 6
♥ —                       ♥ 9
♦ Q 9 8                   ♦ —
♣ —                       ♣ 8 3 2
            ♠ J 4
            ♥ 7
            ♦ A J
            ♣ —
```

现在定约人调将牌到明手,西家忽然发现有点不对劲,因为他不论垫哪张牌都吃亏：如果他垫方块,那么明手的方块都成了赢张；如果他垫黑桃,那么定约人手中的♠4将成为第10个赢张。西家的错误有点可悲,盖上定约人的♦10而撞上同伴的♦J又有何妨呢？他手中的♦9 8不照样能挫败这个定约吗？不过在生活中,所谓的一念之差还是屡见不鲜的。

例 2.4.2 - 13 再看一个类似的牌例。夏皮洛(Boris Schapiro, 1909 - 2002)是个颇有争议的名人[①]。下面这手牌是他在50年前打成的,有不少很实用的经验可供我们学习和借鉴。在一次欧洲桥牌锦标赛中,英格兰队与近邻爱尔兰队相遇了。

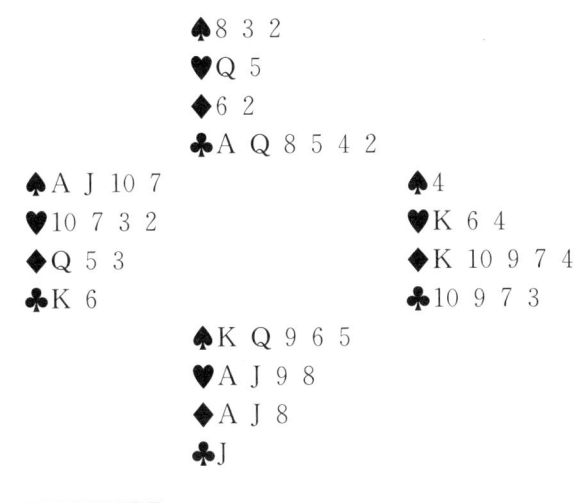

```
              ♠ 8 3 2
              ♥ Q 5
              ♦ 6 2
              ♣ A Q 8 5 4 2
♠ A J 10 7                    ♠ 4
♥ 10 7 3 2                    ♥ K 6 4
♦ Q 5 3                       ♦ K 10 9 7 4
♣ K 6                         ♣ 10 9 7 3
              ♠ K Q 9 6 5
              ♥ A J 9 8
              ♦ A J 8
              ♣ J
```

---

① 从上个世纪50年代至60年代中期,里斯和夏皮洛被普遍认为是英国的第一搭档,他俩作为英国队的主力,赢得了1955年的百慕大杯,在1960年和1962年分别获得世界奥林匹克桥牌锦标赛的团体赛和世界桥牌双人赛的亚军。1965年他俩在阿根廷举行的百慕大杯赛中被指控舞弊,英国队随即弃权。事隔多年后,里斯和夏皮洛被平反,尽管如此,许多人仍坚信两人并非无辜。附上趣闻一则,以博一笑。某日里斯造访老友,临别时他带走了属于他的许多奖品,因没合适的口袋,于是他用了枕头套一兜。夜阑人静,伦敦的巡警觉得这个携带不少银器的人有点可疑。为了证明自己的清白,里斯将巡警带回了夏皮洛的寓所。闻声开门的夏皮洛马上就明白是怎么一回事了,谁知他一本正经地对巡警说："在我平生中不曾见过这个人。"

双方无局,叫牌过程如下:
西	北	东	南
			1♠
—	2♠	—	3♥
—	4♠	都不叫	

让我们通阅四家牌后再打牌,恐怕没人会感到乐观的,现在夏皮洛所遇到的就是这么个难题,似乎有不少漏洞需要他去修补:黑桃可能要输3墩,方块要丢一墩,而红心也有点善后工作要做。

西家首攻♦3,夏皮洛用♦A捕杀东家的♦K。他随即打出♣J,看了牌我们知道西家不盖上♣K将使定约人有点为难,但西家只有两张草花,他无可厚非地选择以一拼二。定约人从明手出♥Q,东家理所当然地盖上♥K,在拿下这墩红心之后,夏皮洛马上兑现♥J。现在他又飞快地打出♥8,这在西家看来显然是想让明手的小将牌发挥作用了,他情有可原地跟小红心放过,不料定约人乘机垫去明手残余的那张方块。请留意,这是个于定约人无损的输张转换手段,即使这个飞牌未能成功,定约人至少能使自己免输一墩方块。在"偷"得一墩红心后,定约人更是抖擞精神,他让明手将吃了一墩方块,将吃草花回手,接着他再次让明手将吃了最后一张方块。夏皮洛一鼓作气连拿了8墩牌,现在他打掉明手的♣Q并垫去手中第四张红心,这时他手中余下♠K Q 9 6,谁也没办法不让他再拿2墩将牌。

例 2.4.2‑14 2009年叶氏杯赛在澳大利亚的布里斯班举行,有这么一手牌,有这么一位定约人,他的大胆似乎已到了匪夷所思的程度,看上去他冒了极大的风险,而一旦他的这种尝试失败了,那么轻则被人喻为弄巧成拙,重则会被人讥为愚笨。

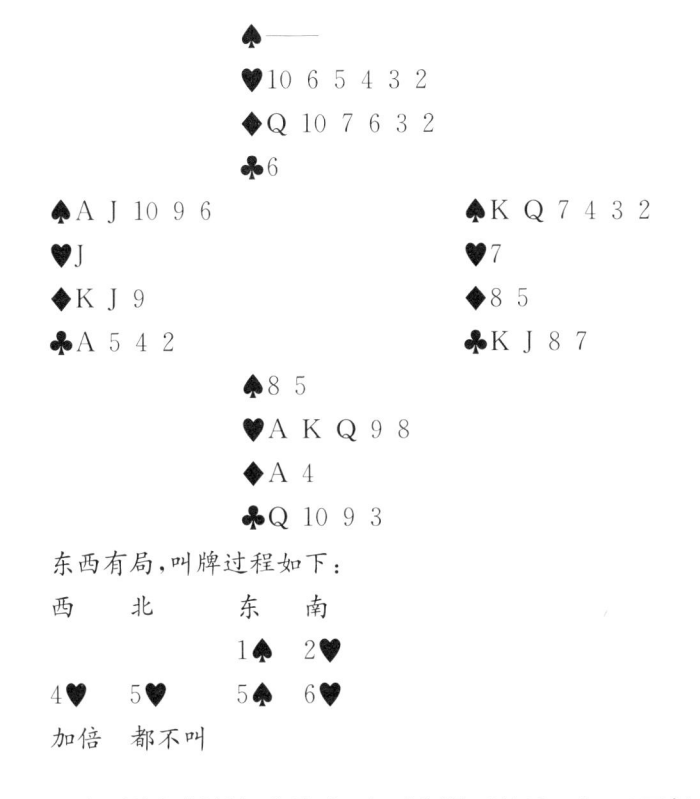

```
              ♠ ——
              ♥ 10 6 5 4 3 2
              ◆ Q 10 7 6 3 2
              ♣ 6
♠ A J 10 9 6              ♠ K Q 7 4 3 2
♥ J                       ♥ 7
◆ K J 9                   ◆ 8 5
♣ A 5 4 2                 ♣ K J 8 7
              ♠ 8 5
              ♥ A K Q 9 8
              ◆ A 4
              ♣ Q 10 9 3
```

东西有局，叫牌过程如下：

西	北	东	南
		1♠	2♥
4♥	5♥	5♠	6♥
加倍	都不叫		

双方叫牌把握得都非常准，东西方既不越过 5♠，又不轻易放过对手。南家判断己方拿对手的 5♠ 无可奈何，牺牲叫也是理所当然。这样的叫牌过程出现在数张牌桌上，西家都首攻 ♠A，明手将吃后调一轮将牌回手。有的定约人立即拔 ◆A，见 ◆K 并不随声跌落便以宕一墩认输。

当这手牌在弗雷丁这张牌桌上出现时，这位以极富想象力而出名的瑞典选手有他独特的判断力和想象力。他从西家扣叫 4♥ 看出西家不可能持单张方块，但西家很像持有 ◆K。于是他并没有出 ◆A，相反地，他打出 ◆4！西家对这张牌看了又看，如坐针毡，他很想放上他的 ◆K，但他又怕一头撞上同伴的单张 ◆A。到头来，西家跟小方块放过，这个该宕的满贯便如此这般地被弗雷丁做成了。西家并非什么无名之辈,他也获得过欧洲桥牌锦标赛的冠军,看来贪图多得一墩有可能会一无所获,这可真是个不小的教训啊。

例 2.4.2－15 期盼对手因顾虑己方大牌互撞而"偷"得一墩,这种愿望恐怕每一位定约人都会有,然而有时为达到此目的定约人还需对防家做点"说服工作"。在一次国际桥牌邀请赛中,齐亚肯定对有人竟然会加倍他的一个低水平定约而感到惊讶。

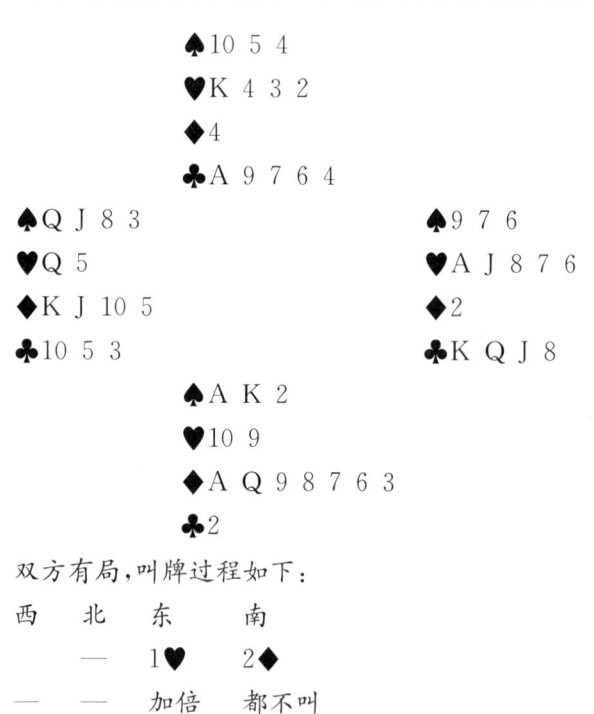

```
              ♠10 5 4
              ♥K 4 3 2
              ♦4
              ♣A 9 7 6 4
♠Q J 8 3                    ♠9 7 6
♥Q 5                        ♥A J 8 7 6
♦K J 10 5                   ♦2
♣10 5 3                     ♣K Q J 8
              ♠A K 2
              ♥10 9
              ♦A Q 9 8 7 6 3
              ♣2
```

双方有局,叫牌过程如下:

西	北	东	南
—	1♥		2♦
—	—	加倍	都不叫

位于西家的是波兰名将莱斯涅乌斯基(Marcin Lesniewski),这里他显然是犯了个错误,按说他应该回叫 2♥,可能他觉得这个加倍即使让定约人完成了也没甚损失,但结果令他深感遗憾。他首攻♠Q,而不是同伴所开叫的红心,定约人齐亚用♠A 拿下首墩。齐亚出草花到明手,接着他将吃草花回手,现在他从手中出♠

2！西家见这张牌想了又想,到头来他还是跟小黑桃,结果让齐亚超额一墩完成了定约。

莱斯涅乌斯基为什么犯这个错误呢？这要从齐亚所做的准备工作说起了。齐亚是特意告诉对手：我只有一张草花而已。从东家的加倍而没叫 2♥,可知东家只有五张红心,因此定约人有着两张红心。如果定约人有六张方块（他争叫 2♦ 毋需七张方块）,那么他就有着四张黑桃,东家也只有双张黑桃。唯恐用自己的 ♠J 撞上同伴的 ♠K,莱斯涅乌斯基就这样被齐亚"偷"去了一墩牌。由此可见,定约人一开始从草花着手,绝非漫无目的。

例 2.4.2－16 你已见了数个定约人制造大牌互撞的假象,"偷"得一墩的牌例。有时定约人使用这种战术并不在于真正"偷"得一墩,他的目的在于利用对手的疏忽而取得先机,以达到最终额外拿到一墩的结果。在 1998 年北美桥联秋季大赛中有这么一手牌,为我们作精彩表演的是挪威桥牌高手赫尔格莫①。

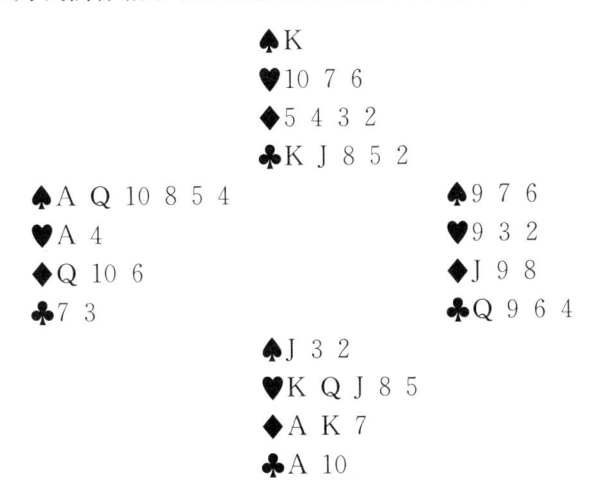

```
              ♠ K
              ♥ 10 7 6
              ♦ 5 4 3 2
              ♣ K J 8 5 2
♠ A Q 10 8 5 4              ♠ 9 7 6
♥ A 4                       ♥ 9 3 2
♦ Q 10 6                    ♦ J 9 8
♣ 7 3                       ♣ Q 9 6 4
              ♠ J 3 2
              ♥ K Q J 8 5
              ♦ A K 7
              ♣ A 10
```

---

① 生于 1970 年的赫尔格莫虽然年轻,但他所荣获的奖牌已有一大把了,其中有百慕大杯赛的亚军一次,多次欧洲桥牌锦标赛的冠军,数次北美桥联大赛的团体赛和双人赛的第一名。他还获得过世界个人竞技（Generali Masters）的第一名以及多次世界重大桥牌邀请赛的第一名。赫尔格莫于 2007 年荣获了百慕大杯赛的冠军。

双方有局,叫牌过程如下:

西	北	东	南
2♠(1)	—	—	加倍
—	3♣	—	3♥
—	4♥	都不叫	

(1) 六张黑桃,10-12点大牌

西家首攻♣7,这张牌客观上帮了定约人,赫尔格莫放上明手的♣8,东家不为所动地跟小草花,定约人用♣10收下了。他出小黑桃,西家用♠A拿,西家改出◆6,定约人用◆K吃下了东家的◆J。这时赫尔格莫如果让明手将吃黑桃,那么他可拿到6墩红心(包括将吃2墩),另外在两门低级花色上可各拿2墩。这是一场唯有在北美流行的很特殊的团体赛,每一手牌的得分只由三种可能,胜过对手(哪怕只超出10分)计得2分,与对手恰好打平手,各得1分,分数落后于对手则得0分。赫尔格莫考虑到这手牌在另一牌桌上的定约非常可能也是4♥,于是他拿到10墩牌得620分的最终结果很可能是与对手各得1分。为了在这手牌上胜过对手,他决定冒点风险也是值得的。

在拿下这墩方块之后,赫尔格莫出♥J,西家可能怕误伤同伴的一个红心大牌而跟♥4,这正是定约人所期盼的结果。他马上让明手将吃一轮黑桃,由♣A回手后又将吃了一轮黑桃。现在他出明手的♣K,垫去手中的方块输张……

第三节　劝说防家不要贸然扑下他的大牌

没有一位防家愿意用自己的大牌空吃一张小牌的,再说桥牌格言:"第二家跟小牌"更是容易使一些经验不足者往往偏爱"大来大吃,小来小吃",这就给定约人"偷"得一墩制造可乘之机。当然,很重要的一点是定约人必须对哪一位防家持有那张大牌作出正确的判断。

例 2.4.3-1 用 A 空吃一张小牌而放过定约人的 K 或 Q,这恐怕是所有防家都不愿做的事。定约人有时就可利用防家的这种心理,先设法用 K 或 Q"偷"得一墩,然后再把该花色上的 Q 或 K 垫去,使自己在该花色上不输一墩。我在我写的另一本书《世界桥牌名家重大失误综析》的第八章中提到德国青少年选手斯泼莱特斯脱塞(Peter Splettstosser)打的一手牌,当时他打得够糟糕的,一手按说是很容易得到超额赢墩的牌被他打砸了。不过,能入选为德国青少年队,一手牌的有失水准并不意味着他一无是处,请看他在下面这手牌中的表演,当时他年仅 15 岁。

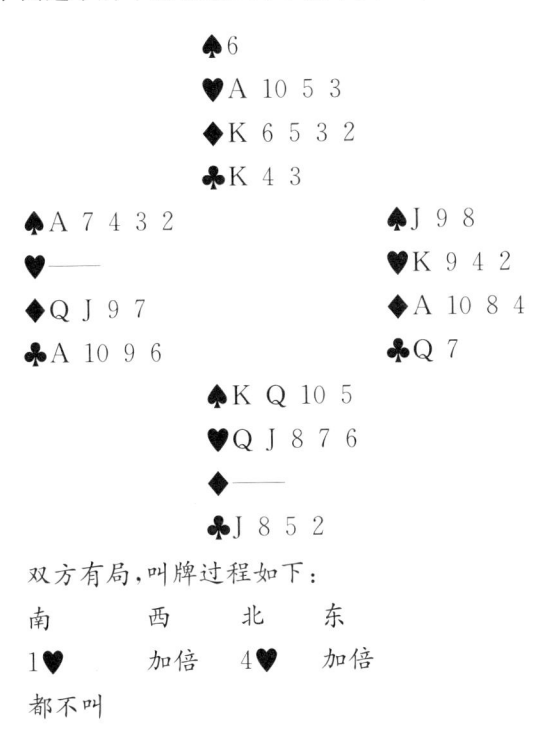

```
              ♠ 6
              ♥ A 10 5 3
              ♦ K 6 5 3 2
              ♣ K 4 3
♠ A 7 4 3 2              ♠ J 9 8
♥ —                      ♥ K 9 4 2
♦ Q J 9 7                ♦ A 10 8 4
♣ A 10 9 6               ♣ Q 7
              ♠ K Q 10 5
              ♥ Q J 8 7 6
              ♦ —
              ♣ J 8 5 2
```

双方有局,叫牌过程如下:

南	西	北	东
1♥	加倍	4♥	加倍
都不叫			

西家首拔♠A,见明手不再有第二张黑桃就改出♦Q,定约人斯泼莱特斯脱塞让明手跟小方块,手中将吃。定约人出个小红心到明手的♥A,发现将牌竟是 4-0 分布,接着他将吃方块回手。定

约人打出小草花,西家明知定约人会放上明手的♣K,但他仍不愿用♣A拿。在♣K"偷"得一墩之后,斯泼莱特斯脱塞将吃方块回手,他用♠K Q垫去了明手的两张草花。定约人出草花让明手将吃,然后将吃第四轮方块,至此东家均有牌跟出,他手余下的三张牌都是红心。定约人出♠10,垫去明手的♦K,东家只好将吃,他不得不再让明手的♥10拿到1墩牌。

如果定约人有♣Q,这正是西家所顾虑的,那么用♣A拿一墩之后将可能再让定约人拿到2墩草花,定约人常常可利用防家这种心理设防而"偷"得一墩。

例2.4.3-2 你一定还记得在前面第一节偷飞中所提到的罗德威尔的那个牌例吧,他的同伴麦克斯特罗思在同一场比赛中也"偷"得了一墩。

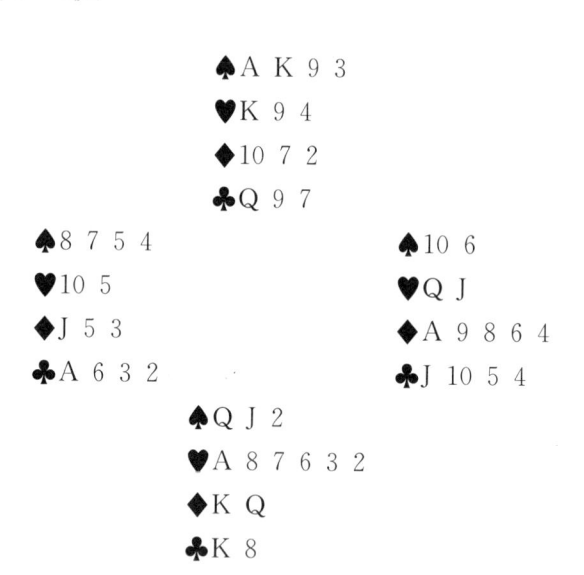

```
                ♠A K 9 3
                ♥K 9 4
                ♦10 7 2
                ♣Q 9 7
    ♠8 7 5 4              ♠10 6
    ♥10 5                 ♥Q J
    ♦J 5 3                ♦A 9 8 6 4
    ♣A 6 3 2              ♣J 10 5 4
                ♠Q J 2
                ♥A 8 7 6 3 2
                ♦K Q
                ♣K 8
```

双方有局。在一张牌桌上,布雷齐曼队的南家是佩塞尔(Mike Passell),他压根没叫出自己的红心长套,在同伴开叫1♣后,他直奔3NT。假如他得的墩数与对手相同,那么3NT将比4

♥可多得举足轻重的 10 分。

西家哈曼首攻♠8,佩塞尔拿下后即试红心,当红心 2-2 均布他转打草花,他拿到了 11 墩,得 660 分。

在另一张牌桌上,叫牌过程如下:

西	北	东	南
格雷柯	罗德威尔	汉普森	麦克斯特罗思
—	1◆(1)	—	1♥
—	1♠	—	2♣(2)
—	2♥	—	4♥

都不叫

(1) 精确制(罗德威尔设计的 RM Precision)
(2) 第四门花色,逼叫成局

精确制的 1◆并不保证有方块套,西家格雷柯首攻◆3,东家汉普森[(Geoff Hampson),一位原籍加拿大多伦多的一名好手,现移居美国拉斯维加斯并加入美国国籍]用◆A 拿,他一时看不出该改出哪门花色为好,结果他打回方块。定约人麦克斯特罗思拿后立即打出♣8,西家不愿用♣A 空吃张小牌,于是明手的♣Q 赢得此墩。当将牌肃清之后,明手的黑桃便把手中的♣K 给垫掉了,定约人得 680 分。

格雷柯知道定约人手中有着♣K,他情知自己用♣A 拿后将让定约人可连拿 2 墩草花,但他并不知道定约人早就不乏赢墩了,与此同时他对明手的 4 张黑桃没有足够的警惕以致在这手牌上得了零分。

例 2.4.3-3 2003 年北美桥联夏季大赛(Spingold Knockout Team)中,威兰德(Roy Welland)队击溃了一个又一个的对手而荣获冠军,该队在下面一手牌的处理成功为最终夺冠打下了一定的基础,那是齐亚立下的功劳。

```
              ♠ 8 7
              ♥ K Q J
              ♦ K 10 8 4
              ♣ Q 7 5 2
♠ K Q 6 5                    ♠ A 10 4 3 2
♥ 6                          ♥ 10 9 5 3
♦ 9 6 3 2                    ♦ J
♣ A 10 9 4                   ♣ J 6 3
              ♠ J 9
              ♥ A 8 7 4 2
              ♦ A Q 7 5
              ♣ K 8
```

双方有局,叫牌过程如下:

西	北	东	南
—	—	—	1♥
—	2♣	—	4♥

都不叫

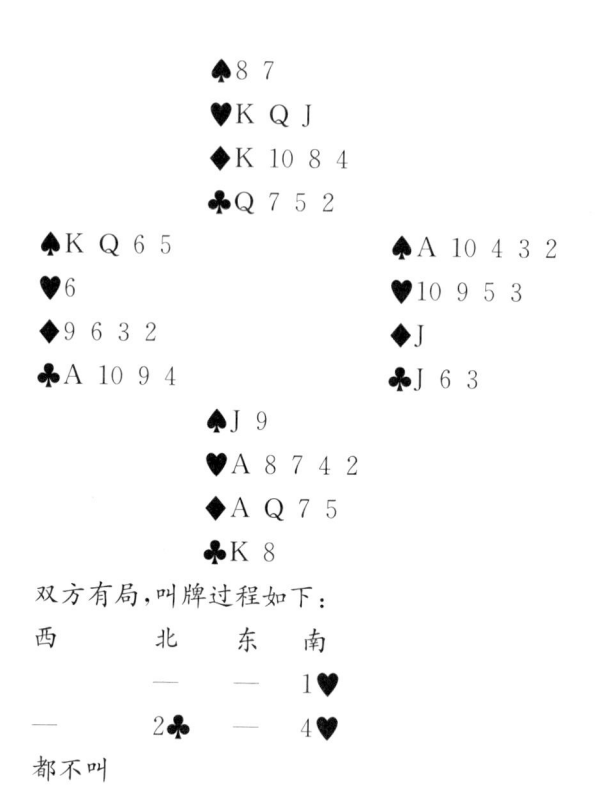

两个牌桌上的叫牌过程一模一样,这里北家的2♣是朱利(Drury)约定叫,表示首家不叫者对同伴所叫的高级花色有三张的支持,两位南家都认为这点信息已足够有理由叫成局了。

两位西家都首攻♠K并再出黑桃。在其中的一张牌桌上位于东家的是威兰德,他见明手的将牌那么大,于是他再出第三张黑桃。面对防家主动提供的一吃一垫的机会,定约人感受到了将牌不平均分布的威胁,再说他手中也没输张可垫,他只好用手中的♥2将吃。定约人连调两轮将牌,东家的垫牌证实了他的忧虑,但为时已迟。当他从明手出小草花时,西家无情的捕杀定约人的♣K并再出第四张黑桃迫使定约人将吃,定约人现在无法不输4墩牌了。

在另一张牌桌上,位于东家的是马泰尔(Chip Martel),他同样也打出第三轮黑桃逼迫定约人将吃,这位定约人正是齐亚,他是何等的机灵,见对手来者不善,他马上嗅出将牌不平均的危险。他在用手中小将牌拿下这一墩之后,他并没立即调将牌而是从手中打出♣8。西家不明将牌形势,他机械地遵循"第二家出小牌"格言。在明手的♣Q"偷"到一墩后,齐亚重现其真面目,他毫不客气地将东家的将牌一网打尽并摊了牌。

例 2.4.3-4　前面谈到哈曼曾从牙买加对手中"偷"得一个该宕的局,他本人也有遭人"偷"的切肤之痛,毋庸置疑,能从哈曼手中"偷"得一墩的人肯定身手不凡,他就是当时世界桥坛的第一高手贝拉唐纳。

那是在 1975 年百慕大杯的"银婚赛"(25 周年)时,大赛在百慕大群岛的汉密尔顿举行,不出人们所料,意大利(蓝)队和美国(爱司)队在决赛时重逢了。这是场最引人瞩目的世界桥牌锦标赛,不单是人们关切爱司队能否摆脱前几届失利[①]的阴影而战胜不败将军意大利蓝队,而且在那次比赛中爆出一大舞弊丑闻:两名意大利队的新手祖切利和法契尼在桌下用脚的接触发信号。尽管美国队的领队提出强烈抗议并威胁要罢赛,然而充当和事佬的世界桥联则不愿大赛搁浅,在世界桥联的压力之下,北美桥联命令其队员回到牌桌上[②]。几

---

① 1969 年,在连续拿 10 届百慕大杯赛冠军的意大利蓝队的六名好汉宣布金盆洗手淡出江湖了。在 1970 年和 1971 年的百慕大杯赛上,美国的达拉斯爱司队便得以称雄于天下。1972 年蓝队的六名好汉复出,再次夺回世界奥林匹克桥牌队式锦标赛的冠军。在 1973、1974 年的百慕大杯赛中,蓝队仅留下了三名擎梁柱:贝拉唐纳、福奎和伽洛佐,爱司队则仍只好连续三年屈居亚军。1975 年福奎也退出了正规赛事,随着蓝队的骨干陆续离去以及爱司队的逐渐成熟,人们饶有兴趣地在讨论这么一个话题:什么时候爱司队才能取代蓝队称霸世界桥坛啊?

② 当时美国队的领队是 A.谢因吾,他在强烈抗议的同时提出罢赛。在世界桥联的压力下,北美桥联指出:谢因吾的抗议和决定都是以领队的身份作出的,这并不是北美桥联的正式决定,而且他没资格在不经北美桥联的许可作出如此重大的决定。北美桥联还威胁说:罢赛的选手在今后的两年里将被褫夺参加所有北美桥联的赛事。六名选手是哈曼/沃尔夫,艾森伯格/坎特和索洛威/斯旺森(John Swanson)。其中艾森伯格、坎特和索洛威都是桥牌职业选手,停赛两年则意味着这三人非断炊不可。

名美国选手大有义愤填膺、同仇敌忾之势,而四名意大利队的老队员则显示出与己无关的镇静和沉着。在决赛的上半场结束时,美国队以 73 个 IMP 的巨大优势一路领先。孰料在后 48 副牌的较量中,意大利队的四名选手恢复了往日的雄风并渐渐地进入了角色,将美国队在上半场时占据的地盘蚕食殆尽,最终反以 215∶189IMP 胜出而再次捧杯。痛失百慕大杯令几名美国选手百感交集,沃尔夫忍不住当场失声痛哭,坎特(Edwin Kantar)充满了无限的内疚①,艾森伯格(Billy Eisenberg)忿忿地想:又是一场努力付诸东流,至少还要再等上一年了。哈曼为煮熟的鸭子复又飞去而遗憾万千,遗憾的是因为他未能把握住击溃对手的一个良机。

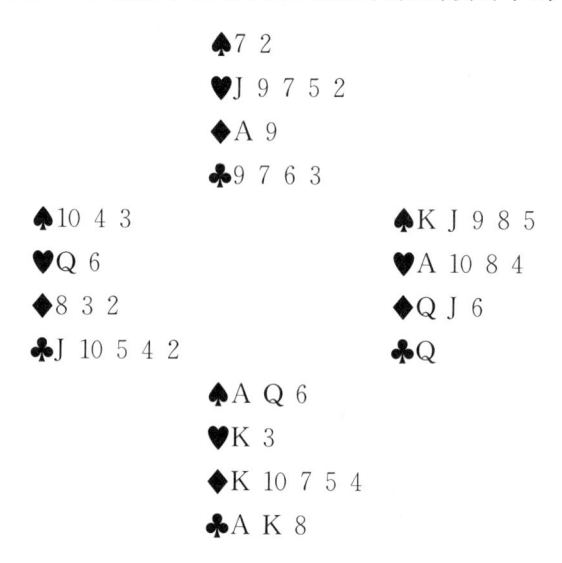

♠ 7 2
♥ J 9 7 5 2
♦ A 9
♣ 9 7 6 3

♠ 10 4 3　　　　　　　　　　♠ K J 9 8 5
♥ Q 6　　　　　　　　　　　 ♥ A 10 8 4
♦ 8 3 2　　　　　　　　　　 ♦ Q J 6
♣ J 10 5 4 2　　　　　　　　♣ Q

♠ A Q 6
♥ K 3
♦ K 10 7 5 4
♣ A K 8

---

① 在第 86 副牌时,意大利队以 184∶183 个 IMP 首次领先。连着几手平牌后,出现了被喻为"20 世纪最富戏剧性的一手牌"。第 92 副牌(决赛共打 96 副牌)意大利选手叫了个不该叫的大满贯,由于坎特错失一个误导定约人的良机,因此让贝拉唐纳得以完成,意大利队在这手牌上赢得了 12 个 IMP,要不然它会反输 17 个 IMP 的。许多人,包括著名的桥牌作家弗兰西斯(Henry Francis)在内,都认为 1975 年的百慕大杯是在坎特手中丧失的。这手牌在本书第三篇的第五章中将有详细的介绍。

双方有局，叫牌过程如下：

西	北	东	南
沃尔夫	伽洛佐	哈曼	贝拉唐纳
			1♣(1)
—	1♦	1♠	1NT
—	2♥	—	2♠
—	3♣	—	3NT

都不叫

(1) 强牌，虚叫

(2) 0-8点大牌

西家沃尔夫首攻黑桃，定约人贝拉唐纳忍让一轮，接着他用♠Q拿。意大利选手使用的虚叫体制使得对手一时难辨其牌型，除了3张黑桃之外，防家一时看不出定约人还有5张方块在手，这也是贝拉唐纳的计谋得以成功的主要原因。定约人出张方块到明手的♦A，接着他从明手出红心。假如哈曼这时不循"第二家出小牌"代之以♥A拿下并立即打回黑桃，那么贝拉唐纳纵使有天大的本事这时也将回天无术了，因为他为树立方块将不得不让哈曼上手。可惜当时哈曼未能看破定约人并无树立红心之意，在"偷"到一墩红心之后，贝拉唐纳便弃红心于一旁而改树立方块了。

例 2.4.3-5 里斯(Terence Reese)不仅是一代名手，也是名极受欢迎的桥牌著作家，他在1948年写就的《里斯论打牌》(Reese On Play)[①]，大概是有史以来最畅销的桥牌书。里斯在该书中对桥牌诱骗战术有过一些论述和介绍，尽管如此，他本人也难免被"欺骗"过。那是在几十年前的一场欧洲欺骗锦标赛中，英国队遇上了瑞典队，其中有这么一手牌：

---

① 里斯在世时著有多本桥牌书，有他独自一人写的，也有不少是和本国及外国桥牌作家合写的。北美桥联于2007年广泛征集桥牌爱好者的评议，结果《里斯论打牌》及他独自写作的另一本《专家打牌》(Expert Game)获评价最高。

```
              ♠6 4
              ♥7 3
              ♦8 5 3 2
              ♣J 9 7 4 3
♠9 7 3                    ♠J 10 8 5
♥Q J 10 8 4               ♥9 6 5 2
♦9 6                      ♦A 7 4
♣A 10 8                   ♣Q 6
              ♠A K Q 2
              ♥A K
              ♦K Q J 10
              ♣K 5 2
```

双方有局，叫牌过程如下：

西	北	东	南
里斯	詹纳斯坦	夏皮罗	沃林
			2♣
—	2♦	—	2NT
—	3♣	—	3NT

都不叫

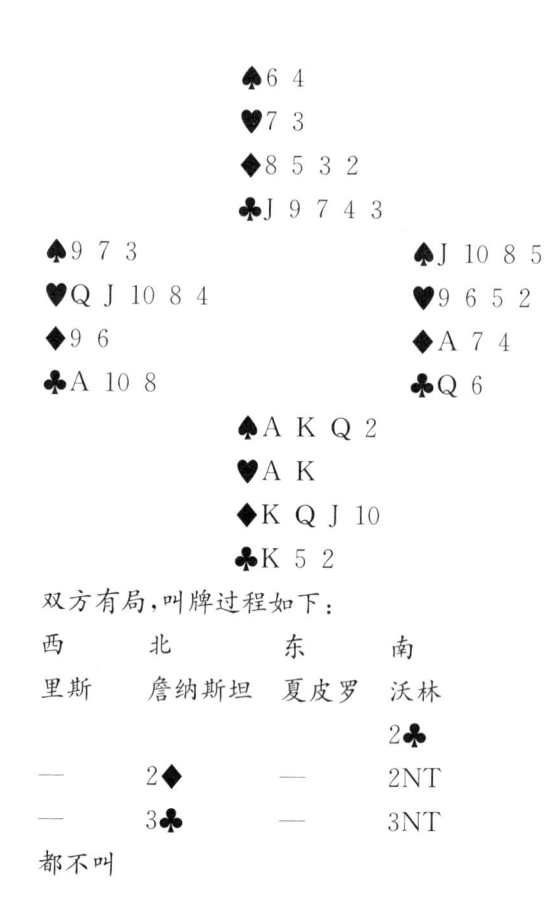

瑞典的定约人沃林(Jan Wohlin)在同伴的 3♣ 之后有意不叫出自己的黑桃，大概是不想让防家对自己的牌型过于清楚。

西家里斯首攻♥Q，定约人发现在逼出对手的♦A之后他也只有 8 墩牌。稍加思索后，沃林一张方块也不动，他从手中打出了♣K！如果定约人持的草花是♣K Q ×，那么里斯用♣A 拿下岂不犯了类如初学者般的大错吗？一来丝毫看不出定约人有几张草花，二来更没想到定约人压根儿就没有♣Q，里斯只好忍让一轮。在"偷"得一墩后，沃林改攻方块并迅速地拿到了 9 墩牌。看到对手完成了一个该宕的定约，里斯在苦笑的同时也盛赞对手"骗术"

之高明。

例 2.4.3 - 6 许多桥牌高手常在联手 24 点时叫 3NT。不过你如果单纯在叫牌上模仿桥牌高手，那还是远远不够的。很重要的一点是提高自己的打牌技艺，假如你打牌技巧很高，那么即使叫过头一点或许仍有机会挽回。你将在下面的一手牌例中看到"桥牌基地"网站（BridgeBaseOnline）的总裁吉特尔曼（Fred Gitelman）持 23 点就叫了 3NT：

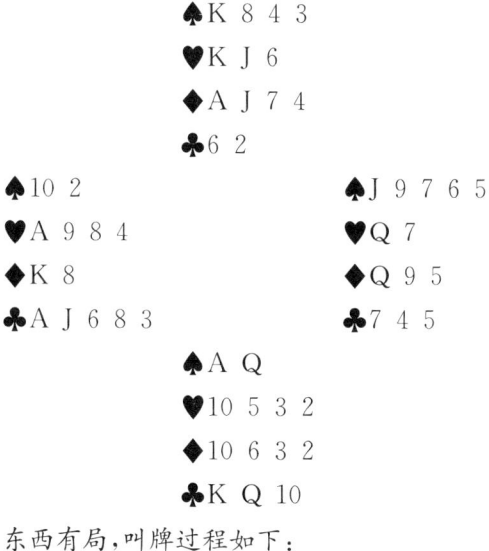

♠ K 8 4 3
♥ K J 6
♦ A J 7 4
♣ 6 2

♠ 10 2　　　　　　♠ J 9 7 6 5
♥ A 9 8 4　　　　 ♥ Q 7
♦ K 8　　　　　　 ♦ Q 9 5
♣ A J 6 8 3　　　 ♣ 7 4 5

♠ A Q
♥ 10 5 3 2
♦ 10 6 3 2
♣ K Q 10

东西有局，叫牌过程如下：

南	西	北	东
1NT(1)	—	2♣	—
2♥	—	3NT	都不叫

(1) 12 - 14 点，平均牌型

可能是因为有三个 10 吧，南家吉特尔曼持 11 点就开叫了 1NT，像他这样的高手当然有理由相信自己能用技巧来弥补大牌实力的不足了。

西家首攻♣8，吉特尔曼用♣10 就收下首墩。定约人发现他需要不少对他有利的因素才可能完成这个定约。首先,方块必须是 3-2 分布,而且他必须猜对谁持三张,谁持两张。其次,他还不能把对手惹得发急就抢先拿到 1 墩红心。要不然,在他着手树立方块时,防家肯定会再送出一轮草花的。

主意打定之后,定约人从手中出小红心,西家以为定约人面临着用哪张牌飞的问题,他跟小红心放过,他并没想到吉特尔曼除了♥K 外将没有其他的选择。试想:假设西家持♥Q 而东家持♥A,那么定约人用♥J 飞也是无济于事的,因为东家打回草花后,防家将在定约人拿到 3 墩方块之前就击败了这个定约。

在♥K"偷"得一墩后,吉特尔曼又猜对了方块大牌分布的位置。你一定也看出来了吧,明手的♥J 起着很好的障眼作用,如果没有这张牌在防家的眼皮底下,那么西家很可能会用♥A 抢先拿一墩的。

例 2.4.3-7 有时定约人所需要的是防家急着扑下他的大牌,利用"偷"牌的假象常常可达到这个目的。在 2008 年美国桥牌选拔赛的 1/4 决赛中,一名后起之秀在一手牌上的处理成功优于齐亚,是他所在的队在这手牌上赢得了很重要的 14 个 IMP。

```
               ♠ A K 6
               ♥ A Q 4
               ♦ K J 10
               ♣ Q 7 4 3
♠ Q 8 5 4                    ♠ J 3 2
♥ 10 7 5                     ♥ 9 8 3 2
♦ 5 4 3                      ♦ 6
♣ K J 9                      ♣ A 8 6 5 2
               ♠ 10 9 7
               ♥ K J 6
               ♦ A Q 9 8 7 2
               ♣ 10
```

东西有局,叫牌过程如下：

西	北	东	南
	1♣	—	1♦
—	2NT	—	3♦
—	3♥	—	4♥
—	4♠	—	6♦

都不叫

西家首攻♠4,定约人马上很失望地发现他的牌和明手的牌在高级花色上完全重叠,他只有 11 个赢墩,第十二墩牌只可能寄希望于明手的♣Q 了。定约人格鲁①用♠K 拿下首墩之后立即从明手出小草花。唯恐让定约人的单张♣K"偷"得一墩,东家急不可耐地扑下他的♣A。东家打回黑桃,但定约人比对手快了一拍。再从明手出草花,手中将吃。调一轮将牌到明手,又一次将吃草花回手,随着♣K 的应声而落,定约人摊了牌。

当齐亚打这手牌时,他没立即从明手出草花,而是先调了将牌。当他后来从明手出草花时,东家很明智地跟了小牌。

当你位于东家时,会扑下你的♣A 吗？在大多数情形下,东家是不应该出♣A 的,一来定约人是否持单张♣K 尚属未知,二来即使东家击落定约人的单张♣K,明手的♣Q 也可拿到一墩。

例 2.4.3 - 8　当你在看到第一篇中的例 1.1.2 - 28 时,不知你有什么感想：将信将疑,根本不信地当它是个天方夜谭般的故事,或是想有朝一日将它付诸实施？这里我想告诉你的是,有人已把它运用于实战中并取得可喜的成功,这位英雄是范尼泽洛斯(Sophocles Venizelos,1894 - 1964),他曾是法国桥牌队的一员,后来曾三次被选为希腊总理。

---

① 格鲁曾代表美国赢得过三届世界青少年桥牌锦标赛的第一名,他还是 2011 年百慕大杯赛的亚军。

```
                ♠3
                ♥J 10 8 7
                ♦A Q 6 4
                ♣A Q 10 3
♠9 7 5 2                    ♠A Q J 10 8
♥6 2                        ♥5
♦3 2                        ♦K 8 7 5
♣8 6 5 4 2                  ♣K J 9
                ♠K 6 4
                ♥A K Q 9 4 3
                ♦J 10 9
                ♣7
```

双方无局,叫牌过程如下:
```
 西      北      东      南
 1♦      1♠      3♥
 —       4♥      —       4NT
 —       5♦      —       6♥
 —       —       加倍    都不叫
```

在那个年代,莱特纳加倍尚未流行,既然东家争叫黑桃,西家便责无旁贷地首攻黑桃,东家用♠A拿后改出红心。从东家的叫牌,定约人范尼泽洛斯嗅出方块飞牌没有成功的可能,于是他很镇定地先打掉明手的♦A,接着从明手出♦4!可怜的东家一来担忧定约人只有单张方块,放上他的♦K就会被将吃,二来自己方块的长度与明手一样,他的♦K似还能很有效地看守住明手的♦Q,结果他跟出小方块。令东家颇感意外的是定约人抽出♦J。在让明手将吃一轮黑桃之后,定约人已有11墩牌在握,他开始逐张兑现他的赢张。当各人余下两张牌时,明手留着♣A Q,他手持着♦10和♣7,你说东家怎能保住他的两个K呢?

例 2.4.3-9 在你阅毕本篇第三章"主动处理短、弱花色,常有意外硕果"之后,我相信你一定会对弗里舒尔博士其人其事留下很深刻的印象吧。在纳粹德国的威胁之下,弗里舒尔于1938年移居美国，下面的这手牌便是他于那年在美国的一个桥牌俱乐部中打出的。

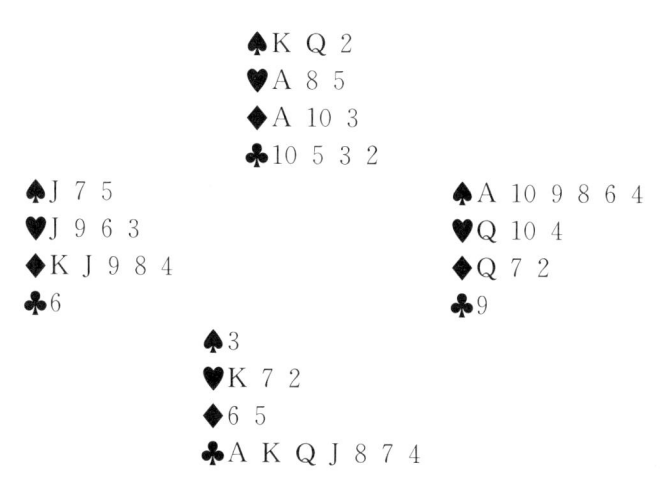

```
              ♠ K Q 2
              ♥ A 8 5
              ♦ A 10 3
              ♣ 10 5 3 2
♠ J 7 5                      ♠ A 10 9 8 6 4
♥ J 9 6 3                    ♥ Q 10 4
♦ K J 9 8 4                  ♦ Q 7 2
♣ 6                          ♣ 9
              ♠ 3
              ♥ K 7 2
              ♦ 6 5
              ♣ A K Q J 8 7 4
```

弗里舒尔位于南家，现在他成了6♣的定约人。西家首攻♥3，弗里舒尔花几秒钟的时间研究了他所面临的局势，他请明手用♥A拿并紧接着他从明手出♠2！那位可怜的东家以为定约人一定有着♠J，没准还是个单张企图偷一墩呢，于是东家赶紧用♠A拿。现在明手的♠KQ能垫两张牌，一个该宕的定约便如此这般地让弗里舒尔给"偷"回了。

读者是否会想：当西家持♠A时，是不是从手中出♠3更好一点呢？不会的，只要西家不是名初学者，那么当他持♠A时就一定会放过这一墩的。纵使一墩黑桃都不输，定约人在红牌上还有两个输张无法交待。这手牌给我们的启发是当西家持♠A时，明知定约人仅有一张黑桃，他常常也该忍让，为的是不让定约人树立起两个或更多的赢张；同样，当东家持♠A时，出于同一目的，他的最好对策往往也是忍让一轮。

桥牌高手和常人的又一区别是前者思维更具逻辑性，他们不会只图在黑桃上偷一墩，因为不拿到2墩黑桃仍不敷完成定约之需要，然而能像弗里舒尔这样在短短的几秒钟的时间内即已清晰

第二篇 定约人在整手牌时骗招的运用 | **197**

无误地审时度势毕竟并不多见。

例 2.4.3－10 弗里舒尔的成功经验显然给一些善于思考者以启发,有人反其道而用之的。在法国举行的一次国际桥牌邀请赛中,法国的苏塞尔(Patrick Sussel)也成功地"偷"回了一个满贯。

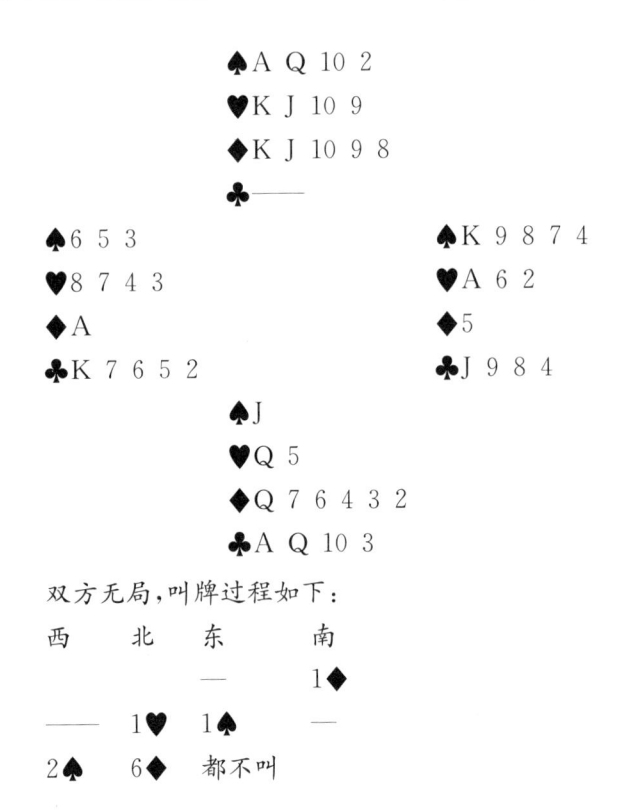

```
                ♠ A Q 10 2
                ♥ K J 10 9
                ♦ K J 10 9 8
                ♣ ——
♠ 6 5 3                          ♠ K 9 8 7 4
♥ 8 7 4 3                        ♥ A 6 2
♦ A                              ♦ 5
♣ K 7 6 5 2                      ♣ J 9 8 4
                ♠ J
                ♥ Q 5
                ♦ Q 7 6 4 3 2
                ♣ A Q 10 3
```

双方无局,叫牌过程如下:

西	北	东	南
			1♦
——	1♥	1♠	——
2♠	6♦	都不叫	

北家叫得稍猛了些,不过草花缺门时用布莱克伍德约定叫并不能解决 A 所在花色的问题。现在有两个 A 在外,而且够糟的是即使对手一时没将它们兑现,定约人也没办法将其输张立即垫去。

西家选择了很具攻击性的首攻♣5,定约人苏塞尔谢绝了这个免费飞牌,他让明手将吃。定约人马上从明手出小黑桃!东家对这张牌研究了很久,最终他认为定约人定是黑桃缺门并是想赚下他的♠K从而使明手的♠Q得到升级,结果他跟小黑桃放过。在♠J"偷"得一墩之后,定约人得理不让人了:他将吃草花到明手,从明手出♠Q,他将吃了东家的♠K;苏塞尔第三次将吃草花到明手并用明手的♠A和♠10垫去手中的两个红心。西家可以将吃第四轮黑桃,但将吃与否他都是只能拿到这一墩牌了。

例 2.4.3-11 在1997年的北美桥联的蓝结(Blue Ribbon)[①]桥牌双人赛中,罗斯(Hugh Ross)成功地骗出了防家的一张大牌,完成了一个本来无望的定约。

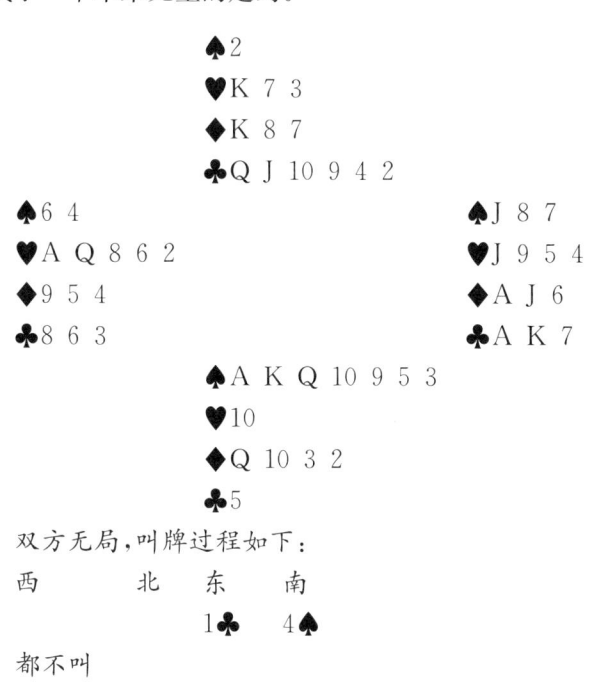

```
              ♠ 2
              ♥ K 7 3
              ♦ K 8 7
              ♣ Q J 10 9 4 2
♠ 6 4                        ♠ J 8 7
♥ A Q 8 6 2                  ♥ J 9 5 4
♦ 9 5 4                      ♦ A J 6
♣ 8 6 3                      ♣ A K 7
              ♠ A K Q 10 9 5 3
              ♥ 10
              ♦ Q 10 3 2
              ♣ 5
```

双方无局,叫牌过程如下:

西	北	东	南
		1♣	4♠

都不叫

[①] 蓝结桥牌双人赛(Blue Ribbon Pairs)可算是北美桥联的最重要的一个双人赛。它对参赛者有着严格的规定,必须是:(1)在北美桥联大赛取得过优异成绩者或是地区赛中的前二名;(2)大师分最高的前100名;(3)当时北美桥联的代表或其他国家代表队的成员;(4)美国全国锦标赛的冠军。如不具备上述四个条件中的一个,那只能成为其观众了。

西家首攻♣3,定约人罗斯知道防家持两张时也是首攻最小的一张牌的,他决定冒险哄骗东家,他飞快地让明手跟♣2! 东家不明真相,他用♣K 拿,罗斯心中暗喜。当东家见到定约人跟出的是♣5时,他立刻想到定约人还有张♣8,便兴冲冲地拔♣A,不料被罗斯将吃了。

定约人肃清将牌之后打出♥10,西家哪敢怠慢,他赶快用♥A截下。西家不能出草花,他又不能出红心,他只好改出◆9,罗斯盖上明手的◆K,东家用◆A 拿下这一墩,但是不论他打回什么都免不了让明手获得出牌的机会。

假如罗斯循常规放上明手的一张草花大牌,那么就有可能被东家识破草花分布的真相,只要东家不再打出♣A,那么罗斯是没有机会完成这个定约的。

例 2.4.3-12 有时定约人既可适时地送出大牌给防家吃,又可在自己跟牌的过程中送出一张大牌,使得防家以为定约人的该花色已告罄。1971 年的欧洲桥牌锦标赛中,意大利队与瑞士队相遇,其中有这么一手牌:

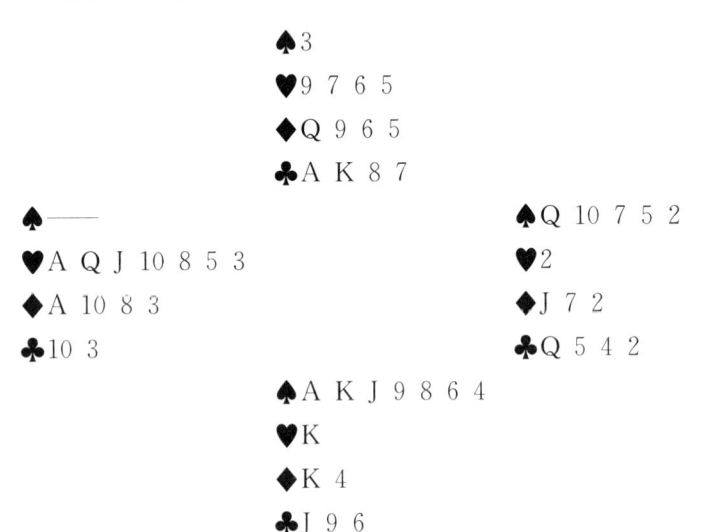

```
              ♠ 3
              ♥ 9 7 6 5
              ◆ Q 9 6 5
              ♣ A K 8 7
♠                                    ♠ Q 10 7 5 2
♥ A Q J 10 8 5 3                     ♥ 2
◆ A 10 8 3                           ◆ J 7 2
♣ 10 3                               ♣ Q 5 4 2
              ♠ A K J 9 8 6 4
              ♥ K
              ◆ K 4
              ♣ J 9 6
```

双方有局，叫牌过程如下：

南	西	北	东
贝拉唐纳		伽洛佐	
1♠	4♥	加倍	—
4♠	都不叫		

贝拉唐纳的这手牌缺乏防御价值，因此尽管伽洛佐加倍了对手的4♥，他也将它改为4♠。事后发现只要北家首攻黑桃，或是拿了一墩草花后改出黑桃，那么西家就有机会完成这4♥定约。西家首出♥A，在击落定约人的♥K之后，他再出♥Q，东家垫◆2。贝拉唐纳出♣6，西家跟♣3，明手♣K拿。定约人从明手出♠3并用♠J飞牌，他拿到了这一墩，发现东家竟然有着五张黑桃。定约人打出◆K，西家不敢不拿。西家知定约人有意缩短自己的将牌，当然不肯出红心相助，他打出了♣10。在用明手的♣A拿的同时，贝拉唐纳跟出自己的♣J！随即他从明手出♣8！一来从同伴出的是小-大草花而判断西家有着三张草花，二来明手的◆Q显然还是座可靠的桥梁让定约人进入明手，结果东家跟小草花放过。就这样，贝拉唐纳"偷"得了一墩草花。现在定约人出方块到明手，将吃方块减少自己的一张将牌，他剩下♠A K 9 8四张将牌，而东家则持♠Q 10 7 5，贝拉唐纳送出♠8，东家只好收起牌认输。

第四节 "偷"牌战术的延伸

成功地使用"偷"牌战术，常能使定约人从防家的眼皮底下"偷"得至关重要的一墩牌。接下来的这个牌例则有所不同，定约人根本不需要而且也不可能"偷"得一墩，但是定约人借助"偷"牌的手法，以蒙住对手的双眼。

例 2.4.4 - 1

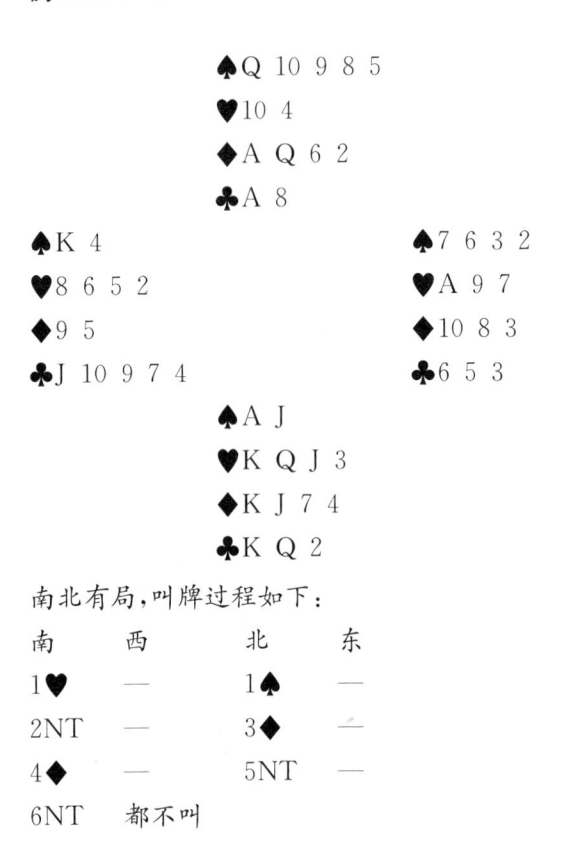

```
              ♠Q 10 9 8 5
              ♥10 4
              ◆A Q 6 2
              ♣A 8
♠K 4                        ♠7 6 3 2
♥8 6 5 2                    ♥A 9 7
◆9 5                        ◆10 8 3
♣J 10 9 7 4                 ♣6 5 3
              ♠A J
              ♥K Q J 3
              ◆K J 7 4
              ♣K Q 2
```

南北有局，叫牌过程如下：

南	西	北	东
1♥	—	1♠	—
2NT	—	3◆	—
4◆	—	5NT	—
6NT	都不叫		

西家首攻♣J，当北家把牌摊在桌上时，南家发现定约的成败似乎就是取决于黑桃的一个飞牌。诚然，黑桃是必须飞的，要不然定约人只有 11 墩牌。不过在飞黑桃之前再做点"热身运动"可能效果会更好一些。

我的建议是，在用明手的♣A 拿下首墩后立即从明手出♥10！东家会放上他的♥A 吗？恐怕很少有人愿意杀鸡使用牛刀的吧，再说面对 6NT 定约，东家不愁他的♥A 会拿不到一墩的。在这♥10"偷"到一墩后，接着就飞黑桃，西家未必看得出他打回红心已是迫在眉睫的了。伴"偷"一墩后再飞黑桃的成功性要稍高于直接飞黑桃的,你赞成这一说法吗?

例 2.4.4－2 接下来的这个牌例与前者有很大的不同。前面讲的几乎都是如何令防家放松警惕,从而在防家的眼皮底下"偷"得了至关重要的一墩牌,而这个牌例介绍的则是有时伴作"偷"牌可使警觉的防家神经紧张,里斯在这方面的经验显然是很值得借鉴的。

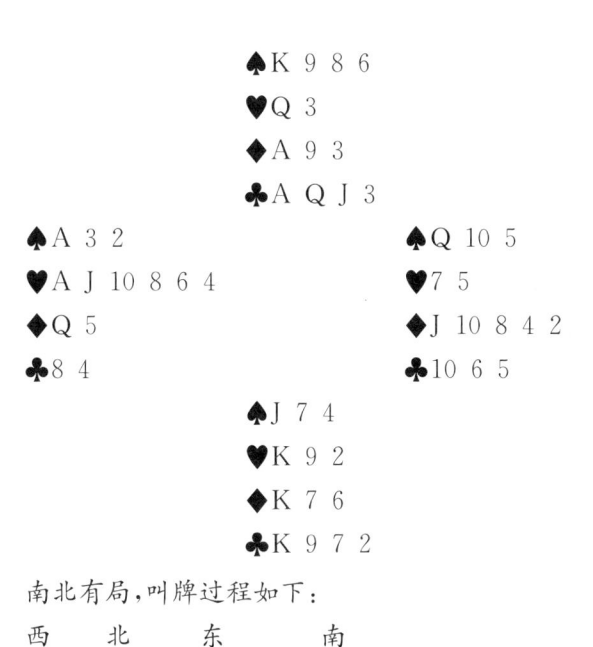

```
                    ♠K 9 8 6
                    ♥Q 3
                    ♦A 9 3
                    ♣A Q J 3
    ♠A 3 2                        ♠Q 10 5
    ♥A J 10 8 6 4                 ♥7 5
    ♦Q 5                          ♦J 10 8 4 2
    ♣8 4                          ♣10 6 5
                    ♠J 7 4
                    ♥K 9 2
                    ♦K 7 6
                    ♣K 9 7 2
```

南北有局,叫牌过程如下:

西	北	东	南
1♥	加倍	—	2NT
—	3NT	都不叫	

西家首攻♥J,定约人里斯放上明手的♥Q,与此同时他毫不迟疑地从手中跟出了♥9,似乎他只有着♥K 9 双张而已。里斯从明手出小方块并用手中的♦K 拿,接下来他打出♠4。西家开始坐立不安,看不清方块的形势,见定约人不飞方块便猜想定约人不是

在方块上就是在草花上有着一大把赢张可兑现。此外,除了♦K外,定约人不拿一个低级花色赢张,这更加深了西家的疑虑。现在定约人出小黑桃表明明手的♠K志在必得。西家最终得出的结论是:定约人已有8墩牌在握而且只剩下孤零零的一张♥K在手,他正企图从我这儿"偷"走一墩黑桃呢。想到这里,西家不但放上♠A并拔出他的♥A,他十分懊慨地发现自己过于慷慨地捐赠定约人所短缺的那一墩牌。

例 2.4.4-3 你在本章第一节见过几个佯作飞牌的例子,看上去定约人需在嵌张之间作一取舍,而实际上定约人瞄准的只是其中大的那张而已。在"偷"得一墩之后,定约人现出庐山真面目,撤下那门花色而兑现自己真正的长套赢张。有时候,定约人的目的恰好相反,他确实想飞牌,但他拿不准该如何在嵌张作一取舍,这时他需吁请对手来帮忙。2016年世界桥牌锦标赛在波兰举行,在加拿大队和意大利队的对抗时有这么一手牌,定约人巧妙地利用佯飞偷牌的手法,为自己解决了飞牌的问题。

```
                    ♠ 8
                    ♥ A 8 5
                    ♦ 6 3 2
                    ♣ K Q J 10 8 6
♠ Q 10 9 4                      ♠ A 7 6 3
♥ Q J 10 6                      ♥ 7 4 3 2
♦ A 8 7 4                       ♦ K J 5
♣ 7                             ♣ 5 4
                    ♠ K J 5 2
                    ♥ K 9
                    ♦ Q 10 9
                    ♣ A 9 3 2
```

东西有局，叫牌过程如下：

西	北	东	南
—	1♣	—	2♣
—	2♦	—	2♥
—	2♠	—	2NT
—	3NT	都不叫	

加拿大队的西家波拉克(Frederic Pollack)首攻♥Q，定约人蒂-弗朗科(Massimiliano di Franco)用明手的♥A拿，他紧接着从明手出♠8。对东家佛伽尼(Kamel Fergani)来说，他所面临的形势完全就像桥牌教科书中的一节"什么时候你不该在第二家时跟小牌"所阐述的那样：定约人把明手的长套晾在一旁，却在动短套的主意，这不是企图"偷"一墩黑桃，然后连拿草花吗？他赶紧用♠A拿下，很勇敢地打出♦K并再出♦J。可惜那张至关重要的♦10不在波拉克手中，还是被蒂-佛朗科完成了定约。

在另一牌桌上，北家开叫2♣，当同伴应叫2♦时，他再叫3♣，这在精确叫牌制中是六张草花的表示，南家以3NT结束叫牌。意大利队的西家首攻的也是♥Q，加拿大队的定约人也是立即用明手的♥A拿，紧接着他同样从明手出黑桃，意大利队的东家不为所动地跟了小黑桃，对此定约人判断他没有♠A而放上手中的♠K，结果宕了一墩。

究竟是意大利队的东家反应迟钝，还是他已经洞察一切地故意跟小黑桃，恐怕谁也回答不了这个问题。但有一点是可以肯定的，牌桌上正确的举措在实践中未必能得到最好的效果，这也是桥牌一个很独特的地方。

例 2.4.4-4 本节的最后一个牌例讲的是尽管有时定约人"偷"牌的企图为防家所识破，然而要击垮定约也并非顺势所然。1997年在突尼斯举行的世界桥牌锦标赛中，百慕大杯赛和威尼斯杯赛于同时同地举行，在决赛中有这么一手牌(两个比赛打的牌完全相同）：

```
            ♠ 7
            ♥ J 10 5
            ♦ K 7 5
            ♣ K Q J 9 8 7
♠ Q J 9 6 4 3           ♠ 8 5 2
♥ Q 8 7                 ♥ A K 9 3
♦ A J 8                 ♦ 10 6 4 2
♣ 4                     ♣ 10 2
            ♠ A K 10
            ♥ 6 4 2
            ♦ Q 9 3
            ♣ A 6 5 3
```

东西有局。在威尼斯杯的决赛中，南家成了 3NT 的定约人。西家首攻♠Q，定约人用♠A 拿后立即打出小方块。放着明手这么好的草花不动却急急的先打方块，这不是想偷一墩又会是什么？在悟出其中的缘故后西家毫不怠慢地用♦A 拦下并改出♥7，于是东家用♥K 上手。问题是东家现在打回什么好呢？

西家的♠Q 可能是出自♠Q J 10 × × ×和♠Q J 9 × ××这样的组合（也可能只有五张），但也可能是出自♠K Q 10 9 ×如此的结构。如果是后者，那么东家将责无旁贷地立即打回黑桃才是。此外，西家的♥7 也令东家难以辨别，当然可能出自♥Q 8 7，同时也可能是双张小牌的一个顶张。东家情知他已处于危急关头，但他实在难于区分哪种可能性更大些，考虑到自己还有♥A 在手，还能帮助同伴一次，东家最终还是忠实地打回黑桃。一个该宕的定约由此便反而超额一墩完成了。

让我们再来看看百慕大杯的决赛吧，其中的一桌上的叫牌是这样进行的：

西	北	东	南
——	2♣(1)	——	2♦(2)
2♠	——	——	3NT

（1）精确制（R M Precision），11-15 点，至少 6 张草花
（2）虚叫，表示较好牌的接力问叫

位于西家的是法国队的马利（Christian Mari），他同样也是首攻了♠Q，定约人是美国队的麦克斯特罗思，他同样也是用♠A 拿下首墩并立即打出小方块。马利当然也识破定约人偷牌的企图，他毫不犹豫地用♦A 截下并改出红心。不过马利并没有出♥7，他出的是♥Q！就这样，防家毫无困难地连拿了 4 墩红心。从理论上说，持 Q 8 7 时出 7 并不是个错误，但为了不致使同伴误解，或者说为了免使同伴陷入困难的猜测之中，我们应该学习马利在危急关头的处理方法。

第五章　如何掩饰自己的牌型和实力

一个优秀的防家在叫牌刚一结束便能粗略地描绘出定约人究竟持的是怎样的一手牌，而且在打牌过程中他又根据渐渐增多的信息不断地计算、修正、再计算定约人的牌型和实力，从而使自己的防线愈加坚固和无隙。由此可见，假如定约人能巧妙地掩饰自己的牌型和实力的真相，那么防家对自己该在何处及投入何种兵力将模糊不清甚至会作出错误的决定。

例 2.5.1　戈德曼是美国爱司队最初的 6 名成员之一，他有一个"百分比先生"的绰号。一是因为爱司队的教练穆苏梅西（Joe Musumeci）常常就一些牌型组合的几率询问他，而戈德曼的回答也常常能令教练满意；二是戈德曼在打牌时经常选择一条成功率较高的打

牌路线。在爱司队的一次日常训练中,戈德曼遇到了下面的一手牌:

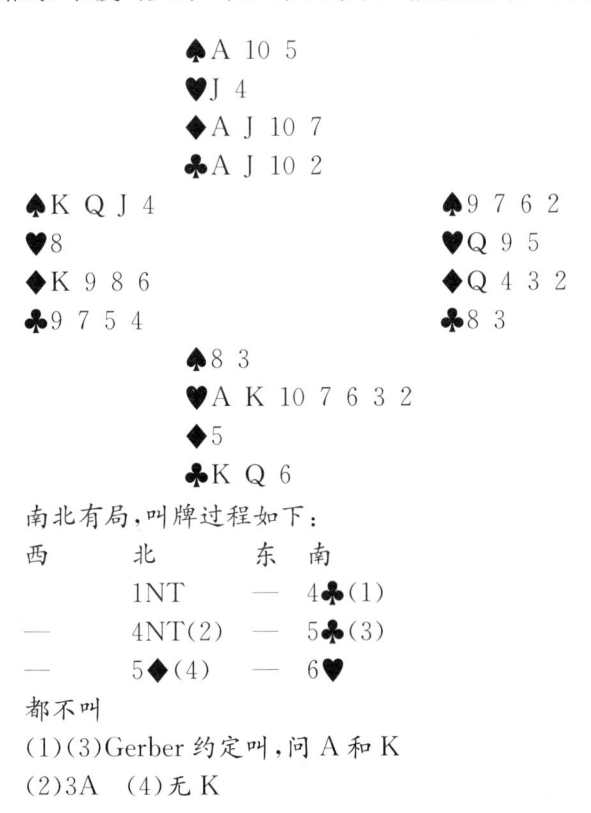

```
                    ♠ A 10 5
                    ♥ J 4
                    ♦ A J 10 7
                    ♣ A J 10 2
   ♠ K Q J 4                      ♠ 9 7 6 2
   ♥ 8                            ♥ Q 9 5
   ♦ K 9 8 6                      ♦ Q 4 3 2
   ♣ 9 7 5 4                      ♣ 8 3
                    ♠ 8 3
                    ♥ A K 10 7 6 3 2
                    ♦ 5
                    ♣ K Q 6
```

南北有局,叫牌过程如下:

西	北	东	南
	1NT	—	4♣(1)
—	4NT(2)	—	5♣(3)
—	5♦(4)	—	6♥

都不叫

(1)(3)Gerber 约定叫,问 A 和 K

(2)3A　(4)无 K

西家首攻♠K,定约人戈德曼用明手的♠A 拿下并着手调将牌。飞红心的成功率只有 50%,一旦飞牌失败,那么定约就立即垮了。红心 2-2 的可能性虽低于 3-1,但加上将来明手草花垫手中黑桃的机会,其成功率就高于 50%了。连拔两轮将牌之后,戈德曼发现自己在将牌上有个必输张,于是他在处理草花时便格外地谨慎了。

戈德曼深知草花 3-3 分布的可能性要小于 4-2 的,因此他先打掉手中的♣K,再出♣6 到明手的♣A,接着从明手出♣J 回来。如果草花 3-3 分布,那么谨慎从事总是有利而无弊的。现在草花果真是戈德曼所得担心的 4-2 分布,他这样打就给东家出了一个难题：假如定约人持的是♣K 6双张，那么东家将吃将白白地让定约人遁去一个输张；但要是定约人持的是♣K Q 6，那么东家不将吃便将铸成大错了。想了半天，东家最终还是垫了张牌，一个该宕的满贯就这样让"百分比先生"给骗到手了。

例 2.5.2 接下来的这把牌巧妙的是定约人即使未能成功地劝说防家走上歧途，却仍保留着别人尝试过的那个机会。

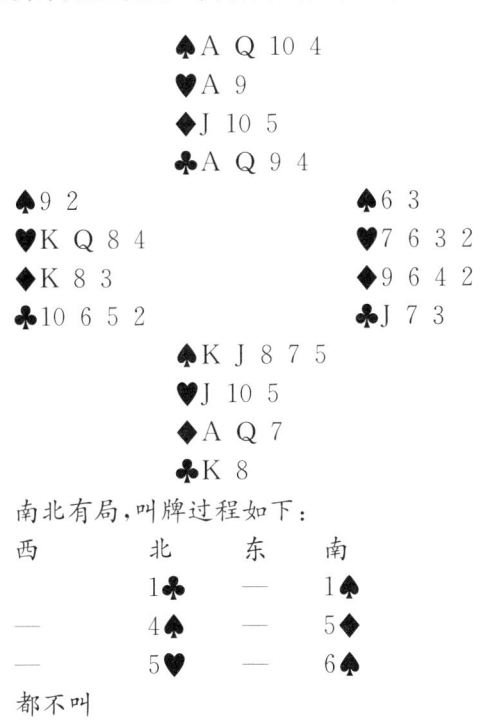

```
              ♠A Q 10 4
              ♥A 9
              ♦J 10 5
              ♣A Q 9 4
♠9 2                        ♠6 3
♥K Q 8 4                    ♥7 6 3 2
♦K 8 3                      ♦9 6 4 2
♣10 6 5 2                   ♣J 7 3
              ♠K J 8 7 5
              ♥J 10 5
              ♦A Q 7
              ♣K 8
```

南北有局，叫牌过程如下：

西	北	东	南
	1♣	—	1♠
—	4♠	—	5♦
—	5♥	—	6♠

都不叫

这手牌出自1986年北美桥联的一场大赛中，同其他牌桌无异，来自印第安纳州的萧克女士（Doris Schalk）与同伴也叫到满贯。所有的西家都首攻♥K，众多的定约人都简单地把希望寄于方块的飞牌上，结果无一成功。

萧克女士并没有把所有鸡蛋都放在同一个篮子中，经过一番研究后，她在用明手的♥A拿的同时，跟出♥10。两轮将牌之后，定约人从手中送出♥J！那位不幸的西家很自然地以为定约人只有两张红心，同时他又看见定约人的五张黑桃，那么定约人该有"六"张低级花色了，不论是3-3还是4-2分布，西家认为他打回草花该是很安全的。当明手跟♣4时，东家只好放上他的♣J，定约人拿下后又飞捉西家的♣10而完成定约。

你一定也看出来了吧，假如西家不合作地再出红心，那么萧克女士仍保留着方块飞牌的机会。人人都知道在首轮红心时定约人跟个小红心便能树立一个红心赢张，但是并非所有人都立即看出这个树立起来的赢张对完成定约来说乃可有可无，于是主动放弃未来的红心赢张，真是难能可贵。

例2.5.3 下面的这手牌出自1989年欧洲桥牌锦标赛中，瑞典队既没叫5♦，又没叫5♣，两名选手错误地把定约停在3NT上。这可能与叫牌体制有关，叫牌过程极其简单，在南家开叫1NT后，北家直奔3NT。

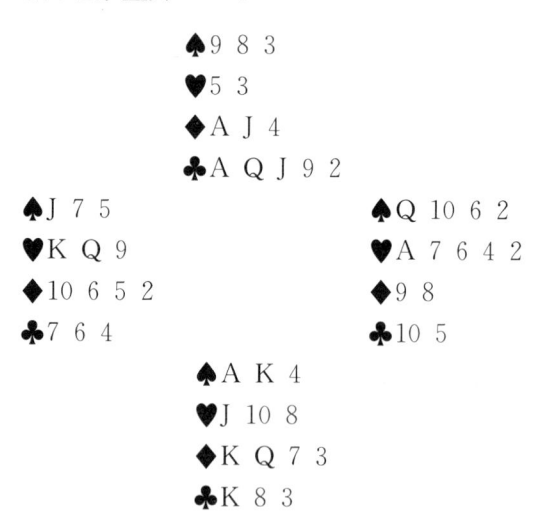

♠ 9 8 3
♥ 5 3
♦ A J 4
♣ A Q J 9 2

♠ J 7 5   ♠ Q 10 6 2
♥ K Q 9   ♥ A 7 6 4 2
♦ 10 6 5 2   ♦ 9 8
♣ 7 6 4   ♣ 10 5

♠ A K 4
♥ J 10 8
♦ K Q 7 3
♣ K 8 3

只要西家不首攻红心，那么定约人可以舒舒服服地超额2墩完成定约。谁知西家的首攻这么准，他十分厉害地打出♥K，东家自然喜出望外，忙不迭地跟♥7以示欢迎。

位于南家的是瑞典名手戈特(Hans Goethe)，他在首轮红心时跟的是♥10。西家很自然地再出♥Q，东家则完成了大小信号，定约人镇静地跟出了♥J。西家再出♥9，这时东家反倒举棋不定了：如果西家持三张红心，那么东家无疑应用♥A接过去；但是如果西家持的是♥KQ98呢，东家怎能不再等一轮呢？戈特的跟牌最终使得东家判断定约人只有两张红心而已，当他看见同伴再也拿不出第四张红心时，他十分沮丧地意识到他被戈特耍弄了。

戈特镇定而又巧妙地跟牌固然值得夸奖和仿效，他的成功又一次告诉我们跟牌从最小的那张牌跟起肯定不是个好习惯。

例 2.5.4 1986年北京举办"友谊杯"国际桥牌邀请赛，随同杨小燕女士前来参赛的美国选手中有山德斯夫妇(Thomas Sanders & Carol Sanders)。山德斯夫人那时已久享盛誉，像杨小燕那样，她在世界女子组三大赛事(威尼斯杯、世界桥牌双人赛和世界奥林匹克桥牌锦标赛的团体赛)中均摘取过桂冠，她的夫君并没有她那般显赫的战绩，但作为北美桥联主席，山德斯先生显然是那个代表团中的头号人物了。接下来让我们来看一下山德斯先生在北美桥联的一次夏季大赛中是如何把一个本无希望的定约带回了家的。

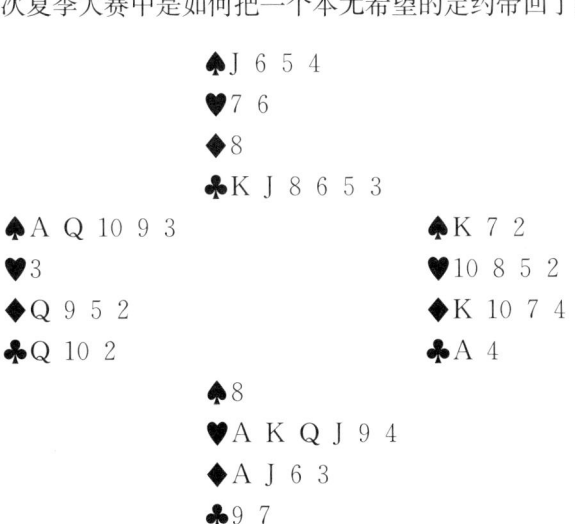

♠ J 6 5 4
♥ 7 6
♦ 8
♣ K J 8 6 5 3

♠ A Q 10 9 3　　　　　　　♠ K 7 2
♥ 3　　　　　　　　　　　♥ 10 8 5 2
♦ Q 9 5 2　　　　　　　　♦ K 10 7 4
♣ Q 10 2　　　　　　　　 ♣ A 4

♠ 8
♥ A K Q J 9 4
♦ A J 6 3
♣ 9 7

双方无局,叫牌过程如下:

西	北	东	南
		—	1♥
1♠	—	2♠	加倍
—	3♣	—	3♥
—	4♥	都不叫	

西家首攻◆2,定约人山德斯发现,如果他用◆A拿并让明手将吃一轮方块,那么他一时回不了手。既然只能让明手将吃一次,他随时都能让明手将吃到一次方块,那就干脆让两边都跟小方块。东家用◆K拿下首墩后果然替定约人调将牌,山德斯拿后让出小方块让明手将吃,接着他从明手出小黑桃,东家也跟小黑桃,于是西家的♠9就拿到一墩。由于东家是用◆K拿下首轮方块的,由于明手只有一张方块而定约人居然不用◆A拿,因此西家想当然地认为◆A一定是在同伴手中,再说明手现在又没有将牌,那就"不妨"用方块来对付定约人。西家出方块给了山德斯一个免费飞牌的机会,这给他带来了他自己无法制造出的一墩牌。在猜对了草花大牌的位置后,山德斯便顺利地拿到了10墩牌。

一个该宕的定约让定约人骗到了手,谁该为此蒙羞呢?我想两位防家都有责任吧。既然两位防家都叫过黑桃,在看了明手的牌之后,他们都应意识到定约人多半只有一张黑桃吧。东家在首轮黑桃时完全可大胆地先出♠K的,而西家在拿下一墩黑桃后为什么不再出个♠A看看呢?只要这两人中有一人不出错,那么山德斯还是没有机会的。

例 2.5.5 可能有不少人听说过有位名叫冯-泽德威兹(Waldemar Von-Zedtwitz,1896 – 1984)的桥牌前辈,他出生于德国,在第一次世界大战之后移居美国并成了一名桥牌高手。令人惊异而又钦佩的是,74岁高龄的冯-泽德威兹竟能在1970年的世界桥牌双人锦标赛中,与布里尔女士合作勇夺混合双人赛的桂冠。

不过当冯-泽德威兹与盛铿同桌切磋时,他还是不幸地被比他年轻几岁的盛铿耍了一回。

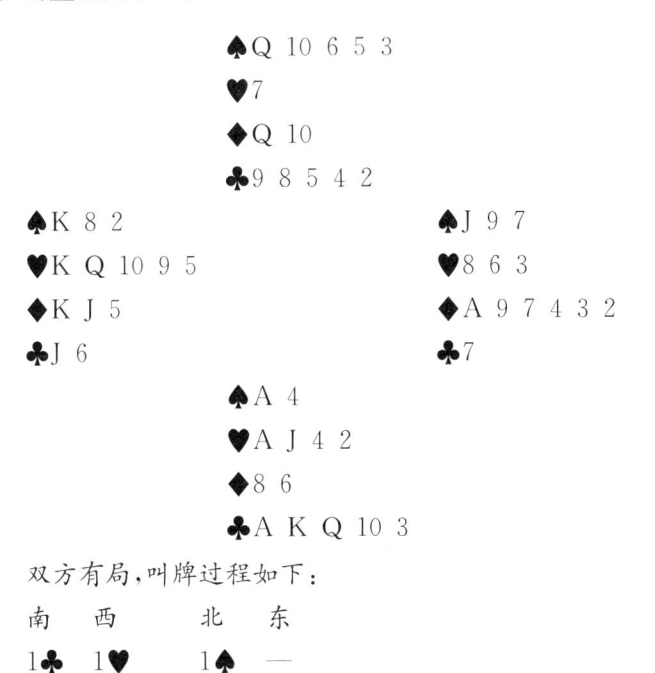

♠Q 10 6 5 3
♥7
♦Q 10
♣9 8 5 4 2

♠K 8 2
♥K Q 10 9 5
♦K J 5
♣J 6

♠J 9 7
♥8 6 3
♦A 9 7 4 3 2
♣7

♠A 4
♥A J 4 2
♦8 6
♣A K Q 10 3

双方有局,叫牌过程如下:

南	西	北	东
1♣	1♥	1♠	—
3♣	—	4♣	—
5♣	都不叫		

位于西家的冯-泽德威兹首攻♥K,尽管定约方完全可免输一墩红心,定约人盛铿也毫不迟疑地忍让。西家拿下一墩红心后嗅出了危险,他并没有坠入定约人的圈套中(巴思妙招),但他一时看不出他该改出方块,略加思索后出了♣6。

定约人的危机并没有离去,盛铿本盼望西家再出红心,这样可让他把明手的两张方块都垫去。现在他可以垫去明手的一张方块,但他还有两个输张。好一个盛铿,他一张将牌也不调,他也攥住了♥A不出,现在他从手中打出了♠4。冯-泽德威兹以为定约人会有个放错牌的机会,他不露声色地跟小黑桃,谁知盛铿别无选择

| 第二篇 定约人在整手牌时骗招的运用 | 213

地放上明手的♠Q。就这样,差一点宕 2 墩的定约竟然被盛铿超额一墩完成(3-3 分布的黑桃使得定约人手中的两张方块得以成功地遁去)。

例 2.5.6　有时定约人尽管持着极强的将牌长套,能毫不费事地将防家的将牌清除,但为了掩饰自己在将牌上的实力,他宁可一张将牌也不调。下面牌例出自 1981 年坎姆罗斯桥牌大奖赛①,对垒者是英格兰队和苏格兰队。

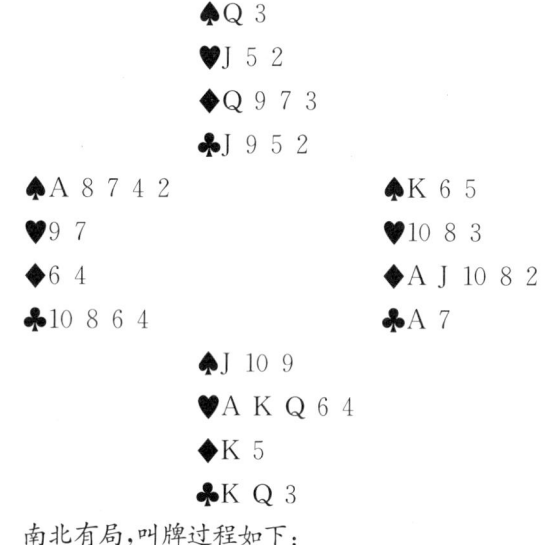

```
              ♠Q 3
              ♥J 5 2
              ◆Q 9 7 3
              ♣J 9 5 2
♠A 8 7 4 2              ♠K 6 5
♥9 7                    ♥10 8 3
◆6 4                    ◆A J 10 8 2
♣10 8 6 4               ♣A 7
              ♠J 10 9
              ♥A K Q 6 4
              ◆K 5
              ♣K Q 3
```

南北有局,叫牌过程如下:

西	北	东	南
		1NT(1)	加倍
2♠	加倍(2)	—	4♥

都不叫

(1) 平均牌型,12-14 点
(2) 技术性加倍,6 点以上

---

① 坎姆罗斯大奖赛(Camrose Trophy)是英国桥联辖下的英伦三岛的一个年度桥牌赛,参赛者来自英格兰、苏格兰、威尔士和北爱尔兰。

西家首攻◆6,当北家把牌摊下来时,苏格兰队的定约人申金(Barnet Schenkin)①不由得又气又好笑:哦,原来你的6点以上就是这点破烂东西啊。定约人可以轻而易举地全歼防家的将牌,不过当他想树立明手的草花时,防家肯定会把目光转移到黑桃上。

申金让明手跟小方块,东家用◆8就逼下了定约人的◆K。接着他一张将牌也不调,从手中出♣K,东家很沉着地忍让,定约人再出♣Q。这样打虽请下了东家的♣A,但定约人这时也面临着多宕一墩的危险。摆在东家面前的似乎有两条路可击败这个定约:一个是指望同伴有♠A,这样只消出张黑桃过去,东家就能获得一次将吃草花的机会;另一个是指望同伴在将牌上有着♥K ×或是♥Q ×这样的大牌,那么同伴总能在将牌上拿到一墩,同时定约人在黑桃上的输张似仍难逃。

考虑再三,东家认为后者的可能性更大一些,一来这样对同伴的实力要求不那么高,二来从定约人一张将牌也不调,使东家判断定约人在将牌上有着漏洞。当东家拔掉◆A并再出方块时,申金用♥A将吃。在肃清防家的将牌之后,定约人飞捉西家的♣10,于是明手的◆Q就成为第十个赢张。

例 2.5.7 荷兰的博尔斯(Bols)酒厂于上世纪70年代曾赞助了一个非常有意思的桥牌竞赛,邀请一些当时世界一流的桥牌专家各自介绍自己的一个桥牌心得,然后由国际桥牌新闻协会聘请的有威望的桥牌专家组成评议委员会给予评分。毋庸置疑,这些专家的心得极具实用价值,这些心得也极受广大桥牌爱好者的好评和欢迎。前美国爱司队的主力成员、五届世界冠军获得者艾森伯格是当年参赛人之一,他的心得是:当西家首攻一张小牌时,尽管明手的大牌并不完整,定约人仍应考虑不要放上明手的大牌,因为当明手跟小牌时,东家很难看出他仅需出个8或9就可拿到一

---

① 申金曾多次代表过苏格兰及英国参加过欧洲的一些重大比赛,他曾两次获得过《周日时报》桥牌邀请赛的第一名。现定居于美国。

墩了。

A) K J 7 5

B) Q J 6 5

C) A J 3 7

艾森伯格说，不论是A)或B)还是C)，不论定约人手中该花色缺门还是只有单张小牌，定约人都应大胆地让明手跟小牌，因为放上明手的J非但拿不到一墩，而且以后也无法利用到了。

委内瑞拉的桥牌好手哈马维(Steve Hamaoui)汲取了这条有用的经验并将其付诸实施，使他在1986年的第七届世界桥牌双人锦标赛中成功地完成了一个该宕的定约。

♠A 10 7 4 3
♥K 5
♦K Q 8
♣A 10 2

♠K 2　　　　　　　　♠Q 9 8
♥J 10 6 4　　　　　♥9
♦J 7 4 2　　　　　　♦A 10 5
♣K 8 7　　　　　　　♣Q J 9 6 4 3

♠J 6 5
♥A Q 8 7 3 2
♦9 6 3
♣5

像大多数牌桌上叫牌的那样,在南家开叫 2♥ 后,北家加叫到 4♥ 便结束叫牌。♦2 的首攻顿时使定约岌岌可危了。

西家的这个首攻非常厉害,定约人哈马乌伊虽然心头一沉,但他还是不紧不徐地放上明手的 ♦8。东家原以为自己能干掉明手的一张大牌的,现在他开始坐立不安了,考虑良久,他最终还是抽出 ♦A。如你所见,只要定约人放上一张方块大牌,这个定约便寿终正寝了。

在此之后,哈马乌伊认为持四张红心的西家多半只有两张黑桃,在他击落西家的双张 ♠K 后,他在这手牌上获得了个很高的分数。

例 2.5.8 2006 年北美桥联的夏季大赛从 78 支队伍开始,经过分组循环及层层淘汰,到决赛时一对老冤家碰头了,一个是大家所熟悉的尼柯尔队,另一个是凯恩队,队长凯恩和其同伴西蒙在本章第二节中曾有提及,余下四名队友可是当前遐迩闻名的四名意大利国家队成员,劳利亚(Lorenzo Lauria)和范萨契(Alfredo Versace)①,努恩斯(Claudio Nunes)和范托尼(Fulvio Fantoni)。这两支队伍的相遇,使人们不由得想到前两届百慕大杯的决赛②,百慕大杯的归属曾在他们之间倒手过。下面的这手牌出自于决赛,解释了为什么这回尼柯尔队占了上风。

---

① 我曾见有人将 Versace 译为沃萨斯,恐离实际读音误差大了点。意大利语、西班牙语和法语同属拉丁语,但前者的许多词的发音与后二者有着很大的区别,拿 ce 来说,在法语、西班牙语和英语中都发"斯"音,而在意大利语中则发"契"音。又如,意大利著名男高音波切里,他的名字是 Andrea Boceli,没人称他波斯里的吧。另外,汉语中没有 v 的音素,我个人觉得它有时与 f 音比 w 音更接近一点。许多人都知道意大利装有个著名品牌范思哲吧,那是已故时装设计师 Gianni Versace 的作品(自他被害之后,他的事业由他的家族继续经营,听说 A. 范萨契也正是该家族的成员之一)。为方便在中国营销,特地给这一品牌取了个中国特色的名字,所以我个人也认为"范"要比"沃"更贴近些。

② 当时意大利队中的另两名选手是波契和杜伯宛。

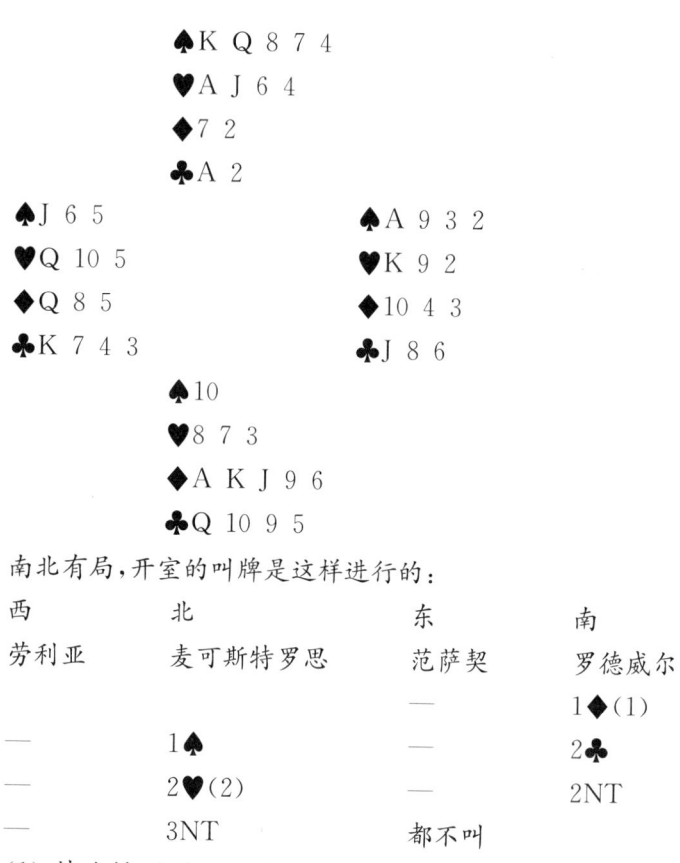

```
              ♠K Q 8 7 4
              ♥A J 6 4
              ◆7 2
              ♣A 2
♠J 6 5                    ♠A 9 3 2
♥Q 10 5                   ♥K 9 2
◆Q 8 5                    ◆10 4 3
♣K 7 4 3                  ♣J 8 6
              ♠10
              ♥8 7 3
              ◆A K J 9 6
              ♣Q 10 9 5
```

南北有局，开室的叫牌是这样进行的：

西	北	东	南
劳利亚	麦可斯特罗思	范萨契	罗德威尔
—	—	—	1◆(1)
—	1♠	—	2♣
—	2♥(2)	—	2NT
—	3NT	都不叫	

(1) 精确制，方块可能很短

(2) 第四门花色逼叫，但不保证四张

西家劳利亚的牌型绝对平均，他显然不考虑首攻自己唯一的4张草花，因为那也正是定约人的长套，既然北家的红心未必是个套，他很自然地选择♥5作为他的首攻。定约人罗德威尔几乎不加思索地让明手跟小红心，东家范萨契想了许久，最终他抽出♥K。东家改出◆3，定约人的◆9就逼下了西家的◆Q，对定约人说来，到目前为止，一切都是那么美好。西家改出♠J，罗德威尔盖上明手的♠Q，现在不论是东家拿下还是忍让，都已无法改变其结局了。定约人飞红心成功后，因红心 3－3 而拿到 3 墩红心，加上 4 墩方块，他最终拿到 10 墩牌，得 630 分。

如你所见，范萨契在首轮红心时曾考虑跟♥9，但最终他还是选择了♥K，为什么？范萨契显然想到同伴很可能有着♥Q，但谁持♥10 就难说了。如果定约人持有♥10，如果他首轮红心时跟♥9 让定约人拿到一墩，那么定约人非但能一连拿到 2 墩红心，而且还能在树立某个长套上先走一步。我们知道 3NT 定约对攻防双方来说，好比是场速度较量，谁先能拿到足够的墩数，谁就能获胜。尽管范萨契考虑到自己出♥K 可能意味着让定约人全拿余下的 3 墩红心，他仍然不敢轻易地打出♥9 啊。

顺便提一下这手牌在另一张牌桌上的结果。另一张牌桌也叫到了 3NT，所不同的是北家努恩斯成了定约人。东家索洛威首攻的是♥2，西家哈曼放上♥Q，定约人用♥A 拿。定约人从手中出♣2 并用明手的♣9 飞，西家用♣K 吃进。哈曼打回♥10，定约人盖上♥J，东家用♥K 收下了。索洛威改出♠2，哈曼的♠J 请下了努恩斯的一张大黑桃。努恩斯出红心顶下了索洛威的♥9，索洛威还敬一手用草花拱下了定约人的♣A。定约人现在能拿到手的计有一墩黑桃，2 墩红心及 3 墩草花（定约人当时还不知道他已能击落东家的♣J 了），为此他必须拿到至少 3 墩方块才行。努恩斯飞方块未遂，结果哈曼打回黑桃而击败了定约。

例 2.5.9 在介绍接下来的牌例之前，我想请你先看一个组合：

♦Q 7 3

西家首攻♦10 或是♦4

♦A 8

假如这手牌不存在任何的残局机会，那么定约人会放上明手的♦Q。西家排除持♦J的可能,但这♦10或许是出自♦K 10 9 ×这样的结构,放上♦Q拿到一墩的希望很渺茫,但不放上犹如坐以待毙。正如我们所顾虑的那样,东家盖上♦K。在防家上手后,他用♦J之类的牌又兑现1墩方块。无疑,♦4多半是个长套第四张,万一西家持♦K时首攻长套第四张,那么定约人更有理由要放上明手的♦Q了。如果你对上述讨论并无异议,那么请看下例:

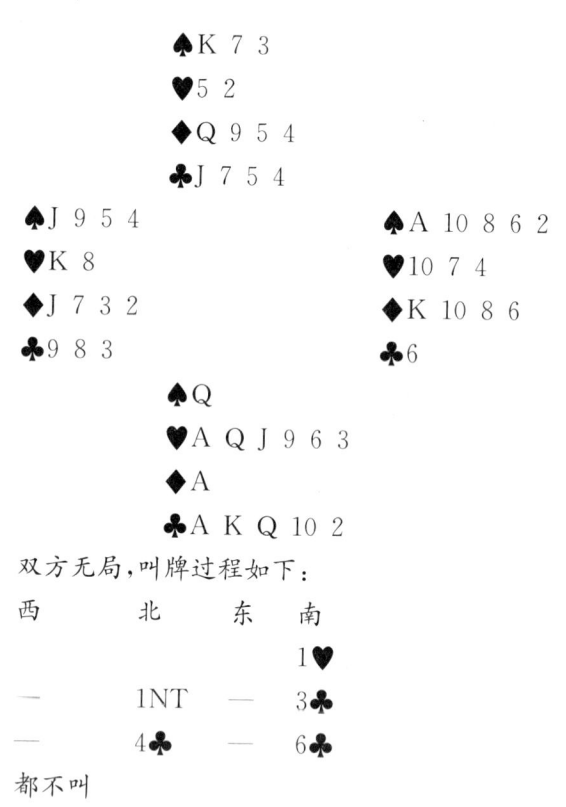

```
              ♠K 7 3
              ♥5 2
              ♦Q 9 5 4
              ♣J 7 5 4
♠J 9 5 4                    ♠A 10 8 6 2
♥K 8                        ♥10 7 4
♦J 7 3 2                    ♦K 10 8 6
♣9 8 3                      ♣6
              ♠Q
              ♥A Q J 9 6 3
              ♦A
              ♣A K Q 10 2
```

双方无局,叫牌过程如下:

西	北	东	南
			1♥
—	1NT	—	3♣
—	4♣	—	6♣

都不叫

这是50年前在北美桥联的一场比赛中出现的一手牌,持南家牌的是当时美国桥牌好手弗赖(Sam Fry Jr. 1909 - 1991),他曾于1959年获得百慕大杯的银牌。面对南家的满贯定约,西家首攻的是♦2。

可能有不少人持南家牌时会让明手跟个小方块,但弗赖并不是很简单地看待这个问题的。定约人在黑桃上有个必输张,因此定约的成败将取决于红心的飞牌。万一红心飞牌告败,那么西家会打回什么花色呢？这才是弗赖所关切的问题,他让明手放上♦Q,毫不意外地看到东家盖上♦K,定约人用♦A拿。弗赖出♣10到明手的♣J,他立即飞红心。红心飞牌失败了,但西家打回什么好呢？苦于无法看到同伴给出的信号,更主要的是西家认为定约人手中有着不止一张的方块,在踌躇一番之后,西家抽出♦J……

假如在首轮方块时弗赖随便地让明手跟个小方块,那么东家出个♦10即能逼下定约人的♦A,当西家上手之后他又怎么会再打回方块呢？

例 2.5.10 在第一篇第一章中讲的是如何赚取对手的大牌,其中例 1.1.2 - 10 是这样的:

♠K 8 7

♠J 2　　　　　♠A Q 9

♠10 6 5 4 3

我推荐的打法是先从手中出小黑桃到明手的♠K,不意为东家的♠A所拿。接着从明手打回♠8,东家有可能会扑上他的♠Q。在实战中东家不出♠Q可不是个容易作出的判断,尤其是当东家不想失去先手或是不愿被投入出牌的时候。当然,另一个促使东家出♠Q的原因是他以为定约人有着♠J。美国桥牌高手兼桥牌作家坎特便是利用防家的这种心理赚下防家的一张大牌的,那是 1982 年在英格兰举行的大陆杯(Continental Cup)桥牌邀请赛上。

♠A
♥J 4 2
♦K 9 6 4
♣K J 9 8 7

♠J 6 5
♥K 9 3
♦10 8 5
♣10 6 3 2

♠K Q 10 9 3 2
♥10 8 7
♦A
♣A Q 5

♠8 7 4
♥A Q 6 5
♦Q J 7 3 2
♣4

双方无局，叫牌过程如下：

西	北	东	南
		1♠	—
—	加倍	2♠	3♥

都不叫

北家是艾森伯格，南家是坎特，他俩费了不少劲儿争下了定约。看了四家牌，我们知道这个活儿不太好干。坎特显然是对成局有着进取心，假如他知道同伴的牌不过如此，那么他肯定会争个3♦。

西家首攻♠5，明手的♠A拿了之后坎特马上从明手出小方块，东家不得不用♦A拿。不愿意让明手的小将得到利用，东家主动替定约人调将牌，坎特跟小红心，西家用♥K拿后打回红心，坎特停了下来寻思对策。假如定约人用手中的红心拿，那么他可以让明手将吃到一轮黑桃，不过这么一来，牌就锁死在明手了。坎特决定让明手拿下这墩，趁明手还剩下♥4可对付防家打回的黑桃，定约人抢先一步从明手出小草花！从叫牌及西家已出的♥K，坎特判断草花大牌必定是为东家所持着,明手的♣7给了东家不小的压力。你会责怪东家不该扑下他的♣Q吗? 东家怎么能知道定约人并没有♣10呢? 东家拿下这一墩后再次替定约人调将牌,有趣得很,定约人自己一轮将牌也不调,反倒是防家很起劲地连调了三轮,得如下形势:

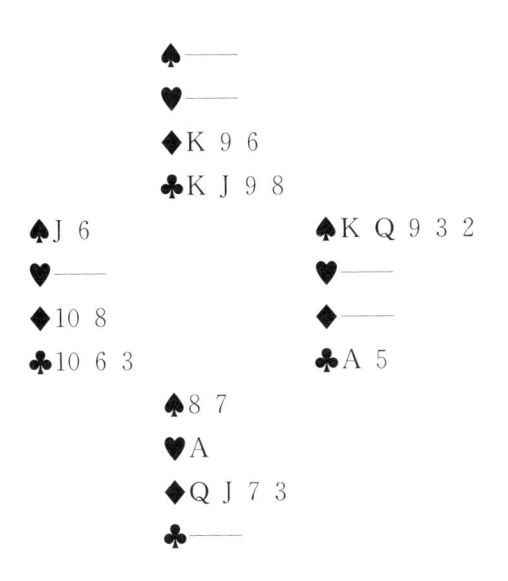

```
                ♠ —
                ♥ —
                ♦ K 9 6
                ♣ K J 9 8
♠ J 6                      ♠ K Q 9 3 2
♥ —                        ♥ —
♦ 10 8                     ♦ —
♣ 10 6 3                   ♣ A 5
                ♠ 8 7
                ♥ A
                ♦ Q J 7 3
                ♣ —
```

定约人已经输了3墩牌,他手中还有着两个黑桃输张尚未找到归宿。虽然坎特赚下了东家的♣Q,但是明手的草花长套还没树立起来呢,而且明手的桥梁好像也并不多。不过这点区区小事是难不倒坎特的。他出♦3,当西家跟♦8时,坎特用明手的♦9飞! 余下来就十分简单了,通过将吃飞牌定约人树立明手的一个草花赢张,这样他只交出1墩黑桃完成了定约。

例 2.5.11 1963年加拿大桥牌高手柯希拉(Sami Kehela)去纽约参与北美桥联的《桥牌大百科全书》的修订工作,当时美国的桥牌名将斯通(Tobias Stone,1912-2012)邀他组队参加当年的夏季桥牌大赛,下面的这手牌便出自那次大赛的一场比赛中。

```
              ♠ J 6 5
              ♥ 9 7 4 3 2
              ♦ Q J 10 5
              ♣ 9
♠ A 10 9                    ♠ K 2
♥ A J 10 5                  ♥ K Q 8 6
♦ 3 2                       ♦ A K 9 7 6
♣ Q 10 5 2                  ♣ K 6
              ♠ Q 8 7 4 3
              ♥ —
              ♦ 8 4
              ♣ A J 8 7 4 3
```

东西有局，叫牌过程如下：

西	北	东	南
		1♦	2♣
加倍	——	——	2♠
加倍	都不叫		

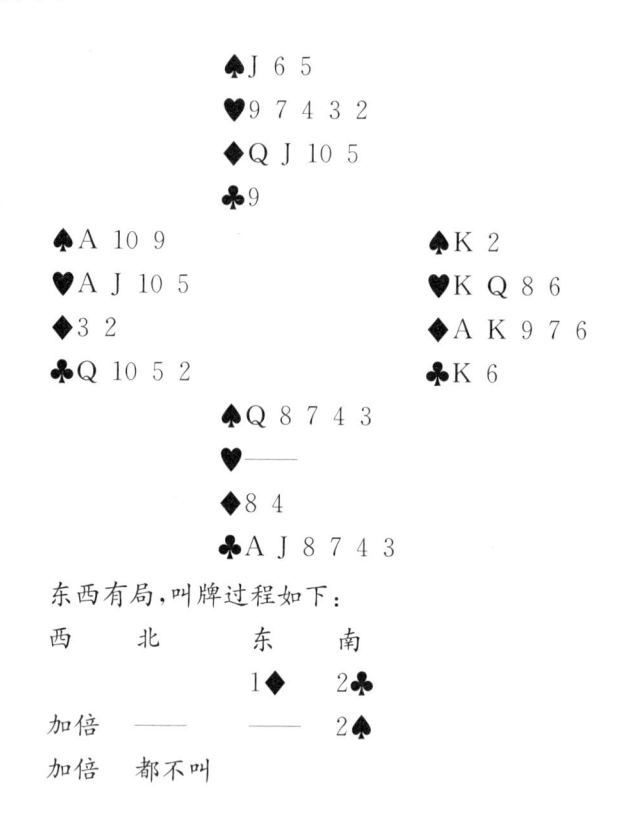

西家首攻♠10，明手跟小黑桃，东家跟♠2！定约人柯希拉用♠Q拿。他随即兑现♣A，现在他显然是想让明手将吃手中的草花了，不过他打出的是♣J，西家忙不迭地盖上他的♣Q，明手将吃，东家的♣K也应声而落。如果定约人现在调将牌，那么他就能完成这个定约。考虑到这手牌对手可很轻易地完成三无将定约，自己的宕一墩已赚了不少便宜，再说西家也很可能有着四张黑桃，为此柯希拉不想太冒险。他将吃红心回手后即从手中出♣7，当西家拒绝盖上♣10时，定约人就飞了过去。东家用♠K将吃，他兑现♦A，当他看见同伴跟的是♦2时，他判断西家不再有第二张方

块了,于是他低引小方块。就这样,慷慨的防家又把第八墩牌送还给定约人。

毫无疑问,悭吝的东家不敢放上他的♠K是个很可悲且低级的错误,否则三轮将牌一打,定约人只能拿到4墩而已。在汲取这个教训的同时,我想着重和读者讨论一下这手牌的草花组合的处理方法。

♣9
♣Q 10 5 2　　　　　♣K 6
♣A J 8 7 4 3

这手牌固然是因为西家加倍2♣,从而可推知他有着至少四张的草花,定约人与他拼大牌应是只赚不亏的。事实上,即使西家没加倍2♣,或者说你并不知道其草花的长短,为求少输草花,定约人也总是应在♣A之后打出♣J的。如果草花3-3分布,那么出♣J或是出小草花一个样,都是输2墩草花。如果某一家持双张♣10,那么这样打也只输2墩草花,而出小草花要输3墩。可能有人会想,打出♣J而一家恰好持的是双张♣K或♣Q,这样不是要输3墩草花了吗?没错,不过在这种情形时,先出小草花也同样非输3墩草花不可。

例 2.5.12　柔斯(Irvin Rose,1938-1996)曾是英国国手,他也是伦敦有名的 TGR 桥牌俱乐部[①]的首任经理,请看他是如何成功地转移了对手的视线,挽回了一个必宕的定约。

[①] 在伦敦的好几家桥牌俱乐部中,要数 TGR Club 最为出名,这里 TGR 是 The Great Rose 三个字大缩写,不过这儿的 Rose 不作玫瑰花解释,而是指 Irvin Rose。去该俱乐部打牌的多是桥牌高手或是阔佬显贵,他们玩的是赌钱的盘式桥牌,而且赌注很大。赌注最小的是3镑/100分,最大的高达100镑/100分,也就是说当有局时完成一个小满贯,前者可望赢得40余镑,而后者则可收入约1 400镑!本书对该俱乐部中谁输谁赢并不感兴趣,只想把在该俱乐部打出的几手精彩牌例介绍给读者。

```
                ♠ 4
                ♥ Q 10 7 5 3
                ♦ Q 10 7 3
                ♣ J 9 2
♠ 6 5 2                      ♠ Q J 10 9 8 7
♥ J 9 8 6 4                  ♥ A 2
♦ 8 5 2                      ♦ 9 6 4
♣ A K                        ♣ 6 4
                ♠ A K 3
                ♥ K
                ♦ A K J
                ♣ Q 10 8 7 5 3
```

双方无局,叫牌过程如下:

南	西	北	东
1♣	—	1♥	1♠
3NT	都不叫		

西家首攻♠6,定约人柔斯让东家的♠7拿了首墩。东家再出♠Q,柔斯用♠K拿。舍弃草花是无法筹集到9墩牌的,不过在动草花之前,柔斯使用障眼法。这个小手法于自己丝毫无损,却使对手信以为真。在第三墩时,定约人先打出◆K,拿下这一墩后,他马上改出草花,定约人此举使得西家以为同伴持着◆A忍让了一轮方块,而定约人万般无奈之下只好转而尝试草花。

在♣K拿下一墩之后,西家再出黑桃逼出了定约人的♠A。柔斯再出草花,又进西家之手。西家知道同伴的黑桃已树立起来,只要让同伴上了手,他就能接连兑现3墩黑桃了,他对同伴持有◆A充满了信心。当西家发现自己上当时,他只好眼睁睁地看着定约人拿到了10墩牌。

例2.5.13 开普兰(Edgar Kaplan,1925 - 1999)在北美桥坛

乃至世界桥坛都享有盛誉,作为桥牌选手,他曾获得过桥牌世界锦标赛的亚军。此外,他对于领队、仲裁或是现场讲评等不同工作均能驾驭自如。在牌桌上,不论是队友还是对手,无不对他尊敬有加。在开普兰早年桥牌生涯的一次比赛中,他给对手出了道难题。

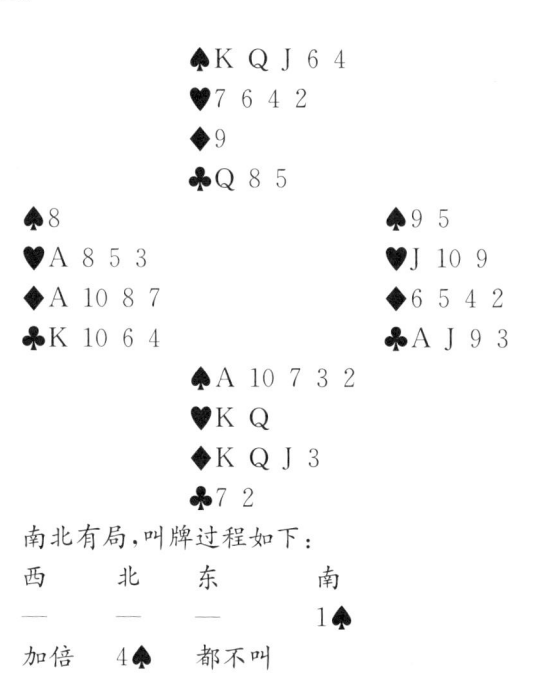

♠ K Q J 6 4
♥ 7 6 4 2
♦ 9
♣ Q 8 5

♠ 8
♥ A 8 5 3
♦ A 10 8 7
♣ K 10 6 4

♠ 9 5
♥ J 10 9
♦ 6 5 4 2
♣ A J 9 3

♠ A 10 7 3 2
♥ K Q
♦ K Q J 3
♣ 7 2

南北有局,叫牌过程如下:

西	北	东	南
—	—	—	1♠
加倍	4♠	都不叫	

西家首攻♠8。防家未能发现致命的草花首攻使定约人开普兰稍松了口气,不过他所面临的难题还有待解决:如何能在对手兑现草花赢张之前树立起手中的方块呢?开普兰想出一条妙计不让对手看出他有着很强的方块套在手,他在用手中的♠10拿下第一墩后,他立即从手中送出♦3!

西家很小心地用♦10拿了,同时他得出这么个结论:同伴必定持有至少一个的方块大牌的,既然如此,东家就不像还有♣A。西家拔出♥A,东家跟♥9,西家也看得出这已是同伴最小的一张红心了,但是他还是不愿出草花,结果他再出红心。余下来就十分简单了:在用♥K拿了这墩红心后,开普兰用♦K逼下了西家的♦A,将牌肃清后他仅输了一墩草花而已。

例 2.5.14 下面这个牌例中的定约人是位年逾七旬的老人艾歇尔(Addo Eichel),他很巧妙地掩饰了自己的牌型,竟然使东家两次都浑然不觉。

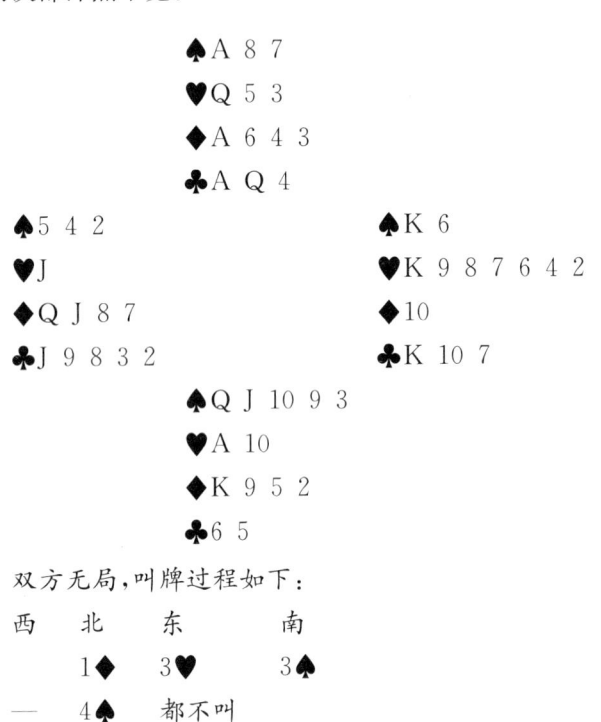

```
              ♠A 8 7
              ♥Q 5 3
              ♦A 6 4 3
              ♣A Q 4
♠5 4 2                      ♠K 6
♥J                          ♥K 9 8 7 6 4 2
♦Q J 8 7                    ♦10
♣J 9 8 3 2                  ♣K 10 7
              ♠Q J 10 9 3
              ♥A 10
              ♦K 9 5 2
              ♣6 5
```

双方无局,叫牌过程如下:

西	北	东	南
	1♦	3♥	3♠
—	4♠	都不叫	

西家首攻♥J,定约人艾歇尔停下来思考对策。这显然是个单张,因为在局况对等的情形下,东家持六张红心时,他会只叫2♥的。盖上明手的♥Q能使手中的♥10得到升级,这将使定约人可免输一墩红心,不过东家对红心的形势也马上一清二楚了。此外一旦将牌飞牌失败,东家总能让其同伴得到一次将吃红心

的机会。

主意拿定之后，艾歇尔让明手跟小红心！东家自然很愉快地看到定约人的"单张"♥A出来亮了相。定约人飞黑桃，果然没能成功。既然定约人只有一张红心，既然明手的♥Q还有小红心保护，东家就认为他打回红心只能对定约人有利，他理所当然地改出了♦10。定约人用手中的♦K拿，接着他兑现手中的♠J，出个小黑桃到明手的♠A，再从明手出♥5回来，东家哪有放上♥K让定约人将吃的道理，他极为吃惊地发现♥10居然在定约人手中。尽管艾歇尔赚到了一墩红心，然而他离完成定约似乎还有一段距离，不过他已经胜算在握了。

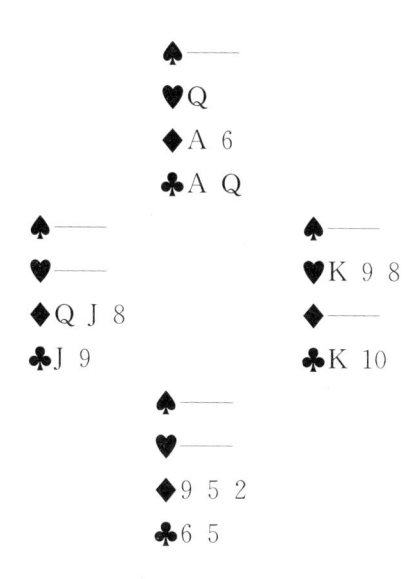

```
              ♠ —
              ♥ Q
              ♦ A 6
              ♣ A Q
♠ —                      ♠ —
♥ —                      ♥ K 9 8
♦ Q J 8                  ♦ —
♣ J 9                    ♣ K 10
              ♠ —
              ♥ —
              ♦ 9 5 2
              ♣ 6 5
```

只见定约人胸有成竹地又调了两轮将牌，得如下的形势：艾歇尔出方块到明手的♦A，东家为了保护他的♣K，他只得再垫一张红心。这是定约人送出♥Q给东家，东家是连拿了2墩红心，但他不得不在交出2墩草花给明手的♣A Q。

这手牌打得着实非常奥妙，法国桥牌作家勒-唐第宇在法国的

《费加罗》报上撰文报道了这手精彩牌例,之后国际桥牌新闻协会(IBPA)将其评为"1973年度(最佳)一手牌。"

例 2.5.15 在一个有将定约中,假如你有门花色单张,对手首攻并未能击中这门花色,那么就有机会把这个单张垫去,使你在该花色上免输一墩。如果你有这样的一个机会,会不利用它吗?在实战中居然有人放弃这样的垫牌机会,而且取得了良好的效果,这位定约人便是前美国国手 B·贝克(B. Jay Becker,1904 - 1987)①。这手牌发生于1981年北美桥联的秋季大赛中,当时的 B.贝克虽已76岁,但依然宝刀不老,他与队友同摘桂冠并创下了如此高龄仍能获得该赛冠军的一项纪录。

```
            ♠ 7 6
            ♥ K 7 6 5
            ♦ K 8 7 5
            ♣ A Q J
♠ A Q 9 8 2           ♠ 10
♥ 10                  ♥ A 8 3
♦ A Q 4 2             ♦ J 10 9 6
♣ 9 4 2               ♣ 10 8 7 6 3
            ♠ K J 5 4 3
            ♥ Q J 9 4 2
            ♦ 3
            ♣ K 5
```

---

① B·贝克是世界桥牌特级大师,一位被认为是对叫牌体制最保守的桥牌高手,他讨厌使用桥牌约定叫,连广为流行的斯台曼问叫也被他摒弃。值得一提的是 B·贝克有两个儿子也是桥牌好手,其中的 M·贝克(Michael Becker)荣获过1983年百慕大杯赛的冠军。1973年贝克父子作为北美地区代表参赛百慕大杯,这是迄今为止百慕大杯史上的首次"上阵父子兵"。

南北有局，叫牌过程如下：

西	北	东	南
桑泰格	开普兰	韦克塞尔	B·贝克
1♠	加倍	—	—
2♦	—	—	3♥
—	4♥	都不叫	

先介绍一下在另一张牌桌上的进程。那桌上的南家也成了4♥的定约人，西家首攻的是张小草花，定约人一看有机会免输一墩方块，便急急地用明手的草花大牌垫去手中的方块。定约人确实没输一墩方块，但他怎么也没能拿到10墩牌。

在这张桌上，西家桑泰格(Alan Sontag)同样首攻草花，B·贝克为了掩饰自己的牌型，故意不立即垫牌。在让明手的♣J拿下首墩后，他马上调将牌。为了得到一次将吃黑桃的机会，东家用♥A挡下并打回♠10。定约人拒不盖上，西家知道定约人持着♠KJ，他用♠Q接了过去并兑现♠A。假如西家现在打出♦A，那么这个定约顿时便垮了。然而西家已经看见定约人有着5-5两高套，如果在余下的三张牌中有一张是方块，那么定约人完全可以利用首攻不准把这个输张垫去。既然定约人根本不考虑这么做，那么西家得出的结论只能是定约人一张方块也没有了，那怎能出♦A白白地让定约人将吃呢？结果西家再出黑桃，定约人让明手用♥K将吃。在肃清对手的将牌之后，B·贝克才不慌不忙用明手的草花垫去手中的方块输张。顺便提一笔，桑泰格和韦克塞尔也是美国的一流好手，他们于1983年和2001年荣获过百慕大杯赛的冠军，在逼真的骗术面前，高手偶尔上当也在所难免。

例 2.5.16 前面你已经看了两位七旬老人的杰出表演，看来年龄未必是妨碍高手出色发挥，至少艾歇尔便是其中一个很好的代表。下面请看他在81岁时的精彩表演：

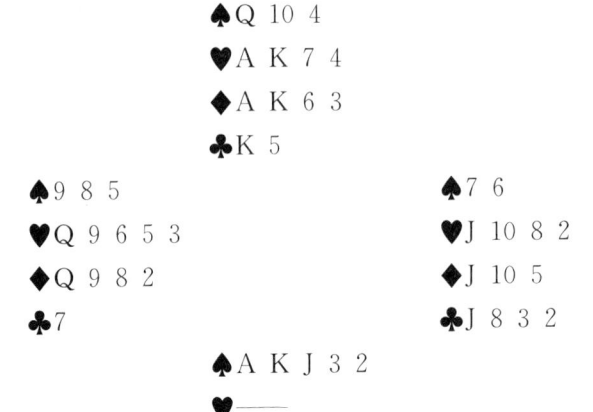

```
                ♠Q 10 4
                ♥A K 7 4
                ♦A K 6 3
                ♣K 5
♠9 8 5                          ♠7 6
♥Q 9 6 5 3                      ♥J 10 8 2
♦Q 9 8 2                        ♦J 10 5
♣7                              ♣J 8 3 2
                ♠A K J 3 2
                ♥——
                ♦7 4
                ♣A Q 10 9 6 4
```

双方有局,叫牌过程如下:

南	西	北	东
1♣	—	2♥	—
3♣	—	4♣	—
4NT	—	5♥	—
7♣	都不叫		

西家首攻♠9,定约人艾歇尔用手中的♠J拿。如果将牌3-2分布,或是♣J被击落,那么定约人似乎有不止13个赢张了。在♣K和♣A连调两轮将牌之后,传来了坏消息。老人出小黑桃到明手的♠10,连打♥A K,垫去手中的♠A和♠K!现在定约人从明手出♠Q。东家不认为定约人还会有黑桃在手,如果是这样的话,东家将吃将遭到定约人的盖吃,于是东家垫张方块,他十分吃惊地发现定约人居然还有第五张黑桃跟出。这时艾歇尔从明手出红心,手中将吃,他出方块到明手,再出红心回来手中将吃。经过两次缩短将牌,定约人现在手中剩下的是一张方块及♣Q 10,东家所余下的也是一张方块及两张草花。就这样,艾歇尔出个方块到

明手,将东家的将牌一网打尽。

首先,艾歇尔很巧妙地掩藏了手中黑桃的长度,使东家看不出他的黑桃竟有五张之多;其次,定约人并不急于通过将吃来缩短自己的将牌而先将黑桃安排妥当。试想,假如定约人接连两次将吃红心在先,那么被逼急了的东家很可能会将吃第三轮黑桃的,现在东家手中还有一大把牌,他就不易察觉到他的♣J将被围剿归案了。

例 2.5.17　2006年北美桥联的春季大赛在达拉斯举行,在双人赛中移居英国伦敦的瑞典桥牌好手霍尔伯格(Gunnar Hallberg)打的一手牌引起了众人的赞叹。

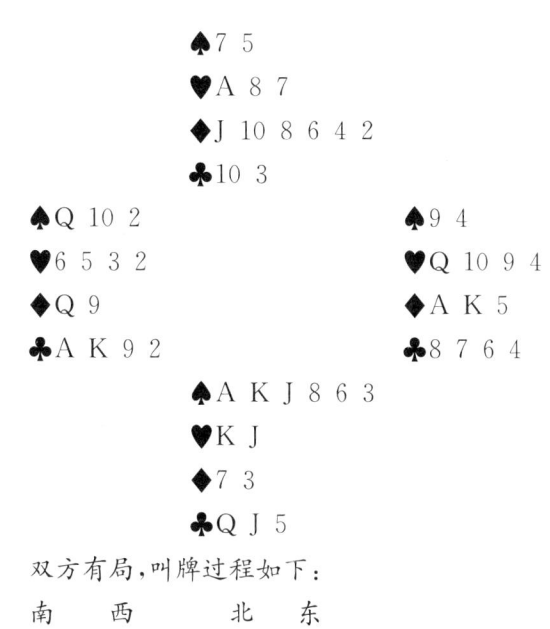

　　　　　　　♠ 7 5
　　　　　　　♥ A 8 7
　　　　　　　♦ J 10 8 6 4 2
　　　　　　　♣ 10 3

♠ Q 10 2　　　　　　　　　♠ 9 4
♥ 6 5 3 2　　　　　　　　　♥ Q 10 9 4
♦ Q 9　　　　　　　　　　　♦ A K 5
♣ A K 9 2　　　　　　　　　♣ 8 7 6 4

　　　　　　　♠ A K J 8 6 3
　　　　　　　♥ K J
　　　　　　　♦ 7 3
　　　　　　　♣ Q J 5

双方有局,叫牌过程如下:

南　　西　　北　　东
1♠　　都不叫

东家知道同伴的黑桃不会很短,要不然北家定会跳叫3♠阻击,稍加考虑之后,他决定还是让南家打1♠。对定约人来说,这1♠唾手可得,然而在双人赛中,超额赢墩往往至关重要,所以定约人霍尔伯格自然也想多多益善。

西家首攻♣K,东家跟♣4示意他没有草花大牌,霍尔伯格毫不迟疑地跟出♣J！明手有♣10,定约人送出♣J当然不会亏一墩,但可能也有人只着眼于手中的草花而会忽略此一举的。西家不愿替定约人调将牌,他又觉得在草花上难做文章,于是他改出红心,定约人用♥K擒走东家的♥Q。这时霍尔伯格从手中送出♣Q,西家将它收下来。在西家看来,再明显不过的是定约人只有♣QJ双张,但明手的方块长套又使他怯于改出方块,尽管他知道东家不会还有♥J,他也还是再出红心,这正中定约人下怀。在用♥J拿了这一墩后,霍尔伯格打出♣5让明手将吃。就这样,定约人的一个方块输张就在明手的♥A下逃之夭夭了。

第六章　如何掩饰自己的意图

除关切定约人的牌型和实力外,一个优秀的防家还须时时揣摩定约人的意图,一旦防家了解定约人的意图,将会更加有效地加固其防线。反过来,如果定约人能成功地不让防家摸清自己的意图,那么防家的攻势可能防不胜防。许多人都知道"明修栈道,暗渡陈仓"这个成语吧,这个典故出自楚汉相争时期,《三国演义》中也重演过,诸葛亮九伐中原时曾使用过这条计策,可惜未能瞒住司马懿。如果我们能有效地将这谋略运用于桥牌的打牌中,那么当防家明了定约人的意图时,能为时已晚了。

例 2.6.1　在打牌时,如有垫牌机会,人人都会用一方的赢张去垫另一方某个花色的输张。偶尔,当你用赢张去垫某个花色的一张小牌时,又有多少防家会想到你在该花色上根本不存在任何输张呢?

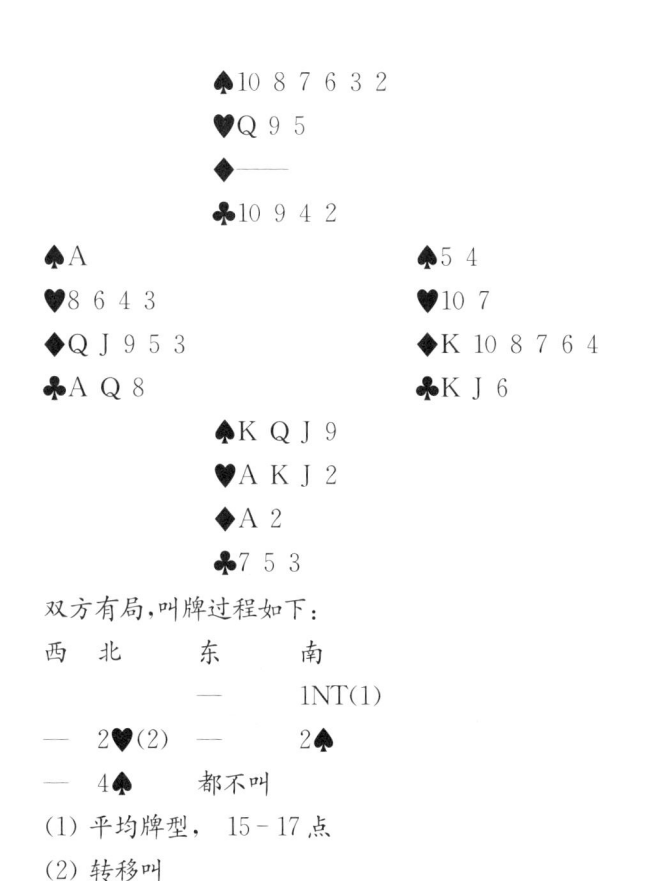

```
              ♠ 10 8 7 6 3 2
              ♥ Q 9 5
              ♦ —
              ♣ 10 9 4 2
♠ A                         ♠ 5 4
♥ 8 6 4 3                   ♥ 10 7
♦ Q J 9 5 3                 ♦ K 10 8 7 6 4
♣ A Q 8                     ♣ K J 6
              ♠ K Q J 9
              ♥ A K J 2
              ♦ A 2
              ♣ 7 5 3
```

双方有局,叫牌过程如下:

西	北	东	南
			1NT(1)
—	2♥(2)	—	2♠
—	4♠	都不叫	

(1) 平均牌型,15-17点

(2) 转移叫

西家首攻方块,很幸运,他并没发现致命的草花首攻。在肃清将牌之后,定约人有能力让明手垫两张牌。现在的问题是,定约人调将牌不得不脱手一次,他如何能有效地劝说防家不要兑现草花赢张呢?

显而易见,用手中的♦A垫明手的草花根本无济于事,非但如此,反而会让防家猜到定约人的草花很薄弱,于是定约人有必要自己想用手中红心垫明手草花的意图。定约人的第一个对策是让明手将吃首轮方块,然后调将牌,防家在♠A上手后未必会改出草花。我想推荐给读者的是第二个对策,即用手中的♦A拿下首墩并让明手垫去♥5！这种打法很可能会给防家这么个印象：定约人的红心很弱并急于垫牌。或许防家在拿了一墩黑桃后马上改出红心，当然，防家不上当也完全可能。不过，即使这样，定约人也不会多宕一墩。谁也不能保证防家不先兑现♣A看看，但无论如何这种伪装垫牌还是有着不小蒙蔽性的。

例 2.6.2 伪装垫牌的手法并不局限于首攻时的运用，在对峙的局中，定约人也可以故意卖个"破绽"给对手，从而把防家的注意力引向自己那个根本不弱的"花色"上去。

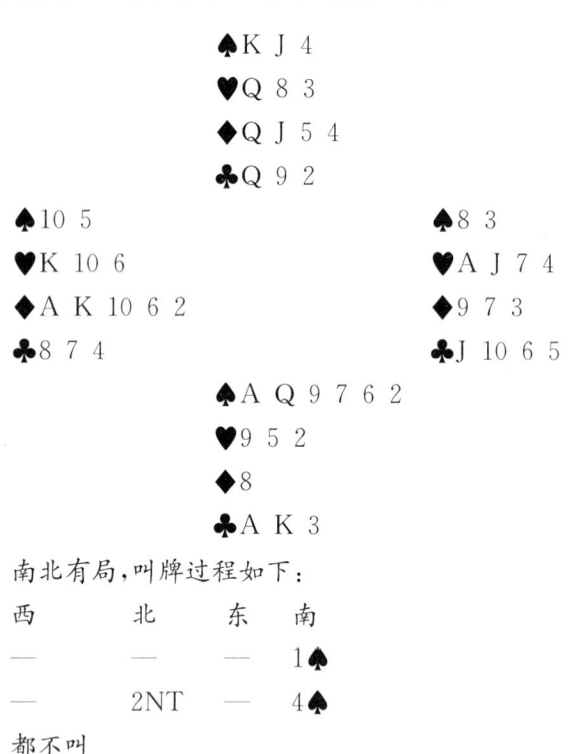

```
              ♠ K J 4
              ♥ Q 8 3
              ♦ Q J 5 4
              ♣ Q 9 2
♠ 10 5                      ♠ 8 3
♥ K 10 6                    ♥ A J 7 4
♦ A K 10 6 2                ♦ 9 7 3
♣ 8 7 4                     ♣ J 10 6 5
              ♠ A Q 9 7 6 2
              ♥ 9 5 2
              ♦ 8
              ♣ A K 3
```

南北有局，叫牌过程如下：

西	北	东	南
—	—	—	1♠
—	2NT	—	4♠

都不叫

西家首攻♦K，接着他改出♣8。不论哪一方动红心，定约人都免不了要输3墩红心。不难看出，这手牌的唯一出路在于趁防家尚未发现定约人在红心上十分薄弱之前抢先树立起一墩方块，然而树立方块又免不了要让西家上手,所以定约人所面临问题的实质是如何劝说西家不要改出红心。想到这里,定约人很仔细地放上明手的♣9,东家很自然地盖上♣10,定约人用♣A拿。定约人调个将牌到明手,他从明手出♦Q,手中垫去♣3! 看到同伴的♣10就逼下定约人的♣A,现在定约人又急不可耐地垫手中的草花,于是西家打出第二张草花……万一西家识破真相,他在♦A上手后改出红心,那么其结果将是多宕一墩。不过,多输100分与可能收入620分相比,恐怕是没理由拒绝一试的吧。

例 2.6.3 在有将定约时,如何处理将牌是很有讲究的,至少不完全像有的桥牌教科书上所讲的那样:先调将牌然后树立旁套,有时候哪怕你在旁套上毫无作为,立即调将牌也未必是个正确的选择。

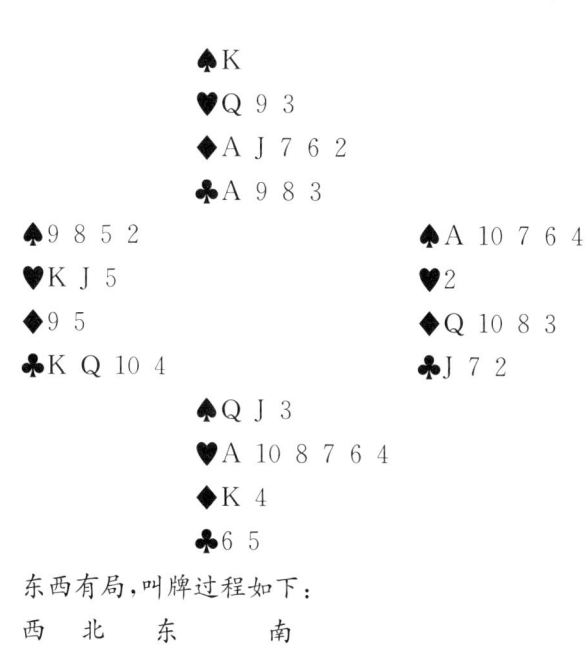

```
              ♠ K
              ♥ Q 9 3
              ♦ A J 7 6 2
              ♣ A 9 8 3
♠ 9 8 5 2                    ♠ A 10 7 6 4
♥ K J 5                      ♥ 2
♦ 9 5                        ♦ Q 10 8 3
♣ K Q 10 4                   ♣ J 7 2
              ♠ Q J 3
              ♥ A 10 8 7 6 4
              ♦ K 4
              ♣ 6 5
```

东西有局,叫牌过程如下:

西	北	东	南
	1♦	—	1♥
—	2♣	—	2♥
—	4♥	都不叫	

西家首攻♣K，这个首攻使得定约人在旁套上无法不输2墩，于是定约人所关切的便是如何只输一墩将牌。双飞红心按说是个成功率最高的打法，但是就这手牌而言，双飞红心却会失败。假如先拔♥A再从手中出小红心，那么当东家持♥K J ×时，这样打也将遭到失败。尽管定约人很想处理好将牌，这时主动调将牌也不是个明智的选择，他应该设法使对手来帮助他做这项工作。

定约人最好在明手的拿后马上送出明手的♠K！你说东家一定看得出"项庄舞剑，意在沛公"吗？未必吧。定约人这样打很像是他想利用明手的将牌来将吃手中的黑桃，一旦东家作出这样的误判，他不起劲地替定约人调将牌才怪呢。需指出的是这种打法并不与稍后的主动调将牌（不论是双飞红心还是先拔♥A）有任何冲突，只要定约人愿意，他随时都可以主动地处理将牌。

防家在拿后不替定约人调将牌，这种可能性当然存在，或者是防家识破定约人的真正意图（可能较罕见吧），或者是他认为这样做于他不利。当这种情形发生时，你不妨根据哪一位防家在上手后拒绝替你调将牌来对♥K或是♥J的位置作个猜测吧。

例2.6.4 再举一个如何处理将牌的例子：

　　　　　　　♠Q J 5
　　　　　　　♥K 6
　　　　　　　♦A Q J 2
　　　　　　　♣K 10 5 3

♠K 7 4　　　　　　　　　　　♠3
♥9 8 2　　　　　　　　　　　♥Q J 10 7 5 4
♦9 6 4　　　　　　　　　　　♦K 7 5
♣J 9 7 2　　　　　　　　　　♣A Q 8

　　　　　　　♠A 10 9 8 6 2
　　　　　　　♥A 3
　　　　　　　♦10 8 3
　　　　　　　♣6 4

双方有局,叫牌过程如下:

西	北	东	南
		1♥	1♠
—	4♠	都不叫	

西家首攻♥9,明手的♥K拿后即飞黑桃,这种打法似乎顺理成章。但是在打算飞黑桃之前是不是再深入地想一想:己方拥有了24点大牌,如果余下的16点大牌并不都在东家之手,譬如说西家所持有的唯一的那张大牌是♦K或是♣A,那么这个定约总是安全的。但如果西家持的恰好是♠K呢?那么立即飞黑桃将致使定约夭折,因为西家在上手后会改出草花。

从东家开叫红心来看,我们有理由判断西家持单张黑桃的可能性很小,为此建议你用手中的♥A拿下首墩红心,接着从手中出小黑桃!当西家持♠K××时,他十之八九会忍让的,一来忍让一轮黑桃,他的♠K仍然是个赢张,二来他怎么会不顾虑同伴或许持着单张♠A呢?再说西家凭什么能判断出你竟然会主动放弃黑桃飞牌的呢?只要西家忍让,那么就用♠A再调一轮将牌,接着再用♦10飞牌,这样防家就奈何不了你了。假如东家持着♠K,那么你这样打确实是白送一墩将牌,但是换回了定约的安全,不论是西家有哪一张大牌或是他根本一无所有,防家都没有可能拿到4墩牌。

能不能先拔♠A,接着飞方块呢?只要是西家持着♠K,那么这样打常无法取得成功。当黑桃2-2分布时,东家可以打回黑桃让西家上手,于是西家便可以改出草花。甚至东家还可以消极地打回红心,在定约人尝试用方块垫手中的草花输张时,东家是会用他余下的那张小将牌将吃的。如果黑桃3-1分布时,西家的♠7同样可以阻止明手方块垫牌的计划。用♠A只调一轮将牌,接下来就飞方块,这种打法并非绝对不行。当东家恰好持着单张黑桃及双张方块时也能成功,但在其他情形时将遭到失败。

当西家持♠K ×时,他会放上他的♠K吗?我想绝大多数的西家都会这样做的。但是让他先拿一墩将牌并不比黑桃飞牌失败更坏,因为西家未必看得出同伴并没有♠A,如果他误判了黑桃的分布情况,那么没准他也会误判其他的。

例2.6.5 麦瑞迪思(Adam Meredith,1913-1976)[①]是英国的一名桥牌高手,在一次比赛中,他非但完成了一个毫无希望的定约,而且居然还超额了一墩。看了四家的牌,似乎有点难以置信,毋庸赘述,幸运的麦瑞迪思当然是得到了一名防家的协助的。

```
              ♠A 8 6
              ♥A K J 3
              ♦A J 8 4
              ♣J 6
♠K 7 4 2                ♠Q 10 9 3
♥Q 10 9                 ♥8 5 4
♦7 5 2                  ♦K Q 10
♣A 8 4                  ♣10 5 3
              ♠J 5
              ♥7 6 2
              ♦9 6 3
              ♣K Q 9 7 2
```

双方有局,叫牌过程如下:

西	北	东	南
—	1♦	—	1NT
—	3NT	都不叫	

由于叫牌体制的缘故,使得持一手弱牌的南家麦瑞迪思现在

---

① 麦瑞迪思原为英国国手,后移居美国纽约。他两次获得欧洲桥牌锦标赛的冠军,一次荣获百慕大杯赛第一名(1955年)。麦瑞迪思打牌技巧高超,被誉为常能完成"不可能成功之定约"的高手。

反倒成了定约人。在西家首攻♠2之后,他发现自己要完成定约的希望着实渺茫,他非但没有泄气,而且为对手挖了一个陷阱。当定约人让明手跟小黑桃时,东家用♠Q拿到了一墩,他打回♠10,定约人跟出♠J,西家盖上♠K,明手的♠A拿。定约人从明手出♣J,当东家跟小草花时,他放上手中的♣K！西家不客气地用♣A拿下并打回黑桃,东家用♠9拿了这一墩后并没有着急地再兑现一墩黑桃,他挺有把握地利用这个上手机会改出♦K,他知道一是定约人无法忍让,二是当同伴再次得到出牌机会时,防家至少还可以再拿2墩牌。可惜结局并不是像他想的那么美满。麦瑞迪思确是不得不用♦A拿,不过他从明手出草花时而飞捉了东家的♣10,这使他连拿了4墩草花。在红心飞牌也告捷之后,定约人又拿到4墩红心。就这样,他毫不谦虚地拿到了10墩牌。

西家没忍让一轮草花显然是个可悲的错误,因为他没能看出定约人的真实目的竟是想树立手中的草花套。定约人的打法很像急于得到一次上手的机会,而西家恰好又持有♥Q 10 9这样三张红心,他怎能不顾忌让定约人连拿4墩红心呢？

例 2.6.6 在为欧洲桥牌锦标赛挑选英国桥牌队的成员时,肯德里克(Dave Kendrick)在一手牌中的出众表演,引起了人们的注意。

```
                    ♠ 7 5 4
                    ♥ K 3
                    ♦ A Q 4 2
                    ♣ Q 8 7 5
♠ K Q J 9 6 2                       ♠ 3
♥ Q 10 6                            ♥ J 9 8 7
♦ J 8                               ♦ K 10 9 7 5
♣ 9 6                               ♣ J 3 2
                    ♠ A 10 8
                    ♥ A 5 4 2
                    ♦ 6 3
                    ♣ A K 10 4
```

双方有局，叫牌过程如下：

西	北	东	南
2♠	—	—	2NT
—	3NT	都不叫	

西家首攻♠K，看了北家的牌，定约人肯德里克陷入沉思之中：从叫牌来看，要拿到4墩草花似无问题，但是怎样才能拿到2墩方块呢？肯德里克的结论是当东家持◆K时必须投入他。为了防止西家改出方块，定约人认为不宜忍让黑桃，在用♠A拿下首墩后，定约人打出了♥5，西家很自然而然地以为定约人必是会用明手的♥K拿的，并很可能会回手用♥J飞牌，于是他跟出♥6。哪知肯德里克让明手跟小红心！东家没想到自己的♥7居然也能拿到一墩，但是他除了打回红心还能做些什么呢？在成功地不让西家上手之后，肯德里克按既定方针走下去：兑现4墩草花，再打掉手中的♥A并用第四张红心投入了东家。

假如定约人先动草花，那么西家将会对定约人的剥光投入计划有所警觉；假如定约人信手先出♥2而不是♥5，那么或许西家会想：那♥4和♥5在谁手中啊？现在定约人出的是♥5，使西家以为这是张最小的红心，因此东家可以收下或是让西家拿。定约人非但掩饰了自己剥光投入的意图，而且他在细微之处也一丝不苟，这是他的计划最终能成功的主要原因。

例 2.6.7 1995年在北京举行的第32届百慕大杯赛中，世界桥坛两强美国二队和法国队在半决赛时相遇，展开了一场厮杀。有几手牌的分差是零或是1个IMP，但实际上这两个队在这几手牌上都出了差错。其中有这么一手牌：

```
                    ♠ A K Q 9
                    ♥ A J 5 3
                    ♦ A
                    ♣ K 8 5 3
♠ 7 6 4                             ♠ 8 5 3
♥ 7 6 4                             ♥ K 10 8
♦ K 8 4 2                           ♦ 10 3
♣ Q 6 2                             ♣ A J 10 9 4
                    ♠ J 10 2
                    ♥ Q 9 2
                    ♦ Q J 9 7 6 5
                    ♣ 7
```

开室，双方有局，叫牌过程如下：

西	北	东	南
沃尔夫	克罗尼尔	哈曼	勒贝尔
	1♣	—	1♦
—	1♥	—	2♦
—	2♠	—	3♦
—	3♠	—	3NT

都不叫

西家是美国二队的沃尔夫，他首攻♥7，法国队的定约人世界特级大师勒贝尔（Michell Lebel）让明手跟♥3，东家哈曼放上了♥10，定约人用♥Q拿下了首墩。勒贝尔打掉明手的♦A，接着他从明手出♥J！这张牌令哈曼不得不停下来细细盘算一番。假如哈曼用♥K拿，那么定约人的♥9就是个可靠的回手张，万一定约人的方块是♦K Q J为首的六张长套，那么哈曼不忍让岂不是成全对手了吗？假如哈曼宁可玉碎，不为瓦全，那么他忍让红心的结果将是让定约人连拿4墩红心。接下来的问题是，西家在

第二篇 定约人在整手牌时骗招的运用 | 243

黑桃上会有一个止张吗？这是个未知数，如果西家能阻挠定约人拿到 4 墩黑桃，那么防家还是有机会挫败这个定约的。反之，如果西家无法抵挡定约人连拿 4 墩黑桃，那么哈曼的忍让将是徒劳的。

勒贝尔的这张牌很巧妙，很像定约人有着极强的方块长套并急于回手去兑现。经过一番长考后，哈曼拒绝用♥K 拿，这使得勒贝尔很轻松地拿到 9 墩牌，他差一点就被对手击败 3 墩呢。哈曼显然对同伴的黑桃抱有希望，更主要的是他一时看不出，在用♥K 拿下之后他该出什么才能击败这个定约。勒贝尔策略的高明之处在于两条腿走路：当东家持两个红 K 时，定约人可以通过♥9 和♠J 两个上手张从容兑现手中的方块长套；当东家持♥K 忍让时，全拿 4 墩红心则更省事一些。此外，勒贝尔选择的时机也很好，使得连哈曼这样的世界顶级选手也无法看出原来定约人最薄弱的花色竟是他连叫三遍的方块。

在闭室中，居北的罗德威尔也成了 3NT 的定约人，可惜谢姆拉（Paul Chemla）和佩隆也未能筑起一道坚固的防线，尽管谢姆拉发现了最佳首攻草花。

顺便提一下，完成这个定约的定约人不止上述两位，当这手牌在威尼斯杯的半决赛中出现时，中美两队选手都叫到 3NT，中国女队的孙茗也成功地拿到 9 墩牌，她的队友古玲和张亚兰则在闭室中挫败了美国女队的定约人。

例 2.6.8 在北美被普遍地誉为"伟大桥牌选手"的盛铿，虽已去世多年，但他当年的一些杰作至今仍回味无穷。请看他在凯文迪希俱乐部打成的一手牌：

```
            ♠J 10 8 6 4
            ♥7 6
            ♦9 7 2
            ♣6 3 2
♠——                    ♠A 5 3 2
♥J 8 4 3               ♥K Q 10 9
♦K 10 8 6 4            ♦J 5
♣K J 8 7               ♣Q 9 4
            ♠K Q 9 7
            ♥A 5 2
            ♦A Q 3
            ♣A 10 5
```

盘式桥牌，双方有局，叫牌过程如下：

西	北	东	南
		1♠	1NT
2♦	—	—	2NT

都不叫

盛铿这一方已获得了一个60分的底分①，于是他想通过完成一无将而得到一个成局奖分，不料西家不依，硬是把盛铿抬到二阶水平。

西家首攻♦6，定约人虽然得到一个免费飞牌，但是他也只有七个赢墩。在定约人试图树立黑桃时，东家哪怕是名初学者也知道该接连忍让三轮，更何况他是颇有名望的弗赖。

几乎不假任何思索，在拿到首墩后，盛铿即从手中送出♦3！西家高兴地再出方块拱出定约人的♦A。这时东家该垫张牌了：

---

① 盘式桥牌的计分方法与复式桥牌（队式赛或是双人赛）的不同。在盘式桥牌中，一个局可由若干个局部定约的得分（这种局部分称为底分）累加而成，在一方率先成局之后，另一方的底分随即被抹去为零。

他舍不得放弃这么好的红心,也不想让他的♣Q失去保护,再说他也不愿意同伴改出黑桃,于是他顺理成章地垫了张小黑桃——这正是盛铿所求之不得的。当盛铿打出黑桃时,开叫1♠的弗赖愕然发现自己的黑桃竟然比两位对手都短了。

作为盛铿多年的挚友,胸襟开阔的弗赖并不因为自己栽了个跟头而回避,相反,他主动把这手牌的来龙去脉一一告诉了当时《纽约时报》的桥牌专栏作家兼《桥牌世界》杂志编辑莫海德(Albert H. Morehead,1909-1966)。莫海德对盛铿的精彩表演赞不绝口,称之为"1949年最佳一手牌"。谢因吾闻讯后幽默地说:"说它为40年代最佳一手牌,甚至是20世纪最佳一手牌,恐怕持异议者也并不多吧。"

例 2.6.9 上个世纪70年代末,波兰桥牌好手在世界桥坛上崭露头角,并逐渐成为一支令人瞩目的欧洲桥牌劲旅。1978年,波兰桥牌队在世界桥牌双人赛中的团体赛罗森布伦姆杯赛中技压群雄,为波兰赢得了第一个世界桥牌大赛的冠军。波莱克(Janusz Polec)便是当时波兰桥牌队的一名成员,他在下面一手牌中的精彩表演说明波兰队捧杯绝非偶然。

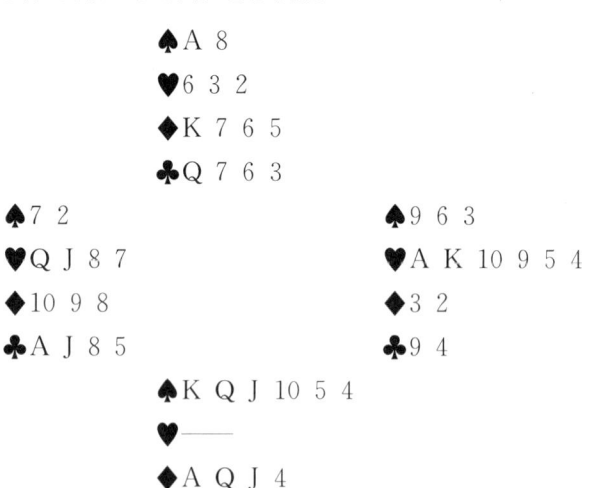

```
              ♠ A 8
              ♥ 6 3 2
              ♦ K 7 6 5
              ♣ Q 7 6 3
♠ 7 2                        ♠ 9 6 3
♥ Q J 8 7                    ♥ A K 10 9 5 4
♦ 10 9 8                     ♦ 3 2
♣ A J 8 5                    ♣ 9 4
              ♠ K Q J 10 5 4
              ♥ ——
              ♦ A Q J 4
              ♣ K 10 2
```

双方无局,叫牌过程如下:

西	北	东	南
	—	2♥(1)	3♠
4♥	4NT(2)	—	6♠(3)

都不叫

(1) 弱二开叫
(2) 不寻常无将,请在两门低级花色中挑选一个
(3) 黑桃太强了以致舍不得放弃

西家首攻♥Q,定约人波莱克发现自己错过了最佳定约6♦,但他马上把遗憾抛到了脑后,专心致志研究如何才能完成这个定约。从叫牌及首攻,波莱克判断♣A一定在西家手中,而且西家的草花也多于东家的,于是西家持♣J的可能性也大些,定约人决定摒弃♣10飞的打算。假如能将西家的牌缩短到三张草花,那么从手中送出♣K将可迫使西家就范。

于是,定约人连调三轮将牌迫使西家垫牌。既然定约人一张红心也没有,那么留着红心也就没什么必要了,红心自然而然成了西家垫牌的首选,这样西家和明手都剩下了两张红心。在对手中计之后,波莱克很高兴地连打♦A Q,对手均有方块跟出,定约人再出♦J,他用明手的♦K接了过去,将吃红心回手;再出♦4到明手的♦7,再将吃红心回手。这时定约人手中余下的三张牌是♣K 10 2,西家则不得不留下♣A J 8了,现在波莱克从手中打出了♣K,西家拿也不是,不拿也不是,只好让定约人的♣10成了第十二个赢张。

例 2.6.10 当定约方有10张将牌时,常见定约人连打将牌A和K,结果因为很意外的3-0分布的将牌而输给Q一墩。见了四家牌,人人都会飞捉这张Q的,但是定约人只能见到两家牌呀,挪威桥牌高手赫尔格莫会教你该如何调将牌。下面的这手牌出自1999年北美桥联的秋季大赛中。

```
                    ♠ A K 7 5
                    ♥ 6 3
                    ♦ A J 3 2
                    ♣ 8 7 5
♠ Q 10 2                              ♠ —
♥ K Q J 9                             ♥ 10 8 5 2
♦ 5                                   ♦ K Q 8 7 4
♣ Q J 10 6 4                          ♣ A K 9 2
                    ♠ J 9 8 6 4 3
                    ♥ A 7 4
                    ♦ 10 9 6
                    ♣ 3
```

西	北	东	南
	弗莱斯特		赫尔格莫
	1♦	——	1♠
——	2♠	——	3♠

都不叫

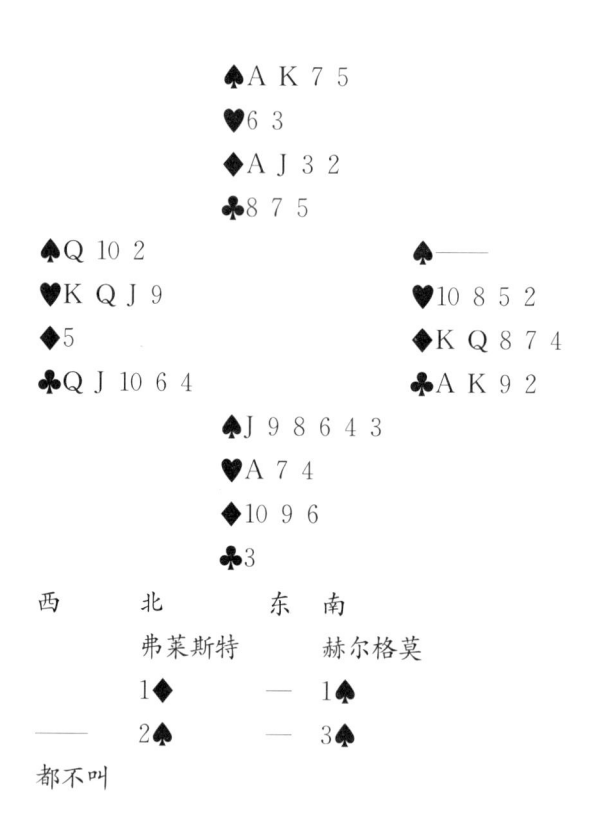

赫尔格莫叫的3♠并不是成局邀请,由于己方在方块和黑桃上都取得较好配合,不难想象,东西方很可能在余下的两门花色上找到个不错的定约。如牌所示,假如赫尔格莫Pass了同伴的2♠,那么西家肯定会作平衡加倍,而南北方将拿对手的4♥一筹莫展。现在赫尔格莫抬叫一阶,成功封住了对手的嘴。

西家首攻♥K,定约人赫尔格莫忍让,他用♥A拿下了第二轮红心。紧接着,定约人从手中打出♠J!你说他打算飞捉西家的♠Q吗?绝无此可能,他又无法看见西家的牌,再说他绝无偷看他人牌的企图。未雨绸缪的事发生了,西家果真愚蠢地盖上他的♠Q!

赫尔格莫的高明在于处理一些似乎是很简单的牌时仍一丝不苟,如果他随随便便地出张小将牌,那么西家是绝不会傻乎乎地放上他的♠10的。事后人人都会认识到先出♠J对定约人丝毫无损，但肯定有许多人在事前没这么想过。

顺便提一句，在若干年前，哈曼也曾使用类似的手法赚到过一墩牌。从这手牌，可引申出下面的两种情形：

♠Q 8 6 5 2
——　　　　　　　　♠K 9
♠A J 10 7 4 3

假设黑桃是将牌，定约人在别无线索时该怎样调将牌呢？1-1分布和2-0分布的几率相当接近，前者略微高一丁点。作为定约人，你心目中是准备用♠A击落的。尽管如此，请不要随便从手中打出你的♠A。应该让明手出♠Q，没准东家会糊里糊涂地盖上他的♠K的。总之，请不要轻易放弃任何使对手出错的机会。当然，如果东家不盖上♠K，你仍可执行原定的击落计划。

♠Q 8 6 5 2
♠K　　　　　　　　♠9 3
♠A J 10 7 4

现在你少了张将牌，还是应该从明手出♠Q，如果东家通常爱以一拼二，而这回他却很爽快地跟了张小黑桃，那么你不妨一试击落的运气吧。

例 2.6.11　在本节最后一个牌例中领衔主演的是巴西的沙加斯，一位极富心机又极具想象力的骗招高手。无疑，他也是世界上最伟大的桥牌选手之一。下面的这手牌发生于1980年世界奥林匹克桥牌队式锦标赛中，当时巴西队遇到了以色列队的顽强抵抗。

```
              ♠ 6
              ♥ K J 7
              ♦ 4 2
              ♣ A 10 8 7 5 4 2
♠ A 10 7 4                    ♠ Q 9 5 2
♥ A 8 4                       ♥ 5 3
♦ Q 10 8                      ♦ J 9 6 5 3
♣ K 9 3                       ♣ Q 6
              ♠ K J 8 3
              ♥ Q 10 9 6 2
              ♦ A K 7
              ♣ J
```

东西有局,叫牌过程如下:

西	北	东	南
—	—	—	1♣(1)
—	2♣(2)	—	2♥
—	3♣(3)	—	4♥

都不叫

(1) 奥林匹克梅花制
(2) 积极应叫,至少五张草花
(3) 红心支持

西家首攻♥4,明手的♥J拿到一墩,这个首攻非常准确,使得定约人交叉将吃的希望顿时破灭。位于南家的沙加斯不得不停下来寻思对策。既然西家发现了致命的首攻,那么他在上手之后肯定会再连调两轮将牌的。定约人不难让明手得到一次将吃方块的机会,不过在将吃之后又该如何开展下一步的行动计划呢?黑桃飞牌成功将给定约人带来第九墩牌,那第十墩牌又该来自何方呢?

对定约人有利的是东家并不清楚将牌的形势,而且从第一轮的出牌来看,给东家的印象是定约人持着包括♥A在内的很强的将牌,此外东家也一时不易看出定约人打算交叉将吃。假如定约人表示出树立明手草花长套的欲望,那么东家就有可能会改出黑桃,因为在迫使明手将吃后,明手将因缺乏足够的进手张而无法兑现其草花长套。想到这里,沙加斯通过方块回手,他从手中出♣J。西家当然没理由要盖上大牌,当明手也跟小草花时,东家的♣Q收下了这一墩。东家果真瞄准黑桃杀了过来,他来势凶猛地打出♠Q,成竹在胸的沙加斯不露声色地跟出♠8(这是关键之着。要是沙加斯盖上他的♠K,那么西家在拿后不连调两轮将牌才怪呢。另外,沙加斯藏着♠3不出,为的是让东家不易看出同伴的真实信号),西家只好跟♠4。在拿到一墩黑桃之后,东家以为击中了定约人的要害,他兴冲冲地再出黑桃,这回定约人用♠K逼下了西家的♠A,明手将吃。就这样,明手将吃到了2墩牌,定约人自己拿到4墩将牌,加上四个旁套花色的赢张,沙加斯恰好完成了定约。至此,东家方才懊丧地发现定约人压根儿就没打算要树立明手的草花,而正是他帮助定约人实施了交叉将吃的计划。

看到这里,不知你发现了问题没有? 东家完全被沙加斯声东击西的诡计蒙住了,不过西家也有着不可推卸的责任。当东家打出♠Q而定约人拒绝盖上♠K时,西家是有机会来帮助同伴纠正错误的,可惜他也错过了这个机会。假如西家用♠A像是大义灭亲般地吃掉了同伴的这个赢张,接着西家连调两轮将牌。尽管定约人可多拿到一墩黑桃,然而他无法让明手将吃到一次方块,到头来他也只有9墩牌。这种以一拼二的防御方法难度可不小,在实战中为防家所错过也不足为奇了。

第七章　如何干扰和利用防家的信号

防家之间的信息传递全靠信号来完成。防家的信号可以分三大类①：(1)表态信号(attitude signal)，一张较大的牌通常表示在该花色上有一定的实力或是潜在的将吃能力，期望同伴出该花色或继续出该花色。反过来，一张较小的牌则表示在该花色上较弱或是对再出该花色没有兴趣。在跟牌以及垫牌时均可使用表态信号。(2)张数信号(count signal)，一张较大的牌表示持偶数张，而一张较小的牌则表示持奇数张，这类信号常在跟牌时使用。(3)花色选择信号(suit preference signal)，一张较大的牌常建议同伴改出除去将牌之外的另两门花色中较高的一门花色，一张较小的牌则建议同伴改出较低的那门花色。这类信号主要用于指示同伴该打回哪门花色，当然，在其他的一些特定场合也可使用花色选择信号。

显而易见，有经验的防家绝不会一有机会就迫不及待地给出信号的，因为诚实的信号就像把双刃剑，在伤人的同时也可能伤己，当一位防家在向同伴诉说真情实况时，定约人也将此信息悉收眼底。所以有经验的防家只有在必要时才会给出真实信号，其余的时候他们不是跟垫小牌，就是胡乱地跟牌来干扰定约人。本节探讨的是当防家可能给出真实信号时，定约人如何设法给予干扰以及当防家并不打算给出真实信号时，定约人又如何设法加以利用。

第一节 如何干扰防家的表态信号

例 2.7.1-1 第一个牌例对大家来说是毫不陌生的，没准有些读者在这方面已是名很成功的老手了。

---

① 本书只讨论标准信号(standard signal)的使用。

♠ 9 7 3
♥ K 8 6 4
♦ A Q J 2
♣ K 7

♠ A K 10 4
♥ J 9
♦ 10 6 4
♣ J 8 5 3

♠ J 8 5
♥ 10 3
♦ K 9 7 5
♣ Q 10 4 2

♠ Q 6 2
♥ A Q 7 5 2
♦ 8 3
♣ A 9 6

南北有局,叫牌过程如下:

南	西	北	东
1♥	—	3♥(1)	—
4♥	都不叫		

(1) 逼叫成局

西家首攻♠K,东家跟♠5,定约人现在面临的危险是可能会输3墩黑桃及1墩方块,定约人应鼓励西家继续出黑桃,只有这样才能使定约人只输2墩黑桃。假如定约人跟♠2,那么西家一看同伴跟的是最小的一张黑桃,他肯定会改出别的花色,所以定约人应跟♠6。至于西家如何理解同伴的♠5,定约人是无能为力的。

例 2.7.1‑2 诱骗战术不能屡屡帮助定约人得手,事实上,如果定约人在时机上选择不当,那么骗招非但无法成功,而且结果将适得其反,所以有时定约人反倒需要诚实跟牌为好。

```
              ♠K 10 6
              ♥K 7 3
              ◆J 8 7
              ♣K Q J 7
♠8 3                        ♠7 5 2
♥10 8 2                     ♥Q J 9 4
◆A K 10 9 4                 ◆5 3
♣10 6 2                     ♣A 8 5 4
              ♠A Q J 9 4
              ♥A 6 5
              ◆Q 6 2
              ♣9 3
```

南北有局,叫牌过程如下:
西	北	东	南
—	—	—	1♠
—	2♣	—	2♠
—	4♠	都不叫	

西家首攻◆K,东家跟◆5,作为定约人,你准备跟哪一张牌呢?你可能遇到的危险是让东家将吃到一墩方块。首先,绝对不要指望跟出◆Q来吓唬西家,这是徒劳无益的。假如你真的只有单张◆Q,那么持◆6 5 3 2的东家可能会跟◆5吗[①]?所以你最好跟◆2。假如西家继而兑现其◆A,那么东家再跟◆3完成了大小信号,你仍应诚实地跟◆6而不是◆Q,因为当东家持◆6 5 3时,他绝对不会给出大小信号的。接下来西家会再出方块吗?大多数的西家会这样做,个别西家或许以为同伴持的是◆Q 5 3,因为东家持这样的方块时也会给出大小信号的。既然定约人不再有方块,

---

① 在使用标准信号给出张数信号时,跟较大的牌表示持偶数张,跟较小的牌则表示持奇数张。

那么西家改出别的花色就并非不可能,因为有时迫使定约人将吃一次并不能对定约人构成威胁,而防家则可能因此失去一个先手。

从以上的两个牌例中你是否发现这么件趣事:在西家作出如此大牌首攻时,定约人的跟牌倒像在向首攻者发信号,当定约人希望西家继续出该花色时,定约人就该跟较大的牌;而要是定约人希望西家改出别的花色时,定约人就需跟小牌。在你试图使东家的信号模糊不清时,不妨按上述规律行事。

例 2.7.1-3　在本篇的第四章中,你已经领略了不少"偷"牌的经验,我想你也一定留意到那些"偷"牌成功者无不是利用防家之间未能有机会传递信息而取得成功的。无疑,一旦防家明白了他所面临的形势,那么即使定约人是名"偷"牌高手,他也难以从防家手中"偷"得一墩。所以,当你打算"偷"一墩时,你越早下手,你就越有可能取得成功。

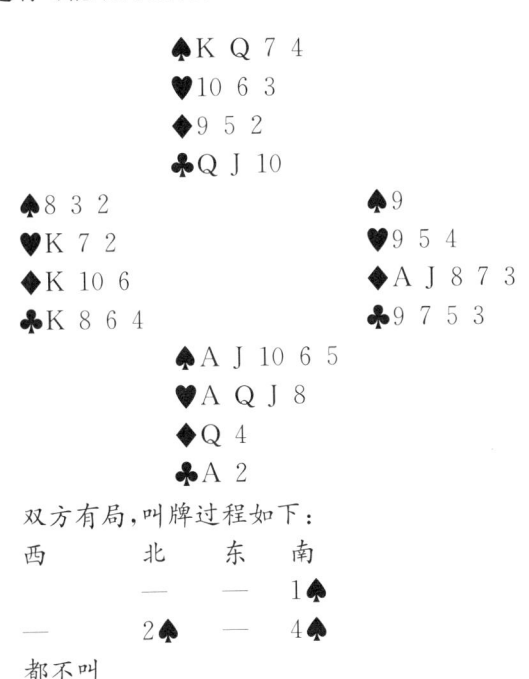

<pre>
              ♠ K Q 7 4
              ♥ 10 6 3
              ♦ 9 5 2
              ♣ Q J 10
♠ 8 3 2   ♠ 9
♥ K 7 2   ♥ 9 5 4
♦ K 10 6   ♦ A J 8 7 3
♣ K 8 6 4   ♣ 9 7 5 3
              ♠ A J 10 6 5
              ♥ A Q J 8
              ♦ Q 4
              ♣ A 2
</pre>

双方有局,叫牌过程如下:

西	北	东	南
—	—	—	1♠
—	2♠	—	4♠
都不叫			

西家首攻♠2,经验告诉我们,当防家选择消极性首攻时,通常在别的花色上有一定的实力,他唯恐首攻旁套花色而吃亏。

定约人面临的危险是红心和草花的飞牌均告失败,即使草花飞牌不能取得成功,定约人也希望有机会用明手的草花来垫手中的方块。为此,定约人绝不能在肃清防家的将牌之后再飞草花,因为那时候,其中的一位防家就有可能利用垫牌的机会来指示其同伴改出方块了。定约人最好让明手拿下首墩,接着立即飞草花。当西家的♣K拿到一墩后,他在余下的两门花色上都持有K××三张,他如何一定能知道打回方块是个杀着呢?说西家这时有50%的概率出错并不为过吧。假如定约人多调一轮将牌,那么东家就有给出信号的机会,他只消垫张♦8,西家就知道他该打回什么了。

第二节　如何干扰防家的张数信号

为了帮助同伴了解牌型,防家常会在合适的时候给出张数信号,如果定约人能使这张数信号模糊不清,以致另一位防家理解错了,那么定约人就有可能挽回一个濒将失败的定约。

例 2.7.2 - 1

　　　　　　♠A 7
　　　　　　♥8 4 3
　　　　　　♦K Q J 10 9
　　　　　　♣9 7 3

♠10 8 6 3 2　　　　　　　♠K 9 4
♥K J 5　　　　　　　　　♥Q 10 6
♦7 6 5　　　　　　　　　♦A 4 3
♣4 2　　　　　　　　　　♣10 8 6 5

　　　　　　♠Q J 5
　　　　　　♥A 9 7 2
　　　　　　♦8 2
　　　　　　♣A K Q J

双方有局，叫牌过程如下：

南	西	北	东
1NT	—	3NT	都不叫

西家首攻♠3，作为定约人，你当然让明手跟♠7。很不幸，东家有♠K，他非但拿下首墩，他还毫不留情地捅下明手一个至关重要的进手张♠A。

请千万要沉住气，局势虽很严峻，但还没严重到绝望的地步。你数一下，你已有八个快速赢张，假如防家多忍让一轮方块，那么你不是也到家了吗？你现在面临的问题是在你处理方块的时候，没有◆A的那位防家肯定会给出张数信号的，于是持◆A的防家也就知道该忍让几轮了。换句话说，你现在需做的是使持◆A的防家一时看不清同伴的信号。

好，接下来的问题是谁持◆A时有可能忍让两轮方块，从而你就以他作为蒙骗的对象。你的目标会是西家吗？无此可能。为什么？因为当你从明手出方块时，没有◆A的东家将会跟出他最小的◆3的，你当然会很聪明地跟出◆8，西家忍让一轮。当你再次从明手出方块时，东家完成了小大信号，西家就知道同伴持三张方块了。假如你在明手拿到一墩方块后，先通过草花回手，接着从手中出方块又怎么样呢？你同样无法愚弄西家，因为你第二次出的◆2会把你给出卖了，当西家看见◆2时，他马上就明白同伴持三张方块了。综上所述，唯有东家才可能是你蒙骗的对象。现在我们假设东家持有◆A，当明手出第一轮方块时，东家不得不忍让，你跟出◆8，西家则跟出他最小的◆5。当你再次从明手出方块时，东家有点举棋不定了，因为他无法知道你和西家将会跟什么牌。为了求稳，东家有可能再忍让一轮。可能你会问：为什么东家有可能不敢拿下第二轮方块呢？当你持◆8 7 6而西家持◆5 2时，你们两家不也同样是这样跟牌的吗？

从这个牌例中我们得到的经验是，当我们试图干扰防家的信号时，我们除了需要挑选一张合适的牌使防家的信号模糊不清外，还需选定其中的一位防家来作为我们欺骗的对象，因为出牌顺序决定我们无法同时愚弄两位防家。说得再具体一点，那就是你只能让那位被欺骗的防家看到其同伴的一次跟牌，而他又无法断定他所看见的那张牌是张较大的牌，还是张最小的牌。

例 2.7.2 - 2 可能我不说，你已经发现了这么一个问题：正是因为定约人持的恰好是◆8 和◆2，所以他能使东家不明同伴的信号，除非是东家看到了同伴的两次跟牌。假如西家持有◆8 和◆2，那么从西家跟的◆2，东家将很清楚地知道同伴持有三张，或是从西家跟的◆8，东家将很容易判断出同伴持的是双张。你肯定想知道，当定约人并不持有最小的那张牌时，他是否还有可能蒙骗防家？确切的答案是，当防家的大牌位置对定约人有利时，定约人还是有机会这样做的。

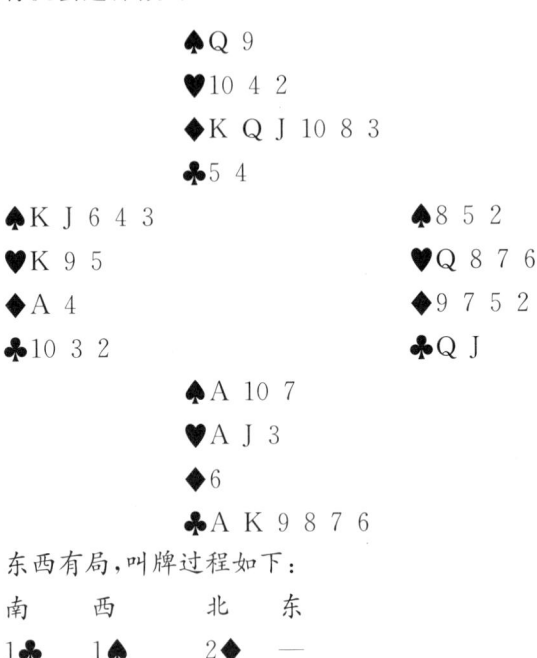

　　　　　　　　♠Q 9
　　　　　　　　♥10 4 2
　　　　　　　　◆K Q J 10 8 3
　　　　　　　　♣5 4

♠K J 6 4 3　　　　　　　♠8 5 2
♥K 9 5　　　　　　　　　♥Q 8 7 6
◆A 4　　　　　　　　　　◆9 7 5 2
♣10 3 2　　　　　　　　♣Q J

　　　　　　　　♠A 10 7
　　　　　　　　♥A J 3
　　　　　　　　◆6
　　　　　　　　♣A K 9 8 7 6

东西有局，叫牌过程如下：

南	西	北	东
1♣	1♠	2◆	—
3NT	都不叫		

西家首攻♠4,你放上明手的♠9,东家跟♠2。十分不幸,西家的一个很正常的首攻顿时使得明手少了一个至关重要的进手张,明手空有这么好的一个长套却无法得到利用。尽管不可能拿到5墩方块,然而这并不等于你的3NT不存在机会。如果草花3-2分布,那么你可拿到5墩草花,加上2墩黑桃及1墩红心,你可望有8墩牌。假如你能拿到1墩方块,那么你就将有400分入账了。假如你抓了8墩牌后再动方块,那么防家将会不客气地把余下的5墩牌都归为己有。所以必须尽早地去"偷"一墩方块。

接下来的问题是,谁将是你行"偷"的对象,当然是那位持♦A者。从叫牌来看,非常可能是西家持着♦A。切不可随随便便地拿下一墩黑桃后即从明手出方块。试想,当你从明手出方块时,东家肯定会跟♦7或♦9的,如果东家持的是双张方块,那么西家的忍让丝毫不起作用;如果东家持四张方块,那么西家也没必要忍让。总之,这样打是不可能"偷"到一墩方块的。正确的打法是:用♠10接过首轮出牌权,从手中出♦6!在未能看到同伴的跟牌之前,西家无法知道你持有几张方块,他多半会忍让一轮的。在你一墩方块到手后,马上转而树立草花,当西家发现方块被窃时,他报警已太迟了。

第三节　如何干扰防家的花色选择信号

在对付一个有将定约时,防家常会选择单张旁套花色来作为首攻,而且在得到一次将吃机会之后,首攻者还渴望能将吃到第二次甚至更多。于是在他首次将吃的时候,一定会非常注意其同伴打回的那张牌,因为那张牌肯定是个真实的花色选择信号,它将告诉首攻者同伴有没有上手张,如果有,那么上手张又在哪门花色上。假如定约人能使这个花色选择信号不那么清晰,那么他就有可能阻碍首攻者得到第二次将吃的机会。

例 2.7.3

```
            ♠Q 9 7
            ♥K 7
            ♦K Q J 9 6
            ♣K 5 4
♠8 4 3               ♠6 2
♥J 9 6 4 3           ♥A 10 8 2
♦4                   ♦A 7 5
♣Q J 9 8             ♣10 7 3 2
            ♠A K J 10 5
            ♥Q 5
            ♦10 8 3 2
            ♣A 6
```

南北有局，叫牌过程如下：

西	北	东	南
1♦	—	1♠	
—	2♠	—	4♠

都不叫

西家首攻♦4，人人都看得出这是个单张。即使定约人跟出♦8或是♦10，恐怕也无法阻挡东家打回方块。既然如此，定约人应考虑的将如何不让西家得到第二次将吃的机会。对定约人来说，最大的威胁莫过于东家持有♥A，所以定约人接下来的所作所为都是设法不让西家看出其同伴有着♥A。无疑，东家100%会打回♦7的，那么定约人又如何能不让西家看出这是张较大的方块呢？

假设定约人在首轮方块时跟的是♦8，东家打回♦7时，定约人跟♦2，那么比♦7小的♦5和♦3都不在西家的视线之内，于是西家将很容易看出♦7绝不是张小牌，为争取得到再次将吃的机会，西家一定会改出红心的，所以首轮跟出大方块只能是欲盖弥彰的不明智之举。我们再假设定约人在首轮方块时跟的是◆2又将怎样呢。东家还是打回◆7,定约人仍作诚实跟牌◆3,这时比◆7小的◆5以及比◆7大的◆8都不为西家所看见。西家将会问自己这么一个问题：这◆7是张大牌吗？未必吧,当东家持◆Ａ８７而定约人持◆１０５３２时,东家的◆7不是希望同伴改出草花吗？

这个牌例告诉我们,定约人无法阻止防家发出花色选择信号,但是定约人有可能使防家的信号不是那么清晰,于是另一位防家就有可能误解。当定约人试图使一位防家把其同伴的信号理解为小牌时,定约人应毫不保留地跟出自己的小牌；反之,定约人应拿出自己的大牌亮相。

第四节　如何赚取并利用防家的信号

没有一位防家会心甘情愿协助定约人的,偶尔防家助定约人一臂之力,那也是因为防家于不知不觉之中出了错。事实上,防家的水平越高,他们越是会巧妙地传递信息却使定约人浑然不觉。与此同时,为了搅乱定约人的思路,防家常会胡乱跟、垫牌,使定约人摸不清头绪。不过,从另一方面讲,当一位防家设法与定约人为难的同时,他也不得不为其同伴着想,因为有一些假信号对其同伴是无害的,但也有一些假信号会危及其同伴的。举个很简单的例子来说,当防家面对一个大满贯定约时,防家的跟、垫牌常常包含不少的假信号,而要是防守一个成局定约,他们会给出明显多的真信号。假如定约人想从防家那里掏出点真情实况,那么他就需要在适当的时机处理某个特定的花色,因为在这个时候防家将会认为他必须给同伴发出一个真实的信号。

例 2.7.4－1　前面提到定约人为了从防家手中"偷"得一墩,他必须使防家的张数信号不那么清晰。反过来,为了不让定约人有混水摸鱼的机会,防家不得不发出真实的张数信号,定约人有时便可利用这一点来侦察牌型。需指出的是,当定约人想弄清某个花色的分布情况时,定约人必须慎重地选择一张合适的出牌,一旦定约人的意图外露,那么防家说什么也不肯吐露真言的。

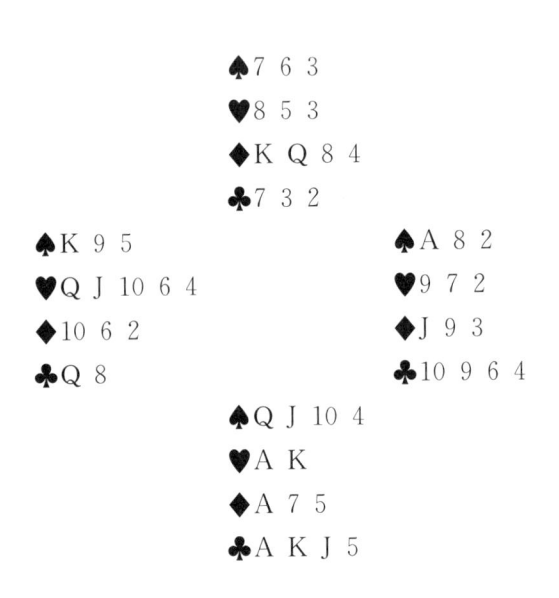

```
                ♠ 7 6 3
                ♥ 8 5 3
                ♦ K Q 8 4
                ♣ 7 3 2
  ♠ K 9 5                   ♠ A 8 2
  ♥ Q J 10 6 4              ♥ 9 7 2
  ♦ 10 6 2                  ♦ J 9 3
  ♣ Q 8                     ♣ 10 9 6 4
                ♠ Q J 10 4
                ♥ A K
                ♦ A 7 5
                ♣ A K J 5
```

叫牌过程很简洁,南家开叫2NT后,北家加叫到3NT就结束叫牌。西家首攻♥Q,这多少令定约人心头一沉,因为他已来不及去树立黑桃了,他必须在两门低级花色上拿到7墩牌。如果定约人只能拿到3墩方块,那么他只好指望拿到4墩草花。反过来,要是定约人能拿到4墩方块,那么他拿到3墩草花就够了。方块除了硬拔3-3外,不存在什么飞牌的机会。而草花则不然,要想全拿4墩草花,就得用♣J飞成功,并且草花一定是3-3分布;当定约人仅需要3墩草花时,他就可以采用另一种成功率更高的打法,那就是先拔♣A K,当♣Q并不跌落时,定约人以明手的方块作桥,从明手再出草花。假设定约人先打方块,而方块又是4-2分布,那么定约人也就死心塌地飞草花了。草花飞牌成功且又3-3

分布，定约人便大功告成，要是飞不成，或是草花并非 3－3 分布，那么谁也完不成这个定约。假设在连打方块后定约人拿到 4 墩方块，你说他该如何处理草花呢？如果他先拔♣A K，而东家持♣Q 为首的四张草花，那么将因明手不再有进手张而拿不到 3 墩草花；如果他立即飞草花，而西家恰好持的是♣Q ×双张，那么定约人同样也只能拿到 2 墩草花而已。

那么让我们再来看看定约人先打草花又怎样呢？定约人该先拔♣A K 还是该先用♣J 飞呢？假设定约人拔♣A K，而东家持的恰好是♣Q × ×及四张方块，那么这样打只能在方块和草花上各拿到 3 墩牌。假设定约人不拔而立即用♣J 飞，而西家偏偏持♣Q ×及三张方块，如此打法同样也失去了一个机会。很棘手，看似容易，其实并不简单，定约人确是有一些机会，但困难的是这些机会不是并存的，一旦定约人试错一个，他就不可能回过头来再试第二个。假如定约人能知道方块的分布情况，那么他就可以据此来决定如何处置草花。防家会协作地告诉定约人他们持的方块的张数吗？有这个可能。

如果定约人先拔♦A，那么防家为了阻碍定约人拿到 4 墩方块而会发出假信号了（即使他们都诚实地跟牌，恐怕定约人也未必敢信），譬如说，西家跟了个较大的方块，而东家则跟了个小方块；或是相反。建议你先从手中出小方块，这时防家可能会透露方块的真情实况。为什么？明手的牌很弱，除方块大牌外，别无进手张，当一位防家持♦A 时，他自然而然很想知道该忍让几轮方块。为了帮助他解决这个问题，他的同伴就有可能会给出张数信号。所以说当定约人出小方块时，两位防家都需做好同伴有♦A 的准备，他们可能都不敢胡乱地跟牌。当两位防家都跟出小方块时，定约人可以认为自己能拿到 4 墩方块，于是他可以连拔草花两大牌，这时他拿到 3 墩草花即能完成定约了。

例 2.7.4－2 可能通过诱骗战术的手法来赚取防家的信号对你有点较新鲜，为此很乐意再向你提供一个类似的牌例：

```
                    ♠ Q J 3 2
                    ♥ 7 5
                    ♦ 9 7 6
                    ♣ K 8 5 4
♠ A 8 7                             ♠ 10 9 6 4
♥ Q J 10 8 3                        ♥ 9 6 4
♦ K 4                               ♦ Q 8 2
♣ J 9 2                             ♣ 10 6 3
                    ♠ K 5
                    ♥ A K 2
                    ♦ A J 10 5 3
                    ♣ A Q 7
```

在南家开叫二无将后,北家加叫到三无将便结束叫牌。西家首攻♥Q,尽管南家在红心上有两个止张,他也还是感受到威胁。这手牌出现在牌桌上时,大多数的定约人都成功完成了定约,然而,打牌路线的优劣还是有必要作一比较的。一般说来,定约人有这么两个主要方案可循:

(一)如果草花3-3分布,那么只消树立2墩黑桃即可有9墩牌了。

(二)如果草花4-2分布,那么只好设法树立手中的方块。不过,如何处理方块又有两种不同的打法:(1)假如西家持双张方块,那么定约人应先从手中送出一墩方块,如果西家急急地拿了,接下来定约人可以飞提东家的另一张大牌;如果西家敢于忍让,那么于第二轮方块时,砸下他的那张大牌;(2)假如西家持3张方块带一大牌,那么定约人可以立即以♣K作桥飞方块,当东家在首轮方块时跟小牌时,待会儿用♦A击落他残存的那张大牌。当东家持2张方块大牌时,方法(1)和方法(2)都能帮助定约人树立4个方块赢张。

现在定约人所面临的问题是他怎么知道两个方案孰优孰劣呢？能不能在尝试其中一个后发现此路不通，转而再试第二个呢？很遗憾，这两个问题的答案都是否定的。这里建议你在用♥K拿下首墩之后即从手中出♣Q（请注意：千万不能先出♣A）。西家并不知道谁有♣A，于是他很可能会给出草花的张数信号，同样地，东家也不得不做好同伴持♣A的准备，因为西家持♣A时忍让一轮也是很自然的，他也可能会给出张数信号。如果东西两家的信号相吻合，那么你就相信他们的信号属实。拿本例来说，当♣2和♣3同时出现在牌桌上时，你就判断你可以拿到4墩草花，舍弃方块，心无旁骛地树立明手的黑桃吧。

例 2.7.4-3　人人皆知旁敲侧击的含意，偶尔还可以将此技巧运用于桥牌战术中。前两个牌例介绍了如何直接试探某门花色的艺术，有时我们会遇到一个稍有不同的情形，譬如说我们想知道将牌的分布情形从而来决定该用什么方法调将牌，我们不可能通过调将牌对将牌的分布作一调查，但或许可以借助对旁套花色的试探来帮助我们分析将牌的分布。

```
              ♠7 6 5 4
              ♥J 8 2
              ♦K Q 10
              ♣9 7 6
♠Q 2                       ♠10 9
♥K 10 6                    ♥A Q 7 5
♦J 5 4                     ♦9 8 6 3
♣K Q J 8 4                 ♣10 3 2
              ♠A K J 8 3
              ♥9 4 3
              ♦A 7 2
              ♣A 5
```

双方无局，叫牌过程如下：

西	北	东	南
1♣	—	1♥	1♠
2♥	2♠	—	—
3♣	—	—	3♠

都不叫

西家首攻♣K，东家跟♣2，作为定约人，你用♣A拿。由于牌型重叠，因此你在旁套花色上有4个输张不可能遁去，自然希望免输一墩将牌。在调将牌时，你将有两个选择：飞牌或是击落。不过你一时还不知道该如何在二者之间作一取舍。

从叫牌及首轮出牌你已经知道的是：西家有5张草花及3张红心，西家多半没有♥A K，要不然他会拔一张大牌看看了；东家的大牌都集中在红心上，或是他在红心上有若干大牌，另外他还有着♠Q。你可以通过送出红心达到侦破黑桃大牌位置所在的目的，但是这样做肯定会遇到危险，那就是防家在拿了3墩红心及1墩草花后由东家打出第四张红心来，如果西家持有♠Q，那么他的♠Q就得到升级，这种防御战术叫做upper-cut。换句话说，在你调将牌之前，已经不容脱手一次。

必须换种方法来判断黑桃分布的情形。我们现在知道西家的八张牌，假如能知道西家有几张方块，那么不也能推算出他有几张黑桃了吗？请不要先拔♠A看看，一来这样做并不能看出什么名堂，二来你将泄露了天机。建议你立即从手中出♦7！两位防家都不知道你持有♦A，但他们都将做好同伴有♦A的准备。有7张方块在外，所以总是一家持有奇数张方块，而另一家持偶数张的，只要两位防家并不都跟出小方块①，那么你可以将

---

① 当读者将本节的内容付诸实施时，务请留意对手的实际水平。如果对手的程度并不高，或是他俩之间根本也没有什么清晰的信号，那么你恐怕不易干扰或是利用他们的信号。不过，也正因为对手没有准确而又清晰的信号相互传递信息，他们也不可能组织起一道很有效的防线来对付你。

他们的跟牌视为真实的信号。以这手牌为例,当东家跟♦6或是♦8,而西家跟出♦4时,你可以判断东家持有4张方块(他不可能只有2张方块,因为西家持5张方块时,他该开叫1♦而不是1♣了),从而推知西家有着3张方块和2张黑桃,于是你知道该连拔♠AK了。

假如西家跟的是张较大的方块,而东家则跟的是张小方块,那么你将判断西家持双张方块或是4张方块,东家则持的是5张或是3张方块了。不妨先打个♠A以防西家持4张方块及单张♠Q,再由♦K作桥从明手调将牌。当西家持双张方块时,他就有着3张黑桃,而东家则只有单张黑桃。要是东家仍有黑桃跟出,那么他该是持着3张黑桃及3张方块了,你现在的飞牌十之八九会成功的。

例2.7.4-4　除了张数信号外,定约人有时还想赚取防家的花色选择信号,防家真实的花色选择信号将清楚地告诉定约人,防家在某花色上有什么样的大牌,而明显的大牌位置无疑也有助于定约人的作战方案。

```
              ♠K 6
              ♥K 4
              ♦Q 8 6 5
              ♣A 10 7 6 4
♠Q 10 9 5 2              ♠A J 8 4
♥A Q J 5                 ♥10 9 7 6 2
♦9 7 2                   ♦3
♣2                       ♣Q 9 8
              ♠7 3
              ♥8 3
              ♦A K J 10 4
              ♣K J 5 3
```

双方有局,叫牌过程如下:

南	西	北	东
1♦	1♠	2♣	3♠
4♣	4♠	5♦	都不叫

西家首攻♣2,这显然是个单张,西家在想获得将吃的同时无意也把同伴的♣Q给出卖了。定约人暗暗庆幸对手的首攻不准,与此同时他也在为这么一个问题而烦恼:明手的两个K必须有一个是活的才可能完成定约,也就是说西家必须有一个A,但这会是哪一个A呢?假如西家持有♠A,那么在肃清将牌之后该用明手的草花垫手中的红心;反之,定约人就该垫手中的黑桃。一旦牌垫错了,那么手中的输张仍然还是三个,尽管西家的首攻可说是已帮了个大忙。哪位定约人此时此刻不指望防家在垫牌时给出信号告诉其同伴自己的有关大牌位置呢?这并非是定约人的一厢情愿,这种可能性是存在的。

既然西家只有一张草花,那么他就有着不止一张的方块,而且从防家踊跃参与叫牌来看,很可能他俩各有一个单张。如果东家持单张方块的假设能够成立,那么在调将牌的过程中东家就有可能会告诉西家他的A所在,为了使西家得到一个将吃的机会,这就是我们所说的花色选择信号。尤其是西家平素首攻很准时[1],东家更会真实地给出花色选择信号。定约人现在有个好机会,在赢得首墩后出张小方块到明手的♦Q,接着从明手调将牌回来。如果东家认为同伴的首攻是很有道理的,那么他就一定会以为西家持的方块是♦A × 2,他就一定会给出花色选择信号的。拿这手牌为例,东家会垫♠8告诉西家该打回黑桃的。

---

[1] 这里西家的首攻是个错误的选择,他本人在将牌上并没有止张,这种冒险首攻成功的前提是同伴必须持有将牌A,否则防家不是在首攻花色上吃了亏,就是失去先手,甚至在这两方面都受损。

第八章　中国式飞牌

什么是"中国式飞牌"(Chinese Finesse)？请允许我借助于一个牌例加以说明。假设这是个无将定约，或是以黑桃为将牌的有将定约。

```
              ♦ A 3
♦ K 7 4 2              ♦ J 10 5
              ♦ Q 9 8 6
```

只要防家出牌无误，那么定约人是不可能拿到 2 墩方块的。为了试图拿到 2 墩方块，定约人唯一机会是较早地从手中出 ♦Q，这种并不具有大牌连张的飞牌就叫做"中国式飞牌"。可能你会对这种飞牌的成功性有所怀疑：既然能够以一拼二，那么西家何不盖上他的 ♦K 呢？西家并不应该无条件地盖上他的大牌，因为有时盖上会是个可悲的错误。请看：

```
              ♦ A 3
♦ K 7 4 2              ♦ 9 6 5
              ♦ Q J 10 8
```

定约人还是从手中出 ♦Q，西家仍然还是持那四张方块，但要是他冒冒失失地盖上他的 ♦K，那不是等于拱手送给定约人 4 墩方块了吗？再如：

```
              ♦ A 6 3
♦ K 5 4              ♦ 10 8 2
              ♦ Q J 9 7
```

尽管现在明手多了一张方块，当定约人从手中出 ♦Q 时，西家仍应该拒绝盖上◆K，这样定约人只能拿到2墩方块而已。反过来，要是西家不聪明地扑上他的◆K，那么在明手的◆A拿后，定约人又可回手飞捉东家的◆10，所以西家这时盖上他的◆K犹如对同伴的背叛。再如：

◆A 6 3
◆Q 8 4　　　　　◆9 7 5
◆K J 10 2

当定约人从手中出◆J时，西家自然也不该盖上他的大牌，盖上等于帮助定约人解决了一个双向飞牌的难题，反之，没准定约人会用明手的◆A拿，然后回手用◆10飞东家呢。既然在某种特定的情况下，防家盖上定约人的一个大牌会是个错误，那么，定约人就有可能利用这个机会来劝说防家还是攥住大牌不出为好。

◆A 10 9 6 2
◆Q 5

假如你是东家，现在看到的是自己和明手两家的牌，当定约人从明手出◆2时，你会跟哪一张？可能有人会不耐烦地说：这还需要问，当然是◆5啦，总不见得把◆Q送给定约人吃。对于这样的回答，你会有异议吗？假如定约人持◆K J ×，或是◆K J × ×，东家放上◆Q将使定约人免去飞牌的猜测，假如定约人持的是◆K × × ×，那么定约人将很轻松地树立全部方块，假如定约人持◆K × ×三张方块，他在用◆K拿后随手再用明手的◆10飞牌，那么西家的◆J被逮后他不埋怨东家背叛才怪呢。在你见了上述的讨论之后，你会不会认为东家总该跟◆5呢？假如你果真是这么想的，那么下回当定约人手中并没有◆K，他却从明手出小方块时，你将会后悔自己怎么没放上◆Q。

例2.8.1　在1974年的一场欧美桥牌对抗赛中，瓦伽尔女士（Margaret Wagar，1902－1990）与克劳福德（John Crawford，

1915 – 1976)①为伴冲上一个显然是冒进了的大满贯,瓦伽尔女士现在成了 7♠ 的定约人。

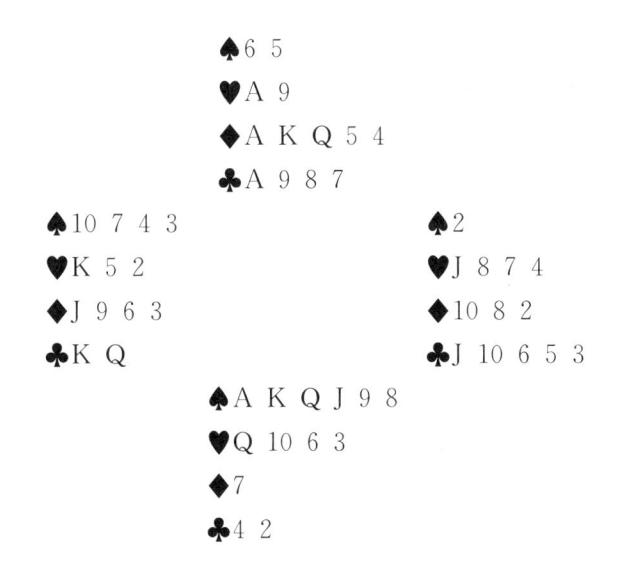

```
                ♠ 6 5
                ♥ A 9
                ♦ A K Q 5 4
                ♣ A 9 8 7
♠ 10 7 4 3                      ♠ 2
♥ K 5 2                         ♥ J 8 7 4
♦ J 9 6 3                       ♦ 10 8 2
♣ K Q                           ♣ J 10 6 5 3
                ♠ A K Q J 9 8
                ♥ Q 10 6 3
                ♦ 7
                ♣ 4 2
```

西家首攻 ♣K,明手的 ♣A 拿。定约人连调四轮将牌后,她突然从手中打出了 ♥Q! 西家不愿让其 ♥K 牺牲在明手的 ♥A 之下,他拒绝盖上。令西家大为惊讶的是定约人没作很多思索便飞了过去。在 ♥Q 骗到一墩之后,瓦伽尔女士连打方块,树立的第五张方块便成了第十三个赢张。

例 2.8.2 德-法尔考(Dano de Falco)是意大利桥牌界的多

---

① 瓦伽尔女士是美国最出色的桥牌女选手之一,她曾于 1955 – 1958 年连续四次荣获北美联女子双人赛的桂冠,这在北美桥联史上还属首次。此外,她还于上世纪 40 年代至 60 年间获得数次公开组双人赛,女子队式赛和女子双人赛的第一名。瓦伽尔女士的名字于 1999 年荣登北美桥联的名人榜。
  克劳福德是美国最杰出的桥牌选手之一,他三次荣获百慕大杯赛的桂冠(1950、1951 和 1953 年)。至 1964 年,克劳福德赢得了 37 个北美桥联重大比赛的第一名,在所有重大队式比赛的冠军名单上都有克劳福德的名字,是当时绝无仅有的惊人纪录。

朝元老。早在1974年德-法尔考就加入伟大的意大利蓝队,他与贝拉唐纳、福奎和伽洛佐等一起获得那一年的百慕大杯赛的冠军。直到2000年,他还是参赛百慕大杯的意大利队的成员之一。在1979年的欧洲桥牌锦标赛中,德-法尔考在下面的一手牌中为意大利队赢得了12个IMP。

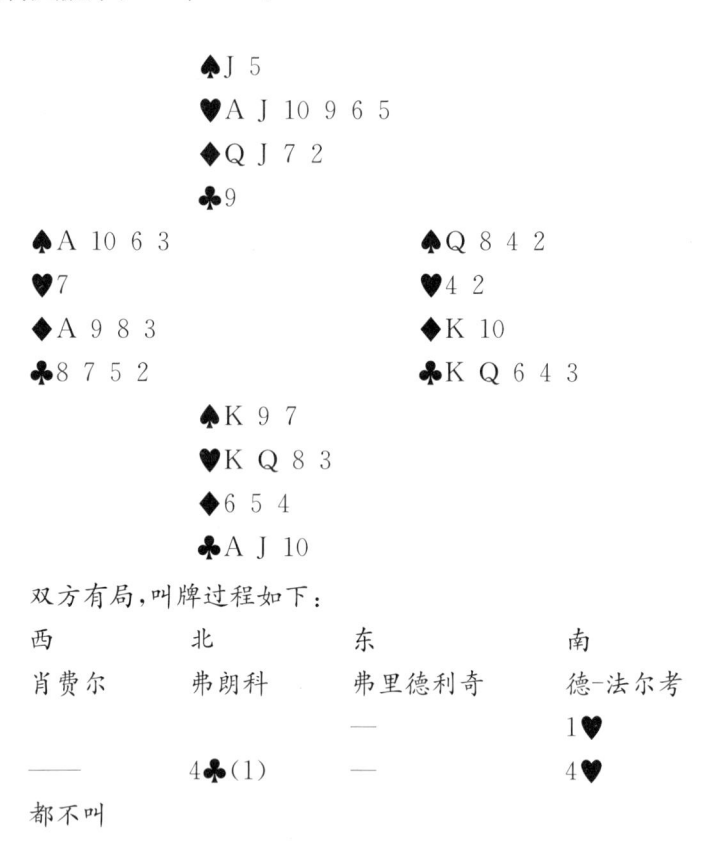

　　　　　　　　♠J 5
　　　　　　　　♥A J 10 9 6 5
　　　　　　　　♦Q J 7 2
　　　　　　　　♣9
♠A 10 6 3　　　　　　　　　♠Q 8 4 2
♥7　　　　　　　　　　　　♥4 2
♦A 9 8 3　　　　　　　　　♦K 10
♣8 7 5 2　　　　　　　　　♣K Q 6 4 3
　　　　　　　　♠K 9 7
　　　　　　　　♥K Q 8 3
　　　　　　　　♦6 5 4
　　　　　　　　♣A J 10

双方有局,叫牌过程如下:

西	北	东	南
肖费尔	弗朗科	弗里德利奇	德-法尔考
		——	1♥
——	4♣(1)	——	4♥

都不叫

(1) 红心很好支持,草花单缺

幸运的是,西家未能发现一针见血的方块首攻,尽管如此,定约人的前景也并不光明。西家事实上首攻的是草花,东家放上♣Q,定约人德-法尔考用♣A拿。定约人在肃清将牌之后从手中出方块,西家也跟小方块,明手的♦J为东家的♦K捕去。东家见打回任何一张黑牌都会吃亏,于是他打回方块,西家用♦A拿后也打回方块,逼定约人自己动黑桃。

德-法尔考留意到东家已显示了8点大牌,他不认为东家还会有♠A,否则东家会开叫的。在明手的♦Q拿到一墩之后,定约人似乎想都没想就从牌桌上抓起♠J,东家似也早有准备,他认为不盖上♠Q会给定约人带来猜测上的困难,他毫不犹豫地跟出小黑桃。德-法尔考稍迟疑了几秒钟,但他不想对先前的判断作任何修改,他也跟了个小黑桃……

德-法尔考的精彩表演使他荣获了1979年的博尔斯奖。

例2.8.3 在美国纽约曾经有过一个很出名的凯文迪希桥牌俱乐部,吸引过众多的桥牌爱好者,其中也不乏企图在那儿一试运气的投机者。齐亚在移居纽约后自然也成了那儿的常客。下面的这手牌就是艾森伯格在卡文迪希俱乐部的杰作之一。

```
                  ♠K J 3 2
                  ♥9 5 4 2
                  ♦10 8 7 6 5
                  ♣—
♠10 9                           ♠6 5
♥A Q J                          ♥10 8 7 6
♦A Q 4 3                        ♦K J
♣Q 8 6 3                        ♣10 9 7 4 2
                  ♠A Q 8 7 4
                  ♥K 3
                  ♦9 2
                  ♣A K J 5
```

双方无局，叫牌过程如下：

西	北	东	南
1NT(1)	—	—	2♠
—	3♠	—	4♠

都不叫

(1) 平均牌型，15－17 点

西家首攻♠10，定约人艾森伯格用手中的♠Q拿。假如你是定约人，那么将怎么打这手牌？你方有 21 点大牌，也就是说东家至多才有 4 点大牌。西家作消极的将牌首攻很像他并不同时拥有♦A和♦K，否则他可能会拔出其中之一看看。假设这个判断成立，那么东家就该有♦A K中的一张，换句话说♥A必定是在西家之手。如果♥K不能拿到一墩，那么你就将有 4 墩红牌要输了。

在拿下首墩之后，艾森伯格马上从手中打出♣J，他似乎很急着要让明手将吃，至少当时那位西家就是这么想的。在西家信手跟了张小草花后，定约人出人意料之外地垫去明手的一张红心，之后，防家无法阻止定约人拿到 10 墩牌了。

例 2.8.4 齐亚是这样评价"中国式飞牌"的："'中国式飞牌'常能奏效，尽管从理论上讲这是个不可能成功的打法，然而这种战术的成功率常会比想象的要高。"齐亚的同伴罗森伯格坦率地说："我很喜爱'中国式飞牌'……不过，大多数的桥牌专家不到山穷水尽时是不会考虑这种战术的。"对罗森伯格来说，有时虽然定约是安全的，但他也不愿意错过一试这种战术的良机。1992 年在荷兰举行的凯普·杰米尼桥牌邀请赛[①]中，罗森伯格遇到这么一手牌：

---

① 凯普-杰米尼桥牌邀请赛（Cap Gemini Pandata World）自 1987 年起，一年一度在荷兰海牙举行，每次比赛仅邀请 16 对世界杰出选手参加。

```
                    ♠K 8 6
                    ♥K 2
                    ♦K 10 9 3
                    ♣A 8 6 4
♠10 7                                   ♠4 3
♥Q 9 7 6 5                              ♥A 10 4
♦Q J 6 4                                ♦A 8 7 5 2
♣Q 9                                    ♣J 3 2
                    ♠A Q J 9 5 2
                    ♥J 8 3
                    ♦—
                    ♣K 10 7 5
```

叫牌过程如下：

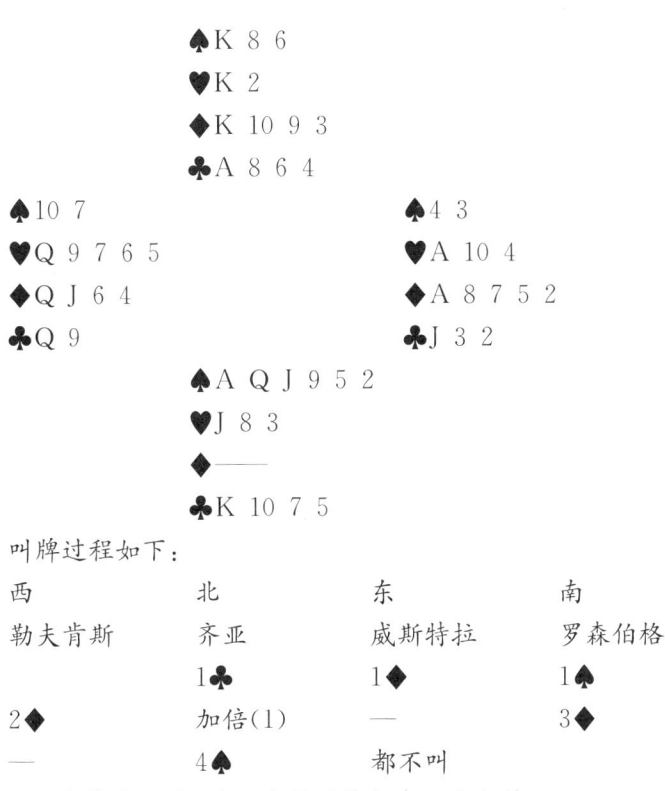

西	北	东	南
勒夫肯斯	齐亚	威斯特拉	罗森伯格
	1♣	1♦	1♠
2♦	加倍(1)	—	3♦
—	4♠	都不叫	

(1) 支持性加倍，对同伴所叫花色有三张支持。

西家首攻♦Q，定约人罗森伯格放上明手的♦K，东家盖上♦A，定约人将吃。这个首攻使得4♠定约万无一失了，哪怕是草花4-1分布也不妨，因为定约人从明手出♦9时可垫去手中的一张草花，树立的♦10则可垫去另一张草花。从叫牌过程分析，罗森伯格判断东家很可能持着♥A，但他未必还有♥Q。罗森伯格马上从手中打出♥J！西家以为定约人面临着一个双向飞牌的选择，他当然不愿予以协助，当他拒绝盖上♥Q后，定约人让明手也跟小红心。这个"中国式飞牌"的成功，使得齐亚-罗森伯格这对选手最终以2个IMP的微弱优势赢得那届比赛的冠军。反过来，要不是罗森伯格在这手牌上成了唯一获得超额赢墩的定约人，那么冠军将属于同桌的那两位荷兰选手①了。

例 2.8.5 在本篇的第二章中曾提到一位名叫穆易艾尔的法国桥牌好手，在 1987 年举行的法国桥牌节（Juan-les-Pins，为期一周）中，他巧施飞牌术，成功地从防家的眼皮底下"偷"回了一个濒将失败的定约。

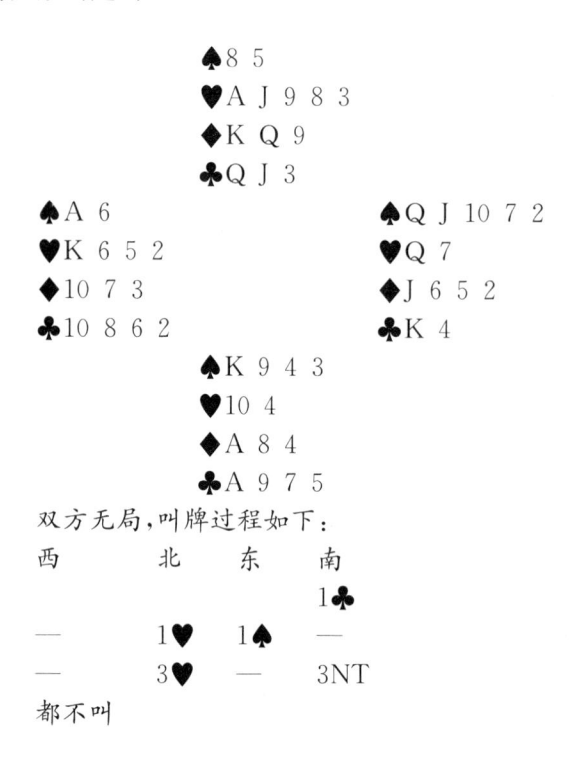

```
              ♠ 8 5
              ♥ A J 9 8 3
              ♦ K Q 9
              ♣ Q J 3
♠ A 6                      ♠ Q J 10 7 2
♥ K 6 5 2                  ♥ Q 7
♦ 10 7 3                   ♦ J 6 5 2
♣ 10 8 6 2                 ♣ K 4
              ♠ K 9 4 3
              ♥ 10 4
              ♦ A 8 4
              ♣ A 9 7 5
```

双方无局，叫牌过程如下：

西	北	东	南
			1♣
—	1♥	1♠	—
—	3♥	—	3NT

都不叫

3NT 定约并不好，如果由北家打 4♥，那么成功的可能性将略微高一点，其前提也是防家出错以致让定约人得以使用将牌缩短法捕捉到西家的♥K。在南家开叫之后而要在成局之前停下来似无可能，所以南家穆易艾尔认为没什么可遗憾的，他集中精力于如

---

① 那两位荷兰选手是勒夫肯斯（Enri Leufkens）和韦斯特拉（Berre Westra），他俩获得过 1993 年百慕大杯赛的冠军。

何才能完成这个不可能的定约。

西家连出黑桃，定约人认为没有必要忍让，于是他用♠K拿下第二轮的黑桃。穆易艾尔想：既然东家有能力介入叫牌，那么他在红心上该是有个大牌，或许这个大牌就是♥Q吧。定约人出个小方块到明手，接着他从明手出♥3！完全被蒙在鼓里的东家机械地遵循"第二家出小牌"的格言，就这样定约人的♥10逼下西家的♥K。西家改出草花，明手的♣J请下东家的♣K。定约人在用♣A拿后继续出红心，他谢绝了飞牌而用明手的♥A击落东家的♥Q！你看，这个3NT定约非但没有宕，而且还超额了一墩。

例2.8.6 看了上例中穆易艾尔的表演之后，不知你是如何想的，将信将疑，还是根本不以为然？如果你对这种打法缺乏信心，那么再为你提供一个实例。2010年澳大利亚昆士兰州举行的黄金海岸桥牌赛中，有这么一手牌：

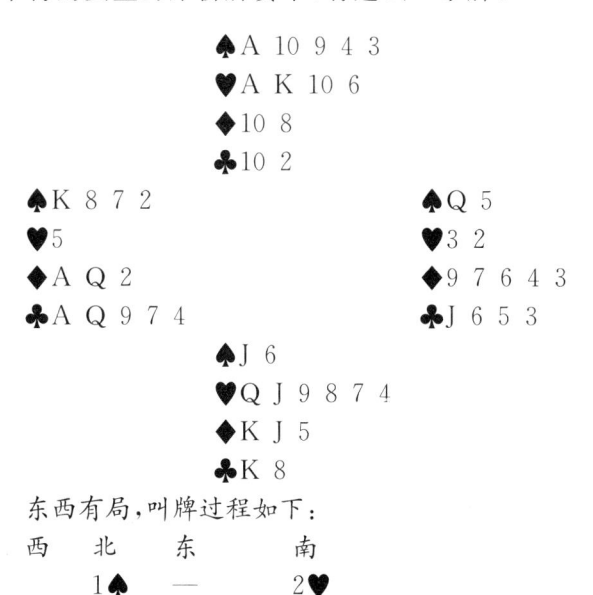

```
                    ♠ A 10 9 4 3
                    ♥ A K 10 6
                    ♦ 10 8
                    ♣ 10 2
    ♠ K 8 7 2                       ♠ Q 5
    ♥ 5                             ♥ 3 2
    ♦ A Q 2                         ♦ 9 7 6 4 3
    ♣ A Q 9 7 4                     ♣ J 6 5 3
                    ♠ J 6
                    ♥ Q J 9 8 7 4
                    ♦ K J 5
                    ♣ K 8
```

东西有局，叫牌过程如下：

西	北	东	南
	1♠	—	2♥
—	4♥	都不叫	

西家首拔♣A，拿到一墩之后他再出草花，定约人委内瑞拉选

手哈马维收下。从西家前两轮的出牌,定约人嗅出◆A定在西家,否则他多半会首攻方块,而不是♣A。换句话说,如果让东家上手,那么顿时会输2墩方块。此外,从西家专注草花而不愿改出黑桃,哈马维认为黑桃两大牌应分居两边,当西家没有黑桃大牌时,他也可能改出黑桃而不是消极地再出草花。如果东家持♠K,那么没人能阻止他得到出牌权,但要是他仅有♠Q呢? 想到这里,定约人出个小将牌到明手,接着他从明手出小黑桃。可怜的东家教条地遵循"第二家跟小牌"的格言,这一墩被西家拿下,他只好赶紧再兑现◆A,这是防家所拿到的最后一墩了。

例2.8.7 在为2000年1月举行的百慕大杯赛作准备的美国选拔赛中,争夺十分激烈,精彩场面迭出,其中有这么一手牌:

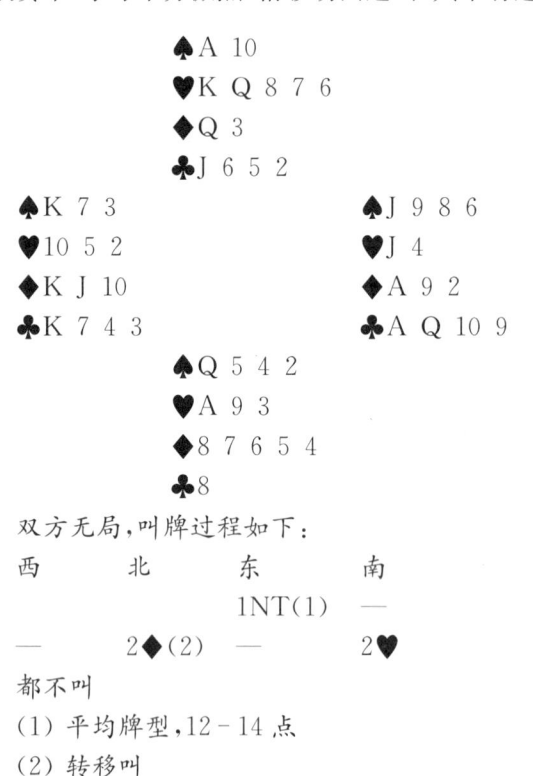

```
              ♠ A 10
              ♥ K Q 8 7 6
              ◆ Q 3
              ♣ J 6 5 2
♠ K 7 3                    ♠ J 9 8 6
♥ 10 5 2                   ♥ J 4
◆ K J 10                   ◆ A 9 2
♣ K 7 4 3                  ♣ A Q 10 9
              ♠ Q 5 4 2
              ♥ A 9 3
              ◆ 8 7 6 5 4
              ♣ 8
```

双方无局,叫牌过程如下:

西	北	东	南
		1NT(1)	—
—	2◆(2)	—	2♥

都不叫

(1) 平均牌型,12-14点
(2) 转移叫

尽管是对手开叫的1NT，这里北家的2♦也是一种约定的转移叫，在知道己方至少有八张红心之后，南家莱尔（Mark Lair）欣然完成了转移。

西家发现最具威胁力的首攻——将牌。莱尔意识到自己至多只有一次将吃草花的机会，而且在得到将吃之后他是不可能筹集到8墩牌的。想到这里，莱尔在用♥A拿后马上打出♠Q。西家对黑桃的分布情形一无所知，他怎能不担忧定约人会是持如♠Q J ×这样的黑桃呢？在西家拒绝盖上他的♠K后，定约人转而送出草花，于是他拿到2墩黑桃和6墩红心（包括将吃的一墩）而完成了定约。

例 2.8.8 在你看完接下来的这个牌例之后，可能会有两点感想：首先，诱骗战术的实质就是设法给对手多一个选择，当然，其中至少有一个是错误的选择；其次，在任何时候都不要放弃，尽自己最大的努力，没准会有奇迹出现的。1970年世界桥牌锦标赛在瑞典举行，其中公开组双人赛中有这么一手牌：

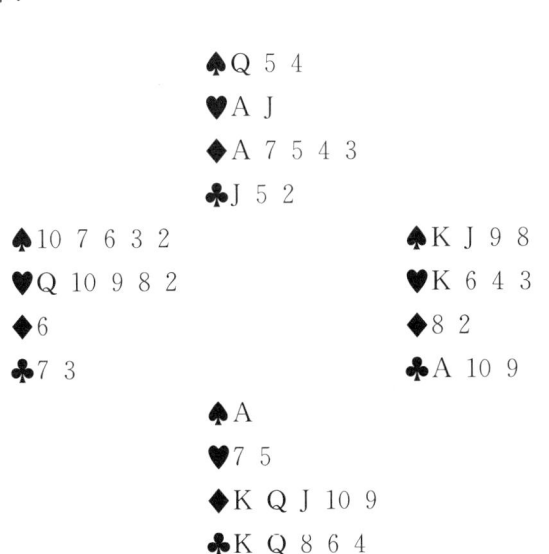

　　　　　　　　♠Q 5 4
　　　　　　　　♥A J
　　　　　　　　♦A 7 5 4 3
　　　　　　　　♣J 5 2

♠10 7 6 3 2　　　　　　　　♠K J 9 8
♥Q 10 9 8 2　　　　　　　　♥K 6 4 3
♦6　　　　　　　　　　　　 ♦8 2
♣7 3　　　　　　　　　　　 ♣A 10 9

　　　　　　　　♠A
　　　　　　　　♥7 5
　　　　　　　　♦K Q J 10 9
　　　　　　　　♣K Q 8 6 4

双方有局，叫牌过程如下：

南	西	北	东
坎特		艾森伯格	
1♦	—	2NT	—
3♣	—	3♦	—
4♣	—	4♥	—
6♦	都不叫		

西家首攻♥10，可谓正中要害，定约人坎特用♥A拿。紧接着他从明手出♠Q！东家当然盖上他的♠K，定约人♠A吃。定约人连调两轮将牌之后从手中打出♣K，东家不客气地用♣A收下。权衡一阵之后，东家打出♠J，结果让坎特完成了定约。

从叫牌可知，定约人有至少5-5的两低套，从打牌可知，定约人的两低套就是5-5，如是6-5两套，定约人早可摊牌了。至于黑桃单张，还是红心单张，就这手牌来说，除了一开始西家就有机会在黑桃跟牌时表示出来之外，东家还可通过接连忍让两轮草花再给同伴一次机会，可惜两位防家都错过好机会。

第九章　诱使防家的两大牌互撞

诱使防家的两大牌互撞（honor crashing），这个诱骗战术的运用成功使定约人非但少输一墩牌，而且因为防家少一个止张，致使定约人的某门花色得以树立，或是使定约人在一场速度较量的过程中占上风。同其他种种防家的失误相比，恐怕再没有任何一种失误能令防家更加深恶痛绝的了，以致一位桥牌专家说：如果在一场团体赛中你能成功地使防家两大牌同归于尽，那么你赢得的将不只是那一手牌，对那手牌的失误而耿耿于怀的两名选手,在接下来的一手甚至几手牌中仍可能不能思想集中而错误迭出。

从这个战术的名称上你不难想象,防家的两大牌之所以会互撞,往往是因为这么两种可能:一是其中的一位防家过于着急地打出他的大牌,结果误伤同伴的单张大牌;二是其中的一位防家在防御过程中缩短自己的某门花色(譬如说将牌)的长度,仅余的一张大牌于无奈之中撞上同伴的单张大牌。

例 2.9.1 巴西最优秀的桥牌选手沙加斯的早期同伴阿森普索(Pedro Pau Assumpcao),在哈曼的眼中是个很精明的小个子,他是世界桥牌特级大师。阿森普索在 1978 年世界桥牌双人锦标赛中打出的这手牌的得分率竟高达 98.7%。

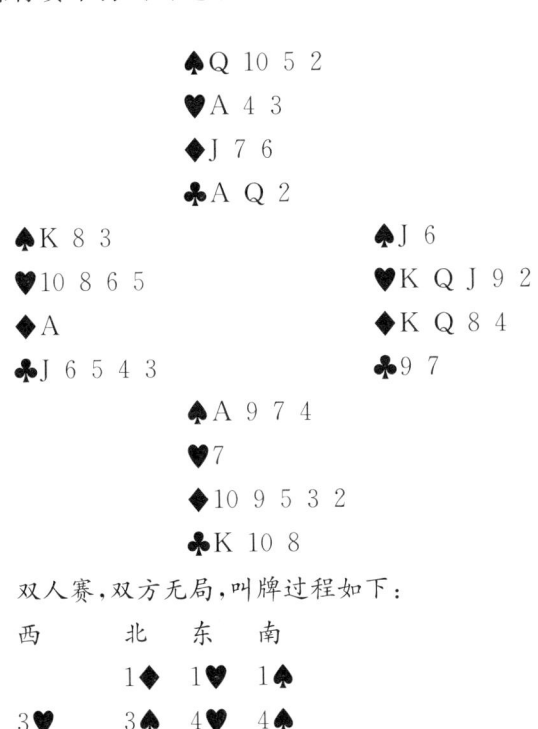

```
              ♠Q 10 5 2
              ♥A 4 3
              ♦J 7 6
              ♣A Q 2
♠K 8 3                    ♠J 6
♥10 8 6 5                 ♥K Q J 9 2
♦A                        ♦K Q 8 4
♣J 6 5 4 3                ♣9 7
              ♠A 9 7 4
              ♥7
              ♦10 9 5 3 2
              ♣K 10 8
```

双人赛,双方无局,叫牌过程如下:

西	北	东	南
	1♦	1♥	1♠
3♥	3♠	4♥	4♠
都不叫			

看了四家的牌,我们知道南北方的最佳选择是加倍对手的 4♥,因为收入 100 分总胜于付出 100 分吧。

当西家首攻小红心时,定约人阿森普索有点遗憾地发现叫牌挺积极主动的沙加斯的牌型和牌力都与自己期待的有一定的差距,看来一墩黑桃和 3 墩方块是在所难逃的。沉着的阿森普索并没露出丝毫的失望和不安,相反,他想方设法劝说防家帮助他减少一个输张。

在用明手的 ♥A 拿首墩之后,定约人马上从明手出 ♦J,东家老老实实地盖上 ♦Q,西家万般无奈地用 ♦A 吃进。这个结果令阿森普索精神一振,他发现只要不让东家上手,他的定约就有成功的希望。西家再出草花,定约人还是让明手拿。在肃清防家的将牌之后,定约人再输一墩方块便结束了战事。

例 2.9.2 关注世界桥坛动态的桥牌爱好者定会发现,一些本属第三世界的桥牌力量在重大比赛中的亮相越来越多,在亚洲最有说服力的例子是中国男队,而非洲新兴力量则是埃及队。在 2004 年世界奥林匹克桥牌锦标团体赛中,埃及队确有上乘表现。

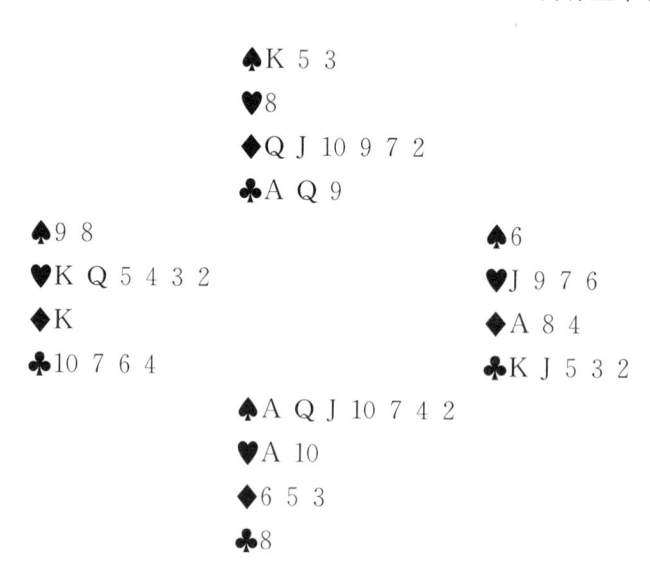

```
                  ♠K 5 3
                  ♥8
                  ♦Q J 10 9 7 2
                  ♣A Q 9
    ♠9 8                        ♠6
    ♥K Q 5 4 3 2                ♥J 9 7 6
    ♦K                          ♦A 8 4
    ♣10 7 6 4                   ♣K J 5 3 2
                  ♠A Q J 10 7 4 2
                  ♥A 10
                  ♦6 5 3
                  ♣8
```

双方无局，叫牌过程如下：

西	北	东	南
	1♦	—	1♠
2♥	2♠	4♣	4NT
5♥	5♠	—	6♠

都不叫

东家的 4♣ 表示出较好的草花套且对同伴的红心有支持，为了便于同伴对接下来叫牌进程作出正确的判断，在得到东家的积极响应之后，西家在五阶水平上继续阻挠对手，而北家的 5♠ 是对南家罗马关键牌问叫的回答：有两个关键牌——两个 A，或是一个 A 及将牌 K。很显然，南家的 4NT 问叫并不妥，一来北家不见得一定红心只有一张，二来即使北家有 ♠K 且还有 ♦A K，定约人也还是可能在两低花上各输一墩的，相比之下，他扣叫 4♥ 要稳妥多了。

丹麦队的定约人很快就在方块缴出 2 墩而结束了打牌。在另一张牌桌上，埃及队同样也闯上 6♠，不过当定约人面对西家首攻的 ♥K 时，这位普遍被认为是非洲第一好手的定约人瓦力德·阿哈马迪还不想轻易放下武器。在拿下首墩之后，定约人先用 ♠A 调一轮将牌，接着他用明手的 ♠K 盖拿 ♠J，现在瓦力德从明手出小方块，东家不由得停顿下来考虑如何对付。看着自己手中的 ♦8，东家深信定约人不是持着 ♦K，就是方块缺门，不论事实将会是其中的哪一种，东家认为放上他的 ♦A 都不吃亏。遗憾得很，瓦力德的牌并不是对手所能想象的那样，一个该宕的满贯居然被瓦力德捧回家去了。

例 2.9.3 只要有可能，没有一个定约人不希望防家的两大牌互撞的。有人会很珍惜这种难得的机会，但是更多的人常会与这稍纵即逝的良机擦肩而过，在看了接下来的五个牌例之后，你可能会赞同此一说法。在一次赌注不小的牌局中，哈曼和同伴叫到一个看上去挺不错的满贯：

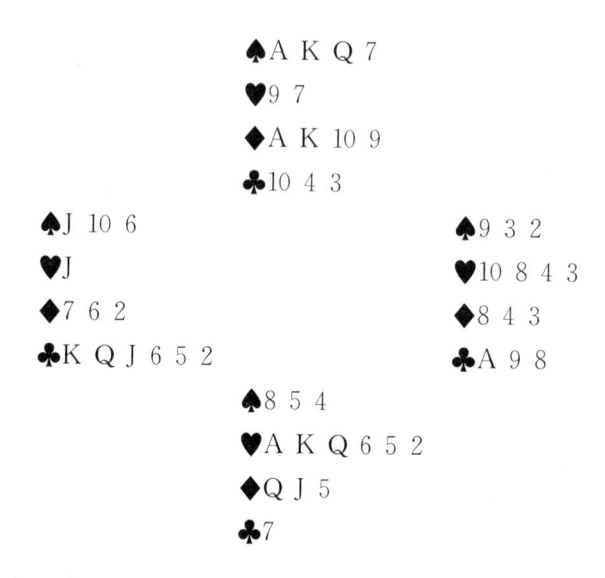

```
                    ♠ A K Q 7
                    ♥ 9 7
                    ♦ A K 10 9
                    ♣ 10 4 3
♠ J 10 6                            ♠ 9 3 2
♥ J                                 ♥ 10 8 4 3
♦ 7 6 2                             ♦ 8 4 3
♣ K Q J 6 5 2                       ♣ A 9 8
                    ♠ 8 5 4
                    ♥ A K Q 6 5 2
                    ♦ Q J 5
                    ♣ 7
```

盘式桥牌，双方无局，叫牌过程如下：

南	西	北	东
1♥	—	1♠	—
2♥	—	3♦	—
4♥	—	6♥	都不叫

西家首攻♣K并再出草花，定约人哈曼将吃了。之后，哈曼很仔细地出张黑桃到明手，煞有介事地拿起明手的♥9，东家糊里糊涂地盖上♥10！定约人一石二鸟地生擒了防家的♥J和♥10。俗话说得理不让人，哈曼一招得手便趁胜追击了。定约人通过方块到明手，毫不客气地再将东家的♥8缉拿归案。无疑，东家盖上♥10是个极可悲的决定，或许连他本人也难以饶恕自己的这个失误。

哈曼并没简单地寄希望于红心的平均分布。当西家持4张红心时，哈曼将毫无办法，但是当东家持4张红心时，他就不想放弃诱敌之计了。当东家持♥J 10 8 4 4 张红心时,他该盖过明手的♥9 吗? 不应该,因为盖过之后,定约人可以通过再次飞牌和将牌缩短法将东家的将牌一网打尽。但在牌桌上会不会有人脑子一热就想以一拼二呢? 当然有此可能,要不然哈曼怎么会特意从明手出♥9 呢?

例 2.9.4 请先看下面这手张牌,在通阅了 52 张牌后请你持南家的牌打三无将,你将可能拿到几墩牌? 好多定约人颇费周折地拿到 9 墩牌,已故的美国桥牌高手克雷恩(Barry Crane,1927－1985)①居然拿到 11 墩牌,简直难以置信。在一次北美桥联的双人赛中,克雷恩和同伴叫到 3NT,这样的叫牌过程在许多张牌桌上重复过。

♠ A Q 8 5 4
♥ A 10 9
♦ K Q
♣ K J 4

♠ J 10 6 2　　　　　　♠ K 9 3
♥ K 7 6　　　　　　　♥ 8 5 4 3 2
♦ 10 7 5 3　　　　　　♦ J 6
♣ A 7　　　　　　　　♣ Q 8 2

♠ 7
♥ Q J
♦ A 9 8 4 2
♣ 10 9 6 5 3

---

① 克雷恩曾是好莱坞的一名导演和制片人,他被普遍地认为是最成功的一位桥牌双人赛选手。克雷恩于 1968 年成为北美桥联大师分的领头人,直到他于 1985 年神秘地被谋害后,索洛威才取代他坐上了头把交椅,是时索洛威仍以 11 000 分落后于克雷恩。1978 年克雷恩与舒曼(Kerri Shuman)荣获世界桥牌双人锦标赛的桂冠时,他俩以 500 多分的优势遥遥领先于银牌获得者。顺便提一笔,舒曼仍活跃在世界桥坛的重大赛事中,只是现在她的名字是珊伯恩(Kerri Sanborn)。

双人赛,南北有局,叫牌过程如下:

西	北	东	南
1♠	—		1NT
—	3NT	都不叫	

西家不愿盲目地首攻一门短套,于是他打出♦3,不少别的桌上的西家也是作如此首攻的,许多定约人立即从明手出红心,为的是制造出一个进手张。然而克雷恩另有见地,立即从明手出♣K!他显然觉得树立手中的草花更为可靠。

为阻挠定约人树立草花,持双张♣A的西家冒险忍让。克雷恩不管对手为什么忍让,他又抓起明手的♣J,东家扑上♣Q,一头撞死在同伴♣A的怀里。西家憋着一肚窝囊气,他信手打出第二张方块,可能是他觉得该你拿的总是给你罢了。在看到东家跟出♦J后,克雷恩用♦A盖拿了明手的方块并送出♦9。不久,在红心飞牌成功之后,克雷恩就成了唯一获得11墩牌的定约人。

例2.9.5 在1991年的欧洲桥牌锦标赛中,冰岛队与爱尔兰队相遇了,在下面的这手牌中两队都叫到一个不该叫的满贯,所不同的是冰岛队的定约人借助于对手的一个疏忽,结果轻易地完成了定约。

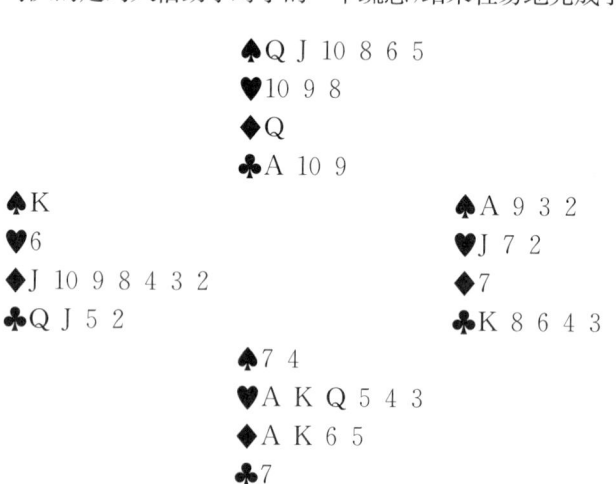

```
                ♠ Q J 10 8 6 5
                ♥ 10 9 8
                ♦ Q
                ♣ A 10 9
♠ K                              ♠ A 9 3 2
♥ 6                              ♥ J 7 2
♦ J 10 9 8 4 3 2                 ♦ 7
♣ Q J 5 2                        ♣ K 8 6 4 3
                ♠ 7 4
                ♥ A K Q 5 4 3
                ♦ A K 6 5
                ♣ 7
```

双方有局，其中一桌的叫牌过程如下：

西	北	东	南
			1♥
—	1♠	—	3♦
—	4♥	—	4NT
—	5♦	—	6♥

都不叫

爱尔兰的西家首攻的是♥6，当东家看到明手和他同样持单张方块时，他很正确地拒绝盖上♥J。尽管成功的希望极其渺茫，定约人阿纳森（Gudmundur Pall Arnarson）[①]仍不想轻易放弃，思考片刻后从明手拿起♠Q。唯恐定约人持单张♠K想"偷"一墩（毕竟定约人叫过两门红花色），东家迫不及待地抽出♠A，没想到误伤了同伴的♠K。通常这种失误未必会损失一墩，东家赶紧打回黑桃，遗憾的是西家已没将牌了。

例2.9.6 1999年为挑选美国二队的选拔赛的决赛中有这么一手牌，或许能给读者一些启迪。

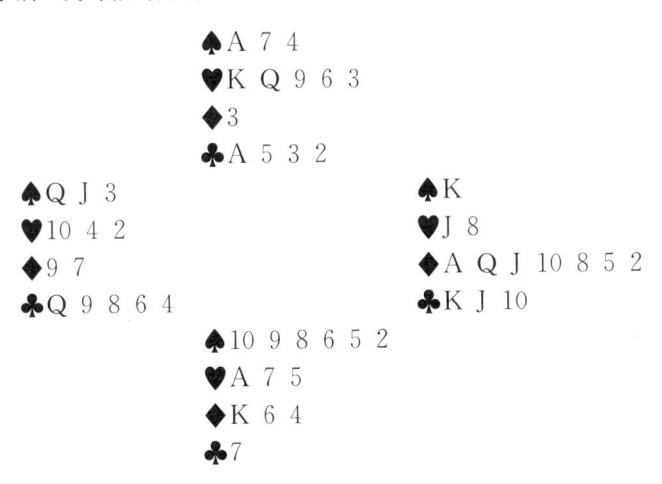

```
           ♠ A 7 4
           ♥ K Q 9 6 3
           ♦ 3
           ♣ A 5 3 2
♠ Q J 3                    ♠ K
♥ 10 4 2                   ♥ J 8
♦ 9 7                      ♦ A Q J 10 8 5 2
♣ Q 9 8 6 4                ♣ K J 10
           ♠ 10 9 8 6 5 2
           ♥ A 7 5
           ♦ K 6 4
           ♣ 7
```

[①] 在取得欧洲的代表队之一后，冰岛队在1991年的百慕大杯赛上表现出色，接连告捷，最终在决赛中击败波兰队而捧杯。阿纳森便是那个世界冠军队的成员之一。

双方无局,叫牌过程如下：

西	北	东	南
罗森伯格	桑泰格	齐亚	韦克塞尔
—	1♥	2♦	2♠
—	4♠	都不叫	

西家罗森伯格首攻♦9，东家齐亚用♦A拿后改出♣J。定约人韦克塞尔用明手的♣A拿后并没有急着调将牌，他将吃草花回手，接着打出♠10！西家盖上♠J，明手的♠A一举擒拿防家的两张大将牌，超额一墩，得450分。

你会认为罗森伯格盖上♠J是个错误吗？我个人并不完全这么看。相反，持♠Q J 3首论跟♠3倒是很冒险的，譬如说当定约人持♠K 10 9 8 2时，他于首轮黑桃时用♠10飞也是很正常的打法。既然无法预见同伴持单张♠K，那么盖上♠J也就情有可原了。这里很值得一学的是韦克塞尔的将牌处理方法，因为一般人往往是很简单地拔♠A了。

例 2.9.7 1976年意大利蓝队在两个世界桥牌锦标赛（百慕大杯赛和世界奥林匹克桥牌团体赛）中卫冕均未成功[①]，这标志着伟大的蓝队一统世界桥坛的日子一去不复返了。1977年意大利队在欧洲桥牌锦标赛的决赛中不敌瑞典队，并失去了问鼎百慕大杯赛的资格。1979年意大利队卷土重来，再次与宿敌美国队一决高低。超水平发挥的贝拉唐纳在比较计分结果时发现仍以5个IMP告败，这位独坐世界桥坛第一把交椅20余年的高手不禁热泪盈眶。四年之后，意大利队再次崛起，没想到历史竟又无情地重

---

① 在桥牌史上，两大赛事于同一年中举行只有过一次。1976年百慕大杯赛和世界奥林匹克桥牌队式锦标赛同在蒙特卡罗举行，从那以后世界桥联规定百慕大杯赛逢单年举行，而奥林匹克队式赛则闰年举行。在那一年的两大赛事上，意大利蓝队初次与金牌无缘，它在百慕大杯的决赛中不敌北美队，在奥林匹克队式中因总分低于巴西队而屈居亚军。

演,意大利队又一次于决赛中以 5 个 IMP 痛失百慕大杯。人们普遍地把注意力集中于倒数第二副牌上,因为贝拉唐纳和伽洛佐叫上一个不该叫的满贯①。事实上,我们也不妨这么说,在这不幸的历史性一手牌之前,假如意大利队能够避免一个不该犯的错误,那么百慕大杯同样能留在欧洲而不是美洲了。譬如说下面的这手牌:

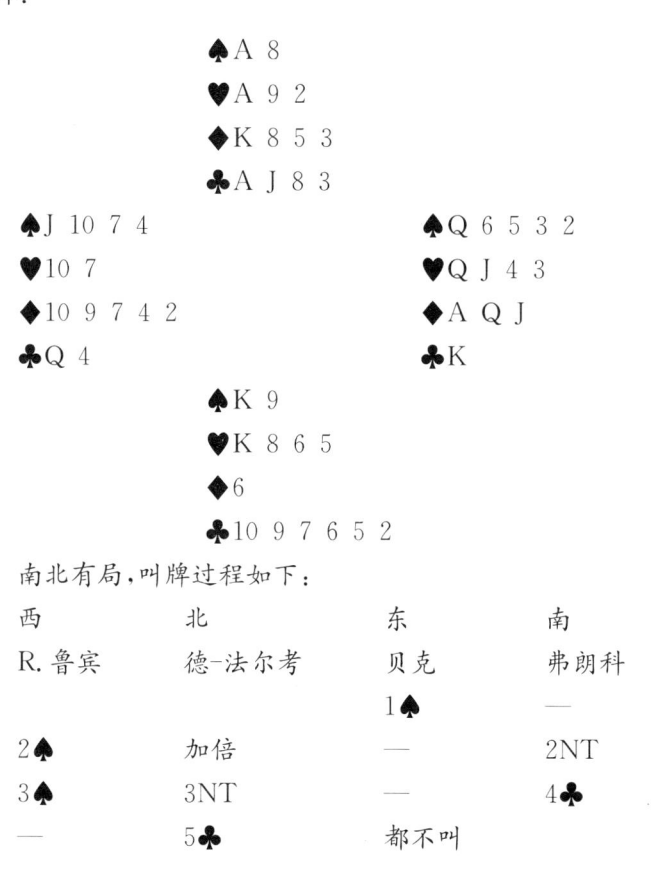

♠ A 8
♥ A 9 2
♦ K 8 5 3
♣ A J 8 3

♠ J 10 7 4　　　　　　　　♠ Q 6 5 3 2
♥ 10 7　　　　　　　　　　♥ Q J 4 3
♦ 10 9 7 4 2　　　　　　　♦ A Q J
♣ Q 4　　　　　　　　　　♣ K

♠ K 9
♥ K 8 6 5
♦ 6
♣ 10 9 7 6 5 2

南北有局,叫牌过程如下:

西	北	东	南
R.鲁宾	德-法尔考	贝克	弗朗科
		1♠	—
2♠	加倍	—	2NT
3♠	3NT	—	4♣
—	5♣	都不叫	

---

① 在 1983 年百慕大杯的决赛中,贝拉唐纳和伽洛佐于末了第二副牌时叫了个出人意外的小满贯。防家持两个 A,而且不论首攻什么,这两个输张都无法逃去。

西家 R. 鲁宾首攻♠J，意大利队的定约人弗朗科（Arturo Franco）略作思考后，出牌便不再有任何犹豫了。弗朗科用手中的♠K 拿下首墩，便马上打出♦6，当西家也跟小方块时，他让明手跟♦3。东家拿了一墩方块后打回黑桃到明手，定约人从明手出小方块，手中将吃。弗朗科调个将牌到明手，再次将吃方块回手，这时东家的♦A 掉了下来。定约人兑现♥K 后再出红心到明手的♥A，他用已树立的♦K 垫去手中的一张红心，现在他送出将牌。西家余下的不是黑桃，就是方块，不得不给定约人一个将吃垫牌的机会。这手牌弗朗科打得非常漂亮，从确立打牌路线到最终投入西家，定约人干净利落，一气呵成，收入 600 分。

接下来我们再来看看开室的情况吧：

西	北	东	南
伽洛佐	沃尔夫	贝拉唐纳	哈曼
		1♠	——
2♠	加倍	3♠	4♥
都不叫			

贝拉唐纳的 3♠叫得很成功，哈曼不能加倍，他也不想 pass，不得不在四个水平上作出选择。他想叫 4♣，但自己的草花质量不高，5♣肯定也是个很困难的定约。考虑再三，哈曼决定尝试 4♥，没准儿沃尔夫有四张红心呢。在用手中的♠K 拿下首墩后，哈曼出小红心到明手的♥9，东家贝拉唐纳用♥Q 拿并打回黑桃。明手拿后定约人打掉明手的♥A，西家伽洛佐跟出♥10。定约人继续调将牌，在东家跟♥4 时，哈曼放上手中的♥K，他万分遗憾地看到伽洛佐垫方块。哈曼没想到贝拉唐纳使诈吗？我认为并非如此。如果红心 4-2 分布，那么哈曼当然可以通过飞牌擒住东家的♥J，这意味着双方将牌就此同归于尽了。定约人在黑桃上的两个止张已先后被防家拱出，而树立草花又不得不至少脱手一次。换句话说，要指望完成定约，那么前提必须是红心 3-3 分布。

哈曼在暗叫糟糕的同时,他似乎已经看到对手的得分栏上出现800分:在草花脱手后,东家可通过方块上手,调走定约人残余的♥8,接着防家再用黑桃和方块蹂躏定约人。尽管哈曼的心业已发凉,然而他仍很镇定地从手中打出♣10,当他看见伽洛佐盖上♣Q时,哈曼开始祈祷①。令哈曼眼睛一亮的是贝拉唐纳的♣K出现在牌桌上,他内心之高兴已不言而喻。做通的草花使得贝拉唐纳无可奈何地看着定约人拿到10墩牌。本该输16个IMP的美国队结果反倒收入了1个IMP,使得两队的差距从2个IMP又缩小到1个。

毋庸置疑,伽洛佐为盖上♣Q付出了惨重的代价,说这个失误致使意大利队再次与百慕大杯无缘似不过分。在为伽洛佐的失误扼腕的同时,我们更应该着重探讨一下哈曼成功的原因,因为目前研讨的课题便是如何诱使防家的两大牌互撞的。显然,哈曼持六张草花是防家难以料到的,草花形势的不明是伽洛佐盖上大牌的主要原因。其次,哈曼在局势如此不利的紧要关头并没有随随便便地从手中出小草花,他打出的♣10成功地刺激了对手;再次,当时也亏得哈曼与贝拉唐纳坐于幕布的同侧,因此伽洛佐根本看不到哈曼调将牌的失望神情,再说贝拉唐纳用♥Q拿一墩将牌可能使得同伴没想到他有4张红心。假如伽洛佐能看出哈曼即将失控,我想他多半会很振奋地努力找出击败定约人的办法的。

非常凑巧,接下来请你欣赏的四个牌例竟然都是由南家打6♠,令人惊异不已的是这4位定约人在黑桃上都只有3点大牌,而且你将看到他们的将牌质量可说是一个不如一个,但居然都成功完成了定约。

例 2.9.8 在此例中为我们作表演的史密斯先生(Rodey Smith)并不是什么桥牌职业选手,他曾是英国一位挺有名的外

---

① 哈曼在他的自传《At the Table》中的原文是:"... There was nothing to do but press on and hope for some luck. I led the ♣10 and Garozzo covered with the queen! I asked for luck, didn't I? I went up with the ace, felling the king ..."

科大夫,看来出色的主刀医师照样可以成为名出色的桥牌选手,下面这手牌便是他在一次盘式桥牌中的杰作之一。

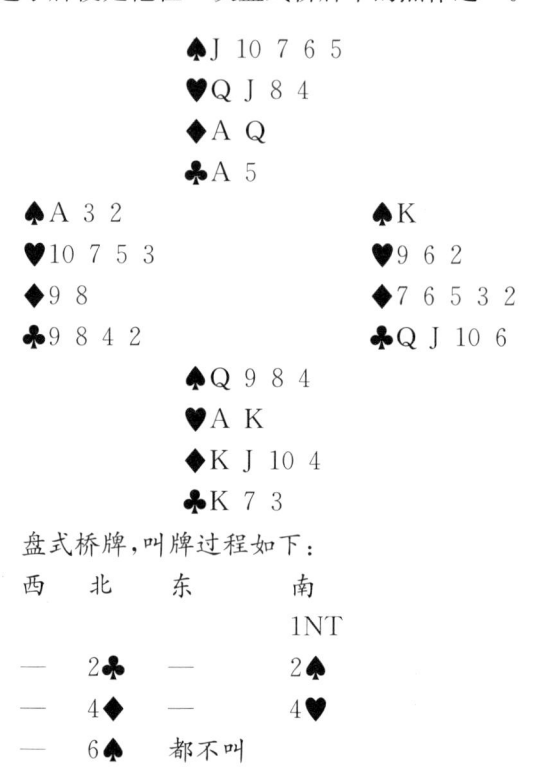

```
              ♠ J 10 7 6 5
              ♥ Q J 8 4
              ♦ A Q
              ♣ A 5
♠ A 3 2                    ♠ K
♥ 10 7 5 3                 ♥ 9 6 2
♦ 9 8                      ♦ 7 6 5 3 2
♣ 9 8 4 2                  ♣ Q J 10 6
              ♠ Q 9 8 4
              ♥ A K
              ♦ K J 10 4
              ♣ K 7 3
```

盘式桥牌,叫牌过程如下:

西	北	东	南
			1NT
—	2♣	—	2♠
—	4♦	—	4♥
—	6♠	都不叫	

通过斯台曼约定叫,南北方找到了黑桃配合,在各自扣叫出自己的首轮控制之后,北家一跃至 6♠,可以肯定地说,他俩没一人会想到将牌上的老大和老二竟都在防家手中。西家首攻♣9,明手用♣A 拿,这时东家跟的是♣10,这个欢迎信号显然误导了同伴,东家不如跟♣Q 更简洁明了。定约人史密斯大夫从草花大牌的分布及东家的信号中,他拟定了接下来的行动计划。

定约人兑现明手的♦A Q,接着他通过红心回手,现在他打出♦K,好像他急于想把明手的♣5 给垫去。为了不让定约人的草花输张遁去,西家用♠2 将吃。在明手盖吃之后,史密斯再用红心回手,他再出♦J,西家不例外地再次小将吃。明手再次盖吃之后,定约人这时才调将牌,他十分欣喜地看到东家的♠K一头撞到西家♠A的怀里。

例 2.9.9 汉密尔顿(Fred Hamilton)荣获过百慕大杯赛的冠军,他也曾赢得世界桥牌锦标赛老年组团体赛的第一名。当他还是个初出茅庐的小伙子时,他去印第安纳波利斯参加北美桥联的一个地区赛,他有幸与当地名人兼北桥联的元老级人物布莱克伍德(Easley Blackwood,1903 – 1992,那位众所周知的布莱克伍德 4NT 问 A 的约定叫的发明者)同桌对阵,其中有这么一手牌:

```
              ♠ K 10 2
              ♥ Q 6
              ♦ J 8 6 2
              ♣ A K 9 3
♠ A 9 3                   ♠ Q J
♥ 10 8 5 3                ♥ J 9 4 2
♦ 10 4                    ♦ Q 9 7 5 3
♣ 8 6 5 2                 ♣ 10 4
              ♠ 8 7 6 5 4
              ♥ A K 7
              ♦ A K
              ♣ Q J 7
```

位于南家的汉密尔顿和同伴叫得都很猛,于双方有局时他们叫到 6♠才刹车。当时那位西家便是布莱克伍德,他首攻♦10。当北家把牌摊在牌桌上时,汉密尔顿不由得倒吸了口冷气,哇,将牌中竟有七点大牌归对手所有。

略加思索后,汉密尔顿意识到除非是西家恰好持♠A××三张黑桃,而东家持的须是♠QJ双张,而且一定要西家的♠A 误伤了同伴的一张大牌。否则,这手牌至少要输 2 墩将牌不可。想到这里,汉密尔顿开始了他的细致而又耐心的劝说工作。首先,定约人很仔细地放上明手的◆J,不明真相的东家当然盖上他的◆Q,汉密尔顿用◆A 拿,这使得西家一时看不出究竟谁持着◆K。接着定约人打掉手中的♣Q,然后他打出小将牌。汉密尔顿这样打给人的印象是他想立即到明手并赶快用明手的草花大牌来垫手中的方块输张。布莱克伍德果然中计,他不及细辨地匆忙拔出♠A,没想到误伤了同伴的♠J!

例 2.9.10 冯-德威兹(Egment Von Dewitz,1907 - 1987)是德国的一名杰出的桥牌选手,他曾多次代表德国参加欧洲桥牌锦标赛。在 1954 年的欧洲桥牌锦标赛中,德国队与邻国奥地利队相遇,为了急于扭转比分落后的劣势,德威兹和同伴在下面的一手牌中一往直前地冲上 6♠。

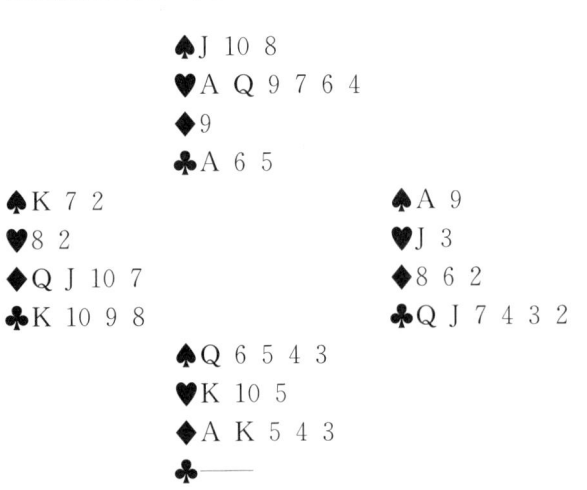

```
              ♠ J 10 8
              ♥ A Q 9 7 6 4
              ◆ 9
              ♣ A 6 5
♠ K 7 2                    ♠ A 9
♥ 8 2                      ♥ J 3
◆ Q J 10 7                 ◆ 8 6 2
♣ K 10 9 8                 ♣ Q J 7 4 3 2
              ♠ Q 6 5 4 3
              ♥ K 10 5
              ◆ A K 5 4 3
              ♣ —
```

西家首攻◆Q,定约人德威兹用◆A 拿。他出个红心到明手,接着他从明手出♠J 作为调将牌的开始。东家没理由急着用♠A 拿,他跟♠9 放过,西家判断定约人在飞黑桃,他忍让一轮。明手只有一张方块,西家打算待第二轮黑桃飞牌时吃进并再替定约人调将牌,这样明手便失去将吃方块的机会。这显然是西家的一厢情愿,因为他没考虑到明手的红心在肃清将牌后即可用来垫牌。

在♠J很意外地拿到一墩牌后,德威兹马上明白这是怎么一回事。他将吃一轮草花回手,接着他从手中打出了小黑桃。西家开始坐立不安:同伴会是持着♠A吗?西家马上又将这种想法给排除了:定约人叫得这么勇,他哪像是只有♠Q一张黑桃大牌呢?定约人必是想骗我不要拿♠K吧。想到这里,西家抽出♠K,不料和同伴的♠A撞了个正着。

例 2.9.11 梅思(Lewis Mathe,1915-1986)是美国的一名桥牌高手,世界特级大师,他曾五次代表北美出征过百慕大杯赛,其中赢得1954年百慕大杯赛的第一名。梅思打牌思路清晰,技艺出众,曾一度与哈曼结为伙伴,也曾担任过北美桥联的主席。梅思去世后,谢因吾在《洛杉矶时报》上撰文追忆他并介绍了下面的这手牌。谢因吾当时位于西家,他没想到同伴竟会一错再错,所以他很后悔没能首攻将牌。

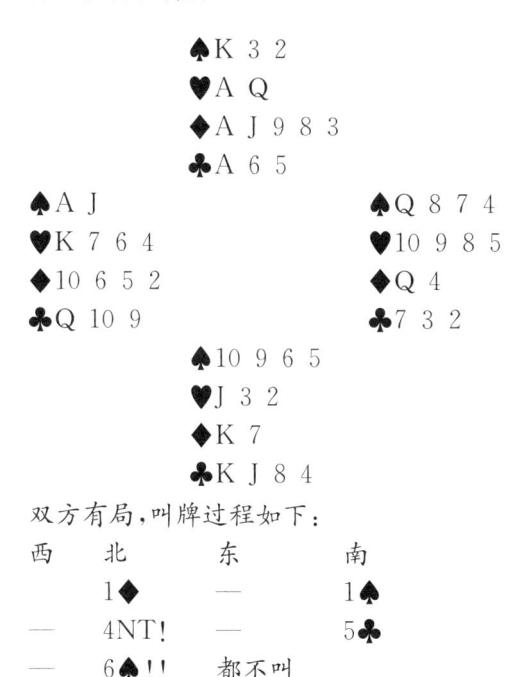

```
                  ♠ K 3 2
                  ♥ A Q
                  ♦ A J 9 8 3
                  ♣ A 6 5
   ♠ A J                        ♠ Q 8 7 4
   ♥ K 7 6 4                    ♥ 10 9 8 5
   ♦ 10 6 5 2                   ♦ Q 4
   ♣ Q 10 9                     ♣ 7 3 2
                  ♠ 10 9 6 5
                  ♥ J 3 2
                  ♦ K 7
                  ♣ K J 8 4
```

双方有局,叫牌过程如下:

西	北	东	南
	1♦	—	1♠
—	4NT!	—	5♣
—	6♠!!	都不叫	

从叫牌过程大致可以看出两点：一是北家的程度恐与初学者不分上下，在自己持好牌时根本不想停，也不想听听同伴有何高见；二是他显然对梅思的打牌技巧也充满了信心。梅思仅开口一次，即被同伴逼上了满贯。

西家首攻♦2，定约人放上明手的♦8，东家盖上♦Q，梅思用♦K拿。定约人紧接着用明手的♦9飞牌并拿到一墩。现在定约人打掉明手的♦A，唯恐定约人要垫去输张，东家赶紧用♠7将吃，定约人盖吃。梅思出小红心，用明手的♥Q飞牌成功。梅思继续出♦J，东家用♠8将吃，梅思再盖吃。在诱下东家的两张将牌之后，这时定约人开始调将牌。西家谢因吾不想让明手的♠K拿后再投入自己，于是他抢先用♠A拿并打回黑桃，一时间♠K Q J三张黑桃大牌同时出现在桌面上。尽管梅思成功地诱使对手的两张大将牌同归于尽，然而他在草花上还没完全过关呢。在明手的♠K拿后，他又兑现明手的第五张方块，东家再次向定约人送礼，他垫去♣2，在他看来这是张最不起作用的小牌。得如下形势：

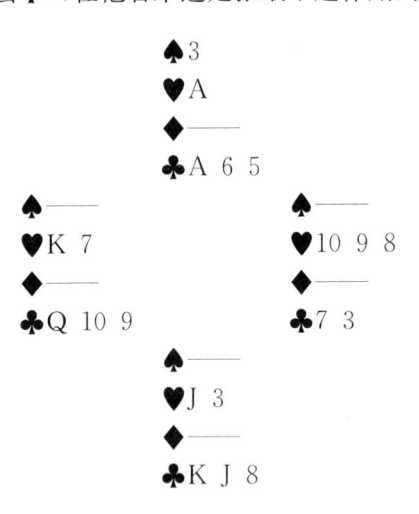

```
              ♠ 3
              ♥ A
              ♦
              ♣ A 6 5
♠ —                          ♠ —
♥ K 7                        ♥ 10 9 8
♦                            ♦
♣ Q 10 9                     ♣ 7 3
              ♠
              ♥ J 3
              ♦
              ♣ K J 8
```

现在梅思打掉明手的最后一张将牌，东家的牌现在无关紧要了，他对同伴已爱莫能助，只好眼睁睁地看着谢因吾被定约人所勒索。梅思垫的是♣8,但西家没安全牌可垫:如果他垫草花,那么明手的第三张草花即成了赢张。谢因吾忍痛抛弃了张红心。梅思对牌情早已了如指掌,他毫不犹豫地用明手的♥A 击落了西家的♥K,这样他手中的♥J便成了第十二个赢张。这是个很漂亮的十字交叉紧逼(criss-cross squeeze)。定约人在打去最后一个紧逼张♠3之前,他可以先兑现明手的♣A,这样就和桥牌书上介绍的交叉紧逼的基本模式完全一样。假如东家没有顽固地一再将吃,那么定约人将至少要输2墩将牌。假如东家不是惊觉自己糊里糊涂地帮了定约人的忙,那么很难说后来他会不会意识到自己的♣7还能起到遏制明手♣6的作用,不过我怀疑他还是会垫草花而不是红心的,因为他根本没留意到定约人是没有一个 A 的,要不然他只需用♠Q将吃一次即可将此满贯定约盖棺论定了。

例 2.9.12 诱使防家的两大牌互撞,并不一定发生于前五轮的出牌时。假如定约人一开始就能有效地把水搅混,那么尽管进入残局阶段,防家也还是有可能不辨真相地把己方的两大牌互杀一气。在1971年的百慕大杯赛中,澳大利亚队与北美队相遇,澳大利亚桥牌高手希尔斯的胆略在下面这手牌中发挥得淋漓尽致,令许多桥牌专家推崇不已。

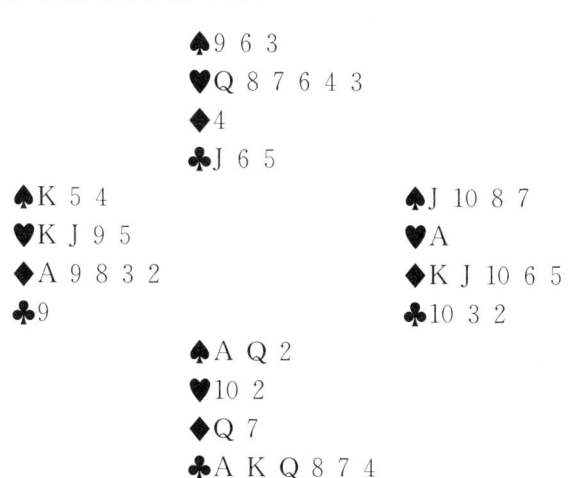

```
              ♠ 9 6 3
              ♥ Q 8 7 6 4 3
              ♦ 4
              ♣ J 6 5
♠ K 5 4                    ♠ J 10 8 7
♥ K J 9 5                  ♥ A
♦ A 9 8 3 2                ♦ K J 10 6 5
♣ 9                        ♣ 10 3 2
              ♠ A Q 2
              ♥ 10 2
              ♦ Q 7
              ♣ A K Q 8 7 4
```

双方无局，叫牌过程如下：

西　　　北　　　东　　　南
开普兰　康明斯　凯　　希尔斯
　　　　 —　　 —　　3NT
都不叫

位于西家的是美国队的开普兰，他首拔♦A，从理论上讲，这是对付赌博性三无将开(争)叫的最有效的首攻。同伴凯(Norman Kay, 1927-2000)很高兴地跟♦J以示欢迎。是时已合作多年的两位美国一流老将[①]竟然在此信号上发生了分歧，开普兰的理解是同伴想请他出较高的一门花色，于是他改出♠4。定约人希尔斯侥幸地暂渡一道险关，非但如此，对手还提供免费飞牌的机会，然而他一时还是只有8墩牌，对此他并不满足。只见他谢绝了这份人情，竟然用♠A拿下！接着定约人连打草花，得如下形势：

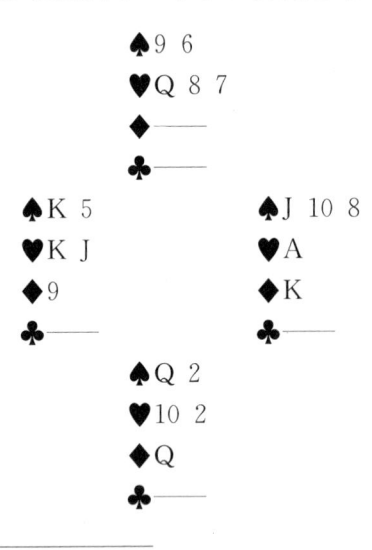

```
              ♠9 6
              ♥Q 8 7
              ♦
              ♣

♠K 5                    ♠J 10 8
♥K J                    ♥A
♦9                      ♦K
♣                       ♣

              ♠Q 2
              ♥10 2
              ♦Q
              ♣
```

---

① 在北美桥联，开普兰和凯均被认为是两位德高望重的桥牌好手。开普兰还是桥牌竞赛规则的权威之一，他还连续十年担任过世界桥牌锦标赛的首席现场评讲员。开普兰和凯被认为是最成功而又最持久的一对伙伴。从1957年至1977年，凯还被北美桥联月刊评为"20年来表现最杰出的一名选手。"

按说定约人这时气数已尽,孰料结果并不然。希尔斯从手中送出♥2,唯恐让明手偷吃到一墩红心,开普兰急不可耐地抽出♥K,结果和凯的♥A撞了个满怀。心怀不悦的凯有点漫不经心地打回♠8,定约人忍让,开普兰以为同伴还有♠Q J在手,为防阻塞,他用♠K拿后并打回黑桃。就这样有机会宕2墩的3NT竟然被希尔斯还超额了一墩。

这里你再次看见了"用不必要的大牌去赢得一墩"的妙用,希尔斯此举使得开普兰以为同伴持着♠Q,否则他是不会主动解封的。

例 2.9.13 当人们尝试一个局时,大家都不很介意将牌的质量如何,似乎找到8张将牌配合就差不多了。在尝试一个满贯定约时,恐怕没人会对将牌的质量掉以轻心的吧,这也就是为什么在布莱克伍德问叫之后,人们又发明了罗马关键牌问叫的主要原因。如果我告诉你某个人叫到了小满贯,到头来却发现K Q 10 9 8这几张牌都在防家之手,那你将会如何想?可能你的第一反应是:这怎么可能呢?稍加考虑之后,可能你会说:当一位防家恰好持双张将牌K Q时,或是当东家持K Q 10这样三张将牌,而定约人持的将牌是以A J为首的,定约人还是能只输一墩将牌的。毫无疑问,你讲得完全正确,不过这一回很特别,K Q两大将牌分居两边,而且成3-2分布。在你说"不"字之际,我告诉你意大利队的德-法尔考完成了此"不可能"的壮举,而且他的对手并不是什么地区俱乐部以打桥牌作消遣的老太太,而是世界冠军拥有者。那是在1983年的百慕大杯赛中,意大利队在循环赛中与七年前从他们手中夺去世界奥林匹克桥牌队式锦标赛桂冠的巴西队相遇了,其中有这么一手牌:

```
                    ♠5
                    ♥K 10 9 4 3
                    ◆6 3
                    ♣K Q 5 4 3
♠10 7                                   ♠K Q J 9 8 4 2
♥Q 5 2                                  ♥8 7
◆K 8                                    ◆Q 10 9
♣10 9 8 7 6 2                           ♣J
                    ♠A 6 3
                    ♥A J 6
                    ◆A J 7 5 4 2
                    ♣A
```

双方有局,叫牌过程如下:

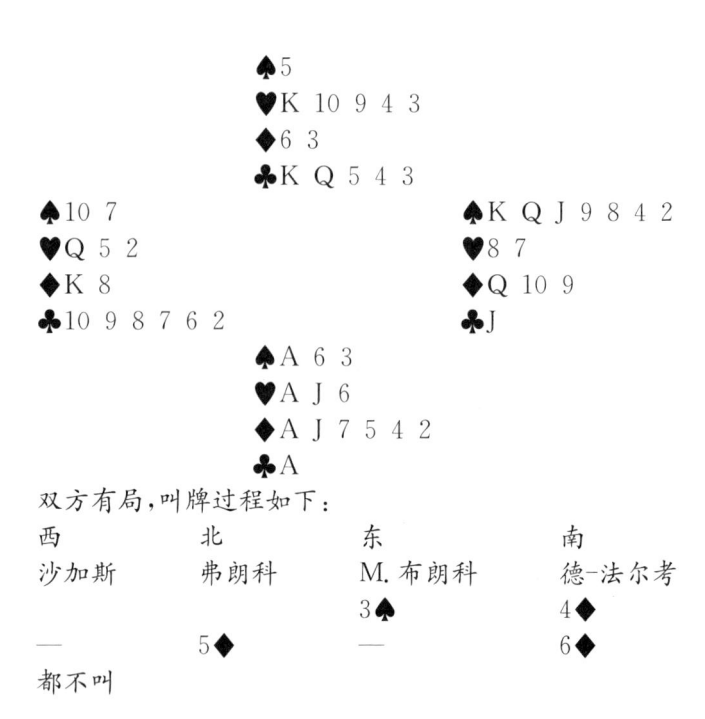

西	北	东	南
沙加斯	弗朗科	M.布朗科	德-法尔考
		3♠	4◆
—	5◆	—	6◆
都不叫			

可能大多数人持德-法尔考的牌时会选择叫 3NT,但他很求稳地叫了 4◆,不过在获得同伴的支持后,他似乎有点"前恭而后倨"了。

西家沙加斯首攻♠10,定约人德-法尔考只得用♠A 收下,随即他陷入了长考之中,他想找到一条能只输一墩将牌的道路,至于黑桃和红心上的可能输张,那是将来在另谋出路的事了。最终,德-法尔考决定不是单纯地把希望寄托于西家持双张◆K Q 上,只要东家有三张方块,那么他的草花就一定长不了。定约人打掉♣A 解封,他再出张黑桃让明手将吃,接着他从明手出♣K,这时鱼儿上钩了。东家 M·布朗科(Marcelo Branco)①犯了个贪小失大的错误,他用◆9 将吃,定约人用◆J 盖吃. 德-法尔考兑现◆A 后送出方块,和防家的◆K Q 撞了个满怀。沙加斯上手之后打不出

---

① 不能因为这个较低级的错误而对 M·布朗科有丝毫的小觑。M·布朗科是"三冠王"十人俱乐部中的一员,而且他是唯一一得过两届世界桥牌双人赛桂冠的选手。

黑桃,他只好打回草花,定约人便把黑桃输张垫去了。西家的2-3-2-6牌型已明,德-法尔考根本不必冒险飞红心,他可以有100%的把握在红心和草花上紧逼西家,在他把最后一张的方块打出时,沙加斯只好缴械认输。

  M. 布朗科的错误值得我们引以为鉴,除非你有着充分的理由,才用你的小将牌将吃,否则当你想将吃时,还是动用你的大将牌为好,要不然就垫张牌静观动态。当然,在 M·布朗科出错后,沙加斯还有机会替他弥补,那就是在定约人用◆A调将牌时主动送出他的◆K,这样东家在◆Q上手之后便能兑现到一墩黑桃。不过相形之下,他的错误就远不及 M·布朗科的那么严重了。

  例 2.9.14 在尝试一个有将定约的大满贯时,人们不单要必备将牌花色的 A 和 K,还想拥有将牌花色的 Q 以求安全。假如双方不拥有将牌 Q,而且将牌张数又不到十张,那么人们只好停留在小满贯上了。如果我告诉你曾有一个人叫了7♥,而♥K Q 10 7 5 这么几张将牌都在防家手中,那么你可能会问他结果宕了几墩啊?或许你还会嘀咕这个定约太荒唐。这样的事居然还是发生了,他非但叫了7♥,而且竟然还做成了7♥!这位叫7♥的高手是英国杰出选手柯林斯(John Collings,1933－2005)。

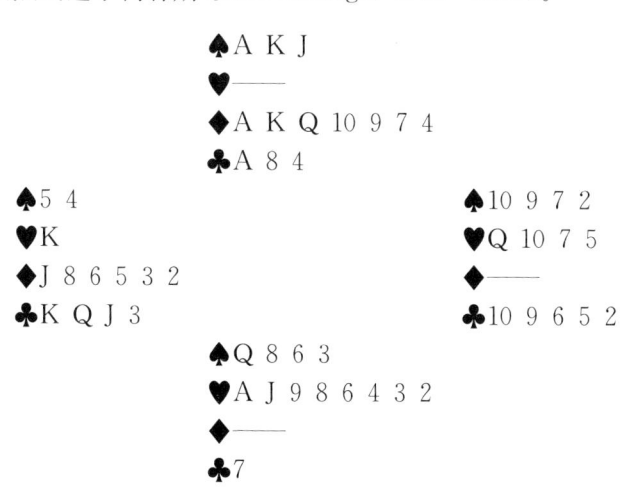

      ♠A K J
      ♥—
      ◆A K Q 10 9 7 4
      ♣A 8 4

♠5 4   ♠10 9 7 2
♥K   ♥Q 10 7 5
◆J 8 6 5 3 2   ◆—
♣K Q J 3   ♣10 9 6 5 2

      ♠Q 8 6 3
      ♥A J 9 8 6 4 3 2
      ◆—
      ♣7

南北有局，叫牌过程如下：

西	北	东	南
—	2♣	—	2♥
—	4NT	—	5♦
—	7♦	—	—
加倍	—	—	7♥
加倍	都不叫		

这里的南家便是柯林斯，虽然他一张方块也没有，他还是相信同伴叫7♦是有充分理由的，但是在西家加倍之后，他断定对手肯定有相当把握。柯林斯想试试7♥的运气，他当然没想到同伴竟然红心缺门。北家对同伴的更改必怀嗔意，但他无法再叫8♦了。

西家首攻♣K，定约人用明手的♣A拿，尽管他手中压根没有旁套输张，柯林斯也立即让明手出♦A，东家不知情地用♥5将吃，定约人盖吃。柯林斯出张黑桃到明手，他从明手再出♦K，东家寸土不让地再次用♥7将吃，定约人再盖吃。定约人再出黑桃到明手，他继续从明手出大方块，东家仍旧将吃，不过他还是舍不得动用他的♥Q。在用♥J盖吃之后，柯林斯打出了♥A，在他十分高兴地看到♥K和♥Q同时应声而落，他微笑地对同伴说："运气真好，将牌恰好平均分布。"

显而易见，东家的顽固和贪婪已到了令人可悲的地步了。东家首次将吃完全正确，但是在定约人盖吃后，东家应该一改初衷。不论定约人持什么样的将牌，东家留着♥Q 10 7三张将牌在手，他不是可以稳稳地拿到一墩吗？

2.9.15 巧妙使用诱使对手的两张大牌互撞的手法，可在打牌过程中发挥更大的作用，定约人可抓住防家担忧与同伴大牌同归于尽的这种心理做文章。1956年在蒙特卡罗举行了一场别开生面的桥牌邀请赛，组织者邀请了24名当时欧美桥牌好手在五天中不断交换伙伴打24盘牌，以最终得分的众寡来决定名次，其中有这么一手牌：

```
            ♠ J 5 4
            ♥ A 10 6
            ♦ A K 8 3
            ♣ A Q 10
♠ K 10 8 7 3              ♠ 9 6
♥ Q J 9 8                 ♥ 5 4 2
♦ 7 4 2                   ♦ 9 6
♣ 8                       ♣ 9 7 6 5 4 2
            ♠ A Q 2
            ♥ K 7 3
            ♦ Q J 10 5
            ♣ K J 3
```

南家斯台曼开叫1♦后,西家争叫1♠,最终南北方叫到6♦。西家首攻♣8。定约人拿下后马上肃清了对手的将牌,接着他打去♠A,然后送出♠2。西家担忧放上自己的♠K有可能撞上同伴的♠Q,因此他犹豫了一阵之后跟小黑桃放过。斯台曼一招得手便得理不让人了,他在拿2墩草花后用黑桃投入西家。西家不愿给定将吃垫牌的机会,他改出♥J,然而定约人认定红心两大牌都为西家所持,他随后飞捉西家的♥Q而完成了定约。

第十章　精　神　紧　逼

精神紧逼(pseudo squeeze)同我们平素所说的紧逼并不是一回事。通常我们说的紧逼,哪怕最简单的紧逼也须具备四个条件:(1)紧逼张,它用来迫使对手垫牌;(2)威胁张,一旦对手把止张或可赢张垫去,那么威胁张就成了赢张;(3)进手张,它用来兑现升级成为赢张的威胁张;(4)时机,真正的紧逼战术是通过紧逼张的兑现迫使对手放弃止张,可赢张或是失去对止张的保护,而精神紧逼往往在后三个条件中缺少了至少一个,之所以有时得以成功,那是因为对手垫牌失误所致。换句话说,只要对手垫牌无误,那么精神紧逼是没有成功可能的。

例 2.10.1 在接受英国桥牌作家 M. 史密斯的采访时,楚斯考特夫人(Dorothy Hayden Truscott, 1925 - 2006)[①]欣然介绍了她的三个得意之作,信不信由你,其中的两个竟然都是靠诱骗战术得手的。下面的这手牌是楚斯考特夫人在 1967 年参加北美桥联的春季女子队式赛时发生的。

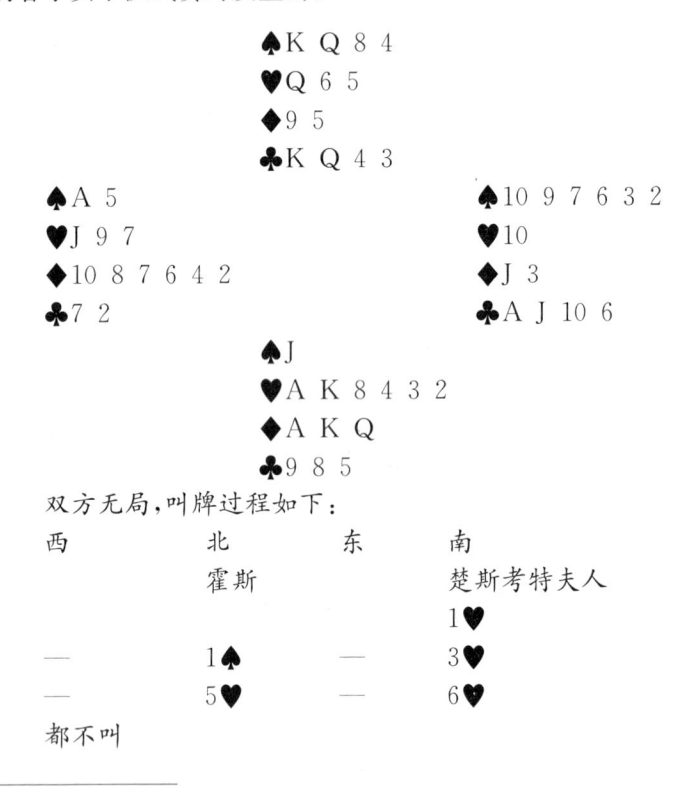

```
                ♠ K Q 8 4
                ♥ Q 6 5
                ♦ 9 5
                ♣ K Q 4 3
♠ A 5                        ♠ 10 9 7 6 3 2
♥ J 9 7                      ♥ 10
♦ 10 8 7 6 4 2               ♦ J 3
♣ 7 2                        ♣ A J 10 6
                ♠ J
                ♥ A K 8 4 3 2
                ♦ A K Q
                ♣ 9 8 5
```

双方无局,叫牌过程如下:

西	北	东	南
	霍斯		楚斯考特夫人
			1♥
—	1♠	—	3♥
—	5♥	—	6♥
都不叫			

---

① 楚斯考特夫人是桥牌史上第一位参赛百慕大杯并获得银牌的女选手,她荣获过三届威尼斯杯的桂冠及一次世界奥林匹克桥牌锦标赛女子团体赛的第一名,还荣获过世界桥牌锦标赛公开组双人赛的第三名及北美桥联蓝结桥牌双人赛的冠军,在当时这是女选手首次获得过的最好成绩了。上个世纪 80 年代初,她曾两次随杨小燕女士参加上海国际城市桥牌邀请赛。

正如事后楚斯考特夫人所分析的那样,她和同伴都多叫了一个红心,同伴只宜加叫到 4♥,而她则应该在 5♥ 后 pass 的。待冲上 6♥ 后才发现原来有两个 A 在防家手中。

西家首攻方块,定约人用 ♦K 吃掉东家的 ♦J。定约人打掉 ♥A,她再出张小将牌到明手的 ♥Q。楚斯考特夫人原打算从明手出小黑桃"偷"一墩黑桃的,然而东家垫了张小黑桃使她改变了主意,她判断西家持着 ♠A,于是定约人通过 ♦A 回到手中。定约人从手中打出 ♠J,西家很正确地将它收下,不过她很消极地打回红心。定约人用 ♥K 拿后又连打两轮红心,这时她让明手留的是 3 张黑桃和 ♣K,东家手中的 4 张牌是 3 张黑桃及 ♣A。当楚斯考特打掉最后一张将牌时,西家像前面几轮那样,还是一味地垫方块,定约人扔掉明手的 ♣K,东家如坐针毡,她想了半天,最终放弃了 ♣A!

东家显然是名无辜的受害者,她的错判完全是由于同伴的漫不经心所造成的。东家早就知道西家有着 6 张方块,垫方块又能给同伴什么帮助呢?试想,只要西家把那张 ♠5 垫去,东家不需绞尽脑汁也就能推算出定约人的牌型了,她当然也就不会犯错误了。

例 2.10.2 厄哈特(Maria Erhart)是名杰出的奥地利桥牌女选手,除了威尼斯杯外,其他的奖杯她基本上都捧回家了。厄哈特可称得上是大器晚成。她是在 25 岁时才学打桥牌的。除了悟性高之外,她很幸运地得到前辈高手马库斯夫人的提携。俗话说,名师出高徒,厄哈特就像她的老师那样叫牌凶猛而打牌细腻。1996 年厄哈特和库巴克结伴参加欧洲桥牌锦标赛的混合双人赛,下面的这手牌可部分地解释为什么他俩能荣获那次比赛的冠军。

♠ A K 10 9 8 7 6
♥ 7 3
♦ Q 5
♣ Q 8

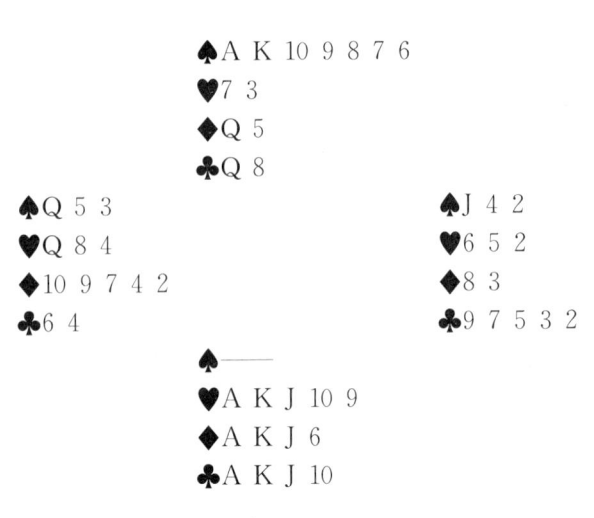

♠ Q 5 3
♥ Q 8 4
♦ 10 9 7 4 2
♣ 6 4

♠ J 4 2
♥ 6 5 2
♦ 8 3
♣ 9 7 5 3 2

♠ —
♥ A K J 10 9
♦ A K J 6
♣ A K J 10

双人赛，双方无局，叫牌过程如下：

西	北	东	南
	库巴克		厄哈特
			1♣（1）
—	1♠（2）	—	2♣！
—	3♠	—	4♦
—	4♠	—	7NT！

都不叫
（1）强牌虚叫
（2）三个控制张（1A1K，或是3K）

颇具心机的厄哈特直到叫牌结束也不肯让其余三人知道她有着一个相当好的红心套，因此她很自信西家一定会首攻红心的。谁知西家偏偏打出的是♦10时，北家把牌摊了下来，这时厄哈特心头不由得一沉：不好，我只有12个赢张。由于缺桥短路，这手牌不存在紧逼的可能，定约人又不愿意飞红心，因为从西家的首攻，她判断西家多半持♥Q。考虑再三，厄哈特决定铤而走险——采取精神紧逼。

在用明手的♦Q拿下首墩后，定约人连打四轮草花，西家暂时毫无困难地连垫两张方块。接着厄哈特又兑现她的方块赢张，当她打出第三张方块时,西家恰好跟出最后一张方块,东家则垫去张她认为是最没用的第五张草花。在定约人打出第四张方块时,西家被迫决定究竟让哪一个 Q 失去保护。鉴于明手有两次出牌机会,定约人却都无意去兑现明手的黑桃大牌,加上谁也没料到定约人藏着五张好红心却叫了个四张的草花和方块,为此西家很有理由地判断定约人的牌型是 1-4-4-4。既然东家"至多"只有两张黑桃,西家就有责任保护好黑桃。当西家抛弃红心之后,厄哈特拿了余下的几墩牌。

你一定会责怪东家垫牌不慎,假如她垫去张小红心,那么西家就有可能猜出定约人持有五张红心,假如东家在两次方块的垫牌机会时连垫♥2 和♥5,那么西家是不会有任何疑惑的。

例 2.10.3　在 1964 年的欧洲桥牌锦标赛中,英国队与挪威队的交手时有这么一手牌,位于南家的是英国队的哈里森-格雷(Maurice Harrison Gray,1899 - 1968),北家是普莱迪(Richard Anthony Priday,1922 - 2014)①。假如仅看南北两家的牌,那么人人都会选择 3NT 来作为自己的定约,因为连 5♣也未必稳妥,可是那两位英国选手一直冲到 6♣才停下来。

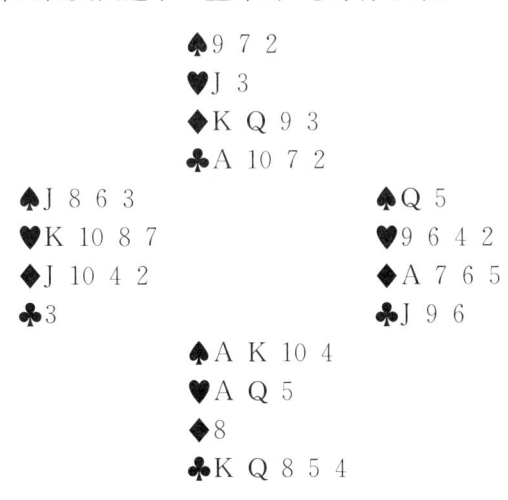

```
                ♠ 9 7 2
                ♥ J 3
                ♦ K Q 9 3
                ♣ A 10 7 2
  ♠ J 8 6 3                  ♠ Q 5
  ♥ K 10 8 7                 ♥ 9 6 4 2
  ♦ J 10 4 2                 ♦ A 7 6 5
  ♣ 3                        ♣ J 9 6
                ♠ A K 10 4
                ♥ A Q 5
                ♦ 8
                ♣ K Q 8 5 4
```

---

① 哈里森-格雷和普莱迪都是当时的英国的桥牌国手。

西家首攻的是小红心,使定约人受益匪浅,在明手的♥J意外地拿到一墩后,定约人通过将牌回手。现在哈里森-格雷从手中打出方块,只要♦A在西家,那么不论他拿与否,那么定约人都可以立即摊牌:如果西家拿,那么定约人将免输一墩黑桃;如果西家忍让,那么定约人则不输方块,接下来不论是连打黑桃大牌还是双飞黑桃,定约人也只输一墩黑桃而已。不过事情并不那么美满,东家用♦A吃掉明手的♦Q后,他打回红心。哈里森-格雷用♥A拿并让明手将吃了一墩红心。现在定约人开始调将牌。在第二轮将牌时,西家垫去红心,在第三轮将牌时,西家放弃了张小黑桃。定约人尽管已肃清防家的将牌,哈里森-格雷也置明手的♦K一边不理,他继续通过将牌向防家施压。在第四轮将牌时,西家并不痛苦地扔掉了张小方块,这时西家余下的五张牌是♠J 8 6 和♦J 10。但是在第五轮将牌时,西家必须决定要保护哪一门花色。从定约人的打牌路线来看,他很像还留着一张方块在手的,于是西家忍痛又垫黑桃……

例 2.10.4 前面一节介绍过的德国桥牌好手冯-德威兹,艺高胆大,常有惊人之举,请看他在下面一手牌中的精彩表演。

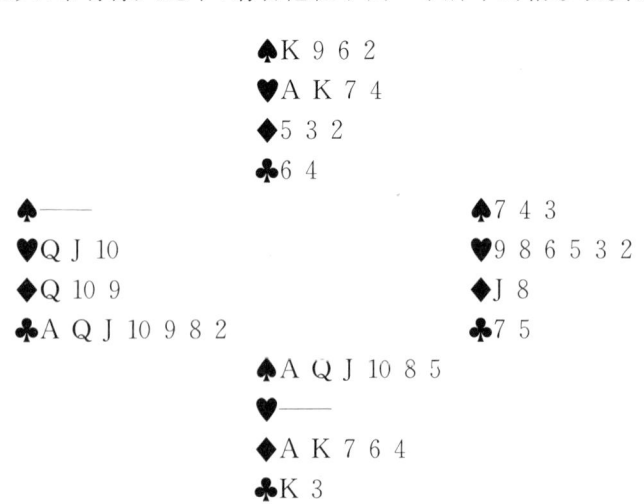

```
                    ♠ K 9 6 2
                    ♥ A K 7 4
                    ♦ 5 3 2
                    ♣ 6 4
♠ —                                    ♠ 7 4 3
♥ Q J 10                               ♥ 9 8 6 5 3 2
♦ Q 10 9                               ♦ J 8
♣ A Q J 10 9 8 2                       ♣ 7 5
                    ♠ A Q J 10 8 5
                    ♥ —
                    ♦ A K 7 6 4
                    ♣ K 3
```

双方无局,叫牌过程如下:

西	北	东	南
			2♠(1)
3♣	5♠	—	6♠
都不叫			

(1) 强牌二花色开叫

西家首拨♣A,继而再出♣Q。假如西家首攻的是别的花色,那么定约人可用明手的两张红心大牌垫去手中的草花输张,这个满贯将可舒舒服服地完成。在西家抢先兑现♣A之后,明手的♥A K几如虚设,根本不起垫牌作用。

在手中的♣K拿后,定约人德威兹置明手的红心大牌于一旁而连打五轮黑桃,得如下形势:

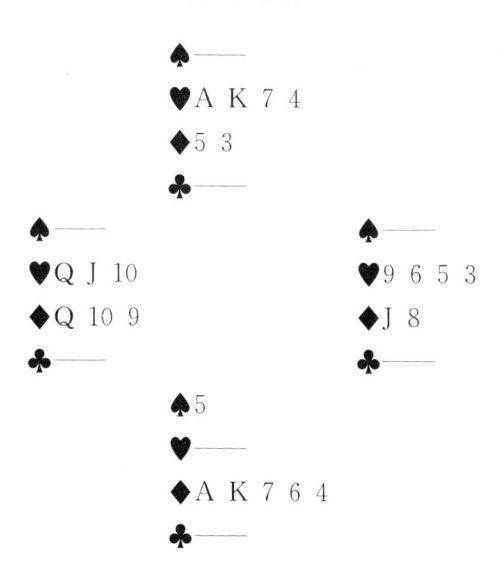

```
              ♠—
              ♥A K 7 4
              ♦5 3
              ♣
♠                          ♠
♥Q J 10                    ♥9 6 5 3
♦Q 10 9                    ♦J 8
♣                          ♣
              ♠5
              ♥
              ♦A K 7 6 4
              ♣
```

现在定约人出最后一张将牌,西家遇到前二例中的西家类似的局面:究竟保护哪一门花色好呢?东家确实垫过红心,西家也知道同伴持的是偶数张红心,但东家持的是4张红心还是6张呢?西家看不出来。寄希望于同伴或许能守住方块,西家最终决定保红心放弃方块,这正中德威兹的下怀。

例 2.10.5 塔罗(Joel Tarlo,1905-1991)是前英国桥牌好手,他曾两次代表英国参加过世界桥牌锦标赛,下面是他和马库斯夫人为伴时打的一手牌。

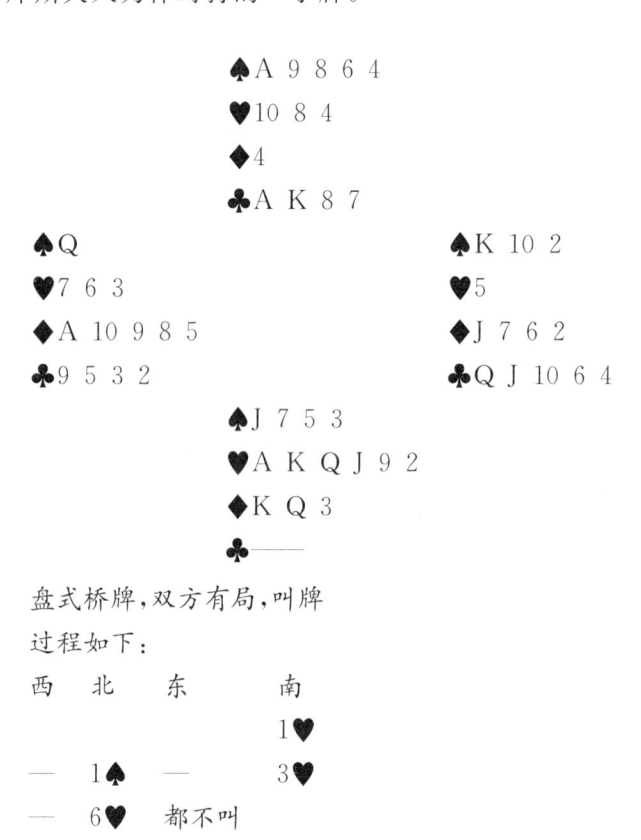

```
                ♠ A 9 8 6 4
                ♥ 10 8 4
                ♦ 4
                ♣ A K 8 7
♠ Q                              ♠ K 10 2
♥ 7 6 3                          ♥ 5
♦ A 10 9 8 5                     ♦ J 7 6 2
♣ 9 5 3 2                        ♣ Q J 10 6 4
                ♠ J 7 5 3
                ♥ A K Q J 9 2
                ♦ K Q 3
                ♣ —
```

盘式桥牌,双方有局,叫牌过程如下:

西	北	东	南
			1♥
—	1♠	—	3♥
—	6♥	都不叫	

西家首拔♦A,见明手只有一张方块后,他改出♠Q,定约人塔罗无法不拿,东家跟♠10表示鼓励。定约人藏着小黑桃在手,他跟出的是♠7。假如定约人现在就动用明手的♣A K 来垫手中的黑桃,那么他将还有一张黑桃输张无处交待。于是塔罗干脆把明手的草花大牌撂在一旁,他开始连打六轮将牌并兑现手中的♦K,

得如下形势：

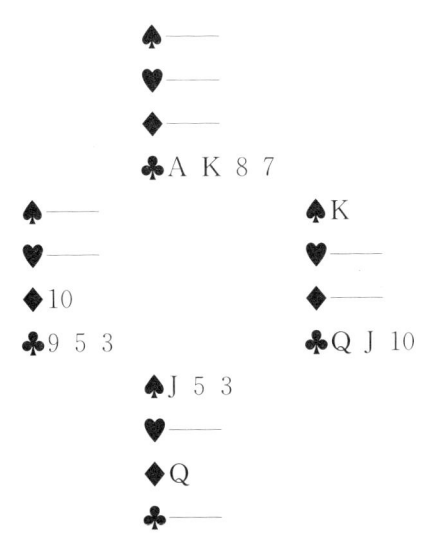

```
              ♠ —
              ♥ —
              ♦ —
              ♣ A K 8 7
♠ —                      ♠ K
♥ —                      ♥ —
♦ 10                     ♦ —
♣ 9 5 3                  ♣ Q J 10
              ♠ J 5 3
              ♥ —
              ♦ Q
              ♣ —
```

现在塔罗打出了♦Q，西家跟出♦10，东家备受痛苦。从定约人迟迟不能摊牌，东家清楚地知道一旦自己垫牌出错，那就是拱手以满贯相赠。首先东家没想到塔罗竟然一张草花也没有，其次西家出♠Q很可能他还有♠J呀。想到这里，东家决定舍黑桃而保草花。

例 2.10.6 1974 年在英国的曼彻斯特举行了一场小规模的桥牌邀请赛，12 名选手组成三个队进行角逐。英国当时最强劲的四名高手里斯、弗林特、柔斯和希汉组成甲队；影星兼桥牌好手夏里夫与法国好手亚路士为伴，加上英格兰最出色的霍夫曼（Martin Hoffman）和哈基特（Paul Hackett）[①]组成乙队，丙队则由另四名英格兰的好手组成。在乙队和丙队的对抗时，出现这么一手牌：

---

① P. 哈基特有两个孪生子，都是目前很活跃的桥牌好手。在 1996 年的世界奥林匹克桥牌队式锦标赛中，哈基特父子占据了英国队的一半位置，虎父无犬子，一时传为佳话。

```
                ♠ —
                ♥ K Q 6 4 2
                ♦ 9 6 5
                ♣ A 8 7 6 2
   ♠ J 8 7 3                    ♠ 5 2
   ♥ J 10 9 5                   ♥ 8 7 3
   ♦ J 3                        ♦ K Q 10 8 7 4 2
   ♣ 10 5 3                     ♣ 9
                ♠ A K Q 10 9 6 4
                ♥ A
                ♦ A
                ♣ K Q J 4
```

双方有局,叫牌过程如下:

西	北	东	南
—	—	3♦	4NT
—	6♣	—	7NT

都不叫

事后南家夏里夫说,假如东家 pass,那么他打算径直开叫 4NT,按约定,同伴在五阶或是六阶水平上报出他的 A。譬如说,当同伴没有 A 时,回答 5♣,当同伴只有 ♣A 时,则回答 6♣。受到东家的干扰,南北家未能叫到最佳定约 7♣,虽说 7NT 也应是个合理的定约,但谁知黑桃还会输一墩。

明知定约人肯定有 ♦A,西家仍然很忠实地首攻方块,因为他一时看不出只要他首攻 ♥J,那么夏里夫便将无计可施了。在用 ♦A 拿下首墩后,夏里夫很小心地不让自己的黑桃曝光,与此同时他也并不急于把手中的 ♥A 打掉解封。定约人通过逐张草花赢张的兑现向防家施压。四轮草花之后,得如下形势:当明手打掉最后一张草花时,定约人垫去黑桃,西家发现他必须在两门高套上作一取舍。无疑,定约人肯定持 ♥A 在手,再说西家哪里知道并没有第二张红心,于是情有可原地放弃张黑桃,这正是夏里夫所盼望已久的。

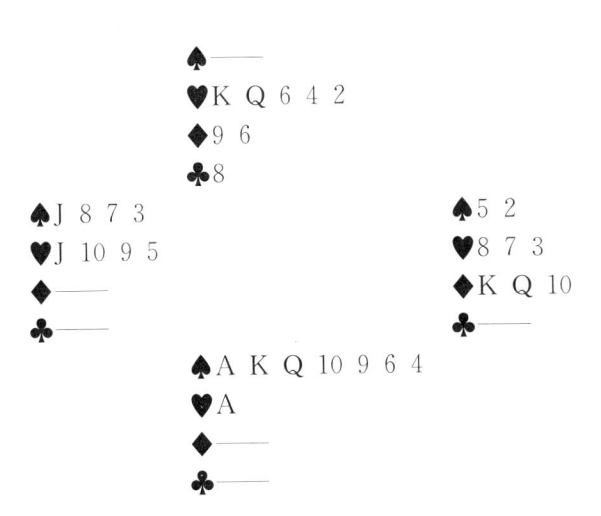

```
              ♠ —
              ♥ K Q 6 4 2
              ♦ 9 6
              ♣ 8
♠ J 8 7 3                    ♠ 5 2
♥ J 10 9 5                   ♥ 8 7 3
♦ —                          ♦ K Q 10
♣ —                          ♣ —
              ♠ A K Q 10 9 6 4
              ♥ A
              ♦ —
              ♣ —
```

例 2.10.7 1984年亚洲和中东地区的桥牌锦标赛在毛里求斯举行，不出人们所料，冠亚军决赛又是在巴基斯坦队和印度队之间进行的。其中有这么一手牌：

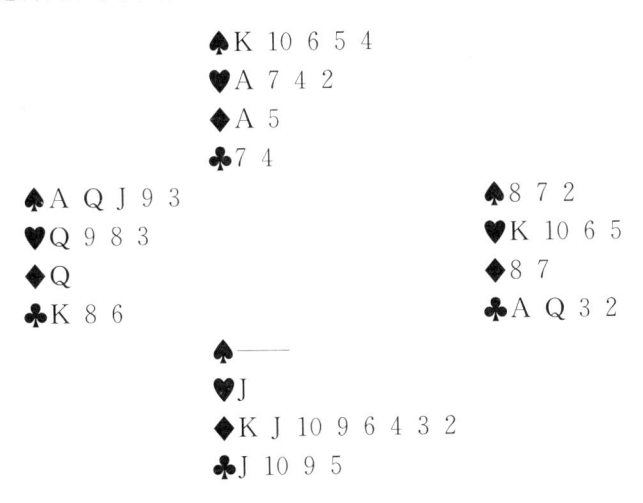

```
              ♠ K 10 6 5 4
              ♥ A 7 4 2
              ♦ A 5
              ♣ 7 4
♠ A Q J 9 3                  ♠ 8 7 2
♥ Q 9 8 3                    ♥ K 10 6 5
♦ Q                          ♦ 8 7
♣ K 8 6                      ♣ A Q 3 2
              ♠ —
              ♥ J
              ♦ K J 10 9 6 4 3 2
              ♣ J 10 9 5
```

双方无局，轮到南家开叫，位于南家的齐亚一开口就是五方块。尽管牌桌上余下的另三位选手对齐亚的野心并无异议，现场讲评员对这个定约却毫不乐观，他说哪怕西家首攻♠A，定约人也无法完成这个定约。他的话并没错,树立一个♠K赢张垫不了两张草花,一旦定约人自己送出草花,那么防家不替定约人调将牌才怪呢。不过,他的结论要成立的前提是防御正确无误。

事实上西家作出消极性首攻——♦Q。定约人齐亚让明手的♦A拿下后又连调五轮将牌,西家和东家被迫分别要垫五张和四张牌。防家仅知道齐亚有着八张方块,至于他的旁套花色如何,则毫无头绪。为盯着明手的两高套,结果西家垫了张小草花,东家则垫了两张小草花。就这样,在连送两轮草花之后,定约人手中的另两张草花也成了赢张。

例 2.10.8　1992 年 11 月,北美桥联的终身大师级桥牌双人赛在佛罗里达的奥兰多举行,参赛者达 6 000 人之众,其中有这么一手牌:

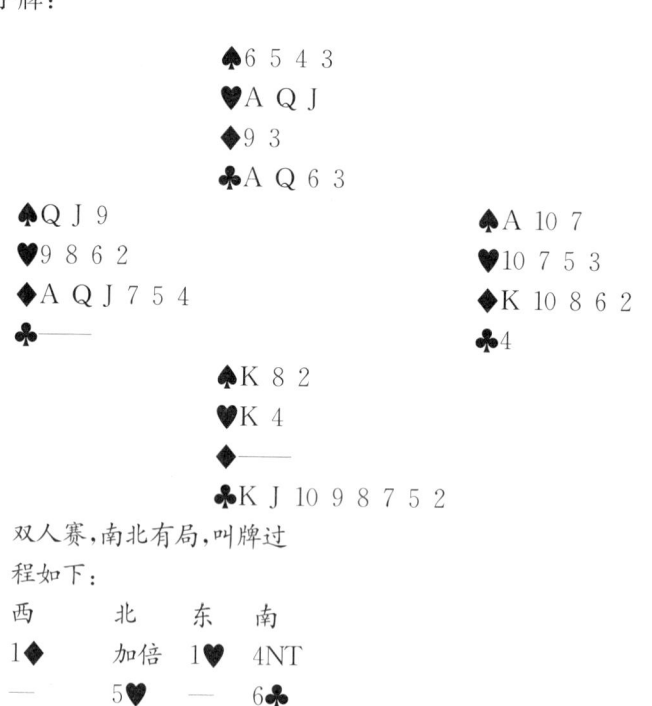

```
                  ♠ 6 5 4 3
                  ♥ A Q J
                  ♦ 9 3
                  ♣ A Q 6 3
♠ Q J 9                              ♠ A 10 7
♥ 9 8 6 2                            ♥ 10 7 5 3
♦ A Q J 7 5 4                        ♦ K 10 8 6 2
♣                                    ♣ 4
                  ♠ K 8 2
                  ♥ K 4
                  ♦
                  ♣ K J 10 9 8 7 5 2
```

双人赛,南北有局,叫牌过程如下:

西	北	东	南
1♦	加倍	1♥	4NT
—	5♥	—	6♣
都不叫			

西家首攻红心，定约人罗森伯格①让明手的♥J拿。假如对手没有介入叫牌，那么定约人很可能在肃清将牌之后用明手的红心垫去手中的一张黑桃，然后因♠A的位置有利而完成定约。现在西家首家开叫，使得定约人罗森伯格认为♠A肯定在西家之手，于是上述作战方案便很自然地被他排除，斟酌一番后，罗森伯格决定以诈取胜。在调出东家仅有的那一张将牌之后，定约人连打明手的♥A Q，他垫去手中的♠K！接着罗森伯格连调六轮将牌，两位防家果真被他彻底误导了，他俩接连垫黑桃，得如下形势：

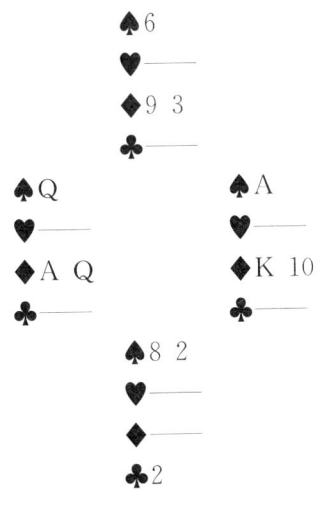

```
                    ♠ 6
                    ♥
                    ♦ 9 3
                    ♣
        ♠ Q                     ♠ A
        ♥                       ♥
        ♦ A Q                   ♦ K 10
        ♣                       ♣
                    ♠ 8 2
                    ♥
                    ♦
                    ♣ 2
```

这时罗森伯格送出♠8，他既高兴又遗憾地发现防家的两张黑桃是如此这般地互撞了，他高兴的是自己完成了定约，遗憾的是自己估计错了。

例 2.10.9　你在前面已欣赏过索伯尔夫人的精彩牌例，这里还想再补充一个。那是在1968年的全美混合团体赛中，当时她已

---

① 那次比赛和罗森伯格为伴的不是齐亚。事后人们发现获得公开组冠军的这对选手都叫迈克(Mike Rosenberg & Mike Kamil)，而且巧的是他俩都是纽约华尔街股票交易所的交易员。

身患癌症,她的同伴是老杰可比,这也是她最后一次参加的正式比赛。

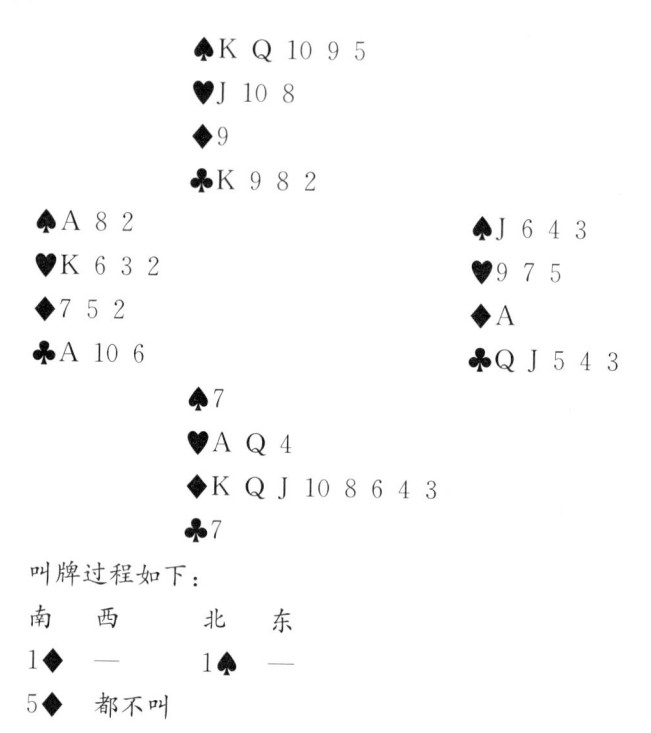

```
                ♠K Q 10 9 5
                ♥J 10 8
                ♦9
                ♣K 9 8 2
♠A 8 2                          ♠J 6 4 3
♥K 6 3 2                        ♥9 7 5
♦7 5 2                          ♦A
♣A 10 6                         ♣Q J 5 4 3
                ♠7
                ♥A Q 4
                ♦K Q J 10 8 6 4 3
                ♣7
```

叫牌过程如下:

南	西	北	东
1♦	—	1♠	—
5♦	都不叫		

看了四家牌,我们知道定约人按说是无法完成这个定约的,防家的3个A共可得3墩,哪怕首攻红心送定约人一个免费飞牌,防家也能击败定约2墩。西家确实首攻♥2,令我们深感意外的是定约人索伯尔夫人不但完成了定约,而且还超额了一墩,真是难以置信。

当西家首出♥2时,定约人放上明手的♥J,从东家没有盖上♥K,索伯尔夫人判断西家持着♥K,她并没有悭吝地跟自己的♥4,而是飞快地打出♥Q!这就是第一章第二节中所说的"用不必要大的大牌拿下一墩",此举给西家深刻印象,以为定约人的红心必是♥A Q双张。索伯尔夫人出♠7,西家担忧定约人持着双张黑桃,于是她放过,由明手的♠Q拿到一墩。定约人从明手调将牌,东家拿后立即打回红心。索伯尔夫人用♥A拦下,接着她逐张兑现她的方块赢张。开始时,西家努力保留她的三张大牌,到第十一轮出牌时,西家决定放弃她的♥K,因为她从一开始就认为定约人只有双张红心。在此之前,定约人早垫光了明手的红心,让明手紧紧地攥住两个黑K。按说东家的黑牌都很小,理应毫无价值并均可抛弃,他却凑热闹般地也抛光红心。就这样,索伯尔夫人手中的♥4便成了第十一个赢张,阵脚大乱的西家又糊里糊涂地垫去♣A,让明手的♣K又拿到一墩。

例 2.10.10 在对付一个满贯定约时,许多有经验的桥牌高手往往不给出真实的信号,他们认为真实的信号给定约人的帮助会多于给同伴的,尽管有的牌垫了之后对同伴丝毫无助。从理论上说,有效的防御应该是在关键的花色上给出真实的信号,而在非关键的花色上不要给出真实的信号。将此理论付诸于实践中时并不那么简单易行,同伴又如何能判断出哪门算是关键花色,哪个算是真实信号呢?至少部分是出自这个原因吧,许多桥牌专家在满贯定约被迫垫牌时,他们常常把无用的小牌先垫去,于是沙加斯就有可乘之机,那是在1991年的开普-吉米尼桥牌邀请赛上。

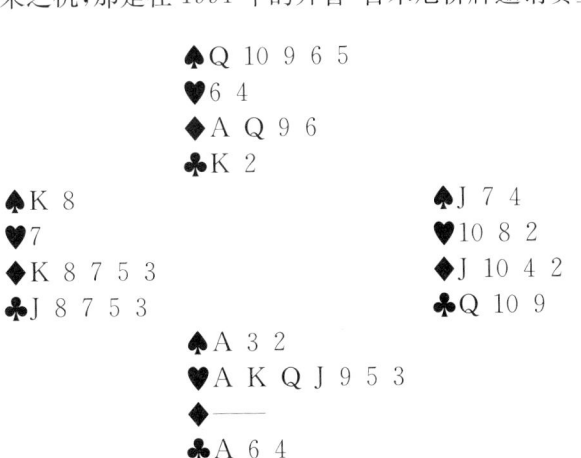

```
              ♠ Q 10 9 6 5
              ♥ 6 4
              ♦ A Q 9 6
              ♣ K 2
♠ K 8                       ♠ J 7 4
♥ 7                         ♥ 10 8 2
♦ K 8 7 5 3                 ♦ J 10 4 2
♣ J 8 7 5 3                 ♣ Q 10 9
              ♠ A 3 2
              ♥ A K Q J 9 5 3
              ♦ —
              ♣ A 6 4
```

南北有局，叫牌过程如下：

西	北	东	南
谢姆拉	M.布朗科	马利	沙加斯
			2♣(1)
—	2♦(2)	—	2♥
—	2♠	—	3♥
—	4NT(3)	—	5♣(4)
—	5NT	—	7♥

都不叫

(1) 强牌虚叫　　　　(2) 等叫，强弱将由下一轮叫牌显示
(3) 布莱克伍德问叫　(4) 0或3A

北家问A又问K，这表明4A已齐全，沙加斯觉得自己如此强大的红心长套未能淋漓尽致地显示出来，所以他干脆以7♥关门了。分坐东家和西家的是两位法国高手马利和谢姆拉，他俩都是世界特级大师。

西家谢姆拉首攻小草花，定约人沙加斯让明手的♣K拿，他立即连打草花，让明手将吃了一轮草花。接着定约人一气连打六轮将牌，得如下形势：

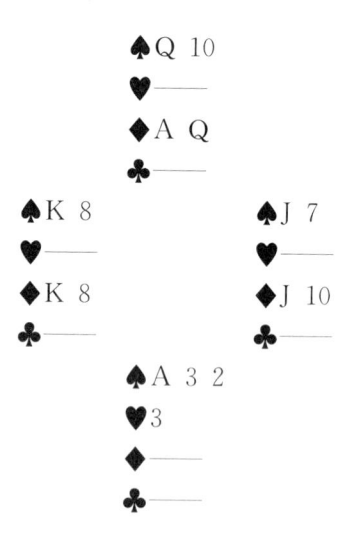

```
              ♠Q 10
              ♥
              ♦A Q
              ♣
♠K 8                    ♠J 7
♥                       ♥
♦K 8                    ♦J 10
♣                       ♣
              ♠A 3 2
              ♥3
              ♦
              ♣
```

现在沙加斯打掉手中最后的一张红心，素来打牌飞快的谢姆

拉几乎没加思索就垫去♠8,明手则垫去◆Q。假如定约人余下的三张牌是两张黑桃(譬如♠A J)和一张方块,那么谢姆拉这样垫牌无疑是正确的,因为定约人这时既可飞方块,他又可飞黑桃,不妨说定约人50%的概率可能出错。谢姆拉没料到沙加斯居然没有方块,随着♠A 的打出,西家的♠K 应声而落。

东家早就看出定约人既没有♠K,又没有◆K,要不沙加斯早就可以摊牌了。假如他俩约定在类似情况下需要给出真实的信号,那么沙加斯是不可能有成功的机会的。譬如,东家在两次垫牌时分别垫♠4 和♠7,那么西家便能知道定约人持三张黑桃了。

例 2.10.11 除了防家常常不愿意在满贯定约时通过垫牌给出真实信号外,有时一位防家不得不在同伴给出信号之前就作出取舍的决定,当他面临定约人的精神紧逼时,他只好凭自己的想象力作出垫牌的判断。在 1980 年世界奥林匹克桥牌队式锦标赛中,加拿大队与以色列队在循环赛时相遇,加拿大队的默雷(Eric Murray)[①]就是利用一位防家无法从同伴那儿获得相关情报而成功地进行精神紧逼。

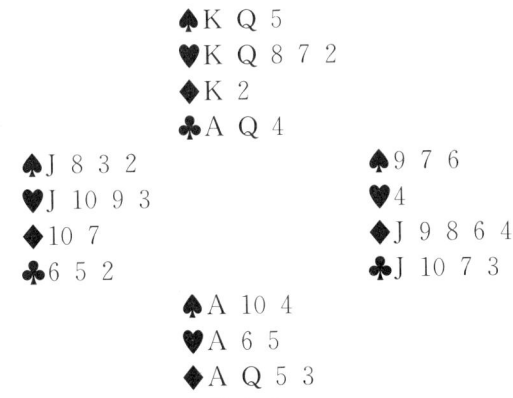

```
            ♠ K Q 5
            ♥ K Q 8 7 2
            ◆ K 2
            ♣ A Q 4
♠ J 8 3 2              ♠ 9 7 6
♥ J 10 9 3             ♥ 4
◆ 10 7                 ◆ J 9 8 6 4
♣ 6 5 2                ♣ J 10 7 3
            ♠ A 10 4
            ♥ A 6 5
            ◆ A Q 5 3
            ♣ K 9 8
```

---

① 默雷和同伴柯希拉被广泛认为是加拿大有史以来最优秀的一对桥牌选手,在上世纪六七十年代,他俩也是北美最出色的选手之一。他俩合作了不下 30 年,多次代表北美地区参加百慕大杯赛,默雷四次、柯希拉三次获得过百慕大杯赛的亚军。

东西有局,叫牌过程如下:

西	北	东	南
	柯希拉		默雷
			1NT
—	2♦(1)	—	2NT(2)
—	3♥	—	3♠
—	4NT(3)	—	5♠(4)
—	5NT(5)	—	6♦(6)
—	7NT	都不叫	

(1) 逼叫性斯台曼　(2) 高限无高套
(3) 问 A　　　　　(4) 3A
(5) 问 K　　　　　(6) 1K

南北家在无人干扰的情形充分交换情报,一步步迈向终点7NT。按说这是个很理想的定约,4A、4K 和 4Q 齐全,12 个快速赢张在手,只要红心 3-2 分布,那么 13 墩牌唾手可得。

西家首攻♣6,明手跟♣4,东家放上了♣10,定约人默雷用♣K 拿。定约人打掉♥A 和♥K,东家的垫牌使默雷不得不停下来思考下一步该怎么办。从东家垫的♦4 来看,默雷排除西家会有四张方块的可能,换句话说,定约人不可能在两门红花色上对西家施行紧逼。既然东家有两低套,那么他未必能判断他该保护哪一门和放弃哪一门。想到这里,默雷先打掉三轮黑桃大牌,大家均有黑桃跟出。在明手兑现♥Q 时,东家坐立不安了,他从定约人的叫牌和出牌中看出,定约人在两门高级花色上各有三张,于是定约人在某一门低级花色上必定持有四张。但是定约人的四张套究竟是哪一门花色呢? 西家只好自己猜测了,因为他没机会看到同伴的信号。

西家首攻♣6,这可能是双张,也可能是三张。如是前者,那么定约人就有四张草花。考虑到明手的方块很短,东家猜想定约人的方块也并不长。在东家垫去第二张方块之后,默雷为加拿大增添 17 个 IMP。

例 2.10.12 林德维斯特(Jorgen Lindkvist，1945－2004)[①]曾是瑞典的一名桥牌好手，他为瑞典夺得1987年的欧洲桥牌锦标赛的冠军及同年的百慕大杯赛的季军立下汗马功劳。在与癌症顽强搏斗数年之后，林德维斯特仍不敌病魔，在参加2004年北美夏季大赛之后即与世长辞了，享年仅58岁。在该年初的桥牌比赛中，尽管业已病入膏肓，林德维斯特也有精彩表演奉献，其思路之敏捷丝毫不减当年。

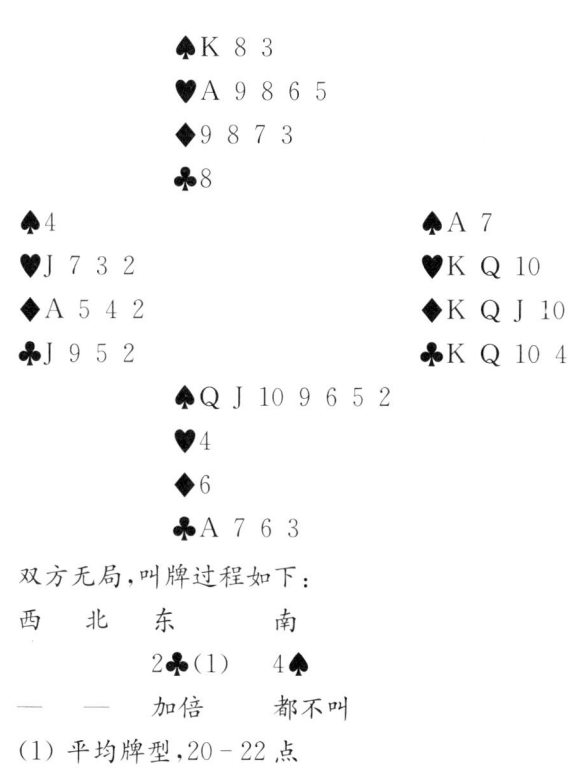

```
              ♠ K 8 3
              ♥ A 9 8 6 5
              ♦ 9 8 7 3
              ♣ 8
♠ 4                        ♠ A 7
♥ J 7 3 2                  ♥ K Q 10
♦ A 5 4 2                  ♦ K Q J 10
♣ J 9 5 2                  ♣ K Q 10 4
              ♠ Q J 10 9 6 5 2
              ♥ 4
              ♦ 6
              ♣ A 7 6 3
```

双方无局，叫牌过程如下：

西	北	东	南
		2♣(1)	4♠
—	—	加倍	都不叫

(1) 平均牌型，20－22点

[①] 姓林德维斯特的瑞典桥牌好手还有一位，他叫 Magnus Lindkvist。这位林德维斯特比前者年轻13岁，他在四届世界桥牌锦标赛中四次获得过季军：1987年和1991年的百慕大杯赛，1988年的世界奥林匹克桥牌队式锦标赛和1986年世界桥牌双人赛中的罗森布伦姆杯赛。因二人同姓，同是瑞典桥牌好手，较易混淆。

东家的开叫显示了一手极强的牌,不过南家并没受到什么影响,他便是林德维斯特。就像桥牌教科书上的范例一样,西家首攻将牌,东家用♠A吃下并打回将牌,一下子减少了明手的两次将吃机会。林德维斯特用手中的♠Q拿后,他不动声色地送出♣7。东家拿后改出定约人并用方块迫使定约人将吃。定约人出草花让明手将吃,接着他自己又将吃了一次方块。现在定约人把余下的3张将牌逐一打出,直至手中剩下♣A 6及一张红心。由于没有一个人触动过红心,因此防家不知道定约人在红心上的虚实。此外,防家都很清楚地知道的是♣A"肯定"是在同伴的手中的。东家留下的是♥K Q及♣K,西家在旁凑热闹般地也攥住♥J不放。定约人用♣A一举击落♥J和♣K,一个只有9赢墩的4♠便完成了。

例 2.10.13 诱骗战术之所以能得逞,说到底是一种令对手意想不到的不寻常手段发挥作用,拿上例来说,在有将定约中,又有几个定约人会不吃掉己方一个旁套花色的单张呢?当林德维斯特使出这招后,防家自然而然地认为他不可能还持有A。相类似的,当A在明手而定约人忍让时,防家也不会想到定约人手中竟然是单张。

♠ 9 4
♥ A J 8 6 3
♦ A 9 4
♣ 10 9 6

♠ 8 5   ♠ J 2
♥ K Q 10 9 2   ♥ 7 5
♦ Q 10 8   ♦ K J 7 5
♣ K J 5   ♣ A Q 4 3 2

♠ A K Q 10 7 6 3
♥ 4
♦ 6 3 2
♣ 8 7

双方无局,叫牌过程如下：

南　　西　　北　　东
4♠　都不叫

在一次欧洲桥牌锦标赛中,意大利桥牌高手劳利亚持南家牌时,他一开口就买下了定约。

西家首攻♥K,看过来又看过去,定约人只有 9 个赢墩,他的 4 个输张似乎根本没遁去的可能。既然如此,劳利亚不动声色地让明手跟小红心放过！在西家看来,再清楚不过是定约人企图飞捉他的♥Q,换言之,定约人手中一定还有那张一时没亮相的♥5。既然东家只有一张红心,他还有能力将吃,既然再出红心又能切断南北方在红心上的联络,额外再拿一墩何乐而不为呢？当西家再出红心时,劳利亚放上明手的♥J!

事后我们发现林德维斯特和劳利亚的诱骗战术并不深奥难学,哪怕被防家所识破也不会多损失一墩,不过在有将定约中,用 A 吃掉己方的一个旁套单张的概念,恐在绝大多数人的脑中已成定式,如果我们在牌桌上常能及时改进这些定式,那么对手定会对我们心怀戒意和惧怕。

第三篇　防家在整手牌时诱骗战术的运用

第一章　令定约人对大牌位置误判的首家出牌

牌局中定约人往往居于主动地位,但首先出牌的毕竟是防家,如果防家能把握住首家出牌的机会,那么还是能给定约人以沉重打击的。先出手的人往往占有先机,给人的第一印象也往往会左右人的思路。首家出牌的战术运用得当,将获益匪浅。

第一节　大牌连接张及嵌张的出法

例 3.1.1-1　下面的这手牌出自 1971 年百慕大杯赛上美国爱司队与澳大利亚队的交手:

```
                    ♠ J
                    ♥ Q 8 7 4
                    ♦ K Q 10 3
                    ♣ A 10 8 5
♠ K 8 4 2                           ♠ 10 6 5 3
♥ 9 3                               ♥ K 6 4 2
♦ A 7                               ♦ J 9 5
♣ K Q J 7 2                         ♣ 9 6
                    ♠ A Q 9 7
                    ♥ J 10
                    ♦ 8 6 4 2
                    ♣ 4 3
```

东西有局，叫牌过程如下：

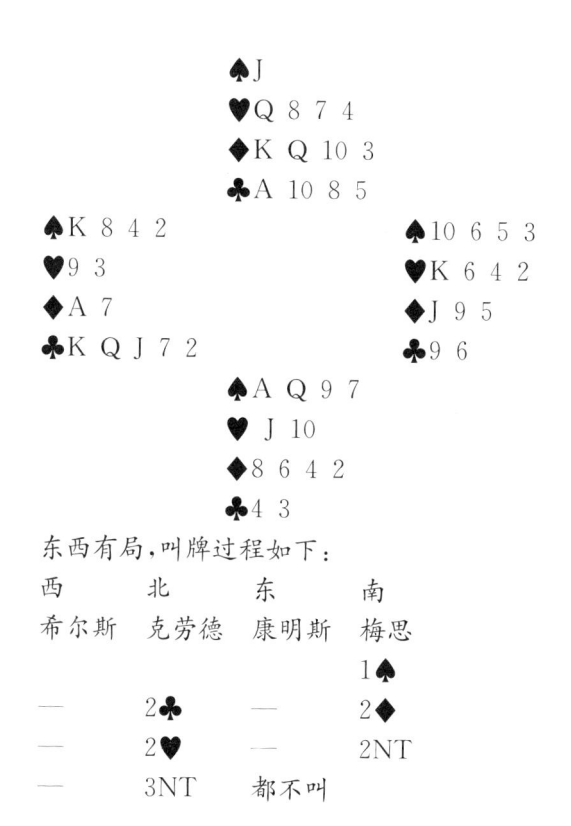

西	北	东	南
希尔斯	克劳德	康明斯	梅思
			1♠
—	2♣	—	2♦
—	2♥	—	2NT
—	3NT	都不叫	

看了四家牌，我们不得不承认这两名美国选手所选择的定约很出色，联手大牌点并不高，但定约人似能不很费事地拿到9墩牌。位于西家的是希尔斯，我们前面不止一次提起他，他在这手牌中有两个惊人之举。希尔斯的第一个惊人之举是在南家开叫之后居然不吭一声，第二个惊人之举是首攻♣7！可能绝大多数人是会争叫2♣，可能更多的人会选择♣K作为首攻，不过从结果来看，希尔斯的选择无疑是正确的。

你会把♣7作为长套第四张来看吗？坦诚承认，我的判断力可没那么准。定约人梅思也没想到他只消放上明手的♣10便可控制局面了，在迟疑了一阵之后，他放上明手的♣8，因为他以为东家总会有一张草花大牌的，一旦♣10为东家所擒杀，那么东家打回草花便难以对付。东家的♣9拿到一墩不免有些喜出望外,他马上打回草花,定约人没法子不输5墩牌了。

希尔斯不但不拘泥于教条,而且他还充满丰富的想象力,使得一个很有希望的3NT在短短的两个回合中便折戟了。在另一张牌桌上,澳大利亚队的南北家停在以红心为将牌的局部定约上,他们得了140分,使本队在这手牌上赢得5个IMP。

例3.1.1-2 持KQJ时有胆量不出K的并不止是希尔斯一个人,另一位选手的选择也十分巧妙,她也取得了很大的成功。1995年百慕大杯赛和威尼斯杯赛同时在北京举行,在获得威尼斯杯赛亚军的美国女队中有位麦卡伦女士(Karen McCallum)①,在此之前她已是两届威尼斯杯的得主了。1991年麦卡伦女士应邀参加《周日时报》桥牌邀请赛②,其中的一手牌值得她永存记忆,因为她成功地使当时世界头号高手哈曼在她手中栽了跟头。

```
              ♠ 8 7 5 4
              ♥ 9 3
              ♦ A K 7
              ♣ K 10 7 3
♠ A 6 3                    ♠ J 2
♥ K Q J 5                  ♥ 10 7 6 2
♦ 2                        ♦ Q J 10 9 3
♣ A J 9 6 4                ♣ 8 2
              ♠ K Q 10 9
              ♥ A 8 4
              ♦ 8 6 5 4
              ♣ Q 5
```

---

① 麦卡伦女士因患癌症一度曾中断了桥牌生涯,在格兰诺维特的鼓动下复出,他俩荣获了2006年世界桥牌锦标赛的混合双人赛冠军。
② 《周日时报》桥牌邀请赛(Sunday Times Invitational Pairs)于1995年易名为麦克卡兰桥牌邀请赛(Macallan Invitational Pairs)。

双方无局,叫牌过程如下:

西	北	东	南
麦卡伦	沃尔夫	萨莉	哈曼
			1♠
1NT	加倍	2♦	—
—	2♠	都不叫	

位于西家的麦卡伦事后解释说,她这手牌并不适合作技术性加倍,她又极不愿意争叫2♣,尽管并非平均牌型,她也宁可选择争叫1NT。指望得到将吃的机会,她首攻♦2,定约人哈曼用明手的♦K拿。为交叉将吃作准备,哈曼从明手出草花并放上手中的♣Q,麦卡伦用♣A拿。

持西家的牌,通常人们在此时此刻不是替定约人调将牌,就是会出♥K,不过麦卡伦有她的见地。她仍不想放弃将吃的机会,因此并不打算替定约人调将牌,不过她也没出♥K,出的是♥Q！东家以为这是出自♥Q J这样的连接张,她有♥10这个同级大牌(equal honor),当然跟♥7表示欢迎。这时哈曼犯了个很罕见的错误,他很粗心地用♥A拿(假如他忍让一轮,那么防家在红心上的联络顿告中断)。哈曼兑现明手的♣K,再出草花手中将吃,这时东家垫去♥2。当哈曼从手中出方块时,西家将吃,她出小红心让同伴上了手。东家打出方块,麦卡伦再次将吃,使明手的♦A成了废牌,她接着出♣J,东家趁机垫去手中最后一张红心。哈曼这时开始调将牌,但为时已迟。西家用♠A截下后打出第三轮红心,明手将吃,但被东家盖吃。就这样,防家总共只有五张将牌,但她们居然赢得了4墩将牌。在核对分数时,哈曼不无懊丧地发现,别桌上的南北家都获得140分,唯有他得的是-50分。

麦卡伦从♥K Q J这样的连接张中出♥Q确有奥妙之处,使她得以知道同伴持着♥10,而要是她循常规出♥K,那么东家持♥10也只好跟♥2,因为东家并没有♥J在手。现在麦卡伦不但找到一个让同伴上手的机会,而且又使定约人对大牌的位置产生了误判(哈曼说他以为东家持♥K,而西家则有◆Q),真可谓一举两得。当然,西家争叫1NT,使哈曼没料到她竟然只有着一张方块。

例 3.1.1-3 下面这个牌例很罕见,因为居然还有人持 A K 这样的连接张时,他既不出 A,又不出 K 的。如此大胆耍骗定约人的人实不多见,此公不是别人,正是浑身是计的伽洛佐。在 1964 年世界奥林匹克桥牌团体锦标赛中,意大利与邻国瑞士分在同一组,其中有这么一手牌:

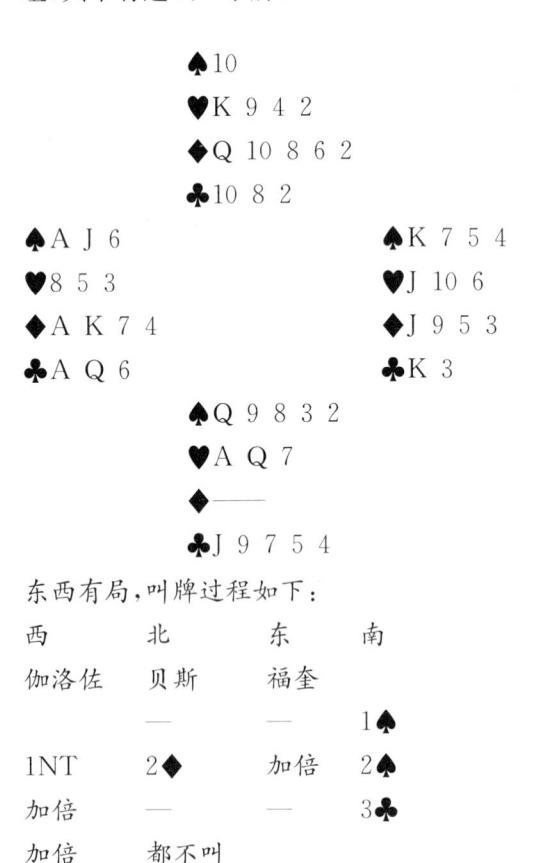

```
              ♠10
              ♥K 9 4 2
              ◆Q 10 8 6 2
              ♣10 8 2
♠A J 6                      ♠K 7 5 4
♥8 5 3                      ♥J 10 6
◆A K 7 4                    ◆J 9 5 3
♣A Q 6                      ♣K 3
              ♠Q 9 8 3 2
              ♥A Q 7
              ◆—
              ♣J 9 7 5 4
```

东西有局,叫牌过程如下:

西	北	东	南
伽洛佐	贝斯	福奎	
—	—	—	1♠
1NT	2◆	加倍	2♠
加倍	—	—	3♣
加倍	都不叫		

当局况有利时南家于第三家时作轻开叫,这在比赛中很常见。北家是瑞士的名将贝斯,他因本队落后而想给对手的叫牌制造些困难,不意惹出了事端。

位于西家的伽洛佐首攻♣6,同伴福奎用♣K拿后打回草花,三轮将牌一调,顿时令明手失去将吃黑桃的机会。如果伽洛佐现在出红心,那么定约人通过硬送黑桃可拿到4墩红心,2墩草花及1墩黑桃。宕2墩显然不会令东西方满意,虽说两家的牌没有很好的配合,但从大牌实力上考虑,他们寻求的是有局方时的成局分。为扩大战果,伽洛佐决定用方块来考验一下定约人,不过他既不出♦K,又不出♦A,他出的是♦4!

定约人一开始总是判断♦A K分居两边的,他自然不想让明手的♦Q去作无谓的牺牲,结果他放上明手的♦10,东家盖上♦J,定约人只好将吃。定约人在连拿4墩红心后从明手出黑桃,这♠10飞进西家之手。既然定约人一开始不敢动用明手的♦Q,那么伽洛佐认为他现在还是不敢放上♦Q的。同样,伽洛佐仍然一个方块大牌也不出,他打出♦7! 不出他所料,定约人用明手的♦8深飞,在东家盖上♦9之后,定约人除手中最后的一张将牌外便一无所有。

假如一开始伽洛佐用♦K或是♦A来迫使定约人将吃,那么防家确是能耗去定约人余下的两张将牌,但与此同时明手的♦Q也树立起来了,如此防御只能给防家带来6墩黑牌而已。在定约人初次受骗未敢放上明手的♦Q后,伽洛佐再次出小方块已无此必要,因为不论防家怎么迫使定约人将吃,定约人总是能拿到6墩牌的。伽洛佐之所以再次这样做,可能是想验证一下自己的判断力吧。

例3.1.1-4 在上例中你见到了伽洛佐持勇敢的低引使他得到优厚的回报,当然,他之所以敢这样首攻,那是因为同伴福奎在方块上显示实力的缘故。假如同伴不曾吭过一声,假如面对的是一个局甚至是一个满贯,那么还有人敢如此低引吗? 没错,有人确实有着如此非同一般的胆魄的,那是在2000年北美桥联的春季大赛的决赛时。在百慕大杯赛中已经获得过二金一银的尼柯尔队还不曾荣获过一次范德比尔特杯赛的冠军,为了弥补这个空白,尼柯尔队当然志在必得,然而他们的对手施瓦茨(Rechard Schwartz)队也非等闲之辈,队中有齐亚、罗森伯格、列文[①]、韦恩斯坦(Steve Weinstein)等这些好手。决赛共分七节,前三节尼柯尔队落后对手25IMP,经过顽强努力,在最后一节的最后一手牌时,尼柯尔队反而超出7个IMP,决定比赛胜负的一手牌来到了。

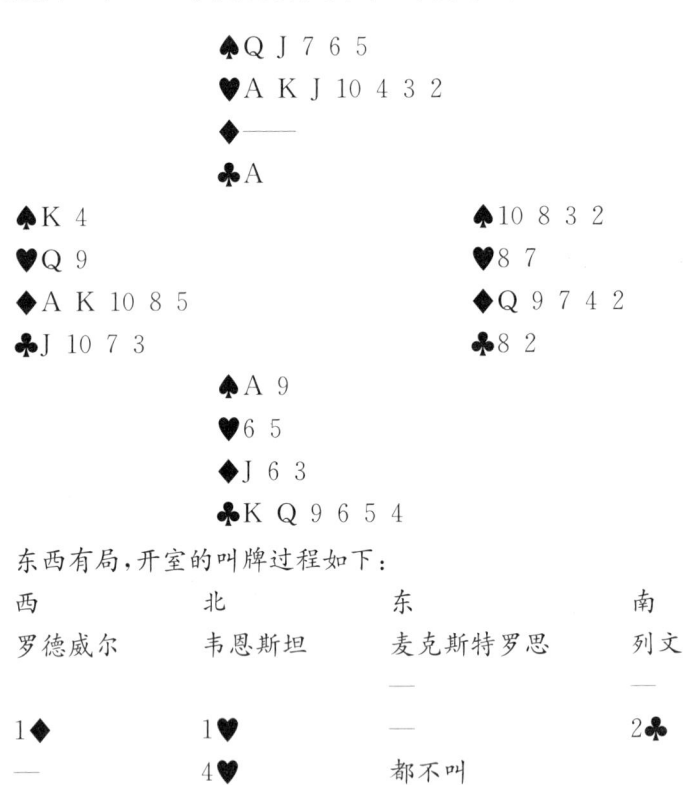

```
              ♠ Q J 7 6 5
              ♥ A K J 10 4 3 2
              ♦ ——
              ♣ A
♠ K 4                        ♠ 10 8 3 2
♥ Q 9                        ♥ 8 7
♦ A K 10 8 5                 ♦ Q 9 7 4 2
♣ J 10 7 3                   ♣ 8 2
              ♠ A 9
              ♥ 6 5
              ♦ J 6 3
              ♣ K Q 9 6 5 4
```

东西有局,开室的叫牌过程如下:

西	北	东	南
罗德威尔	韦恩斯坦	麦克斯特罗思	列文
1♦	1♥	——	2♣
——	4♥	都不叫	

[①] 列文在1981年和麦克威尔等人赢得了百慕大杯赛的桂冠,时年仅24岁,是历年来最年轻的百慕大杯赛的冠军。

6♥是个很合情理的定约,假如东家并不首攻黑桃,那么当草花3-3分布时,即使输一墩红心也能拿到12墩牌,或是不输一墩将牌,那么送对手一墩草花也无所谓。韦恩斯坦和列文对超额完成定约没有丝毫的喜悦,因为他们发现自己错过了一个满贯。接下来让我们来看一下闭室的进程吧,出人意料的事发生了。

西	北	东	南
罗森伯格	索洛威	齐亚	哈曼
		—	2♣(1)
—	2NT(2)	—	3♣(3)
—	3♥(4)	—	3♠(5)
—	5♦(6)	—	5♠(7)
—	6♠	都不叫	

(1) 有限实力开叫,六张草花或是五张草花及格一四张高套
(2) 问叫,逼叫成局　　　　　(3) 六张草花,低限
(4) 红心套且询问红心　　　　(5) 红心没好支持
(6) 排斥性布莱克伍德问叫,这里排斥方块,即方块缺门
(7) 在方块之外有一个A

两位世界一流高手运用复杂的虚叫,在4个回合之后舍弃7-2配合的红心而挑选5-2配合的黑桃,这个满贯实在够糟的,只要西家连打方块,那么哈曼在发现将牌4-1分布后便可摊牌认输了。

西家罗森伯格并不知道他的♠K能拿到一墩,他也无法知道他只消连打方块便能在短短的三四回合之内便能挫败这个定约。在确信北家方块缺门后,罗森伯格勇敢且又极富想象力地低引♦5!哈曼只好让明手将吃,他打掉♠A后再出♠9,西家用♠K收下了。再出任何一张方块在别人看来是那么的简单和理所当然,不过对当局者来说并不是小菜一碟那样地容易。齐亚和罗森伯格并不使用将牌张数信号,他们利用将牌表示花色选择信号,所以罗森

伯格无法知道同伴持有偶数张的将牌。他（恐怕也包含99.9%的选手在内）很自然而然地判断哈曼持着三张黑桃，既然再次削短定约人的将牌无济于事，既然定约人的红心将直通到底，他就只好另觅出路。最终罗森伯格指望定约人或许持着八张草花而打出了草花。

在为罗森伯格的失误扼腕的同时，我们是否也该对如此低引再讨论几句呢？很显然，罗森伯格是担心哈曼持♦Q，如果首攻方块大牌，那很可能他无法再用方块迫使定约人再次将吃。西家的如此低引十之八九可骗住定约人，但也很可能把同伴蒙骗在内，齐亚怎么能立即看出同伴居然持有方块两大牌呢？如果你得不到同伴的有效的信号的指引，那么你接下来再出牌只能靠自己去想象或是猜测了。所以说在你打算蒙住定约人的同时，你必须对蒙住同伴有无不利影响而慎重考虑。

例3.1.1-5 人们把哈曼誉为桥坛的常青树，因为很少能见到像他那样长年累月地活跃在世界桥坛最高水准的赛事中的，正因如此，他也有机会接触到各种各样的对手以及见到各式各样的战术。在上例前25年，也就是在1975年百慕大杯赛的决赛中，他遇到类似的挑战。

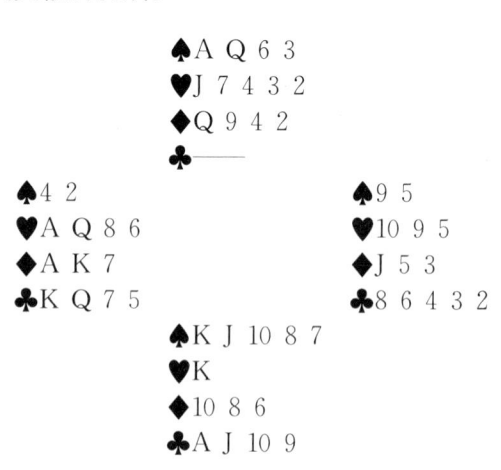

```
              ♠A Q 6 3
              ♥J 7 4 3 2
              ♦Q 9 4 2
              ♣—
♠4 2                        ♠9 5
♥A Q 8 6                    ♥10 9 5
♦A K 7                      ♦J 5 3
♣K Q 7 5                    ♣8 6 4 3 2
              ♠K J 10 8 7
              ♥K
              ♦10 8 6
              ♣A J 10 9
```

南北有局，叫牌过程如下：

西	北	东	南
贝拉唐纳	沃尔夫	伽洛佐	哈曼
—	—	—	1♠
加倍	再加倍	2♣	2♠
—	4♠	—	都不叫

在哈曼和沃尔夫所用的叫牌体制中，他们开叫高级花色只保证四张，所以哈曼有必要重复一下原花色，其余叫品都很正常。

桥牌教科书在教人如何选择首攻时，常把首攻大牌连结张作为首选，尤其是持ＡＫ时。不过它还说，当对手凭借牌型作牺牲叫时，最好首攻将牌以削减定约方的将吃能力。如何把握住二者的取舍并不是一件很容易的事，在实战中忍不住拔个A看看的大有人在，包括不少世界冠军都曾经在这个问题上有过沉痛的教训。现在轮到贝拉唐纳首攻，对手持好牌型是很显然的，不过他们并不是在作牺牲叫。尽管如此，他也攥着方块两大牌在手，却打出将牌。

哈曼收下首墩后即从手中送出♥K，贝拉唐纳拿下后飞快地打出♦7！哈曼想了一下后让明手跟小牌，结果他输了4墩牌。

从这三个牌例，我们可以得出这样的一个结论：不论防家介入叫牌与否，只要他不首拔大牌，那么定约人往往会得到这样的第一印象，首攻者并不具有大牌连接张，尤其是当ＡＫ两大牌都在防家手中时，而且这第一印象还会左右定约人随后的打牌路线。不单是前几位定约人的失误可说明这一点，而且我们自己在打牌时不也是如此思考和假设的吗？

当这手牌在另一个牌桌上出现时，意大利队的选手也很勇敢地叫到4♠，稍有不同的是西家艾森伯格加了倍。艾森伯格首攻的也是将牌，定约人皮塔拉(Vito Pittala)收下后自己打出♦6，艾森伯格看不出定约人手中还有♦10，他无法知道皮塔拉还可能用明手的♦9飞牌[①]，

[①] 艾森伯格的加倍很可能导致定约人判断持♦AK，即使他不露声色地跟小牌也未必能瞒住皮塔拉。

他用◆K拿下,尽管他再次主动地替定约人调将牌,但他已经拿这个定约无可奈何了。意大利队选手在这手牌上赢得了极宝贵的14个IMP。

例 3.1.1-6 2000年凯文迪希桥牌邀请赛中有这么一手牌,单看明手和定约人的牌,你也会认为没甚问题,假如让你看双明手的牌,将更为诧异:这手牌怎会做不成呢?

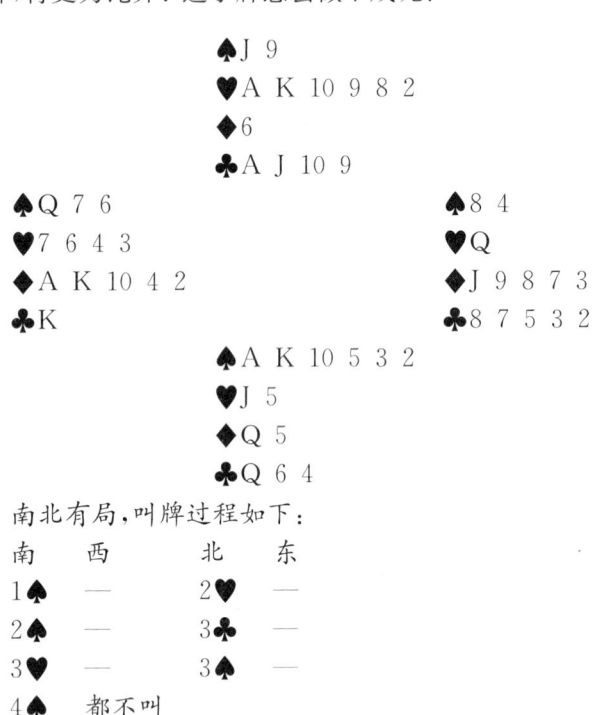

```
              ♠ J 9
              ♥ A K 10 9 8 2
              ◆ 6
              ♣ A J 10 9
♠ Q 7 6                      ♠ 8 4
♥ 7 6 4 3                    ♥ Q
◆ A K 10 4 2                 ◆ J 9 8 7 3
♣ K                          ♣ 8 7 5 3 2
              ♠ A K 10 5 3 2
              ♥ J 5
              ◆ Q 5
              ♣ Q 6 4
```

南北有局,叫牌过程如下:

南	西	北	东
1♠	—	2♥	—
2♠	—	3♣	—
3♥	—	3♠	—
4♠	都不叫		

西家沃尔德(Eddie Wold)在叫牌中不吭一声,他首攻◆A。拿到这一墩之后,他改出♣K。定约人是意大利的费拉罗(Guido Ferraro,1959-2014),他拿下这一墩后考虑如何处理黑桃。他选择飞牌,万一东家持有♠Q 8 × ×四张黑桃,那么连打♠A K将输2墩黑桃,再说飞牌要是没成功,也是安全的,西家得不到草花将吃的机会,明手还有一张将牌可对付方块上的压力,你不认为他

考虑得很周到吗？黑桃飞进西家之手，沃尔德攥住♦K在手，他打出小方块，明手将吃。现在明手没将牌了，要调将牌就须先回到手中，然而回手出了大问题。

不论定约人尝试红心还是草花，他都不得不再输2墩牌，就这样，一个充满生机的定约被沃尔德挫败了。请留意，如果沃尔德出的不是小方块，而是♦K，那么定约人便可放过这一墩，如此一来，防家就无计可施了。但西家首出的是♦A而不是♦K，定约人自然很不愿让东家的♦K拿到一墩。顺便提一句，费拉罗在那届比赛后的三年中荣获了三个不同的世界冠军。

例3.1.1-7 我再给你一个持A K时首攻的牌例，出自北美桥联的一次夏季大赛中，经验老到的拉扎德被一位后生给耍了。

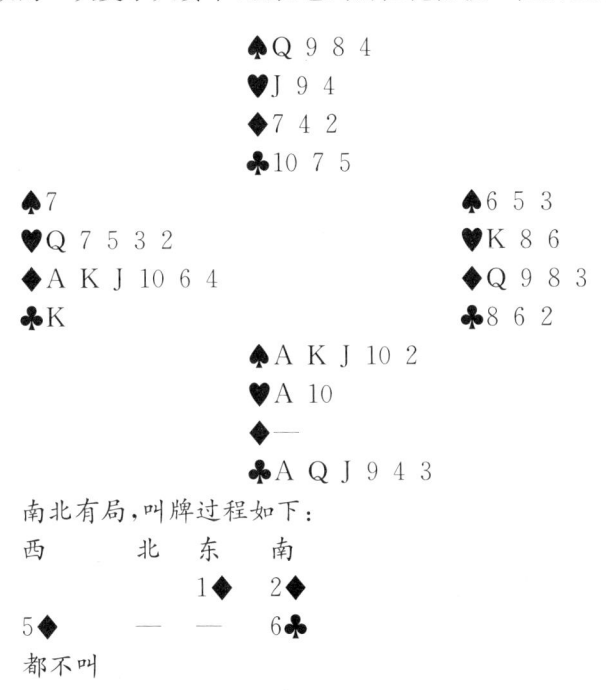

```
              ♠Q 9 8 4
              ♥J 9 4
              ♦7 4 2
              ♣10 7 5
♠7                        ♠6 5 3
♥Q 7 5 3 2                ♥K 8 6
♦A K J 10 6 4             ♦Q 9 8 3
♣K                        ♣8 6 2
              ♠A K J 10 2
              ♥A 10
              ♦—
              ♣A Q J 9 4 3
```

南北有局，叫牌过程如下：
```
西     北    东    南
               1♦   2♦
5♦    —    —    6♣
都不叫
```

西家是斯旺森（John Swanson），他曾赢得五个北美桥联大赛的冠军，他也不止一次参赛百慕大杯。在上个世纪60年代，扣叫对手花色是极强牌的表示,所以南家拉扎德扣叫 2♦ 顿时告诉所有人他有着至少要叫成局的好牌,斯旺森立即企图以 5♦ 来封住对方的嘴,但拉扎德无所畏惧地直冲 6♣。

首攻 ♦K 是个很自然的选择,但斯旺森在叫牌刚一结束就意识到他的同伴肯定是诈叫,要不然整手牌将有 50 点而不是 40 点大牌。出 ♦K 或 ♦A 都可能使经验丰富的拉扎德马上看出东家开叫的真相,从而在调将牌时有可能会舍飞牌而取击落,于是自己的 ♣K 难保。想到这一层,西家首攻 ♦J!看到这张牌,拉扎德自然以为东家持 ♦A K Q 为首的方块,而西家则是纯以出色的牌型在阻击。巧的是明手恰好有那么一座桥梁 ♠Q,定约人出个黑桃到明手,一个草花飞牌便把这个满贯给葬送了。

例 3.1.1-8 1976 年世界奥林匹克队式锦标赛中,瑞士队遇上欧洲列强之一的法国队,其中有这么一手牌:

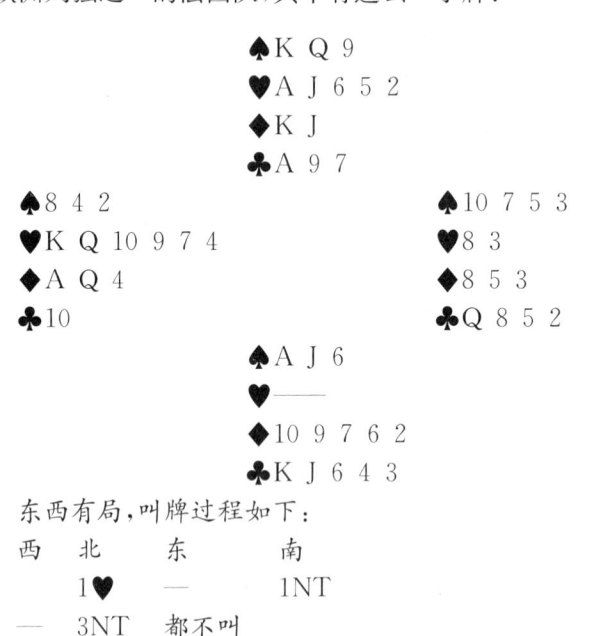

```
                    ♠ K Q 9
                    ♥ A J 6 5 2
                    ♦ K J
                    ♣ A 9 7
♠ 8 4 2                              ♠ 10 7 5 3
♥ K Q 10 9 7 4                       ♥ 8 3
♦ A Q 4                              ♦ 8 5 3
♣ 10                                 ♣ Q 8 5 2
                    ♠ A J 6
                    ♥
                    ♦ 10 9 7 6 2
                    ♣ K J 6 4 3
```

东西有局,叫牌过程如下:

西	北	东	南
1♥	—		1NT
—	3NT	都不叫	

两个牌桌上的叫牌结果相同,都是由南家打 3NT。其中一个

牌桌上的法国队西家首攻♥K,于是瑞士队的定约人毫无困难地完成了定约。另一牌桌上的西家是伯纳希康尼(Pietro Bernasiconi,1999-2000),除贝斯外,他也是一位公认的瑞士桥牌好手,在获悉明手有着红心套之后,他不动声色地首攻♥10!这张牌使得法国队的定约人很不自在,他很清楚一旦明手的♥J被东家擒去,那么东家打回红心将使明手很难抵挡,考虑一阵之后,定约人虽不情愿,但还是让明手跟小红心。西家得理不让人,他再出♥9,为防红心5-3分布,定约人再次忍让,他两次垫的分别是方块和黑桃。连拿2墩红心后,伯纳斯康尼充满信心地又出♥7!定约人果然还是不敢放上明手的♥J,他用♥A拿,他以为击落东家的一张大牌之后,明手的♥J还可有效地抵挡对手的纠缠。然而令定约人极为吃惊的是东家根本没有什么红心大牌跟出,他垫了小黑桃。我们虽无缘在场观看,但能想象,定约人定是羞恼得脸都变色了。

痛定思痛的定约人毕竟也是法国队的一代国手,他很快就镇定下来寻思如何收拾这个局面。他打掉明手的♣A,继而从明手出♣9,当东家跟小草花时,定约人不作犹豫地飞过去,在拿到5墩草花后,定约人还是完成了这个定约。

需指出的是伯纳斯康尼的努力本该是有丰硕成果的,要不是同伴犯了个错误,那么这个大胆的首攻并不仅仅是什么连耍三回定约人的趣事,而应是瑞士队赢得10个IMP的。试想,当定约人从明手出♣9时,东家盖上他的♣Q又怎么样?西家的垫牌使得定约人不得不再飞一次草花。他手中余下♠A J两张黑桃,如果他先出♠J到明手,那么他只能拿到2墩黑桃而已;如果他连打三轮黑桃再飞草花,那么东家可以不用♣8盖上明手的♣7,这样定约人就不能全拿5墩草花。总之,由于桥路不够畅通,因此定约人在两门黑花色上顾此失彼,怎么也无法拿到9墩牌。

例 3.1.1-9 在美国圣-路易举行的一次北美桥联大赛中,有这么一手牌:

♠A
♥Q 8 4 3
♦A J 9 6
♣K 5 4 3

♠5 4 3 2　　　　　　　♠K Q J 9 7 6
♥6 2　　　　　　　　　♥7 5
♦K 10 3　　　　　　　 ♦Q 2
♣J 9 7 2　　　　　　　♣A Q 8

♠10 8
♥A K J 10 9
♦8 7 5 4
♣10 6

双方有局，叫牌过程如下：

西	北	东	南
		1♠	—
1NT	加倍	2♠	3♥
—	4♥	都不叫	

西家首攻♠2，明手的♠A拿后，定约人立即连调两轮将牌。在肃清对手将牌之后，定约人从手中出小方块，西家是加拿大的坎奈尔（Drew Cannell），他毫不迟疑地放上♦K，定约人赫伦（Doug Heron）也是加拿大人，他只好用♦A拿。定约人接着由将牌回到手中，他又一次从手中出小方块，这回当西家跟♦3时，赫伦并没以为西家还有♦Q而放上明手的♦J，相反，他让明手跟♦9！呜呼，真可谓魔高一尺，道高一丈啊。

赫伦成功的经验值得借鉴，当一位桥牌好手见到明手持♦A J 9而故意打出♦K时，你不要马上条件反射般地以为他持♦K Q连接张，你需防他并没有♦Q而有♦10。根据同样道理，当这样的西家在见到明手的♦A J 9时，如果他出张小方块，你要防范他可能没有♦10而有♦K Q两大牌在手。总之不同水准的桥牌选手对桥牌诱骗战术有不同的认识或掌握，你最好因人而异地使用诱骗战术,同时也要因人而异地去理解对手出牌的动机。

坎奈尔的努力虽未成功,但很值得赞赏,如果他消极地在首轮方块时跟♦3,那么定约人多半会用♦9飞牌的。

例3.1.1－10 伯纳斯康尼的勇气和丰富的想象力鼓舞了不少人,麦希斯(Jim Mathis)便凭借这个战术在一次北美桥联春季公开双人赛中获得了高分。

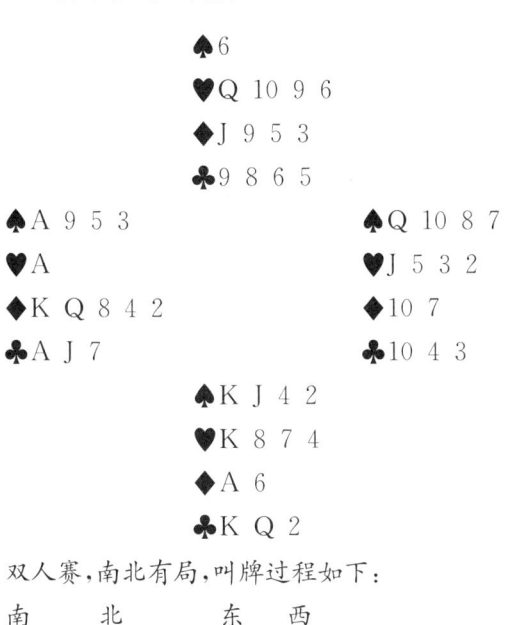

```
                    ♠ 6
                    ♥ Q 10 9 6
                    ♦ J 9 5 3
                    ♣ 9 8 6 5
♠ A 9 5 3                            ♠ Q 10 8 7
♥ A                                  ♥ J 5 3 2
♦ K Q 8 4 2                          ♦ 10 7
♣ A J 7                              ♣ 10 4 3
                    ♠ K J 4 2
                    ♥ K 8 7 4
                    ♦ A 6
                    ♣ K Q 2
```

双人赛,南北有局,叫牌过程如下:

南　　　北　　　东　　　西
1NT　　都不叫

麦希斯当时位于西家,他认为一则他加倍后同伴也不可能估计到自己有这么强的实力,二则南北方跑到2♥后或许反倒成全了对手,于是他干脆不吭一声。事实证明,有时确实沉默是金啊。

麦希斯首攻♦4,定约人沉思片刻后放上明手的♦9,东家盖上♦10,定约人用♦A拿。定约人出小红心,他很高兴地看到西家的♥A被捕下来。西家不动声色地打出♦8!期望东家持双张方块大牌,定约人让两边都跟小方块。当西家再出◆K时,东家垫的草花使定约人的脸涨得通红。西家连拿4墩方块,定约人被迫垫了张草花和两张黑桃。麦希斯得理不让人,他拔♣A后又打还草花给定约人,眼看定约人要宕2墩。定约人很不情愿看到−200分出现在他名下,他出个小红心到明手的♥Q,接着他打回♥10。当东家没盖上♥J时,定约人从明手改出小黑桃,如果他的♠K能"偷"到一墩黑桃,那么他将仅输100分而已。很不幸,事与愿违,垂头丧气的定约人不得不在计分纸上写上了−300分。

例 3.1.1-11 就像教学生需因人施教那样,使用诱骗战术也需要根据对手的强弱而因人使用。面对一名桥牌好手,你需要根据他的丰富的想象力和判断能力使出相应的诱骗战术。反过来,面对一名寻常对手,如果你使出一些颇需理解能力和想象力的诱骗战术对付他,那么很可能对手对你的诱骗战术浑然不觉,而你则可能赔了夫人又折兵。

在1967年百慕大杯赛的决赛中,一个充满成功机会的局硬是被贝拉唐纳给破坏了。

♠J 8 6
♥Q 10 9 5
◆Q J 4
♣J 10 6

♠4　　　　　　　　　♠A K 5
♥J 8 7 4 2　　　　　♥6 3
◆8 7 6 5　　　　　　◆K 10 9 3 2
♣7 5 3　　　　　　　♣K Q 4

♠Q 10 9 7 3 2
♥A K
◆A
♣A 9 8 2

南北有局，叫牌过程如下：

西	北	东	南
			1♠
—	1NT	2◆	2♠
3◆	3♠	—	4♠
都不叫			

西家首攻◆8，明手跟◆4，东家贝拉唐纳跟小方块，定约人用◆A拿。定约人从手中出小黑桃，他让明手放上♠J。假如贝拉唐纳忍让这一轮将牌，那么定约人肯定会把东家的两张大将牌撂在一边并着手树立草花，只要在草花上能二飞中一，那么定约人便可摊牌了。贝拉唐纳当然也看出了这一层，他不客气地用♠K收下了这一墩并飞快地打出♣Q！

对手不请自来，这反倒令定约人陷入深思。很显然，东家还有♠A在手，而且东家很想得到一次将吃草花的机会。从东家出的牌来看，他像是持有♠A K 5及♣Q ×，你说定约人该如何对付？如果定约人贪图一时痛快，下手宰这张大牌，那么当他继续调将牌时，东家将会截下，东家再出草花并将吃到草花。如果定约人放过♣Q，那么他很可能会再输一墩草花，不过当其中的一位对手持的恰好是双张红心♥J ×时，那么定约人还是能完成定约的，尽管这种可能性并不大。考虑再三，那位美国定约人不疑贝拉唐纳使诈，为补让东家获得将吃草花的机会，他宁可尝试击落双张♥J的机会，结果他忍让这一轮草花。贝拉唐纳得理不让人，他再出♣4，定约人沉着地用♣A拿。定约人先打掉♥A K，令他失望的是♥J并没跌出来。然而定约人的机会还没完全失去，只要东家持♠A K ×及双张草花，那么东家拿了第二墩黑桃之后是只能打回将牌或是红花色的，如果能捕捉到♥J，那么定约人不照样能完成定约吗？令定约人颇感意外的是贝拉唐纳像名魔术师那般从手中变出了张♣K。

例 3.1.1-12　1975 年意大利菲亚特汽车公司①组织了支兰契亚桥牌队远征北美，其队员由著名的意大利蓝队的几名高手(贝拉唐纳、福奎、伽洛佐和阿伐雷利)加上夏里夫所组成。兰契亚队在纽约，洛杉矶，迈阿密和芝加哥等四地与当时美国的一流好手对抗，假如兰契亚队败了阵，那么获胜对手的每一名成员将得到一辆兰契亚牌汽车，下面的这手牌发生于洛杉矶的对抗时。

　　　　　　♠A 10 6 3
　　　　　　♥K 8 5 4
　　　　　　♦9
　　　　　　♣A J 8 3

♠5　　　　　　　　　　♠K 8 7 4
♥A Q J 10 3　　　　　♥9 2
♦Q 8 2　　　　　　　　♦A 10 6 4 3
♣7 5 4 2　　　　　　　♣9 6

　　　　　　♠Q J 9 2
　　　　　　♥7 6
　　　　　　♦K J 7 5
　　　　　　♣K Q 10

---

① 兰契亚(Lancia)汽车公司是意大利菲亚特集团下的一个子公司。当访问赛结束大家聚集在纽约时，菲亚特集团总裁福吉尼(Guido Foggini)对兰契亚访问队的三负一胜的战绩很不满意，他对这五名选手瞅了瞅，然后站了一边说："我知道没人是完美无缺的，但这毕竟有点荒谬吧。"他指的是队中有四人是多届世界冠军获得者，在世界桥联的排名中又占据了最前面的几个位置，而他们的对手中有些人还没参加过世界锦标赛呢。不过夏里夫对总裁的指责并不介意，他说无论如何一些美国朋友都拿到了一辆很称心的意大利名车，在他下次作访美国时，总有人能开着兰契亚车去机场迎接他的。

双方无局,叫牌过程如下:

西	北	东	南
罗岑	贝拉唐纳	莫顿	阿伐雷利
	2♣(1)	—	2♠
—	3♦(2)	—	3♠

都不叫

(1) 罗马梅花制,三套牌,12 - 16 点
(2) 方块单缺,邀叫

对付明手持三套牌的一个有将定约,首攻将牌往往是首选,不过位于西家的罗岑(William Rosen)认为也有例外时,他判断明手十之八九有♥K,于是他打出♥Q!尽管见了这张牌非常不愉快,定约人阿伐雷利(Walter Avarelli, 1912 - 1987)仍打起精神给出指示:"请跟小红心。"在♥Q 先下一城后,罗岑继而再出♥J,不出他所料,定约人仍然不敢盖上明手的♥K。罗岑现在见好就收了,他改出♠5。

东家跟♠7 让定约人的♠9 先拿一墩,定约人调将牌时发现西家垫牌,他赶紧用明手的♠A 拿后并从明手出♥8,因为他期望东家的"♥A"能被他将吃从而树立起明手的♥K。令定约人脸庞一热的是东家垫♦3。无奈之下,定约人只好连打草花,东家将吃第三轮的草花后又用♠K 带走两张将牌。试图击败定约 2 墩,东家并没兑现他的♦A,代之他打出的是张小方块,让阿伐雷利稍微挽回点面子的是他勇敢地放上♦K,结果宕了一墩。

例 3.1.1 - 13 阿伐雷利当年的搭档就是当时世界桥坛的第一高手贝拉唐纳,你已经欣赏数例他打出的精彩牌例。不过贝拉唐纳本人也曾遭人骗而痛失好局,那是在一次欧洲桥牌锦标赛中,意大利队遇上瑞士队。

在介绍这个牌例之前,我想请你先看下面的一个组合:

♦10 9 7 4 2
♦Q 3　　　　　♦K J 8 5
　　♦A 6

假设南家打无将,轮到东家出牌,他出的是♦5。定约人应该拿下还是忍让呢？如果东家别无进手张,那么定约人忍让一轮,他在该花色上只输一墩；他不忍让,那么他至多输2墩而已。如果东家多半还有一次上手的机会,那么忍让的结果将是西家的♦Q先拿一墩,接下来定约人的♦A被逼了下来,尔后让东家又连拿了2墩牌。所以说当东家打出小牌时,定约人可以考虑不忍让。

　　　　♠K Q
　　　　♥9 5 3
　　　　♦10 9 7 4 2
　　　　♣J 9 4
♠10 8 7 2　　　　♠6 5 3
♥J 7 2　　　　　♥K Q 10
♦8 3　　　　　　♦K Q J 5
♣Q 8 7 3　　　　♣10 6 5
　　　　♠A J 9 4
　　　　♥A 8 6 4
　　　　♦A 6
　　　　♣A K 2

现在贝拉唐纳成了3NT的定约人,西家首攻的是♠2,由明手的♠Q拿了。由于缺桥短路,树立明手的方块套已无可能,因此贝拉唐纳打算看看红心是否呈3-3分布。在贝拉唐纳从明手出小红心时,位于东家的伯纳希康尼马上亮出♥Q,定约人跟小红心放过。紧接着东家打出◆5!

贝拉唐纳判断方块多半是 4-2 分布,而且东家很可能还能上手,为了不致输 3 墩方块,只有设法使对手在方块上阻塞才行。就像上述组合所分析的那样,贝拉唐纳决定用◆A 拿。就这样,有胆有魄的伯纳希康尼硬是从贝拉唐纳的手中多榨出了一墩牌并击败了定约。

例 3.1.1-14 当你不具有大牌连张时,并不一定要首出张小牌(通常是长套第四张)。鉴于防家打出大牌往往出自连张的结构,也就是说当定约人见到防家出的大牌时,他马上想到那位防家还有一张连接的大牌在手。利用定约人的这种条件反射,偶尔当防家只有一张大牌时,他也可考虑将它大胆地打出,没准定约人会以为这是出自大牌连张呢。还是从澳大利亚的桥牌高手希尔斯说起,在牌桌上他像名心理学家善于揣摩对手的心理,于是有不少对手坠入他所精心设计的圈套中去。

```
              ♠ 9 7 4
              ♥ A 6 2
              ◆ K Q 10 4
              ♣ Q 10 4
♠ 10 5 3                    ♠ A J
♥ Q 10 7 3                  ♥ K 9 4
◆ J 9 2                     ◆ 8 7 5 3
♣ 9 7 5                     ♣ A 8 6 2
              ♠ K Q 8 6 2
              ♥ J 8 5
              ◆ A 6
              ♣ K J 3
```

双方有局，叫牌过程如下：

西	北	东	南
		1♣	1♠
—	2♠	—	4♠

都不叫

看了四家牌，你会认为要完成这个定约毫不困难，但事实上防家拿到5墩牌，对此你可能会感诧异，不知你能想象在什么样的防御条件下，定约人竟然会击败2墩的。

既然同伴开叫草花，西家就首攻♣9。位于东家的便是希尔斯，他用♣A拿后不加思索地打出♥K！为了免输2墩红心，定约人可以连打方块，哪怕♦J于第三轮时并不跌出来也没关系，照样用♦10垫红心。由于东家首家开叫，他十之八九持有♠A，因此输一墩将牌及在方块和草花上各输一墩仍能完成定约。不过定约人也有他"更安全"的方案：既然东家持有♥K Q，那么在红心上也只有一个输张而已。假如连打方块，万一方块5-2分布，那么垫牌未成却遭对手将吃了。想到这里，定约人觉得当务之急还属调将牌。不出所料，在定约人从明手开始调将牌时，东家亮出♠A。东家再出红心，令定约人惊讶的是自己的♥J竟被西家的♥Q所捕杀。西家继而又兑现♥10并打出他的第四张红心，这时塞尔斯将吃使西家的♠10得到了升级。

希尔斯的精彩表演，使他荣获了1976年度的索罗门奖[①]。

[①] 索罗门奖（Solomon Award For The Hand Of The Year）是由索罗门（Charles J. Solomon，1906-1975）赞助设立的。索罗门是世界桥坛上的一位重要人物，他曾担任过北美桥联主席、世界桥联的副主席和主席。索罗门奖自1974年设立以来每年只颁发一个奖（1975年空缺，1989年颁奖但无文章介绍），到1986年度开始只奖给成功的定约人，因为同年度起另设了最佳防守奖。前中国人大常委会委员长万里荣获了1985年度索罗门奖。最后一个索罗门奖是在1994年，从1995年起该奖易名。人们习惯上把索罗门奖及其延续都称为"国际桥牌新闻协会奖（The Awards of International Bridge Press Association，简称IBPA奖）"，因为该奖是由国际桥牌新闻工作者提名并表决的。

例 3.1.1-15　2008 年美国全国桥牌锦标赛中有这么一手牌,也能给我们一点启迪。

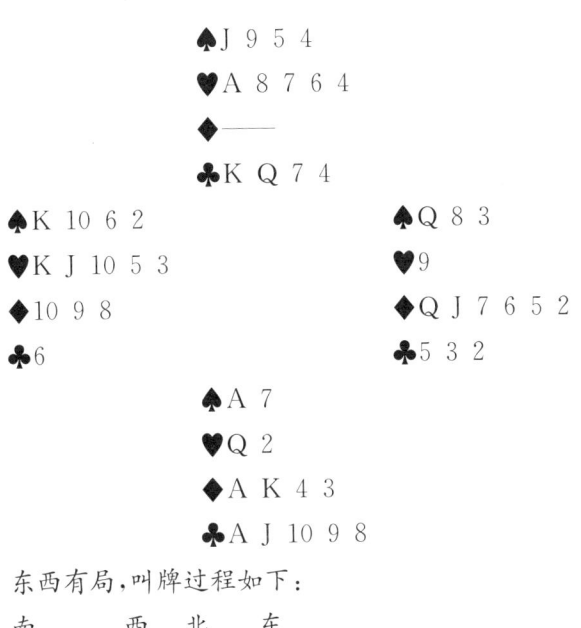

```
              ♠ J 9 5 4
              ♥ A 8 7 6 4
              ♦ —
              ♣ K Q 7 4
♠ K 10 6 2                    ♠ Q 8 3
♥ K J 10 5 3                  ♥ 9
♦ 10 9 8                      ♦ Q J 7 6 5 2
♣ 6                           ♣ 5 3 2
              ♠ A 7
              ♥ Q 2
              ♦ A K 4 3
              ♣ A J 10 9 8
```

东西有局,叫牌过程如下:

南	西	北	东
1♣	—	1♥	—
2♦	—	3♣	—
3NT	—	4♦	—
4♠	—	6♣	—

都不叫

西家是苏(Victor Hsu),他从叫牌中听出南家有着♠A,北家是在南家扣叫了黑桃之后,一跃上满贯的,于是他打算首攻黑桃。如果他首攻的是小黑桃,那么定约人一定会让明手跟♠9,他的♠A便吃掉了东家的♠Q。在肃清将牌之后,定约人从手中出小黑桃,明手的♠J就能垫去手中的红心输张。然而,出人意料的是苏并没有出小黑桃,他打出♠K!

这也是定约人所喜闻乐见的一张牌,肃清将牌之后,他兴冲冲地从手中出♠7,当西家跟小黑桃时,定约人放上明手的♠J,结果宕了一墩。

出奇兵,有时确实会得到意想不到的奇妙结果,需指出的是,打算诸如此类尝试者要做好失败多于成功的心理准备。当然,你如果从来不想尝试一次,那么你就永远别想得到什么硕果。

例 3.1.1－16　在介绍下面的牌例之前,先看这么一个组合:

```
            J 9 3
8 6 5 2              K Q 10
            A 7 4
```

假设现在由东家出牌,他通常是出 K,定约人通常也会忍让一轮,要不然定约人用 A 拿下一墩后,一旦西家上手打回该花色便要把余下的 2 墩都交给东家。在定约人忍让之后,东家再出该花色将不得不拱手把余下的 2 墩给定约人,而要是东家改出别的花色,将使定约人在该花色上还能从容地挡一轮,上例中栽在希尔斯手中的定约人就是如此思考并处理这个问题的。这个很浅显的道理,给了一些想象力丰富的桥牌好手这么一个启示:当东家没有 10 时,譬如说当西家持 Q 10 5 2 而东家持 K 8 6 时,防家能否设法照样不让定约人拿到 2 墩呢?有人找到一个蒙骗定约人的办法。

在 2004 年北美桥联的夏季大赛的终身大师桥牌双人赛中,出现这么一手有趣的牌,除了一张牌桌外,所有得分者都是南北方向的选手,好奇的人们不由得想弄明白那张牌桌上的东西选手究竟是用什么办法获得分数的。

```
              ♠ J 9 4
              ♥ K 7 6 3
              ◆ Q J 7 6
              ♣ A Q
♠ Q 10 6 5              ♠ K 3 2
♥ J 9 4                 ♥ Q
◆ 9 5 3                 ◆ A K 8 4
♣ J 6 4                 ♣ K 9 8 7 5
              ♠ A 8 7
              ♥ A 10 8 5 2
              ◆ 10 2
              ♣ 10 3 2
```

南北有局,叫牌过程如下:
西　　　北　　　东　　　南
　　　　　　　　1◆　　1NT!　　2♥
都不叫

位于东家的是罗顿伯格(Lee Rautenberg),他的牌不适合作技术性加倍,他想争叫2♣但又觉得自己的草花质量欠佳,于是他利用有利的局况冒险叫了1NT,这样叫除了显示实力之外,还有个好处是告诉同伴自己没有较好的两高套。

西家首攻♣4,见这张牌后定约人停下来考虑他的通盘计划,罗顿伯格也在寻思如何才能击败这个定约。他看见己方可拿到2墩方块和一墩草花,如果同伴手中有张红心大牌,那将是第四墩。假如定约人手中有◆10,那么他肯定想让明手树立一个方块赢张。为了击败这个定约,罗顿伯格假设同伴一定要有♠Q和♠10。

在定约人打定主意飞草花的同时,罗顿伯格的盘算也成熟了。在用♣K收下首墩后,他飞快打出♠K!假如你是定约人,那么你会不认为东家还有♠Q和♠10吗?至少那位倒霉的定约人判断东家有那两张牌的,他想假如用♠A拿下,一旦让西家上手,那么在我树立明手的方块之前,防家不是要连拿2墩黑桃了吗?想到

第三篇　防家在整手牌时诱骗战术的运用 | 349

这里,定约人胸有成竹地放过,东家再出黑桃,定约人很有把握地飞了过去,现在定约人没法子不输牌了。

例 3.1.1－17　2007 年在上海举行的百慕大杯赛的循环赛中,美国一队遇上挪威队的挑战,结果就像两队在决赛的结局那样,以挪威队得胜而告终。不过在两队的交手中,齐亚又一次使出精彩的拿手好戏。

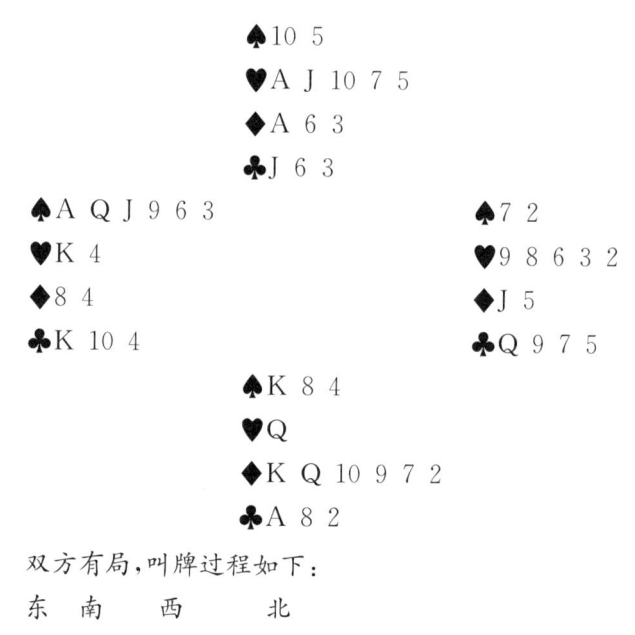

```
              ♠ 10 5
              ♥ A J 10 7 5
              ♦ A 6 3
              ♣ J 6 3
♠ A Q J 9 6 3              ♠ 7 2
♥ K 4                      ♥ 9 8 6 3 2
♦ 8 4                      ♦ J 5
♣ K 10 4                   ♣ Q 9 7 5
              ♠ K 8 4
              ♥ Q
              ♦ K Q 10 9 7 2
              ♣ A 8 2
```

双方有局,叫牌过程如下:

东	南	西	北
—	1♦	2♠	加倍
—	3♦	—	3♠
—	3NT	都不叫	

当这手牌在另一张牌桌上出现时,美国一队的南北方安全地在 3♦ 上停下来。相比之下,他们的挪威对手叫得较勇猛些,就这手牌而言,似乎很难阻止定约人拿到 9 墩牌,然而齐亚并未对此首肯。

如果西家齐亚首攻黑桃，那么定约人毋需飞红心即可轻松地拿到 9 墩牌；首攻♥K 不可取而且也没威胁，北家的加倍多是持有红心套的；那么首攻草花又将如何呢？定约人拿下首轮草花之后，硬飞一下红心，他还是可以拿到 10 墩牌。谁知齐亚竟然找到了让定约人惨遭失败的办法，他打出♣K！

假如定约人忍让一轮，那么他将会发现这个首攻有点蹊跷，因为当齐亚再出♣10 时，东家会用他的♣Q 盖上明手的♣J 的，在感到让东家上手的威胁之后，定约人只好硬着头皮飞红心。然而齐亚首攻的♣K 使定约人以为西家持♣K Q 10（×）这样的草花，既然如此，定约人就觉得没必要使用"巴思妙招"，他立即用♣A 拿下首墩。定约人这时当然还可以飞红心，不过在飞牌之前他怎能不做好飞牌失败的准备呢？红心飞牌成功固然 9 墩牌在握，然而飞牌失败定约就有危险了，谁能保证东家不会打出♠Q 或是♠J 这样的牌呢？既然只缺一墩牌，那又为何不让成功率高出不知多少倍的♣J 来担当飞牌的角色呢？

齐亚未必能预料到因为这个首攻而导致定约人的失败，不过他作出如此选择的思路倒是很值得研究的。从叫牌得知，南北方在方块上已取得一致，定约人可以一下子就拿到 5 墩甚至 6 墩的方块。另外，♣A 不是在明手就是为定约人所持，但实力很弱的同伴未必就不能有个♣Q。首攻♣K 有可能为同伴的♣Q 制造个上手的机会，但首攻黑桃将 100% 地为定约人多提供一墩牌。无疑，齐亚这样的首攻有可能白送定约人一墩牌——当定约人手中还有♣Q 时，不过要是我们这个也怕，那个也不敢，那么我们也就不可能有出奇制胜的机会。美国桥牌作家斯图尔特（Frank Stewart）把齐亚这个极具想象力的首攻喻为当年最佳之首攻。

例 3.1.1-18 实战中几乎没人对诱骗战术有免疫功能，因为他们有时根本没机会去甄别。在 2010 年的凯文迪希桥牌邀请赛中，有这么一手牌。

```
                    ♠A 7 2
                    ♥10 7 5 4 2
                    ♦K 8
                    ♣9 8 6
♠K 6 3                              ♠J 10 8 5
♥A 9                                ♥K 8 6 3
♦A 9 6 5 3 2                        ♦J 7 4
♣7 3                                ♣K 5
                    ♠Q 9 4
                    ♥Q J
                    ♦Q 10
                    ♣A Q J 10 4 2
```

东西有局，叫牌过程如下：

南	西	北	东
1NT	—	2♦	—
2♥	都不叫		

看了四家的牌，我们知道 1NT 是最佳定约，但南北方如此处理显然也在理之中。西家福雷西尔（Marty Fleisher）首拔♦A，拿到这一墩后，他再出方块，明手用♦K 拿。定约人齐亚从明手调将牌，他的♥J 为西家的♥A 所捕杀。西家出第三轮方块，这一招很厉害，看上去给了定约人一个将吃垫牌的机会，但齐亚不得不用明手的长将牌将吃。定约人从明手出小草花，东家罗德威尔放上♣K，定约人拿下后继续调将牌。东家用♥K 吃下后寻思该如何在黑桃上做文章，罗德威尔猜想齐亚有♠Q，为防定约人还有♠9，他不出♠J 而出♠10！定约人盖上♠Q，西家又盖上♠K。判断西家既有♠K，又有♠J，定约人忍让。西家打回小黑桃，齐亚飞了过去，结果宕了一墩。

如你所见，当定约人见♠10 这张牌时，他要么认为这是真牌接受它，要么认定是假牌而抵制它，他根本没有其他的任何选择。

看了以上这些关于连张如何出法来诱使定约人出错的牌例，

我想你可能也已得出了这么一个规律,那就是:真有连张时,常常出小牌不告诉定约人真相,没有连张时,却勇敢地打出大牌,造成一种有连张的假象。

例 3.1.1 - 19 有时当你持大牌嵌张又不得不出时,你怎么出牌呢?法国的德罗索(Gerald Desrousseaux,1927 - 1985)的经验可供你借鉴,这位在 20 世纪 60 年代四次代表法国参加过世界桥牌锦标赛的桥牌高手,确实颇有心计。在下面的牌例中,你将发现他的骗术实在别具匠心。

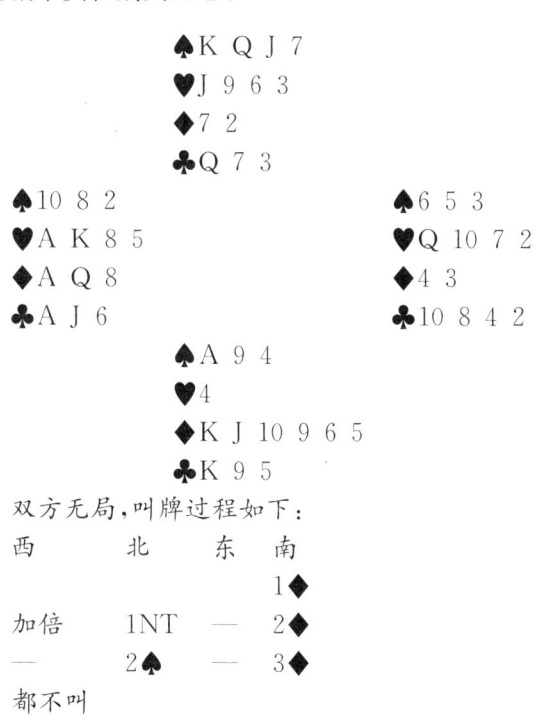

```
              ♠K Q J 7
              ♥J 9 6 3
              ◆7 2
              ♣Q 7 3
♠10 8 2                    ♠6 5 3
♥A K 8 5                   ♥Q 10 7 2
◆A Q 8                     ◆4 3
♣A J 6                     ♣10 8 4 2
              ♠A 9 4
              ♥4
              ◆K J 10 9 6 5
              ♣K 9 5
```

双方无局,叫牌过程如下:

西	北	东	南
			1◆
加倍	1NT	—	2◆
—	2♠	—	3◆
都不叫			

位于西家的德罗索首拔♥K,东家跟♥7,西家再出♥A,定约人将吃。定约人出张黑桃到明手再调将牌,西家的◆Q擒走定约人的◆J。显而易见,黑桃是定约人的一统天下,西家在将牌上只剩下一个止张,一旦定约人肃清将牌,那么明手的黑桃至少可垫一

张牌。出红心迫使定约人将吃并无关痛痒,改出草花迫在眉睫。如果你持西家的牌,那么将出哪一张草花呢? 可能有人会考虑拔♣A,他之所以这样打是寄希望于同伴持♣K吧。

德罗索想得更远些:既然南家首家开叫,既然南家在红心上一无所有,那么♣K就非他莫属,同伴虽然没有一个草花大牌,但只要他有♣10,那么还是有文章可做。于是德罗索打出♣J! 定约人用♣K拿下这一墩后继续调将牌,德罗索用♦A截下后又若无其事地打出♣6! 定约人已明白无误地看到西家有14点大牌亮相,这些实力足可作一次技术性加倍了,西家出的♣J使定约人相信他必是持♣J 10 6三张草花,定约人胸有成竹地让明手跟小草花,同时他还准备用手中的♣9收下这一墩呢。令定约人万分意外的是东家抽出♣10,而♣A居然又在西家手中。

例3.1.1-20 持嵌张时,一般人总会按兵不动,想等对手先动这门花色,他们认为先发制不了人。这种想法也很正常,嵌张有可能逮住对手的一张甚至两张牌,先出可能意味着让对手的关键牌逃之夭夭。但也有人就是敢先从嵌张出牌的。下面这手牌发生于1997年百慕大杯赛中,欧洲两强挪威队和意大利队在分组循环赛中相遇,一场龙虎斗开始了。

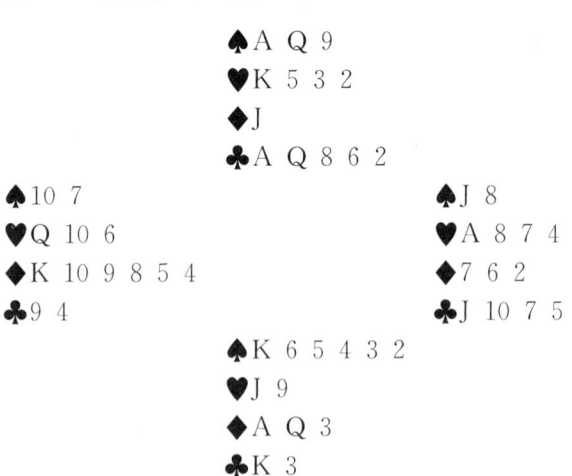

♠A Q 9
♥K 5 3 2
♦J
♣A Q 8 6 2

♠10 7　　　　　　　　　　♠J 8
♥Q 10 6　　　　　　　　　♥A 8 7 4
♦K 10 9 8 5 4　　　　　　♦7 6 2
♣9 4　　　　　　　　　　♣J 10 7 5

♠K 6 5 4 3 2
♥J 9
♦A Q 3
♣K 3

南北有局，叫牌过程如下：

西	北	东	南
赫尔格莫	佛萨契	海尔尼斯	劳利亚
	1♣	—	1♠
—	2♥	—	2NT
—	3♥	—	3♠
—	4♣	—	4♦
—	4♥	—	4NT
—	5♠	—	6♠
都不叫			

意大利队两位选手经过毫无干扰的充分交换情报之后来到 6♠，这是个机会很多的定约，譬如说黑桃 2-2 分布，或是方块飞牌成功，或是明手的♥K 能拿到一墩等等。由于叫牌体制的缘故，因此只能让南家来打，假如北家成了定约人，那么这个定约就更安全。

北家的 2♥ 并不代表红心套，而是对同伴黑桃的询问，他的 3♥ 表示有着四张红心。黑桃取得一致之后，所有旁套花色都被南北双方扣叫过了，这时西家赫尔格莫打出唯一能使定约人劳利亚头痛的牌——♥10！

看见赫尔格莫的这张牌之后，皱紧眉头的劳利亚把牌一攥，抱起双臂，开始思考几种可能性。如果东家持♥A Q，那么劳利亚也甭折腾了，认输宕一墩就是了。问题是东家并没有这两张大牌，那么劳利亚又该放上明手的哪一张牌呢？斟酌半天，劳利亚觉得对手更像知道明手是持♥K 扣叫红心的，换句话说，赫尔格莫是持♥A 在考验他，于是定约人放上明手的♥K。在看到东家海尔尼斯吃下首墩并打回小红心后，劳利亚深深地叹了口气并把手中余下的 12 张牌重重地往桌上一放。

例 3.1.1-21 你持 K J 10 9 7 这样的五张连张，别无其他实力，在对付一个 3NT 定约时，你多半会想出 J（有人约定这样的连张首出 10），这种想法很自然肯定也很普遍吧。要是你面对的是一个 6NT 定约,而且定约人持的是逼叫成局的极强牌,你会考虑出你的 J 吗？可能更多的人（没准 99.99％的人）是认为此举犹如自投罗网而不予考虑,所以当这个 J 亮在牌桌上时,定约人的首个反应便是东家持着 K。2001 年凯文迪希桥牌邀请赛的双人赛中,有这么一手牌,美国好手列夫（Sam Lev）和挪威的第一高手赫尔格莫结伴遇上了一对法国选手。

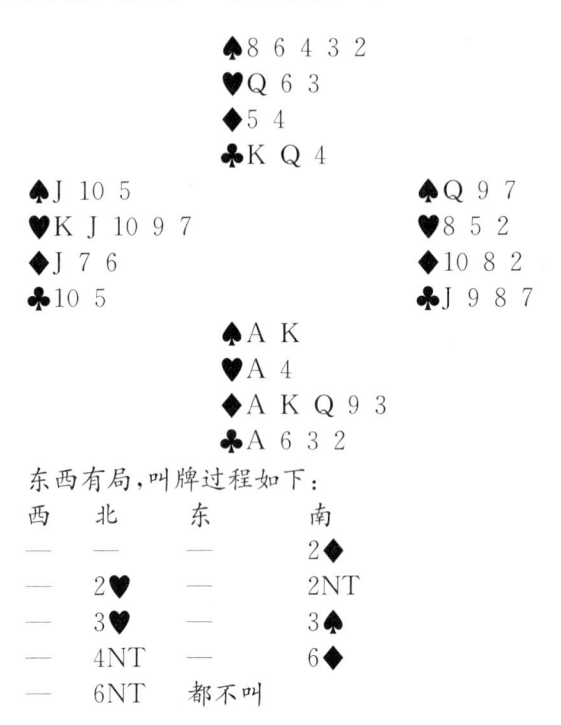

```
                ♠ 8 6 4 3 2
                ♥ Q 6 3
                ♦ 5 4
                ♣ K Q 4
♠ J 10 5                       ♠ Q 9 7
♥ K J 10 9 7                   ♥ 8 5 2
♦ J 7 6                        ♦ 10 8 2
♣ 10 5                         ♣ J 9 8 7
                ♠ A K
                ♥ A 4
                ♦ A K Q 9 3
                ♣ A 6 3 2
```

东西有局,叫牌过程如下：

西	北	东	南
—	—	—	2♦
—	2♥	—	2NT
—	3♥	—	3♠
—	4NT	—	6♦
—	6NT	都不叫	

有必要解释一下叫牌的含义,南家的 2♦ 是强牌虚叫,而且逼叫成局。北家叫 2♥ 示弱,北家第二次叫红心表示有至少五张的黑桃,在南家叫 3♠ 完成转移之后的叫牌为自然真套。

持西家牌的便是列夫,他很不爽,因为在对手的两个五张套花色上,他持的都是三张,定约人至多送出一墩便可树立 4 墩来。但对 6NT 他又很无奈,他决定试图阻挠定约人树立长套的计划,为此他打出♥J！看到这张牌，定约人邝丹(Jean-Christophe Quantin)条件反射般地认定东家持♥K，放上明手的♥Q至多是拼下东家的♥K，而留着♥Q在明手，那么就有一个牵制东家的威胁张，拼掉♥Q则意味着失去威胁张。你能说他的想法没道理吗？为了而后的紧逼作准备，定约人忍让一轮红心，这在紧逼打法中叫做"纠正计算"。列夫一招得手就改出♠J，定约人拿下后兑现数个快速赢张，成以下形势：

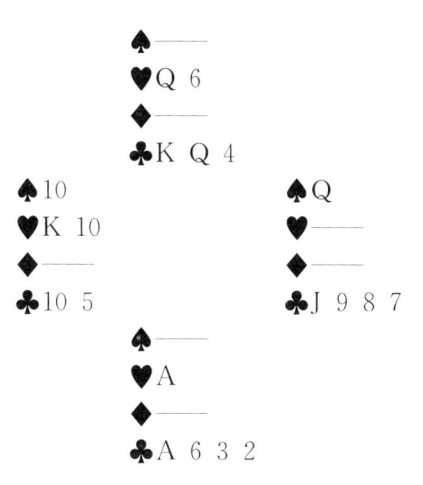

```
           ♠
           ♥Q 6
           ♦
           ♣K Q 4
♠10                    ♠Q
♥K 10                  ♥
♦                      ♦
♣10 5                  ♣J 9 8 7
           ♠
           ♥A
           ♦
           ♣A 6 3 2
```

假如东家确实持♥K，而且他又持 4 张草花，那么当邝丹兑现他的♥A 时，东家的♥K 将被击落，或是在此之前东家已经不得不垫去一张草花。可惜事与愿违，东家确实持着 4 张草花，但他并没有♥K，结果宕了一墩。

如牌所示，假如列夫不首攻♥J，那么定约人的唯一出路在于黑桃 3-3，而明手的两张草花大牌恰可进手送出黑桃并兑现黑桃赢张之所需。列夫凭他的丰富想象力及勇于拼搏的顽强精神硬是为自己创造一个高分来。

列夫的首攻无疑铤而走险，然而遇到威胁仍墨守成规恐是难逃灭顶之灾的。不尝试一次，也就永远不可能有过一次这样的成功，当然切不要心存什么"屡试屡爽"的天真想法，要做好失败的准备，你才有可能成功。

例 3.1.1‑22 当你持 A Q 这样的嵌张,但没有 J 10 相佐时,你打算静观动态,还是低引一个小牌呢?有的桥牌专家建议,当你没有很合适的正常首攻时,不妨一试反常的出法。在 2003 年为百慕大杯赛选拔美国队时,上届百慕大赛冠军队的成员桑泰格和韦克塞尔遇到这么一手牌:

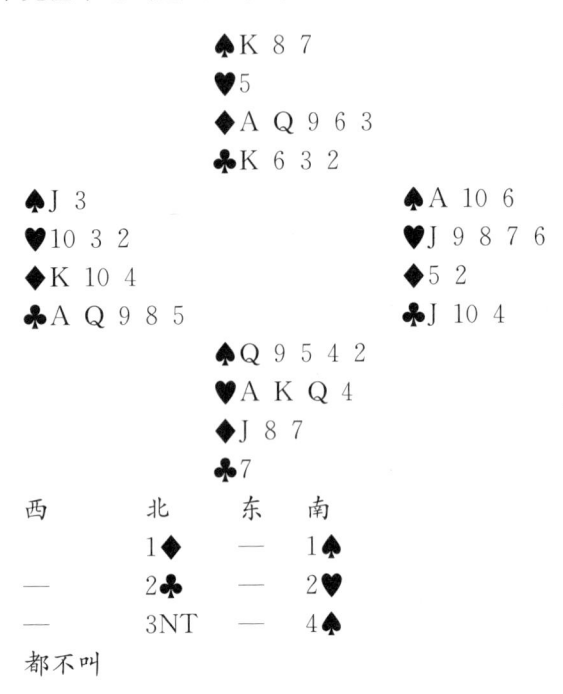

```
              ♠ K 8 7
              ♥ 5
              ♦ A Q 9 6 3
              ♣ K 6 3 2
♠ J 3                      ♠ A 10 6
♥ 10 3 2                   ♥ J 9 8 7 6
♦ K 10 4                   ♦ 5 2
♣ A Q 9 8 5                ♣ J 10 4
              ♠ Q 9 5 4 2
              ♥ A K Q 4
              ♦ J 8 7
              ♣ 7
```

西	北	东	南
	1♦	—	1♠
—	2♣	—	2♥
—	3NT	—	4♠

都不叫

为卫冕而战的这两位选手使用的是一套很繁复的虚叫体制,叫做(Power Precision)。其中南家的 2♥ 同有无红心套并没有关系(这里是个巧合),叫做第四门花色逼叫,表示要叫成局的一手较好的牌,北家后来跳叫 3NT 并非想打这个定约,而是澄清自己的牌型是 3‑1‑5‑4。

居西的是康普顿(Chris Compton),他觉得没有一个正常首攻很合他心意,再说当时他也不知道首攻红心并不吃亏。既然如此,他决定做反常首攻,他出的是 ♣Q!从叫牌中康普顿指望北家持

♣K,事实果真如此。定约人桑泰格见这张牌很不自在,他很自然而然地判断东家持♣A,于是他拒绝盖上明手的♣K。西家一招得手便得理不让人了,他再出小草花,定约人再次忍让,没准东家持的是♣A×或是♣A××,哪位定约人不这么想的呢。桑泰格将吃之后便着手调将牌,东家不客气地捕杀了明手的♠K。此时此刻东家又打出草花,定约人不由陷入深思之中。一般来说,定约人在方块上是有个输张的,他哪知道可通过深飞来解决这个问题呢? 在认准东家持♣A后,他垫去方块……

例 3.1.1－23 不少人持大牌嵌张时总不肯首攻其中的一个,因为他们担忧如此首攻会让定约人成了直接受益者。凡事都存在正反两个方面,有时这样做确实会使防家受损,但有时防家也能从中获益。前面读者已经见了数个防家成功的牌例,这儿再补充一个,因为首攻者这样做了之后,成功地使定约人对大牌的位置产生了误判。

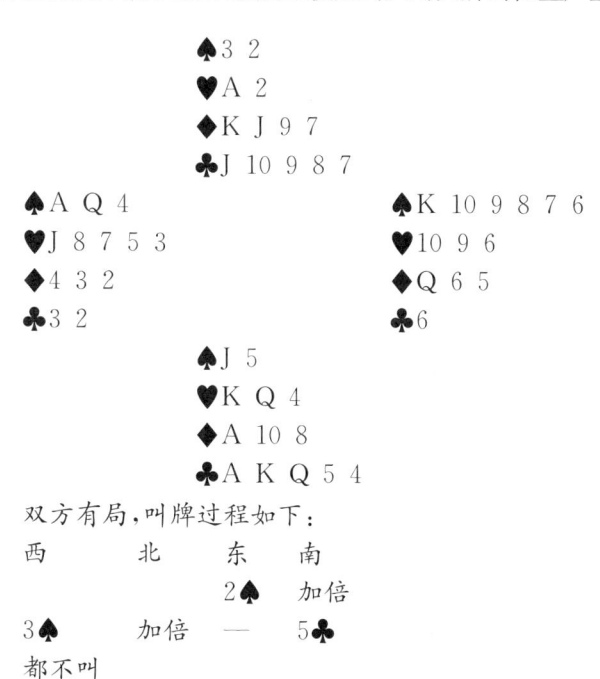

```
              ♠ 3 2
              ♥ A 2
              ♦ K J 9 7
              ♣ J 10 9 8 7
♠ A Q 4                    ♠ K 10 9 8 7 6
♥ J 8 7 5 3                ♥ 10 9 6
♦ 4 3 2                    ♦ Q 6 5
♣ 3 2                      ♣ 6
              ♠ J 5
              ♥ K Q 4
              ♦ A 10 8
              ♣ A K Q 5 4
```

双方有局,叫牌过程如下:
西	北	东	南
		2♠	加倍
3♠	加倍	—	5♣
都不叫			

位于西家的是赫尔格莫,东家是他的固定搭档海尔尼斯。持西家的牌,很正常的首攻是先出♠A看看,然后据明手的牌及同伴给出的信号再决定第二张出牌,可能所有桥牌书都是如此指导读者的吧。然而赫尔格莫并没有为教科书的说教所束缚,他首攻的不是♠A而是♠Q! 在♠Q拿到一墩之后,他仍旧攥住♠A不出,他打出♠4,东家当然放上他的♠K。如牌所示,定约人的问题在于逮住♦Q,但在赫尔格莫的误导之下,他很自然地错判♦Q的位置。定约人以为东家持♠A K 为首的黑桃,由叫牌推理,那♦Q显然非西家所莫属了。你会责怪定约人的失误吗? 我只觉得赫尔格莫这样的对手实在太可怕了。

第二节　低引大牌的妙用

除了大牌连接张之外,恐怕要数低引大牌[①]是最为积极的出法。当防家具有一定长度时(如三张以上),那么低引Q或是低引J是很常见的出法,因为当同伴有K、J或是Q、10时可能并不吃亏,同时又给定约人带来威胁。低引K如何? 在对付一个成局定约甚至是满贯定约时,桥牌专家若无合适的大牌连张时,他们也常会考虑这样做的,因为在这种形势下,防家要树立赢墩往往已是刻不容缓的。那么低引A呢? 这种出法极少见,有的人打了数年的桥牌也不愿如此尝试一次。这也难怪,万一定约人持单张K,或是定约方的K和Q分居两边,那么低引A可能会竹篮打水一场空,那A可能一张大牌也吃不到。正是因为极难见到有什么人敢于低引A的,所以当定约人见到防家首出张小牌时,他的第一反应往往是判断那位防家有一张不包括A在内的大牌。一旦防家真

[①] 英文中的 underlead 如何翻译成中文? 已故交通大学教授、桥牌好手兼作家周麒先生(1925 - 2015)建议译成"低引"。我个人觉得这个译法很贴切,于是援用过来。这种出牌法是指手中有大牌时却出小牌。

的敢于低引 A,那么定约人误判就也不奇怪了。

例 3.1.2 - 1 作为自然叫牌法的鼻祖,克勃森(Ely Culbertson,1891 - 1955)的大名在约 80 年前即已为世界桥牌爱好者所耳熟能详的了。克勃森在桥牌事业上的成功,不仅仅是创立一套在当时算是很先进的叫牌体制,或是发明一些很有价值的约定叫,也不仅仅在于他写成几本甚为畅销的桥牌书,更重要的是克勃森陆续打败了好几名有力的竞争者,从而奠定了他在北美桥坛的主宰地位。在克勃森成功的背后,其夫人约瑟芬(Josephine Culbertson,1898 - 1956)的鼎力相助实在是功不可没。当时克勃森的劲敌之一是西姆斯(Hal Sims,1886 - 1949),为了证明自己的理论和实践均要胜出对手一筹,继击败了另一劲敌伦兹(Sidney Lenz,1873 - 1960)之后,克勃森向西姆斯发出了挑战,于是在 1935 年一场 150 盘①的克勃森——西姆斯大战便揭开了帷幕。下面的这个牌例就是选自那场大赛的一手牌,十分有趣的是两对夫妻共坐一桌,展开了一场互不相让且又激烈的争夺。

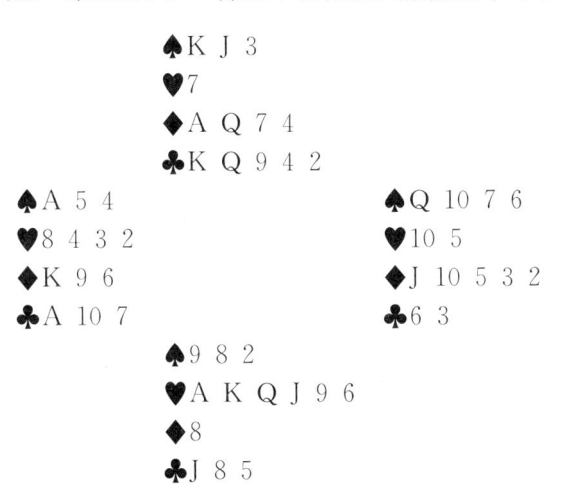

```
              ♠ K J 3
              ♥ 7
              ♦ A Q 7 4
              ♣ K Q 9 4 2
♠ A 5 4                      ♠ Q 10 7 6
♥ 8 4 3 2                    ♥ 10 5
♦ K 9 6                      ♦ J 10 5 3 2
♣ A 10 7                     ♣ 6 3
              ♠ 9 8 2
              ♥ A K Q J 9 6
              ♦ 8
              ♣ J 8 5
```

---

① 当时复式桥牌尚未问世,只能通过 2 对 2 的盘式桥牌一较高低。经过 150 盘的比赛,克勃森以 16 130 分的优势击败西姆斯。

盘式叫牌过程如下：

南	西	北	东
西姆斯	克勃森夫人	西姆斯夫人	克勃森
—	—	1♣	—
1♥	—	2♦	—
2♥	—	3NT	—
4♥	都不叫		

可能是不想放弃红心大牌奖分的缘故，西姆斯不愿让其夫人打三无将，他宁可将定约揽了过来自己打四红心[①]。

首攻红心过于消极，方块和草花又是北家所叫过的花色，于是西家克勃森夫人理所当然地想在黑桃上有所发展了。不过克勃森夫人并没有拔个♠A看看，相反，她低引♠A——她出的是♠4！见了这张牌之后，定约人西姆斯沉思片刻，接着他请明手跟小黑桃，东家克勃森放上♠10并拿到一墩。东家打回草花，克勃森夫人用♣A拿下后再出小黑桃，她竟然又一次低引♠A！这回西姆斯停下思考的时间就较前长得多了。克勃森夫人会是两次低引♠A吗？西姆斯拿这么个问题反复问过自己，到头来他不认为一位女选手会有如此胆魄，斟酌再三，他还是不肯放上明手的♠K。就这样，一位名噪一时的桥牌高手在一名女选手的一再误导之下，不待他有反击的机会便被击败了一墩。

例 3.1.2‑2 你还记得前文提到的楚斯考特夫人吗？她于上个世纪的五六十年代常去纽约的凯文迪希俱乐部打牌，当时那儿高手如云，盛铿、斯台曼、费希宾（Harry Fishbein，1898‑1976）、弗赖、I·鲁宾等人都是那儿的常客，而 B·贝克则是那儿的经理，他成了楚斯考特夫人的固定伙伴。经过这种环境的磨练，楚斯考特夫人的技艺日臻成熟，她投入的赌注也越下越大[②]，渐渐地人们也不再将她作为一般女选手看待了。在同英国桥牌作家 M·史密

---

① 西姆斯夫人的技艺肯定是当时四人中最差的一个，除了可多得大牌奖分 100 分外，西姆斯显然也认为由他来打牌把握更大。

② 在当时美国俱乐部打的都是盘式桥牌且带赌注。

斯谈及的得意佳作之二便是她某日在凯文迪希俱乐部中打成的。

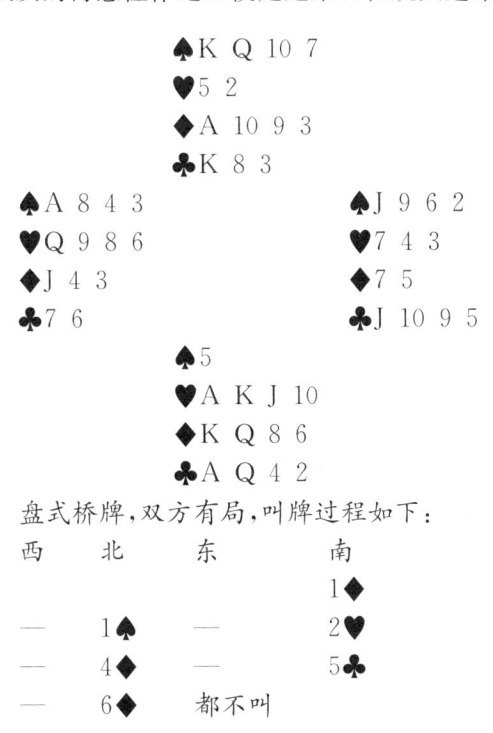

```
                ♠ K Q 10 7
                ♥ 5 2
                ♦ A 10 9 3
                ♣ K 8 3
♠ A 8 4 3                     ♠ J 9 6 2
♥ Q 9 8 6                     ♥ 7 4 3
♦ J 4 3                       ♦ 7 5
♣ 7 6                         ♣ J 10 9 5
                ♠ 5
                ♥ A K J 10
                ♦ K Q 8 6
                ♣ A Q 4 2
```

盘式桥牌,双方有局,叫牌过程如下:

西	北	东	南
			1♦
—	1♠	—	2♥
—	4♦	—	5♣
—	6♦	都不叫	

方块该是个很正常的首攻,不过就这手牌而言,当定约人从手中出黑桃时,整个防线就土崩瓦解了:如果西家用♠A拿,那么明手的♠K Q恰能垫去手中的两张红心;如果西家拒拿,那么定约人将不输一墩黑桃,他只消送出一墩红心即能从容完成定约。显然,首攻红心或是草花也根本无法动摇这个满贯。

位于西家的楚斯考特夫人攥着♠A在手,她低引♠3!定约人认定♠A必在东家之手,放上明手的♠K给对手吃一墩有何意义呢?于是定约人放上明手的♠10,东家不无惊喜地发现自己的♠J居然能先下一城。尔后,定约人从明手出♠K,他想通过将吃飞牌来树立一个黑桃赢墩,令他万分惊愕的是♠A竟然在西家手中。

你一定在这两个牌例中发现了共同点,那就是明手有K。无疑,低引 A 者出色的判断和非同一般的勇气是获得成功的保证。

例 3.1.2-3 在 1981 年上海国际城市桥牌邀请赛中,应邀前来参赛的有好几名世界特级大师,其中大概要数劳伦斯(Michael Lawrence)的名气最响,他不仅已荣获过两届百慕大杯赛的冠军,还是名相当出色的桥牌作家,像他这样在理论和实践上均有极高造诣的桥牌选手并不多见。下面是劳伦斯向英国桥牌作家 M. 史密斯介绍的他的一手得意之作:"那是 1989 年某天在波特兰地区参加一场地区赛时的第一手牌,那时恰好是早晨 9 时,在叫牌时我开始喝我的第一杯咖啡。"

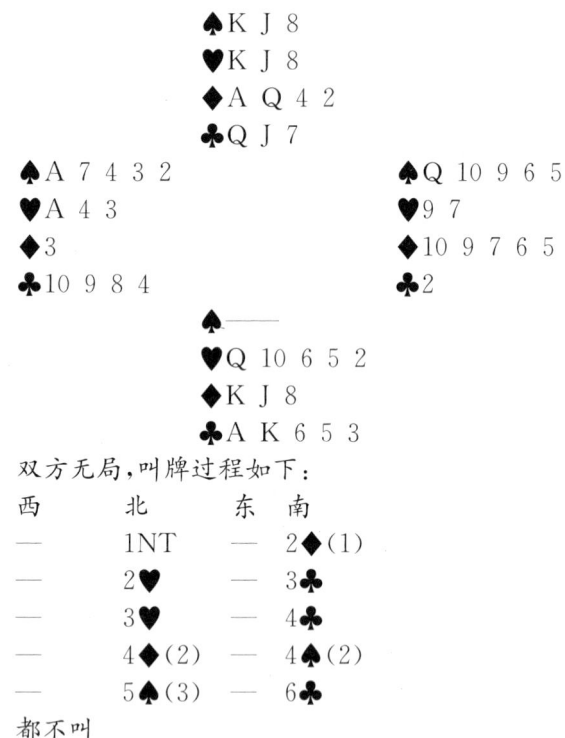

♠ K J 8
♥ K J 8
♦ A Q 4 2
♣ Q J 7

♠ A 7 4 3 2　　　　　♠ Q 10 9 6 5
♥ A 4 3　　　　　　　♥ 9 7
♦ 3　　　　　　　　　♦ 10 9 7 6 5
♣ 10 9 8 4　　　　　♣ 2

♠ —
♥ Q 10 6 5 2
♦ K J 8
♣ A K 6 5 3

双方无局,叫牌过程如下:

西	北	东	南
—	1NT	—	2♦(1)
—	2♥	—	3♣
—	3♥	—	4♣
—	4♦(2)	—	4♠(2)
—	5♠(3)	—	6♣

都不叫
(1) Jacoby 转移叫
(2) 扣叫,首轮控制
(3) 扣叫,第二轮控制

南北方找到最佳定约,因为当防家首攻草花时,6♥是无法做成的。美中不足的是叫牌过程就像一泓清水那样清澈见底,这就给位于西家的劳伦斯一个可乘之机,他低引♠A! 当♠3出现在牌桌上时,你会责怪定约人没放上明手的♠K吗?明手的♠J被东家的♠Q盖过,定约人被迫将吃。由于将牌4-1分布,因此定约人输了2墩牌。

例3.1.2-4 影星兼桥牌好手夏里夫于1967年组织了"夏里夫桥牌表演队",在欧洲和北美与当时的一些世界桥牌高手对抗。下面这手牌便是出自于该表演队在多伦多与几名加拿大国手的对抗赛之中,当时夏里夫位于西家。

```
              ♠ K 3
              ♥ Q 8 2
              ♦ 8 6 4 2
              ♣ A K J 5
♠ A 9 6 2                  ♠ Q 8 7 5
♥ 10 5 4                   ♥ 9 3
♦ J 9 7                    ♦ 10 5
♣ Q 9 2                    ♣ 10 8 7 6 4
              ♠ J 10 4
              ♥ A K J 7 6
              ♦ A K Q 3
              ♣ 3
```

东西有局,叫牌过程如下:

南	西	北	东
1♥	—	2♣	—
2♦	—	3♥	—
4♦	—	4♠	—
6♥	都不叫		

持一手极平均的牌,加上自己的♣Q又位于明手的草花套之前,夏里夫感到形势于己很不利。与此同时夏里夫又留意到南家是在其同伴扣叫过黑桃才叫满贯的,于是他决定在黑桃上试试自己的运气,他低引♠A!

加拿大的定约人见了♠2后果然如坐针毡,考虑一阵后他让明手跟♠3,东家用♠Q拿了首墩后立即打回黑桃。就这样,一个满贯定约在短短的两个回合中便夭折了。假如夏里夫消极地首攻将牌又怎么样呢?很可能定约人拿下首墩后即兑现♣A并将吃一墩草花,第三轮将牌时由明手的♥Q拿。由于♣Q被拔出来,因此定约人能连垫两张黑桃。万一♣Q并不跌下来,那么定约人将不得不在用哪张黑桃大牌飞的问题上作一猜测。

例3.1.2-5 下面的这手牌发生在40余年前,坐南的是拉庇(George Rapee,1915-1999),他不止一次代表过美国桥牌队并荣获过三届百慕大杯赛的桂冠,位西的是老杰可比(Oswald Jacoby,1902-1984),可算是当时桥坛的一名权威人物,他的同伴是沃尔夫,一颗崛起的新星,北家是史密斯(Bud Smith),来自密西根州的一名选手,他的名气不能同其他几位相比。

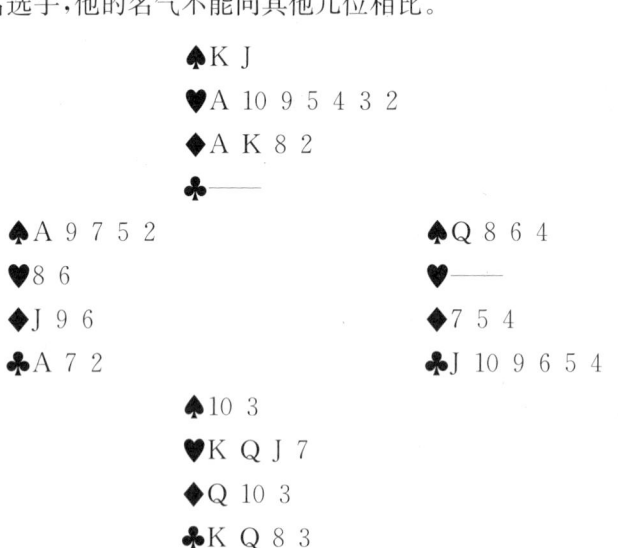

♠K J
♥A 10 9 5 4 3 2
♦A K 8 2
♣

♠A 9 7 5 2   ♠Q 8 6 4
♥8 6   ♥
♦J 9 6   ♦7 5 4
♣A 7 2   ♣J 10 9 6 5 4

♠10 3
♥K Q J 7
♦Q 10 3
♣K Q 8 3

双方无局,叫牌过程如下:

南	西	北	东
1♥	—	3♥(1)	—
4♥	—	5♦(2)	—
5♥	—	6♣(2)	—
6♥	都不叫		

(1) 强牌支持,逼叫成局
(2) 扣叫,通常有首轮控制

尽管南家拉庇一再示弱,持如此好牌的北家理由十足地推进到了满贯。西家老杰可比虽然持着两个 A,但他一点也没因此而高兴,他感到第一张牌的分量实在太重了,这位思绪敏捷的高手斟酌着该出哪张牌。他不愿作消极首攻,生怕定约人随后会把输张遁去,于是他决定作积极首攻。杰可比生怕拔错一个 A 的结果将是让对手完成该宕的满贯,随即而来的将是自己为此难受一个晚上。最终他决定相信北家的扣叫是正确的,他认为己方的出路在于黑桃。很罕见的是杰可比思考那么长时间,很费劲地抽出♠2!

现在轮到拉庇饱受痛苦的折磨了,假如东家持着黑桃两大牌,那么自己也甭胡思乱想了,既然沃尔夫还静静地在等他作选择,那么他只好猜沃尔夫是持着哪一张黑桃大牌了。到头来,拉比放上明手的♠J……啊,老杰可比的煞费苦心还是得到了优厚的回报。持两个 A,在面对一个小满贯定约时,竟然一个 A 也不出,这种出法可能几十年中也未必见到成功的一例吧。

例 3.1.2 - 6 敢于低引 A 是相当罕见的,我打了 50 年的桥牌,极少在牌桌上亲眼目睹什么人这样做过。然而这种极罕见的事竟然在一次比赛中的同一手牌中出现两次。那是在 1996 年北美桥联的夏季大赛时发生的。

♠ K 5 3
♥ Q J 8 7
♦ A Q J 4
♣ K 8

♠ A 8 7 2
♥ 9 2
♦ 7 6 3 2
♣ J 7 5

♠ Q 9 4
♥ 6 5
♦ K 10 9 5
♣ 9 4 3 2

♠ J 10 6
♥ A K 10 4 3
♦ 8
♣ A Q 10 6

双方有局,叫牌过程如下:

南	西	北	东
1♥	—	2NT(1)	—
3♦(2)	—	4♣(3)	—
5♥	—	6♥	都不叫

(1) 红心很好支持的平均牌型,逼叫成局
(2) 方块单张
(3) 扣叫

光看南北两家的牌,这个满贯的成功机会还是不小的,譬如♣J被击落,或是方块将吃飞牌成功。就这手牌而言,定约人真的不用费很大气力即能把满贯带回家了。不过,我们还没提到防家首攻什么呢,问题便在于此。

两个牌桌上的叫牌过程都使用杰可比 2NT 约定叫,两位南家都成了 6♥ 的定约人,两位西家从叫牌中都判断北家很可能持有♠K,于是他俩不约而同地都首攻♠2! 两位定约人在经过一

番痛苦的猜测之后都以为西家在低引♠Q,于是他们都让明手跟小黑桃,结果这两个满贯都在头两个回合中垮掉了。值得向大家介绍的是那两位勇敢的西家是戈德曼和波拉克(Billy Pollack),用英雄所见略同这句话来形容如此壮举恐是再恰当不过了。

例 3.1.2 - 7　在对付一个满贯定约时,并非仅有个别极富经验的老手才敢低引 A,一些后起之秀在洞察了自己所面临的形势之后,也会很有魄力地作出这一壮举的。在一次欧洲青年桥牌锦标赛中,英国青年队与波兰青年队相逢,其中有这么一手牌:

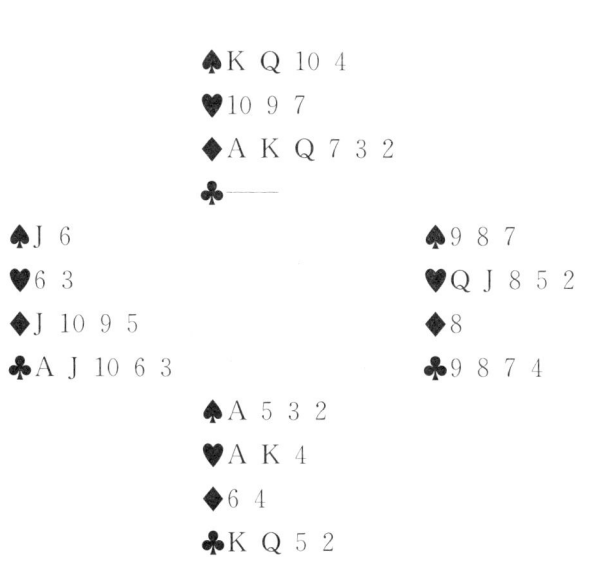

```
              ♠ K Q 10 4
              ♥ 10 9 7
              ♦ A K Q 7 3 2
              ♣ —
♠ J 6                       ♠ 9 8 7
♥ 6 3                       ♥ Q J 8 5 2
♦ J 10 9 5                  ♦ 8
♣ A J 10 6 3                ♣ 9 8 7 4
              ♠ A 5 3 2
              ♥ A K 4
              ♦ 6 4
              ♣ K Q 5 2
```

东西有局,在一张牌桌上,英国青年队的南家成了 7♠ 的定约人。西家首攻♦J,在用明手的♦A 拿住后,定约人肃清将牌,接着他连打方块大牌并将吃第四轮方块。因为方块分布不均,定约人只好凭借将吃飞牌来树立一墩草花。运气很好,♣A 的位置于定约人很有利,他有惊无险地完成了定约。在另一张牌桌上,叫牌过程如下：

西	北	东	南
	1♦	—	1♠
—	4♦(1)	—	4NT(2)
—	6♣(3)	—	6♥(4)
—	7♠	都不叫	

(1) 极好的方块加上黑桃很好的支持
(2) 罗马关键牌问叫
(3) 两个关键牌(♠K，♦A)加上草花缺门
(4) 大满贯尝试

位于西家的是英国青年队的伯格斯(Oliver Burgess)，他很清楚北家的方块不经过将吃是无法树立的，而定约人对此则是一无所知。为了减少明手的进手张，伯格斯毅然决然地首攻♣J！

我无法知道定约人是否想到过西家使诈，但只要黑桃和方块都是3-2分布，那么定约人便可很轻松连抓13墩牌。事实上，定约人让明手将吃首轮草花，从此他就永远失去了完成这个大满贯的机会。

诱骗战术大师伽洛佐有个重要心得深得沃尔夫及别的桥牌专家的赞赏："当你出牌而且当你知道将牌或是某一门花色的分布对定约人很不利时，低引你的K吧，定约人很可能误判，他很可能会拒绝飞牌，待他发现事实真相时，往往为时已迟了。"

例3.1.2-8 许多年轻人都敢想敢试，少一点保守思想则常多一点成功的机会。2006年在斯洛伐克的皮斯塔尼举行的世界青少年桥牌双人锦标赛中，美国青年选手格鲁(Joe Grue)就因一再低引，动摇了定约人的信心，从而获得一个很好的分数。

♠ K J 9 8 3
♥ A 4
♦ K J 6 4
♣ 7 5

♠ 6 4   ♠ A 10 7 5
♥ 10 7 6   ♥ J 8
♦ A Q 9 7   ♦ 10 5
♣ A J 8 3   ♣ K Q 10 9 4

♠ Q 2
♥ K Q 9 5 3 2
♦ 8 3 2
♣ 6 2

双方无局,叫牌过程如下:

南	西	北	东
		1♠	—
1NT	—	2♦	—
2♥	都不叫		

假设你持格鲁的牌位于西家,那么你将首攻什么呢?他不愿出红心,生怕误伤同伴的红心大牌,他又不愿出黑桃,因为北家至少有五张,他也不想出草花,惟恐放过定约人的草花大牌。想了一番之后,格鲁竟然打出♦7!

定约人是波兰队的卡利塔(Jacek Kalita)[①],他自然而然地用♦J飞并赢得首墩。定约人在肃清对手的将牌之后,他从手中出小黑桃并放上明手的♠J,因为他知道当他先出♠Q解封时,防家多半会忍让一轮的。如他所希望的那样,东家柯兰雅克(John

---

① 卡利塔作为波兰队的一名成员参加了 2015 年在印度举行的第 42 届百慕大杯赛并赢得了桂冠。

Kranyak)立即用♠A 拿。东家继而兑现了♣K,接着又打出♣Q。这时格鲁用♣A 接过去,他从定约人连调三轮将牌看出定约人不像还有第三张草花,他停止草花上的攻击转而又出◆9! 这张牌使得卡利塔不由地攥起了牌,想了又想：东家会是忍让首轮方块吗？有此可能,但不太像；那么西家会持◆A Q 一再低引吗？有此可能,但更不像了。想了好一会儿,定约人期望东家持双张◆A 自行跌落,结果他又输了一墩方块。

南北方得 110 分将获得 78 个比赛分,假如南家超额一墩得 140 分呢,南北方将可获得 107 个比赛分。格鲁凭他的胆略和顽强,硬是削去了对手的一部分得分。顺便提一句,卡利塔的同伴是柯托罗维兹(Krzysztof Kotorowicz),这对波兰选手获得了那届比赛的亚军。

例 3.1.2 - 9 可能你会觉得那位波兰定约人怎么会一再错判啊？只要合起牌,人人都有 50％错判的可能,只要你敢于尝试,你就有可能得到成功。半个世纪前,在意大利桥牌锦标赛中有这么一手牌：

```
            ♠ A K 3 2
            ♥ A Q 10 9
            ◆ K 7 5
            ♣ 10 5
♠ 10 8                    ♠ 9 6
♥ J 6 4 2                 ♥ 5 3
◆ A Q 2                   ◆ J 9 8 4
♣ Q J 9 7                 ♣ A 6 4 3 2
            ♠ Q J 7 5 4
            ♥ K 8 7
            ◆ 10 6 3
            ♣ K 8
```

双方无局,叫牌过程如下:
西　　北　　东　　南
　　　1NT　—　　2♣
—　　2♥　　—　　2♠
—　　4♠　　都不叫

西家是达莱里奥,他首攻♣Q,同伴帕比斯-梯契用♣A拿。他打回♣3,这一墩被定约人用♣K收下。定约人调两轮将牌,当防家的将牌被肃清后,他又连打三轮红心。在看到♥J并没有跌落时,他通过将牌回到手中,他从手中出小方块,西家毫不迟疑地放上♦Q!定约人判断西家持♦QJ为首的方块,于是他拒绝盖上明手的♦K。达莱里奥沉着地出♦2,定约人仍让明手跟小方块。就这样一个本该铁成的局,让这位定约人打砸了。

达莱里奥也好,前例中的格鲁也好,只要他们没出A,这手牌就还没结束。如果他们自己沉不住气而抽出A,那么这等于缴械认输。当你遇到这种情形时,不要去想定约人将会如何怎样,重要的是你应该怎样做,至于定约人最终错判与否,那已经不重要了。

这位定约人打得够糟的,说他糟的并不是方块上的错判,这种失误情有可原,没人能保证不出错的。他的错误在于处理红心不当。在肃清将牌之后,己方的黑花色已尽,他应该先打掉明手的一张红心大牌,由♥K回手,接着当西家跟小红心时,用明手的♥10飞。这是个有益无害的飞牌,飞成功固然可得4墩红心;飞不成功,东家就被投入了,他不得不向定约人提供一个将吃垫牌的机会,或是提供一个方块上的免费飞牌给定约人。

例3.1.2-10　在对付一个无将定约时,我们有时发现自己并没有一个很理想的长套作为首攻,或是我们自己没有多少实力来向定约人挑战,于是我们想为同伴有所贡献,我们希望能选中他的一门对定约人很具威胁的长套花色。不过,在我们挑选该花色的哪一张牌来作为首攻,那可能还是大有文章可做的。法国桥牌高手谢姆拉显然在这方面别具匠心,他成功地使齐亚栽倒在他的手中。

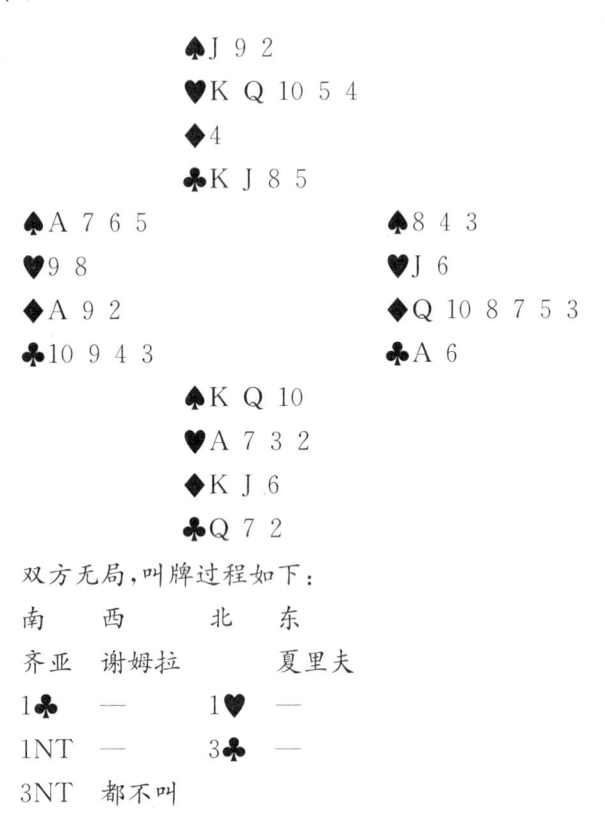

♠ J 9 2
♥ K Q 10 5 4
♦ 4
♣ K J 8 5

♠ A 7 6 5
♥ 9 8
♦ A 9 2
♣ 10 9 4 3

♠ 8 4 3
♥ J 6
♦ Q 10 8 7 5 3
♣ A 6

♠ K Q 10
♥ A 7 3 2
♦ K J 6
♣ Q 7 2

双方无局,叫牌过程如下:

南	西	北	东
齐亚	谢姆拉		夏里夫
1♣	—	1♥	—
1NT	—	3♣	—
3NT	都不叫		

可能是因为自己的牌型绝对平均,加上只有一个 A,齐亚最终选择3NT而不是4♥。西家谢姆拉认为自己的黑桃并不长且质量一般,于是他决定试试方块,因为他从叫牌中判断同伴夏里夫的方块肯定不短。按桥牌教科书的说法,持 A 9 2这样的三张牌时,西家应该首攻2,不过谢里夫并不照搬教条,他出的是♦9!

齐亚用♦K吃掉东家的♦Q,他出个小红心到明手,接着他从明手出小草花。东家夏里夫立即放上♣A并打回♦10。素来打牌飞快的齐亚这时也不得不停顿下来思考两个问题:(1)谢姆拉持♦A 9 ×

会首攻◆9吗？(2)当夏里夫持◆A Q 10 ×(×)时,他会打回◆10吗？权衡的结果是齐亚觉得后者的可能性更大一些,加上◆A居左或是位右的机会均等,于是齐亚抽出他的◆K,结果宕了2墩。

假如谢姆拉按部就班地首攻◆2,那么在东家跟出◆Q后,齐亚很可能会判断西家持◆A,为了制造防家在方块上的阻塞,在捅出东家的♣A后,齐亚除了在第三轮方块时才打出◆K外,恐怕他将别无更好的选择。

例 3.1.2－11 防家都想要保护好自己的将牌Q,当自己没有将牌Q时,也要设法保护好同伴的将牌Q。在这个问题上没有任何异议,只是有的人做得好些,有的人做得差些。20多年前的欧洲桥牌锦标赛中,有这么一手牌：

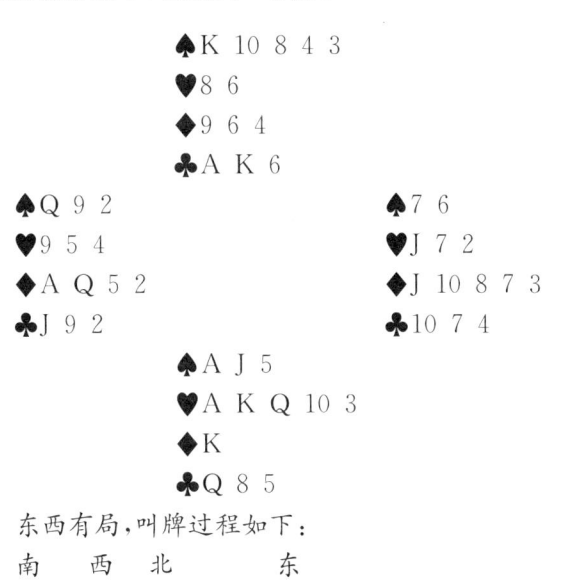

```
                ♠ K 10 8 4 3
                ♥ 8 6
                ♦ 9 6 4
                ♣ A K 6
♠ Q 9 2                        ♠ 7 6
♥ 9 5 4                        ♥ J 7 2
♦ A Q 5 2                      ♦ J 10 8 7 3
♣ J 9 2                        ♣ 10 7 4
                ♠ A J 5
                ♥ A K Q 10 3
                ♦ K
                ♣ Q 8 5
```

东西有局,叫牌过程如下：

南	西	北	东
1♥	—	1NT(1)	—
3♣	—	3♥	—
3♠	—	4NT	—
5♥	—	6♠	都不叫

(1) 黑桃套

叫牌过程有点奇特，但毕竟叫了个合理的定约。西家首攻♦A，在拿到这一墩之后，他出的那张牌起到了击败定约的效果，因为他出的是♠9！

定约人放上明手的♠10并拿到这一墩。接下来定约人从明手出小黑桃，当东家跟小黑桃时，他飞了过去，宕了一墩。定约人的失误荒谬吗？一点也不。东家确实可能持♠Q 7 6 2这样四张黑桃，回手用♠J飞便可将它们一网打尽。接下来的问题是，假如西家不出♠9，他的一个很自然的选择是出方块迫使定约人将吃，那又将怎样呢？定约人的一个选择是简单地连打♠A K，当无法击落♠Q后就认输宕一墩。定约人的第二个选择是立即出♠J飞牌，于是他就可成功地完成定约。定约人的第三个选择是出个草花到明手，由明手出黑桃并用♠J飞牌，这种打法成功的前提是东家持♠Q × ×三张黑桃，且他的草花至少有两张。不管怎么说，在被逼将吃之后，定约人至少有1/3的可能会完成定约。

那位成功诱使定约人出错的西家是冰岛队的阿纳森，他是1991年百慕大杯赛的冠军。

第三节　持双张时是否一定先出顶张

低引大牌的一个前提是出牌者在该花色上有一定的长度，譬如说三张或是更多。那么持双张时又该如何出法呢？在绝大多数的场合下是该先出顶张的，一来告诉同伴这是他的最大的一张牌，二来提醒同伴他的这门花色很短，三来可避免不必要的阻塞。不过也有例外的时候。你还记得博尔斯桥牌心得吗？英国的马库斯夫人也有她的心得，而且她的心得很有见地，受到广泛的重视和好评。

马库斯夫人说："作为防家，当你准备攻击定约人的某一花色时，你在该花色上持的是J ×、Q ×或是K ×，是否一成不变地总是出大的那一张呢？大多数人总是这样做，但是在某种形势下，这种出法将使你方受损。"她建议:"我的博尔斯心得是当你持这样的组合又不得不出的时候,应该考虑到你先出小的那一张有可能会给你带来好处,尤其是当你左边的对手在该花色上肯定有相当的实力而你又别无进手张时。"

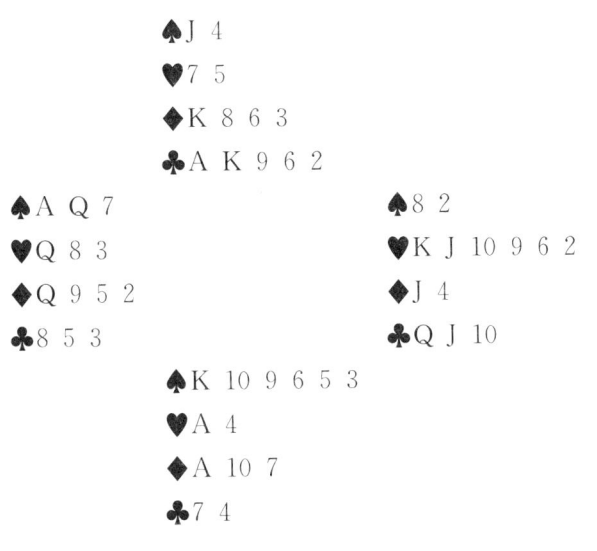

♠J 4
♥7 5
♦K 8 6 3
♣A K 9 6 2

♠A Q 7   ♠8 2
♥Q 8 3   ♥K J 10 9 6 2
♦Q 9 5 2   ♦J 4
♣8 5 3   ♣Q J 10

♠K 10 9 6 5 3
♥A 4
♦A 10 7
♣7 4

这是马库斯夫人与伽洛佐为伴参加一场大规模双人赛时所遇到的一手牌。位于东家的马库斯夫人开叫 3♥,叫牌的结果是南家用 4♠ 买下合约。

西家伽洛佐首攻♥Q,马库斯夫人盖上她的♥K。定约人用♥A 拿后便出草花到明手,他从明手出♠J,这个飞牌为伽洛佐收归己有。西家再出♥8,东家用♥9 接过去并思考自己下一步的方案。首先她排除了定约人持 3 张红心的可能,要不然定约人总会让明手留着♠J 将吃一墩红心的。她自己持的 3 张草花使己方处于很尴尬的地位,因为定约人只消将吃一次便能树立起明手的草花,于是防家的唯一出路便是在方块上做文章。通常持♦J 4 时,防家总是先出♦J 的,但是考虑到定约人肯定有♦A 还可能有♦10,倘若东家打出♦J,为保留明手♦K 这个重要的进手张,定约人一定会用他的◆A吃掉东家的◆J,接着当西家用♠A上手后,他却不能再出方块。经过如此分析之后,马库斯夫人并没有出◆J而是打出了◆4。这张牌的功用很奇妙,哪怕定约人通阅四家的牌,也找不出应对的方法。事后人们发现,除了这一桌外,其他牌桌上的南家都顺利完成了4♠定约。

马库斯夫人所经历的这手牌十分有趣,它告诉人们持双张大牌有时是不应该先出顶张的。除了她的心得所介绍的那种情形外,偶尔防家持双张大牌也是以先出小的那张为好,这时防家并不想把自己的那张大牌暴露出来,因为送出大牌好比白送定约人一墩。

例3.1.3-1 稍留意一下桥牌这几十年发展史的人都知道,美国曾有个很出名的爱司队,人们也都知道爱司队初次荣获世界冠军的六名成员中,有一人后来独坐世界桥坛头把交椅长达约20年,这位便是哈曼。但是你可知道哈曼并不是当年爱司队组建最初的六名成员之一吗?爱司队的老板康恩(Ira Corn,1921-1982)当初邀请哈曼加盟,但遭到哈曼的婉拒[①],因为当时哈曼的眼中那几名为康恩所选中的队员中只有沃尔夫才是名够格的选手,甚至直到1968年夏天,爱司队的成员艾森伯格和戈德曼荣获北美桥联终身大师桥牌双人赛的第一名时,哈曼仍将这个队形容为"一个不能引起激情的团伙"。那么后来又是什么原因使得哈曼一改初衷而决定加入爱司队的呢?

这要从1968年的北美桥联秋季选拔赛说起。来自当年春、夏大赛名列前茅的16对选手为获得次年参加百慕大杯的一席之位,展开了24节共462副牌的激烈争夺。一开始,哈曼和坎特这一对

[①] 当初康恩组建达拉斯爱司队时,在他所考虑的人选名单上并不是后来人们见到的那几位,除了哈曼之外,谢绝康恩邀请的还有坎特,他不愿意离开气候宜人的加利福尼亚。当时加拿大的两位桥牌高手默雷和柯希拉也接到了康恩的邀请,他俩以不想离开多伦多为由而婉拒了。

遥遥领先,后来他俩的失误增多,用哈曼的话来描述:"我们终于(从天上)落到地面。"选拔赛的前三名为拉庇[①]/拉扎德,艾森伯格/戈德曼以及哈曼/坎特,这三对选手组成了1969年参赛百慕大杯的北美地区代表队。士别三日,当刮目相看。几个月没交手,哈曼发现爱司队的成员进步神速,以前似有点软弱可欺,如今却坚韧难缠,其中艾森伯格在下面一手牌中的精彩表演,令哈曼赞叹不已。

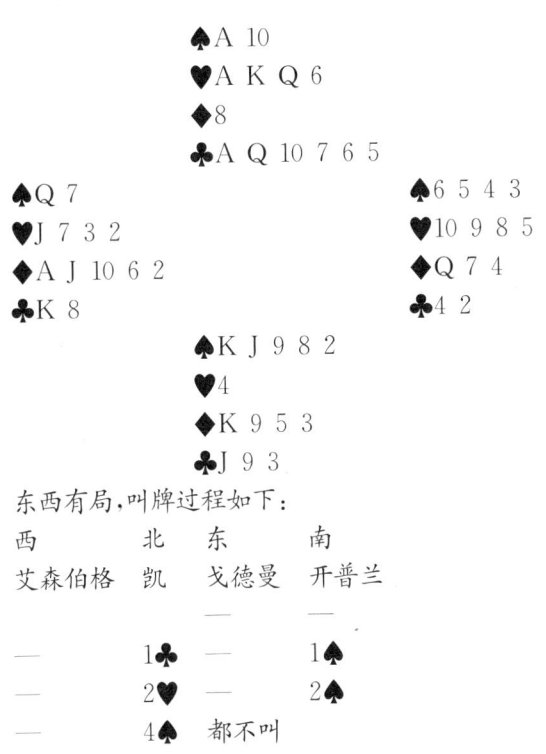

♠ A 10
♥ A K Q 6
♦ 8
♣ A Q 10 7 6 5

♠ Q 7
♥ J 7 3 2
♦ A J 10 6 2
♣ K 8

♠ 6 5 4 3
♥ 10 9 8 5
♦ Q 7 4
♣ 4 2

♠ K J 9 8 2
♥ 4
♦ K 9 5 3
♣ J 9 3

东西有局,叫牌过程如下:

西	北	东	南
艾森伯格	凯	戈德曼	开普兰
—	1♣	—	1♠
—	2♥	—	2♠
—	4♠	都不叫	

看了四家的牌,可能会有人为南北方错过 6♣ 或是 6♠ 而惋惜,事实上开普兰,一位常年活跃在北美和世界桥坛最前沿的公认

[①] 拉庇曾赢得过三届百慕大杯赛的桂冠(1950、1951 和 1953 年)。对于打桥牌的人可说是无人不晓的斯台曼约定叫的实际发明人并不是 Samuel Stayman 而是拉庇,由于斯台曼拿去发表了,因此人们就将其称为斯台曼约定叫了。

桥牌高手，竟然连 4♠ 也未能完成，说来也真有点难以令人置信吧。不过，又有谁能料到艾森伯格居然接连两次低引自己的双张大牌呢？

判断明手定是持着坚强的草花长套，西家艾森伯格首攻的是♣8！开普兰哪敢轻易地飞过去，一旦飞牌失败，西家就有可能将吃到一墩草花，要是东家又持♦A，那么前四轮出的牌就可能都归防家所有了。在用明手的♣A 拿下首墩之后，开普兰连打三轮红心，他赶紧把手中的两张草花垫掉。定约人接着从明手出方块，他的♦K 为西家的♦A 所捕杀。艾森伯格现在打出♠7！明手的♠10 便拿到一墩，定约人从明手出第四轮红心，他手中将吃后又让明手的♠A 将吃一轮方块。当他从明手出草花并用♠9 将吃时，西家的♣K 掉了下来，这使得开普兰不由得一怔。定约人守着♠K J 不出，他送出方块，结果让东家上手。东家反过来替定约人调将牌，稍加考虑之后，开普兰决定用♠J 飞牌。就这样，在其他的牌桌上，有的南北方全拿了 13 墩牌，而不幸的开普兰只拿了 9 墩。

例 3.1.3 - 2 在 1977 年英国莫里斯-菲利普圣诞桥牌节时，其中有这么一手牌：

```
              ♠ A Q 10 6 4
              ♥ J 7
              ♦ 10 6 4
              ♣ K 8 3
♠ K J                        ♠ 9 8 7 5 2
♥ K 2                        ♥ 9 8 5
♦ 9 7 5 3 2                  ♦ J 8
♣ J 7 5 4                    ♣ Q 10 6
              ♠ 3
              ♥ A Q 10 6 4 3
              ♦ A K Q
              ♣ A 9 2
```

叫牌过程如下：

南	西	北	东
2♥(1)	—	2♠	—
2NT	—	3♥	—
4♣	—	6♥	都不叫

(1) 老式自然叫法，强二开叫

位于西家的是皮契(Warwick Pitch)，他发现他所处的形势与伽洛佐心得相吻合，他当即想尝试一番。

当西家打出的♠J出现在牌桌上时，定约人很不自在，他马上判断东家持♠K。既然♠K无法捕捉，定约人就把全部希望寄托于红心的飞牌上。在用明手的♠A拿下首墩之后，定约人立刻用♥J飞牌，结果他很遗憾地发现他的满贯在皮契的劝诱之下夭折了。

例3.1.3-3 德益智(Seymon Deutsch，1935-2013)是名较成功的赞助商[①]，他也是位很奇特的人物。德益智和沃尔夫曾同过学，两人也曾一块儿打过一阵子桥牌，当他开展自己的事业后，他中断了桥牌达22年之久。上世纪80年代初，德益智决定再次抓起牌，其主要原因是他已成了生意很成功的阔佬。打那时起，人们在北美桥坛可常见他的身影。德益智组队两次杀进了世界奥林匹克桥牌团体锦标主义的决赛，获金牌、银牌各一枚(1988和1992年)。尽管德益智不是桥牌职业选手，然而他打牌时勇气十足。长年与职业高手同桌切磋，他的技艺也有明显的提高。在为1988年世界奥林匹克桥牌队式锦标赛选拔时，德益智和当年美国爱司队的三名高手哈曼、沃尔夫和杰可比(James Jacoby，1933-1991)四人从头打到底，他们取得代表美国参赛的资格并荣获世界冠军。下面的这手牌便出自那次选拔赛中，德益智巧妙使诈，成功地令对手翻了船。

[①] 北美和欧洲都有很多桥牌职业选手，相应地也都有不少赞助商。欧洲的赞助商常任领队一职(NPC，即non-playing captain)。

```
                    ♠ 7 5 2
                    ♥ 3
                    ♦ 10 4
                    ♣ A Q 10 9 7 4 3
♠ K J 10 6 4 3                      ♠ A Q 9 8
♥ 9 8 4                             ♥ Q 6 2
♦ 8 5                               ♦ Q J 6 3
♣ K J                               ♣ 5 2
                    ♠ —
                    ♥ A K J 10 7 5
                    ♦ A K 9 7 2
                    ♣ 8 6
```

双方无局,叫牌过程如下:

南	西	北	东
1♥	1♠	3♣	4♠
5♥	都不叫		

位于西家的便是德益智,在北家表示出有个很好的草花长套并对南家的红心有支持后,他马上感到位置不利,与其坐等待毙,不如主动出击。想到这里,德益智并没有循规蹈矩地首攻黑桃,他打出♣J!这张牌令定约人头痛不已,西家不出已明显取得很好配合的黑桃,这十之八九是单张,如果草花飞不成,那么很可能东家的♣K拿后打回草花让西家将吃,紧接着西家替定约人调张将牌,在断了桥之后,定约人手中的方块该输几墩就得输几墩。再说这张♣J出自德益智之手,定约人不疑他使诈,要是这张牌出自东家哈曼之手,那么定约人或许就不那么肯轻信了。

假如方块3-3分布,那么明手只需将吃一次方块便可树立起手中的第二长套,接下来只需从大到小地把将牌逐张打下去,那么定约还是安全的。你能说定约人的想法没道理吗?可惜事与愿违,结果以宕2墩告终。

假如德益智首攻黑桃又将怎么样呢？定约人在肃清将牌之后，哪怕让西家拿一墩草花，定约人也可从容地拿到 11 墩牌。

例 3.1.3-4 下面的这手牌出自 2008 年第一届世界运动队公开组桥牌冠亚军决赛中，英格兰队表现不俗，向强大的意大利队发起了挑战，这手牌同时也告诉我们，哪怕是世界冠军这样的高手，同样也有上当受骗的时候。

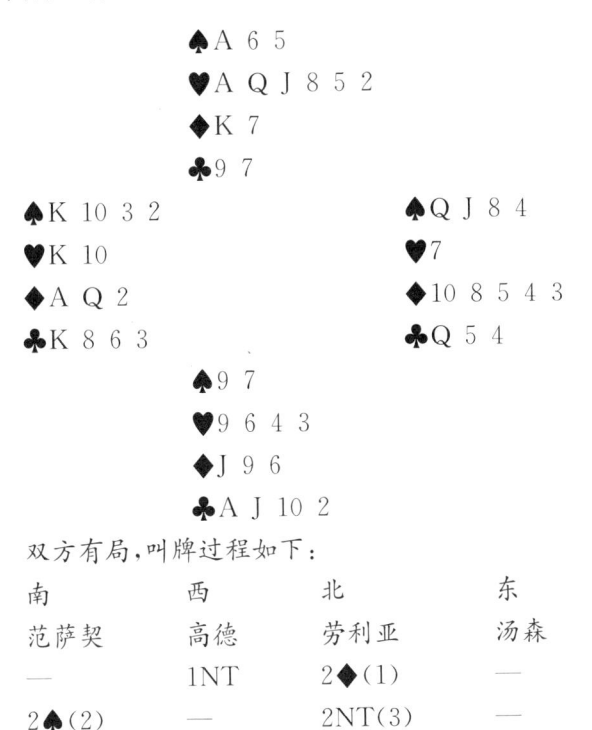

```
              ♠ A 6 5
              ♥ A Q J 8 5 2
              ♦ K 7
              ♣ 9 7
♠ K 10 3 2                    ♠ Q J 8 4
♥ K 10                        ♥ 7
♦ A Q 2                       ♦ 10 8 5 4 3
♣ K 8 6 3                     ♣ Q 5 4
              ♠ 9 7
              ♥ 9 6 4 3
              ♦ J 9 6
              ♣ A J 10 2
```

双方有局，叫牌过程如下：

南	西	北	东
范萨契	高德	劳利亚	汤森
—	1NT	2♦(1)	—
2♠(2)	—	2NT(3)	—
3♥	—	4♥	都不叫

(1) 有一个高套
(2) 如果是黑桃，那么请 pass；否则请叫你的红心吧
(3) 我有红心套，较强实力

如果南家范萨契对成局丝毫没有兴趣，那么他会应叫 2♥ 而不是 2♠，让北家劳利亚 pass 或改回到 2♠，现在他表示出不是非

常弱的牌,于是劳利亚跃跃欲试。无疑,北家一些大牌居于很有利的位置,这也是劳利亚决定叫成局的原因。

假如西家首攻黑桃或是草花,那么定约人肯定会飞红心的,西家除了具有开叫实力外,他的平均牌型也告诉人们他多半持♥K。谁知西家高德(David Gold)抽出的是♥10! 当这张牌出现在牌桌上时,范萨契怔住了,他被西家有没有♥K这个问题困惑许久,到头来他认为高德未必会如此大胆使诈。最终放上明手的♥A以击落东家的单张♥K。当东家跟出♥7时,范萨契知道他中计了,他不甘认输地从明手出♣9,但英格兰队的汤森德(Tom Townsend)很正确地盖上♣Q,现在定约人没法子不在四门花色上各丢一墩了。

假如东家不盖上♣Q,那么西家用♣K拿后很可能会改出黑桃,定约人只消重复飞草花便可使明手的两个黑桃逃之夭夭。

在另一个牌桌上,英格兰的南北方叫3NT,在西家首攻黑桃之后,定约人只能拿到8墩牌。由于高德的顽强和努力,因此英格兰队在这手牌上没有丢失分数,要不然它会输12个IMP的。

例3.1.3-5 "上海大众杯"2004年全国A类俱乐部总决赛以深圳平安队对天津建华队揭开了序幕,其中有一手牌十分有趣,由于防家首攻很巧妙,因此一个很有希望的满贯被葬送了。

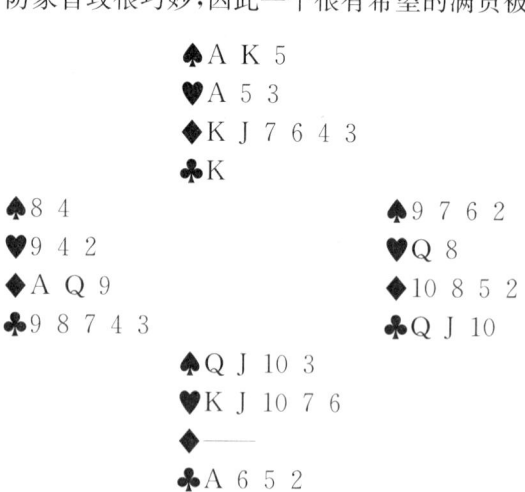

```
                ♠ A K 5
                ♥ A 5 3
                ♦ K J 7 6 4 3
                ♣ K
♠ 8 4                         ♠ 9 7 6 2
♥ 9 4 2                       ♥ Q 8
♦ A Q 9                       ♦ 10 8 5 2
♣ 9 8 7 4 3                   ♣ Q J 10
                ♠ Q J 10 3
                ♥ K J 10 7 6
                ♦ ——
                ♣ A 6 5 2
```

南北有局,叫牌过程如下：

西	北	东	南
卞锦胜	邵子健	陈平	何振翼
—	1♣(1)	—	1♥
—	2♦	—	2♠
—	3♥	—	4♣
—	4♦	—	4♥
—	4♠	—	6♥

都不叫

(1) 精确制,强牌虚叫

6♥是个很不错的定约,只要红心分布均匀,那么这个满贯充满成功的机会。开室建华队的南北方停在4♥上,他们得了680分。闭室建华队的西家卞锦胜并不想让定约人轻松地带走1 430分,他琢磨如何能给定约人制造一点困难。首攻♦A有可能先下一城,但同时也为定约人树立明手的方块长套效了力;首攻将牌有可能给定约人一个免费飞牌的机会,这两个方案都被他否定了。余下的两门花色又都为南北家所叫过,很棘手,似乎没一个是理想的首攻。考虑再三,卞锦胜决定首攻定约人叫过的黑桃,不过他并没有出♠8,他打出的是♠4,这张牌把定约人引向了死胡同。

定约人何振翼面临着众多不同的作战方案,譬如还原明手打法,这种打法在一个防家持四张方块(或更多)且带♦A时,既要输一墩方块,又可能要输一墩将牌;他还可以尝试交叉将吃打法,这种打法成功的条件是黑桃3-3分布,定约人要再拿到7墩将牌,或是当黑桃4-2分布时,定约人必须全拿到8墩将牌。最终何振翼选择让明手将吃自己手中的草花而宁可输一墩将牌,相比之下,他的方案比前二者要优越些。定约人让明手的♠A拿下首墩,兑现明手的♣K,出张小黑桃回手,用手中的♣A垫去明手的♠K,再让明手将吃一墩草花。接着定约人从明手出小方块将吃回手,再

出第四轮草花用明手的♥A将吃,得如下形势:

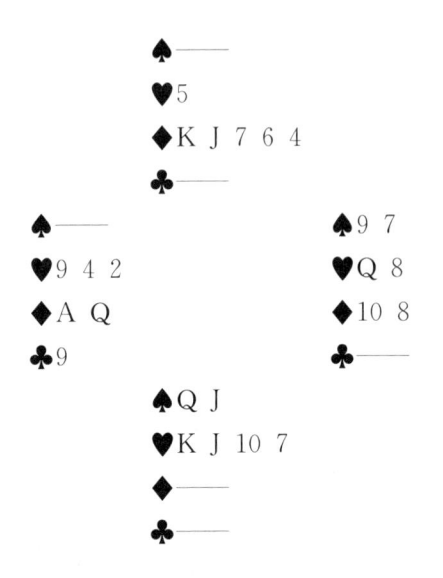

```
                ♠
                ♥5
                ♦K J 7 6 4
                ♣
♠                              ♠9 7
♥9 4 2                         ♥Q 8
♦A Q                           ♦10 8
♣9                             ♣
                ♠Q J
                ♥K J 10 7
                ♦
                ♣
```

现在定约人调将牌,当东家跟♥8时,何振翼谢绝了飞牌,他用♥K拿后再送出红心。孰料,东家拿了一墩红心后,他打回黑桃,西家将吃,宕了一墩。

现在你一定也看卞锦胜首攻♠4的奥妙了吧。假如他循常规首攻♠8,那么定约人定会判断西家的黑桃不长,于是当定约人从明手调将牌时,他一定会有恃无恐地飞了过去,即使飞牌失败,西家也无法让东家将吃黑桃,于是定约人还可超额一墩完成定约。现在西家首攻的是♠4,给定约人一个截然相反的印象,使他以为西家的黑桃比东家的长,这个错误的印象最终左右了定约人的打牌路线并导致他的失败。卞锦胜巧妙的首攻为本队赢得了13个IMP,尽管建华队最终仍不敌平安队。

不过何振翼的打牌过程还有值得商榷之处,他用手中的♣A垫去明手的♠K,使得自己不得不打完四轮草花并用明手的♥A将吃第四轮草花。假如定约人只打三轮草花,即先打掉明手的♣

K,将吃方块回手,让明手将吃一轮草花,通过♠Q回手,再让明手将吃第二次小草花。接着兑现明手的♥A,第二次将吃方块回手。定约人用♥K调将牌,如果♥Q掉了下来,那么定约人可全拿13墩牌;如果♥Q仍逍遥在外,那么在定约人用♥K调将牌或是定约人在兑现手中的♣A时,定约人都可把明手的♠K垫去解封,再将♠J 10一路打下去,防家仅拿♥Q一墩牌而已。假如何振翼采用上述打牌路线,那么卞锦胜出色的首攻也就不能对他起作用了。当然,这样打成功的前提是红心3-2分布,反过来,要是其中的一位防家持着以为♥Q首的4张红心,那么定约人恐是难以完成这个满贯的了。

例 3.1.3-6 前面介绍了不少持双张时,有时不一定要首出大的那一张,出小的那一张有时能起到很好的效果。那么当这双张恰好是两张大牌呢?首届百慕大杯赛于1950年在百慕大群岛的汉密尔顿举行的,遂得此名。逢单年举行的百慕大杯赛为纪念该赛50周年大庆,世界桥联特地将1999年的比赛挪后几个月于2000年的1月间举行,美国二队与波兰队在循环赛中相逢,其中有这么一手牌:

♠Q
♥Q 10 4 3
♦A 10 8 2
♣K 10 7 6

♠J 9 6 5 3　　　　　♠A 10 8 4 2
♥J 9 6 2　　　　　　♥A 5
♦Q J　　　　　　　　♦7 4 3
♣9 2　　　　　　　　♣A 8 5

♠K 7
♥K 8 7
♦K 9 6 5
♣Q J 4 3

双方有局,叫牌过程如下:

西	北	东	南
齐亚	罗曼斯基	罗森伯格	克瓦尔斯基
—	—	1♠	—
2♠	—	—	2NT
3♠	3NT	—	4♣
都不叫			

位于西家的齐亚并没首攻已取得一致的黑桃,他出的是♦J!定约人克瓦尔斯基(Apolinary Kowalski)用明手的♦A拿下首墩,他紧接着就调将牌。东家罗森伯格用♣A拦下,他打回小方块。定约人考虑一阵后也跟了小方块,齐亚拿了之后改出黑桃,结果他又将吃一轮方块,宕2墩。

这手牌告诉我们:(1)持有快速赢张A的牌,很适合打防御;(2)在有将定约时,不首攻已取得一致的花色,代之以一个未叫花色,很容易使人判断是单张。由此想到,当你打一个有将定约时,譬如说4♠或5♦,两名防家不曾介入过叫牌,而你方的草花组合类如:

(1) ♣A 9 6 3　　　(2) ♣A 9 3

♣K 10 8 5　　　　♣K 10 8 7 5

西家首攻的是另一门旁套花色,你连调两轮将牌后出♣5,这时西家跟出♣Q或♣J,接下来你想飞东家还是选择击落呢?在作选择之前,建议你想一个问题:如果你是西家,当持的是单张Q或J时,你会首攻它吗?接下来你不妨假设对手的思维方式是和你很相似。

第四节　如何首攻将牌

在对付一个有将定约时，为了削减定约人的将吃能力，或是防家一时没有合适的牌首攻时，将牌常会是首攻的最佳选择。不过像首出旁套花色一样，防家挑选哪一张牌来作为首攻也是有点讲究的。

例 3.1.4 - 1　戈伦是继克勃森之后北美桥坛的又一代表人物，他首创了大牌计点法，既方便又精确，为所有叫牌体制所接受，更重要的是它使众多的初学者不再将桥牌视为畏途。人们所熟悉的自然叫牌法便是戈伦在克勃森的叫牌体制的基础上发展而成的，在北美人们称之为"标准美国制"。戈伦生前著有很多出色的桥牌书，如《Contract Bridge Complete》竟再版 12 次之多。戈伦不但在理论上有精辟的论述，而且技艺高超，从 1944 年至 1962 年，戈伦的大师分在北美桥联一直高居榜首。终身未娶的戈伦把他的毕生精力都奉献给了桥牌事业，他积极推动各种桥牌竞赛而从不参与高赌注的桥牌赌博。人们说戈伦是真正地与桥牌结下了良缘并尊敬地称他为"Mister Bridge"。在上世纪 50 年代中，戈伦与索伯尔夫人①作伴并取得了很大的成功，他俩成为当时北美最强劲的伙伴之一。下面的这手牌便是戈伦与索伯尔夫

---

① 索伯尔夫人(Helen Sobel also Helen Smith，1910 - 1969)是最出色的桥牌女选手之一，她也是桥牌史上首位进入百慕大杯决赛的女选手。早在上世纪 30 年代，索伯尔夫人就应克勃森之邀加入了当时的美国桥牌队。克勃森和戈伦一致认为索伯尔夫人的技艺丝毫不亚于男选手。戈伦和索伯尔夫人赢得了 1940 年北美桥联双人公开赛的冠军，从此他俩结成了一对最成功的桥牌伙伴之一。除了 1957 年的百慕大杯赛的亚军及 1960 年代表美国参加世界奥林匹克桥牌队式锦标赛外，索伯尔夫人还赢得了数十个北美桥联比赛的桂冠，其中包括春、夏、秋三大赛事的共 11 枚金牌。尽管她与索伯尔先生早在 1940 年就离异而嫁给了史密斯先生，不少人仍沿称她索伯尔夫人，为了不致使读者感到陌生或是迷惑，本书也称她索伯尔夫人而不叫史密斯夫人。

人为伴时打出的。

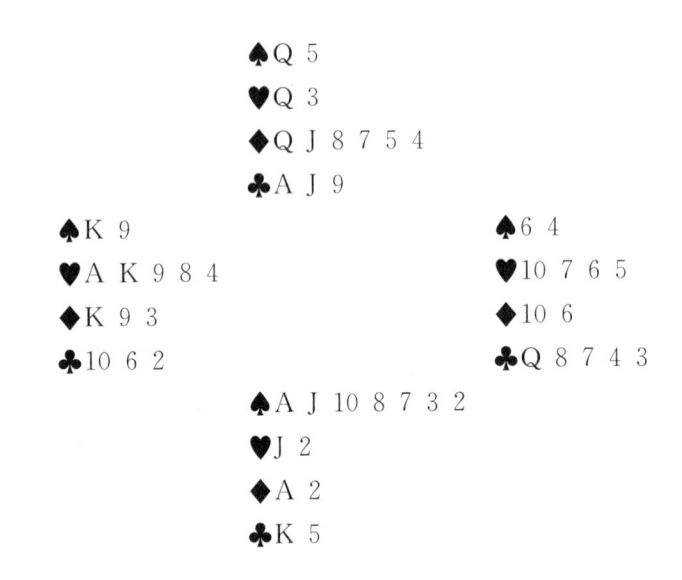

♠ Q 5
♥ Q 3
♦ Q J 8 7 5 4
♣ A J 9

♠ K 9
♥ A K 9 8 4
♦ K 9 3
♣ 10 6 2

♠ 6 4
♥ 10 7 6 5
♦ 10 6
♣ Q 8 7 4 3

♠ A J 10 8 7 3 2
♥ J 2
♦ A 2
♣ K 5

南家现在成了 4♠ 的定约人,位于西家的戈伦在连拿 2 墩红心之后发现他已经被投入了,不论他再出红心或是改出别的花色,防家都将受损。经过一番斟酌,戈伦打出♠9!定约人很自然放上明手的♠Q,东家索伯尔夫人没有黑桃大牌,她跟小黑桃。定约人并不认为东家跟♠4 意味着一无所有,相反他以为东家是企图蒙骗他而故意不盖上。于是在明手的♠Q 拿到一墩之后,定约人从明手调将牌并飞了过去,戈伦的单张♠K 虎口脱险后出牌便不再有任何困难了,因为这时明手已没有将牌了,结果定约人在方块上又输了一墩。

例 3.1.4 - 2　戈伦是没合适的花色可出而不得不主动替定约人调将牌,因为他不出将牌将会在旁套花色上亏损一墩;反过来,要是定约人识破骗局而生擒戈伦的将牌,那么定约人还是不得不在旁套花色上还给防家一墩,可说是两不吃亏。有人明明有牌可出,他却也主动替定约人调将牌,原来他宁可主动出击,也不愿坐以待毙。那是在 1956 年北美桥联的一场桥牌双人锦标赛中，格林 (Richard Greene，1910 - 1991) 持着类似戈伦那样的将牌，他首攻小将牌，结果挫败对手一个几乎是铁成的定约。

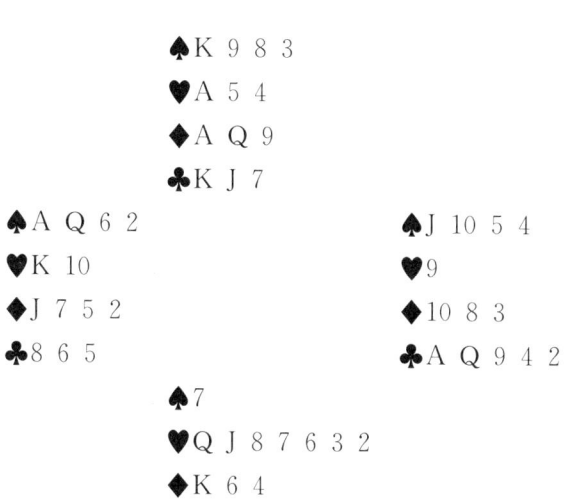

```
              ♠ K 9 8 3
              ♥ A 5 4
              ♦ A Q 9
              ♣ K J 7
♠ A Q 6 2                ♠ J 10 5 4
♥ K 10                   ♥ 9
♦ J 7 5 2                ♦ 10 8 3
♣ 8 6 5                  ♣ A Q 9 4 2
              ♠ 7
              ♥ Q J 8 7 6 3 2
              ♦ K 6 4
              ♣ 10 3
```

叫牌过程极为简单，在北家开叫 1NT 后南家一跃 4♥ 便结束叫牌。

位于西家的格林判断持好牌的明手很可能持♥A，如果是这样的话，那么自己的♥K 迟早将被活捉。想到这里，格林干脆打出♥10！

定约人怎么也不相信西家竟会还有♥K，他认定♥K 必在东家之手，不论西家持单张♥10 或是♥10 9 双张，那么飞红心是徒劳无益的，于是他放上明手的♥A。在西家的♥K 起死回生之后，定约人没法不输 4 墩牌。

例 3.1.4 - 3 持将牌 K ×守着不出，到头来也常常难逃被飞捉的下场，不过千万要注意的是，在你尝试将戈伦和格林的经验付诸实施之前，你要慎重且仔细地判断一下将牌 A 的位置。试想，要是格林首攻♥10，而♥A 却在南家之手，那么自投罗网的出法岂不令定约人乐开了怀吗？阿根廷桥坛的代表人物之一阿太格尔（Lois Attguile）显然是有着很出色判断力的，他硬是从虎口中夺回一块肥肉。这手牌出自一次阿根廷桥牌锦标赛。

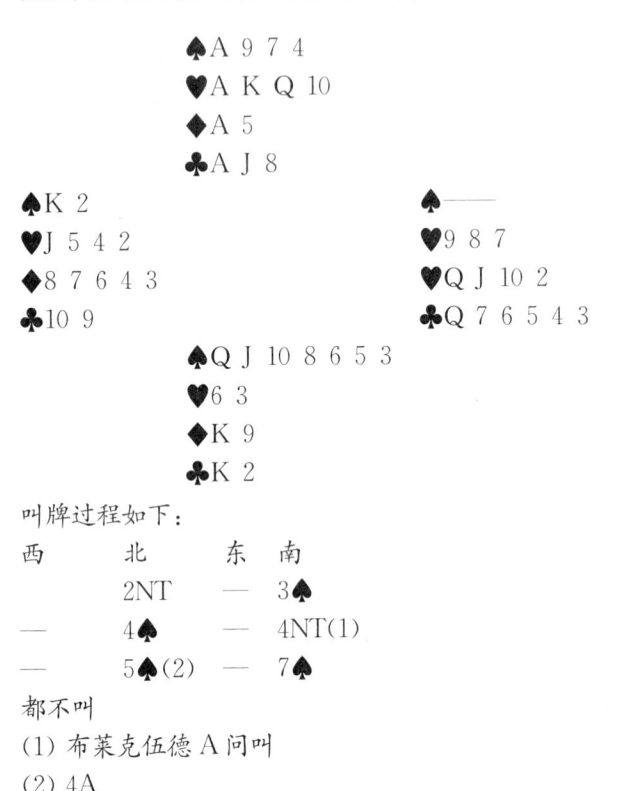

```
                ♠A 9 7 4
                ♥A K Q 10
                ♦A 5
                ♣A J 8
♠K 2                              ♠—
♥J 5 4 2                          ♥9 8 7
♦8 7 6 4 3                        ♦Q J 10 2
♣10 9                             ♣Q 7 6 5 4 3
                ♠Q J 10 8 6 5 3
                ♥6 3
                ♦K 9
                ♣K 2
```

叫牌过程如下：

西	北	东	南
	2NT	—	3♠
—	4♠	—	4NT(1)
—	5♠(2)	—	7♠

都不叫

(1) 布莱克伍德 A 问叫
(2) 4A

位于西家的阿太格尔虽然不知道定约方有 11 张黑桃，但他很清楚明手有四个 A，而定约人只消飞一轮黑桃，自己的♠K 便被擒获，与其坐以待毙，不如给定约人出道难题。想到这里阿太格尔主动打出♠2！

假如阿太格尔首攻别的花色，那么定约人有可能会选择飞黑桃，因为当定约方有 11 张将牌时，飞牌和击落的成功机会相仿，二者的成功率分别是 48% 和 52%。现在西家主动替定约人调将牌，使得定约人排除了西家还会有♠K的可能,定约人挺有把握地放上明手的♠A。东家的垫牌令定约人震惊不小,在遗憾和钦佩之余,定约人马上摊牌认输了。

例 3.1.4－4 在1966年北美桥联为参加次年的百慕大杯赛的选拔赛中有这么一手牌,使用标准美国制(即自然叫牌制)的选手大多错失一局,而使用虚叫体制的选手则不难地找到最佳定约。

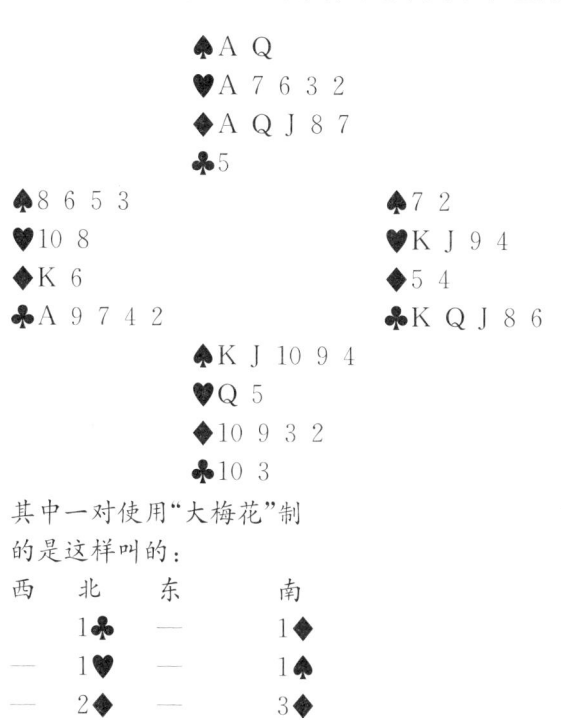

```
            ♠ A Q
            ♥ A 7 6 3 2
            ♦ A Q J 8 7
            ♣ 5
♠ 8 6 5 3               ♠ 7 2
♥ 10 8                  ♥ K J 9 4
♦ K 6                   ♦ 5 4
♣ A 9 7 4 2             ♣ K Q J 8 6
            ♠ K J 10 9 4
            ♥ Q 5
            ♦ 10 9 3 2
            ♣ 10 3
```

其中一对使用"大梅花"制的是这样叫的:

西	北	东	南
	1♣	—	1♦
—	1♥	—	1♠
—	2♦	—	3♦
—	3♠	—	4♠
—	5♦	都不叫	

十分有趣,有着货真价实方块套的北家现在反倒成了明手。位于西家的罗岑判断♦A定在明手,与其等着被人飞捉,还不如主动出击试试,于己于人是他首攻了♦6!

定约人想过飞牌的可能性,但是他觉得西家不像有♦K,再说飞牌一旦失败,防家肯定会立刻再拿一墩草花,这牌就根本没救了,因为定约人手中的黑桃是不能把明手的红心输张全垫去的。定约人在决定用明手的◆A拿下首墩之前,他想如果实际牌情符合下面四种情形中的一种,那么放弃飞牌便能确保定约成功:(一)击落东家的单张◆K;(二)黑桃3-3分布;(三)黑桃4-2分布,但持双张黑桃者不再有第二张将牌了;(四)黑桃4-2分布,持双张黑桃者余下单张◆K在手。可惜现实并不满足于上述情形中的任何一种,一个铁成的定约就这样被罗岑击败了。

例3.1.4-5 罗森克朗兹(Dr. George Rosenkranz)博士是墨西哥很成功的化工专家,同时也是墨西哥最享盛名的桥牌专家,在桥牌理论和实践上均有很高的造诣。上世纪80年代初,在丹麦的哥本哈根举行的一场国际桥牌比赛中,罗森克朗兹遇到这么一手牌:

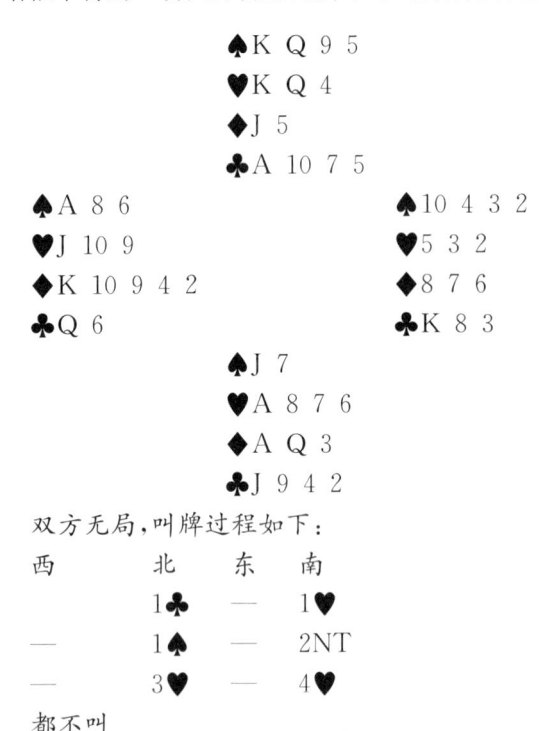

```
                ♠ K Q 9 5
                ♥ K Q 4
                ◆ J 5
                ♣ A 10 7 5
♠ A 8 6                      ♠ 10 4 3 2
♥ J 10 9                     ♥ 5 3 2
◆ K 10 9 4 2                 ◆ 8 7 6
♣ Q 6                        ♣ K 8 3
                ♠ J 7
                ♥ A 8 7 6
                ◆ A Q 3
                ♣ J 9 4 2
```

双方无局,叫牌过程如下:

西	北	东	南
1♣	—		1♥
—	1♠	—	2NT
—	3♥	—	4♥
都不叫			

没有坚持叫无将而选择 4♥，这显然是南家的一个失策，不过 4♥ 并不是毫无机会，那要看定约人能否不输一墩将牌。

罗森克朗兹当时位于西家，他在旁套花色中找不到一个很理想的首攻，既然定约人想打无将，那么就跟他先拼将牌吧。然而罗森克朗兹并没有简单地出个顶张♥J，他脑子里多了根弦，他打出的是♥10！定约人用明手的♥Q 拿下首墩之后，他立即从明手出小黑桃，他的♠J 被西家的♠A 所捕杀。罗森克朗兹见明手的牌很合他的想象，于是他再出♥9，被♥K 拿了这一墩。定约人接下来飞方块未遂。这回西家不再调将牌，他攥着♥J 不出代之打出了♠8，出牌权又转到明手。定约人知道不调将牌过不了关，只好从明手出♥4，东家跟出♥5，定约人对这张牌瞅了又瞅，想了又想，最终他还是从手中抽出♥8……

例 3.1.4 - 6 布朗（John Brown）曾是名澳大利亚桥牌好手，他曾三次代表澳大利亚参加过世界桥牌锦标赛，在下面的一手牌中，他成功地误导了定约人。

```
            ♠ Q 5
            ♥ Q 7 5
            ♦ A K 10 6 3
            ♣ 5 3 2
♠ A J 6 4 2            ♠ 10 9 8 7
♥ 10 9                 ♥ K 6 3
♦ J 9                  ♦ Q 7 2
♣ A J 7 4              ♣ 9 8 6
            ♠ K 3
            ♥ A J 8 4 2
            ♦ 8 5 4
            ♣ K Q 10
```

| 395

南北有局,叫牌过程如下:

南	西	北	东
1♥	1♠	2♥	2♠
—	—	3♥	—
4♥	都不叫		

定约人在处理将牌时总是会先从明手出小将牌并用手中的♥J飞牌的,在拿到一墩后定约人将视两位防家的跟牌来决定自己下一步出牌。譬如说,当东家跟♥10或♥9时,定约人可能会指望用♥A击落东家的♥K;当东家跟出小红心,而西家跟♥9或是♥10,那么定约人会考虑从明手出♥Q,期望在拼下东家♥K的同时也铲下西家的♥10或是♥9。只要定约人判断正确,他就有可能不输一墩将牌。

树欲静而风不止,不待定约人出兵讨伐,防家却主动找上门来了,这位西家便是布朗,他首攻的是♥9!定约人对这张牌的判断是个单张或是♥9×双张,换言之,他认为东家持♥K 10 ××或是♥K 10 ×这样的红心,于是他很自然地放上明手的♥Q,东家果然盖上♥K。定约人出个小方块到明手,他从明手出♥7,东家只有小红心跟出,定约人略加思索后便飞了过去。就这样,定约人在四门花色上各输了一墩。

例3.1.4-7 1976年伟大的意大利蓝队开始退步,在蒙特卡罗举行的两届世界桥牌锦标赛中,首次与金牌无缘,不过在世界奥林匹克桥牌队式赛中,伽洛佐打的一手牌引起了一些桥牌专家的关注,凯尔塞(Hugh Kelsey,1926 - 1995)和梅思森(John Matheson)饶有兴趣地将其收录于他们合著的《改进你的首攻》(Improve Your Opening Lead)一书中。

```
                ♠ K Q J 8
                ♥ 10 5 4 3
                ♦ Q 6
                ♣ Q 9 4
♠ 10 6 5 2                    ♠ A 9 7
♥ J 9                         ♥ K 6
♦ 8 3                         ♦ J 10 7 5 4 2
♣ 7 6 5 3 2                   ♣ 10 8
                ♠ 4 3
                ♥ A Q 8 7 2
                ♦ A K 9
                ♣ A K J
```

南北有局,叫牌过程如下:

南	西	北	东
1♣(1)	—	1NT(2)	—
2♥(3)	—	2♠(4)	—
3NT(5)	—	4♥(6)	—
6♥	都不叫		

(1) 精确制,16点以上
(2) 平均牌型,8-13点
(3) 至少五张红心且又是问叫
(4) 不足四个控制张,没有 Q××这样好的红心支持
(5) 20点以上,等叫
(6) 四张小红心

  叫牌显示定约方至少有 9 张红心且无特殊牌型,南北两家在旁套花色上毫无流露。首攻旁套花色并无线索,没准会免去定约人困难的一猜。相比之下,东家至多只有两张红心,因此首攻红心

不致会损失一墩。与此同时，不论东家持的是♥Q ×还是♥K ×，首攻红心或许会给定约人带来一个出错的机会，伽洛佐当时就是这样想的，他打出♥9！定约人放上明手的♥10并用♥A捕杀东家的♥K，当他再次从明手调将牌时，东家跟出♥6。你会责怪定约人用♥8飞牌吗？如果说西家确有可能持单张♥9，那么放弃飞牌岂不是让东家的♥J逍遥法外吗？

凯尔塞和梅思森并不完全是因为伽洛佐神奇的首攻，击败了对手的定约而把这个牌例收录于他们的书中的，应该指出，在一定条件下，类似的组合还是有较广泛的意义。首先，当防家没有其他合适的首攻而决定要出将牌时；其次，当首攻者能正确地判断出其同伴恰好也和他持两张将牌时。下面给出几个组合，你将从中发现，如果不首攻将牌，那么防家的将牌将被定约人捕尽杀绝，而一旦防家首攻将牌，当然是像伽洛佐那样首攻小将牌时，防家就有可能像他一样从定约人手中夺回了一墩牌。

♠10 9 8 5 4 3

♠J 2　　　　　　　♠Q 7

♠A K 6

叫牌过程可能是这样进行的：南家开叫了1NT，北家应叫2♥，南家完成转移叫了2♠，北家叫了4♠而结束了叫牌。西家觉得首攻旁套花色可能会吃亏，于是他想试试出将牌如何。当他首攻♠2时，定约人很自然地放上明手的♠10，东家则盖上他的♠Q。接下来在定约人着手调将牌时，你说他会拔出他的另一张大牌，还是他想飞东家的♠J呢？很显然，当东家持♠Q J 7时，他在首轮黑桃时也很有可能会先出♠Q的，我想可能绝大多数的定约人会更倾向于飞牌的吧。如果伽洛佐不首攻将牌，那么在定约人用♥Q飞得一墩之后，东西两家的♥K J将被定约人一举全歼。同样，在这个组合中，西家如不首攻♠2，那么他的♠J和同伴的♠Q也将被定约人捕杀。不过值得注意的是，当你打算将此招付诸实施时,千万慎重从事,只有当你没更合适的牌首攻时,只有当你认为只有将牌才是最佳选择时,而且只有当你判断同伴也只有两张将牌时,才可以尝试这样的首攻。

例 3.1.4‑8 在上世纪 50 年代末的一次欧洲桥牌锦标赛中,由于防守方的"慷慨解囊",使得定约人走上一条失败的不归路。

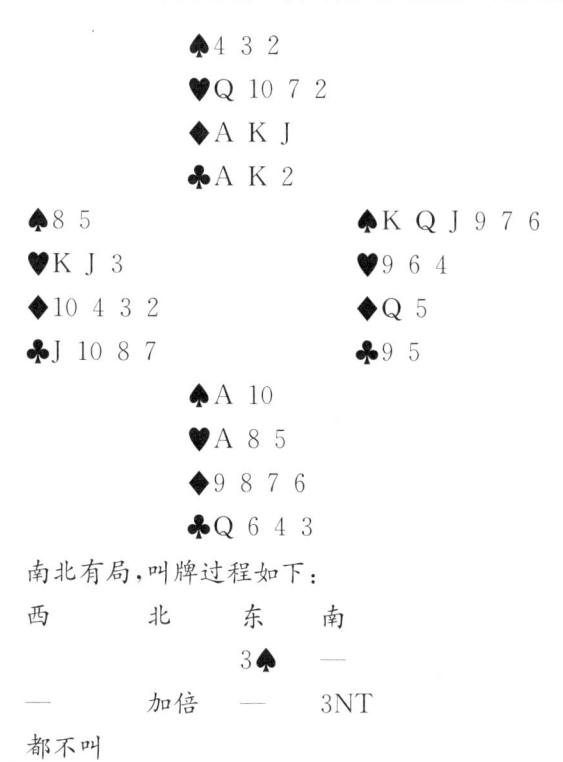

```
                ♠ 4 3 2
                ♥ Q 10 7 2
                ♦ A K J
                ♣ A K 2
♠ 8 5                       ♠ K Q J 9 7 6
♥ K J 3                     ♥ 9 6 4
♦ 10 4 3 2                  ♦ Q 5
♣ J 10 8 7                  ♣ 9 5
                ♠ A 10
                ♥ A 8 5
                ♦ 9 8 7 6
                ♣ Q 6 4 3
```

南北有局,叫牌过程如下:

西	北	东	南
		3♠	—
—	加倍	—	3NT
都不叫			

东家希尼斯卡柯利用有利的局况首先发难,在此之后南北家的叫牌都理所当然忍让。西家福奎首攻♠8,东家放上♠J,定约人忍让。东家再出黑桃逼出了定约人的♠A。头两轮的出牌像机械运转般的简单,不过福奎并不因为出这两张牌根本不需费劲思索而有丝毫的松弛,他意识到同伴不可能同时持有♦Q 和♣Q 的,那么当他持有其中的一个时又如何抵抗呢?

定约人首先想在红心上求得发展,因为他不认为东家会持♥K的,他先打出手中的♥A,令他稍感意外的是西家主动送出♥K!定约人马上领悟到西家的自我牺牲目的在于为同伴的♥J制造一个进手张,要是自己一味地坚持飞红心,那么让东家上手后将连丢4墩黑桃。定约人一盘算,连同明手的♥Q在内,现在他有8墩牌在握,那么当草花呈3-3分布时,定约人便到家了。定约人先打掉明手的◆A及♣AK,接着他再出草花回手,当东家垫黑桃时,定约人转而飞方块,结果宕了2墩。

第二章 如何使定约人对某门花色长度的误判

一个善于动脑筋的定约人除了会分析并判断对手的大牌位置之外,他还会不断地计算防家的牌型并根据防家的大牌位置和牌型来修正并完善自己的打牌方案。假如一位定约人并不清楚防家的牌型,那么他打牌成功往往是出于运气或是巧合,而他的失败也绝非偶然。同样,如果防家能有效地干扰定约人对某门花色的计算,那就能影响到定约人对整手牌型的计算,也能影响到定约人的整体作战方案,有时还会使一个充满生机的定约走向失败。

例 3.2.1　当你持一手很平均且又有相当实力的牌时,你很清楚的是击败对手定约的重任将主要由你承担。假如你不想消极地首攻一门短套,假如对手不曾叫过你的四张套,那么你自然想靠它来筑起一道严实的防线,不过有时不宜刻板地出长套第四张。同前例恰恰相反的是,这时你最好是佯装有个五张套,这要比你老老实实地首攻长套第四张更有效,尤其是有的定约人的神经不够坚强,他们可能经不起恐吓。接下来请你欣赏在一次凯文迪希桥牌邀请赛的团体赛中出现的一手牌,为我们作精彩表演的是美国桥牌选手弗格森(Bruce Ferguson)。

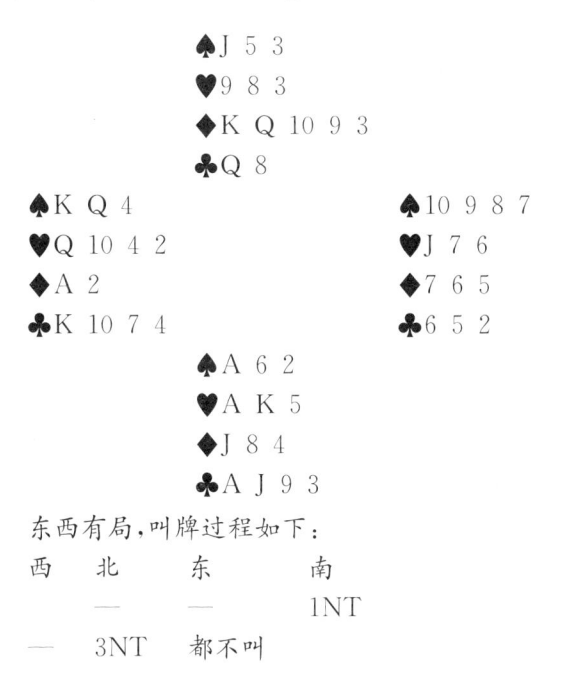

```
              ♠ J 5 3
              ♥ 9 8 3
              ♦ K Q 10 9 3
              ♣ Q 8
♠ K Q 4                    ♠ 10 9 8 7
♥ Q 10 4 2                 ♥ J 7 6
♦ A 2                      ♦ 7 6 5
♣ K 10 7 4                 ♣ 6 5 2
              ♠ A 6 2
              ♥ A K 5
              ♦ J 8 4
              ♣ A J 9 3
```

东西有局,叫牌过程如下:
西　　　北　　　东　　　南
—　　　—　　　　　　　1NT
—　　　3NT　　都不叫

　　位于西家的弗格森没有5张长套,鉴于定约方没有使用斯台曼问叫,他当然选择红心作为首攻,不过他出的是♥4,而不是♥2。按防家出牌的约定,他们使用长套第四张作为首攻,不像有些选手使用第三或第五张。东家责无旁贷地跟出♥J,一时看不见♥2,为切断防家的联络,定约人忍让了一轮,于是防家抢先拿到一墩。东家忠实地打回♥7,这时弗格森跟♥2,定约人当然判断他持5张红心了。定约人出小方块,西家跟♦2,明手拿一墩后出♣Q,飞进西家之手。弗格森再次使诈,他打出♠4！定约人总以为黑桃两大牌分居两边,他企图诱使东家扑下一个黑桃大牌而让明手跟小黑桃。当东家出♠9时,定约人回天无力了。

　　例3.2.2　像前例那样,有时防家单靠一次首攻还不能有效地瞒住定约人,他还需再次努力才能假戏真做,这手牌选自一次团体赛中：

```
              ♠ A J 5
              ♥ Q J 10 6
              ♦ 10 9 3
              ♣ J 9 4
♠ 10 7 2                    ♠ 9 8 6 3
♥ A 9 3                     ♥ 8 5 4 2
♦ 8 4                       ♦ Q 7 2
♣ K 8 6 3 2                 ♣ A 5
              ♠ K Q 4
              ♥ K 7
              ♦ A K J 6 5
              ♣ Q 10 7
```

双方有局，叫牌过程如下：

西	北	东	南
			1♦
—	1♥	—	2NT
—	3NT	都不叫	

两位西家都不想让定约人知道他们有5张草花，能使定约人麻痹大意对防家来说总是有百利而无一弊的。然而他们都不敢轻易首攻♣2，因为东家的实力与西家相仿，西家唯恐同伴误以为草花无望而改出其他，于是他们都选择♣3作为首攻。两位东家的牌型平均，他们在用♣A拿后都很忠实地打回同伴的花色。其中一位西家见击败定约在即，不由得大喜过望，他高兴地用♣K拿并再出草花。定约人当然心头一沉，他很清楚西家如此有恃无恐定是持有♥A。既然如此，树立红心是不可能的，无奈之下，定约人只好以黑桃为桥飞方块。很幸运，他逮住东家的♦Q而完成了定约。

另一位西家比他的对手更能沉住气，他并不喜形于色，相反，他并不急于用♣K拿,他在忍让的同时跟出♣6!作他只有4张草花的假象。定约人果然上了钩,他以为草花呈4-3分布,充其量让防家拿3墩草花罢了。想到这里,这位定约人决定送出一墩红心,因为飞方块不成便有输5墩之虞。令定约人意外并懊丧的是西家一气连拿4墩,而东家偏偏有那张关键的◆Q。

例3.2.3 1971年第18届百慕大杯赛在中国台湾举行,东道主台湾队在一年之前刚获得了这项大赛的亚军,这次大赛对台湾选手来说,天时、地利、人和三条件——俱全,台湾选手在家门口表现出色,又一次赢得了第二名。当时能以较大优势击败台湾队的也只有美国爱司队了,下面请看该队主力队员哈曼是如何不让定约人知道自己两门花色长度的。

```
                ♠ 5 3
                ♥ Q J 9 6 3
                ◆ K J 10 3
                ♣ 6 4
♠ J 10 9 2                    ♠ 8 6
♥ 7 4 2                       ♥ K 5
◆ 8 6 4 2                     ◆ A 7
♣ 9 8                         ♣ A K J 10 7 3 2
                ♠ A K Q 7 4
                ♥ A 10 8
                ◆ Q 9 5
                ♣ Q 5
```

双方有局,叫牌过程如下:
```
南      西      北      东
1NT     —      2◆      3♣
3♥      —      4♥      都不叫
```

西家首攻♣9,位于东家的哈曼连拿2墩草花,他很清楚,要击败这个定约是不能指望同伴出力的。当他收下第二墩之际,一个"骗局"已在他脑海中形成了。东家兑现◆A,紧接着他打出♠6!哈曼给定约人制造这么一个印象:东家只有一张方块,他期望能让同伴上手以得到将吃方块的机会。定约人不疑有诈,对他来说当务之急是进入明手来飞红心,但他又不能通过方块进入明手。定约人拿下这墩黑桃之后,他又兑现一轮黑桃,看到东家两次跟出"小、大"两张黑桃,他兴冲冲地再出黑桃让明手将吃,不料哈曼毫不客气地盖吃了。

哈曼的打法给所有人造成了单张◆A的印象(当然未必所有人都深信不疑),此外值得注意的是他很仔细地先出♠6而不是♠8,这也是消除定约人疑虑所不可缺少的一个手段。

例3.2.4 聪明的防家能够不单单考虑到自己,他还会为同伴着想,会想方设法保护其同伴。

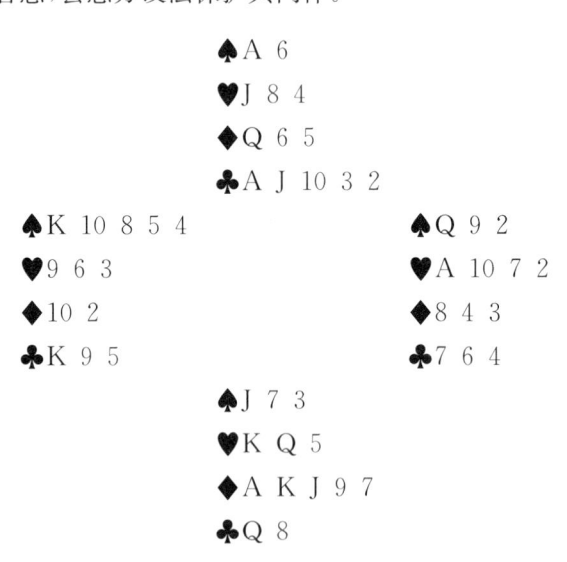

```
                 ♠ A 6
                 ♥ J 8 4
                 ◆ Q 6 5
                 ♣ A J 10 3 2
♠ K 10 8 5 4                  ♠ Q 9 2
♥ 9 6 3                       ♥ A 10 7 2
◆ 10 2                        ◆ 8 4 3
♣ K 9 5                       ♣ 7 6 4
                 ♠ J 7 3
                 ♥ K Q 5
                 ◆ A K J 9 7
                 ♣ Q 8
```

双方有局,叫牌过程极简洁,在南家开叫1NT后,北家加叫3NT到局。

西家首攻♠5,定约人忍让,毫无心机的东家在用♠Q拿后打回♠9,这张牌明白无误地告诉定约人黑桃呈 5-3 分布。于是被逼急了的定约人硬着头皮去飞草花,由于飞捉到了♣K,因此定约人有惊而无险地完成了定约。

看起来东家并没出错牌,他只是出牌不够聪明。富有心机及全局观念的东家会想到:从同伴的首攻及定约人的忍让来看,同伴该是持着♠K 的,在捅出明手的♠A 后,定约人的黑桃恐会失守。自己的草花不短也不长,西家要是有一张草花大牌,那一定将会为定约人所擒获。为了不把定约人惹急,这位东家打回的黑桃并不是♠9 而是♠2! 西家当然想到了同伴持双张黑桃的可能性,不过机智灵活的西家也看出他跟个♠8 丝毫无损。你说定约人见了两位防家如此出牌将会有何感想呢? 如果草花能飞成功,那么他的赢墩将绰绰有余;但要是飞牌失败呢? 那么这个定约肯定便宕了。现在看来防家的黑桃像是 4-4 分布,如果是这样的话,那么送出一墩红心岂不是更安全了呢? 假如定约人不想冒风险飞草花,那么送出红心之后,他也把这个局白送给了对手。

例 3.2.5 接下来这个牌例将告诉你要时时注意保护自己,出牌不慎会惹大祸的。

      ♠ A K Q 7 4 2
      ♥ K J
      ♦ K J 7 3
      ♣ 6

♠ J 5   ♠ 10 9 6 3
♥ 9 4   ♥ Q 10 7 6 5 2
♦ A 10 8 4   ♦ ——
♣ Q 10 7 4 2   ♣ 9 5 3

      ♠ 8
      ♥ A 8 3
      ♦ Q 9 6 5 2
      ♣ A K J 8

双方无局,叫牌过程如下:

西	北	东	南
			1♦
—	2♠	—	3♣
—	3♦	—	3♥
—	3♠	—	4♣
—	5NT	—	6♦

都不叫

在南家扣叫出红心和草花后,北家对大满贯产生了兴趣,如果南家真有两张方块大牌时,那么北家会很欢迎同伴叫♦7的。现在南家只有一张方块大牌,而且不是♦A,他自然忙不迭地撤退了。

当你持西家的牌听到上述叫品时,你会指望拿到3墩牌吗?如果你不存此奢望,那很好,能拿到2墩已足矣,倒不是什么知足常乐,我在前面已经说过了,对手冒进满贯,对防家来说总是只赚不亏的,为此切勿存贪婪之念。

一位未经深思熟虑的西家随手出♥9,引起定约人的警觉,这张牌像是出自一门短套,既然西家的红心较短,那么他的方块就不会是缺门了。定约人从手中打出♦Q,现在西家拿下不是,不拿也不是,东家的示缺使得西家的几张方块被陆续捕尽杀绝。

另一位西家就聪明得多,他首攻的是♣4,他根本不在乎这张牌会不会给定约人提供什么免费飞牌的机会,因为他从叫牌中听出定约人在旁套花色上不像有什么漏洞。这张牌给定约人截然不同的印象,他哪里看得出非从手中先出♦Q不可呢?当他从手中出小方块并放上明手的♦J时,东家的垫牌令他万分懊恼。

例3.2.6 除了在首攻时防家须注意保护自己之外,在过程中也需学会自我保护。

```
              ♠Q 7 4
              ♥K 2
              ♦Q 6 3
              ♣K J 9 8 5
♠10 5 3                    ♠A K J 8
♥6 5 3                     ♥J 10 9 7 4
♦10 8 7 5 2                ♦J 9
♣6 3                       ♣Q 4
              ♠9 6 2
              ♥A Q 8
              ♦A K 4
              ♣A 10 7 2
```

双方有局，在南家开叫 1NT 后，北家一跃 3NT 便结束了叫牌。

赤贫如洗的西家决定首攻黑桃试试。当西家的 ♠3 亮在桌上时，东家喜出望外，他忙不迭地把 4 墩黑桃都归己有，接着他打出 ♥J。尽管东家有九点大牌亮相，谁知这位定约人是格言"八飞九不飞"的虔诚信徒，只听得乒乓两下，东家的 ♣Q 竟被定约人拔了出来。

是东家的运气欠佳吗？有一点可以肯定东家的防御有值得改进之处。假如东家用 ♠A K J 连拿 3 墩黑桃后不再兑现 ♠8，那么定约人势必会以为东家不再有第四张黑桃。接下来定约人怎么还会选择击落的手段呢？既然东家不再有黑桃，那么即使草花飞牌失败又何妨呢？一旦定约人误判黑桃的分布，那么东家就有机会了。

例 3.2.7　作为一个防家，在得到一个将吃并击败定约的时候，每个人都会兴高采烈。不过，有时这种机会是要靠防家自己创造的。在你看了克鲁考乌斯基和索伯尔夫人的表演之后，我相信你今后定会抓住这种稍纵即逝机会的。在一次欧洲桥牌锦标赛中,克鲁考乌斯基本人并不具有将吃的机会,但是他为其同伴制造了一个将牌升级的良机并击败了定约。他使用的战术浅显易学,然而在实战中如此机智灵活地运用,还需有相当的功底。

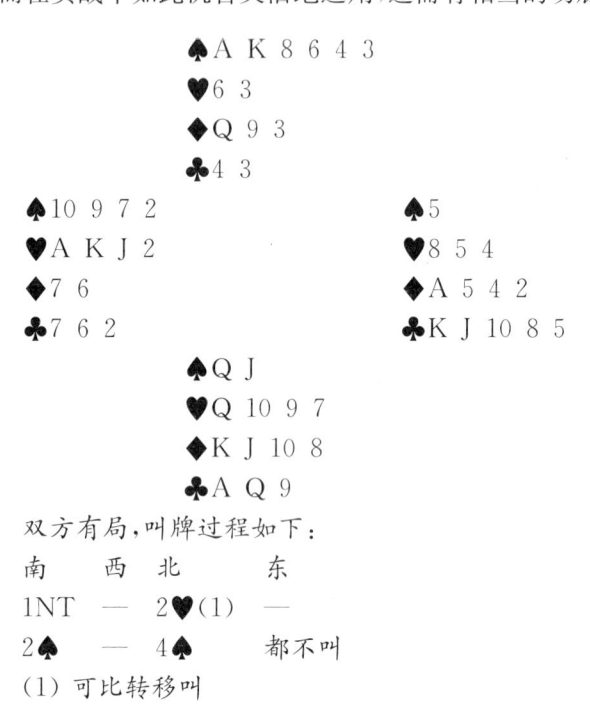

```
            ♠ A K 8 6 4 3
            ♥ 6 3
            ♦ Q 9 3
            ♣ 4 3
♠ 10 9 7 2              ♠ 5
♥ A K J 2               ♥ 8 5 4
♦ 7 6                   ♦ A 5 4 2
♣ 7 6 2                 ♣ K J 10 8 5
            ♠ Q J
            ♥ Q 10 9 7
            ♦ K J 10 8
            ♣ A Q 9
```

双方有局,叫牌过程如下:

南	西	北	东
1NT	—	2♥(1)	—
2♠	—	4♠	都不叫

(1)可比转移叫

西家首拔♥A,在他和同伴的约定中,这是持AK的出法,克鲁考乌斯基马上意识到己方充其量只能拿到3墩牌,他手中的♣K就像是只随时会被厨师宰了下锅的鸭子一般毫无反抗之力。

位于东家的克鲁考乌斯基并没刻板地按约定给出消极信号,相反,他跟出♥8鼓励同伴继续出红心。西家不明真相,他兑现♥K并再出红心。定约人当然怕东家要将吃这轮红心,再说他根本没输张可垫,结果他动用了明手的♠A。假如黑桃3-2分布,那么空耗一张大将牌对定约人来说仍然无关痛痒,谁知将牌竟是4-1

分布,这下子定约人可是破财招灾了。

例 3.2.8 究竟是克鲁考乌斯基本人悟出了这个门道还是他借鉴了别的高手经验,这无法考证,不过,可以肯定的是前辈人物索伯尔夫人作出类似表演时远在克鲁考乌斯基之前。

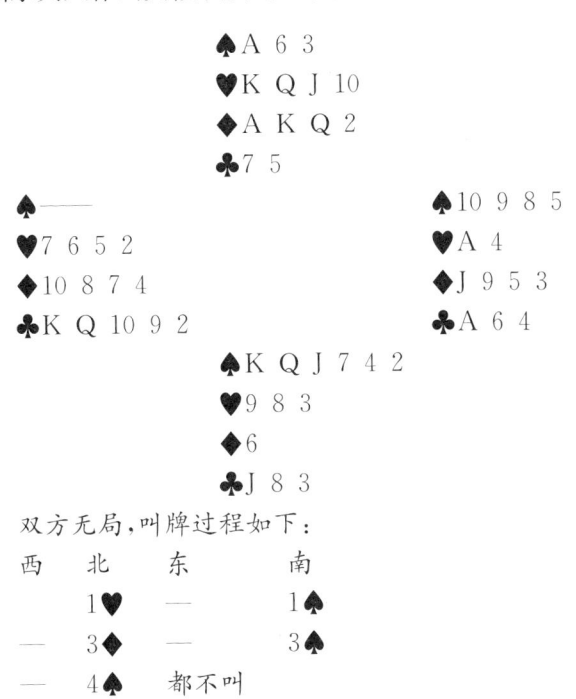

```
            ♠ A 6 3
            ♥ K Q J 10
            ♦ A K Q 2
            ♣ 7 5
♠ —                    ♠ 10 9 8 5
♥ 7 6 5 2              ♥ A 4
♦ 10 8 7 4             ♦ J 9 5 3
♣ K Q 10 9 2           ♣ A 6 4
            ♠ K Q J 7 4 2
            ♥ 9 8 3
            ♦ 6
            ♣ J 8 3
```

双方无局,叫牌过程如下:

西	北	东	南
	1♥		1♠
—	3♦	—	3♠
—	4♠	都不叫	

西家首攻♣K,东家索伯尔夫人用♣A 接过去并打回♣4!西家的♣9 轻取一墩后再出♣Q,你说定约人该怎么办?从东家的出牌来看,该是只有两张草花,为保险起见,定约人用明手的♠A 将吃并很惊讶地看到东家还有草花跟出。谁知黑桃竟是 4-0 分布,他现在没法不输 4 墩牌了。

例 3.2.9 1996 年凯文迪希桥牌邀请赛中,来自北美和欧洲的 40 对桥牌好手展开了一场互不相让的厮杀,其中有这么一手牌:

```
                    ♠ K 10
                    ♥ K J 9 5 4 2
                    ♦ Q 8
                    ♣ K Q 7
♠ 7                                 ♠ Q 9 6 2
♥ Q 8 7                             ♥ 10 6 3
♦ A K 7 2                           ♦ 10 5 3
♣ J 10 9 8 5                        ♣ 6 4 3
                    ♠ A J 8 5 4 3
                    ♥ A
                    ♦ J 9 6 4
                    ♣ A 2
```

双方无局，叫牌过程如下：

```
西      北      东      南
—       1♥      —       1♠
—       2♥      —       3♠(1)
—       4♠      都不叫
```

(1) 逼叫

西家首攻♦K，东家是大家所熟悉的科恩（Larry Cohen），一位理论和实践俱佳的中年好手，他轻快地跟出♦10！当西家接着兑现♦A时，东家跟出♦3。西家很自然地再出第三轮方块，定约人不由停下来寻思对策：如果让东家的小将牌将吃到一墩，那么接下来不逮住防家的♠Q便无生路了；用明手的♠K将吃同样是前途未卜，万一将牌4-1分布就麻烦了；用明手的♠10将吃怎么样？让东家盖吃并无伤大雅，想到这里，定约人拿起了明手的♠10，谁知东家还有♦5跟出，真是虚惊一场。

假如定约人对科恩的不寻常跟牌生疑，假如他进一步想到东家很可能持着4张将牌，那么定约人还是有机会可挽回这个定约的：从明手出红心回来，调一轮将牌到明手，将吃红心；打掉手中的♣A，出草花到明手的♣K并用明手的♣Q垫去手中的♦J；接着从明手出♥K,当东家跟出红心时,定约人将吃。通过如此缩短将牌,定约人余下♠A J 8 三张将牌,而东家剩下♠Q 9 6,定约人只消送出♠8 或是♠J,便可生擒东家的另两张将牌。在实战中,用♠10 拿到一墩后的定约人有点麻痹大意,他接连打掉♠K和♠A,这样他便回天无术了。

假如科恩真只有两张方块,那么他也一定会不露声色地放过明手的♠10。在他谢绝盖吃之后,要是定约人不疑东家持 4 张将牌,仍会重蹈覆辙。

例 3.2.10 开普兰是名值得怀念的人物。我在前面不止一次提到他和他的同伴凯,那是作为不幸的"受害者"介绍的,然而现实生活中的开普兰毕竟也是名世界知名好手,他绝不会老被人耍而不去骗别人。

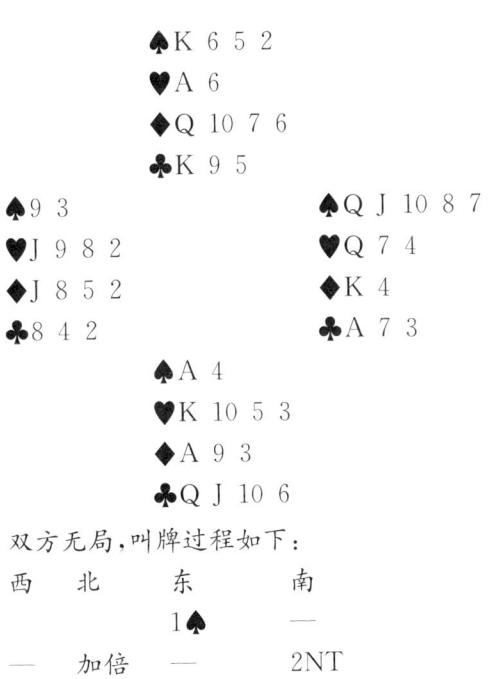

<pre>
              ♠K 6 5 2
              ♥A 6
              ♦Q 10 7 6
              ♣K 9 5
♠9 3   ♠Q J 10 8 7
♥J 9 8 2   ♥Q 7 4
♦J 8 5 2   ♦K 4
♣8 4 2   ♣A 7 3
              ♠A 4
              ♥K 10 5 3
              ♦A 9 3
              ♣Q J 10 6
</pre>

双方无局,叫牌过程如下:

西	北	东	南
		1♠	—
—	加倍	—	2NT
—	3NT	都不叫	

叫牌过程似不可取，持着很适合作技术性加倍的南家不知何故却 Pass 了，北家宜作平衡叫 1NT 反倒加了倍。不管怎么说，3NT 是个很理想的定约，不过没想到结局对南北方很不理想。西家首攻♠9，定约人用♠A 拿。定约人马上动草花，位于东家的开普兰用♣A 拦下后再出黑桃，定约人让明手的♠K 吃下这一墩。定约人连打三轮草花，明手垫去张小黑桃，东家则毫不犹豫地放弃♦4！定约人接着又连打♥K 和♥A，开普兰跟♥4 和♥Q！从定约人先兑现♥K 之举，开普兰看出定约人肯定没有♥J，所以他敢大胆抛弃♥Q，他的跟牌给人以只有♥Q 4 双张红心的印象。可怜的定约人并不知道他已能一举击落东家的♦K，他根据所得信息及跟、垫牌的常理，他所勾画出东家的牌型是 5-2-3-3。定约人充满信心地用黑桃投给东家，他深信在连拿 3 墩黑桃之后，东家将不得不拱手交出 2 墩方块。可惜事与愿违，东家确是不客气地连拿 3 墩黑桃，但他还有张红心可出，于是西家又连收 2 墩红心。

例 3.2.11 定约人通过紧逼最终投入防家的牌例已屡见不鲜，不过有时在最后一刹那定约人还面临一个判断问题。拿上例来说，当防家留着孤零零的一张大牌在手，准备与定约人来个鱼死网破时，定约人如不能把防家的大牌击落，那么可说是到了成功的门口又折回了失败之路。许多防家之所以难逃被投入之厄运，有不少因为生怕自己的大牌被定约人活擒而不敢把保护张及早地垫去，更多的是无法预见到自己将被紧逼和投入，换句话说，一旦防家及早做好准备工作，那么棘手的将是定约人。同样，纯紧逼战术也有类似的判断问题，定约人明明知道一位防家已经被紧逼，但这位防家最终留牌保护哪门花色，他又放弃哪门花色，这还有待于定约人的正确判断，否则便功亏一篑。在一次意大利全国桥牌锦标赛中，代表那不勒斯队的福奎遇到了他最不愿意见到的对手贝拉唐纳，后者是罗马队的顶梁柱。

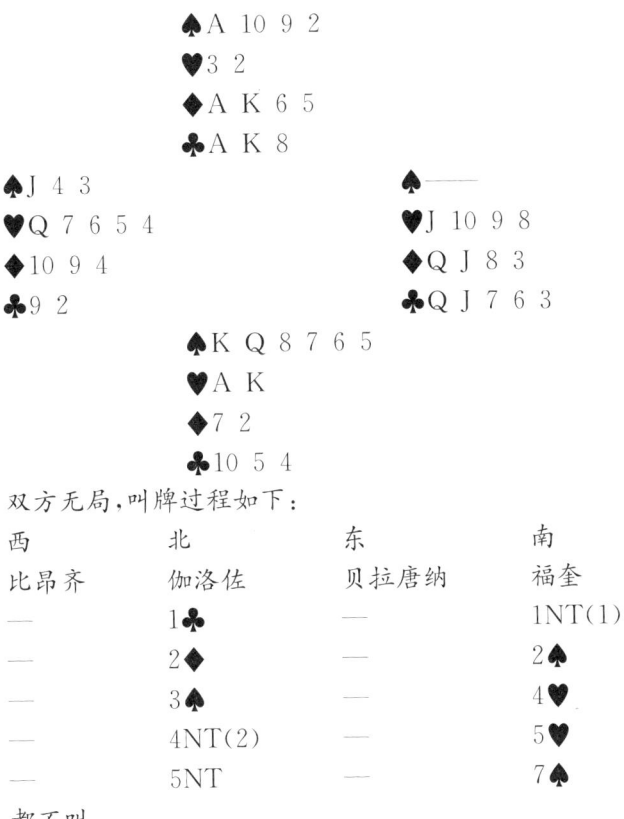

```
            ♠A 10 9 2
            ♥3 2
            ♦A K 6 5
            ♣A K 8
♠J 4 3                        ♠—
♥Q 7 6 5 4                    ♥J 10 9 8
♦10 9 4                       ♦Q J 8 3
♣9 2                          ♣Q J 7 6 3
            ♠K Q 8 7 6 5
            ♥A K
            ♦7 2
            ♣10 5 4
```

双方无局,叫牌过程如下:

西	北	东	南
比昂齐	伽洛佐	贝拉唐纳	福奎
—	1♣	—	1NT(1)
—	2♦	—	2♠
—	3♠	—	4♥
—	4NT(2)	—	5♥
—	5NT	—	7♠

都不叫

(1) 四个控制张,K 计一个,A 计两个
(2) 罗马关键牌问叫

西家比昂齐(Roberto Bianchi)[①]首攻♣9,这张牌使定约人福奎立即判断出东家贝拉唐纳持♣Q J,同时他不无遗憾地看到自己的红心与同伴的完全重复,如果伽洛佐少一张草花并多一张红心,那么这个大满贯唾手可得 13 墩牌。定约人已有 12 个快速赢张,第十三墩牌只可能来自紧逼,因为南北方在方块上不可能树立一

---

① 比昂齐作为意大利蓝队的一名成员,参加并赢得了 1973 年和 1974 年的百慕大杯赛的冠军。

墩。在用明手的♣K拿下首墩时,福奎已意识到除非是东家持4张或是更多的方块时,否则紧逼是不成立的。

定约人连打四轮将牌,他有点欣慰地看到东家一张黑桃也没有,他也留意到西家垫张小红心,而贝拉唐纳垫两张红心,接着他又垫去张方块!最后他垫草花。福奎兑现♥A K,大家都有红心跟出,他又打去♠7,明手垫♣8,得如下形势:

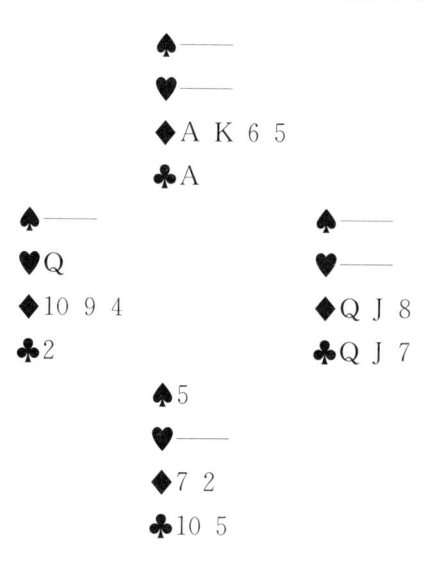

```
              ♠ —
              ♥ —
              ♦ A K 6 5
              ♣ A
♠ —                        ♠ —
♥ Q                        ♥ —
♦ 10 9 4                   ♦ Q J 8
♣ 2                        ♣ Q J 7
              ♠ 5
              ♥ —
              ♦ 7 2
              ♣ 10 5
```

这时贝拉唐纳还需要垫一张牌,他似乎不假思索地抛弃♣J。从贝拉唐纳的整个垫牌过程来看,福奎判断东家持的牌型必定是0-4-5-4了,而在放弃♣J之后东家"显然"是留着四张方块的。于是福奎打掉明手的♣A,当贝拉唐纳跟出的不是♣Q时,福奎知道他中计了。

当贝拉唐纳不得不把牌留剩5张时,我们已清楚地看出他已被紧逼得没安全牌可垫,当他留着2张草花和3张方块时,定约人只消连打三轮方块即可使明手的♦6成为第十三个赢张。反过来,假如贝拉唐纳最后的5张牌是4张方块和一张草花时(这正是福奎当时所误以为的),那么福奎定能用明手的♣A击落东家残存的那张大牌并使手中的♣10拿到第十三墩。作为一个很可怕的对手,贝拉唐纳早早地预见自己将被紧逼的结局,于是他及早先垫一张方块,使定约人误判他持 5 张方块。

例 3.2.12　代表美国参加 1996 年世界奥林匹克桥牌队式锦标赛的那支队伍从未被同胞看好过,这也难怪,在美国的选拔赛中摇摇晃晃地出了线,但队伍中既没世界特级桥牌大师,也没有世界终身桥牌大师,换句话说,这 6 个人中没有一个具有世界大赛的经验。美国人将信将疑地看着他们去希腊的罗德岛,在他们遭淘汰时,人们不由得说:我说过他们不行吧。下面这手牌取自他们与同组的意大利队的交锋时,不难看出那位美国队的定约人确实不如对手那样经验丰富。

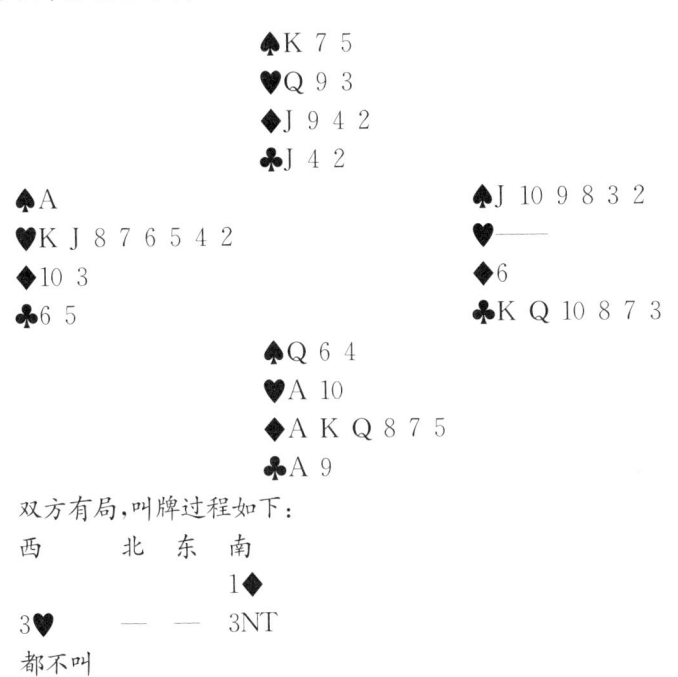

```
            ♠ K 7 5
            ♥ Q 9 3
            ♦ J 9 4 2
            ♣ J 4 2
♠ A                     ♠ J 10 9 8 3 2
♥ K J 8 7 6 5 4 2       ♥ —
♦ 10 3                  ♦ 6
♣ 6 5                   ♣ K Q 10 8 7 3
            ♠ Q 6 4
            ♥ A 10
            ♦ A K Q 8 7 5
            ♣ A 9
```

双方有局,叫牌过程如下:
西　　北　　东　　南
　　　　　　　　　1♦
3♥　　—　　—　　3NT
都不叫

西家是意大利队的布拉蒂(Andrea Buratti),他认为首攻红心不会有什么作用,于是他选择♣6。美国队的定约人戈德芬(Jerry Goldfein)指望手中的♣9 或许能起作用,于是他让明手跟小草花。

东家是兰扎罗蒂(Massimo Lanzarotti),他对草花的形势作出了清晰的判断:假如同伴持单张草花,那么他这手牌即可报废,因为他不可能再有上手的机会。同时兰扎罗蒂也意识到,假如他跟出♣10,无非是逼使定约人忍让一轮,其结果是东西方的联络马上中断了,既要鼓励同伴有机会时再出草花,又要设法不让定约人看出自己草花的真实长度和实力,他很巧妙地跟出♣Q!

看了四家的牌,我们知道,定约人只消忍让一轮草花,他就可不费多大劲儿地拿到10墩牌。在牌桌上的美国定约人琢磨半晌也没想到这种可能性,他指望草花4-4分布而用♣A拿首墩,结果定约以宕2墩告终。

例3.2.13 2004年北美桥联春季大赛公开组瑞士制赛中,争夺异常激烈,比分也非常接近。在最后一轮的比赛中,积分最高的一、二名对抗,三、四名相争……当时排名第一的罗森克朗兹队以15:5个VP击败了对手,但令人意外的是他们只获得亚军。原来当时排名第三的那个队以19:1个VP大胜对手,从而以1.5个VP微弱的优势而捧杯。在当时三、四名相争有这么一手牌:

     ♠ 9 6
     ♥ J 8 6 5
     ♦ A Q 9 5 2
     ♣ Q 7

♠ 7 4 3 2   ♠ K Q J 10
♥ Q 4 3   ♥ K 10 2
♦ 7   ♦ 10 8 3
♣ K J 6 5 4   ♣ 9 8 2

     ♠ A 8 5
     ♥ A 9 7
     ♦ K J 6 4
     ♣ A 10 3

双方有局，叫牌过程如下：

西	北	东	南
			1NT
—	2♣	—	2♦
—	3NT	都不叫	

最终夺冠的那支队伍是支多国部队，三分之二的人并不出生于美国。其中有"桥牌基地"网站的总裁吉特尔曼，他原是加拿大人，后来移居美国并加入了美国国籍。有一名好手来自瑞典，还有两名来自意大利，他俩在 2002 年荣获了世界双人赛的冠军，在这手牌中，他们分坐东西家。

既然定约人没有高套，位于西家的努恩斯就认为不宜首攻草花，他选择♠2 作为首攻。按约定，这♠2 可能是无大牌的长套第四张，也可能是有一张大牌的长套第五张。东家范托尼并不机械地跟♠10 告诉所有人他有极好的黑桃大牌连张，他很机警地跟♠J！这张♠J 并不会给同伴带来任何伤害或不便，但使定约人颇伤脑筋。定约人看不出西家究竟有几张黑桃，斟酌一番后，他决定忍让。定约人的迟疑不决，不打自招地告诉东家他有♠A，东家也马上知道同伴只有四张小黑桃。为了在黑桃上多榨出一墩牌，范托尼仍旧藏着♠10 和♠K，他打出♠Q，这使得定约人以为西家持以♠K 为首的五张黑桃，于是定约人再次忍让，这时西家不失时机地跟出♠7，他最大的那张黑桃。东家在黑桃上见好就收，他改出♥2，定约人让过，西家用♥Q 拿后打回红心。就这样定约人没法不输 5 墩牌。

假如东家首轮黑桃出♠10，在定约人忍让后他再出♠K，如此清楚表达自己黑桃实力的打法将使定约人成为最大的受惠者。在看出黑桃是 4-4 分布之后，定约人肯定不会再忍让，在用♠A 拿下第二轮黑桃之后，定约人只消打出小草花便能拿到 9

墩牌。

例 3.2.14　A·楚斯考特在桥牌赛事上的赛绩是无法同其夫人相比的,但是他的桥牌文章有其独到之处,颇受读者的欢迎。自1964年起直到他去世,40年来他一直是《纽约时报》桥牌专栏作家。2002年楚斯考特夫妇有一本桥牌书问世,书中除了介绍他俩的桥牌生涯之外,也谈及一些很有意思的牌例,其中作者认为下面的这手牌的防御术堪称一绝。作出如此精彩表演的正是巴西的沙加斯。沙加斯本人对这手牌也很是自豪,不单是他的骗术高明并取得了成功,而且被骗者并非是泛泛之辈,而是对沙加斯极为熟悉的同胞好手巴博萨(Jose Barbosa)。这手牌发生于1995年巴西的里约杯的决赛中,而在此19年之前的1976年世界奥林匹克桥牌队式锦标赛中,他俩同是荣获世界冠军的队友。

♠ K Q 5 4
♥ A J 3
♦ Q 4
♣ K 10 7 5

♠ 8 6 2
♥ Q 5
♦ 10 8 7 6 3
♣ 9 4 2

♠ 9 7
♥ 10 9 6 2
♦ K 9 5 2
♣ A Q J

♠ A J 10 3
♥ K 8 7 4
♦ A J
♣ 8 6 3

双方有局，叫牌过程如下：

西	北	东	南
			1NT
—	2♣	—	2♥
—	3NT	—	4♠

都不叫

北家的2♣斯台曼问叫保证有一个高套，所以南家敢于舍弃3NT而直奔4♠。看了四家牌，我们知道定约人可以轻易肃清防家的将牌，无论飞红心还是击落，定约人都可免输一墩红心。定约人可以飞方块，亦可利用第四张草花而得到10墩牌，你可看得出的第四墩会输在哪里吗？

西家首攻♣4，按约定，首攻小牌可能是带一大牌的长套第四张，也可能是三张小牌的最小的一张。定约人让明手跟小草花，位于东家的沙加斯的一个圈套迅速地在脑中形成。只见他用♣Q拿并马上兑现♣A！紧接着沙加斯打出♦9。定约人认定东家无疑只有两张草花，既然如此，那么飞捉西家的♣J还不是如同探囊取物一般容易，既然明手的第四张草花可用来垫手中的方块，那又何必冒险飞方块呢？再说一旦方块飞牌失败，明摆着将会让东家将吃到一墩草花。想到这里，巴博萨立即用♦A拿。三轮将牌之后，定约人信心十足地用明手的♣10飞牌，谁知沙加斯像个魔术师般地变出♣J并不客气地兑现♦K。

沙加斯的精彩表演使他荣获了1995年度IBPA最佳防守奖。

例3.2.15 齐亚是又一个虚虚实实让人捉摸不定的诱骗战术高手，在牌桌上遭他骗的人大概至少能组成一个连。论资历，像沃尔夫如此久经沙场的老将完全可充当这个连的连长。在几年前的一次北美桥联的春季大赛中，持♣Q8752的齐亚首攻♣2，东家用♣A拿后打回草花，捅下定约人沃尔夫的♣K。当时沃尔夫面临这么两个选择：假如黑桃飞牌成功，那么他将立即有

9墩牌，当然，假如飞牌失败，那么这个定约顿时就夭折了；另外，假如草花4-3分布，那么送出一墩牌给防家的♥A，定约人也可安全地拿到9墩牌。权衡利弊，沃尔夫最终选择后者，哪知草花却是5-2分布，在沃尔夫送出一墩红心之后，齐亚毫不客气地连抓3墩草花。在另一牌桌上的西家循规蹈矩地首攻♣5，定约人怀疑西家持五张草花，他决定冒险飞黑桃，结果完成了定约。

下面的这手牌出自北美桥联的一次秋季大赛中，令所有人深感意外的是，一个铁成的三无将定约居然在一个牌桌上被打砸了，毋庸赘言，正是齐亚使那位定约人在阴沟里翻了船。

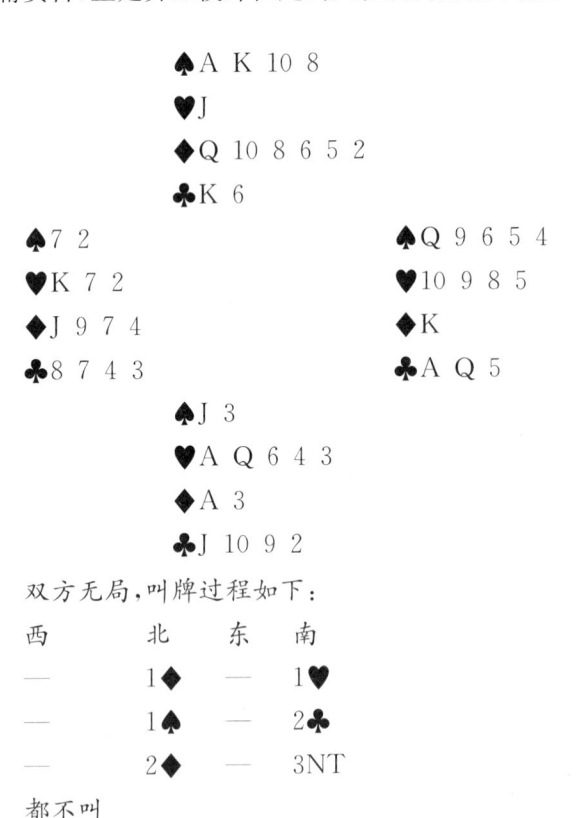

```
              ♠ A K 10 8
              ♥ J
              ♦ Q 10 8 6 5 2
              ♣ K 6
♠ 7 2                        ♠ Q 9 6 5 4
♥ K 7 2                      ♥ 10 9 8 5
♦ J 9 7 4                    ♦ K
♣ 8 7 4 3                    ♣ A Q 5
              ♠ J 3
              ♥ A Q 6 4 3
              ♦ A 3
              ♣ J 10 9 2
```

双方无局，叫牌过程如下：

西	北	东	南
—	1♦	—	1♥
—	1♠	—	2♣
—	2♦	—	3NT

都不叫

位于西家的齐亚首攻什么好呢？对手叫了四门花色，尽管第四门花色草花未必保证有四张。按教科书的说法，西家这时可考虑首攻明手的第二门花色黑桃，而且教科书还说持双张小牌时，你应该首攻大的那张。齐亚确实决定把黑桃作为首攻的花色，然而他出的是♠2而不是♠7。按十一法则，定约人的黑桃该是缺门了，不过东家并不急于如此下结论。当定约人放上明手的♠8时，东家盖上♠9，定约人用♠J拿下首墩，东家立即意识到原来齐亚在寻找我的长套啊。

定约人兑现手中的♦A，他十分高兴地看到东家的♦K应声而落，他接着用明手的♦10飞得一墩。在打去♦Q后，定约人送出一墩方块给齐亚。齐亚不动声色地再出黑桃。从齐亚一再出黑桃，定约人判断他有四张黑桃，在看到东家跟出♠9之后，定约人认为♠Q无疑在西家之手。如果黑桃飞牌成功，那么定约人可望拿到4墩黑桃、5墩方块和1墩红心。这是一场打一手牌结一次分的比赛（board-a-match）①，假如两位定约人的定约相同，那么所得墩数的众寡将决定这手牌的输赢，定约人当然不愿放弃一个超额赢墩的机会。出乎定约人意料之外的是"正确的"黑桃飞牌竟然失败了，明手的方块和黑桃都成了赢张，然而缺桥短路的定约人只好隔河兴叹，他最终只拿到7墩牌。

例 3.2.16 在张数上欺骗定约人是防家乐此不疲的事，在首攻时会考虑这样做，在其他场合下也应伺机这样做。下面这手牌出自一次北美桥联的终身大师级桥牌双人赛中，防家就是靠在张数上成功欺骗定约人而挫败了定约。

---

① 一手牌结一次分，确切地说是一手牌结一个分数，这种比赛可能只在北美桥联流行。每一手牌的得分只有得2分（胜过对手）、1分（打平）及0分三种，由于多出对手10分也意味着胜过，因此分差之众寡在这种比赛中已不再起作用，于是双人赛的一些战略和战术便在这种比赛中得到很好发挥。

♠10 8
♥A J 9 7
♦A K 9 8 4
♣J 8

♠Q 9 6 4
♥Q 8 6 5
♦Q J
♣Q 9 7

♠A J 7 3
♥10 4 3
♦10 7 6 5 3
♣4

♠K 5 2
♥K 2
♦2
♣A K 10 6 5 3 2

双方有局,叫牌过程如下:

南	西	北	东
1♣	—	1♦	—
2♣	—	2♥	—
2NT	—	3NT	都不叫

西家伯恩斯坦(Andy Bernstein)首攻♠4,东家 M·贝克用♠A 拿。通常东家打回黑桃应出♠3,即他余下牌中最小的那一张,于是同伴当然也包括定约人在内,将都知道除去♠A,东家有奇数张黑桃在手,要么单张,要么三张。M·贝克在打回黑桃时可能多了个心眼,他打回的不是♠3,而是♠J！毫无疑问,东家不完全要欺瞒定约人,因为西家可能持的是以♠K 9 为首的四张黑桃,而定约人持♠Q 5 2这样三张黑桃,东家打回♠J 可全拿 4 墩黑桃。我们不妨说,为了指望全歼定约方的黑桃,东家打回的♠J 起到很好的欺瞒作用。

定约人并没有想这么多,他持♠K 忍让一轮,M·贝克再出♠7,拱出定约人的♠K。定约人没看见那最小的黑桃♠3,他认为有一位防家在试图欺骗他,比较下来,他认为西家更像隐瞒真相。定约人兑现♣A,他让明手跟♣J解封。他出方块到明手的◆K,看到西家跟出◆J,接着他从明手出♣8,这回看到东家垫方块,这使得定约人相信西家必是持五张黑桃。他哪敢再让西家进手,他赶紧用♣K拿。然后他打去♥K,用♥J成功地飞得一墩。在他兑现♥A后,各人余下四张牌,他以为所得局势如左下,然而实际上的局势则如右下:

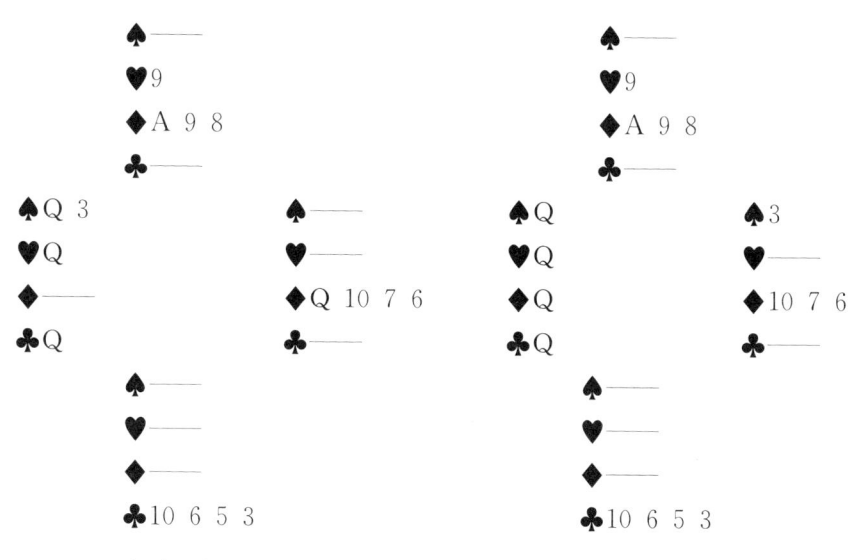

```
            ♠                              ♠
            ♥ 9                            ♥ 9
            ◆ A 9 8                        ◆ A 9 8
            ♣                              ♣
♠ Q 3                   ♠ Q        ♠ Q              ♠ 3
♥ Q                     ♥ Q        ♥ Q              ♥
◆ —                     ◆ Q 10 7 6 ◆ Q              ◆ 10 7 6
♣ Q                     ♣          ♣ Q              ♣
            ♠                              ♠
            ♥                              ♥
            ◆                              ◆
            ♣ 10 6 5 3                     ♣ 10 6 5 3
```

定约人挺有把握地从明手送出◆8,没想到这4墩牌都归西家所有。如果 M·贝克当时只为了试图捕捉定约人的♠Q(他想象定约人可能会有),那么其结果便是"无心插柳柳成荫"了。这个牌例告诉我们,只要有机会,只要这种欺瞒对同伴无害,那么防家应该设法在张数上欺瞒定约人

例3.2.17 1972年世界奥林匹克桥牌团体赛在美国的迈阿密举行,从短暂的退休中复出的意大利蓝队在半决赛中和决赛中以压倒优势分别击败了法国队和美国队再次捧杯。不过在巡环赛中,意大利队不敌英国队,其中有这么一手有趣的牌,攻防双方斗勇斗智,都使出了诱骗战术,煞是好看。

```
              ♠J 4 3 2
              ♥A 3
              ♦4 3
              ♣J 10 5 4 2
♠K Q                        ♠A 10 8 7 6
♥Q 9 5                      ♥10
♦A Q 8 6 5                  ♦10 9 7 2
♣Q 8 6                      ♣A 9 3
              ♠9 5
              ♥K J 8 7 6 4 2
              ♦K J
              ♣K 7
```

东西有局，叫牌过程如下：

西	北	东	南
—	—	—	3♥
3NT	—	—	4♥
加倍	都不叫		

英国队的西家普莱迪首攻♠K，他拿到一墩之后再出♠Q，接着他改出小草花。东家罗德里格(Claude Rodrigue)拿后打回小方块，于是西家连拿2墩方块。现在轮到普莱迪出牌，他打不出黑桃，不可能出红心，只能在方块和草花作选择。他打回方块并不会吃亏，防家该拿的旁套赢墩均已入账了，再说让明手将吃意味着定约人调将牌时只能硬砸了。普莱迪选择♣Q! 这张牌使得定约人阿伐雷利以为西家不再有草花。定约人并没有♥10，但他很清楚如果西家也没有♥10，那么他将以为定约人持着它呢。阿伐雷利毫不犹豫地打出♥J，像他持着♥J 10连张似的，普莱迪果然没盖上他的♥Q。定约人的♥J拿到一墩之后又调一轮将牌，不过♥Q还没有被击落。现在定约人需将吃一个花色回手以肃清西家的将牌，然而在普莱迪的误导之下，阿伐雷利选择黑桃，他终究还是输了一墩将牌。

例3.2.18 2012年第二届世界智力运动会的桥牌锦标赛在法

国举行,像前两届大赛那样,这一回的前三名仍为欧洲选手所包办,冠亚军之战是在瑞典和波兰之间进行的,最终的冠军成员之一尼斯特洛姆(Fredric Nystrom)成功地使波兰的名将巴列基栽在他手中。

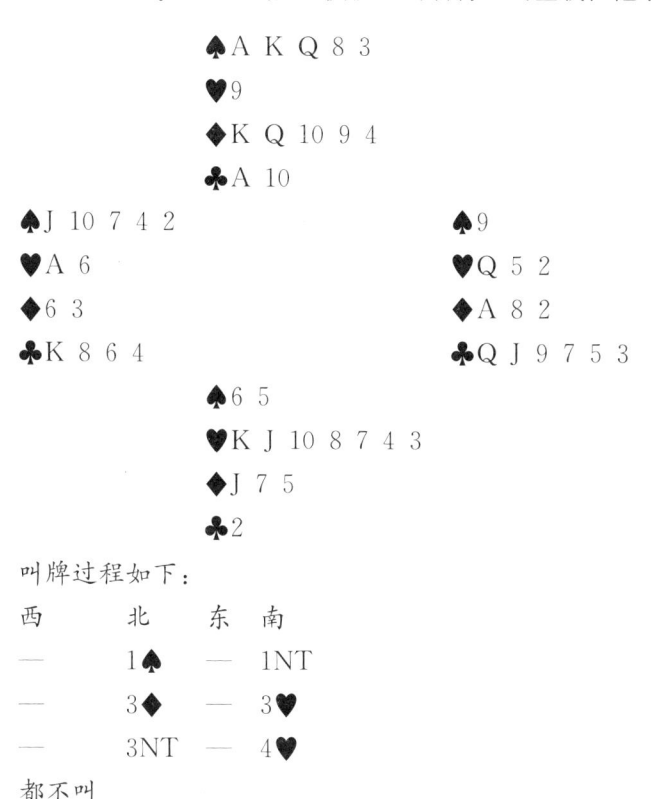

♠ A K Q 8 3
♥ 9
♦ K Q 10 9 4
♣ A 10

♠ J 10 7 4 2
♥ A 6
♦ 6 3
♣ K 8 6 4

♠ 9
♥ Q 5 2
♦ A 8 2
♣ Q J 9 7 5 3

♠ 6 5
♥ K J 10 8 7 4 3
♦ J 7 5
♣ 2

叫牌过程如下:

西	北	东	南
—	1♠	—	1NT
—	3♦	—	3♥
—	3NT	—	4♥

都不叫

西家首攻♣6,定约人巴列基用明手的♣A拿。他稍加考虑之后着手调将牌,当东家跟小红心时,他放上♥K,西家用♥A吃下后再出♣4,东家跟出♣J,定约人将吃。巴列基继续调将牌,东家尼斯特洛姆用♥Q拦下,他主动兑现♦A！接着他出♠9到明手。定约人需回手肃清残存的那张将牌,你说他该用方块直接回手,还是通过将吃黑桃回手呢？尼斯特洛姆主动兑现♦A,使得巴列基以为东家持单张方块,于是他选择后者,结果遭到东家

第三篇 防家在整手牌时诱骗战术的运用 | 425

的将吃。尼斯特洛姆劝说定约人出错成功,被不少人誉为是那届大赛中最精彩的防守。

第三章　忍让,而且要敢于忍让

忍让,是防家所广泛使用的一种战术,或断定约人的桥路,或保持己方联络畅通,或静观动态,凡此种种。本节所研讨的忍让稍有不同,这里强调的是防家不露声色的忍让,根本不让定约人看出防家在忍让,像防家压根儿没能力拿下这一墩似的,无疑,防家的任何迟疑不决,都将被定约人看出破绽。

不论是初学者还是桥牌专家,飞牌是使用率最高的一种战术,二者在飞牌问题上的区别不在于使用次数的众寡,而在于后者的成功率要远高于前者。同样,如果防家在面对定约人的飞牌时能不露声色地忍让,一时得手常会使定约人陶醉于飞牌成功的兴奋之中。在本章中,你将欣赏到许多桥牌高手的形形色色的忍让,通过这些不露声色的忍让,他们有效地使定约人对飞牌的成功深信不疑,到头来这些定约人一个个钻进了防家精心设计的圈套之中。

第一节　持 A 时的忍让

有位桥牌专家说得好:当你拿下这一墩并没甚好处时,不妨忍让一次。谁持 A 谁便掌握了主动权,想什么时候吃就什么时候吃。话虽如此,并不是所有人都能恰到好处地处理时机问题的。接下来请你欣赏一下几位桥牌高手在什么场合下拒绝用 A 拿的,他们不露声色的忍让给他们带来了什么样的好处,以及要是他们不忍让又将会出现什么样的结果。

例 3.3.1 - 1　1963 年的百慕大杯赛在意大利的圣 - 文森举

行,贝拉唐纳的固定搭档阿伐雷利因业务缠身不能前往参加,于是由帕比斯-梯契(Camillo Pabis-Ticci,1920 - 2003)替代。不出人们所料,最后决赛仍是在意大利队和美国队这对老冤家之间进行。意大利队虽有天时、地利、人和,但仍遭到山姆大叔的顽强抵抗。意大利队的老将谢拉迪亚(Eugenio Chiaradia,1917 - 1977)表现有失水准①,以致只好临时改由贝拉唐纳分别同达莱里奥(Massimo D'Alelio,1916 - 1998)和帕比斯-梯契为伴,不够默契的伙伴关系明显地影响了他们的发挥。与此同时意大利队不得不倚仗福奎和伽洛佐这对最佳搭档,他俩果不负众望,将重担扛到底。最终意大利队以 19 个 IMP 击败了美国队,这也是自 1957 年意大利蓝队称霸世界桥坛以来,意美两队比分差距最小的一次,在这场扣人心弦的决赛中,伽洛佐在下面这手牌中的顽强防御使意大利队意外地收入了 7 个 IMP,他的精彩表演被誉为那届百慕大杯赛中的最佳防御。

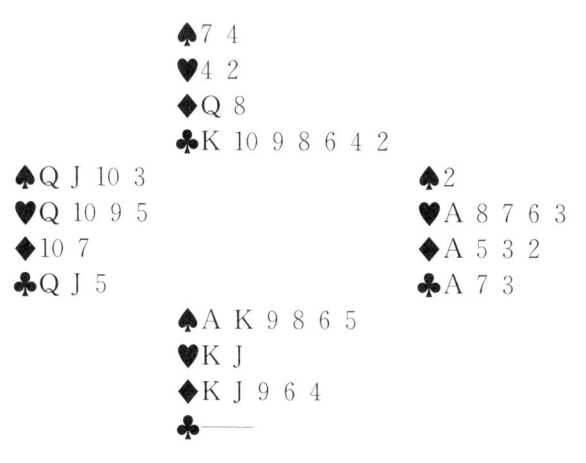

```
              ♠ 7 4
              ♥ 4 2
              ♦ Q 8
              ♣ K 10 9 8 6 4 2
♠ Q J 10 3                    ♠ 2
♥ Q 10 9 5                    ♥ A 8 7 6 3
♦ 10 7                        ♦ A 5 3 2
♣ Q J 5                       ♣ A 7 3
              ♠ A K 9 8 6 5
              ♥ K J
              ♦ K J 9 6 4
              ♣ —
```

---

① 在那次百慕大杯赛中,美国队加倍了意大利队的一个局,遭福奎再加倍,眼看定约人谢拉迪亚有望超额一墩完成定约了。由于防守方的加倍不合情理,因此定约人对牌情作出了错误的判断,结果反而宕了一墩。自那届世界锦标赛之后,谢拉迪亚退出了蓝队并去了巴西担任巴西桥牌国家队的教练员。在他的调教之下,巴西队夺得了 1976 年世界奥林匹克桥牌队式锦标赛的桂冠。

双方有局，叫牌过程如下：

西	北	东	南
福奎		伽洛佐	
—	—	1♥	加倍
2♥	—	3♠	
—	4♣	—	4♦
—	4♠		
加倍	都不叫		

西家福奎首攻♥5，东家伽洛佐用♥A拿后很自然地改出黑桃，定约人奈尔（Robert Nail，1925 - 1995）用♠A止住。定约人从手中出♦4并放上明手的♦Q，谁知伽洛佐像压根儿没见到明手跟大牌似的，毫不迟疑地跟出♦2！定约人从明手出♦8，伽洛佐再次飞快地跟了小方块，这时奈尔停下来思考该怎么办。将牌只出过一轮，定约人一时还看不出♠Q J都在西家之手，他还无法对大牌位置作出准确的判断。凭牌感，奈尔当然有理由认为♦A在西家，而且方块多半会是4-2分布。如果定约人放上♦K或是♦J，那么很可能的结果是西家用♦A拿后并打回黑桃，于是定约人很可能还有一墩方块要输。如果定约人丢了2墩方块，那么这个定约便立即完蛋了。想到这里，奈尔决定用♦8飞过去，结果宕了2墩。

在另一牌桌上，贝拉唐纳的4♠也被加了倍，但只宕了一墩，因为另一位东家毫不客气地用♦A吃掉明手的♦Q。无疑，当明手只余下一张将牌时，他只能将吃一墩方块，东家的♦A迟早是赢张。放过明手的一个大牌，会不会到头来只逮到一张小牌，谁不会有这种顾虑呢？然而，在如此重大而又紧张的比赛中，仍能从容不迫地迷惑对手，这可不是一般人所能做得到的。

例3.3.1-2 在上世纪60年代，除了美国队是劲旅之外，英国队也是支不容忽视的强队。在1964年的世界奥林匹克桥牌队式锦标赛中，意大利队遭到了英格兰队的有力挑战，最终意大利队仅以6个IMP的微弱优势取胜，其中部分原因是伽洛佐在下面的一手牌中立下了殊勋。

```
                    ♠ 8 5
                    ♥ K Q 10 8 4
                    ♦ A J 6 4
                    ♣ 5 2
♠ A 10 9                         ♠ Q 2
♥ 7 5 2                          ♥ J 6 3
♦ 9 8 3                          ♦ K Q 10 7 5 2
♣ A Q 7 6                        ♣ J 10
                    ♠ K J 7 6 4 3
                    ♥ A 9
                    ♦ ——
                    ♣ K 9 8 4 3
```

双方无局,叫牌过程如下：

南	西	北	东
	伽洛佐		福奎
1♦	—	2♥	—
3♣	—	3♦	—
3♠	—	4♠	都不叫

有必要解释一下英格兰队选手叫牌的含义,因为他们使用的是"小高花"叫牌制(Little Major System)。南家开叫 1♦ 是虚开叫,表示有个黑桃套。由于应叫 1♥ 为消极应叫,因此为了表示有至少五张的红心的积极应叫,北家只好叫 2♥ 了,其余的叫品均为自然真套,这也是英国选手为了对付意大利选手所使用的两种虚叫梅花体制而设计的一种虚叫体制。

位于西家的伽洛佐首攻♦9,定约人用明手的♦A拿并垫去手中的一张草花。定约人从明手调将牌,当东家跟♠2时,他抽出了♠J。假如伽洛佐用♠A拿,那么这手牌便可宣告结束了,不论他打回什么花色,定约人都可有惊无险地完成定约,事实上他飞快地跟出♠9。假如定约人这时大胆地打出他的♠K,那么防家也可缴械投降了。从防家的首轮黑桃来看,定约人判断东家持♠A Q 2三张将牌,定约人不愿轻易送出无辜的♠K。踌躇一番后,定约人连打三轮红心,再垫一张草花。当定约人再次调将牌时,东家跟出♠Q,定约人当然盖上他的♠K,伽洛佐用♠A拿。

定约人最终还是输了2墩将牌,而且他和明手的桥梁已断,防家又可用方块迫使他将吃,所以他手中的三张草花陆续被防家捕尽杀绝。

例 3.3.1 - 3 2008年10月在北京举行的第一届世界智力运动会的桥牌锦标赛中,中国女队成功地击败昔日克星美国女队后与英格兰女队在决赛中相遇。但令中国桥牌爱好者惊讶和失望的是当赛程过半时,英格兰女队竟然以83个IMP巨大优势遥遥领先,这种局面告诉人们这场比赛似乎可盖棺论定了。孰料中国女队奋起反击而且形势急剧逆转,用齐亚的话来描述:"中国女将以凶猛的叫牌,专家般的打牌技巧加上运气相佐反倒使英格兰女选手招架不住,她们需要有个贺雷修斯①般的人物才能守住自己的阵地,而恰恰这时,她们的贺雷修斯果真出现了。"

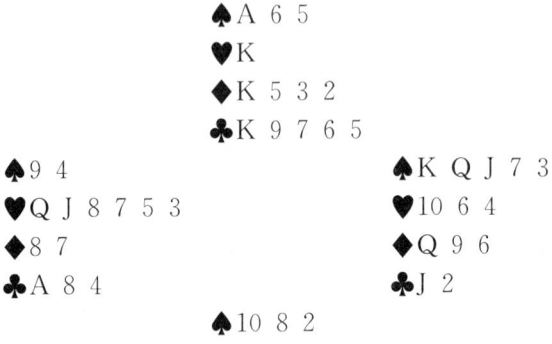

```
                    ♠ A 6 5
                    ♥ K
                    ♦ K 5 3 2
                    ♣ K 9 7 6 5
    ♠ 9 4                           ♠ K Q J 7 3
    ♥ Q J 8 7 5 3                   ♥ 10 6 4
    ♦ 8 7                           ♦ Q 9 6
    ♣ A 8 4                         ♣ J 2
                    ♠ 10 8 2
                    ♥ A 9 2
                    ♦ A J 10 4
                    ♣ Q 10 3
```

---

① 贺雷修斯(Horatius)是罗马神话传说中的一名英雄,曾把守台伯河(Tiber)上的一座桥不让伊特鲁里亚(Etruria)军队通过。这个牌例是根据齐亚的一篇文章所写成。事实上,这手牌出现于中英女队交锋六节中的第一节,并不是出于临近结束时所发生的。

在公开组的决赛中,意大利选手再次证实了他们的强大。努恩斯开叫 2♥ 并买下了定约,只宕了一墩,英格兰男队得 50 分。在另一张牌桌上,尽管英格兰男队的西家作 1♥ 轻开叫,这也不足妨碍意大利选手叫到 5♣。东家首攻 ♠K,定约人劳利亚忍让,东家改出红心。定约人手中拿下后马上打出 ♣9,当东家并不盖上时,劳利亚飞了过去,西家只好用 ♣A 拿。在此之后,定约人判断出东家的牌型是 5-3-3-2,他认为持三张方块的东家拥有 ♦Q 的可能性居多,在成功地将 ♦Q 缉拿归案后,劳利亚为意大利队增收了 11 个 IMP。

在女队的决赛中,中国女队的西家也开叫 2♥,东家又将它抬高到 3♥。英格兰女选手虽将定约击败 3 墩,但只得 150 分。在另一张牌桌上,英格兰女队的西家同样也以 2♥ 揭开序幕,余勇可贾的中国女选手并没把对手的干扰放在眼里,她们挺进到了 3NT。

西家唐蒂(Heather Dhondy)首攻小红心,明手的 ♥K 拿后定约人即从明手出小草花。假如中国女队的定约人也能准确判断草花大牌的位置,那么她肯定能完成这个定约,随后的将只是超额赢墩的问题了。在东家跟 ♣2 后,定约人放上手中的 ♣Q,她虽然没能像劳利亚判断得那么准确,但她的打法无可厚非,如果西家持有 ♣A,那么将它拱出之后,西家的大把红心将不再是威胁了。谁知唐蒂连想都没想地就跟小草花放过,像她根本没其他选择似的,这个大胆的忍让使中国女队的定约人误判东家持 ♣A。当定约人打出 ♣10 时,西家仍跟小草花,既然东家持 ♣A,那么放上明手的 ♣K 岂不白送一墩吗?于是定约人十分合乎情理地用 ♣10 飞过去,中国女队的厄运开始了。东家西妮尔(Nevena Senior)用 ♣J 非常侥幸地拿到这一墩,她先改出 ♠K,定约人不得不忍让,东家很正确地掉过头打回红心,定约人只好又忍让,西家紧追不舍地捅下定约人的 ♥A。很显然,直到现在为止,定约人还以为东家持 ♣A,既然东家上手之后无法兑现红心,定约人就挺自信地送出草花，没想到唐蒂上了手，她毫不客气地又连抓 3 墩红心。

假如中国女队的定约人处理得当，那么在这手上将赢得 10 个 IMP，当然，她们也将赢得那场比赛的胜利，也将获得她们乃至全中国桥牌爱好者所渴望的第一个世界冠军。反输 10 个 IMP 的结果使得英格兰女队非常侥幸地以 1 个 IMP 的微弱优势夺走了世界冠军。

那场扣人心弦的比赛早已结束，金银牌也早有归属，不过请允许我就这手牌的组合再啰嗦几句。

```
        K 9 7 6 5
A 8 4              J 2
        Q 10 3
```

你说唐蒂一定料到定约人会错判而忍让吗？很难说，为了不让定约人轻松地树立明手的长套，不管定约人有无 J，西家忍让一轮往往是有必要的，或许这样做会耗去明手的一个宝贵的进手张呢。当定约人并不具有 J 时，这样的忍让还起了保护同伴的 J 的作用。所以说当你面临上述组合时千万不要把西家的忍让立即翻译为"哦，他没有 A"，你应结合叫牌，首攻等一切已知因素来判断 A 的位置。相应地，当你所面临的西家是一位好手时，假如他于首轮时用 A 吃掉你的 Q，那么在接下来你出 10 而他又跟小牌时，应尝试飞牌而不是击落。为什么？如果说西家持 A × × 时多半会忍让，那么他之所以不忍让往往是他无法忍让，最好的解释便是当西家持 A J × 时，他不得不用 A 拿。

例 3.3.1-4 下面的这手牌发生于半个多世纪前的北美春季桥牌大赛中，那位防家的之所以能成功使诈，一是他对同伴极了解且信任，二是他早就做好了应对准备，以致丝毫不露破绽。

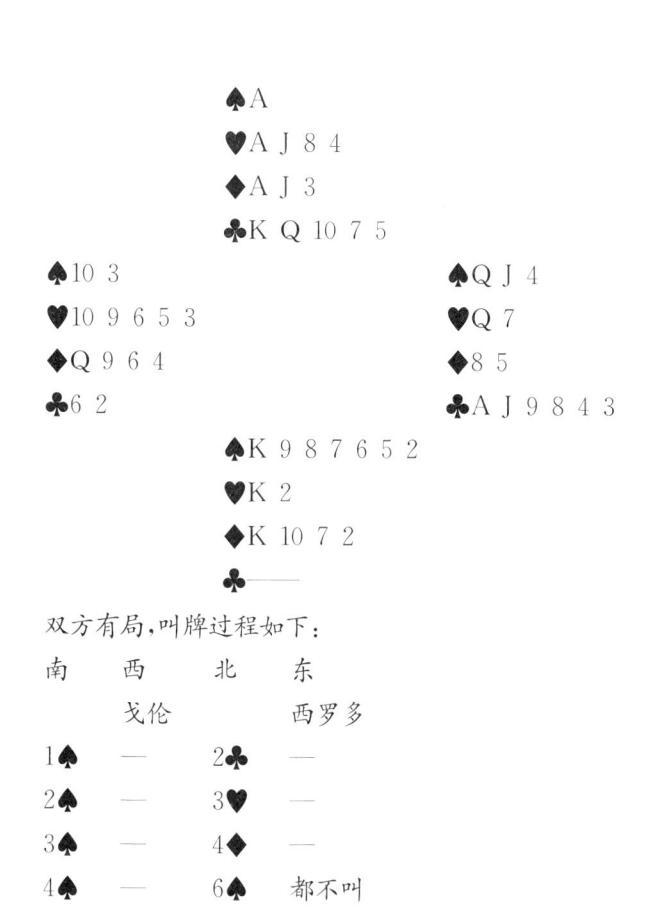

```
                ♠A
                ♥A J 8 4
                ♦A J 3
                ♣K Q 10 7 5
♠10 3                           ♠Q J 4
♥10 9 6 5 3                     ♥Q 7
♦Q 9 6 4                        ♦8 5
♣6 2                            ♣A J 9 8 4 3
                ♠K 9 8 7 6 5 2
                ♥K 2
                ♦K 10 7 2
                ♣
```

双方有局,叫牌过程如下:

南	西	北	东
	戈伦		西罗多
1♠	—	2♣	—
2♠	—	3♥	—
3♠	—	4♦	—
4♠	—	6♠	都不叫

南家仗着黑桃的长度及很好的牌型作较轻的开叫,尽管他一再示弱,持如此好牌的北家在叫到小满贯之前也不肯停下。西家戈伦首攻小红心,求成心切的定约人放上明手的♥J,给东家的♥Q一个壮烈牺牲的机会。定约人出个小将牌到明手,接着他从明手出♣K,然而东家西罗多似乎想都没想地就随手跟了张小草花!定约人接受东家没有♣A的印象,他将吃。定约人连调两轮将牌,进了东家之手。西罗多若无其事地打回小草花,定约人再次将吃,定约人连打将牌迫使两位防家垫牌,得如下形势:

第三篇 防家在整手牌时诱骗战术的运用 | 433

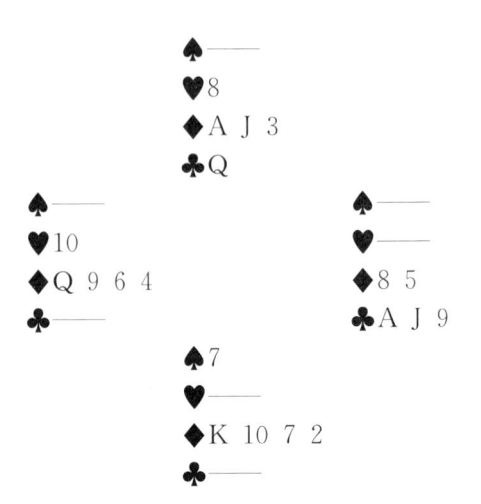

```
            ♠ —
            ♥ 8
            ◆ A J 3
            ♣ Q

♠ —                      ♠ —
♥ 10                     ♥ —
◆ Q 9 6 4                ◆ 8 5
♣ —                      ♣ A J 9

            ♠ 7
            ♥ —
            ◆ K 10 7 2
            ♣ —
```

我们旁观者很清楚地看出戈伦已被紧逼了,他无法保全两门花色,如果定约人再调一轮将牌,Q 或是他先用明手的◆J飞得一墩后将吃草花回手,那么戈伦大概会摊牌并祝贺对手了。然而定约人对形成的紧逼有着另一种截然不同的解读,因为他认为戈伦持♣A,所以要有紧逼,那也只能在两门低级花色上逼使对手就范。只见他在明手的◆J飞得一墩之后,他将吃明手的♥8回来,这样他就输了一墩方块。

事后有人问西罗多,他怎么会不担心定约人持单张草花而让明手的♣K白拿一墩呢?西罗多回答说:"如果定约人持单张草花,那么戈伦也只有一张草花,我想他多半会首攻草花的。"

例 3.3.1-5 你看到众多的牌例似乎都是桥牌高手使诈,相对弱一些的选手上了钩,这种现象确实较普遍,但绝对不是后者不能以其人之道反治其人之身。信不信由你,只要你能适时恰当地使出诱骗战术,那么世界冠军栽在你手下也完全是可能的。"麦克威尔"这对桥牌高手,说他们是美国头号桥牌选手恐无异议,称他们是世界头号选手恐也不为过。然而再厉害的人也不是神,在下面这个牌例中,麦克斯特罗思就翻了船,在后面你还将见到罗德威尔也触过礁。这并没什么可奇怪的,诱骗战术使用得当,有蒙骗住任何人的可能,因为诱骗战术的实质就是给对手多一个选择,多一个出错的选择,谁能保证不选错呢?再说那些世界一流选手总是在聚光灯下为大众所关注,而且他们在大赛中的出场率又那么高,只要有过一次失误,那么就足以被"坏事传千里"了。

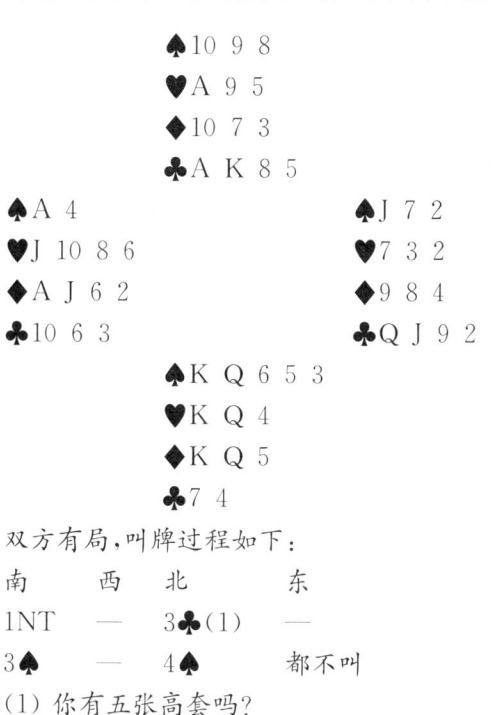

```
             ♠ 10 9 8
             ♥ A 9 5
             ♦ 10 7 3
             ♣ A K 8 5
♠ A 4                    ♠ J 7 2
♥ J 10 8 6               ♥ 7 3 2
♦ A J 6 2                ♦ 9 8 4
♣ 10 6 3                 ♣ Q J 9 2
             ♠ K Q 6 5 3
             ♥ K Q 4
             ♦ K Q 5
             ♣ 7 4
```

双方有局,叫牌过程如下:

南	西	北	东
1NT	—	3♣(1)	—
3♠	—	4♠	都不叫

(1) 你有五张高套吗?

在另一张牌桌上,南家也成了 4♠ 的定约人,西家首攻 ♥J,定约人用明手的 ♥A 拿,紧接着他用 ♠10 飞,西家无奈地用 ♠A 收下,结果那位定约人输了 1 墩黑桃和 2 墩方块,得 620 分。

在这张牌桌上,麦克斯特罗思也成了 4♠ 的定约人,西家首攻的也是 ♥J,定约人用手中的 ♥K 拿。接着他出个草花到明手,从明手出 ♠10,东家同样不露声色地跟小黑桃。麦克斯特罗思不想立即就试试他的运气,于是他打出 ♠K,西家波德伽尔(Leonid Podgur)没半点迟疑地跟小黑桃放过,这使得定约人以为东家持 ♠

A。他出红心到明手,当东家再次跟小黑桃时,定约人放上♠Q……

懂得诱骗战术是一回事,在实践中不失时机地运用并取得成功可能是另一回事,为什么?这里有个出牌习惯的问题,好的出牌习惯是靠自己下意识地在平时培养出来的。有人在思索时出牌速度很慢,在他认为不必动什么脑筋时出得很快,于是其对手就可通过他出牌的速度推知大概。我有幸观察过高手索洛威出牌的现象,不论他是定约人还是防家,他出牌都是慢条斯理的,抽出一张牌后还在空中画个圈,然后轻轻地把牌放上桌上,几乎每张牌都如此。我相信他在抽牌、画圈到放牌的过程中,他的头脑没停止思考,无疑他思考的速度比常人要快得多,没人能从他出牌过程中猜出什么。

例 3.3.1 - 6 防家持 A 时忍让,有时可能未必直接给定约人伤害,但只要防家的忍让不露出任何破绽,那么定约人往往会以为忍让者没有那张 A,从而对他的通盘计划产生了影响。有几支桥牌队虽然在欧洲桥牌锦标赛中取得了前几名的成绩,但因舞弊丑闻而被剥夺参加 2015 年在印度举行的百慕大杯赛的资格,法国队便成了递补参赛的队伍之一。法国队在那届大赛中表现不俗,在 1/4 决赛中险些击败了那届大赛的最终冠军波兰队。请看法国队选手在循环赛一手牌中的精彩表演:

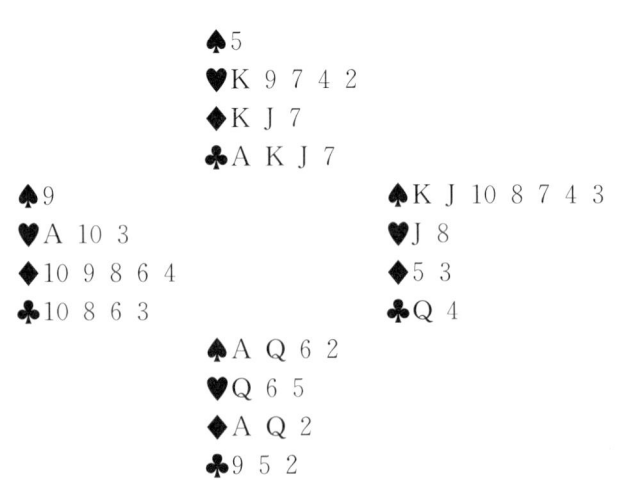

```
            ♠ 5
            ♥ K 9 7 4 2
            ♦ K J 7
            ♣ A K J 7
♠ 9                       ♠ K J 10 8 7 4 3
♥ A 10 3                  ♥ J 8
♦ 10 9 8 6 4              ♦ 5 3
♣ 10 8 6 3                ♣ Q 4
            ♠ A Q 6 2
            ♥ Q 6 5
            ♦ A Q 2
            ♣ 9 5 2
```

南北有局,叫牌过程如下:
西　　　北　　　东　　　南
　　　　　　　　2♠　　　—
—　　　加倍　　—　　　3NT
都不叫

位于西家的贝希(Thomas Besis)很忠实地首攻同伴叫过的黑桃,东家沃尔克(Frederick Volcker)盖上他的♠10,定约人放过这一轮。东家再出黑桃,定约人用♠Q拿,西家垫了张小方块。定约人出小方块到明手的♦J,接着他从明手出小红心并放上手中的♥Q,贝希不露声色地忍让!毫无疑问,贝希的忍让使定约人以为东家持♥A。定约人仍然决定树立红心,当他出小红心时,西家再次拒绝出他的♥A,这使得定约人情有可原地让明手跟小红心(定约人在这种情形下出错的牌例你在前面已见过了),让东家用♥J得了这一墩。沃尔克锲而不舍地再出黑桃,定约人不得不用♠A拿。

看了四家的牌,我们知道定约人只需坚定地走红心之路,那么谁也无可奈何。然而西家的忍让以及东家如此盯着黑桃不放,使得定约人判断东家一定持♥A,再做红心,岂不让东家全拿他手中的黑桃了吗?凑巧的是定约人现在只缺一墩牌,他自然把目光集中在草花之上。草花的飞牌使得定约以宕2墩告终。在另一张牌桌上,定约也是3NT,另一位西家首攻♦10,法国队的南家拿到11墩牌。贝希的壮举,为法国队锦上添花。

从理论上说,贝希的忍让会使防家损失一墩红心。信不信由你,在实践中,只要防家的忍让不露声色,那么受栽的往往是定约人,而不是防家。

例3.3.1-7 持A时常常有必要忍让,有时防家有两个止张时,不露任何痕迹的忍让也会硕果累累。1975年在蒙特卡罗举行一场桥牌邀请赛,冠军为意大利的兰契亚队所获,蓝队的又一高手福奎是当时该队成员之一,他用忍让的手法使定约人痛尝败局之苦涩。

♠ 7 5 4
♥ A K
♦ 8 6 4 3
♣ Q 7 5 4

♠ A Q 8 6　　　　　　　♠ 3
♥ Q 10 5 4　　　　　　♥ J 9 8 3 2
♦ 10 7　　　　　　　　♦ Q J 9 5 2
♣ 8 6 3　　　　　　　　♣ A 9

♠ K J 10 9 2
♥ 7 6
♦ A K
♣ K J 10 2

双方无局，叫牌过程如下：

西	北	东	南
			1♠
—	1NT	—	2♣
—	3♠	—	4♠

都不叫

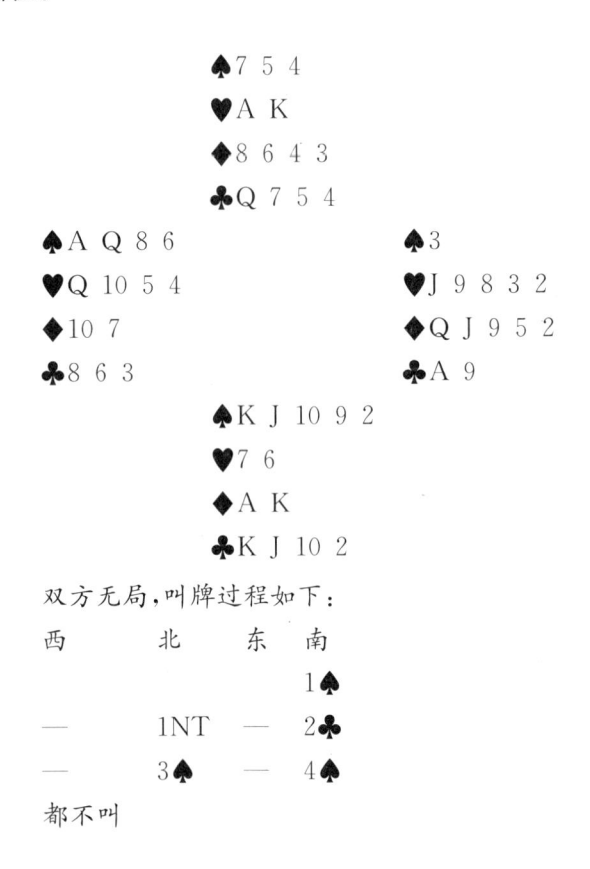

福奎位于西家，他当时的同伴是名演员兼桥牌好手夏里夫。持如此好的将牌，福奎并不满足于得到将吃的机会，他首攻♥4，指望在红心上能对定约人施加压力。

明手的♥K拿首墩之后，定约人从明手开始调将牌，西家不为所动地放过定约人的♠J。定约人果然中计，他以为♠A Q都在东家之手。定约人主动出红心到明手并再次调将牌，东家的垫牌使他意识到大事不妙，但为时已迟。福奎在♠Q拿了一墩后反过来又用♠A替定约人调一轮将牌，接着他出红心迫使定约人将吃。

现在定约人和西家各余一张将牌，定约人完全有能力歼灭西家的那张将牌，但是为树立草花定约人不得不脱手一次，结果以宕 2 墩告终。

顺便提一下这手牌在另一牌桌上的进程。另一牌桌居南的是伽洛佐，坐北的是贝拉唐纳，他俩也叫到 4♣，由伽洛佐打牌。西家的看法与福奎一致，他也首攻♥4，在明手的♥K 拿后，伽洛佐同样也从明手调将牌，他同样也用♠J 飞牌，西家也真不含糊，他毫不犹豫地跟小黑桃。精于诱骗战术的伽洛佐当然明白对手会以其人之道还治其人之身的道理，他并没有大喜过望地重复将牌飞牌，相反，他主动放弃飞牌的打算，他从手中打出♠K！西家不得不拿，他打回红心到明手的♥A，得如下形势：

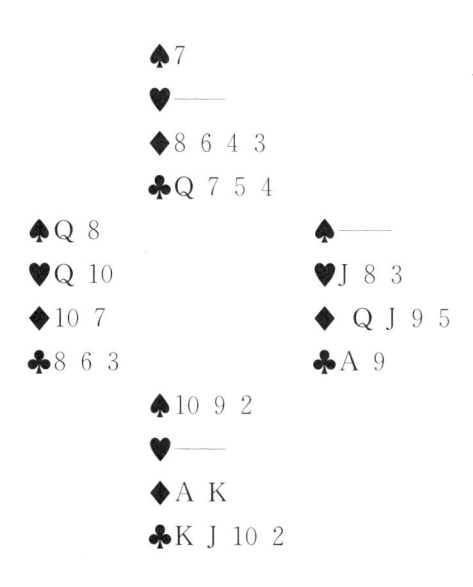

```
              ♠ 7
              ♥
              ♦ 8 6 4 3
              ♣ Q 7 5 4
♠ Q 8                       ♠
♥ Q 10                      ♥ J 8 3
♦ 10 7                      ♦ Q J 9 5
♣ 8 6 3                     ♣ A 9
              ♠ 10 9 2
              ♥
              ♦ A K
              ♣ K J 10 2
```

假如伽洛佐现在调将牌，那么西家用♠Q 截下后将会用红心迫使伽洛佐吃，于是伽洛佐将遭到另一位定约人的相同的命运。考虑到这一层，伽洛佐特意从明手出方块回手，接着从手中出草花到明手的♣Q，东家用♣A 收下。由于明手还余下一张将牌，因此东家无法出红心迫使定约人将吃,定约人成功地使自己的将牌保持比西家多了一张,他最终只丢 3 墩牌。

你可曾留意到伽洛佐为什么要特意从明手出方块回手,接着再从手中出草花吗? 这可不是多此一举。定约人必须趁明手还有一张将牌保护自己不致失控时赶紧树立草花,伽洛佐担心东家持♣A××时可能会忍让一轮,这样将使西家得到将吃的机会。为了诱使东家不要忍让,伽洛佐特意送出明手的♣Q给东家吃。这手牌固然是因为西家持三张草花,然而纵观伽洛佐对将牌的处理及仔细且又颇具匠心地树立草花,不能不令人对他思路之敏捷而叹服,在边绕开对手的陷阱的同时顺手又抛还了个圈套给对手,你不觉得像伽洛佐这样的对手既可敬且又可怕吗?

例 3.3.1-8 1935 年阿尔巴朗访问美国,受到了克勃森的款待,宴后有牌局消遣。克勃森找来作伴的是当时美国的一名后起之秀弗赖(你在本书第二篇第五章中见过他的表演),阿尔巴朗的同伴是其法国同胞好手奈克森男爵(Baron Robert de Nexon, 1892-1967)。在下面的这手牌中,阿尔巴朗巧设埋伏,把那位年轻的美国人杀得人仰马翻,他的手法和魄力令人叫绝。

```
                ♠ A 10 9 5
                ♥ A K
                ♦ Q J 8 7
                ♣ 9 8 7
♠ 7 6 2                        ♠ K Q 8 4
♥ 8 4 3                        ♥ J 7 6 2
♦ 9 6                          ♦ 10 5 3 2
♣ A K J 6 5                    ♣ 3
                ♠ J 3
                ♥ Q 10 9 5
                ♦ A K 4
                ♣ Q 10 7 2
```

盘式桥牌,叫牌过程如下:

南	西	北	东
弗赖	阿尔巴朗	克勃森	奈克森
1♣	—	1♠	—
1NT	—	3NT	都不叫

西家阿尔巴朗首攻♠7,明手跟♠5,东家用♠Q拿后打回红心到明手。定约人从明手出♣9并飞了过去,谁知阿尔巴朗毫不犹豫地跟出♣5!定约人这时已有9墩牌在握,按说弗赖应该捞足赢墩摊牌了,因为超额赢墩在盘式桥牌中无足轻重,没想到他竟神使鬼差地重复草花飞牌。东家的垫牌令弗赖明白姜还是老的辣,他懊悔不已地看着一只煮熟的鸭子从牌桌上飞走。

例 3.3.1-9 不论是持一个A还是持AKJ,以上几个牌例的共同特点是持A者位于定约人大牌的左手方位置,换句话说,只要这几位防家想吃掉定约方的大牌,就一定能吃到,他们也可决定自己在什么时候拿,总之他们都掌握着主动权。有没有人持A位于定约人的K的右手方位置时也忍让的呢?打个比方来说,假如你位于东家并持有A,定约人和明手分别持着K和Q,当定约人从手中出小牌并放上明手的Q时,你会谢绝收下吗?很显然,假如你放过这张Q,那么你的A是无法再逮住定约人的K的。可能99.99%的人都会这么合逻辑地想的,为了不致两头落空,他们当仁不让地用A收下这一墩。这样思考及这样打本身并没有任何逻辑上的错误,只是偶尔如此"大来大吃"对整个防御计划并没有带来积极的效果。我们不妨这么说,有时防家抓获定约方的一个大牌,但最终还是让定约人完成了定约。反过来,你可曾想过,要是你能不露声色地放过明手的Q,那又将如何呢?信不信由你,当你能如此大度地让明手的Q虎口余生时,定约人没准会把他的K送上门来,不仅如此,送给你吃的有时还不止那一墩,真有点像那张K在"率众投诚"一般。

在密苏里州圣路易市举行的一次北美桥联的夏季大赛中出现了这么一手趣牌,队友们在结算分数时对齐亚说:"很抱歉,第24

副牌我们叫过头了,结果 3NT 宕了一墩,输 50 分。"这是一场一手牌结算一次分的比赛,人们关心的只是每一手牌是赢、输还是打平手,因为这时分差多少已无足轻重了。谁知齐亚笑着回答说:"没事,我们这边收入了 100 分,这手牌我们还是赢的。"队友不禁好奇地问:"这么说他们也叫了 3NT 而宕了 2 墩?""不,"齐亚回答说:"他们只叫了 1NT,但也宕了 2 墩。"打 3NT 的人拿到 8 墩牌,而打 1NT 的人却只拿到 5 墩牌,望着惊异不已的队友,齐亚微笑着道出原因,原来是罗森伯格巧施诱饵引定约人上了钩。

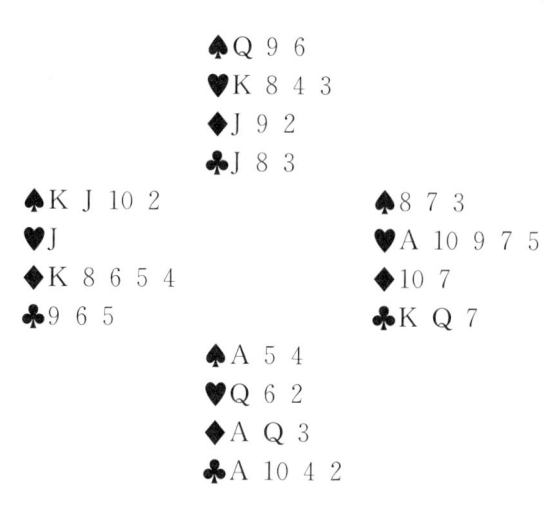

♠ Q 9 6
♥ K 8 4 3
♦ J 9 2
♣ J 8 3

♠ K J 10 2　　　　　　　　♠ 8 7 3
♥ J　　　　　　　　　　　♥ A 10 9 7 5
♦ K 8 6 5 4　　　　　　　♦ 10 7
♣ 9 6 5　　　　　　　　　♣ K Q 7

♠ A 5 4
♥ Q 6 2
♦ A Q 3
♣ A 10 4 2

有人说:现在流行双方持 24 点大牌就该叫 3NT 了。在我看来他们不曾遇到厉害的防家,眼下这位定约人持 23 点牌却把 1NT 给打砸了,不知持这种论点者在看了这个牌例后会引起深思,还是会嘲讽这位定约人的失败。

在南家开叫 1NT 后,其余三家都 Pass 了。位于西家的齐亚首攻♦5,定约人用♦Q 吃掉东家罗森伯格的♦10。定约人从手中出♥2,西家跟出♥J,定约人放上明手的♥K,谁知罗森伯格连眼睛都不眨一下就跟出♥5!

定约人本拟拿一墩红心后改而树立草花的,东家的忍让"明白无误"地告诉定约人：西家持♥A呢。西家跟出的♥J表明他的红心并不多，像♥AJ双张而已，就是西家持♥AJ10也不可怕，毕竟明手有4张红心。你会责怪定约人的想法离谱吗？考虑到西家红心不长，再说让西家上手的威胁也小，定约人随即从明手打回♥3，东家飞快地跟出♥7，定约人颇有自信地跟♥6并等齐亚掏出他的♥A。齐亚的♥A并没有跌出来，倒是这位不幸的定约人差一点跌碎了他的眼镜，因为他看见齐亚垫了张小草花。

罗森伯格毫不谦让地又连拿3墩红心，定约人只好在两门黑花色上各垫一张牌。东家打回方块，定约人放过，齐亚用♦K拿后马上又捅下定约人的♦A。无奈之下，定约人只好拔掉♠A再送出黑桃，齐亚上手后笑眯眯地将2墩方块收归己有。

例 3.3.1-10 防家的A捕捉到他左手方的大牌，这种似乎有悖常理的事偶尔在实战中还是发生了。我个人认为定约人的失误并不荒谬，因为像罗森伯格如此有胆有识的高手你一生中又能遇上几个呢？不过澳大利亚的吉尔(Peter Gill)显然也是如此有胆有识且又为数不多的好手之一，他在学了这一招后不失时机地将其付诸实施，他不仅成功地挫败了对手的一个局，而且因其精彩表演荣获了国际桥牌新闻协会(IBPA)颁发的2004年度最佳防守奖。

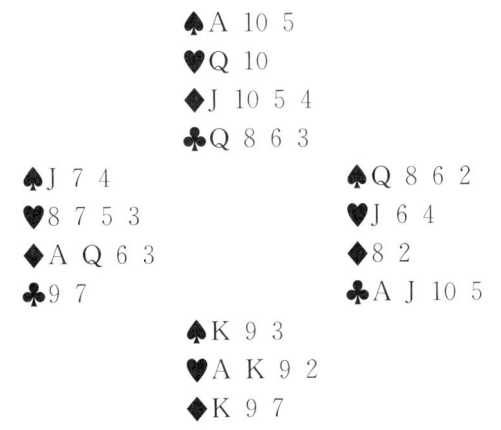

　　　　　　　♠ A 10 5
　　　　　　　♥ Q 10
　　　　　　　♦ J 10 5 4
　　　　　　　♣ Q 8 6 3

♠ J 7 4　　　　　　　　　　♠ Q 8 6 2
♥ 8 7 5 3　　　　　　　　　♥ J 6 4
♦ A Q 6 3　　　　　　　　　♦ 8 2
♣ 9 7　　　　　　　　　　　♣ A J 10 5

　　　　　　　♠ K 9 3
　　　　　　　♥ A K 9 2
　　　　　　　♦ K 9 7
　　　　　　　♣ K 4 2

东西有局,叫牌过程如下:

南	西	北	东
1NT	—	3NT	都不叫

西家首攻♦3,明手跟♦4,位于东家的吉尔跟♦2,定约人的♦7轻下一城。定约人从手中出♣2并放上明手的♣Q,吉尔不露声色地跟♣5放过!东家的忍让使定约人深信西家有着♣A。既然西家有四张方块,那么他的草花就不会多于四张了,再说那时定约人哪知道他能毫不费事地连拿4墩红心呢。定约人很合逻辑地决定在草花上求发展,当他从明手打回♣3时,吉尔再次不露声色地跟出♣10。定约人不愿让自己的♣K成为♣A的无谓牺牲品,他跟♣4。吉尔不客气地又连拿2墩草花,接着他打回方块……

例 3.3.1－11 罗森伯格和吉尔都"大度地"对明手的大牌网开一面,结果他们的A不仅逮住了定约人手中的另一张大牌,而且又成功地将其"喽啰"一网打尽。英国队的名宿希汉位于东家时,他也不露声色地放过明手的Q,这使得定约人对西家持有A而深信不疑。希汉虽然没能直接生擒定约人的K,但一来他使同伴的J额外地拿到了一墩,二来他成功地保留A后来成为击溃定约的一个不可少的进手张。1981年欧洲桥牌锦标赛时,英国队遇上波兰队,其中有这么一手牌:

```
            ♠K 8 4 2
            ♥K J 4 3
            ♦10 6 4
            ♣Q 2
♠Q J 7 6 3          ♠10 9
♥9 7 5              ♥Q 8 6
♦8 5                ♦K Q 9 7 3
♣J 9 4              ♣A 10 8
            ♠A 5
            ♥A 10 2
            ♦A J 2
            ♣K 7 6 5 3
```

南北有局,开室的叫牌过程如下:

西	北	东	南
马登斯	P·哈基特	普利兹伯拉	柯林斯
		1◆	1NT
—	2NT		3NT
都不叫			

波兰选手开叫的 1◆ 并不保证有方块套,于是西家首攻♠6。英国队的定约人柯林斯没费多大功夫便树立手中的草花套,结果他获得 600 分。

让我们再来看看闭室的进程吧,那儿叫牌过程如下:

西	北	东	南
罗斯	库德拉	希汉	米尔德
		—	1NT
—	2◆(1)	加倍	3♣
	3◆(2)	—	3NT
都不叫			

(1) 逼叫性斯台曼问叫
(2) 你有方块止张吗?

西家首攻◆8,明手跟◆4,东家希汉跟◆9 表示欢迎,定约人用◆J 吃下第一墩。波兰定约人同样想树立手中的草花,他出♣3 并放上明手的♣Q。假如希汉用♣A 拿下这一墩,那么他确实可以拱出定约人的◆A,但是他未必还有机会上手去兑现树立的方块,因此早有准备的希汉连想都不想地就跟出♣8!这个忍让使定约人确信西家有♣A。定约人从明手打回草花,东家跟♣10,定约人不愿让自己的♣K 无谓牺牲于西家的♣A 之手,于是他跟小草花并指望西家的♣A 会跌了出来,于是让东家的♣10 拿到一墩。东家再出方块把定约人的◆A 捅了下来。在此紧要关头,定约人觉得红心上的双向飞牌并无把握,相比之下,他对逼出"西家"的♣A倒是信心十足，于是他再出草花。令定约人十分意外的是♣A出现于东家，希汉自然毫不客气地又连拿3墩方块。

例3.3.1-12 2006年9月中旬在爱尔兰的都柏林举行了一场桥牌欧美对抗赛，叫做"沃伦·巴菲特杯"（Warren Buffet Cup）①，欧美桥联各自组织了12名最优秀的选手②参加了这场别开生面的桥牌对抗赛。

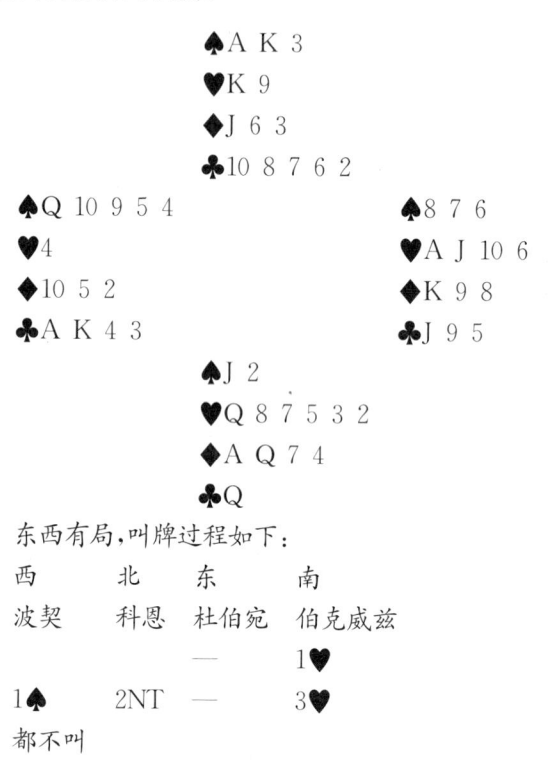

```
              ♠ A K 3
              ♥ K 9
              ♦ J 6 3
              ♣ 10 8 7 6 2
♠ Q 10 9 5 4              ♠ 8 7 6
♥ 4                       ♥ A J 10 6
♦ 10 5 2                  ♦ K 9 8
♣ A K 4 3                 ♣ J 9 5
              ♠ J 2
              ♥ Q 8 7 5 3 2
              ♦ A Q 7 4
              ♣ Q
```

东西有局，叫牌过程如下：

西	北	东	南
波契	科恩	杜伯宛	伯克威兹
		—	1♥
1♠	2NT	—	3♥
都不叫			

---

① W.巴菲特先生是世界上非常出名的金融家，2007年度世界首富。
② 欧洲的12名选手是杜伯宛和波契、汉伦（Tom Hanlon）和麦克甘（Hugh McGann）、哈基特孪生兄弟、赫尔格莫和海尔尼斯、奥肯和冯-亚宁（Daniela von Arnim）以及范希斯（Louk Verhees）和赞斯马（Jan Jasma）。代表美国出阵的是：哈曼和索洛威、吉特尔曼和汉普森、齐亚和维兰德、科恩和伯克威兹、列文和韦恩斯坦以及列文（Jill Levin）和梅尔斯（Jill Meyers）。经过三轮不同形式的较量，美国队终于占了上风。

西家波契首攻♣K，按约定，东家杜伯宛给出张数信号♣5。当定约人的♣Q应声而落时，波契改出方块，东家放上♦8，定约人用♦Q拿。定约人伯克威兹打掉♦A后送出方块，东家用♦K收下。东家改出♠8，定约人跟♠J，西家自然盖上♠Q，定约人用明手的♠K拿。定约人从明手出草花，他将吃回了手，因为这时他准备调将牌了。当伯克威兹出小红心并放上明手的♥K时，杜伯宛毫不迟疑地跟♥6放过！

假如东家吃下这一墩，那么接下来定约人从明手再次调将牌时（这时明手还有着进手张♠A），东家跟什么好呢？如果东家盖过明手的♥9，那么东家只能拿到2墩将牌而已；如果东家拒绝盖上，那么定约人肯定会飞过去的，因为这是很典型的一种安全打法。换句话说，假如杜伯宛下手宰了明手的♥K，那么他也不准备拿3墩将牌了。

明手的♥K拿到一墩，这当然"明白无误"地告诉定约人：西家持着♥A呢。当定约人继续调将牌时，东家跟出♥10。现在伯克威兹面临考验了，他当然可以放上手中的♥Q，不管西家有没有♥A，也不管西家持有几张红心，这样打可以确保定约的完成。不过当西家持双张♥A时，定约人放上♥Q意味着放弃一个超额赢墩。这是一场一手牌结算一次分的比赛，超额赢墩至关重要，哪怕能比对手多得10分，也等于赢了这手牌。斟酌一番后，伯克威兹跟小红心并指望西家的♥A会出来亮相，令他十分失望的是西家不但没有♥A，而且也没有第二张红心，现在甭说什么超额赢墩了，就连3♥也回天无术了。

例3.3.1-13 当你持A位于K Q的左手方时，可以据需要忍让一轮甚至二轮。但要是你的A位于K Q的右手方时，定约人送出他的K，你会谢绝收下吗？很显然，假如你也忍让，那么很可能你放过了K，你也无法逮住Q，这种类如竹篮打水一场空的忍让在许多人看来是不可思议的。正如你在前面多个牌例中所见到的，许多不可思议或是反常的打法常常能出奇制胜。

同样,有人在实战中持 A 大胆地放过下家的 K,结果取得良好的效果。下面这手牌出自 2007 年在上海举行的百慕大杯赛中,国际桥牌新闻协会的许多记者曾想把它评为当年最佳防守的一手牌。

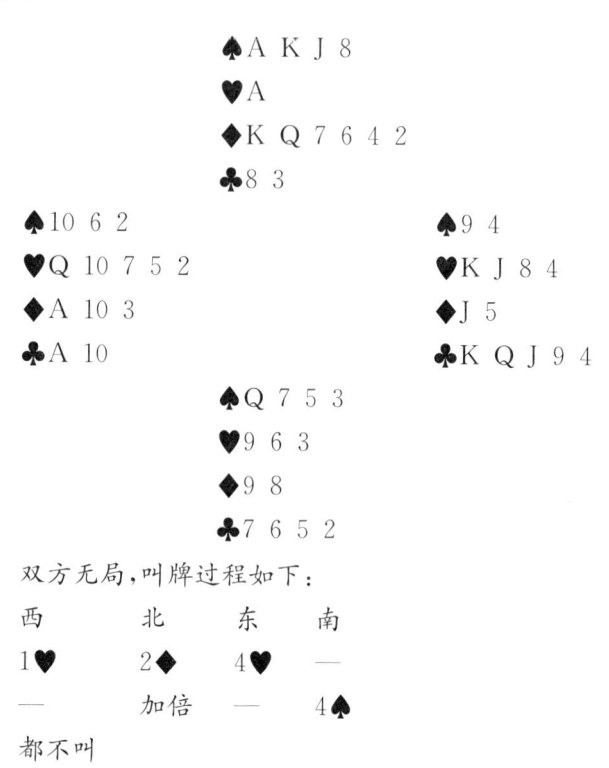

```
              ♠ A K J 8
              ♥ A
              ♦ K Q 7 6 4 2
              ♣ 8 3
♠ 10 6 2                    ♠ 9 4
♥ Q 10 7 5 2                ♥ K J 8 4
♦ A 10 3                    ♦ J 5
♣ A 10                      ♣ K Q J 9 4
              ♠ Q 7 5 3
              ♥ 9 6 3
              ♦ 9 8
              ♣ 7 6 5 2
```

双方无局,叫牌过程如下:

西	北	东	南
1♥	2♦	4♥	—
—	加倍	—	4♠

都不叫

在循环赛的 22 张牌桌上,这是唯一的一对南北选手叫上 4♠ 的,毫无疑问,要不是位于东西方的爱尔兰选手如此逼迫和争抢,那对南北选手也未必想叫成局。看了四家的牌,我们发现东西方无法击败这个定约,眼看爱尔兰选手要为他们的寸土不让的政策付出代价。

西家是爱尔兰队的卡罗尔(John Carroll),他首拨 ♣A,在见到同伴的欢迎信号之后,他再出 ♣10,东家伽尔菲(Tommy Garvey)

用♣J 接过来,他继而再出草花,西家垫了张小红心,定约人让明手将吃。定约人用明手的♠A K 连调两轮将牌,接下来他从明手出♦K,这时卡罗尔不但不拿,他反而送出♦10①！既然如此,定约人很合逻辑地从明手出小方块,他指望东家的♦A 说不定会跌了出来。伽尔菲的♦J 很意外地拿一墩方块后,他不失时机地再出第四轮草花,这时卡罗尔趁机垫去他的♦A！明手的♠J 将吃这一墩,但定约人无法安全回手肃清西家残存的那张将牌,宕了一墩。

例 3.3.1－14 本节最后一个牌例一定会给你很深印象,那位选手持 A 忍让时还特地使用了一个可能人人都会上当受骗的障眼法,更绝的是他这一手法起了一石二鸟的妙用。1991年北美桥联的一场瑞士制赛在加拿大举行,其中有这么一手牌：

	♠ K Q 9 4	
	♥ K 7 6 3	
	♦ Q 8 5 2	
	♣ K	
♠ 10 7 2		♠ A J 5
♥ 10 5		♥ Q J 9 4
♦ 9 3		♦ J 10 7 6
♣ Q J 10 9 7 2		♣ 8 3
	♠ 8 6 3	
	♥ A 8 2	
	♦ A K 3	
	♣ A 6 5 4	

---

① 主动送出自己的大牌给定约人吃,这也是一种常能诱使定约人错判的战术,在第四章中将有详尽介绍。

东西有局，叫牌过程如下：

南	西	北	东
1NT	—	2♦	—
2♣	—	3NT	都不叫

西家首攻♣Q，明手的♣K拿。定约人出方块回到手中的♦K，他出小黑桃到明手的♠K，东家用♠A拿后打回草花，定约人忍让。西家再出草花，定约人这时拿了。定约人出小黑桃，鉴于东家现在已没草花了，定约人大可放心地用♠9飞。由于黑桃3－3分布，因此定约人在方块上拿到3墩，在其余三门花色上各拿到2墩而完成了定约。

在另一张牌桌上，前两轮的出牌完全相同，当定约人出小黑桃并放上明手的♠K时，位于东家的佩塞尔不但不急着用♠A拿，而且还主动送出他的♠J！定约人对这张牌的解读是，西家持♠A，东家有♠J 10 × 或♠J 10 双张黑桃。定约人又一次通过方块回手，他再出小黑桃，当西家再次跟小黑桃时，定约人放上明手的♠Q。佩塞尔拿下后帮助同伴树立草花。现在定约人只有八个赢张，他想树立黑桃，但这样做就不得不让西家上手了。

佩塞尔的忍让不但使定约人错判黑桃的分布，而且成功地为同伴制造了一座稳固的桥梁，为此荣获了1992年度IBPA颁发的最佳防守奖。

第二节　持K时的忍让

毋须赘言，持A时掌握着主动权，想什么时候吃下都行，持K时要忍让就不可能那么潇洒了。尽管如此，在许多场合下，防家持K时忍让也是很有必的，哪怕忍让会使K自身难保，所以我想通过这一节告诉读者不但要忍让，而且要敢于忍让。

例3.3.2－1　美国的艾森伯格曾荣获过五次世界冠军，下面的这手牌中，他眼见定约人的长套树立在即，于是他毫不犹豫地忍让了。

```
            ♠ 9 4
            ♥ A 8 5 2
            ♦ 9 6
            ♣ Q J 9 7 3
♠ 10 2                    ♠ Q J 8 7
♥ K J 9 6 4 3             ♥ Q 10 7
♦ K 4 3 2                 ♦ J 10
♣ 10                      ♣ K 6 5 4
            ♠ A K 6 5 3
            ♥ —
            ♦ A Q 8 7 5
            ♣ A 8 2
```

双方有局,叫牌过程如下:

南	西	北	东
1♠	—	1NT	—
3♦	—	3♠	—
4♠	都不叫		

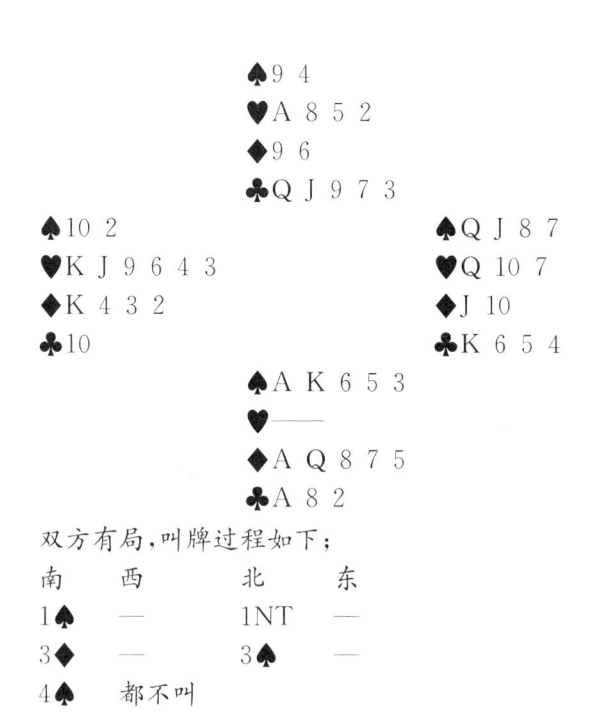

位于西家的是艾森伯格,他首攻♣10,定约人放上明手的♣J,东家见盖上无益便让明手先得一墩。明手出♦6,东家跟♦10,定约人用♦Q飞,早有准备的艾森伯格像没瞅见这张大牌似地随手抽出♦2!定约人当然以为飞牌告捷,他拔♦A后再出方块,艾森伯格始终跟小方块,既然东家有♦K,那么明手将吃就该安全地拿到一墩了,孰料东家不客气地盖吃了。东家打回草花让西家将吃,西家再出方块让东家盖吃……定约人只好眼睁睁地看着防家你来我去地在两门低级花色上各将吃了两次。

让我们再回过来看一下,假如艾森伯格用♦K拿下又将如何呢?可以肯定地说,这样一来定约人就有机会完成定约了。假设艾森伯格打回红心(其他花色也一样),那么定约人可以手中小将吃。定约人兑现♦A并发现手中的方块已树立,他继而连调♠A K,在置余下的两张将牌于一旁后,定约人可将方块一路打到底。东家将吃吗？如果他将吃,那么就被投入了,不论他出红心还是草花,都将让明手得以上手。东家拒绝将吃吗？其结果也一样,在把方块打完后,定约人可用将牌投入东家,东家还是只能拿到2墩将牌而已。

艾森伯格的成功经验很值得借鉴,当你拿下一墩便将让定约人树立他的长套时,你最好是不露声色地暂且放过。

例 3.3.2-2 前例显示防家可以通过巧妙的忍让,阻挠定约人树立长套的计划或是令定约人对大牌的位置产生误判,假如防家在忍让的同时能再辅以合适的诱饵,那么防家就有可能钓到一条大鱼。作为两届百慕大杯的得主兼出色的桥牌作家劳伦斯,想必为大家所熟悉,忍让对他来说并不是什么简单的拒拿,与此同时他还对毫不迟疑地跟哪一张牌也作了精心的挑选。下面是1971年在一场北美桥联终身大师级的桥牌比赛中,劳伦斯成功地使一位定约人的得分从中间偏下惨跌至谷底。

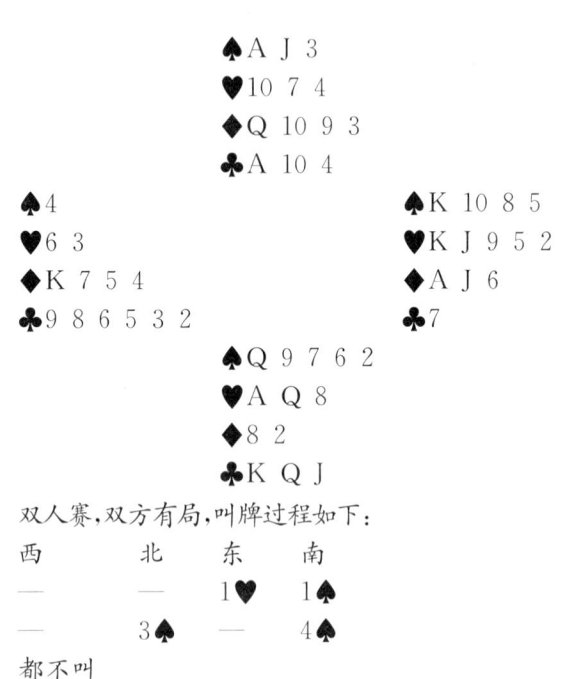

```
              ♠ A J 3
              ♥ 10 7 4
              ♦ Q 10 9 3
              ♣ A 10 4
♠ 4                        ♠ K 10 8 5
♥ 6 3                      ♥ K J 9 5 2
♦ K 7 5 4                  ♦ A J 6
♣ 9 8 6 5 3 2              ♣ 7
              ♠ Q 9 7 6 2
              ♥ A Q 8
              ♦ 8 2
              ♣ K Q J
```

双人赛,双方有局,叫牌过程如下:
```
 西      北      东      南
 —      —      1♥      1♠
 —      3♠      —      4♠
都不叫
```

西家首攻♥6,明手跟小红心,东家劳伦斯用♥9请下了定约人的♥Q。定约人立即调将牌,当西家跟♠4时,定约人用♠J飞。假如东家不客气地收下,那么接下来定约人是不可能出错的,在他用♠A继续调将牌时,西家的垫牌便会把东家的♠10给出卖了。于是劳伦斯不但不拿,而且他毫不迟疑地跟出♠8！

如果定约人简单地拔掉明手的♠A,那么定约将宕一墩,负100分对他来说是个中间偏下的得分。现在东家的♠8使定约人看到一线得620分的希望:♠J飞牌成功不是证明西家有♠K嘛,而东家的♠8很像出自10 8这样的组合,如果是这样的话,那么定约人从手中打出♠Q不是能一石二鸟地擒住♠K和♠10吗？定约人是这样想的,他也是这样做的,他马上很沮丧地发现他不得不输2墩将牌了。

例 3.3.2-3　有时防家忍让一次并无法给定约人带来麻烦,于是防家有必要再次忍让,而且两次忍让又必须做得丝毫不露痕迹,防家在忍让过程中稍有犹豫,即会引起定约人生疑,那么防家的努力便会前功尽弃。

在1969年的百慕大杯赛中,有这么一手牌,两个牌桌上都是由南家打3NT,两名西家都首攻♦9,结果一成一败,分差12个IMP。

```
              ♠ 4 3 2
              ♥ Q 10 9
              ♦ Q J 2
              ♣ 10 8 7 6
♠ 10                        ♠ K J 9 8 6
♥ K 8 6 5                   ♥ 3 2
♦ 9 8 7 6 3                 ♦ K 10
♣ Q 4 2                     ♣ J 9 5 3
              ♠ A Q 7 5
              ♥ A J 7 4
              ♦ A 5 4
              ♣ A K
```

其中一张牌桌上的定约人是意大利队的达莱里奥,他放上明手的◆J,东家盖上◆K,定约人忍让。东家再出方块,达莱里奥让明手的◆Q拿,接着他从明手出♥10并飞过去。西家不客气地收下来,他再出方块把手中的方块树立起来,不过他再也没机会去兑现了。达莱里奥出个红心到明手的♥Q,由于黑桃飞牌成功,因此定约人有惊无险地拿到9墩牌。在另一张牌桌上的西家是福奎,前两轮的出牌与前一桌无异。当明手的◆Q拿到第二轮的方块之后,定约人同样也是从明手出♥10并飞过去,所区别的是福奎不动声色地放过去。定约人初飞告捷后又用♥Q飞,假如西家这时沉不住气用♥K拿,那么定约人仍可以♥9作桥进行黑桃飞牌,那么西家前一次的努力也就付诸东流了,于是福奎再次毫不迟疑地跟小红心。南家对能捕捉到东家的"♥K"深信不疑,他当然没理由要冒险去飞黑桃,在他从明手出♥9时,东家的垫牌使他意识到他已钻进福奎的圈套,因为他已经失去飞黑桃的机会了。

例3.3.2-4 持K××时忍让一轮,他的K仍然是安全的,对他来说只不过是推迟收下一墩而已,那么持K×时忍让一轮,这个K就有被定约人击落之虞。尽管如此,还是有不少人在持K×时敢于忍让的。其实道理很简单,防家这时不敢忍让,就会让定约人完成定约,为了挫败定约,防家有时也不得不铤而走险。你还记得克劳福德这个名字吗?本书第二篇第八章提到了他,他是美国有史以来最出色的桥牌选手之一,他在关键时刻常常那么果断,使己方转险为夷。克劳福德也是盛铿的伙伴之一,在那个年代,这一对搭档堪称北美第一搭档,下面这手牌充分显示这两位高手之间的默契。

```
                    ♠K 9 5
                    ♥10 8 2
                    ♦A J 9 5
                    ♣9 4 3
♠6                                    ♠8 7 4 3
♥K 6                                  ♥7 5 3
♦K 10 6 3                             ♦Q 8 2
♣K Q J 10 7 2                         ♣A 8 5
                    ♠A Q J 10 2
                    ♥A Q J 9 4
                    ♦7 4
                    ♣6
```

南北有局,叫牌过程如下:
```
  南      西      北      东
  1♠      —       2♠      —
  4♠      都不叫
```

在两个牌桌上的叫牌过程完全一样,两位西家也都是首攻♣K,在拿到一墩之后,两位西家都再出草花迫使定约人将吃。其中的一位定约人用♠Q先调一轮将牌,他在出张将牌到明手的♠9,发现东家和他都余下两张将牌在手。定约人从明手出♥8并飞过去,西家不客气地收下,他再出草花迫使定约人将吃。谁料定约人成竹在胸,不慌不忙地垫了张方块。由于明手还有一张将牌,防家无法再用草花削短定约人的将牌,因此防家只好眼睁睁地看着定约人揽回10墩牌。

在另一牌桌上坐东的是盛铿,居西的是克劳福德。当定约人用♥8飞牌时,克劳福德连眼睛也不曾眨一下就跟出♥6!定约人不疑有诈,继而用♥10飞,这时克劳福德用♥K收下了,他再出草花向定约人施压,那位定约人也同样垫去方块。哪知克劳福德穷追不舍,他再出第四张草花,定约人只好让明手余下的那张将牌将吃,这时盛铿趁机垫去第三张红心。定约人想肃清东家的将牌,但回不了手,无法不让盛铿的将牌拿到一墩了。

如果克劳福德未能洞察形势,如果他不敢铤而走险,那么盛铿也就捞不到垫红心的机会了,手中的将牌也只好等着定约人上门缉拿了。

例 3.3.2-5　前面两次提到福奎巧设埋伏,通过不露声色地忍让,分别挫败了两个局,其中一次他的同伴是夏里夫。

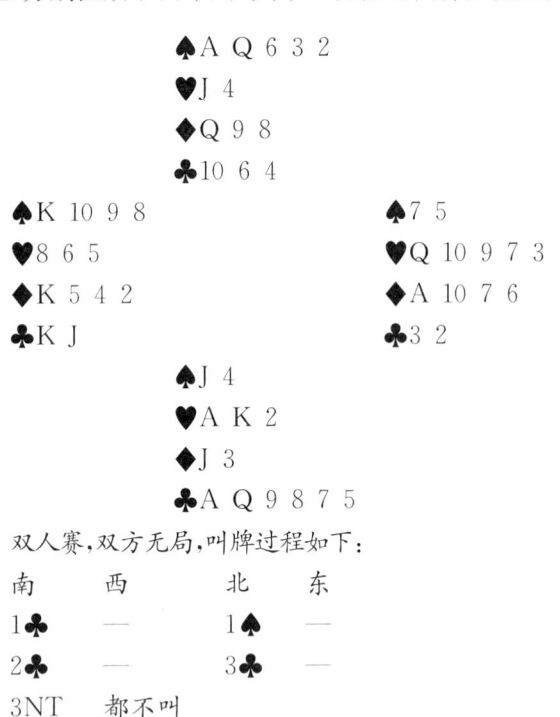

```
              ♠ A Q 6 3 2
              ♥ J 4
              ♦ Q 9 8
              ♣ 10 6 4
♠ K 10 9 8                    ♠ 7 5
♥ 8 6 5                       ♥ Q 10 9 7 3
♦ K 5 4 2                     ♦ A 10 7 6
♣ K J                         ♣ 3 2
              ♠ J 4
              ♥ A K 2
              ♦ J 3
              ♣ A Q 9 8 7 5
```

双人赛,双方无局,叫牌过程如下:

南	西	北	东
1♣	—	1♠	—
2♣	—	3♣	—
3NT	都不叫		

位于西家的夏里夫首攻♦2,明手跟♦8,东家放上♦10,定约人用♦J就拿到一墩。定约人从手中出♠4,他用明手的♠Q飞得一墩,接着他回手又用手中的♣Q飞牌,又拿到一墩,因为夏里夫毫不迟疑地跟出♣J!真是左右逢源啊,似乎一切都那么完美。定

约人再出♠J，夏里夫这时盖上♠K，在明手的♠A拿后，定约人又一次地从明手出草花并充满信心飞了过去。谁知这时西家冒出了♣K，夏里夫不客气地连拿了2墩黑桃和3墩方块。

夏里夫的忍让着实不简单，一是他能迅速判断出拿一墩草花还不能击败定约，二是他具有鱼死网破的胆量，三是他务实而不贪婪，可能有人会指望用♣K拿下一墩后或许♣J还有机会再拿第二墩。

假如为完成定约，那么定约人完全可以在♣Q拿到一墩后再拔♣A的，如果东家有♣K并不跌了下来，那么送他一墩草花亦不妨，输一墩草花和3墩方块，如此而已。在双人赛中，定约人很难抵御超额赢墩的诱惑，而防家大可利用定约人的这种心理设下埋伏，将定约人杀得血本无归。

例 3.3.2-6 除了意大利队之外，法国队也是一支具有向美国队发起挑战实力的欧洲强队，从1992年以来，法国队已经荣获过两届世界奥林匹克桥牌锦标赛(1992和1996年)和一届百慕大杯赛(1997年)的冠军了，马利便是功臣之一。在一次欧洲桥牌锦标赛中，马利敢于铤而走险，使定约人痛尝魂断蓝桥之苦涩。

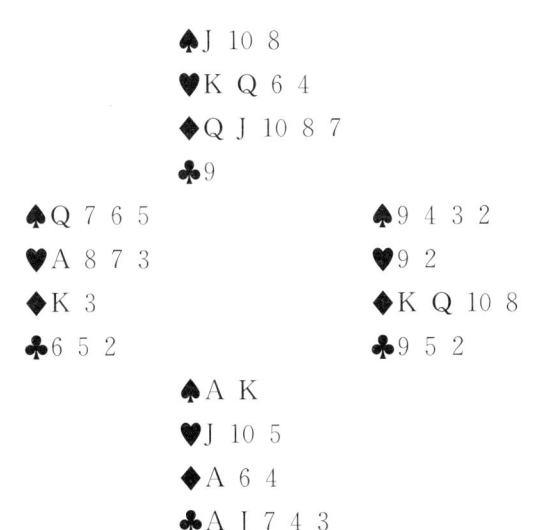

```
                ♠ J 10 8
                ♥ K Q 6 4
                ♦ Q J 10 8 7
                ♣ 9

♠ Q 7 6 5                      ♠ 9 4 3 2
♥ A 8 7 3                      ♥ 9 2
♦ K 3                          ♦ K Q 10 8
♣ 6 5 2                        ♣ 9 5 2

                ♠ A K
                ♥ J 10 5
                ♦ A 6 4
                ♣ A J 7 4 3
```

双方有局,叫牌过程如下:

南	西	北	东
1NT	—	2♣	—
2♦	—	3NT	都不叫

位于西家的马利首攻♠5,他见明手的牌先是不由得暗叫不妙,然后看到定约人的♠K不请自到乃心中一宽。定约人从手中出♥5,马利放过,明手的♥K拿了。定约人从明手出♦Q并飞过去,早有思想准备的马利不露声色地跟出♦3!当定约人再次用♦J飞时,马利给对手一个难忘的教训:没有桥的牌便不是桥牌。在♦K拿到一墩之后,马利不慌不忙地拔掉♥A,接着他送出小红心。现在不论明手还是定约人赢这一墩已无关紧要,定约人和明手之间的桥梁已告中断,看着明手已经树立的方块却无法兑现,定约人最终只拿到7墩牌。

例 3.3.2-7 马利的队友佩隆也是法国名将之一,他在重大比赛中常有卓越表现,像马利那样,在法国所荣获的三个世界冠军的奖杯上,两次镌刻有佩隆的名字。在1995年的欧洲桥牌锦标赛中,法国队遇上了德国队,其中有这么一手牌:

```
              ♠ A 9 8
              ♥ J 6
              ♦ Q 5 4
              ♣ A Q 9 4 2
♠ 10 6 3                    ♠ K 7 4 2
♥ Q 10 5 4                  ♥ 9 8 3
♦ K 8                       ♦ J 10 7 6
♣ J 7 6 3                   ♣ K 10
              ♠ Q J 5
              ♥ A K 7 2
              ♦ A 9 3 2
              ♣ 8 5
```

双方无局,叫牌过程如下：

南	西	北	东
1♦	—	2♣	—
2NT	—	3NT	都不叫

西家首攻♥4,定约人莱普斯(Klaus Reps)放上明手的♥J并拿到一墩。定约人随即从明手出♣2,位于东家的佩隆没有半点犹豫地抽出♣10,他拿到一墩后便打回红心。定约人用♥A拿下,他从手中出♣8,西家当然再次跟小草花。定约人想了好一阵之后放上明手的♣Q,至此他再也无法得到9墩牌了。

例 3.3.2-8 前面介绍的几个牌例生动地告诉你,飞牌成功(确切地说是暂时拿到一墩)常使定约人以为自己有能力捕捉到防家的那张大牌,尤其是在双人赛中超额赢墩又是个很难谢绝的诱惑,于是一飞再飞也就不足为奇。相反,防家的冒险忍让就常有机会令一个铁成的定约触礁。在北美桥联的一次终身大师级的双人赛中,多次世界冠军获得者索洛威就是利用定约人渴求超额赢墩的心理而巧设埋伏,令定约人痛尝失败之苦涩。

```
              ♠ K 5 2
              ♥ A Q
              ♦ K 4
              ♣ Q J 9 5 4 3
♠ 9 4 3                    ♠ A 7
♥ 9 2                      ♥ K J 8 5 4
♦ Q 10 9 8 7 2             ♦ J 6 5 3
♣ K 10                     ♣ 7 6
              ♠ Q J 10 8 6
              ♥ 10 7 6 3
              ♦ A
              ♣ A 8 2
```

双人赛,双方有局,叫牌过程如下:

南	西	北	东
1♠	—	2♣	—
2♥	—	2♠	—
3♣	—	3♥	—
3♠	—	4♠	都不叫

首攻红心可能给定约人带来点小麻烦,不过南北双方都叫过红心,于是西家索洛威选择♦10作为首攻,定约人用手中的♦A拿。定约人送出♠Q,东家用♠A拿后打回方块,这时定约人垫红心。定约人从明手出♣Q,当东家跟小草花时,定约人飞过去,这时索洛威毫不迟疑地跟出♣10!如果仅为完成定约,那么定约人完全可以先肃清防家的将牌,接着连打草花,当♣K被拔出时,定约人可以摊牌全拿余下的牌。假如不得不输一墩给♣K,那么定约人也有11墩牌在手。然而定约人不甘只超额一墩,他觉得要获得680分是完全可能的。

定约人确是连调两轮将牌在先,处理草花在后,尽管他有顾虑,他仍然重复草花飞牌。当定约人看到索洛威果真亮出了♣K,他不由地叹息说:"嗨,真是飞不成啊!"由于草花一时受阻,红心又飞不成,因此在防家摧毁了明手唯一的进手张♥A后,定约人不得不输4墩牌。

你一定看出来了,假如索洛威不敢冒险忍让,那么让定约人得650分对东西方来说是个中间偏下分,因为当西家首攻红心时,定约人只能得到620分。为了争取一个高分,索洛威真敢冒险,万一定约人在肃清将牌后怒拔♣A,那么索洛威只能得底分了。

例3.3.2-9 以上你见到的都是面对一个成局定约时,防家持K大胆地忍让并取得极大的成功。那么面对一个满贯定约时,防家忍让的难度就大得多了,忍让一轮很可能是竹篮打水一场空,但是有的防家觉得不忍让就别无出路,于是他们都若无其事般地谢绝用K收下了。一般来说,遭人欺骗总是一个很不愉快的经历,不过对个别人来说也有例外。在 1996 年北美桥联秋季大赛中,有这么一手牌,"受害人"福格森在上当受骗之后,他不但没有恼怒,反而对那位"加害于他"的对手钦佩有加,还主动、热情地将自己被骗的经过向大赛公报组介绍。

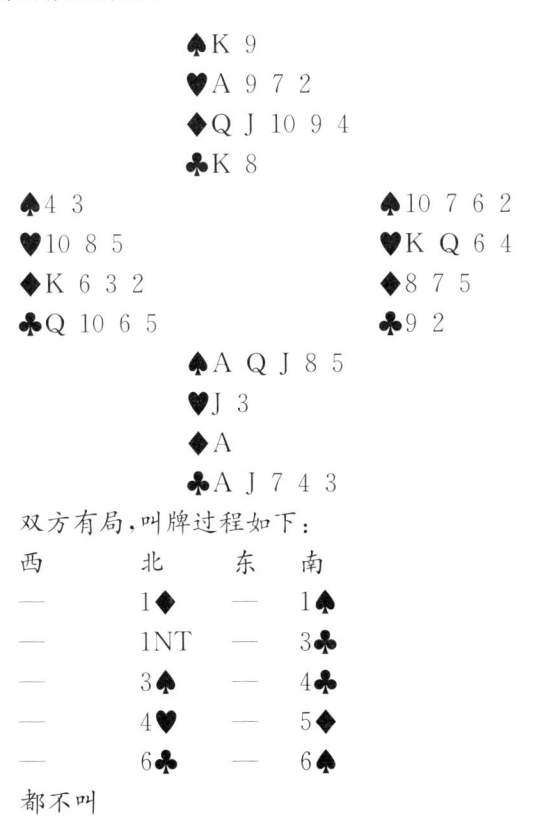

```
                ♠ K 9
                ♥ A 9 7 2
                ♦ Q J 10 9 4
                ♣ K 8
♠ 4 3                           ♠ 10 7 6 2
♥ 10 8 5                        ♥ K Q 6 4
♦ K 6 3 2                       ♦ 8 7 5
♣ Q 10 6 5                      ♣ 9 2
                ♠ A Q J 8 5
                ♥ J 3
                ♦ A
                ♣ A J 7 4 3
```

双方有局,叫牌过程如下:

西	北	东	南
—	1♦	—	1♠
—	1NT	—	3♣
—	3♠	—	4♣
—	4♥	—	5♦
—	6♣	—	6♠

都不叫

位于西家的是韦克塞尔,一位两届百慕大杯赛的冠军获得者。他首攻♥5,定约人福格森赶紧用明手的♥A拿。定约人打掉♦A解封,他出小将牌到明手的♠K,现在他想用将吃飞牌的方法来树立明手的方块套。在东家没能盖上♦K后,福格森垫去手中余下的另一张红心,谁知韦克塞尔像与己无关似的飞快地跟出小方块。定约人自然再出◆J,东家仍跟小方块,定约人心安理得地垫张小草花,不料这时西家不客气地用◆K收下了。韦克塞尔主动地再出方块,这时东家将吃了,定约人只好盖吃并非常遗憾地发现他只有10个赢墩了。

你一定也看出来了,假如韦克塞尔不忍让,那么他就没机会让同伴毁去明手的一个方块赢张,而明手的方块也恰敷垫去手中草花之需要。

例 3.3.2－10 多年来,世界桥联所追求的目标之一便是说服国际奥委会能将桥牌作为一个体育竞赛项目而纳入奥运会,为了向国际奥委会展示最高水准的桥牌比赛,世界桥联于2000年在瑞士的洛桑举行了一场国际桥牌邀请赛,称为国际奥委会大奖赛(IOC Grand Prix),所邀请的都是当时一些最出色的选手。决赛是在意大利队与印度尼西亚队之间进行的,争夺异常激烈。到倒数第七手牌时,双方以 103∶103 IMP 打平,进入倒数第六手牌:

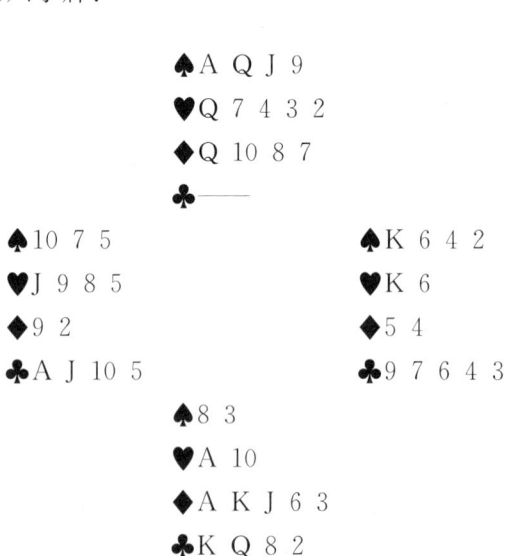

```
              ♠A Q J 9
              ♥Q 7 4 3 2
              ◆Q 10 8 7
              ♣—
♠10 7 5                    ♠K 6 4 2
♥J 9 8 5                   ♥K 6
◆9 2                       ◆5 4
♣A J 10 5                  ♣9 7 6 4 3
              ♠8 3
              ♥A 10
              ◆A K J 6 3
              ♣K Q 8 2
```

南北有局，开室的叫牌过程如下：

西	北	东	南
马努波	劳利亚	拉索特	范萨契
	1♥	—	2♦(1)
—	2♠	—	2NT
—	3♣(2)	—	3♦
—	3♥	—	3NT
—	5♣(3)	—	5♥(4)
—	6♦	都不叫	

(1) 逼叫成局
(2) 转移叫，支持方块
(3) 除去草花后的罗马关键牌问叫
(4) 草花之外有三个关键牌

西家首攻♠5，定约人放上明手的♠Q，东家用♠K拿后改出将牌，范萨契让明手拿。定约人接着用♥A回手，又连打两轮黑桃，垫去手中余下的一张红心。现在范萨契从明手出红心，看见东家的♥K跌下来，将吃这轮红心后他又调了张将牌到明手，两位防家都有方块跟出，这时范萨契摊了牌。现场讲评员当即提了这么一个问题：假如东家忍让一轮黑桃又将怎样呢？这样的忍让非同一般，不是人人都能看出其中奥秘的，而且也不是人人在重大比赛中有魄力敢这样做的。

让我们再来看看闭室的进程吧。

西	北	东	南
杜伯宛	萨考尔	波契	卡乌尔
	1♥	—	2♦
—	3♦	—	4NT
—	5♦	—	6♦

两位印尼选手的叫牌虽不及对手的细腻和精确，但也很成功地叫到了6♦。西家杜伯宛首攻♦2，定约人卡乌尔手中拿后

立即飞黑桃,谁知东家波契像根本没见到明手的♠Q似的飞快地跟出小黑桃!定约人打掉♥A后再出♥10,西家毫不怠慢地盖上♥J,明手不愿跟小红心,于是东家用♥K吃掉明手的♥Q。东家再出将牌,卡乌尔用手中将牌收了下来。定约人出张草花让明手将吃,他又将吃红心回手,发现红心 4-2 分布,于是树立起的第五张红心只能垫去手中一张草花,明手的将牌还能解决另两张草花的出路,但是第四张草花又如何交代呢?一个方案是通过草花的将吃飞牌,另一个则是再飞一次黑桃,有着前一次黑桃飞牌"成功"的经历,定约人当然认为后者把握大,他万万没想到这个似乎唾手可得的黑桃飞牌居然葬送他的满贯。

例 3.3.2-11 大胆忍让者未必一定是为数不多的久经沙场的老手,一些年轻好手一旦洞察了自己所处的形势之后,也会毫不迟疑地忍让的,因为冒险忍让毕竟可能有所得,而轻易放弃抵抗则意味着缴械投降。挪威桥牌新秀布罗吉兰德(Boye Brogeland)[①]在他 25 岁的那一年获得了挪威桥牌公开队式赛的冠军,在比赛中他因下面这手牌的出色表演而荣获最佳防守奖。

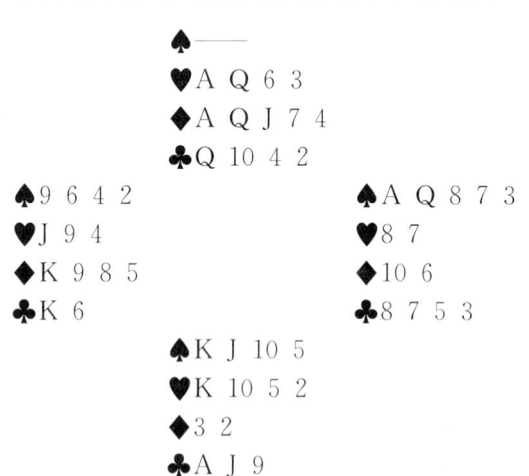

```
              ♠ —
              ♥ A Q 6 3
              ♦ A Q J 7 4
              ♣ Q 10 4 2
♠ 9 6 4 2                ♠ A Q 8 7 3
♥ J 9 4                  ♥ 8 7
♦ K 9 8 5                ♦ 10 6
♣ K 6                    ♣ 8 7 5 3
              ♠ K J 10 5
              ♥ K 10 5 2
              ♦ 3 2
              ♣ A J 9
```

---

① 布罗吉兰德是 2007 年百慕大杯赛冠军挪威队的成员之一。

双方无局,叫牌过程如下:

南	西	北	东
1♥	—	2NT(1)	—
4♥(2)	—	4♠(3)	加倍
—	—	再加倍(4)	—
5♣	—	6♥	都不叫

(1) Jacoby 式加叫,逼叫成局
(2) 低限　(3) 扣叫
(4) 首轮控制

当时布罗吉兰德位于西家,他首攻小黑桃,定约人让明手将吃。定约人随即从明手出草花,东家跟♣7,定约人放上♣J,布罗吉兰德不露声色地放过!定约人出方块,他用明手的♦J飞得一墩。两飞皆"中"之后,定约人再次从明手出草花,他用♣9飞,这回布罗吉兰德拿下,西家再出黑桃迫使明手将吃。定约人用明手的♥A Q连调两轮将牌,在此之后定约人便没戏可唱了,因为他无法安全地回手去捉拿西家的♥J了。假如他再出草花,那么西家便将吃;假如他拔了明手的♦A再将吃方块回手,那么定约人便和明手两不来往了,而定约人手中还有两张黑桃还没处交代呢。

你一定也看出来了,要是布罗吉兰德不敢忍让,那么防家便无法击败定约。假设西家拿下草花后继续出黑桃迫使明手将吃,那么由于西家手中还有一张将草花,定约人总能安全地回手调出西家的♥J。假设西家不出黑桃代之以打回草花,那么定约人可轻松地连调三轮将牌了。在肃清西家的将牌之后,定约人可再飞一次方块,他手中的两张黑桃便可垫在明手的♦A和第四张草花之下了。

例 3.3.2 - 12　在 1968 年北美桥联的夏季大赛的半决赛中,一支以 6 名老将组成的队伍迎来了另一支由新手组成的队伍,其中有这么一手牌:

```
              ♠K Q
              ♥J 10 5
              ♦Q 10 7 5 2
              ♣J 10 4
♠10 6 2                    ♠J 9 5 4
♥K 9 8 2                   ♥7 3
♦K 9                       ♦J 6 4
♣K Q 7 3                   ♣A 8 6 2
              ♠A 8 7 4
              ♥A Q 6 4
              ♦A 8 3
              ♣9 5
```

双方有局,位于南家的拉扎德知道己方处于劣势,于是他持14点冒叫了1无将,北家并不知情,他很正常地加叫3无将到局。西家沃尔什(Richard Walsh),一位洛杉矶地区的桥牌好手,他首攻的是♥2。拉扎德用手中的♥Q赢得这一墩,他随即打出小方块,虽持双张方块,但沃尔什不为所动地跟出♦9,定约人为此错判地放上明手的♦10,被东家斯旺森的♦J拿到这一墩。东家很自然地改出小草花。当东家拿下第四轮草花之后,他打回红心,定约人毫不怠慢地用♥A拦住。"东家持着♦K"之印象在拉扎德头脑中显然是扎下了根,他出黑桃到明手,从明手出♦10并飞了过去。沃尔什孤零零的♦K拿了之后,又不客气地连拿2墩红心,乐滋滋地收入了400分。

例3.3.2-13 忍让肯定是很必要的,它确实常能使定约人以为飞牌成功,然而要击败一个定约还需要精确的计算,需要对时机的准确把握。在看了下面这个牌例之后,你将体会到,光有勇气忍让恐还不足以挫败一个定约。

```
              ♠A K 8 7
              ♥J 4
              ♦J
              ♣Q J 10 7 5 4
♠Q 10 6                    ♠5 4 3 2
♥9 6 2                     ♥Q 10 8 7
♦A K 10 8 7                ♦6 3 2
♣K 2                       ♣9 6
              ♠J 9
              ♥A K 5 3
              ♦Q 9 5 4
              ♣A 8 3
```

双方有局,南家开叫 1♦ 之后,北家叫出草花和黑桃,最后南家成了三无将的定约人。西家是格雷柯,他首攻 ♦K,同伴汉普森跟 ♦2 表示无力相助。考虑一阵之后,格雷柯再出 ♦7,定约人用 ♦9 拿。定约人出小黑桃到明手,东家不失时机地跟牌告诉同伴他持有偶数张黑桃。定约人用 ♣Q 开始他的飞牌,格雷柯不露声色地放过。定约人略有踌躇,担忧东家可能持 ♣K 9 6 三张草花,不继续飞草花无疑会让东家白拿一墩草花,更糟糕的是东家打回方块将立即葬送这个定约,于是定约人重复草花飞牌,西家收下这一墩。格雷柯并没因为一时得逞而乐昏了头,他很沉着地打出 ♠Q,定约人忍让,他的 ♠J 应声而落。假如西家在黑桃上乘胜追击,那么定约人会对他拱手致谢了,因为他可借机垫去手中的 ♣A 解封了。格雷柯既沉着,又头脑清醒,他转而改出红心。这样一来,定约人彻底没戏了,结果宕了 3 墩。

格雷柯的精彩表演使他荣获了 2003 年度 IBPA 颁发的最佳防守奖。

在看了上述几个持双张带 K 者勇敢忍让的牌例之后,你可曾联想过既然持双张带 K 敢忍让一轮,那么持三张带 K 时可曾有人接连忍让两轮吗? 没错,确实有人这样做过,而且也取得了极令人满意的结果。从表面上看二者都是忍让到持单张 K 在手,事实上后者的难度大多了。试想,当你持双张带 K 时,定约人和你的同伴往往都有两张或是更多的牌在手,也就是说定约人不会轻易拔出他的 A,而同伴也不会垫牌出卖你。持三张带 K 时则不然,你必须拿准你的同伴要有三张在手,而且定约人也至少有三张。如果定约人只有两张,那么你忍让一轮后定约人将会一墩不输;如果同伴只有两张,那么你连忍让两轮,在第三轮时,同伴的垫牌将使定约人高兴地击落你的 K。

例 3.3.2-14 瑞士曾出现过一名桥牌大人物,他就是久负盛名的贝斯。1954 年法国队作为欧洲桥牌锦标赛的冠军与美国队一争百慕大杯,法国桥牌协会在本国只挑中 4 名选手,另外邀请了贝斯和奥地利的施奈德加盟,这足以说明这两名外籍牌手的技艺非同一般。请看贝斯在下面的一手牌中是如何蒙住一位桥牌专家的:

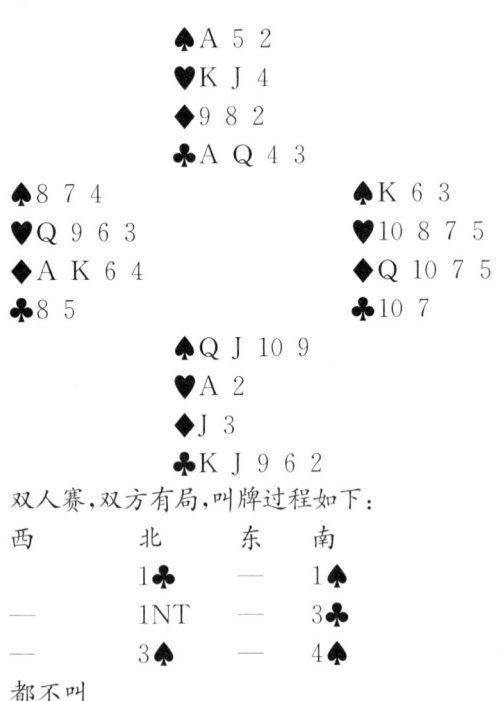

```
              ♠ A 5 2
              ♥ K J 4
              ♦ 9 8 2
              ♣ A Q 4 3
♠ 8 7 4                    ♠ K 6 3
♥ Q 9 6 3                  ♥ 10 8 7 5
♦ A K 6 4                  ♦ Q 10 7 5
♣ 8 5                      ♣ 10 7
              ♠ Q J 10 9
              ♥ A 2
              ♦ J 3
              ♣ K J 9 6 2
```

双人赛,双方有局,叫牌过程如下:

西	北	东	南
	1♣	—	1♠
—	1NT	—	3♣
—	3♠	—	4♠

都不叫

南北家的叫牌精确得无可挑剔,这手牌不适合硬试 3NT(谁能预知方块 4-4 而不是 5-3 分布呢?),5♣ 又毫无希望,4♠ 真是个最佳定约。无奈,位于东家的贝斯不愿看到南北方收入 620 分,他硬是把结果改成了己方得 100 分。

西家连出三轮方块,定约人不得不将吃。定约人马上飞黑桃,贝斯连眼睛都不眨一下地跟出 ♠3,定约人再飞,贝斯再次不作任何犹豫地放过,留着孤零零 ♠K 在手。其余三人也各剩下一张黑桃在手,只是定约人还未能意识到这一点。现在形势如下:

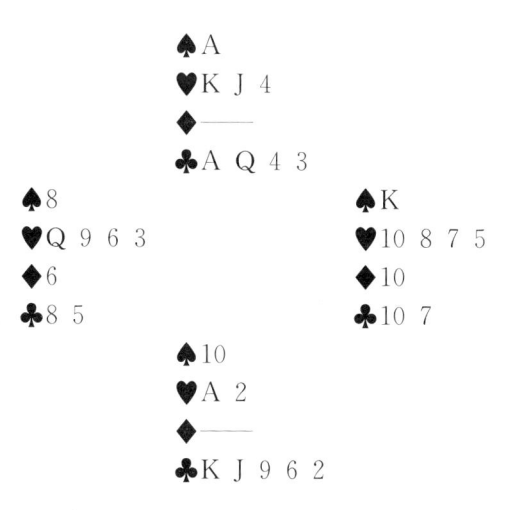

```
            ♠ A
            ♥ K J 4
            ♦ —
            ♣ A Q 4 3
♠ 8                      ♠ K
♥ Q 9 6 3                ♥ 10 8 7 5
♦ 6                      ♦ 10
♣ 8 5                    ♣ 10 7
            ♠ 10
            ♥ A 2
            ♦ —
            ♣ K J 9 6 2
```

从贝斯两次跟出小黑桃来看,定约人深信西家一定持 ♠K。从这点出发,定约人着眼于将牌 3-3 和 4-2 分布各将如何对付。如果西家持带 ♠K 的三张将牌,那么将东西方的将牌全拔出固然很好,不过不调将牌也不妨,在定约人连打草花时,不论哪一位防家将吃都不可怕。如果西家用 ♠K 将吃,那么东家的小将牌就不可能再拿到一墩了;如果东家用小将牌将吃,那么明手的 ♠A 足可阻止西家的 ♠K 得到将吃的机会。此外,将牌 4-2 分布的可能性要大于 3-3 分布的,如果是这样的话,再调一轮将牌岂不如同自毁一般:输一墩将牌后还得再输一墩方块。想到这里,定约人停止调将牌并开始连打草花。在第三轮草花时,西家垫小红心,而东家则趁机垫去方块。定约人见两位防家都没有将吃,他更加相信黑桃呈 4－2 分布了。定约人满怀信心地再出草花,这时西家不客气地将吃了,西家打出最后一张方块,胸有成竹的定约人让明手垫去一张红心,同时他迫不及待地从手中抽出♠10,就在这个时候他瞅见东家拿出♠K。"我请求你出牌稍慢一点,"贝斯对惊愕不已的定约人说,"你也可以收回你的♠10。"

例 3.3.2－15 1976 年对巴西的桥牌界来说是个非常值得纪念的一年,因为巴西所获得的第一个世界桥牌锦标赛的冠军,就是来自在那一年的世界奥林匹克桥牌队式锦标赛中。打那起,人们开始把巴西桥牌队视为世界列强之一,而巴西队中的沙加斯开始成为一颗耀眼的世界桥牌明星。在那届锦标赛中,沙加斯的防御招术显示了他有胆有谋,进退取舍掌握得分毫不差,令人赏心悦目。

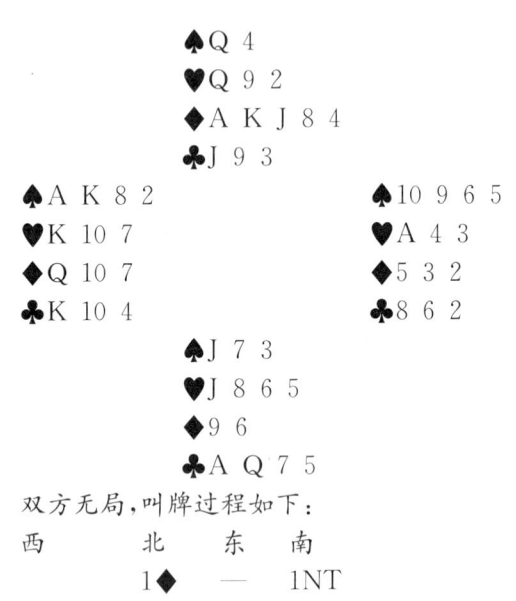

```
              ♠Q 4
              ♥Q 9 2
              ◆A K J 8 4
              ♣J 9 3
♠A K 8 2                    ♠10 9 6 5
♥K 10 7                     ♥A 4 3
◆Q 10 7                     ◆5 3 2
♣K 10 4                     ♣8 6 2
              ♠J 7 3
              ♥J 8 6 5
              ◆9 6
              ♣A Q 7 5
```

双方无局,叫牌过程如下:
```
西      北      东      南
                        1◆      —      1NT
```
都不叫

沙加斯位于西家,他首攻♠K,同伴阿森普索跟♠10 表示 10

9 为首的四张黑桃。见了明手的牌之后，沙加斯意识到明手的方块长套的威胁实在太大，他决定设法阻止定约人得到上手的机会，因为只要定约人有两张方块，只要他飞一次方块，那就意味着他有 5 墩方块可入账。既然无法全歼对手的黑桃，沙加斯就很耐心地送出一墩给明手的♠Q。定约人从明手出♣J，东家和定约人均跟小草花，像鼓励定约人再飞草花似的，沙加斯镇定自若地送出♣10。定约人十分高兴地再从明手出♣9，沙加斯再次毫不迟疑地忍让！定约人对东家的"♣K"乃是他囊中物深信不疑，他第三次从明手出草花并用♣Q 飞，令他傻眼的是这时西家掏出♣K。沙加斯用♠A 擒走了定约人的♠J，再传个黑桃给同伴的♠9，定约人自己垫了张红心，他让明手在红心和方块上各垫一张。东家兑现♥A，其余三人都跟小红心。东家再出红心，沙加斯不慌不忙地让明手的♥Q 先拿一墩，现在定约人不得不从明手动方块，他仅拿到◆A K 2 墩而已。

例 3.3.2 - 16 1993 年在威尼斯举行的欧洲桥牌双人锦标赛中，波兰的一对骁将、同时也是被公认为波兰第一搭档的巴列基和兹姆辛斯基摘走了铜牌。下面这手牌很好地解释了他俩为什么会取得如此出色的成绩：

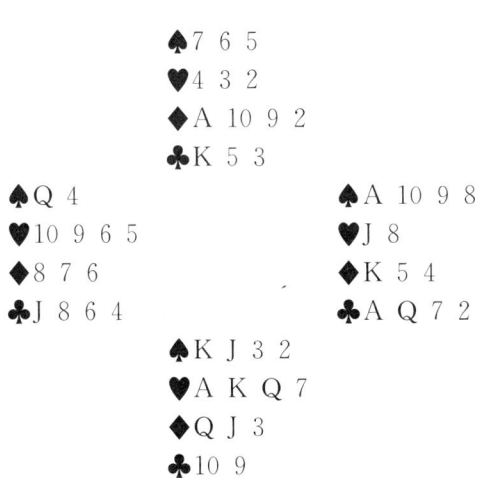

```
              ♠ 7 6 5
              ♥ 4 3 2
              ◆ A 10 9 2
              ♣ K 5 3
♠ Q 4                    ♠ A 10 9 8
♥ 10 9 6 5               ♥ J 8
◆ 8 7 6                  ◆ K 5 4
♣ J 8 6 4                ♣ A Q 7 2
              ♠ K J 3 2
              ♥ A K Q 7
              ◆ Q J 3
              ♣ 10 9
```

东西有局,南家开叫 1NT 后,其余三人均举起绿牌放行。位于西家的巴列基首攻♥9,表示是 9 ×或 10 9 为首的连张,但在 10 上面并没有任何大牌。定约人用♥A 拿后立即用◆Q 飞,两位防家均跟小方块。初飞告捷之后,定约人再用◆J 飞,兹姆辛斯基再次不露声色地跟小方块放过。当定约人第三次飞方块时,东家不客气地收下了,定约人几乎厥倒,此时此刻南北双方的交通正式中断了。兹姆辛斯基改出♠10,定约人放上♠J,被西家的♠Q 拿了。巴列基准确无误地打出♣J,于是东西方又毫不客气地连拿 4 墩草花,定约人被迫垫去黑桃和红心各一张。防家得理不让人,再用红心投入了定约人,迫使他不得不又交出 2 墩黑桃。

顺便提一笔,这手牌在其余 185 张牌桌上出现时,绝大多数的南家也都是打 1NT,不过仅拿到 5 墩牌的定约人只有这一位。

例 3.3.2-17 你已经见了十余个持 K 者忍让的牌例了,不论是持双张带 K,还是持三张带 K,共同特点都是持 K 者位于持 A 者的左手方,也就是说定约方的 A 是无法速住防家 K 的,除非防家忍让到单张 K 的时候。你会不会想,如果这 K 位于 A 右手方时,那么防家还会忍让吗? 一般来说,当 K 位于 A 右手方时,常有被 A 飞捉之虞,防家是不敢作如此想法的。也正是几乎没人在这种情形时忍让,所以一旦防家真的这样做了,定约人是极难料到的。这手牌发生于 1978 年世界桥牌双人锦标赛时,在公开组的半决赛中,来自法国的一对选手遇上了意大利的一对选手。

```
                    ♠ A Q 8 6 2
                    ♥ 3
                    ♦ A J 9 7 5 2
                    ♣ 6
♠ K J 10 7                        ♠ 5 4 3
♥ A 8 5                           ♥ J 10 7 2
♦ K 10 8                          ♦ 4
♣ 9 8 5                           ♣ K Q J 10 7
                    ♠ 9
                    ♥ K Q 9 6 4
                    ♦ Q 6 3
                    ♣ A 4 3 2
```

双人赛，双方无局，叫牌过程如下：

西	北	东	南
科恩	弗兰社	苏雄	梅厄
—	1♠	—	2♥
—	3♦	—	3NT

都不叫

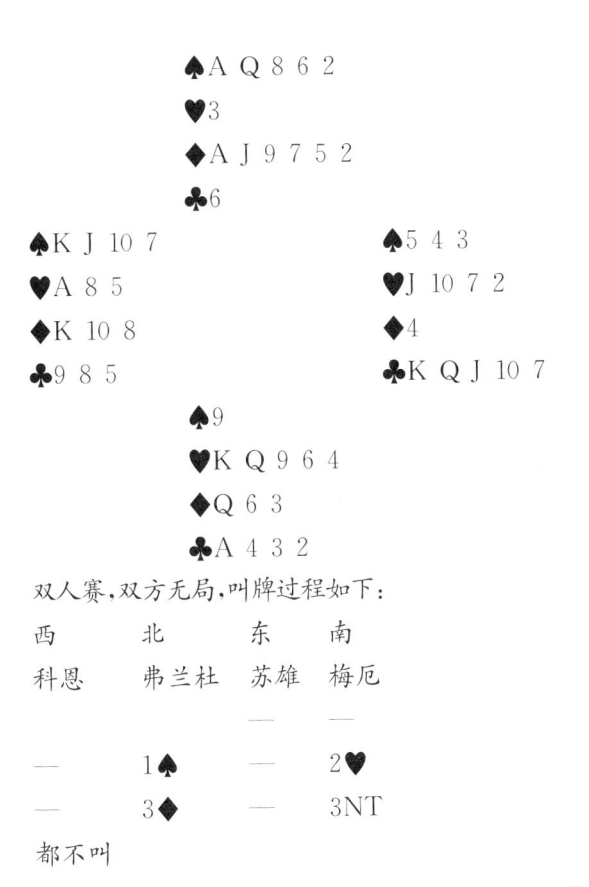

位于西家的是来自巴黎的科恩(Gilles Cohen)[①]，他无可厚非地选择♠J 作为首攻，意大利定约人梅厄(Federico Mayer)用明手的♠Q 赢得首墩。紧接着定约人从明手出红心，他的♥K 被西家的♥A 擒走了。按说西家这时该出草花了，定约人将不得不忍让两轮草花，东家因为别无进手张只好打回黑桃，这样 3NT 将宕一墩告终。可能一来西家不辨同伴究竟有几张黑桃，二来明手这么好的方块套多少有点令他坐卧不安，踌躇一阵后西家打出♠K，估

---

① 姓科恩的桥牌好手还真不少，其中名气最大的当属 Larry Cohen，他是好几本桥牌畅销书的作者。他常抱怨人们把他和一位被指控舞弊的科恩相混淆。

第三篇 防家在整手牌时诱骗战术的运用 | 473

计是想扼杀明手的进手张。就这手牌而言,定约人就像在海面上漂泊了好几天的水手突然看见了陆地似的,他用明手的♠A 拿后赶紧从明手出♦2 并放上手中的♦Q。

这手牌至此似乎可画上句号了,谁知科恩并不想放弃抵抗,他毫不犹豫地跟出♦10！科恩这一壮举成功地使定约人深信东家定持♦K,这时得如下形势:

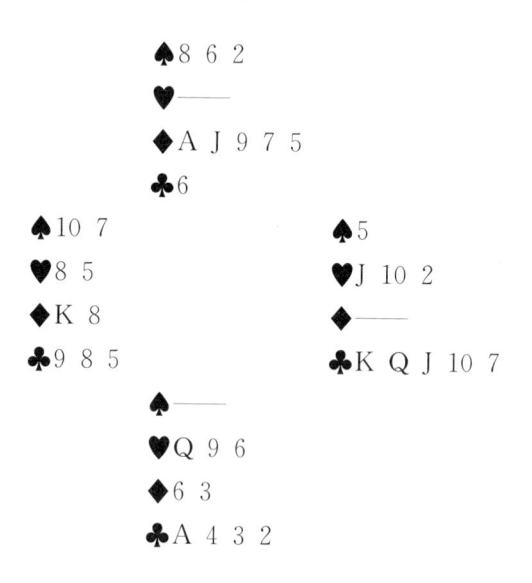

```
            ♠ 8 6 2
            ♥ —
            ♦ A J 9 7 5
            ♣ 6
♠ 10 7                    ♠ 5
♥ 8 5                     ♥ J 10 2
♦ K 8                     ♦
♣ 9 8 5                   ♣ K Q J 10 7
            ♠
            ♥ Q 9 6
            ♦ 6 3
            ♣ A 4 3 2
```

定约人从手中出♦6,科恩轻快地跟出♦8。飞个方块不论成功与否,都能确保定约无恙。不过,别忘了这是场双人赛,超额赢墩至关重要,定约人梅厄不疑他能一举击落负隅顽抗的♦K,很不幸,结果他宕了2墩。科恩充满想象力且又勇敢的忍让使他的这个极为精彩的防御被评选为当年博尔斯一等奖。

例 3.3.2－18 伦敦有个很出名的 TGR 桥牌俱乐部[①],在那儿打牌的不是技艺出众的桥牌好手,就是腰缠万贯的阔佬,因为那

---

① 这里 TGR 缩写是 The Great Rose。Rose 是英国前国手 Irning Rose,他是 TGR 俱乐部的首任经理。

儿赌注大得惊人,玩的是 100 多镑/100 点的盘式桥牌,换句话说,叫到并打成一个有局方的小满贯,意味着约 1 400 镑的易手。除了英国好手外,欧洲的一些桥牌好手也会慕名而来一试运气,其中瑞典的霍尔伯格(Gunnar Hallberg)在定居伦敦之后便是那儿的坐上客。下面这手牌便是他在 TGR 俱乐部中的精彩表演。

我将换一种方式讲述这手牌例,先给你两家的牌而不是整手的牌,也就是说作为东家你只能看到明手和你自己的牌,然后决定在防御过程中你如何出牌。双方有局,先请你看看叫牌过程:

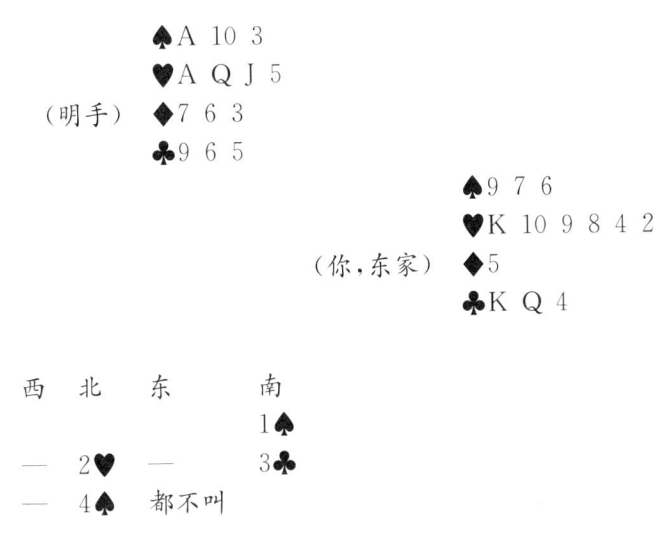

♠A 10 3
♥A Q J 5
(明手) ◆7 6 3
♣9 6 5

♠9 7 6
♥K 10 9 8 4 2
(你,东家) ◆5
♣K Q 4

西	北	东	南
			1♠
—	2♥	—	3♣
—	4♠	都不叫	

同伴首攻◆Q,你看到北家把牌摊在牌桌上,对照叫牌,你开始寻思防御方案。如果一切正常,那么定约人显示的至少是 5 - 4 两黑套较好的牌,因为持低限实力两套牌时,定约人不可能叫 3♣ 而以 2♠ 过渡。定约人可全拿 5 墩黑桃、2 墩方块和 2 墩红心,毫无疑问,他的♣A 该是他的第十个赢张。

在用◆K 赢得首墩后,定约人立即飞红心。霍尔伯格早就替定约人数出 10 墩牌,既然不得不让定约人拿 2 墩红心,那么让他先拿 2 墩有何不可呢?于是霍尔伯格飞快地跟小红心放过!定约人很高兴地又兑现♥A，同时他垫去手中的方块输张。在确信他有把握拿到10墩牌之后，定约人开始为防将牌的4-1分布做准备。万一黑桃真的分布不均，那么定约人就有可能输4墩黑牌，因此他拔掉♣A并送出草花，他觉得让明手将吃第四张草花是对付将牌4-1分布的最好办法。霍尔伯格拿了一墩后似乎不在意般地打出小红心。红心飞牌的"成功"告诉定约人西家持♥K，于是用小黑桃将吃应是绝对安全的，哪知西家盖吃后打回方块让东家将吃，随即霍尔伯格又不客气地再拿一墩草花。

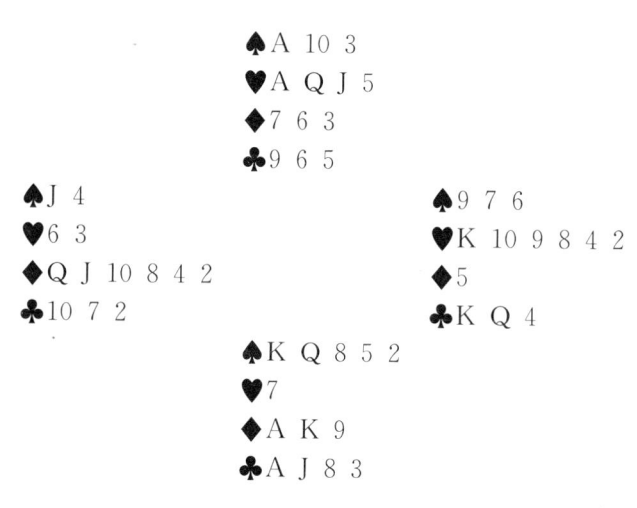

♠A 10 3
♥A Q J 5
♦7 6 3
♣9 6 5

♠J 4
♥6 3
♦Q J 10 8 4 2
♣10 7 2

♠9 7 6
♥K 10 9 8 4 2
♦5
♣K Q 4

♠K Q 8 5 2
♥7
♦A K 9
♣A J 8 3

如果你认为定约人的失败情有可原，那么这个牌例可给人们一个截然不同的概念。前述的几个持K忍让的牌例可说是给定约人制造一个飞牌成功的假象，为的是想使定约人重复又一个行将失败的飞牌。这个牌例则不然，因为定约人无法再飞一次红心（假如东家判断定约人持双张红心，那么东家拿下♥K，再给同伴将吃一次红心就是了），霍尔伯格成功的例子告诉我们，让定约人一时占点便宜有时未必是坏事，得手后的定约人可能会在其他方面有着不必要的忧虑从而会折向一条失败的不归路。难能可贵的是霍尔伯格能在短暂的几秒钟内即舍弃了红心上的先取后予，当然团体赛和盘式桥牌也决定了让定约人得到超额赢墩无足轻重。前面强调过,当你拿下一墩并没好处时,不妨忍让。现在我想增加一句的是,当你拿下一墩无法击败定约时,同样也可忍让。

例 3.3.2 - 19 持 K 者在该花色是跟牌忍让至孤零零的一个 K,这与垫牌至单张 K 在手可说是异曲同工吧,这儿就有这样一个例子:

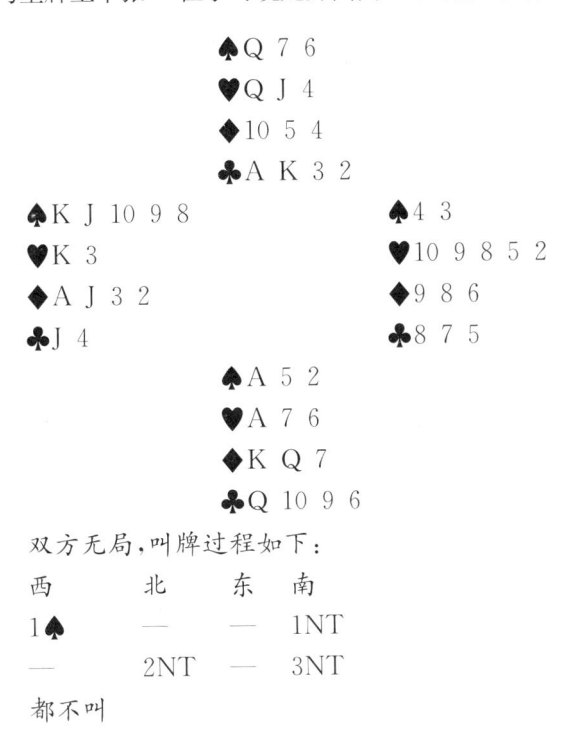

```
                ♠ Q 7 6
                ♥ Q J 4
                ♦ 10 5 4
                ♣ A K 3 2
♠ K J 10 9 8                    ♠ 4 3
♥ K 3                           ♥ 10 9 8 5 2
♦ A J 3 2                       ♦ 9 8 6
♣ J 4                           ♣ 8 7 5
                ♠ A 5 2
                ♥ A 7 6
                ♦ K Q 7
                ♣ Q 10 9 6
```

双方无局,叫牌过程如下:

西	北	东	南
1♠	—	—	1NT
—	2NT	—	3NT

都不叫

西家首攻♠10,表示在♠10的上面还有着两张更大一点的牌,其中一张必定是♠J,另一张则是♠A和♠K中的一个。这种首攻还有一种可能,那就是在♠10上面不再有任何大牌,从西家开叫黑桃来看,十之八九在♠10之上有着♠KJ。定约人放上明手的♠Q,拿到这一墩。定约人从明手出小方块,他放上♦K,西家佩塞尔用♦A拿,他再出黑桃捅下定约人的♠A。定约人很清楚西家的开叫表明他持♥K,所以飞红心将注定要失败。定约人还

第三篇 防家在整手牌时诱骗战术的运用 | **477**

知道当他兑现所有赢张之后,西家将面临垫牌的困难,如果他想保护自己的 ♥K,定约人就可用黑桃投入他以迫使他提供红心上的免费飞牌。定约人胸有成竹地逐张兑现他的草花,他看到西家先垫 ♥3,在第四轮草花时,西家又垫了张方块。定约人随即又兑现了 ♦Q,西家有小方块跟出,定约人似乎对牌型已一清二楚了,西家持的是 5-3-3-2 牌型。于是定约人用黑桃投入西家,佩塞尔连拿三轮黑桃,令定约人跌破眼镜的是西家又抽出 ♦J。

例 3.3.2-20 持 A 者可随心所欲地忍让,持 K 者可相机行事地忍让,那么有没有人持 Q 忍让的呢? 有,敢忍让者相对少多了。在本书第二篇的第一章中提到赫尔格莫,那是作为一名不幸的"受害人"出现的,事实上,赫尔格莫遭人蒙骗是极难得的,而他设下骗局令人上当则是屡见不鲜的。下面的这手牌出自在挪威举行的一场双人赛中,当时他的同伴是西格尼·乔汉森(Signy Johansen)。

```
              ♠ 8 7 5
              ♥ 8
              ♦ K 9 3
              ♣ K J 10 9 8 2
♠ Q J 9                   ♠ 10 6 4 2
♥ K J 5 2                 ♥ Q 10 7 4
♦ Q 10 6                  ♦ J 8 4
♣ A 6 5                   ♣ Q 7
              ♠ A K 3
              ♥ A 9 6 3
              ♦ A 7 5 2
              ♣ 4 3
```

双方无局,叫牌过程很简单,在南家开叫 1NT 后,北家跳叫到 3NT 便结束叫牌。

假如西家乔汉森小姐首攻红心,那么定约人就彻底没戏可唱了。为了求稳,她选择 ♠Q,这给定约人一个喘息的机会。在用手中的♠A拿后,定约人马上着手树立草花,当西家跟♣5后,定约人放上明手的♣J,位于东家的赫尔格莫连眉头也不皱一下就飞快地跟出♣7! 这位一脸憨厚微笑的高手早就盘算好了:即使己方在两门黑花色上各拿2墩,也无法击败定约,唯一的机会就是要切断南北的交通线。定约人用方块回手,再出草花,当西家很沉着地跟出♣6时,定约人停下来思考良久,但他最终还是用明手的♣10飞……

就这手牌而言,假如赫尔格莫用♣Q拿下一墩后马上改出红心,那么这个3NT仍将无法完成。但要是定约人所持的红心是♥AJ93,那么防家是无法拿到3墩红心的。既然没人能判断出定约人有无♥J这么一个大牌点,所以赫尔格莫宁可冒险忍让草花,不愿意低估定约人在红心上的实力。

例 3.3.2－21　赫尔格莫是拿准同伴有A而大胆忍让的,当同伴既没有A,又没有K时,你说防家还能忍让吗? 换句话说,当防家仅有Q这样一张大牌时,他还会忍让吗? 那可是十分危险的,弄不好将白送定约人一墩牌。不过还是有人将此举付诸实施的。在一次南美洲桥牌锦标赛中,委内瑞拉的好手贝内姆就是如此挫败对手一个局的。

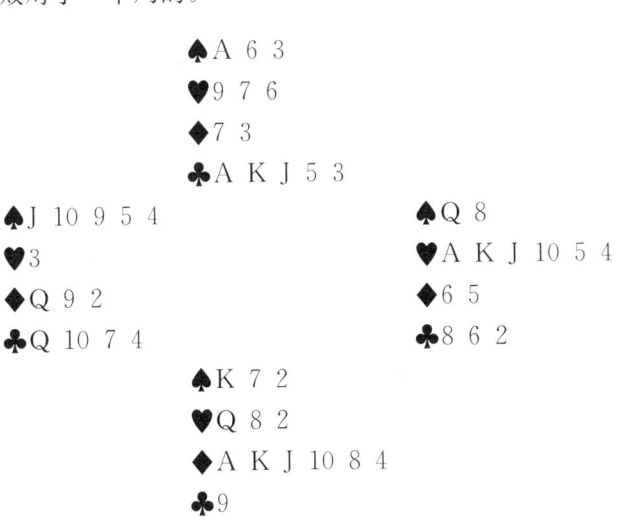

```
              ♠ A 6 3
              ♥ 9 7 6
              ♦ 7 3
              ♣ A K J 5 3
♠ J 10 9 5 4              ♠ Q 8
♥ 3                       ♥ A K J 10 5 4
♦ Q 9 2                   ♦ 6 5
♣ Q 10 7 4                ♣ 8 6 2
              ♠ K 7 2
              ♥ Q 8 2
              ♦ A K J 10 8 4
              ♣ 9
```

南北有局，叫牌过程如下：

南	西	北	东
1♦	1♠	2♣	2♥
—	—	3♣	—
3♦	—	3♠	—
3NT	都不叫		

叫牌很热闹，四个人各抒己见，各叫了门花色，大概是因为彼方有局的缘故，西家竟然也不甘沉默。不管怎么说，南北方还是叫到最佳定约，从四家所持的牌来看，超额一墩似乎也理所应当。

位于西家的便是贝内姆，他觉得首攻单张红心意义不大，于是他首攻♠J。定约人用明手的♠A拿，他接着从明手出方块，当东家跟小方块时，定约人用♦10飞，贝内姆毫不迟疑地跟出♦9！初飞告捷后，定约人出草花到明手，紧接着他又兑现明手的另一张草花大牌，他垫去手中的♠7。在定约人第二次用♦J飞牌时，贝内姆亮出♦Q，惊得定约人不由倒吸一口冷气。一招得手后，贝内姆开始变本加厉地敲诈对手。西家打掉了♣Q，定约人哪敢垫红心，他只好忍痛放弃方块赢张。贝内姆这才心满意足地用黑桃投入了定约人，迫使他又交出3墩红心。

定约人的失利，给我们带来一些有益的教训。首先是持如此的红心不必太害怕，防家不肯首攻红心已说明♥Q多半还能挡一次；其次，在♦10飞得一墩后，定约人可以考虑拔♦A，当方块4-1分布时，送防家一墩方块亦不妨，定约仍是安全。为贪得超额赢墩在团体赛常常是得不偿失的，眼下就是个活生生的例子；再次，定约人的飞牌手段欠高明，用♦10飞，明摆着自己还有♦J，贝内姆拿准了定约人会重复飞牌而大胆忍让的，假如定约人一开始用♦J飞，那么防家敢于忍让的可能性就会小些，你说是吗？

例3.3.2-22 在一次金杯赛（这好比是全英桥牌锦标赛）中，英格兰的两位桥牌好手成功地破坏了对手的一个局。

```
                  ♠ 8 4
                  ♥ A K J 6 5 2
                  ♦ 8 6 5
                  ♣ 7 2
♠ 9 5 2                       ♠ Q 10 7 6
♥ 8 7 4                       ♥ Q 3
♦ K J 9 4 3                   ♦ Q 7
♣ Q 3                         ♣ K J 9 6 4
                  ♠ A K J 3
                  ♥ 10 9
                  ♦ A 10 2
                  ♣ A 10 8 5
```

双方有局，叫牌过程如下：

西	北	东	南
			1NT
—	2♦	—	2♥
—	3NT	都不叫	

西家罗布森首攻♦4，东家佛罗斯特放上♦Q，定约人放过这一墩。定约人的忍让无声地告诉东家，西家持♦K J，于是不难推知定约人持三个未见的 A 及♠K。如果他还有♣Q 或是♠J，那么他要拿到 10 墩是没困难的。东家看清局势后打回方块，定约人用♦A 拿，紧接着他用♥10 飞牌，谁知佛罗斯特像没看见♥10 似地跟出♥3。为防西家可能持 4 张红心，好像没有理由劝阻定约人不要再飞牌，接下来的♥9 被东家吃了来，明手的红心顿时成了一堆废牌。现在佛罗斯特改出草花，失去飞黑桃机会的定约人现在没法完成定约了。

例 3.3.2－23 为准备一支于 1965 年去阿根廷参加第 13 届百慕大杯赛的队伍，北美桥联按惯例专门举行了严格的选拔赛，下

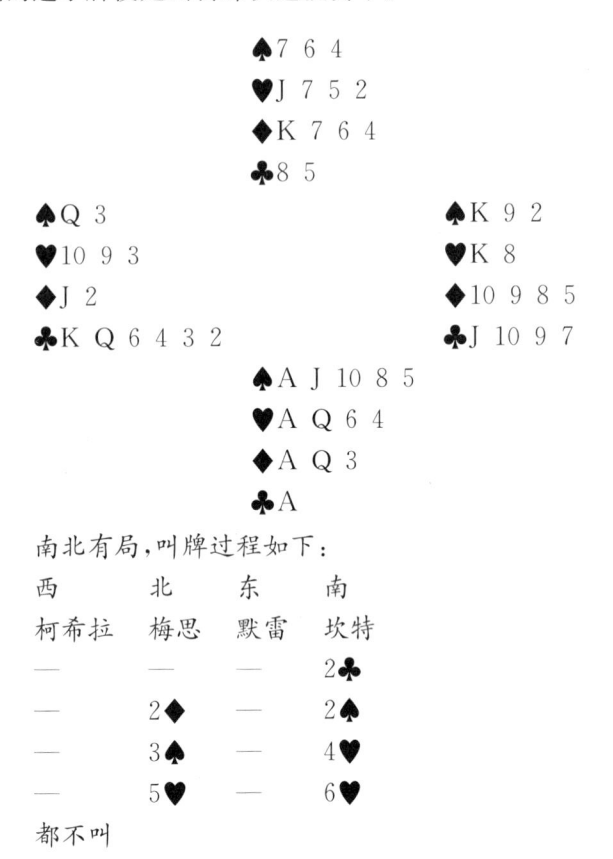

面的这手牌便是出自那次选拔赛中。

♠ 7 6 4
♥ J 7 5 2
♦ K 7 6 4
♣ 8 5

♠ Q 3
♥ 10 9 3
♦ J 2
♣ K Q 6 4 3 2

♠ K 9 2
♥ K 8
♦ 10 9 8 5
♣ J 10 9 7

♠ A J 10 8 5
♥ A Q 6 4
♦ A Q 3
♣ A

南北有局,叫牌过程如下:

西	北	东	南
柯希拉	梅思	默雷	坎特
—	—	—	2♣
—	2♦	—	2♠
—	3♠	—	4♥
—	5♥	—	6♥

都不叫

西家柯希拉首攻♣K,定约人坎特拿了之后便出方块到明手。坎特从明手出♥2,当东家跟♥8时,定约人用♥Q飞,接着他用♥A一举击落了东家的♥K。现在坎特从手中出♠J,柯希拉不露声色地跟♠3放过,默雷用♠K拿后打回草花迫使定约人将吃。坎特出他最后一张将牌到明手的♥J,他从明手出黑桃,东家放上♠9。坎特左思右想,还是用♠10飞,宕了一墩。

事后坎特说,他真想用♠A击落西家的♠Q,实在是因为柯希拉在首轮黑桃时一点破绽都看不出,所以最终还是选择飞牌。

例 3.3.2 - 24　信不信由你,还有人持两张大牌都敢拒拿的。在 1996 年的盖普·伏尔麦克桥牌邀请赛(Cap Volmac Invitional Pairs)中,加拿大桥牌好手密特尔曼(George Mittelman)的忍让真令人开了眼界。

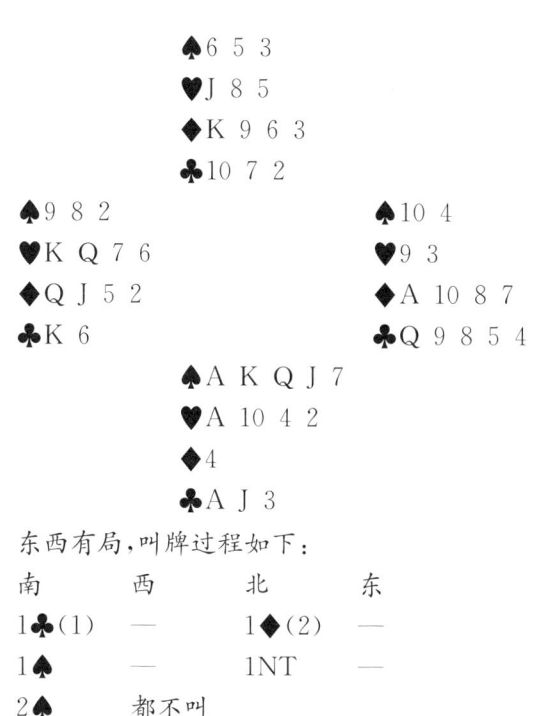

```
              ♠ 6 5 3
              ♥ J 8 5
              ♦ K 9 6 3
              ♣ 10 7 2
♠ 9 8 2                    ♠ 10 4
♥ K Q 7 6                  ♥ 9 3
♦ Q J 5 2                  ♦ A 10 8 7
♣ K 6                      ♣ Q 9 8 5 4
              ♠ A K Q J 7
              ♥ A 10 4 2
              ♦ 4
              ♣ A J 3
```

东西有局,叫牌过程如下:

南	西	北	东
1♣(1)	—	1♦(2)	—
1♠	—	1NT	—
2♠	都不叫		

(1) 精确制,16 点以上
(2) 消极应叫,0-7 点

西家密特尔曼首攻小黑桃,定约人科恩(Larry Cohen)拿了之后马上出方块,东家吉特尔曼用♦A 捕杀明手的♦K,他也打回黑桃。定约人又再调一轮将牌,肃清西家的那张将牌。科恩打掉♥A 后,再出小红心,谁知密特尔曼飞快地跟小红心放过!定约人总以为红心两大牌分居两边,于是他放上明手的♥8,被东家的♥9 拿到一墩。东家可以很安全地打回方块,科恩共输了 3 墩红心、2

墩草花和 1 墩方块,宕了一墩。

我们初学桥牌之际被告诫的另一准则是"于第三家时要出大牌"。随着桥牌经验的不断积累,我们知道这一条也是不该生搬硬套的,譬如说:

♦ 9 7

♦ J 8 6 3 2　　　　♦ A Q 4

♦ K 10 5

面对一个无将定约,西家首攻♦3,稍有经验的人皆知东家这时应出♦Q,而不是♦A——除非是改出另一门花色已迫在眉睫而不得不用♦A拿。假如东家教条地于第三家时用♦A拿,那么定约人的忍让将使防家在方块上的联络中断。要是西家别无进张,那么树立的方块赢张也无法兑现。反之,东家放上♦Q,将使定约人进退两难,他并不知道谁有♦A,他的忍让有连输 5 墩方块之虞。请再看:

♦ 9 7

♦ 10 8 6 3　　　　♦ K J 5 4

♦ A Q 2

现在南家打4♠,西家首攻♦3。假如东家确信同伴这时不可能低引♦A,那么东家的正确跟牌应该是♦J而不是♦K。为什么? 如果东家先出♦K,无非是让他的♦K死得其所罢了,东家并不能确定谁有♦Q,他也无法知道当自己上手后是否应该打回方块。在一次威尼斯杯赛中,中国女队的一名选手在这个问题上有过切肤之痛,她打回了方块,结果发现比美国女队的定约人慢了一拍。反过来,东家放上♦J便可以很好地解决这个问题:如果♦J能逼下定约人的♦A,那么将来己方在方块上还能兑现一墩;如果定约人用♦Q就能拿到一墩,那么东家上手后必须改出别的花色。

例 3.3.2-25　我把上述条件稍改动一下,东家同样持的是♦

K J 5 4,不过现在防家所面对的是 3NT。西家还是首攻◆3,你说东家应该放上◆K 还是◆J 呢？你肯定会说那当然该出◆K 啰,同伴完全可能持◆A 首攻方块的,万一定约人持◆Q××,那么先出◆J 不是白亏一墩牌吗？我无保留地赞同你的分析和选择,不过我想告诉你有人就是不放上◆K 而是出◆J 的,这个人就是桥坛奇才齐亚,他这样做而且取得很大的成功。那是在 1994 年北美桥联的夏季大赛中发生的。

```
                  ♠ A J 10 6 4
                  ♥ K 5 2
                  ◆ A 10 6
                  ♣ 10 7
   ♠ Q 7 3                      ♠ 9 8 5
   ♥ J 9 8 3                    ♥ 7 4
   ◆ 9 7 3                      ◆ K J 5 4
   ♣ A K 9                      ♣ Q 8 6 3
                  ♠ K 2
                  ♥ A Q 10 6
                  ◆ Q 8 2
                  ♣ J 5 4 2
```

双方有局,叫牌过程如下:

南	西	北	东
1♣	—	1♠	—
1NT	—	2◆(1)	—
2♥	—	3NT	都不叫

(1) 逼叫性 Check-back 约定叫,请同伴澄清牌,如有三张黑桃,请给予支持。

定约方叫过了四门花色,其中只有方块并不代表真套,于是西家首攻◆3。定约人放上明手的◆6,东家用◆K 拿后打回方块,定约人拿下后用顺飞的方法全拿5墩黑桃,结果他超额一墩完成了定约。

当这手牌在另一张牌桌上出现时,攻防双方的处理方法有异,其结果也就大相径庭。西家还是以◆3作为开场白,明手仍然跟小方块,位于东家的齐亚并没放上◆K,他出的是◆J!定约人边用◆Q收下这一墩,边十分高兴地得出结论:◆K必定是在西家,这样可以拿3墩方块。定约人接下来连打3轮红心,见♥J并没跌下来时,他充满信心地转而飞方块,他万万没想到齐亚这时拿出◆K。

齐亚并没有一招得手而高兴过头,他见明手只有♣10 7时,他非常仔细地打回♣Q,哪怕同伴持♣A J 9时也可以保证拿到3墩草花。你认为这仅是齐亚的一个偶然的成功,还是他机智灵活、敢想敢实践的结果呢?

齐亚的精彩表演使他荣获了1995年度的IBPA最佳防守奖。

第四章　主动送出大牌给定约人吃

人人皆知物尽其用的道理,然而如何将这个道理恰当地运用于桥牌实践中,不同水准的人往往有着不同的见解。常人很珍惜自己的大牌,不到最后一刻他们是舍不得动用大牌的。相应地,他们在跟、垫牌时总是先把最小的牌抛出。假如这种行为形成了习惯,以致成为牌桌上的固定表现,那么其桥牌技艺也将很难得到提高。相反,桥牌好手很懂得适时使用大牌,因为他们知道主动送出大牌给定约人吃常能会误导定约人。

没有人会平白无故送出大牌给对手吃,正因为如此,当防家的一张大牌在定约人的大牌之下应声而落时,定约人的第一反应便是:这是防家不得已的跟牌,或者说防家在该花色上已不再有第二张牌了。利用定约人这种很自然的条件反射,防家主动送出大牌给定约人吃,常能使定约人相信防家居然还攥着第二张牌在手。

我在第二篇第五章时提到过荷兰的博尔斯制酒公司，它从 1974 年至 1994 年间赞助过著名的"博尔斯桥牌心得"。1975 年"博尔斯桥牌心得"的三等奖则为澳大利亚的桥牌高手希尔斯所获得，无独有偶，他的"博尔斯桥牌心得"也是桥牌诱骗战术，标题是"给定约人准备足够多的绳索"。

例 3.4.1　这是在一场最高级别的双人赛中发生的一手牌：

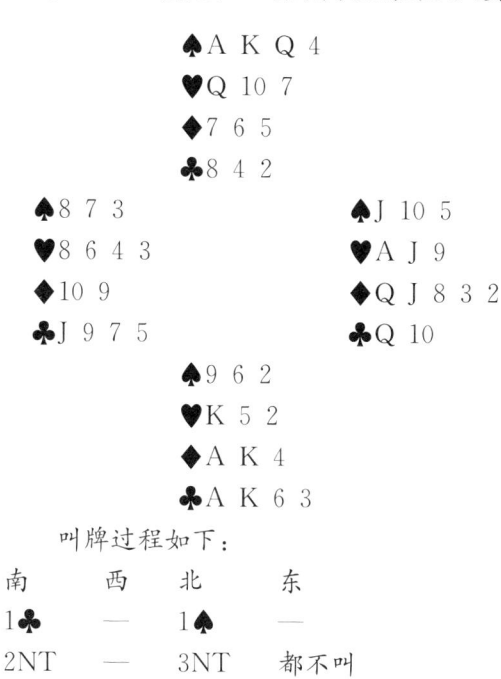

```
              ♠ A K Q 4
              ♥ Q 10 7
              ♦ 7 6 5
              ♣ 8 4 2
♠ 8 7 3                   ♠ J 10 5
♥ 8 6 4 3                 ♥ A J 9
♦ 10 9                    ♦ Q J 8 3 2
♣ J 9 7 5                 ♣ Q 10
              ♠ 9 6 2
              ♥ K 5 2
              ♦ A K 4
              ♣ A K 6 3
```

叫牌过程如下：

南	西	北	东
1♣	—	1♠	—
2NT	—	3NT	都不叫

所有牌桌上的南家都成了 3NT 的定约人，按说所有南北双方都该得个平均分，其实不然，事后发现有一个定约人居然未能完成定约，人们不禁好奇询问那位不幸的定约人究竟是如何失败的。

就像在大多数的牌桌上的那样，西家首攻♦10。定约人拿后立即想在黑桃上发展出一墩，当他打掉明手的♠A 时，东家跟出♠J，接着东家又跟出♠10。显而易见，西家持四张黑桃，于是定约人从明手出♠4 回来，他很惊异地发现东家竟然还有第三张黑桃。

第三篇　防家在整手牌时诱骗战术的运用 | **487**

为让明手的♠Q得到兑现,定约人送出♥K,谁知东家拒绝收下。看了四家牌,我们知道定约人可剥光草花,然后用第三张方块投入东家。可是当时定约人无法看得那么清楚,他试图用明手的♥10飞,结果他成了唯一宕一墩的定约人。

希尔斯的结论是:"当你看到定约人循正常路线将获得成功时,设法替他制造一个出错的选择。如果你能经常给对手制造一个出错的机会,那么他有时就会真的误入歧途。"

例3.4.2 有的人舍不得抛弃大牌可能不完全出自心理因素,尽管足够的心理准备是使出这类诱骗战术成功所不可缺少的条件,事实上对牌情的分析能力也是至关重要的。在接下来的两个牌例中,你将发现防家主动送出大牌于己丝毫不吃亏,但很可能起到诱使定约人出错的作用,许多人之所以未能使出这一手,可能是事前未能悟出其中奥妙罢。

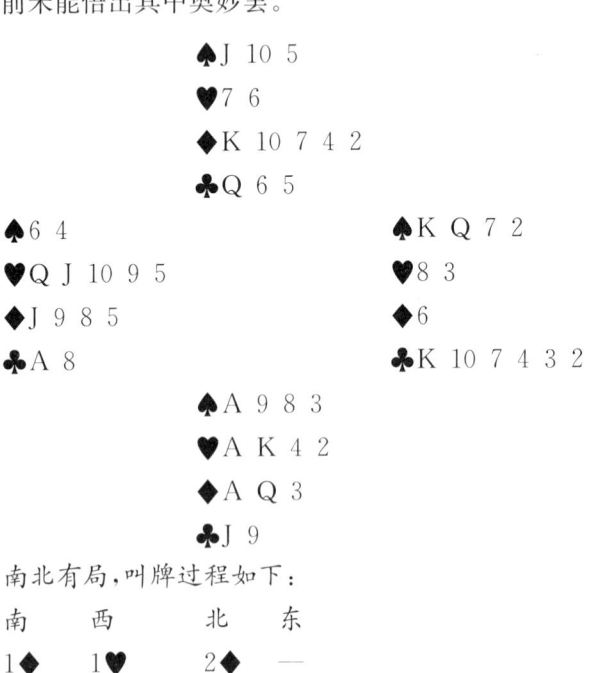

♠ J 10 5
♥ 7 6
♦ K 10 7 4 2
♣ Q 6 5

♠ 6 4　　　　　　　　　♠ K Q 7 2
♥ Q J 10 9 5　　　　　♥ 8 3
♦ J 9 8 5　　　　　　　♦ 6
♣ A 8　　　　　　　　　♣ K 10 7 4 3 2

♠ A 9 8 3
♥ A K 4 2
♦ A Q 3
♣ J 9

南北有局,叫牌过程如下:

南	西	北	东
1♦	1♥	2♦	—
3NT	都不叫		

西家首攻♥Q,定约人用♥K拿下。假如在方块上能拿到5墩,那么定约人将立即有8墩入账,第九墩只能来自黑桃。不过树立黑桃并不是唾手可得的易事,因为明手缺桥短路,双飞黑桃就不易实施,谁能预知黑桃两大牌竟然都在东家之手呢？不管怎样,先把方块拿到手再说。

定约人打去♦A,继而兑现♦Q,这时使定约人惊喜的事发生了——西家跟出♦J！定约人正愁如何搭桥去明手以树立黑桃,西家的♦J不是使这事迎刃而解了吗？想到这里,定约人很高兴地用明手的♦K盖拿自己的♦Q。定约人确实能多造就一座通往明手的桥,而且他极其懊丧地发现他少了2墩方块。

南家开叫1♦,表明他至少有三张方块,现在他连打♦A和♦Q,东家的垫牌将使定约人手到擒来般地逮住西家的♦J,也就是说西家再躲闪一轮方块仍无济于事。既然如此,不如大大方方地送出自己的♦J,结果反倒葬送了定约人的一个局。

例3.4.3 我相信接下来的这手牌定会给你很深刻的印象,假如你以前并没有想到有此一招的话,那么今后遇到这样的机会你一定会不失时机地大显身手的。

```
            ♠ A K J
            ♥ Q 9 5 3 2
            ♦ 9 6 2
            ♣ A 3
♠ 9 6                        ♠ Q 10 8 5
♥ K J 10                     ♥ 8 7 4
♦ J 4                        ♦ Q 10 7 5
♣ Q 10 9 8 6 2               ♣ J 7
            ♠ 7 4 3 2
            ♥ A 6
            ♦ A K 8 3
            ♣ K 5 4
```

南北有局，叫牌过程如下：

南	西	北	东
1♦	—	1♥	—
1NT	—	3NT	都不叫

西家首攻♣10，当北家把牌摊在桌上时，西家不由得暗暗叫苦，我想绝大多数人都会有同感吧。定约人用明手的♣A拿后立即从明手出个小红心回手，这时西家跟出♥10。定约人再出红心……定约人很轻松地拿到10墩牌。

红心如此分布对西家来说近乎残酷，但如何巧妙应对还是很值得研究的。试想，当定约人出♥A时，西家既不出♥10又不出♥J，他毫不犹豫地送出♥K又怎样呢？定约人凭什么能判断这不是个单张♥K呢？如果定约人接受"单张♥K"的概念，那么他是不会再出红心的，♥Q迟早是个赢张，过早兑现♥Q的结果是替东家树立至少两个赢张。定约人现已有8个赢墩在握，为求第九墩，定约人将很自然地把目光转移到黑桃和方块上。只要定约人在红心上有个停顿，那么他将永远拿不到9墩牌。

你一定也发现，西家在首轮红心时大大方方地送出♥K对他来说真是丝毫无损，留着♥K在手，西家能拿到一墩红心而已，送出♥K，西家还是能拿到一墩红心——假设定约人不停地打红心。然而一旦定约人接受"单张♥K"的概念，那么对防家来说好比是做成了一笔无本大买卖了。顺便提一笔，将红心形式略加变动，譬如：

```
                    ♥Q 8 7 4 2
        ♥K J 9                    ♥10 5 3
                    ♥A 6
```

尽管西家没有♥10，尽管西家不知道谁持♥10，西家仍可放大胆子把♥K送在定约人的♥A的口中。

例3.4.4 防家主动而又毫不迟疑地送出大牌，有时会使定约人狐疑不定甚至一改初衷，以致从成功之路折向一条失败的不归路。在 1946 年的北美桥联的团体锦标赛中，索伯尔夫人便是如此这般地劝说定约人一头钻进死胡同。

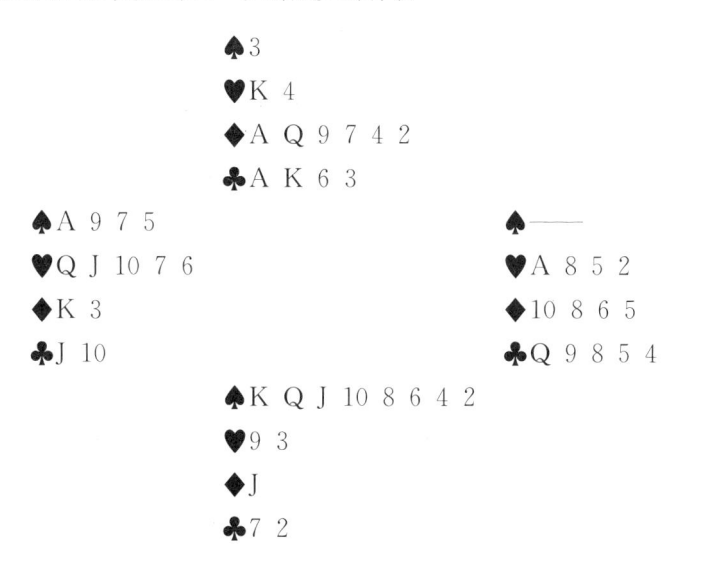

<pre>
              ♠ 3
              ♥ K 4
              ♦ A Q 9 7 4 2
              ♣ A K 6 3
♠ A 9 7 5   ♠ —
♥ Q J 10 7 6   ♥ A 8 5 2
♦ K 3   ♦ 10 8 6 5
♣ J 10   ♣ Q 9 8 5 4
              ♠ K Q J 10 8 6 4 2
              ♥ 9 3
              ♦ J
              ♣ 7 2
</pre>

南家首家开叫 4♠，其余三家均无异议地接受了。

位于西家的索伯尔夫人首攻 ♥Q，定约人放上明手的 ♥K，东家戈伦用 ♥A 拿后打回红心，西家改出 ♣J。在用明手的 ♣K 止住后，定约人着手调将牌，索伯尔夫人见忍让无益，她拿下后再出 ♣10 到明手。

现在定约人想回手肃清西家的将牌，他自然而然地兑现明手的 ♦A，他打算将吃方块回手，谁知索伯尔夫人连眼睛都不眨一下就送出 ♦K！

定约人必须在两门低级花色上作一选择，吃哪一门花色会更安全一些呢？一来西家的 ♦K 使定约人不认为她会有第二张方块，二来定约人的方块毕竟比草花多了一张。踌躇一番后定约人选择了草花，结果让索伯尔夫人的 ♠9 拿到了至关重要的一墩。

例 3.4.5　1963 年在意大利的那不勒斯举行的一场国际桥牌

双人赛中,有这么一手牌:

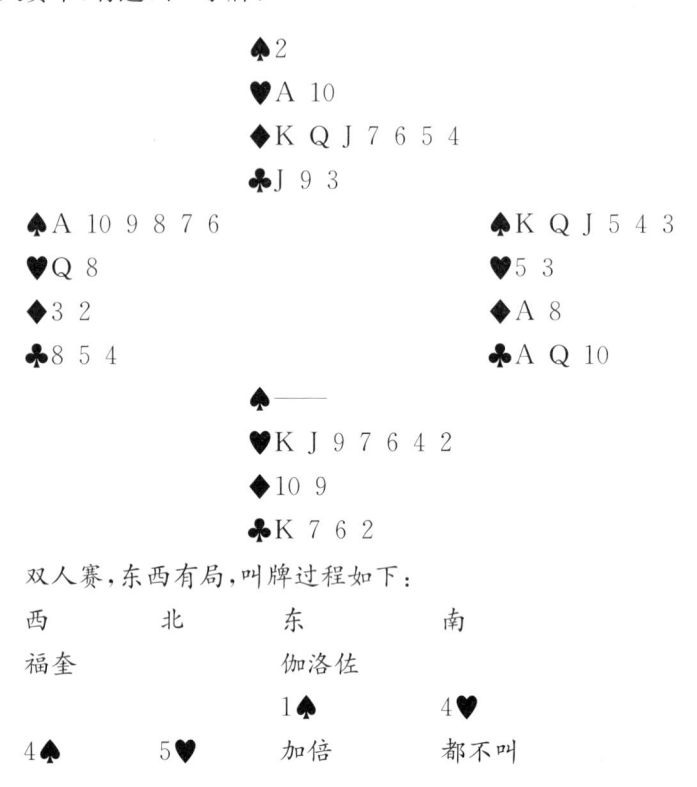

♠ 2
♥ A 10
♦ K Q J 7 6 5 4
♣ J 9 3

♠ A 10 9 8 7 6　　　　　　　　♠ K Q J 5 4 3
♥ Q 8　　　　　　　　　　　　♥ 5 3
♦ 3 2　　　　　　　　　　　　♦ A 8
♣ 8 5 4　　　　　　　　　　　♣ A Q 10

♠ ——
♥ K J 9 7 6 4 2
♦ 10 9
♣ K 7 6 2

双人赛,东西有局,叫牌过程如下:

西	北	东	南
福奎		伽洛佐	
		1♠	4♥
4♠	5♥	加倍	都不叫

假如西家首攻草花,那么东家会用♣10逼下定约人的♣K,然后待♦A上手后便能连拿2墩草花。事实上西家福奎首攻♦3,同伴伽洛佐用♦A拿后先兑现♣A,看到西家的不欢迎信号之后,伽洛佐打回方块,定约人用♦10拿。定约人打出♥K,很明显,定约人指望红心是2-2分布,这样明手的方块便可有一张便拿一墩。就在这时,福奎大大方方地送出♥Q!定约人一愣,他并没有喜出望外,他停下来寻思对策。假如红心确是2-2分布,那么定约人大可不理会西家出哪一张红心,继续用♥A调一轮将牌就大功告成了。不过看上去西家像是只有一张红心,如果是这样的话,那么东家就比明手多了一张将牌,如何对付呢?定约人马上找到答案,

他用明手的♥A盖拿，接着从明手出方块。如果东家确实有三张将牌，那么不论将吃与否都无法与定约人抗衡。伽洛佐当然明白怎么一回事，他不动声色地垫黑桃，定约人不疑自己的战术获得了成功，他也垫草花，谁知福奎在他身后举起将牌，宕了一墩。

例 3.4.6 福奎是意大利蓝队的核心人物之一，他的特点是非常冷静，算度精确，他曾被誉为"世界上最优秀的桥牌选手"和"出错率最低的桥牌选手"。在前例中，福奎主动送出大牌给定约人吃，结果把定约人诱向绝路。无独有偶，福奎本人也遇到别人类似挑战，那是在一次戛纳节（Cannes Festival）上法国队与意大利队的交锋。

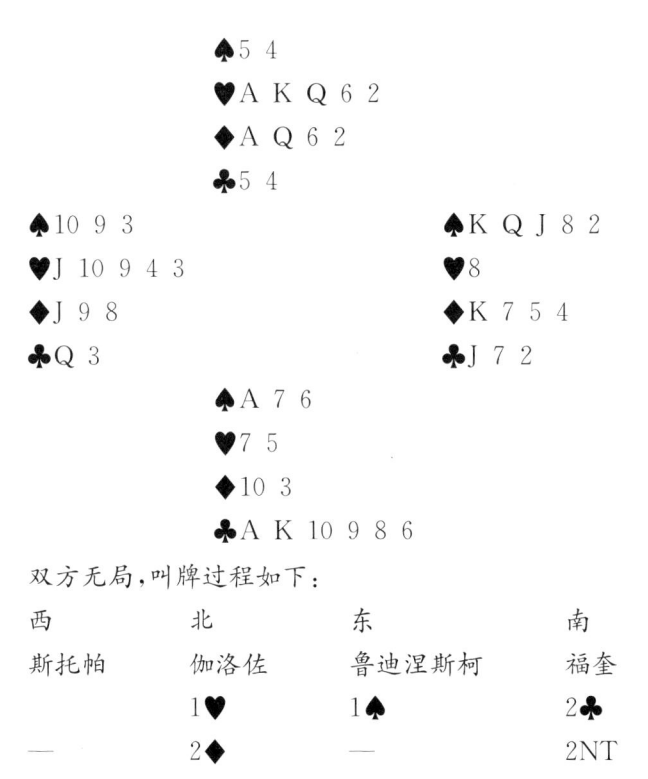

```
             ♠ 5 4
             ♥ A K Q 6 2
             ♦ A Q 6 2
             ♣ 5 4
♠ 10 9 3                    ♠ K Q J 8 2
♥ J 10 9 4 3                ♥ 8
♦ J 9 8                     ♦ K 7 5 4
♣ Q 3                       ♣ J 7 2
             ♠ A 7 6
             ♥ 7 5
             ♦ 10 3
             ♣ A K 10 9 8 6
```

双方无局，叫牌过程如下：

西	北	东	南
斯托帕	伽洛佐	鲁迪涅斯柯	福奎
1♥	1♠		2♣
—	2♦	—	2NT
—	3NT	都不叫	

西家首攻♠10,定约人福奎连让两轮,他于第三轮用♠A拿后出小红心到明手,现在他从明手出草花。假如东家遵循"第二家跟小牌"的教条,那么福奎便会用♣10飞过去,他并不介意草花飞牌失败,因为让西家上手并不能构成威胁。接下来只要草花3-2分布,定约人便可十分轻松地拿到10墩牌。谁知位于东家的鲁迪涅斯柯（Jean-Marc Roudinesco）成竹在胸,他不慌不忙地拿出♣J!

定约人无法忍让,因为东家上手后将会连兑现2墩黑桃。在不得不拿下这一墩后又该如何处理草花呢？不妨先排除东家持单张或是双张草花的可能性,因为遇上这两种情形时,定约人是无法完成定约的。接下来该考虑东家持♣QJ×还是♣J××,如果东家持♣QJ×,那么定约人可飞捉他的♣Q；如果东家持♣J××,那么定约人可击落西家的♣Q。考虑再三,福奎选择前者,结果宕了数墩。

例3.4.7 说起反应灵敏,齐亚是一名公认的高手,他有着极丰富的想象力和不寻常的胆魄。请看下面这手牌：

```
              ♠ 6 5 4 2
              ♥ Q 10 9
              ♦ 6 3 2
              ♣ A 8 6

♠ J 8 7                    ♠ Q 10 9 3
♥ J 2                      ♥ K 5
♦ 10 4                     ♦ J 9 8 7
♣ K Q J 10 9 2             ♣ 7 4 3

              ♠ A K
              ♥ A 8 7 6 4 3
              ♦ A K Q 5
              ♣ 5
```

盘式桥牌,南北有局,叫牌过程如下:

西	北	东	南
3♣	—	—	4♣
—	4♠	—	5♥
—	6♥	都不叫	

位于西家的齐亚凭借有利的局况阻击,不料对手不为所动,仍推进到6♥,眼看做成满贯又完成一盘①。

齐亚首攻♣K,明手的♣A 拿后立即从明手出♥10 调将牌,东家跟♥5,定约人舍弃飞牌而用♥A 拿,齐亚毫不迟疑地送出♥J!

假如齐亚跟小红心,那么定约人将无可奈何地再调一轮将牌,接下来将因红心 2-2 分布便可摊牌了。现在齐亚这么爽快地送出♥J,使得定约人认为齐亚持的不是单张♥J,就是♥K J 双张。如果是前者,那么定约人继续调将牌的结果将使定约的成功必须依赖方块 3-3 分布,而方块 3-3 分布的可能性毕竟比 4-2 分布要少 12%。假如齐亚只有一张红心,那么当定约人连打方块时,即使齐亚告缺,他也无法将吃;假如齐亚持♥K J 双张,那么就让他用♥K 去将吃吧。如你所见,在定约人脑海中的几种可能性中,唯缺齐亚持♥J ×那一条。定约人信心十足地连打方块,方块果真是 4-2 分布,令定约人非常惊讶又沮丧的是齐亚掏出♥2 将吃了。

例 3.4.8 世界桥坛上有几个很重要的桥牌邀请赛,其中的一个是盖普·杰米尼桥牌邀请赛(Cap Gemini Invitational Pairs),组委会每次只邀请 15 对男选手和一对女选手。迄今为止,中国的男选手还不曾有机会成为某一年邀请赛的参与者,而中国的女选手孙茗和王宏利作为亚洲唯一一对女选手于 1997 年曾获此殊荣,而且因为她俩在邀请赛中获得第五名,于是次年又被邀请去了荷

---

① 盘式桥牌以先得两局者为先赢一盘。

兰的海牙。作为2000年盖普·杰米尼邀请赛第一名的齐亚和英国的罗布森,他俩再次接到邀请,齐亚在其卫冕赛中有这么一手牌:

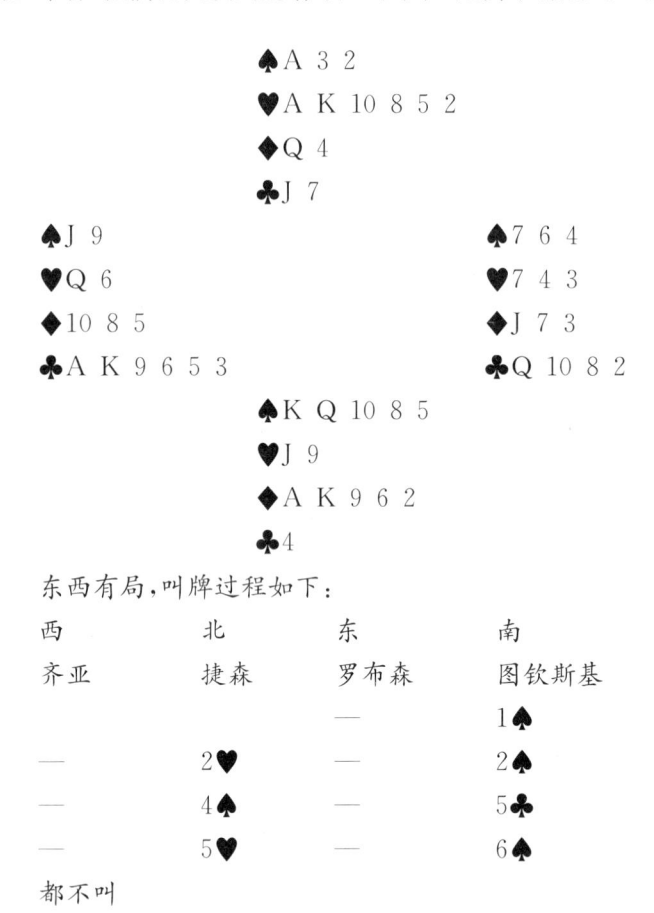

```
              ♠ A 3 2
              ♥ A K 10 8 5 2
              ♦ Q 4
              ♣ J 7
♠ J 9                        ♠ 7 6 4
♥ Q 6                        ♥ 7 4 3
♦ 10 8 5                     ♦ J 7 3
♣ A K 9 6 5 3                ♣ Q 10 8 2
              ♠ K Q 10 8 5
              ♥ J 9
              ♦ A K 9 6 2
              ♣ 4
```

东西有局,叫牌过程如下:

西	北	东	南
齐亚	捷森	罗布森	图钦斯基
		—	1♠
—	2♥		2♠
—	4♠	—	5♣
—	5♥	—	6♠

都不叫

南北选手是一对波兰桥牌好手图钦斯基(Pyotr Tuszynski)和捷塞姆(Krzysztof Jasem)[①],他俩成功地叫到满贯,在八对南

---

① 图钦斯基是1984年世界奥林匹克桥牌团体锦标赛的冠军成员,他和捷塞姆在参加那次邀请赛前不久刚获得世界奥林匹克锦标赛的银牌。捷塞姆是2015年百慕大杯赛冠军波兰队的成员之一。

北选手中只有三对叫成了。同定约有关的所有花色的分布对定约人都极有利,不论是做红心还是树立方块,似乎都没有失败的可能,真可谓条条大路通罗马,眼看齐亚和罗布森要被对手榨去大分了。然而,当有人把定约人未能完成的结果传出去时,闻者皆面面相觑:这怎么可能呢?这肯定是技术犯规——抽错了牌。只有瑞典桥牌好手威尔格伦(Anders Wirgren)猜出其中的奥妙。如果你有兴趣,猜猜齐亚究竟用什么手法颠覆了这个该是铁成的6♠的?

齐亚首攻♣K,继而再出♣A,定约人将吃。图钦斯基打掉手中的♠K,这时齐亚连眼睛都不眨一下就跟出♠J!定约人对这张牌瞅了又瞅,果真是单张吗?还是骗张?图钦斯基想了很久,最终将它作为前者接受下来。定约人出个方块到明手的♦Q,再出方块到手中的♦A,接着他出第三张方块让明手用♠A将吃,于是手中的方块都树立了。现在定约人从明手调将牌,当罗布森跟♠4时,定约人用♠8飞了过去……

假如齐亚确实持着单张♠J,那么在众多的作战方案中,图钦斯基的这条路线无疑是最出色的,但问题是定约人又如何能在一开头就能判明真伪呢?

例 3.4.9 主动送出大牌给定约人吃常常会令定约人对某个关键牌的位置误判,从而防家不是有效地保护了自己就是掩护了同伴。中国有句老话:丢车保帅。如果你能成功地将此策略运用于桥牌实践中,那么你的对手怎能不对你心存敬畏呢?2001年英格兰女队与瑞典女队在威尼斯中相遇,英国名将史密斯女士(Nicola Smith)[①]几乎单枪匹马为本队揽回了20余个IMP。

---

① 史密斯女士是世界桥牌特级大师,作为英格兰女队的代表,她参加了2007年在上海举行的威尼斯杯赛。

♠ 6 3
♥ A 10 8 5
♦ K 8 6 4
♣ A Q 5

♠ J 10 8 4　　　　　　♠ 9 5 2
♥ J 9 6 2　　　　　　♥ 7
♦ 9 3　　　　　　　　♦ J 10 5 2
♣ J 6 2　　　　　　　♣ 9 8 7 4 3

♠ A K Q 7
♥ K Q 4 3
♦ A Q 7
♣ K 10

双方无局，叫牌过程如下：

南	西	北	东
2♣	—	2♦(1)	—
2NT	—	3♣(2)	—
3♥	—	4♦(3)	—
4NT(4)	—	5♥(5)	—
7♥	都不叫		

(1) 等叫
(2) 斯台曼问叫
(3) 红心一致后的扣叫
(4) 罗马关键牌问叫
(5) 两个关键牌

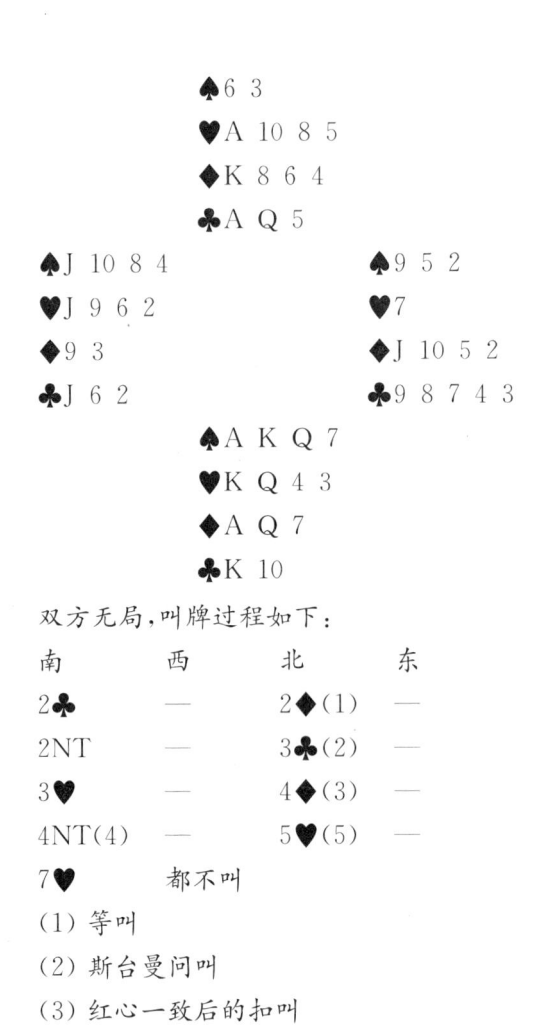

7♥是个不错的定约，无疑，7NT会更好些。史密斯女士位于西家，她首攻♠J。定约人用♠A拿后立即打掉♥K，这时西家不假思索地跟出♥9！定约人见了这张牌不由地停下来并陷入深思。

假如西家跟的是♥2之类的小红心，那么定约人将别无选择地再拔♥Q,因为当东家持♥J 9 × ×四张红心时,定约人是无能为力的。♥9的出现给了定约人多一个选择,她仍可提防西家持四张红心而再兑现♥Q,她也可以提防东家持四张红心而打掉明手的♥A——明手的♥10 8 与手中的♥Q 相配合,恰能生擒东家的♥J。换句话说,西家的♥9 使原来定约人所面临的单向飞牌顿时变成双向飞牌。考虑再三,定约人认为西家的红心不像很长,她出小红心到明手的♥A,在她看到东家垫牌时,很痛苦地长叹一声。

史密斯女士在关键时刻毫不迟疑地送出"9",就把对手的一个大满贯颠覆了。为了使读者对并非大牌的"9"予以足够的重视,我想把齐亚的一个重要心得介绍给大家,他的经验是"丢掉你的那张9"。

```
              K J 10 3
  Q 7 6                   9 4  （你）
              A 8 5 2
```

当定约人兑现 A 时,你应赶快丢掉那张 9,没准定约人会放弃飞牌而选择击落打法。

```
              J 8 6 3
（你）   10 9 2          Q 5
              A K 7 4
```

当定约人打掉 A 时,你赶快丢掉那张 9,定约人很有可能出牌到明手,接着从明手出 J。这样打可有效地在你持单张 9 时他也只输一墩牌,要是你恰好持 10、9 双张时,他更是个大赢家了。

```
              Q 10 8 5 4
  J 7 2                   K 9 3  （你）
              A 6
```

当定约人先打掉手中的 A 时,你仍旧应该丢掉你的 9,定约人很可能判断你持双张。如果他企图只输一墩，那么接下来他出6时，会放上明手的Q，因为当你持双张K时，他没办法不输2墩牌。

在上面的几个组合中，及时丢掉你的9丝毫无损，但你很有可能会从中受益。齐亚心得的最后一个组合便是史密斯女士遇到的那种情形。除此之外，有时丢掉你的9，会使定约人感受到很大的压力。

♠ K Q 5 3

♠ J 4　　　　　♠ 9 7 6 （你）

♠ A 10 8 2

通常定约人总是会先打掉明手的♠K，接着再出♠Q，为的是防备你持四张黑桃。但要是你在首轮黑桃时跟的不是♠6而是♠9，情况就会有变化，定约人会以为你持单张♠9，而从明手出小黑桃到手中的♠A。如果你很希望他较早地耗去一个对他来说宝贵的回手张，那么你何乐而不为呢？此外，主动丢掉你的♠9，有时还会改变定约人和防家的打牌节奏。譬如：

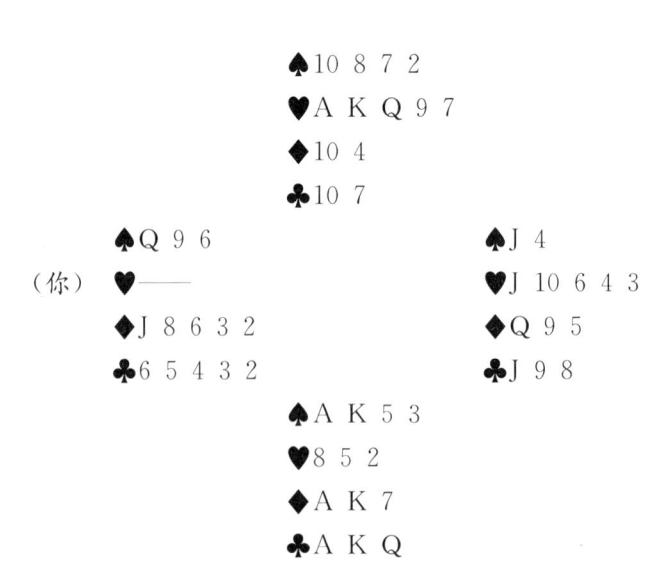

♠ 10 8 7 2
♥ A K Q 9 7
♦ 10 4
♣ 10 7

♠ Q 9 6　　　　　　　♠ J 4
（你）♥ ——　　　　　　♥ J 10 6 4 3
♦ J 8 6 3 2　　　　　♦ Q 9 5
♣ 6 5 4 3 2　　　　　♣ J 9 8

♠ A K 5 3
♥ 8 5 2
♦ A K 7
♣ A K Q

南家成了最佳定约6♠的定约人,作为西家,你首攻♣6,定约人拿后即着手调将牌。如果在他打出♠A时,你跟小黑桃,那么他将别无选择地再用♠K调第二轮将牌,结果将因黑桃的3-2分布而很高兴地摊了牌。

如果你在首轮黑桃时跟♠9(对你来说丝毫不亏),那么他绝对不会接着再拔♠K了。为了保持控制,定约人可能会送出张小黑桃给东家,当东家持4张黑桃且有至少3张的方块时,定约人既能让明手得到一次将吃的机会,又能将东家的将牌捕尽捉绝。令定约人大感意外的事发生了,东家打回红心让你将吃到一墩!

例 3.4.10 可能有人在看了上述的一些牌例后会想,那些定约人是对防家缺乏提防,假如有防范之心就不致失败了。前面图钦斯基也好,瑞典女队的定约人也好,我不认为他们见牌就都接受"单张"的概念,他们的失败在于无法验证其真伪,摆在他们面前的路很简单:要么接受它(当它是个真牌),或要么拒绝它(当它是个假牌)。在1982年的世界桥牌锦标赛的双人赛中,齐亚和同伴法兹利(Jan-e-Alam Fazli)在进入半决赛后在一张牌桌上遇到一对陌生的选手,下面是他们交手的第一副牌:

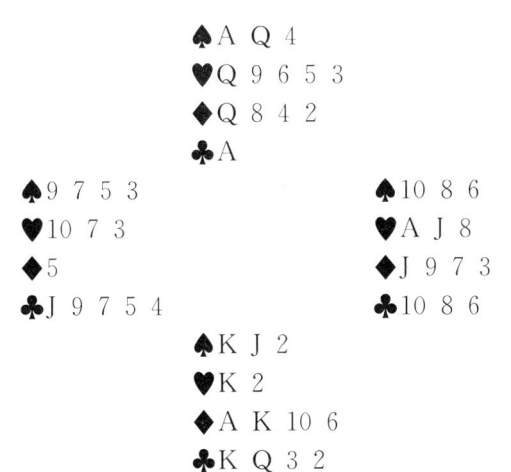

```
            ♠ A Q 4
            ♥ Q 9 6 5 3
            ♦ Q 8 4 2
            ♣ A
♠ 9 7 5 3              ♠ 10 8 6
♥ 10 7 3               ♥ A J 8
♦ 5                    ♦ J 9 7 3
♣ J 9 7 5 4            ♣ 10 8 6
            ♠ K J 2
            ♥ K 2
            ♦ A K 10 6
            ♣ K Q 3 2
```

双方有局，叫牌过程如下：

南	西	北	东
1♦	—	1♥	—
2NT	—	3♦	—
3♠	—	4♣	—
4NT	—	5♥	—
6♦	都不叫		

西家首攻♣4，明手拿下。定约人齐亚从桌上出♦2，东家跟出♦9！齐亚用♦K拿，西家跟♦5。定约人把牌放在桌上，开始琢磨这张牌的含义：单张♦9？♦J 9双张？还是持4张方块使诈？齐亚是位何等机灵且出色的选手，他也估计到对手有使诈的可能，但提防归提防，他没有任何手段去验证这张牌的真伪。他最终兑现了♦A……这个牌例告诉我们，只要我们不失时机（当然还需不露破绽）地使出诱骗战术，那么任何对手都有上当的可能。

例 3.4.11 下面这手牌发生于1996年挪威的一场地区赛中，当时赫尔格莫位于西家，他的同伴是蒂斯勒佛尔（Geo Tislevoll），他是挪威的一名桥牌作家兼桥牌教师。坐北的是伦德（Borre Lund），居南的是奥斯伯格（Per Erik Austberg），他俩都是当时挪威的年轻桥牌好手，两人都曾经和赫尔格莫为伴。

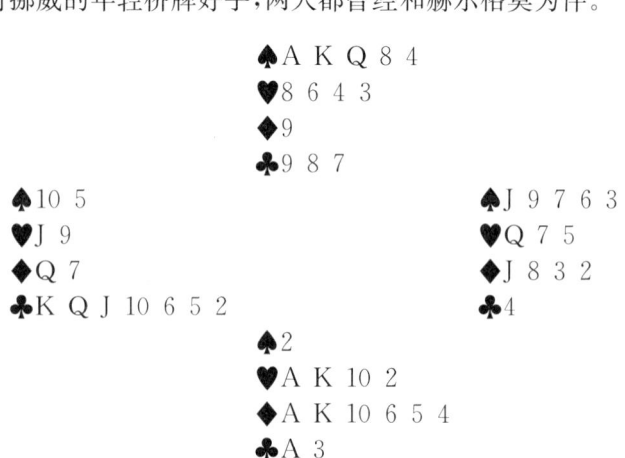

```
              ♠ A K Q 8 4
              ♥ 8 6 4 3
              ♦ 9
              ♣ 9 8 7
♠ 10 5                      ♠ J 9 7 6 3
♥ J 9                       ♥ Q 7 5
♦ Q 7                       ♦ J 8 3 2
♣ K Q J 10 6 5 2            ♣ 4
              ♠ 2
              ♥ A K 10 2
              ♦ A K 10 6 5 4
              ♣ A 3
```

双方无局,叫牌过程如下:

西	北	东	南
			1♦
3♣	加倍(1)	—	4NT(2)
—	5♦(3)	—	6♥

都不叫
(1) 技术性加倍,保证有两高套
(2) 布莱克伍德问叫
(3) 1 A

西家赫尔格莫首攻♣K,定约人奥斯伯格用♣A拿下后立即连打两轮黑桃,把手中的♣3给垫去了。接着定约人兑现♦A,再让明手将吃一轮方块,现在他从明手调将牌并用♥A拿。奥斯伯格原打算再用♥K调第二轮将牌的,然后让明手将吃一轮方块,只要红心呈3-2分布,那么不管方块是3-3还是4-2分布,12墩牌是雷打不动的。意外的事发生了,西家跟出的将牌是♥J!这张牌的出现使定约人停顿下来,而在这之前定约人的打牌速度和坚定不移的态度曾一度使蒂斯勒佛尔以为这个满贯是不可动摇的呢。

西家作过阻击叫,他持某门花色单张也是极正常的,既然东家持♥Q975四张红心,那又该如何对付呢?奥斯伯格很快就找到了答案:在调第二轮将牌之前先让明手将吃一轮方块,接着从明手调将牌,当东家跟小红心时,用♥10飞,再拔♥K。在把东家的♥Q撂在一边之后,定约人可将方块一路打到底,最终让东家拿一墩将牌就是了。主意打定之后,奥斯伯格打出第三张方块,怪事发生了,原以为将牌告罄的西家抽出♥9将吃了这一墩,赫尔格莫再出♣Q,东家则趁机垫去♦J。定约人知道东家持♥Q,将牌的分布也使他该有能力捕捉到东家的将牌,问题是定约人现在无法安全地进入明手去飞捉东家的红心,这个充满希望的满贯便以宕一墩告终。

难道定约人没想到赫尔格莫使诈的可能吗?我并不这么想,有着同赫尔格莫为伴及队友的经验的奥斯伯格肯定知道赫尔格莫不会轻易放弃这种机会的,然而对定约人来说,困难的是他已根本无法验证一下这张牌的真伪了。试想,如果定约人用♥K再调一轮将牌,而西家确实持的是单张♥J,那么这个满贯顿时就失败了,东家的♥Q是无法活捉到定约人的♥10,但定约人也无法不让东家的♥9成为防家的第二个赢张。换句话说,在西家亮出他的♥J后,定约人只有两条路可走:接受它,就像奥斯伯格的下场那样;不接受它,那就再拔一轮将牌吧。不过在决定何去何从之前,别忘了暗暗祷念好运啊。顺提一句,如果赫尔格莫持的红心是♥Q 9双张,我想他肯定也会先送出♥Q的。

例3.4.12 在多伦多举行的一次北美桥联的夏季大赛中,加拿大桥牌前国手里特伐克(Irving Litvack)及时使诈,成功地使定约人痛尝失败之苦涩。

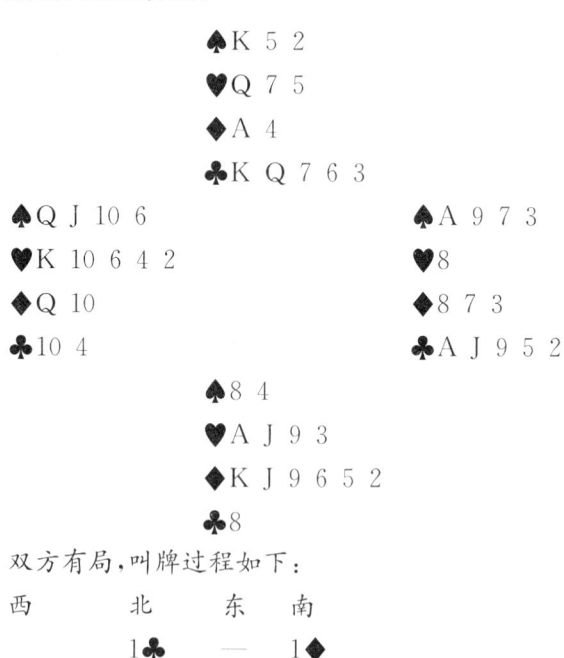

```
                ♠K 5 2
                ♥Q 7 5
                ♦A 4
                ♣K Q 7 6 3
♠Q J 10 6                    ♠A 9 7 3
♥K 10 6 4 2                  ♥8
♦Q 10                        ♦8 7 3
♣10 4                        ♣A J 9 5 2
                ♠8 4
                ♥A J 9 3
                ♦K J 9 6 5 2
                ♣8
```

双方有局,叫牌过程如下:

西	北	东	南
	1♣	—	1♦
—	1NT	—	2♦

都不叫

当时里特伐克位于西家,他首攻♠Q,定约人欠考虑地放上明手的♠K,结果让东家上了手。东家立即改出♥8,定约人感觉不妙,他赶紧用♥A截下并着手调将牌。在定约人从手中出♦2时,里特伐克连眉头也没皱一下就跟出♦Q！定约人果然上钩,他以为东家持♦10 8 7 3四张方块,在明手的♦A拿后,他从明手出方块回来并用♦9飞牌。令定约人吃惊的是西家亮出♦10,里特伐克兑现♥K后让同伴残存的那张♦8得到将吃的机会,结果宕了一墩。

假如里特伐克跟出的是♦10而不是♦Q,那么定约人就很有可能用♦K再拔一轮方块,他将很轻松地拿到9墩牌了。

例3.4.13 没人会平白无故地送出大将牌给定约人吃,正因为如此,当定约人击落防家的一张大将牌时,他的第一反应往往是这位防家不再有第二张将牌。定约人十之八九会根据这一信息对其打牌路线作一调整,没准儿会因此而误入歧途。在1980年的世界奥林匹克桥牌团体锦标赛中,就有一个这么好的例子,那是发生于英国队与挪威队的交锋时。

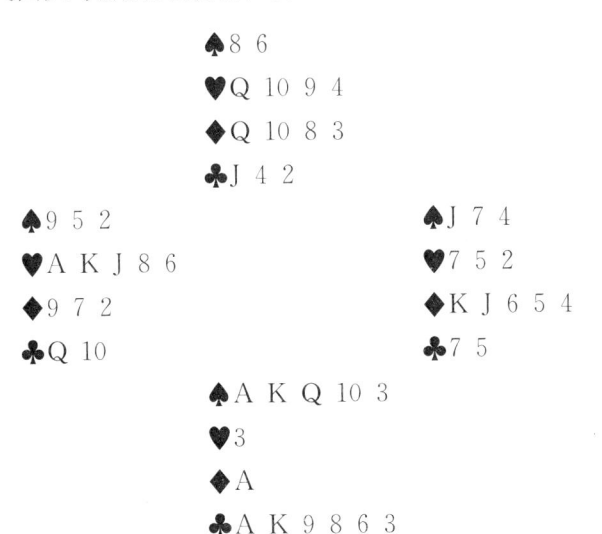

```
              ♠ 8 6
              ♥ Q 10 9 4
              ♦ Q 10 8 3
              ♣ J 4 2
♠ 9 5 2                    ♠ J 7 4
♥ A K J 8 6                ♥ 7 5 2
♦ 9 7 2                    ♦ K J 6 5 4
♣ Q 10                     ♣ 7 5
              ♠ A K Q 10 3
              ♥ 3
              ♦ A
              ♣ A K 9 8 6 3
```

南北有局，叫牌过程如下：

南	西	北	东
	弗莱斯特		斯莫尔斯基
2♣	—	2◆	—
3♣	—	3◆	—
3♠	—	3NT	—
4♠	—	5♣	—
6♣	都不叫		

挪威队的南家非常清晰地表达了自己的实力和牌型，南北家最终叫到最佳定约 6♣。位于西家的是英国桥牌好手弗莱斯特，他在牌桌上常乐于"慷慨"捐赠。他首攻♥K，拿下一墩后便改出◆2，明手和东家分别跟◆3 和◆4，定约人用◆A 拿，头两轮的出牌好比防家在验证他们对定约人牌型的理解：嗯，现在他只剩下 11 张黑牌了。

定约人拔♣A 看看，弗莱斯特若无其事般地送出♣Q！高兴之余，定约人不由得停下来研究这一最新信息。东家"显然"是持♣10 7 5 三张草花，定约人完全有能力将防家的将牌一网打尽，但接下来怎么处理黑桃呢？硬打 3 - 3 分布？还是用♠10 飞呢？看了四家的牌，我们知道这两种最原始的手段都能奏效，不过定约人并不清楚这一点，他试图找到一个成功率更高一些的路线。考虑到黑桃 4 - 2 分布的可能要大于 3 - 3 分布的，定约人很快就找到既要应付东家的三张将牌，又要防备某一家可能持 4 张黑桃的办法。

定约人连拔♠A K，他再出小黑桃让明手用♣J 将吃。在黑桃树立之后，该是收网的时候了，定约人边想边从明手调将牌，当东家跟♣7 时，他用♣8 飞过去，没想到弗莱斯特毫不客气地抓来了这一墩。

例 3.4.14 持 Q 10 双张时先主动地送出 Q 给定约人吃，结果自己的10把失去的东西连本带利又收回了,这样的例子你已见过几个了。我相信你对这一招一定很有兴趣吧,我还想补充一句,如果你有机会一试时,哪怕定约人是名多次世界冠军获得者,也没准儿会栽在你手中。2007年在上海举行的第38届百慕大杯赛中,名不见经传的阿根廷选手就这样把大名鼎鼎的罗德威尔栽了个跟头。

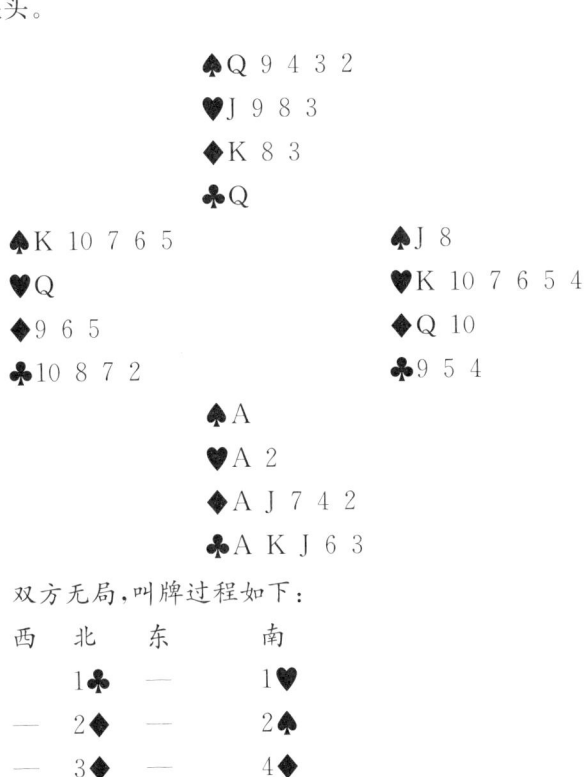

♠ Q 9 4 3 2
♥ J 9 8 3
♦ K 8 3
♣ Q

♠ K 10 7 6 5　　　　　♠ J 8
♥ Q　　　　　　　　　♥ K 10 7 6 5 4
♦ 9 6 5　　　　　　　♦ Q 10
♣ 10 8 7 2　　　　　　♣ 9 5 4

♠ A
♥ A 2
♦ A J 7 4 2
♣ A K J 6 3

双方无局,叫牌过程如下:

西	北	东	南
	1♣	—	1♥
—	2♦	—	2♠
—	3♦	—	4♣
—	4♥	—	4NT
—	5♣	—	5♦
—	6♦	都不叫	

先来介绍一下四位选手,北家是麦克斯特罗思,南家是罗德威尔,他们使用的叫牌体系是罗德威尔设计的RM精确制。坐西的

是帕拉佐(Louis Palazzo),位东的是兰巴蒂(Pablo Lambardi)。

北家叫过红心,然而寄希望于得到将吃的机会,西家还是首攻了♥Q,很幸运,东家牢牢地守着红心,这个首攻并不吃亏。定约人罗德威尔出小将牌到明手的◆K,兰巴蒂毫不犹豫地送出了◆Q! 请留意,在兰巴蒂慷慨解囊时他并不知道同伴持着◆9,同时由于明手打掉◆K,定约人即使有◆9也无法飞捉西家的◆10,尽管如此,兰巴蒂在多届世界冠军获得者的面前也没有丝毫的犹豫。

在罗德威尔看来,西家像是持◆10 9 6 5的4张方块,看来将牌是非输一墩的,他接下来的任务是设法免输一墩红心。明手的黑桃不可能垫手中的♥2,唯一可行的是用手中的草花垫明手的红心。如果西家的草花也是4张,那么明手的红心可从容垫去,再让明手将吃一墩红心。哪怕西家持3张草花亦不妨,连打三轮草花可垫去明手两张红心,再打第四轮草花时,西家将吃便将损失一墩将牌了。想到这里,罗德威尔先兑现♣Q解封,通过♠A回手后他连打草花。西家果真有4张草花,明手的红心很顺利地垫得精光,没想到那位将牌"告缺"的东家兰巴蒂抽出◆10将吃了这一墩。东家接着打回的红心使同伴的◆9将吃到一墩。

看上去定约人完全可以再兑现一墩大将牌的,其实并不然,因为罗德威尔也有他的难处。假如西家确实持着4张将牌和3张草花,那么再兑现一墩方块将使明手只剩下一张将牌,在定约人打第四轮草花时,西家会将吃,而且他会用第四张将牌与明手的那张同归于尽。所以我们不妨这么说,当东家送出他的◆Q后,我们会顺理成章地认为西家持着4张将牌,接下来便是对西家持几张草花的假设。如果假设西家持3张草花,那么罗德威尔上述的打法就一点也没错;如果假设西家的草花也有4张之多,那么定约人就该再调一轮将牌,从而兰巴蒂的骗局也就不攻自破。如你可见,尽管这手牌方块的组合与前面的几手牌不尽相同,主动送出大牌常常也会先使定约人以为这是个单张,当定约人无法鉴定是真是假时,防家就有机可趁了。

例 3.4.15 接下来这个牌例令人叫绝,他持 Q 10 4 三张,明明他的 Q 一定可以拿到一墩,他却慷慨大度地送出。我不说你也一定明白天下没有无缘无故送礼的道理,他送出 Q,结果挫败对手一个局。那是在 1964 年世界奥林匹克桥牌团体锦标赛中出现的一手牌。

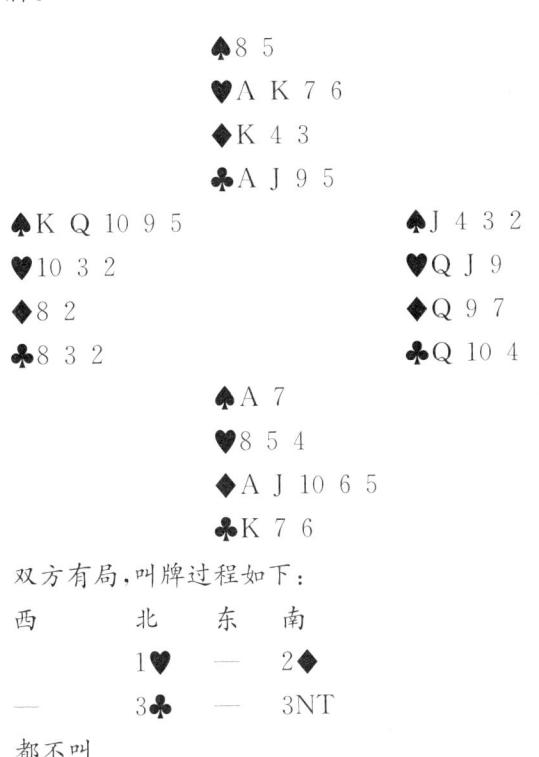

```
              ♠ 8 5
              ♥ A K 7 6
              ♦ K 4 3
              ♣ A J 9 5
♠ K Q 10 9 5              ♠ J 4 3 2
♥ 10 3 2                  ♥ Q J 9
♦ 8 2                     ♦ Q 9 7
♣ 8 3 2                   ♣ Q 10 4
              ♠ A 7
              ♥ 8 5 4
              ♦ A J 10 6 5
              ♣ K 7 6
```

双方有局,叫牌过程如下:

西	北	东	南
	1♥	—	2♦
—	3♣	—	3NT

都不叫

在其中的一张牌桌上,西家首攻了♠K,定约人是意大利队的帕比斯-梯契,他忍让一轮黑桃,防家继续出黑桃,他只好用♠A 收下了。他出小草花到明手的♣A,接着他出♣5 回来,当♣Q 并不跌下来时,他转而树立方块。考虑到西家像持着不少于五张的黑桃,他的方块多半比东家短,于是从大牌分布的可能性出发,定约人以东家作为持♦Q 的对象。定约人在生擒了♦Q 之后,有惊无险地拿到 10 墩牌。

在另一张牌桌上，南家同样也成了 3NT 的定约人，西家贝拉唐纳同样首攻的是♠K，那位定约人同样是于第二轮黑桃时用♠A拿下的。无独有偶，那位定约人想的也是先试探草花，草花做不通则转而再试方块。当明手的♣A 拿一墩草花后，定约人从明手出♣5 回来，怪事发生了，东家阿伐雷利毫不犹豫地送出♣Q！这张牌的出现，"明白无误"地告诉定约人，西家不但持♣10，而且他的草花有 4 张之多。飞一次草花不是唾手可得 4 墩草花了吗？加上别的花色上的大牌快速赢张，9 墩牌已是囊中物，既然如此，那何必冒风险去飞方块呢？定约人接连兑现两张方块大牌，当他未能击落♦Q 时，他着手草花上的飞牌，万万没想到阿伐雷利这时居然掏出♣10！

无疑，阿伐雷利这一招非常高明，可以骗到 99％以上的定约人恐不为过吧，因为定约人很难想象东家明明可拿到一墩（就像前面戈德曼的那个牌例一样），他还会送出♣Q。不过需指出的是，当你想实施阿伐雷利的经验，你必须拿准同伴持至少 3 张的草花。假如他只有两张草花，那么他在第三轮草花时的垫牌，将使你成为弄巧成拙的笑料。

持 Q 10 组合时，先送出 Q 常能使定约人头痛不已。如果他对你知之不多时，那么他很有可能上当。如果他曾栽倒在你手中时，那么他将对你的 Q 心有余悸而不知所措，因为你已经见过好几个这样的牌例了，定约人即使怀疑其真实性，他也无法验证其真伪，他只能选择相信，或是不信。有时你并没有 10 在手，尽管如此，你先送出 Q 有时也会令定约人翻船的。

例 3.4.16 假如你对阿伐雷利的这一招的灵验度将信将疑，那么我很乐意再给你一个这样的例子，因为像阿伐雷利那样的好手，并不仅着眼于一门花色上的得或失，他们考虑的常是整手牌的拼搏。

♠ J 8 7
♥ A Q 6
♦ 10 4 2
♣ J 9 5 2

♠ 6 5
♥ J 10 9 7 4
♦ 7 6 3
♣ 8 7 4

♠ A 2
♥ K 8 5 3 2
♦ Q 8 5
♣ Q 10 6

♠ K Q 10 9 4 3
♥ —
♦ A K J 9
♣ A K 3

双方有局，叫牌过程如下：

南	西	北	东
2♠(1)	—	3♠(2)	—
6♠	都不叫		

(1) 老式自然叫法，强二开叫
(2) 半积极应叫，强于直接加
叫成局

西家首攻♥J，定约人见一时没什么牌可垫，再说他还想试试自己的运气，于是他放上明手的♥Q，东家狄特里奇（Bud Dietrich）是一位美国以前很有名的魔术师，他盖上♥K，定约人将吃后送出♠K，东家吃下后打回红心，很仔细的定约人仍旧不肯垫牌，他再次将吃。定约人又调一轮将牌，让明手留着♠J并寻思自己下一步的行动计划。他不愿把成败放在方块飞牌上，他很周全地先兑现♣A K，他果真看到惊喜，东家跟出的两张草花分别是♣6和♣Q！

既然飞捉西家的♣10即可免去方块上的飞牌，那么又有谁会放弃100%成功的打法而去选择50%成功率的飞牌呢？你会责怪定约人的思路有误吗？对他来说非常不幸的是狄特里奇像变魔术般地拿出♣10。对这位定约人包括我们该从这手牌中汲取的教训是，当我们遇到一位魔术师般的对手时，需格外小心啊。

例 3.4.17　在1974年的欧洲桥牌锦标赛中，有这么一手趣牌，请你不妨先细细研究一下全手52张牌，看看你有什么法子来劝说定约人钻进死胡同。

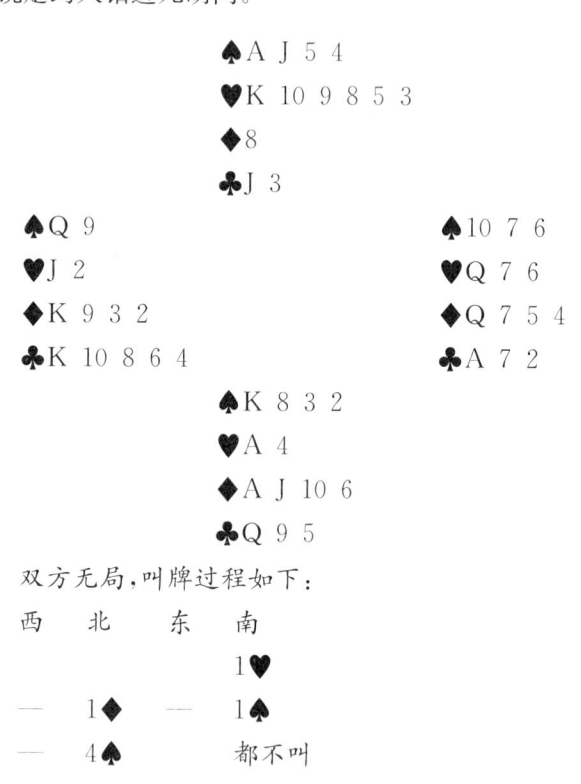

```
              ♠ A J 5 4
              ♥ K 10 9 8 5 3
              ♦ 8
              ♣ J 3
♠ Q 9                        ♠ 10 7 6
♥ J 2                        ♥ Q 7 6
♦ K 9 3 2                    ♦ Q 7 5 4
♣ K 10 8 6 4                 ♣ A 7 2
              ♠ K 8 3 2
              ♥ A 4
              ♦ A J 10 6
              ♣ Q 9 5
```

双方无局，叫牌过程如下：

西	北	东	南
			1♥
—	1♦	—	1♠
—	4♠	—	都不叫

在另一张牌桌上，瑞典选手也叫到4♠，定约人毫不费力地拿到11墩牌。如牌所示，不论定约人用飞牌还是击落战术，他都可手到擒来地逮住西家的♠Q。

在这张牌桌上，瑞典队的选手以连出草花揭开了序幕，以色列的定约人于第三轮时用♣Q收下这一墩。接着他打出♠K，谁知瑞典队的佛罗维斯特(Sven-Olov Flodqvist)毫不迟疑地送出♠Q！定约人不由得一怔，他马上又判断东家一定持♠10 9 7 6四张黑桃。既然不得不输一墩将牌给东家，那么不如暂且把将牌搁置一边着手树立明手的红心。想到这里定约人便连打红心，没想到西家居然还有♠9，佛罗维斯特将吃第三轮红心后，他再出草花使同伴的♠10得到了升级。

定约人的失误在于没继续调一轮将牌，否则他也能拿到11墩牌。他少调一轮将牌是为了更安全吗？可能他是如此想的，但事实上并非如此。我们先假设东家确实是持有四张将牌，在此前提之下，这个4♠定约能否完成将取决于红心的3-2分布。假如红心4-1分布，那么不管谁持4张红心，定约人都将因缺桥短路而无法树立红心，哪怕他不再调将牌也无济于事。

我想就上述组合再多说几句。当定约人先打出♠K时，西家应看到自己是不可能保全他的♠Q的，除非他还指望定约人接下来会从明手出小黑桃。所以说当我们遇到这种情形时，就应该像佛罗维斯特那样大大方方送出自己的♠Q。我并不是说定约人轻而易举地收下这一墩后会随即出错，但是一来有此可能，二来西家这样做丝毫无损。

例3.4.18 主动送出大牌给定约人吃，使定约人误判防家的这门花色告罄，这个道理似很浅显，但将它付诸实施也并非容易。首先谁都不愿轻易地放弃一城一池，其次要恰到好处地主动地送出大牌恐也就难上加难了，弄得不好便赔了夫人又折兵。前面你已见了英国桥牌好手弗莱斯特的精彩表演，令人惊叹的是他真是位善于把握时机的慷慨捐赠家，明明有时候他的大牌还有可能拿到一墩，他也会若无其事地送出，一次次令定约人好端端乘坐的火车出了轨。2001年在拉斯维加斯举行的北美桥联秋季大赛中，弗莱斯特和同伴未能进入决赛，他俩退而参加了安慰赛，不过这并不妨碍弗莱斯特拿出他的看家本领。

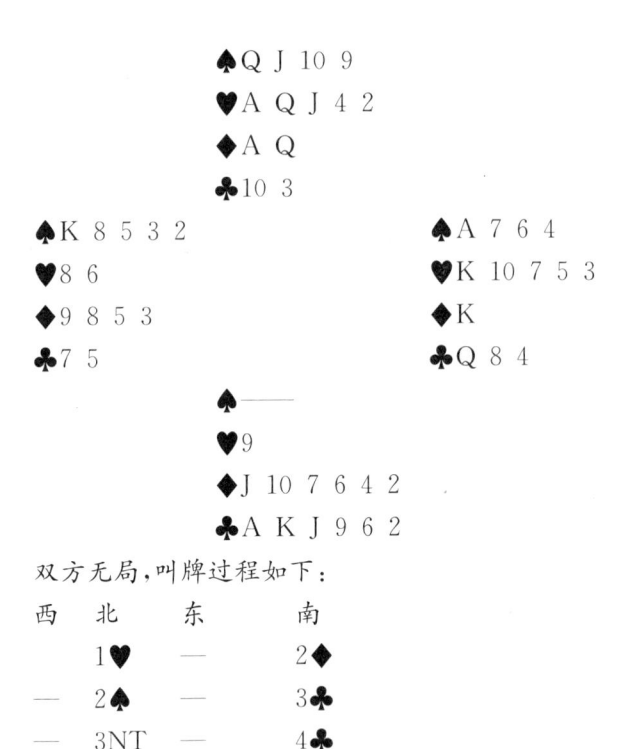

♠ Q J 10 9
♥ A Q J 4 2
♦ A Q
♣ 10 3

♠ K 8 5 3 2   ♠ A 7 6 4
♥ 8 6   ♥ K 10 7 5 3
♦ 9 8 5 3   ♦ K
♣ 7 5   ♣ Q 8 4

♠ —
♥ 9
♦ J 10 7 6 4 2
♣ A K J 9 6 2

双方无局,叫牌过程如下:

西	北	东	南
	1♥	—	2♦
—	2♠	—	3♣
—	3NT	—	4♣
—	6♦	都不叫	

南北方很轻松地叫到最佳定约6♦。西家很勇敢低引黑桃,在东家的♠A被定约人将吃之后,防家便能很清楚地描绘出定约人持怎样一手牌。定约人的策略是宁可输一墩将牌,也要把手中的草花树立起来。他立即连打♣A和♣K,位于东家的弗莱斯特的♣Q明明已逃过一劫,他却也大大方方地把它送出来!

假如♣Q并不掉了下来,那么定约人拟用明手的♦Q将吃一轮草花。如牌所示,明手余下的♦A将手到擒来地逮住了东家的单张♦K,定约人只需让出一墩将牌给西家便可完成这个定约。现在草花并不费事地树立好了,接下来当务之急便是调将牌。定约人当然可以拔♦A再用♦Q调将牌,不过这样做可有个危险,那就是当西家持双张♦K及三张草花(东家跌出的♣Q不已"很明确"地指出这一点了吗?)时,他上手后能让同伴将吃到一墩草花。

斟酌一番后,定约人选择了飞牌。弗莱斯特用◆K 拿到一墩后,他不客气地再出黑桃迫使定约人将吃。定约人继续调将牌,这时传来的噩耗:他为清将牌不得不靠将吃回手,但这时他的将牌要比西家少一张。弗莱斯特的这次精彩表演使他荣获了 IBPA 颁发的 2002 年度最佳防守奖。

例 3.4.19 请允许我换一种方式来介绍接下来的一个牌例。那是在 1968 年北美桥联大师级桥牌双人赛中的一手牌。假如你是北家,在东西有局时,你和同伴是这样交换情报的:

♠ J 10 9 8
♥ A K 10
◆ A Q 3 2
♣ 4 3

♠ A 7 6 5 3 2
♥ 6 5
◆ K J 6
♣ A K

南	北
1♠	3♠(1)
4♣	4◆
5♣	5♥
6◆	6♥
6♠	

(1) 逼叫

自 4♣ 至 6♠ 间的叫牌均为扣叫

西家首攻♥2,按防家的约定,首攻最小的牌表示奇数张,你的同伴用明手的♥K 拿,东家跟出♥Q。你的同伴发现旁套花色根本不存在任何问题,唯一需顾虑的是将牌。他从明手出♠J,当东家跟♠4时,他飞了过去,因为他认为不论将牌是 2－1 还是 3－0 分布,这样打是最安全的。西家用♠Q 收下这一墩。意想不到的事发生了,西家再出红心,东家用♠K 将吃了,原来西家竟然有七张红心。作为他的同伴,你对他的打牌路线有什么意见?你会指责他:为什么不用♠A 先拔一轮呢? 2－1 分布的可能性有 78％,而 3－0 分布的可能性只有 22％,再说西家有奇数张的红心,那么东家持单张♠Q 的可能性也就很大了。如果你确实会如此责怪同伴的,那么请看在实战中的整手牌吧:

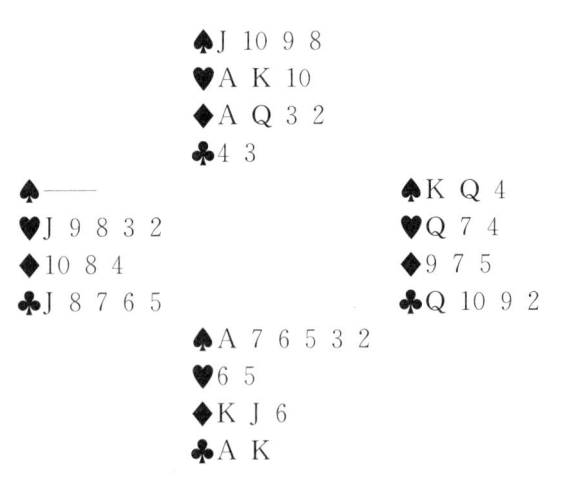

     ♠J 10 9 8
     ♥A K 10
     ♦A Q 3 2
     ♣4 3
♠——   ♠K Q 4
♥J 9 8 3 2   ♥Q 7 4
♦10 8 4   ♦9 7 5
♣J 8 7 6 5   ♣Q 10 9 2
     ♠A 7 6 5 3 2
     ♥6 5
     ♦K J 6
     ♣A K

在实战中,定约人见东家跟出♥Q 后马上意识到飞牌不成的危险性,他见东家拒绝盖上大将牌后,就用♠A 拿。西家的垫牌使他不得不输 2 墩将牌。

这位东家是格林伯格夫人[①],作为世界女子特级大师,她不止一次地荣获过威尼斯杯赛的桂冠,还赢得过世界奥林匹克桥牌队式赛女子组的第一名。

例 3.4.20 2009 年百慕大杯赛在巴西举行,强大的意大利队

[①] 格林伯格(Gail Greenberg)夫人当时的名字是 Gail Moss,她的同伴米切尔夫人,我在第二章第一节中已提及了。

与西亚地区的代表巴基斯坦队相遇,其中有这么一手牌：

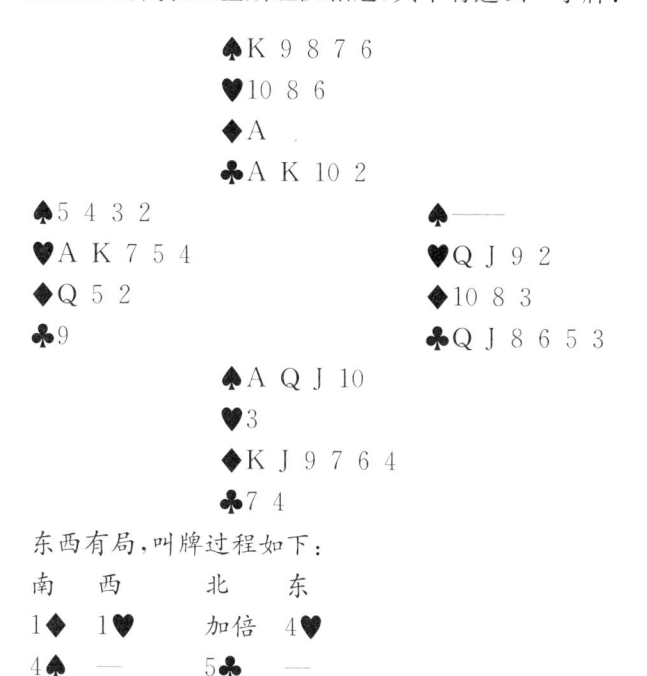

♠K 9 8 7 6
♥10 8 6
♦A
♣A K 10 2

♠5 4 3 2
♥A K 7 5 4
♦Q 5 2
♣9

♠——
♥Q J 9 2
♦10 8 3
♣Q J 8 6 5 3

♠A Q J 10
♥3
♦K J 9 7 6 4
♣7 4

东西有局,叫牌过程如下：

南	西	北	东
1♦	1♥	加倍	4♥
4♠	—	5♣	—
5♦	—	5NT	—
6♠	都不叫		

先简单介绍一下这手牌在另一牌桌上的进程。巴基斯坦的北家成了6♠的定约人,东家首攻♣Q。定约人拿后打掉♦A解封,他接着出个小黑桃到明手,发现黑桃4-0分布。定约人兑现♦K,他再出方块手中将吃,3-3分布的方块使他在肃清对手将牌之后就摊牌了。

在这一桌上的叫牌有需要作一些解释。北家的加倍属技术性,它保证有5张黑桃,于是南家毫无顾虑地直上4♠。接下来的5♣和5♦都是扣叫,最后北家的5NT表示要上满贯,于是南家在6♠上停下来。位于西家的阿斯卡利(Hasan Askari)首拔♥A,同伴跟出♥Q,西家再出小红心,定约人杜伯宛将吃。定约人出个草

第三篇　防家在整手牌时诱骗战术的运用　| 517

花到明手的♣A,他又兑现♦A,这时阿斯卡利毫不迟疑的跟出♦Q！这张牌的出现,使得杜伯宛以为方块呈 5-1 分布,既然西家只有一张方块,那么他就不会只有一张草花了,再说己方有的是大将牌,交叉将吃是最佳选择。定约人想再拿一墩草花,然后展开交叉将吃,谁知西家已经不客气地将吃了。阿斯卡利的精彩表演,使得他荣获了 2010 年度 IBPA 的最佳防守奖。

例 3.4.21 在你看了这 20 个牌例之后,我想你可能也接受这样一个概念,绝不能每次都从最小的牌跟起,有时还需主动送出大牌,尽管在你送出时并没有把握此举能带来什么回报。有一点是可以肯定的,屡跟小牌恐没什么变化,为此你不能指望跟小牌会发生奇迹。请你先看下面这手牌,在你看文字说明之前,能否设计出一个能较合理地使定约人出错的方案。

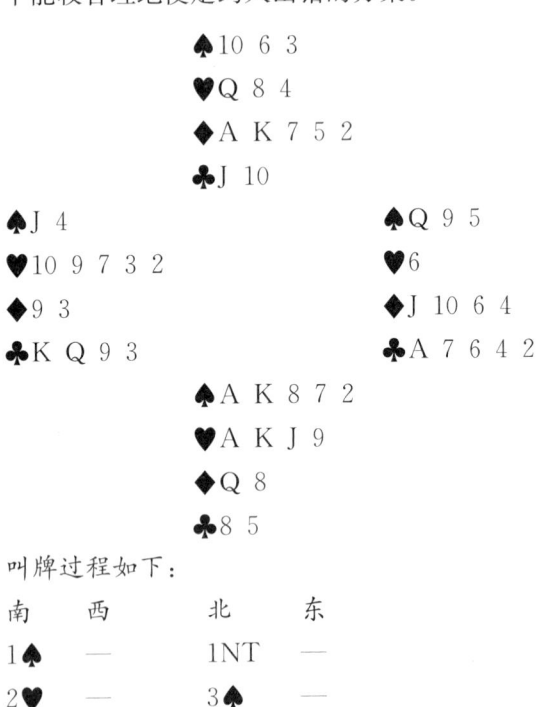

```
                ♠ 10 6 3
                ♥ Q 8 4
                ♦ A K 7 5 2
                ♣ J 10
♠ J 4                           ♠ Q 9 5
♥ 10 9 7 3 2                    ♥ 6
♦ 9 3                           ♦ J 10 6 4
♣ K Q 9 3                       ♣ A 7 6 4 2
                ♠ A K 8 7 2
                ♥ A K J 9
                ♦ Q 8
                ♣ 8 5
```

叫牌过程如下：

南	西	北	东
1♠	—	1NT	—
2♥	—	3♠	—
4♠	都不叫		

西家首出♣K，在看到同伴的♣7之后，西家再出草花，东家用♣A拿。东家打回♥6，定约人拿下。至此，一切正常，按说定约人只消连调两轮将牌就可摊牌了，这时意想不到的事发生了。就在定约人用♠A调将牌时，东家跟出♠Q！见了这张牌，你会责怪定约人把它看作是单张♠Q吗？很可能每一位定约人都会这样想的吧，至于有百分之几或百分之零点几的人会持怀疑就很难说了。既然东家只有一张黑桃，那么西家便持的是♠J９５４四张黑桃了。继续用大黑桃调将牌岂不使自己枉输一墩将牌，定约人很自然地从手中出小黑桃。西家用♠J拿一墩之后，他马上让同伴将吃一墩红心。

这位别出心裁的东家是莱维（Primo Levi），一位盘式桥牌专家，他的精彩表演使他荣获了1988年度的IBPA颁发的最佳防守奖。如果莱维跟的是小黑桃而不是♠Q，那么他的♠Q肯定能拿到一墩，但防家也肯定拿这个定约无可奈何了。如果定约人有♠J，那么莱维的全部损失是让定约人超额了一墩，这和挫败定约相比，实在是微不足道。

例 3.4.22 在介绍下面这个牌例之前，我想请读者先欣赏一下贝斯的另一个牌例，这样可更好地帮助读者理解那位防家壮举知奥妙。那是在1982年世界桥牌锦标赛的团体赛中的一手牌，贝斯所在的瑞士队遇上了日本队。

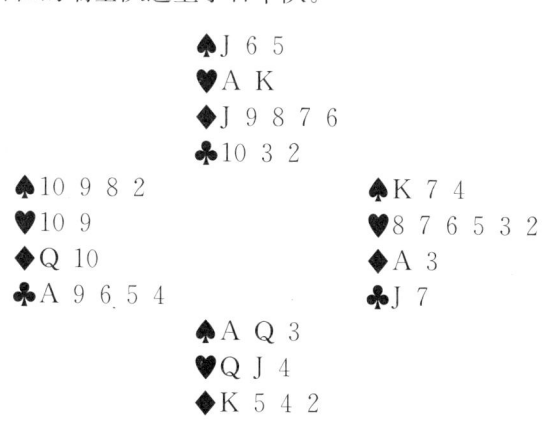

```
              ♠J 6 5
              ♥A K
              ♦J 9 8 7 6
              ♣10 3 2
♠10 9 8 2                    ♠K 7 4
♥10 9                        ♥8 7 6 5 3 2
♦Q 10                        ♦A 3
♣A 9 6 5 4                   ♣J 7
              ♠A Q 3
              ♥Q J 4
              ♦K 5 4 2
              ♣K Q 8
```

南北有局,叫牌过程如下:

南	西	北	东
1♦	—	3♦	—
3NT	都不叫		

西家首攻♣5,日本队的定约人的运气欠佳,他放上明手的♣10恰好为东家的♣J所盖过,定约人忍让。东家再出草花,西家用♣A拿后出第三轮草花,这时东家需垫一张牌,他垫的牌令举座皆惊,因为他把♦A给垫去了。正是因为他及时恰到好处地抛弃了自己的一个必赢张,使得定约人没可能完成定约。如果他垫的不是这张牌,那么当定约人猜对方块大牌的位置,就能完成这个定约。这位了不起的东家正是瑞士的桥牌高手贝斯,他的壮举使得他当之无愧地荣获了1982年度的博尔斯奖。

有了贝斯这个精彩牌例的铺设,读者就更容易理解哈里森-格雷那手牌的奥妙了。在此之前,读者在第二篇第十章已经领教过这位英国桥牌好手了。

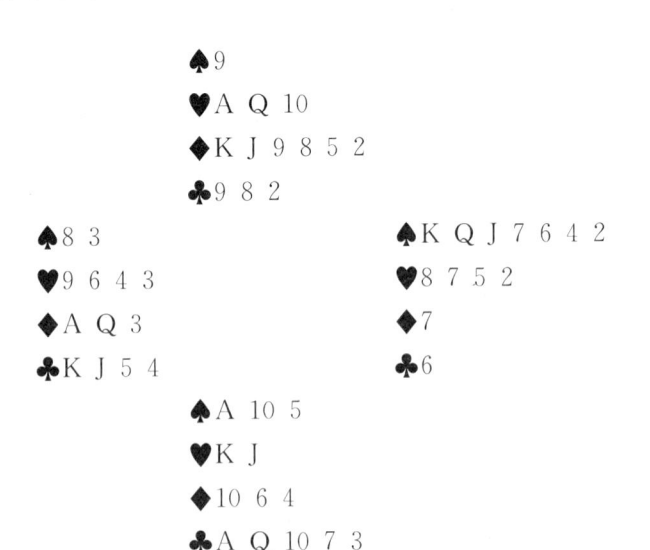

♠ 9
♥ A Q 10
♦ K J 9 8 5 2
♣ 9 8 2

♠ 8 3　　　　　　　　　　♠ K Q J 7 6 4 2
♥ 9 6 4 3　　　　　　　　♥ 8 7 5 2
♦ A Q 3　　　　　　　　　♦ 7
♣ K J 5 4　　　　　　　　♣ 6

♠ A 10 5
♥ K J
♦ 10 6 4
♣ A Q 10 7 3

南北有局,叫牌过程如下:
西　　　北　　　东　　　南
　　　　1◆　　　3♠　　　3NT
都不叫

西家便是本例的主人公哈里森-格雷,他责无旁贷地首攻同伴的花色黑桃,定约人忍让,东家继续出黑桃。唯恐东家于有利局况持六张黑桃阻击,定约人又忍让了一轮,谁知这时哈里森-格雷垫去◆A!

如果定约人不善推理,那么他在感到惊异之后仍将会飞方块的,这样他将很高兴地超额2墩牌。然而能成为哈里森-格雷的对手显然不是位泛泛之辈,他马上想到西家为了给同伴制造一个进手的机会不惜抛弃了自己的必赢张。如果自己再固执地树立方块,那么持◆Q×的东家就有机会逐张兑现他的黑桃了。如果定约人除了树立方块别无其他生路,那么哈勒森-格雷的苦肉计也不可能广为传颂了。巧的是定约人发现如果他放弃树立方块,那么他还可转试草花。于是定约人通过红心进入明手,一个♣9飞进了西家之手。哈里森-格雷主动打出◆3,定约人为了不让东家的"◆Q"得到上手的机会,他立即用◆K拿。随即定约人再出草花,东家示缺,定约人心安理得地让西家再拿一墩草花,在他看来,东家显然还有◆Q,而西家已出过两张方块,所以让西家上手也是很安全的。令定约人大吃一惊的是,这时哈里森-格雷抽出◆Q,惊愕之余,定约人不由地对哈里森-格雷的惊人胆略由衷地钦佩。一手看起来该铁成的牌,就如此这般地被哈里森-格雷给挫败了。

例3.4.23　接下来这手牌出自一次南美洲桥牌锦标赛中,定约人是巴西名将布朗科(Marcelo Branco),他不仅是"三冠王"之一,而且他还是唯一能与不同的两名选手合作荣获世界桥牌双人赛桂冠者。东家是布朗科的同胞布伦纳(Diego Brunner)[①],很有

---

① 据说布伦纳加入了很有名的意大利拉瓦扎桥牌队。

意思的是他当时与阿根廷的马达拉（Agustin Madala）为伴,后者现在是颗耀眼的新星,他作为意大利队成员之一赢得了2013年百慕大杯赛的冠军。

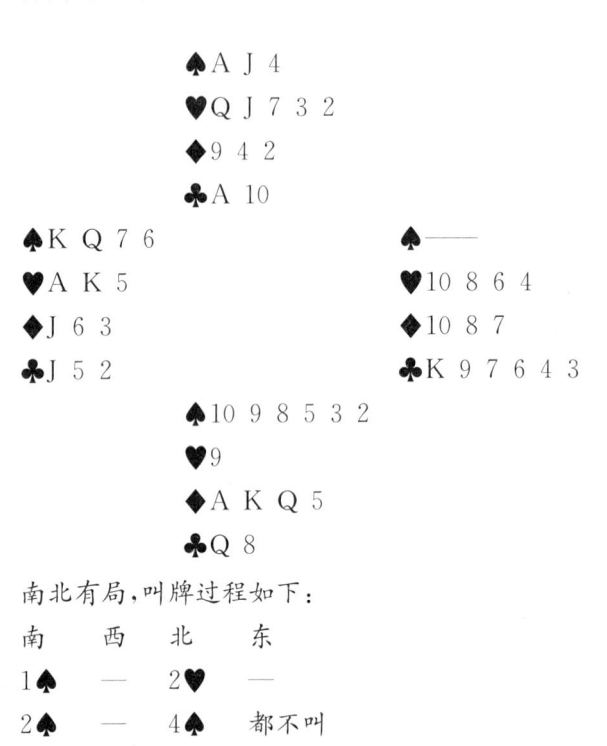

♠ A J 4
♥ Q J 7 3 2
♦ 9 4 2
♣ A 10

♠ K Q 7 6
♥ A K 5
♦ J 6 3
♣ J 5 2

♠ ——
♥ 10 8 6 4
♦ 10 8 7
♣ K 9 7 6 4 3

♠ 10 9 8 5 3 2
♥ 9
♦ A K Q 5
♣ Q 8

南北有局,叫牌过程如下：

南	西	北	东
1♠	——	2♥	——
2♠	——	4♠	都不叫

西家马达拉首攻♥A,拿到这一墩后,他改出小草花,定约人让明手跟♣10,布兰纳拿了之后打回红心,布朗科将吃,这时马达拉毫不迟疑地跟出♥K！定约人本来想双飞黑桃,但现在飞黑桃有危险。西家"显然"只有♥A K双张红心,黑桃大牌分居两边的可能性居多,一旦让东家上了手,那么他再出红心就无法阻止西家得到将吃了。想到这里布朗科出黑桃到明手的♠A,就此宕了一墩。

例 3.4.24 我在讲述定约人的跟牌和防家的跟牌时,都强调过要跟出已经暴露的那张牌的重要性,如果你能充分地认识到这一点,那么你可能大有收获。在北美桥联的一次大赛中,有这么一手牌:

```
                ♠ 6 4
                ♥ Q J 10 8 3
                ♦ A Q 6 5
                ♣ 3 2
♠ Q J 10 5 2              ♠ K 9 7
♥ 5                       ♥ 7 6 4 2
♦ K 10 9 8                ♦ 3 2
♣ Q 8 7                   ♣ A J 10 4
                ♠ A 8 3
                ♥ A K 9
                ♦ J 7 4
                ♣ K 9 6 5
```

双方有局,叫牌过程如下:

南	西	北	东
1NT	—	2♦	—
2♥	—	3♦	—
3♥	—	4♥	都不叫

看了四家的牌,我们知道南北方叫到一个很合适的定约,由于东家持♣A,因此这个定约该是铁成的,然而结果并非如此。

西家是美国名闻遐迩的麦克斯特罗思,他首攻♠Q,定约人忍让一轮,他于第二轮黑桃时用♠A收下了。定约人立即出方块并用明手的♦Q飞,拿到这一墩后,他又打去♦A,这时麦克斯特罗思不假思索地送出♦K!这是张已暴露的牌,定约人飞牌成功已证明了这一点,同时它又是张大牌,它的送出,使定约人手中的♦J

得到升级。正是这张牌的出现,使定约人重新考虑接下来该如何打。定约人意识到,如果能用手中的◆J垫去明手一张草花,那么即使西家持有♣A,也不可怕。定约人着手调将牌,♥A K一打,西家垫黑桃。定约人现在很清楚西家手里全是黑牌,他信心十足地打出◆J,令他感到不妙的是西家竟然跟出了张方块。东家不客气地将吃了这一墩,紧接着他替定约人调了一轮将牌,这样一来,定约人顿时回天无术了。

麦克斯特罗思不惜送出自己的◆K,使定约人在方块上多了个赢张,他真是舍得花本钱投资,得到丰厚回报也是理所应当。

第五章　用不必要大的大牌赢得一墩

人们常用杀鸡焉用牛刀来讥讽大材小用,不过把这句话照搬到桥牌中就未必适合。作为防家,当你在某门花色上持A Q时,明明用Q就可以赢得一墩,你会考虑不出Q却代之以A拿下这一墩吗?这里的A便是我所说的"不必要大的大牌"。可能有的读者会为此而感到不解:"用A去赢得一墩?让定约人的K成为最大三那一张,而自己的Q却还要看定约人K的脸色行事,为什么?"我在第二篇第一章"如何劝说防家继续出某门花色"中已叙述过,定约人有时可以用Q或J拿下首墩时,他却动用A或K,这使得防家以为定约人并不持有Q或J从而继续出这门花色。自古以来有矛就有盾,既然定约人可以用这种手段误导防家,那么防家何尝不能以其人之道还治其人之身呢?

当防家有两张大牌时,他留着次大牌在手,却动用那张"不必要大的大牌",对此你一定会问这样做有什么好处?什么时候我需要这样做?有不少时候,防家不想告诉定约人自己有着两大牌,譬如说当你用 A 赢得一墩时，定约人常常想不到你还有 Q 在手，于是你的 Q 也就得到保全。反之，你悭吝地用你的 Q 先拿下一墩，那么你的 A 就有可能不保，因为有时你的两大牌很难得到兼顾。此外，当定约人采取飞牌战术时，你先用 A 拿下，这使得定约人误以为飞牌成功，于是他会重复一个失败的飞牌。反之，你用 Q 拿使得定约人发现该花色飞牌无望，他只好转试其他了，结果反倒取得成功，这时你无意中助了定约人一臂之力，可惜许多防家在不知不觉这样做后仍没有意识到这一点。

例 3.5.1 如果定约人并不是个考虑问题细心且又全面的选手，那么没准你能从他手中"偷"得一墩。

♠ J 7 4
♥ A 10 6 5
♦ K Q J 6 3
♣ 7

♠ 6 3　　　　　　　　　　　♠ A 10 8 5 2
♥ 9 2　　　　　　　　　　　♥ K 4 3
♦ 10 9　　　　　　　　　　　♦ 8 7 4 2
♣ A Q 9 8 6 4 2　　　　　　♣ 3

♠ K Q 9
♥ Q J 8 7
♦ A 5
♣ K J 10 5

双方有局，叫牌过程如下：
南　　西　　北　　东
1NT　—　2♣　—
2♥　—　4♥　都不叫

西家首攻♦10，定约人在用手中的♦A 拿后立即出♥Q，飞牌没有成功。东家拿了马上改出♣3,定约人放上了♣J。假如你是西家,请你在不到5秒钟的时间内决定你的出牌。西家不难看出同伴的♣3是个单张,但这♣3对定约人来说也可能是出自有大牌长套的一张小牌。如果西家经济地用♣Q收下这一墩并打回草花,那么定约人很可能用明手的♥10将吃。如果西家能不露声色地用♣A拿下然后打回草花,那么定约人很可能判断东家持♣Q,既然如此,定约人就有可能随手从明手垫个小黑桃。这不是西家所企盼的结局吗?

例 3.5.2 当你的某张大牌为定约人所知,那么尽管它是张不必要大的大牌,也最好用它拿下一墩或跟出它。

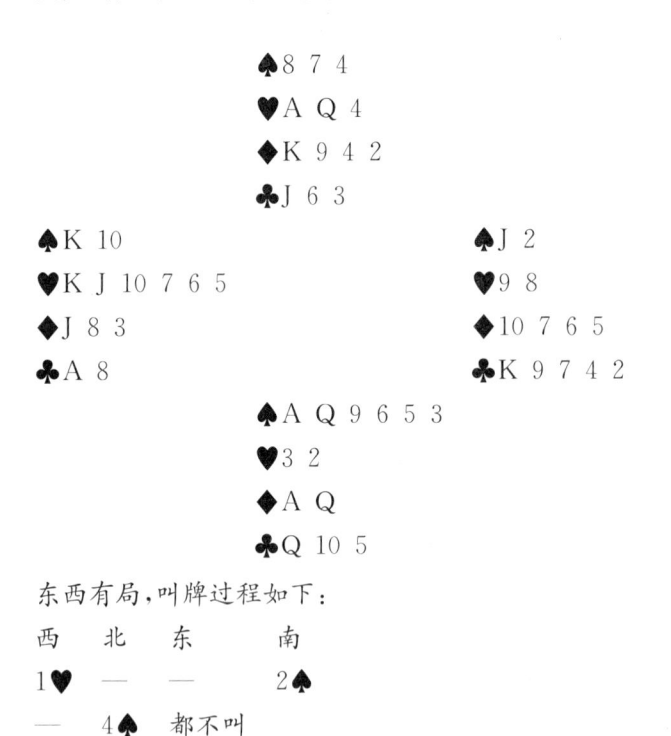

```
              ♠ 8 7 4
              ♥ A Q 4
              ♦ K 9 4 2
              ♣ J 6 3
♠ K 10                      ♠ J 2
♥ K J 10 7 6 5              ♥ 9 8
♦ J 8 3                     ♦ 10 7 6 5
♣ A 8                       ♣ K 9 7 4 2
              ♠ A Q 9 6 5 3
              ♥ 3 2
              ♦ A Q
              ♣ Q 10 5
```

东西有局,叫牌过程如下:

西	北	东	南
1♥	—	—	2♠
—	4♠	都不叫	

西家不愿首攻红心,他拨出♣A,在看到同伴的欢迎信号之

后，西家再出草花。东家用♣K拿后继续出草花，使西家得到将吃的机会。假如西家吝惜地用♠10将吃，那么你说定约人接下来还会考虑黑桃飞牌吗？从西家的开叫及东家pass及后来东家亮出的♣K来看，稍有推理能力的定约人都会判断西家持♠K。既然飞牌不可能成功，那么定约人一定会拔掉♠A的，随着♠K被击落，定约人的问题也就一了百了了。

西家应该很清楚自己的♠K是一张定约人已知的牌，在用♠10将吃后，自己的♠K就失去了保护。与其坐以待毙，不如用♠K将吃。试想，在西家用♠K将吃后，他改出红心，定约人不得不飞红心，飞成了。接下来定约人该怎么处理他的将牌呢？西家用♠K将吃，这不就说明他不再有第二张将牌了吗？如果是这样的话，那么♠J 10 2三张将牌就该在东家之手。为了将东家的黑桃一网打尽，你说在明手的♥Q拿到一墩之后，定约人是否该立刻深飞黑桃呢？退一步说，哪怕定约人已估计到西家使诈，对他甚至对任何桥牌专家来说，这仍是个棘手的难题。硬拔吗？当东家持三张黑桃就非输一墩；立即飞牌吗？西家使诈就能成功骗到一墩。

客观地说，当西家用♠K将吃后，他并不能肯定定约人接下来会如何处理他的将牌，不过他应清楚攥着♠K这张已知的牌不放，不啻是留着一张废牌在手，为什么不去争取一个对己有利而无弊的机会呢？

例3.5.3 可能施莱佛（Meyer Schleifer，1908-1994）这个名字并不为众人所熟悉，过去他在桥坛上很少抛头露面，因为有不少桥牌好手并不热衷于什么大赛，相反，他们更偏爱于朋友和熟人之间的小聚，施莱佛就是一个更爱盘式桥牌的好手。不过许多人都认为他是美国的一位不可多得的桥牌高手，世界桥牌特级大师、著名的桥牌作家坎特更是推崇施莱佛为"牌手中的牌手"。在下面的这手牌中，施莱佛临危不惧，镇定自若地扭转了形势。

```
            ♠ A K 5 2
            ♥ 8 7 4 3
            ♦ A 10 8 7
            ♣ 9
♠ 6 3                    ♠ 7 4
♥ J 10 6 5 2             ♥ A K Q
♦ 9 2                    ♦ K Q J 3
♣ A Q 5 3                ♣ 8 7 6 4
            ♠ Q J 10 9 8
            ♥ 9
            ♦ 6 5 4
            ♣ K J 10 2
```

在东家开叫 1♦ 后，南北方节节推进到 4♠。位于西家的施莱佛首攻 ♦9，定约人放上明手的 ♦10，东家用 ♦J 拿。假如东家盯住方块不放，那么定约人将不得不输 4 墩牌。然而东家不愿送个方块大牌给定约人吃，他连打 ♥AK，这就给了定约人一线生机。在两轮将牌之后，定约人从明手出 ♣9，当东家跟小草花时，定约人也跟小草花放过，施莱佛没半点犹豫地用 ♣A 拿，这使得定约人以为 ♣Q 必在东家无疑。在用明手的 ♦A 截住西家打回的方块之后，定约人将吃红心回手。定约人兑现 ♣K，继而他再出 ♣J，施莱佛从容不迫地跟小草花，定约人让明手将吃，他很遗憾地看到东家仍有小草花跟出，他只好认输宕一墩了。

假如施莱佛悭吝地用 ♣Q 收下定约人的草花飞牌，那么被逼得无路可走的定约人只好使用将吃飞牌，这样他就能树立两个草花赢张，恰能垫去明手的两张方块。

例 3.5.4　施莱佛的这个例子很生动地告诉我们，在局势不利时，我们要随机应变，要善于保护好自己，这里我想再给你一个很类似的例子。防家的首攻有时能决定一手牌的成败，话虽这么说,哪怕再出色的桥牌专家也不可能做到每每一矢中的。于是当同伴首攻不准时,你千万要沉住气,想方设法扭转不利的局面。美国桥牌好手奥希莱格(Richard Oshlag)就有这种不一般的能耐,在达拉斯举行的一次北美桥联春季大赛中,他向人们证明了这一点。

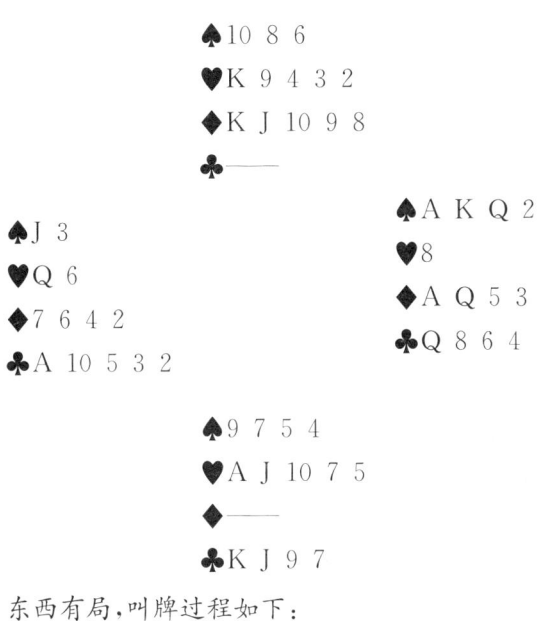

```
                    ♠ 10 8 6
                    ♥ K 9 4 3 2
                    ♦ K J 10 9 8
                    ♣ —

♠ J 3                           ♠ A K Q 2
♥ Q 6                           ♥ 8
♦ 7 6 4 2                       ♦ A Q 5 3
♣ A 10 5 3 2                    ♣ Q 8 6 4

                    ♠ 9 7 5 4
                    ♥ A J 10 7 5
                    ♦ —
                    ♣ K J 9 7
```

东西有局,叫牌过程如下:

西	北	东	南
—	1♦	1♥	
2♦	3♥	4♣	4♥
5♣	5♥	加倍	都不叫

北家的3♥是一大败笔,他应一次叫足4♥的,在此之后他就可把责任交给同伴处理,现在他叫3♥嫌软弱了些,对手叫出5♣后他又有点坐立不安,他哪知同伴一人便可挑战两位对手呢,眼看南北方要转盈为亏了。

假如西家首攻♠J,那么很可能北家一边收起牌,一边向同伴

第三篇 防家在整手牌时诱骗战术的运用 | 529

致歉。事实上西家选择首攻◆2,这使定约人看到了一线曙光。定约人精神大振地放上明手的◆8,位于东家的奥希莱格镇定而又毫不迟疑地拿出◆A!定约人将吃,他对西家持◆Q深信不疑。肃清将牌之后,定约人兑现明手的◆K并再出◆J,奥希莱格不慌不忙地跟小方块,定约人将吃,令他失望的是西家并没有跌出◆Q,这时他没办法不输3墩牌了。

如你所见,如果奥希莱格舍不得拿出他的◆A,那么他不但保不住他的◆Q,最终他的◆A仍被定约人为所捕杀,这样,南北方将收入550分。

例3.5.5 在一次意大利桥牌锦标赛中,福奎成功保住了自己的Q,使他所在的队锦上添花。

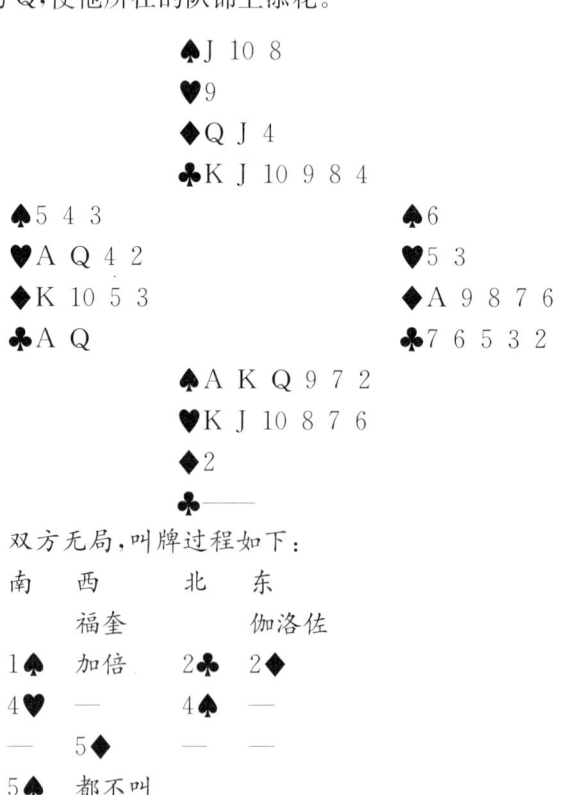

```
              ♠J 10 8
              ♥9
              ◆Q J 4
              ♣K J 10 9 8 4
♠5 4 3                        ♠6
♥A Q 4 2                      ♥5 3
◆K 10 5 3                     ◆A 9 8 7 6
♣A Q                          ♣7 6 5 3 2
              ♠A K Q 9 7 2
              ♥K J 10 8 7 6
              ◆2
              ♣——
```

双方无局,叫牌过程如下:

南	西	北	东
	福奎		伽洛佐
1♠	加倍	2♣	2◆
4♥	—	4♠	
—	5◆		
5♠	都不叫		

西家福奎把对手抬高一个水平,尽管如此,这个 5♠ 定约仍然充满希望。福奎首攻 ♦3,东家伽洛佐用 ♦A 拿后替定约人调将牌,定约人让明手的 ♠8 拿。定约人从明手出红心,当东家跟小红心时,定约人也跟小红心放过,早有准备的福奎似乎想都不想就用 ♥A 收下了。西家打回将牌,定约人用 ♠Q 截住。定约人先兑现 ♥K,接着他再出 ♥J,福奎不露声色地跟小红心,定约人踌躇一番后让明手将吃,当他看见伽洛佐垫牌时,不由长叹了口气。

福奎和奥希莱格的这两个例子又一次告诉我们,出对手已知的那张牌是多么重要。假如他俩都企图经济地用 Q 拿下一墩牌,那么他们的 A 是不可能保住的。现在他们用 A 收下一墩,结果自己的 Q 也得到保全。顺便提一下福奎的队友在另一张牌桌上的表现,你将看到一个鲜明的对比。

福奎的队友自恃牌型奇特,一直冲上 6♠,持三个 A 的防家不加倍才怪呢。西家估计到了定约人两高套的长度,他情有可原地首攻 ♣A,孰知定约人已经将吃了。定约人调将牌到明手,他立即用明手的 ♣K 把一个方块输张给垫去。虽然明手的四张草花都已树立起来,但仍不敷垫手中红心之需要。于是定约人把草花先搁在一边,他从明手出 ♥9,西家不得不用 ♥Q 拿下。定约人止住西家打回的将牌,接着他打出 ♥K,见西家并不盖上 ♥A 就飞了过去……就这样,一位定约人打 5♠ 宕了一墩,另一位打 6♠,居然做成了!

例 3.5.6 佩塞尔是位在北美桥坛上十分活跃的桥牌职业选手,读者在前面已见过他的精彩表演了。这位世界桥联的特级大师曾获得过世界桥牌锦标赛的冠亚军各一次。他在 1980 年北美桥联夏季大赛中有个极为精彩的表演,十分巧妙的是他没冒任何风险就颠覆了对手的一个局,但愿今后我们都有机会如此依样画葫芦一下。

```
                    ♠ K J 10 9 7 5
                    ♥ 8 4
                    ♦ J 10 8
                    ♣ K 4
♠ 3 2                                ♠ A Q 6
♥ 10 6 2                             ♥ J 9 7 5
♦ 9 3 2                              ♦ A Q 5
♣ Q J 9 8 7                          ♣ 10 3 2
                    ♠ 8 4
                    ♥ A K Q 3
                    ♦ K 7 6 4
                    ♣ A 6 5
```

南北有局，叫牌过程如下：

南	西	北	东
1NT	—	2♥	—
2♠	—	4♠	都不叫

西家首攻♣Q，定约人用♣A拿。当务之急便是调将牌，定约人出♠8，见西家拒绝盖上便飞过去。早已成竹在胸的佩塞尔位于东家，他似乎想都不曾细想地就用♠A收下了。接着佩塞尔兑现他的♦A并马上又打出♦5。

定约人对飞捉到♠Q充满信心，既然将牌只输一墩，那么在方块上输2墩又何足道哉？反过来，方块飞牌失败，那么十之八九将遭到东家的将吃。想到这里，定约人用♦K拿，结果他在黑桃和方块上各输2墩。定约人的思路完全符合逻辑，不幸的是对手的骗术高明且又逼真，对他的失败该是同情大于责备。佩塞尔的这一招固然巧妙，其同伴的默契配合也功不可没，居西家的是莫汉（John Mohan），他当时跟♦9，仿佛他真的是持♦Q。

顺便提一笔，假如你是东家，假如你的黑桃不是三张而是♠A Q双张，那么建议你在首轮黑桃时大胆地用♠A拿，只要定约方的黑桃不超过九张，那么接下来定约人不会放弃一个他十分有把握的飞牌。如果你信疑参半，那么在看了下例之后，你可能会更加坚定尝试一次的信心和勇气。

例 3.5.7 佩塞尔成功的例子告诉我们，当防家看到一些关键牌的分布都对定约人有利时，他应该考虑用不必要大的大牌去赢得一墩。这样做有可能使定约人对未见关键牌的位置产生误判。

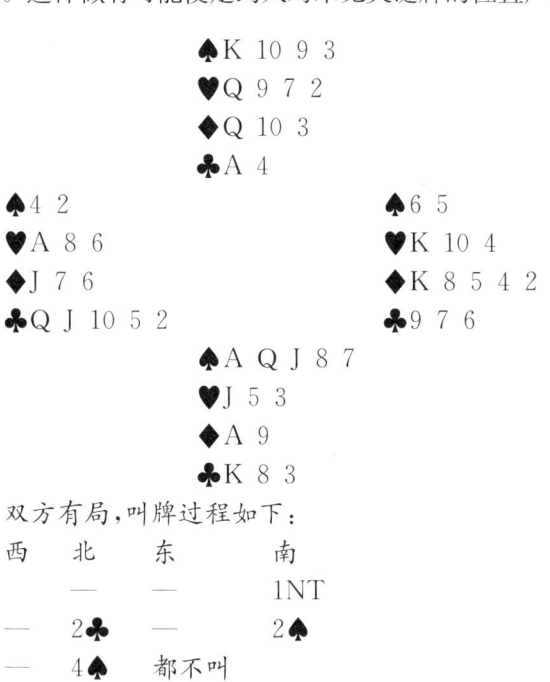

　　　　　　♠ K 10 9 3
　　　　　　♥ Q 9 7 2
　　　　　　♦ Q 10 3
　　　　　　♣ A 4

♠ 4 2　　　　　　　　　　♠ 6 5
♥ A 8 6　　　　　　　　　♥ K 10 4
♦ J 7 6　　　　　　　　　♦ K 8 5 4 2
♣ Q J 10 5 2　　　　　　♣ 9 7 6

　　　　　　♠ A Q J 8 7
　　　　　　♥ J 5 3
　　　　　　♦ A 9
　　　　　　♣ K 8 3

双方有局，叫牌过程如下：
西	北	东	南
—	—	—	1NT
—	2♣	—	2♠
—	4♠	都不叫	

这是个很正常的定约，西家也作出很正常的首攻♣Q。定约人用♣A拿后连调两轮将牌，接着他连打两轮草花，明手将吃，现在定约人完成坚壁清野的准备工作。定约人从明手出小红心，当东家跟小红心时，他放上♥J，被西家用♥A拿下这一墩。西家不愿替定约人出方块，他也不能再出草花让定约人将吃垫牌，于是他不得不打回♥8。当定约人用明手的♥9飞牌时，位于东家的哈里斯(Malcolm Harris)清楚地看到，他当然可以用♥10吃下这一墩，他还可用♥K再赢得一墩，但当他出方块时，被逼得走投无路的

定约人将不得不跟小方块飞过去,这样打定约就将被完成了。哈里斯并无任何迟疑地用♥K拿下这一墩,紧接着他改出小方块。误以为红心飞牌成功的定约人,就像前例中的那位定约人一样,他拒绝方块飞牌,在用♦A截住之后他出红心并用♥7飞牌,令他跌破眼镜的是哈里斯"变"出♥10,他又抽出♦K。

定约人的问题在于他贪得一个超额赢墩。只要不采用双人赛计分方法,他完全应该心平气和地准备只得620分,不出♦A而跟♦4倒是会给他带来惊喜。

例 3.5.8 高手设计一个骗局时,他自然想得比常人远,为了保护同伴的一张大牌,他不惜让自己的大牌处于孤立无援的地位。这手牌发生于1960年在西班牙马贝拉的一次国际桥牌双人赛中。

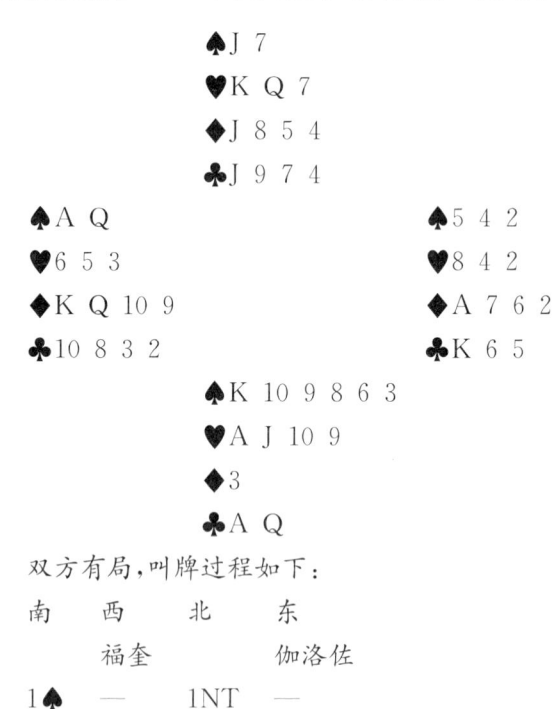

```
              ♠J 7
              ♥K Q 7
              ♦J 8 5 4
              ♣J 9 7 4
♠A Q                        ♠5 4 2
♥6 5 3                      ♥8 4 2
♦K Q 10 9                   ♦A 7 6 2
♣10 8 3 2                   ♣K 6 5
              ♠K 10 9 8 6 3
              ♥A J 10 9
              ♦3
              ♣A Q
```

双方有局,叫牌过程如下:

南	西	北	东
	福奎		伽洛佐
1♠	—	1NT	—
3♥	—	4♠	都不叫

仗着很好的牌型及高质量的两套牌,南家叫得挺猛。西家福奎首攻◆K,东家伽洛佐跟◆7表示欢迎。西家再出◆10,定约人被迫将吃。定约人出个红心到明手,他从明手出♠J开始他的首轮调将牌。尽管当时福奎还未能肯定同伴一定持♣K,他也毫不迟疑地用♠A拿。福奎再出方块,定约人再次将吃。

定约人果真中计,既然能捕捉到♠Q,那又何必冒险去飞草花? 定约人再出红心到明手,他重复黑桃飞牌,令他万分意外的是西家亮出♠Q。由于明手仅有的两个进手张先后耗去,定约人没法不输一墩草花。要是福奎沉不住气于首轮黑桃时用♠Q拿下,那么无非是劝说定约人改换一个成功的飞牌。

例3.5.9 打一手牌结算一次分(board-a-match)是北美桥联流行的一种比赛方式,赛手们并不在乎分差的众寡,他们把注意力集中于如何在每一手牌的得分上超越对手,于是超额赢墩也可能决定一手牌的胜负,就这点而言,这种赛事像是团体双人赛。利用定约人渴望超额赢墩的心理,防家便有文章可做了。在一次比赛中,北美桥联大赛的多次冠军获得者鲁特(Bill Root,1923 - 2002),抓住定约人的这个心理,他成功地扭亏为盈。

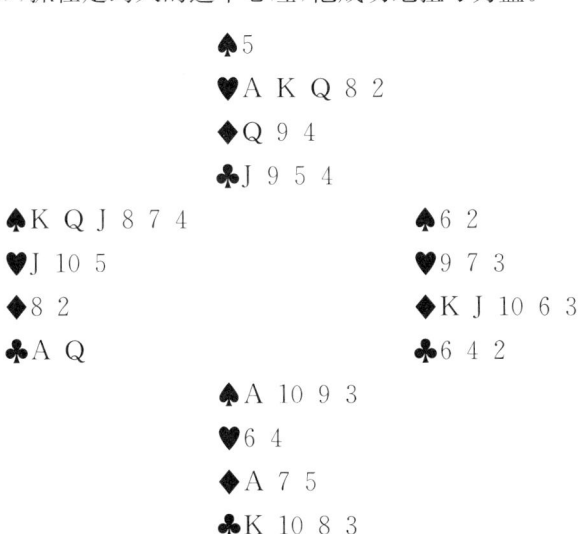

```
                    ♠ 5
                    ♥ A K Q 8 2
                    ◆ Q 9 4
                    ♣ J 9 5 4
♠ K Q J 8 7 4                    ♠ 6 2
♥ J 10 5                         ♥ 9 7 3
◆ 8 2                            ◆ K J 10 6 3
♣ A Q                            ♣ 6 4 2
                    ♠ A 10 9 3
                    ♥ 6 4
                    ◆ A 7 5
                    ♣ K 10 8 3
```

双方无局，叫牌过程如下：

西	北	东	南
1♠	2♥	—	2NT
都不叫			

鲁特当时位于西家，他首攻♠K，定约人毫不谦虚地用♠A收下来。定约人出个小红心到明手，接下来他从明手出♣J并飞了过去。从定约人的不忍让，鲁特判断定约人在黑桃上一定还有个止张。同时鲁特也看出定约人至少还有张红心在手，所以他也不急着打红心。再说叫牌显示出定约人该有◆A，于是他可拿到5墩红心、2墩黑桃和1墩方块，完成定约是没问题的。立足于击败这个定约，鲁特决定抛出超额赢墩这个诱饵使定约人上钩。毫不迟疑地用♣A拿下这一墩，接着他连打黑桃。在用♠10拿第四轮黑桃之后，定约人认为他没有理由不去争取超额赢墩了。定约人先是连打红心，两位防家各垫两张方块。现在定约人信心十足地再飞草花，令他大惊失色的是西家竟然拿出♣Q，结果2NT也宕了一墩。

假如在拿完红心之后，定约人不飞草花，代之他打出♣K，即使♣Q并不跌了下来他也有9墩牌在手。不过这种安全第一的打法不是这种比赛中定约人所常追求的目标，鲁特拿准定约人不肯放弃草花的第二次飞牌，所以他敢于冒让定约人拿到10墩牌的风险而背水一战。

例 3.5.10 在一次盖普·吉米尼桥牌邀请赛中，英国的孪生兄弟哈基特的老大杰森遇上了一对强劲对手的挑战。

```
                  ♠K 9 7
                  ♥Q 10 9
                  ♦Q 5 4 3
                  ♣J 8 7
♠Q 8 3 2                        ♠J 10 6 5
♥8 7                            ♥K J 6
♦J 10 7                         ♦A K 6
♣Q 10 9 4                       ♣5 3 2
                  ♠A 4
                  ♥A 5 4 3 2
                  ♦9 8 2
                  ♣A K 6
```

双方无局，叫牌过程如下：

西	北	东	南
		1♣	1NT
—	2♣	—	2♥
—	2NT	都不叫	

考虑到这是场双人赛，再说自己在每门花色上都有大牌，老二杰斯汀支持兄长打无将，这是个挺理想的定约。不过可能两位防家并不这么想，居西的是马登斯(Krzysztof Martens)，位东的是辛曼诺夫斯基(Marek Szymanowski)，这两位波兰名将[①]可是一对很难缠的劲敌。

由于在波兰梅花制中，开叫1♣常表示平均牌型而并不保证草花上的实力及长度，因此马登斯首攻♠2，明手跟小黑桃，东家用♠10逼下定约人的♠A。定约人杰森出小红心，当西家跟小红心时，他放上明手的♥10，东家辛曼诺夫斯基不假思索地抽出♥K！东家打回

---

① 马登斯获得过1980年世界奥林匹克桥牌队式锦标赛的冠军，1991年百慕大杯赛的亚军及1989年的季军。马登斯还与三个不同的选手为伴，获得过三次欧洲桥牌锦标赛的第一名。辛曼诺夫斯基荣获过1994年世界桥牌锦标赛公开组双人赛的第一名，他还获得过1991年百慕大杯赛的亚军。

黑桃请出明手的♠K。为防西家可能持四张红心，定约人特意用草花回手，他接着出红心时，请明手跟♥9，不料让东家的♥J拿去了。在拿完黑桃赢张后，两位防家又拿3墩方块才罢休，宕了2墩。

从东家的首家开叫及西家在黑桃上也有个大牌来看，♥K该是在东家之手，或者说♥K实际上也是定约人已知的牌。假如东家吝啬地用♥J拿下一墩红心，那么定约人接下来不飞♥K就别无出路。然而在比赛中能迅速地想得如此深远，不是一般人所能做到的。

例 3.5.11 有人曾问贝拉唐纳：在你打的这么多手牌中，哪一手是你的得意之作呢？贝拉唐纳欣然介绍下面这手牌：

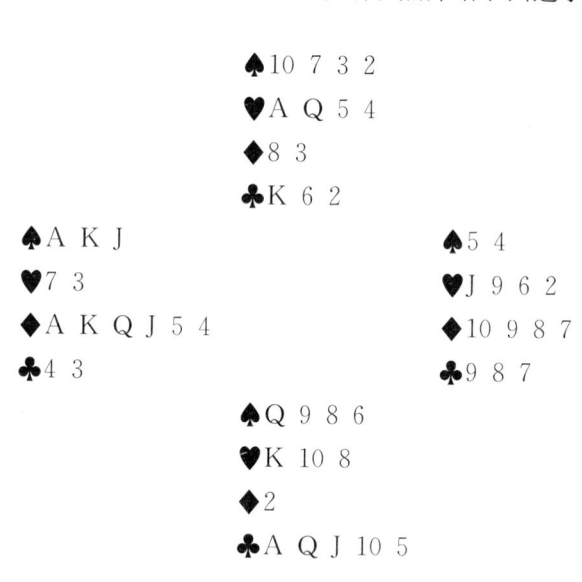

　　　　　　　　♠ 10 7 3 2
　　　　　　　　♥ A Q 5 4
　　　　　　　　♦ 8 3
　　　　　　　　♣ K 6 2

♠ A K J　　　　　　　　　　　♠ 5 4
♥ 7 3　　　　　　　　　　　　♥ J 9 6 2
♦ A K Q J 5 4　　　　　　　　♦ 10 9 8 7
♣ 4 3　　　　　　　　　　　　♣ 9 8 7

　　　　　　　　♠ Q 9 8 6
　　　　　　　　♥ K 10 8
　　　　　　　　♦ 2
　　　　　　　　♣ A Q J 10 5

这手牌出自一次盘式桥牌聚会，南家成了4♠的定约人，遭到西家贝拉唐纳的加倍。西家连出大方块，定约人在第二轮将吃。定约人随即从手中送出小黑桃，哪知贝拉唐纳想都不想般地抽出♠A！紧接着西家出第三轮方块，定约人让明手将吃。从贝拉唐纳出的♠A来看，很显然东家持♠J，于是定约人很自然地从明手调将牌并用♠9飞了过去。贝拉唐纳用♠J收下后又用♠K全歼定约方的两张将牌,随后他又连拿 3 墩方块。

假如贝拉唐纳一开始就经济地用 ♠J 收下一墩,那么定约人说什么也不肯再调将牌了,他连打草花和红心的结果将是只宕一墩而已。贝拉唐纳的精彩牌例举不胜举,为什么他独钟这一手呢?原来那位被他所蒙骗的定约人不是别人,而是他多年的队友兼同伴,大名鼎鼎的伽洛佐。

例 3.5.12 爱沙尼亚是北欧波罗的海沿岸的一个小国,在分离出苏联之后不久,举行了一场桥牌赛,邻国拉脱维亚的桥牌好手闻讯前来参加。在两支拉脱维亚队的角逐中有这么一手牌:

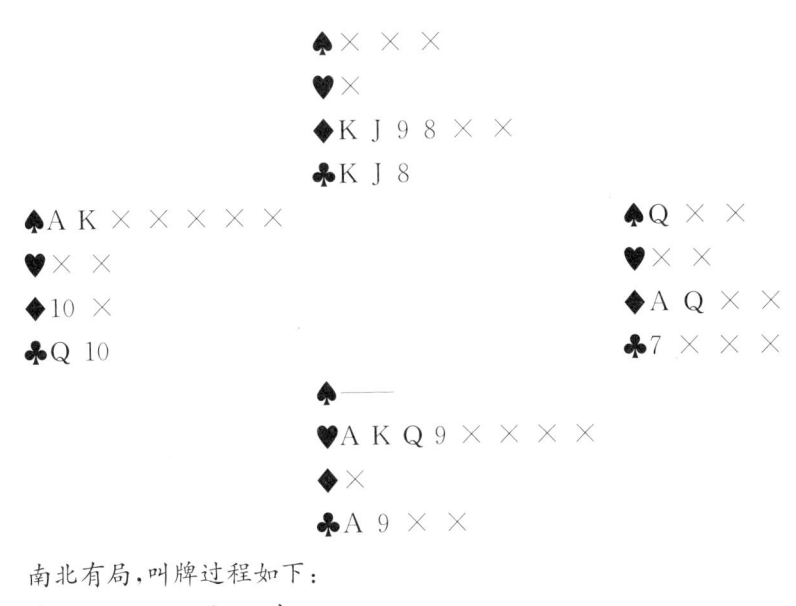

```
              ♠ × × ×
              ♥ ×
              ♦ K J 9 8 × ×
              ♣ K J 8
♠ A K × × × ×              ♠ Q × ×
♥ × ×                       ♥
♦ 10 ×                      ♦ A Q × ×
♣ Q 10                      ♣ 7 × ×
              ♠ ——
              ♥ A K Q 9 × × ×
              ♦ ×
              ♣ A 9 × ×
```

南北有局,叫牌过程如下:

南	西	北	东
1♣	3♠	4♦	4♠
6♥	都不叫		

南家的 1♣ 是强牌虚叫,在东西两家的强劲干扰下,他只得以 6♥ 揽下定约。西家首出 ♠K,定约人将吃。他随即连打五轮将

牌,西家垫三张黑桃,东家在三门花色上各垫一张牌。定约人出他的单张方块并用明手的◆J飞,谁知东家毫不犹豫地用◆A拿！东家打回黑桃,定约人将吃,他接着兑现自己最后一张将牌,得以下局面：

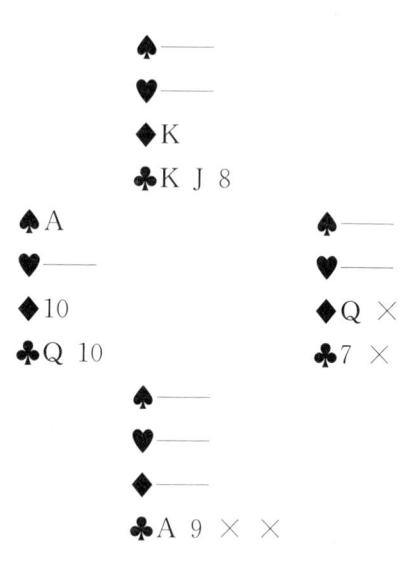

```
                ♠ —
                ♥ —
                ◆ K
                ♣ K J 8
♠ A                         ♠ —
♥ —                         ♥ —
◆ 10                        ◆ Q ×
♣ Q 10                      ♣ 7 ×
                ♠ —
                ♥ —
                ◆ —
                ♣ A 9 × ×
```

定约人出小草花,西家跟出♣10,定约人用明手的♣K拿,东家跟出小草花。定约人随即兑现◆K,东家跟的是小方块,西家跟出了◆10。现在对定约人来说,各人还剩下什么牌似乎一清二楚了：西家有7张黑桃,他已出6张,还留♠A在手,另一张则是"再明显不过的◆Q了"。定约人从明手出♣J,当东家跟小草花时,定约人充满信心地飞了过去。令他傻了眼的是西家居然抽出♣Q！定约人不相信自己的眼睛,他迫不及待地掰开东家手看个究竟,果真看到那◆Q确实在东家的手中。假如东家悭吝地用他的◆Q吃下那一墩,那么万般无奈的定约人只好把全部希望放在草花上了,用♣J先飞一轮即可使他拿到12墩牌了。拉脱维亚的皮勒涅克斯(Valdis Pilenieks)的精彩表演使他荣获了1990年度IBPA颁发的最佳防守奖。

第六章　小心处理好你的将牌

本章想着重探讨一下当防家持不多且不强的将牌时的一些较特殊的策略。防家有很多理由去利用自己很短的将牌，譬如说通过将吃阻止定约人旁套赢张的兑现，设法为己方制造个将牌升级的机会等等。需指出的是防家也有很多理由拒绝将吃或盖吃，即使有必要将吃时，防家也需要对动用哪一张将牌作一合适的挑选。

例 3.6.1　当你持四张将牌且有一个止张时，你是想自己争取一个将吃机会，还是想通过迫使将吃致使定约人失去控制呢？答案常会是后者，不过这里我想给你这样一个牌例，这条路也有行不通的时候，你还需另觅蹊径。

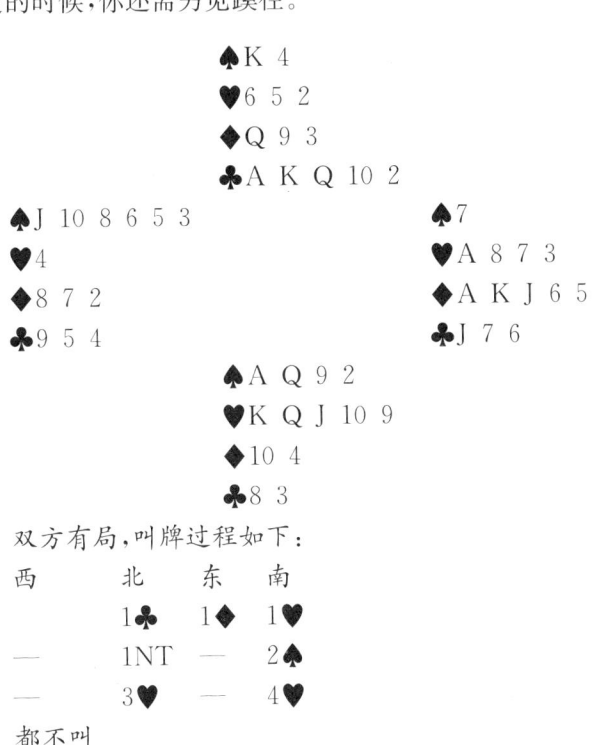

　　　　　　　　♠ K 4
　　　　　　　　♥ 6 5 2
　　　　　　　　♦ Q 9 3
　　　　　　　　♣ A K Q 10 2

♠ J 10 8 6 5 3　　　　　　　♠ 7
♥ 4　　　　　　　　　　　　♥ A 8 7 3
♦ 8 7 2　　　　　　　　　　♦ A K J 6 5
♣ 9 5 4　　　　　　　　　　♣ J 7 6

　　　　　　　　♠ A Q 9 2
　　　　　　　　♥ K Q J 10 9
　　　　　　　　♦ 10 4
　　　　　　　　♣ 8 3

双方有局，叫牌过程如下：
西　　北　　东　　南
　　　1♣　　1♦　　1♥
—　　1NT　—　　2♠
—　　3♥　　—　　4♥
都不叫

西家首攻◆8，东家连打三轮方块，定约人不得不将吃。定约人打出♥K开始调将牌，你说东家该怎么办？在很多类似的场合，东家正确的防御应该是忍让，而且必须忍让两轮，在第三轮将牌时东家截下，接下来东家再出方块就可使定约人失去控制了。很不幸，就这手牌而言，东家如此防御将一败涂地。假设东家忍让，定约人当然会继续调将牌，西家的垫牌揭示将牌的不平均分布，东家当然再次忍让。定约人不得不暂停调将牌，他改而兑现一轮黑桃后连打草花，东家便招架不住了。

假如东家一开始就预见己方不可能在黑花色上有所作为，那么他只好不按常规作战了。东家最好的机会是在首轮将牌时就拿下，这时西家仍有将牌跟出，除了东家外，谁都不知将牌分布的实情。这时东家很镇静地打出第四轮方块，你说定约人该怎么办？他哪里知道西家根本没将牌呢？他所看到的是明手的将牌那么小，一旦出动自己的将牌，那么他是不是比东家少了一张将牌吗？

例 3.6.2 你已看到不少防家主动送出大牌给定约人吃的牌例，那么，防家主动送出自己的大将牌给定约人吃又将如何呢？

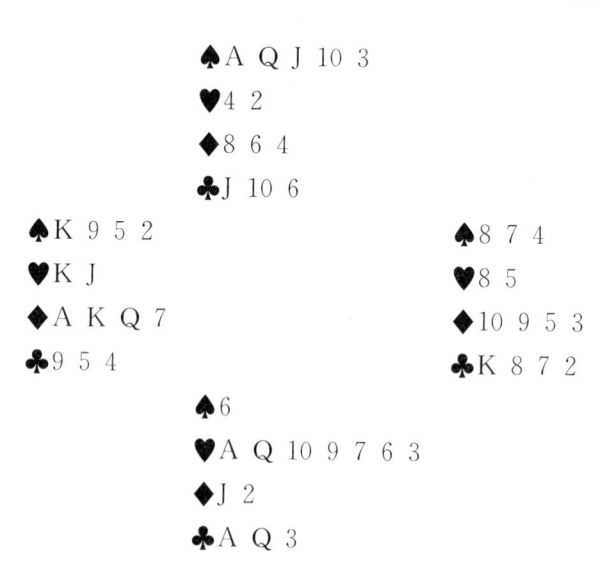

```
              ♠ A Q J 10 3
              ♥ 4 2
              ◆ 8 6 4
              ♣ J 10 6
♠ K 9 5 2                    ♠ 8 7 4
♥ K J                        ♥ 8 5
◆ A K Q 7                    ◆ 10 9 5 3
♣ 9 5 4                      ♣ K 8 7 2
              ♠ 6
              ♥ A Q 10 9 7 6 3
              ◆ J 2
              ♣ A Q 3
```

双方有局,叫牌过程如下:

南	西	北	东
1♥	加倍	1♠	—
3♥	—	4♥	都不叫

西家连打方块,定约人只好在第三轮时将吃。由于只有一次让明手出牌的机会,因此定约人考虑不飞红心而♥A连调将牌。再说红心可能是2-2分布或是能用♥A击落某个大牌呀。在定约人打出♥A时,喜闻乐见的事发生了,西家的♥K跌下来,定约人根据这一最新情况作了调整:既然西家只有单张♥K,那么飞捉东家的♥J岂不唾手可得,7墩红心,加上2墩草花及1墩黑桃,根本没必要冒险飞♣K。想到这里,定约人出黑桃到明手的♠A,回手他就飞红心,结果宕了一墩。

假如西家不肯送出♥K,那么逼急了的定约人除了最后飞草花还能有别的选择吗?请记住,尽可能给定约人制造一个出错的选择。

例3.6.3 接下来介绍一个类似的真人实例。防家主动送出大将牌后,定约人很自然地以为他的将牌告罄,于是不再提防他了。2004年北美桥联的夏季大赛中,来自加利福尼亚的格雷贝尔(Ross Grabel)成功地用这条计策挫败了对手的一个成功在望的满贯。

```
              ♠ K Q 10
              ♥ A 10
              ♦ A K J 3
              ♣ K J 9 3
♠ J 7 6                    ♠ 8 2
♥ K 8 7 5 3                ♥ J 9 2
♦ Q                        ♦ 10 9 8 7 5
♣ Q 8 6 5                  ♣ 10 7 4
              ♠ A 9 5 4 3
              ♥ Q 6 4
              ♦ 6 4 2
              ♣ A 2
```

第三篇 防家在整手牌时诱骗战术的运用 | 543

双方无局，叫牌过程如下：

西	北	东	南
	2NT(1)	—	3♠
—	4♦(2)	—	5♣(3)
—	5♥(3)	—	5♠
—	6♠	都不叫	

(1) 平均牌型，20 - 21点

(2) 高限且有好支持

(3) 扣叫

位于西家的格雷贝尔首攻♦Q，明手的♦A拿下后，定约人用♠K Q连调两轮将牌，格雷贝尔毫不迟疑地送出♠J！定约人很自然地认为东家持着残余的那一张将牌。既然西家不再具有将吃能力或威胁，定约人就暂停了调将牌，他用♣A回手后从手中出方块，西家谢绝将吃，他不动声色地垫去小红心。如果说定约人特意从手中出方块表明他对西家仍存戒心，那么西家悄然垫牌使得定约人的顾虑全无。定约人打掉明手的♣K后再出♣9，他手中将吃，定约人稍有遗憾地发现♣Q仍逍遥法外。定约人现在再出方块，他设想是拿下这墩方块，肃清将牌后用♣J投给西家，逼使西家出红心。令定约人震惊不小的是这回格雷贝尔将吃了，随即他打回♣Q迫使定约人将吃。明手的♦J确实可垫一张牌，但定约人无法不输一墩红心了。

让我们回过头来看一下，假如格雷贝尔不送出♠J又将怎样呢？万般无奈的定约人只好再调一轮将牌了。在打完方块之后，定约人将不得不用♣J飞牌，飞成之后定约人又势必用第四张草花投入西家，迫使西家替他动红心。

那么当定约人从手中出方块时，格雷贝尔又为什么不将吃呢？西家只能将吃到一个方块输张，于是明手的第四张方块可垫去定约人手中的一个红心，而草花飞牌成功则可再垫一张红心。现在定约人放弃草花的飞牌,尽管西家还是只能将吃到一个小方块,格雷贝尔还是毅然将吃,一来定约人缺少了个垫牌的机会,二来他有安全牌♣Q可打出。面对如此耐心的垂钓人,不知你是否觉得可怕?

例 3.6.4 同谢绝将吃一样,防家有时也应谢绝盖吃,尤其是当你的大将牌肯定能拿到一墩的时候。一来你这样做并不吃亏,二来定约人可能会误以为你的同伴持有那张大将牌。

```
              ♠K 3
              ♥A J 6
              ♦A 10 9 6 5 2
              ♣9 4
♠J 8 4 2                    ♠10 9 6
♥10 3                       ♥K 7 5
♦K J 4                      ♦8 3
♣A Q 7 2                    ♣J 10 6 5 3
              ♠A Q 7 5
              ♥Q 9 8 4 2
              ♦Q 7
              ♣K 8
```

双方有局,叫牌过程如下:

南	西	北	东
1♥	—	2♦	—
2♥	—	4♥	都不叫

如果西家首攻将牌,那么定约人将会遇到点麻烦。事实上西家出的是♠2。定约人赶紧连打三轮黑桃,垫掉明手的一张草花。定约人现在打出♦Q,西家盖上♦K,明手的♦A拿后送出♦10给西家。西家先兑现♣A,接着他打出♠J,定约人被迫用

明手的♥J将吃。东家的♥K迟早是个赢张,他不必急着盖吃。相反地,东家毫不犹豫地垫张草花,这使得定约人误以为西家持♥K。

定约人在安排了旁套花色之后,这才调将牌,他打去明手的♥A,接着从明手出♥6回来,东家仍十分沉着地跟了小红心。定约人见了♥7后陷入深思:西家持♥K,我放上♥Q犹如驱羊入虎口。如果西家持♥K 10 3,那么我非输2墩红心不可,如果西家持的仅是♥K 3双张红心,那我不是还有机会完成定约吗?想到这里,定约人跟出♥9,结果宕了一墩。

反过来,假如东家不客气地盖吃明手的♥J,那么不论他打回什么,防家都无法动摇这个定约了。

例3.6.5 前文我介绍过法国桥牌偶像阿尔巴朗的精彩表演。在下面的牌例中,阿尔巴朗谢绝将吃,巧妙地保护了他的同伴。

```
              ♠ K J 9 3 2
              ♥ A K
              ♦ Q 4
              ♣ Q J 8 4
♠ Q 10                      ♠ 5 4
♥ 9 4 3                     ♥ Q 10 8 5 2
♦ A 8 2                     ♦ J 9 6 3
♣ A K 7 6 3                 ♣ 10 2
              ♠ A 8 7 6
              ♥ J 7 6
              ♦ K 10 7 5
              ♣ 9 5
```

叫牌过程如下：

西	北	东	南
1♣	加倍	1♥	1♠
—	3♠	—	4♠
都不叫			

西家首攻♣K，位于东家的阿尔巴朗很自然地跟出♣10，西家继而又兑现♣A，其余三家都有草花跟出。在打掉◆A后，西家再出第三轮草花，尽管阿尔巴朗只有两张小不点儿般的将牌，他也拒绝将吃，垫了张红心，定约人则垫方块。

在明手的♣J拿到一墩之后，定约人停下来寻思：为什么东家不肯将吃呢？假如他只有较小的将牌，那么他该会很乐意拼去我的将牌。最终定约人得出的结论是东家多半持♠Q，将吃将使他的♠Q失去保护。与此同时阿尔巴朗又是怎么想的呢？他判断的是：同伴显然没有◆K，要不然他会先兑现◆K的，既然如此，定约人根本不存在垫牌问题。同时，西家肯定有五张草花，要是我能安全地将吃到一墩草花，那么他也不会急着先把♣A打去了。

定约人接下来先打掉明手的♠K，他看到西家跟出♠10，这与东家持♠Q 5 4相吻合，定约人很自信地用♠J飞了过去，结果他听到西家对阿尔巴朗说："谢谢你，我的同伴。"

例 3.6.6 桥牌三冠王（Triple Crown）是指荣获过百慕大杯赛、世界奥林匹克桥牌团体锦标赛以及世界桥牌双人锦标赛三个不同的世界冠军的优秀选手，迄今为止，世界上只有 10 人[①]获此殊荣，其中有两位前法国国手，谢埃和特雷泽尔（Roger Trezel，1918－1986）。他俩在一些重大比赛中的表现遭到不少人的质疑，不过人们未能拿出他俩舞弊的过硬证据。在一次国际比赛中，谢埃与

---

① 除了本文提到的谢埃和特雷泽尔之外，荣获三冠王称号的还有美国的哈曼和沃尔夫、麦克斯特罗思和罗德威尔，巴西的沙加斯和 M·布朗科以及意大利的范托尼和努恩斯。

瑞士桥牌高手贝斯为伴,巧妙地击败了对手的一个局。

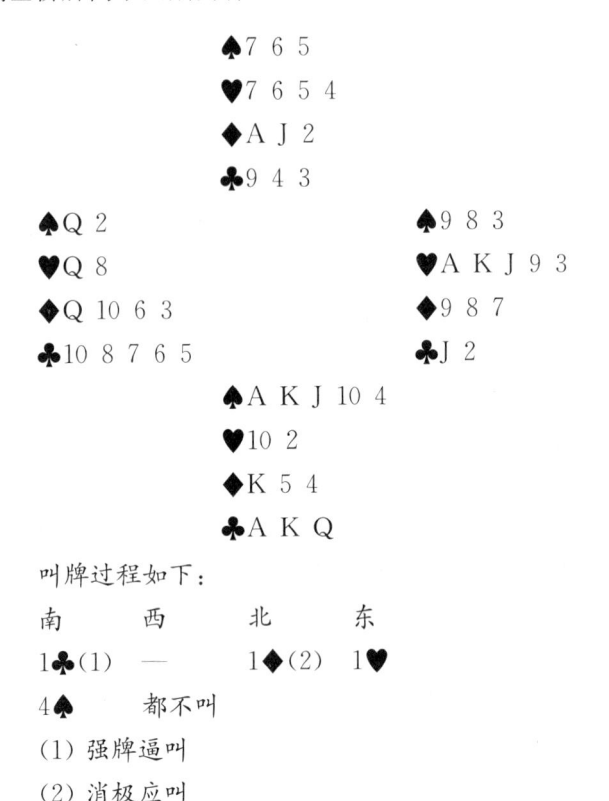

```
                    ♠ 7 6 5
                    ♥ 7 6 5 4
                    ♦ A J 2
                    ♣ 9 4 3
♠ Q 2                              ♠ 9 8 3
♥ Q 8                              ♥ A K J 9 3
♦ Q 10 6 3                         ♦ 9 8 7
♣ 10 8 7 6 5                       ♣ J 2
                    ♠ A K J 10 4
                    ♥ 10 2
                    ♦ K 5 4
                    ♣ A K Q
```

叫牌过程如下：

南	西	北	东
1♣(1)	—	1♦(2)	1♥
4♠	都不叫		

(1) 强牌逼叫

(2) 消极应叫

谢埃位于西家,他首攻♥Q,同伴贝斯用♥K接了过去后再出♥A和♥J,定约人用♠J将吃。谢埃完全可以用♠Q盖吃,再说他的♠Q在定约人的♠A K的连击之下将无法保全,然而令众人不解的是谢埃若无其事地垫了草花,这使得定约人不疑西家还会有♠Q。

定约人可以用♦J飞得一墩,一来他无法预知方块飞牌能够成功,二来他考虑到万一飞牌失败,东家打回红心便难以收拾,既然能生擒东家的♠Q,那么又何必冒险飞方块呢？定约人出方块到明手的♦A,他从明手调将牌,令他大惊失色的是自己的♠10竟然被西家的♠Q掳走了。假如谢埃盖吃定约人的♠J,那么连输3

墩牌的定约人将别无选择地飞方块。

例3.6.7 庇隆（Dominique Pilon）的名声略逊于佩隆（Michel Perron），但他也是法国桥牌好手，他和勒贝尔等人在1982年的世界桥牌双人锦标中赢得团体赛罗森布伦姆杯赛的冠军。1977年在法国举行的一场国际桥牌比赛中，庇隆有精彩表演呈献。

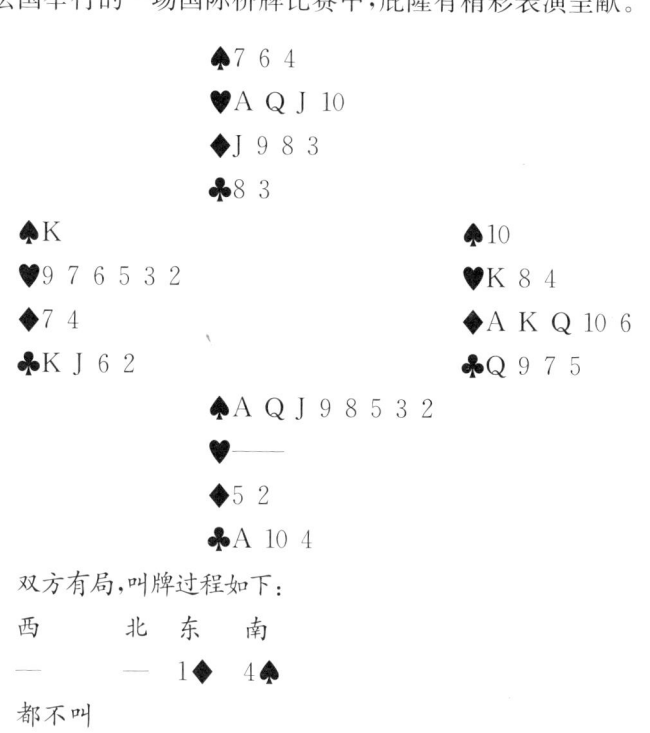

$\spadesuit$ 7 6 4
$\heartsuit$ A Q J 10
$\diamondsuit$ J 9 8 3
$\clubsuit$ 8 3

$\spadesuit$ K
$\heartsuit$ 9 7 6 5 3 2
$\diamondsuit$ 7 4
$\clubsuit$ K J 6 2

$\spadesuit$ 10
$\heartsuit$ K 8 4
$\diamondsuit$ A K Q 10 6
$\clubsuit$ Q 9 7 5

$\spadesuit$ A Q J 9 8 5 3 2
$\heartsuit$ ——
$\diamondsuit$ 5 2
$\clubsuit$ A 10 4

双方有局，叫牌过程如下：

西	北	东	南
—	—	1$\diamondsuit$	4$\spadesuit$
都不叫			

庇隆位于西家，他首攻$\diamondsuit$7，当明手跟小方块时，东家用$\diamondsuit$10拿到一墩。东家继而再出$\diamondsuit$K和$\diamondsuit$A，这时定约人用$\spadesuit$Q将吃。尽管持单张$\spadesuit$K，庇隆也谢绝盖吃，他不露声色地垫了张草花。在$\spadesuit$Q拿下一墩后，定约人稍作停顿研究所面临的形势：很显然，$\spadesuit$K在东家之手，或许他还有$\spadesuit$10。假如$\spadesuit$A未能一举击落这两张将牌，那么定约人便有麻烦了：如果送出将牌，那么东家肯定会攻击草花，明手将会只剩下$\spadesuit$7一张将牌，而明手的$\heartsuit$A只能提供一

次垫牌机会。这条路似乎走不通，他决定另辟蹊径。另一个办法是不调将牌而先送出一墩草花，这样明手必能将吃一轮草花，而且还可飞捉东家的♠K呢。想到这里，定约人打掉♣A后又送出草花，东家拿下后再出方块，这时意想不到的事发生了，庇隆手中变出♠K并盖吃了这一墩。

假如庇隆一开始就盖吃定约人的♠Q又将怎样呢？在另一张牌桌上的西家就是这样做的。那张牌桌上的定约人拿住西家打回的草花后，他用♠J调出东家的♠10。他出张小黑桃到明手的♠6，在用♥A垫去手中的一张草花之后，他又用将吃飞牌的方法树立了明手的♥J。就这样，定约人手中的两张草花都逃之夭夭了。

庇隆的精彩表演使他荣获1978年度的索罗门奖。

例3.6.8 当霍夫曼还是名学童时，他就被关入纳粹集中营，是为数不多的幸存者之一。霍夫曼荣获过数个欧洲桥牌锦标赛的桂冠，他还写过好几本颇受欢迎的桥牌书。霍夫曼反应之灵敏为众人所公认，整个世界桥坛上没几个人能跟上他的速度而不出差错的。请看他在下面一手牌中的表演：

```
                ♠ A K Q 2
                ♥ A 10 8 3
                ♦ Q 8 2
                ♣ A 5
♠ 9 4                           ♠ J 10 8 3
♥ K 2                           ♥ J 9 6
♦ A K J 9 7 6                   ♦ 10 3
♣ J 10 2                        ♣ 9 7 6 3
                ♠ 7 6 5
                ♥ Q 7 5 4
                ♦ 5 4
                ♣ K Q 8 4
```

双人赛,双方无局,叫牌过程如下：

西	北	东	南
1♦	加倍	—	1♥
—	3♥	—	4♥

都不叫

西家连打♦K和♦A,在拿到2墩之后,他改出♣J。定约人在用明手的♣A拿后立即从明手出♦Q,旨在邀请东家将吃。可能有的东家会将吃,为了阻止定约人得到垫牌的机会,没准儿还能使同伴的将牌得到升级。不过位于东家的霍夫曼并不这么想,他从定约方在两门黑花色上都拥有三大牌得知定约人根本不需要垫牌,同时他不愿让定约人知道他还有♥9,于是他飞快地垫草花。

叫牌表明西家有♥K,但西家的红心是♥K×还是♥K××呢？这可是定约人一时不易解出的难题,不管怎样,不调将牌是无法过门的。定约人打去明手的♥A,在他接着再出红心时,霍夫曼没半点犹豫就抽出♥J,这使得定约人以为东家仅有♥J 6两张红心,于是定约人挺有把握地放上自己的♥Q。西家用♥K拿后马上打出第四张方块,定约人这时不无懊丧地发现已无法阻止东家的♥9获得升级了。

例3.6.9 绝大多数的防家在有机会将吃时总是先利用最小的那张将牌,也就是说当一位防家用大将牌将吃时,定约人的第一反应是：哦,他没有比这更小的将牌了。利用定约人这种先入为主的条件反射,当防家拿出大将牌将吃时,定约人往往会以为这位防家的将牌已告罄了。

♠ 8 4 3
♥ 10 7 6 3
♦ A Q 8 5
♣ 8 7

♠ Q 5　　　　　　　　　　♠ 9 7
♥ A 5　　　　　　　　　　♥ K 9 8 4
♦ K 9 6 2　　　　　　　　♦ J 10 4
♣ Q 10 6 4 3　　　　　　♣ J 9 5 2

♠ A K J 10 6 2
♥ Q J 2
♦ 7 3
♣ A K

双方有局，叫牌过程如下：

西	北	东	南
—	—	—	1♠
—	2♠	—	4♠

都不叫

西家拔个♥A看看，很走运，这可是最佳首攻了。东家拿了第二轮红心后又打回红心，诡计多端的西家不作任何停顿地用♠Q将吃！接着西家打出♦9，定约人稍稍放慢速度考虑一下对策。飞方块吗？成败未卜，飞不成便立即被防家连拿4墩牌了。不飞方块，那么手中的一个方块输张又如何交代呢？有了，西家不是只有一张将牌吗？那么我用明手的♦A拿了，不是可用♥10垫手中的方块吗？

定约人的思路是合情合理的，但他怎么想到对手竟如此狡黠！

例 3.6.10　就像前面一节所讲的，当你拿下一墩时，不要老是考虑如何最经济地使用你的力量。偶尔动用了不必要的大牌，你会收到很完美的效果。在这个问题上，将牌花色和旁套花色可同样对待。请你再欣赏一个类似的牌例：

```
                    ♠K 9 4
                    ♥Q 8 7 2
                    ♦9 7
                    ♣K J 5 2
♠J 8 6                              ♠10 7 5 3
♥4                                  ♥K J 5 3
♦K Q 10 8 5 3                       ♦A 2
♣8 7 4                              ♣10 9 6
                    ♠A Q 2
                    ♥A 10 9 6
                    ♦J 6 4
                    ♣A Q 3
```

东西有局，叫牌过程如下：

南	西	北	东
1NT	—	2♣	—
2♥	—	4♥	都不叫

西家首攻♦K，东家盖拿后打回♦2，西家吃下这一墩后再出方块，定约人用明手的♥8将吃，东家似乎想都不想就用♥K盖吃！此举令定约人深信西家持♥J。在拿下东家打回的草花之后，定约人打算把对手的将牌缉拿归案。他胸有成竹地兑现手中的♥A，接下来他准备飞捉西家的♥J了，孰料西家垫方块，定约人还以为自己看花了眼。

反过来，要是东家舍不得用他的♥K将吃将怎样呢？不妨设身处地为定约人想一想，己方总共不过八张将牌，对手将吃了一张，在余下的四张将牌中，你会判断西家恰好单张♥K吗？假如你也认为这种可能性太小，那么你除了飞捉东家的♥K还有其他出路吗？

例 3.6.11 40余年前，琼斯（Charley Jones）是美国加州电台和电视台的体育节目播音员，不过他的职业并不妨碍他成为一名桥牌好手。一次在他家中的盘式桥牌中,琼斯的精彩表演令同桌的另三人赞叹不已。

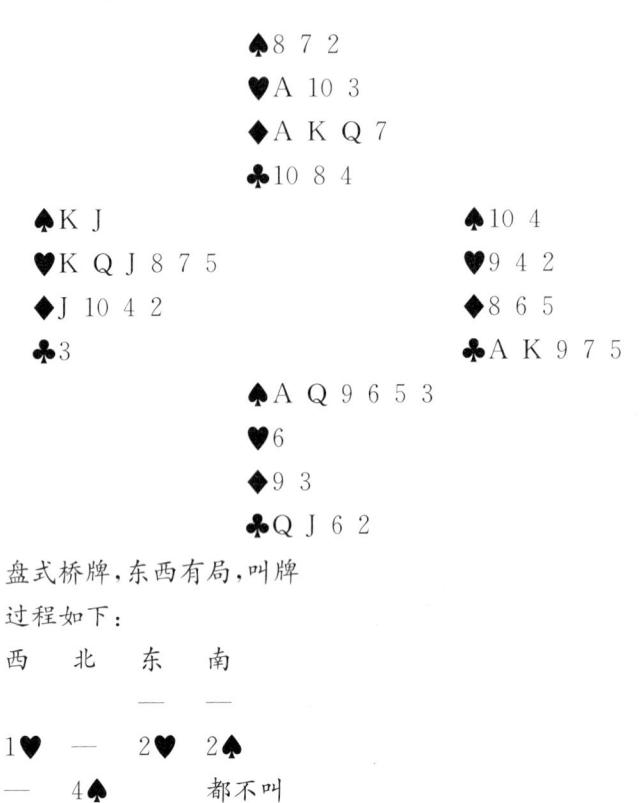

```
                ♠ 8 7 2
                ♥ A 10 3
                ♦ A K Q 7
                ♣ 10 8 4
♠ K J                           ♠ 10 4
♥ K Q J 8 7 5                   ♥ 9 4 2
♦ J 10 4 2                      ♦ 8 6 5
♣ 3                             ♣ A K 9 7 5
                ♠ A Q 9 6 5 3
                ♥ 6
                ♦ 9 3
                ♣ Q J 6 2
```

盘式桥牌,东西有局,叫牌过程如下:

西	北	东	南
		—	—
1♥	—	2♥	2♠
—	4♠		都不叫

位于西家的琼斯认为己方在红心上作为不大,于是他首攻单张♣3。东家连拿2墩之后再出草花,琼斯不像犹豫地用♠K将吃,这使定约人不信他还会第二张将牌。

对定约人来说,明摆着东家持♠J 10 4三张黑桃,不过将这几张黑桃——缉拿归案并不费事,因为明手有的是进手张。在用♥A拿下西家打回的红心后,定约人信心十足地开始他的黑桃深飞,令他震惊的是琼斯抽出♠J。

事后琼斯解释说:当我看见明手有两个A时,我知道我不可能还会有第二次将吃的机会了,所以我只得装出仅有单张♠K的样子。

第七章 反 探 索 术

什么是"反探索术"?这要先从什么是"探索术"说起了。定约人(防家偶尔也可使用类似的战术)在打牌过程中常会面临一个甚至数个重要的决定,譬如说调将牌时选择飞牌还是击落,双向飞牌又该以哪位防家作为对象等等,经验丰富的定约人常会不急于做出这类决定,他会先处理其他的花色,试图从别的花色的大牌及长度得到他所想知道的信息,这就是我们所说的"探索术"(discovery play),为了让读者更好地理解"探索术",我先介绍一个使用"探索术"的范例,这位定约人是多次世界冠军获得者、意大利蓝队的重要成员帕比斯-梯契。

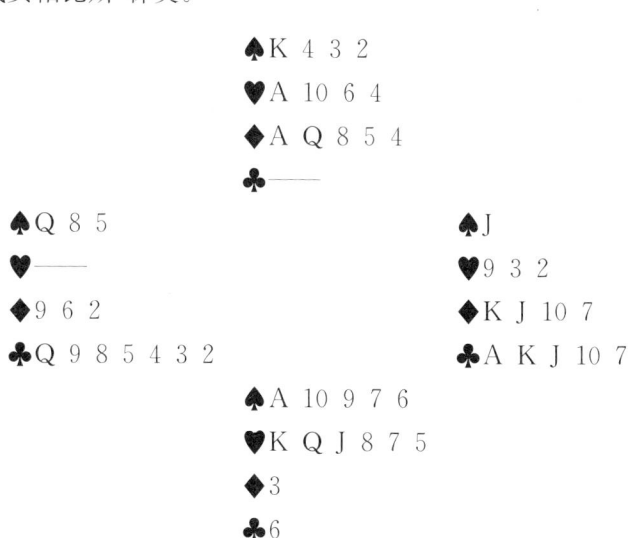

　　　　　　　　♠K 4 3 2
　　　　　　　　♥A 10 6 4
　　　　　　　　♦A Q 8 5 4
　　　　　　　　♣——

♠Q 8 5　　　　　　　　　　　♠J
♥——　　　　　　　　　　　　♥9 3 2
♦9 6 2　　　　　　　　　　　♦K J 10 7
♣Q 9 8 5 4 3 2　　　　　　　♣A K J 10 7

　　　　　　　　♠A 10 9 7 6
　　　　　　　　♥K Q J 8 7 5
　　　　　　　　♦3
　　　　　　　　♣6

南北有局，叫牌过程如下：

西	北	东	南
	达莱里奥		帕比斯-梯契
	1♦	2♣	2♥
6♣	6♥	—	—
7♣	—	—	7♥

面对西家的凶猛干扰，位于南家的帕比斯-梯契思考良久，最终叫了7♥。西家知道对手中至少有一人的草花缺门，为避免给定约人将吃垫牌的机会，于是他首攻♦2。

当北家把牌摊下来之后，帕比斯-梯契发现完成定约的关键在于如何处理好黑桃，究竟是选择2-2分布时的击落战术，还是当♠QJ分居两边时定向飞牌呢？有人会因为西家红心缺门而判断他的黑桃并不短，他虽捉对♠Q，但如此下结论服力还不够，尤其是在看了帕比斯-梯契的打牌过程之后，你一定会认为他的打法才是完美无缺。

定约人用明手的♦A拿后立即打回方块，手中用♥K将吃。他调将牌到明手的♥A，发现东家有3张将牌，他再从明手打回方块，手中将吃。帕比斯-梯契出小将到明手的♥10，第三次将吃方块回手，这时他看到东家有4张方块。至此，定约人已看到东家有7张红牌，加上他争叫2♣至少该有5张草花，东家在黑桃上不可能有两张了。在肃清东家残存的那张将牌之后，定约人充满信心地打掉手中的♠A，当东家的♠J应声而落时，他毫不犹豫地飞捉西家的♠Q。

如你所见，帕比斯-梯契就像一位解剖大夫，随着手术刀一层层地往下剥，各种器官、组织（牌型，大牌）陆陆续续都呈现出来。就这手牌而言，由于明手有着足够多的将牌及较长方块套，使得帕比斯-梯契能够彻底完成他的"探索术"，而防家则不得不应召把对手想知道的牌一一拿出亮相。

有时定约人使用"探索术"也受某种条件的限制，这就使得防家在跟牌和垫牌过程中有了"讨价还价"的余地。防家有可能藏着某一张关键牌而反常地打出另一张以达到欺瞒定约人的目的，这就是我们所说的"反探索术"（anti-discovery play）。一旦防家的"反探索术"运用成功，那么定约人不但未能掌握到全面的信息，而且他还可能从防家故意透露的情报中对牌型和大牌的位置作出相应的误判，从而定约人会折向一条错误的道路。

就整个防家的诱骗战术而言，"反探索术"是其中一个难度较高的部分，因为其他的一些诱骗战术，诸如"忍让"、"主动送出大牌给定约人吃"或是"用不必要大的大牌去赢得一墩"等，都可被看作是一位防家与定约人之间的一对一地斗智斗勇，使出诱骗战术的那位防家往往只需顾及自己即可（当然，他的个人利益也代表了两位防家的共同利益），换句话说，这时击败定约的重任将由那位防家来承担。然而"反探索术"则不然，防家甲有时需要向定约人兜售假情报来保护自己，有时则是相反，防家甲并不在乎定约人会对他采取措施，他要防止防家乙遭到定约人的伤害，于是防家甲有义务想方设法向定约人提供一些错误的信息以保护防家乙。毫无疑问，为同伴着想要比单纯为自己着想难得多了。

防家的"反探索术"可以通过防家的跟牌和垫牌来进行，也可以用主动出牌误导定约人。

例 3.7.1 防御战术中最困难之一的恐应属如何保护好同伴的单张 K，使它免遭定约人 A 的擒杀。我们不妨说当防家的单张 K 不幸被定约人的 A 击落时，有近乎一半的原因在于持单张 K 的同伴不知不觉地透露了重要信息给定约人，以致定约人放弃飞牌而选择击落战术。

```
            ♠ A Q J
            ♥ J 10 4
            ♦ 9 5 2
            ♣ Q J 6 5
♠ 10 8 4 3              ♠ K 9 2
♥ K                     ♥ 8 2
♦ K J 10 4              ♦ 8 7 6 3
♣ 10 8 7 2              ♣ A K 9 4
            ♠ 7 6 5
            ♥ A Q 9 7 6 5 3
            ♦ A Q
            ♣ 3
```

双方有局,叫牌过程如下:
```
   西       北       东      南
   —       —       —      1♥
   —      2♣(1)    —      4♥
```
都不叫

(1) 朱利(Drury)约定叫,首家
　　pass者持三张高花支持。

西家首攻♠3,定约人用♠J飞,东家用♠K拿后改出方块,定约人再次飞牌,又未成功。西家打回♦J,定约人用♦A拿。定约人还不知道该如何调将牌,他不想仓促做决定,为了获得更多的信息,他送出♣3并放上明手的♣Q。

现在东家的一举一动将关系到全局的胜负。假如你是东家,那么你用哪张草花大牌去赢得这一墩呢?可能有的东家会特意用♣A拿,因为他不想让定约人知道他还有♣K。对于经验丰富的定约人来说,东家的这种打法犹如此地无银三百两。试想:假如西家只有♣K而没有♣A,那么当定约人打出小草花时,西家哪有不用♣K拿的道理?他怎么知道同伴一定有♣A呢?反过来,当西家有♣A而没♣K时,他倒是有可能忍让,当东家有♣K时,可让东家先拿一墩草花并不妨;当♣K在定约人手中,只要明手的黑桃并不能将它垫去,西家是不必急于拿下的。所以说东家必须用♣K拿。接下来,东家应该立即低引草花!

定约人百分之百是不会飞草花的,既然他不需要任何垫牌,那么他又怎么会去冒这无谓的风险呢?东家之所以要低引草花,是因为他需要向定约人传递这么个信息:我这儿并没有♣A。反过来,要是东家不慎让定约人看到他有♠K和♣A K,那么定约人还会选择飞红心吗?如果东家能成功地使定约人相信西家持♣A和♦K J,那么定约人很有可能会飞红心,因为单就飞牌和击落两种战术比较,前者的成功率稍高于后者。

例 3.7.2 定约人在选择飞牌还是击落的时候,他不仅要从己方所拥有的张数来考虑的,他思考问题的基础是逻辑推理。不必说当定约方有 10 张之多时,定约人很可能会使用击落战术,哪怕当他只有 9 张甚至 8 张时,只要他认为飞牌不可能取得成功,那么他也会坚决地选择击落战术。

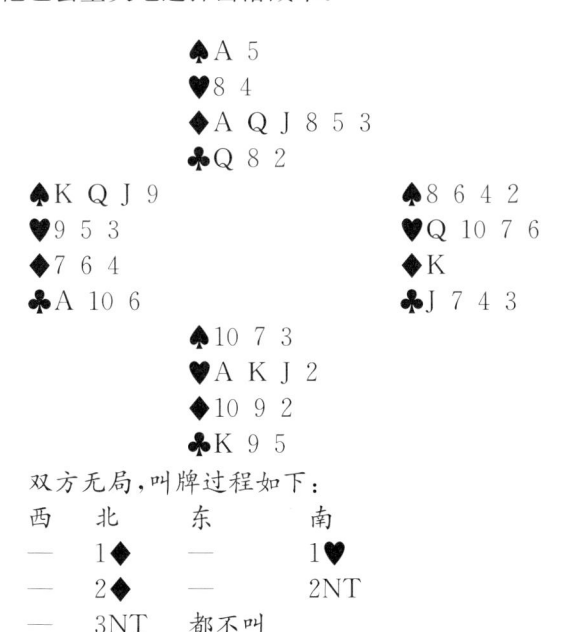

```
              ♠A 5
              ♥8 4
              ♦A Q J 8 5 3
              ♣Q 8 2
♠K Q J 9                    ♠8 6 4 2
♥9 5 3                      ♥Q 10 7 6
♦7 6 4                      ♦K
♣A 10 6                     ♣J 7 4 3
              ♠10 7 3
              ♥A K J 2
              ♦10 9 2
              ♣K 9 5
```

双方无局,叫牌过程如下:

西	北	东	南
—	1♦	—	1♥
—	2♦	—	2NT
—	3NT	都不叫	

第三篇 防家在整手牌时诱骗战术的运用 | **559**

西家首攻♠K，定约人见忍让无益便用明手的♠A拿，他随即从明手出小草花并放上手中的♣K。如果你是西家，那你可遇到一位高明的定约人了，你该如何应对？通常西家总是不会拒绝吃下的，不过这样一来便成全了定约人。你想，西家在拿3墩黑桃之后打回任何花色都是没区别的。作为首家pass的西家，已亮相10点大牌，他还会有◆K吗？既然定约人认为方块飞牌成功无望，那么他只好硬砸◆A了，在击落◆K后，定约人乐呵呵地捧回9墩牌。

这样的结果可能在90%的牌桌上可以见到，在余下9%的牌桌上则是那些推理能力较差的定约人仍然选择飞牌，结果以宕一墩告终。只有在1%的牌桌上，高明的定约人遇上了位更厉害的西家，他悄然无声地放过定约人的♣K！

南家的叫牌显示了他约有11点左右的大牌，除♣K外，余下8点左右的大牌都在红花色上了。假如定约人有◆K，那么他不是在红心上有♥A J，就是有♥K Q，对于前者，西家忍让与否都一样，在拿完4墩黑牌之后就没防家的事了；对于后者，西家忍让与否也还是一样，定约人只有8墩牌而已，区别仅在于不忍让，防家可立即连拿3墩黑桃，再加上红心和草花各一墩。而忍让呢，让定约人先连拿6墩方块，再加上黑桃和草花各一墩，仅8墩牌而已。然而，当定约人并没有◆K，他的8点大牌全都集中在红心上时，西家忍让与否就大相径庭了。西家不忍让，使得定约人发现首家pass的西家不可能还有◆K，他不得不放弃方块飞牌而采取击落战术，结果他成功拿到了9墩牌。如果西家不露声色地忍让，那么定约人无法看出西家在黑花色上已有10点大牌，他怎会不飞方块呢？

要西家做到不露丝毫痕迹的忍让，这是非常困难的一件事。对常人而言，纵使通阅52张牌，也未必有几位能悟出这个道理。哪怕是桥牌专家，他能发现这个道理，但又有多少人能在牌桌上于瞬间内就做好忍让准备呢？不过事实却又是那么的无情，假如西家用♣A痛宰定约人的♣K，那么我们有理由说他是不知不觉地把同伴的◆K给出卖了。

例 3.7.3 当你打牌时,你在某一花色上持 K J 双张,你该用 K 还是用 J 飞牌呢？很可能你在做出用哪张牌飞之前,还想先看看其他花色的情况。好,现在你成了防家中的一位,你发现定约人正想摸清别的花色的分布情形再做飞牌的选择,你该如何来误导他呢？说得通俗一点,当你持 Q 时,你应竭力使他以为你持 A,反之亦然。

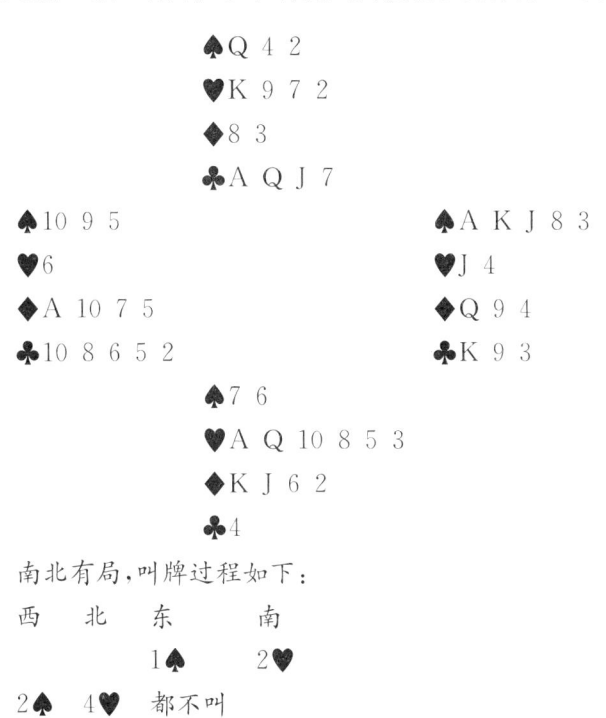

```
                ♠ Q 4 2
                ♥ K 9 7 2
                ◆ 8 3
                ♣ A Q J 7
♠ 10 9 5                    ♠ A K J 8 3
♥ 6                         ♥ J 4
◆ A 10 7 5                  ◆ Q 9 4
♣ 10 8 6 5 2                ♣ K 9 3
                ♠ 7 6
                ♥ A Q 10 8 5 3
                ◆ K J 6 2
                ♣ 4
```

南北有局,叫牌过程如下：

西	北	东	南
		1♠	2♥
2♠	4♥	都不叫	

西家首攻♠10,防家连打三轮黑桃迫使定约人将吃。定约人先兑现♥A,接着他出草花到明手的♣A,现在他从明手打回♣Q。这时东家应该勇敢地且毫不犹豫地跟出♣9 而不是♣K！为什么？

醉翁之意不在酒,定约人并不指望明手的草花大牌能垫去手中的一张方块,他旨在探索一下草花大牌的位置以帮助他猜对方块大牌分布的情况。假如东家能成功地隐瞒住自己的♣K,那么定约人就会以为西家持♣K。从东家的首家开叫及西家的加叫来看,西家像持◆Q和♣K,而东家则持◆A。一旦定约人买下了东家兜售的假情报,他就会用◆K作为他的首轮方块飞牌。

很显然,如果东家沉不住气地盖上他的♣K,那么定约人便不难看出西家不是持◆A就是持◆A Q了,总之他一定会用◆J飞牌。会不会有人问,定约人难道不会用♣Q飞过去吗?只要东家的忍让不露痕迹,那么定约人绝对不会飞草花。一旦草花飞牌失败,那么这手牌就无药可救了,而完成定约的关键仅在于判断方块大牌的位置,而与草花飞牌并没直接关系。

例 3.7.4　开普兰虽然从未能得过世界冠军,但他在北美桥坛上始终是名广受尊敬的桥牌好手。早在1955年的北美桥联的一场终身大师级桥牌双人赛中,开普兰主动出击,把定约人搞得晕头转向,结果打砸了一手铁成的3NT。

```
                ♠ 9 3
                ♥ A Q
                ◆ A Q 10 7 6 4
                ♣ 10 9 8
♠ 10 4 2                         ♠ A K 8 6 5
♥ J 10 8 5 3 2                   ♥ 7 4
◆ J 3                            ◆ 9 5
♣ A 5                            ♣ K J 7 4
                ♠ Q J 7
                ♥ K 9 6
                ◆ K 8 2
                ♣ Q 6 3 2
```

南北有局,叫牌过程如下:

西	北	东	南
	1◆	1♠	1NT
2♥	3◆	—	3NT

都不叫

西家厄多斯(Ivan Erdos，1924－1967)因自己已与同伴在黑桃上取得了一致，所以他企图用2♥来吓唬对手，谁知南家根本不为所动，大胆地推进到3NT。厄多斯首攻♠2，位于东家的开普兰略加思索之后用♠A拿！开普兰从明手的牌已看出定约人单是在红牌上即可拿到至少8墩牌，他必须加快步伐跑在定约人前面才行。紧接着开普兰打出♣K，就像他持♣A K在探路。拿到一墩草花后东家再出♣4。

定约人读牌的结果是东家持♠A和♣A K，为防让西家的♣J白白拿到一墩，定约人不无道理地放上他的♣Q。厄多斯吃下这一墩后再出黑桃。就这样，开普兰一人又连拿3墩黑牌。假如开普兰一开始循规蹈矩地放上他的♠K，那么定约人说什么也不肯让他的♣Q无谓地捐躯。

例3.7.5 防家有时需要主动向定约人施放迷雾，而不是被动地等到跟牌时才有此意识，就像上例开普兰所做的那样，我相信你在看了法国桥牌好手鲁迪涅斯柯的表演之后，对此有更深刻的认识。

```
              ♠ 9 5
              ♥ A Q J 10
              ♦ A Q 10
              ♣ K Q J 5
♠ K Q 10 7 6 4         ♠ 3 2
♥ K 9                  ♥ 8 6 4 2
♦ J 9 6 2              ♦ 5 4 3
♣ 2                    ♣ A 8 7 6
              ♠ A J 8
              ♥ 7 5 3
              ♦ K 8 7
              ♣ 10 9 4 3
```

南北有局,叫牌过程如下:

西	北	东	南
	1♣	—	1NT
2♠	3♠	—	3NT

都不叫

位于西家的鲁迪涅斯柯首攻♠K,定约人忍让,谁都知道这是各类妙招中最简单的一招——巴思妙招,西家现在没法再出黑桃威胁定约人了。而且你一定发现,就这手牌而言,哪怕西家持♠KQJ1064这样的黑桃,定约人照样能完成这个定约。然而鲁迪涅斯柯居然还是颠覆这个定约。

这时鲁迪涅斯柯打出♥9,这张牌让定约人伤透脑筋。除黑桃大牌之外,有两张牌对此定约有举足轻重的作用,那就是♥K和♣A。假如西家有♥K,那么不管他有没有♣A都一样,只消飞红心再逼出♣A便可结束战斗。但要是西家没有♥K但持♣A呢,情况就截然不同了,随随便便飞个红心将让东家上手,东家打回黑桃便树立西家的黑桃,待西家的♣A进手后,他有几个黑桃赢张便可兑现几墩了。定约人有没有办法对付这种局面呢? 很不幸,定约人完全有能力应付,那就是拒绝飞红心,用♥A拿下后立即请出西家的♣A,西家还是无法再出黑桃,待东家的♥K上手打回黑桃时,定约人已抢先一步到家了。定约人无法知道西家持的究竟是♥K还是♣A,斟酌一番后定约人判断西家持♣A但没有♥K,于是他用♥A拿并立即打草花,结果一发不可收拾了。

例 3.7.6 在实战中,极少能见到防家肯主动放弃以一拼二的机会的,所以一旦防家真的这样做,定约人的第一反应便是这位防家并不具有那张大牌。1964年正处于巅峰状态的意大利蓝队在世界奥林匹克桥牌锦标赛的团体赛中遇上了中国台北队,其中有这么一手牌:

```
              ♠ A 10 4 3
              ♥ K J 4 3
              ♦ J 2
              ♣ A Q 2
♠ 7 5 2                    ♠ 8
♥ 9 8 5                    ♥ A Q 7 2
♦ 6 5 4 3                  ♦ A Q 10
♣ J 5 3                    ♣ K 10 8 7 4
              ♠ K Q J 9 6
              ♥ 10 6
              ♦ K 9 8 7
              ♣ 9 6
```

双方有局，叫牌过程如下：

西	北	东	南
—	1♥	加倍	1♠
—	2♠	—	3♠
—	4♠	都不叫	

这样的叫牌恐怕现在已不多见了，首先东家的加倍并不规范，因为他不但持红心套，而且他的黑桃也特短。南家叫1♠也嫌太软弱些，至少该跳叫2♠了。不管怎么说，台北队的两名队员还是叫到最佳定约，而且由于大牌都集中在东家之手，防家难以在旁套上都有所建树，除非西家首攻草花，才可能给定约人带来些麻烦。

事实上，位于西家的贝拉唐纳首攻将牌，因为从叫牌中他判断应该削减定约人的将吃能力。明手跟♠3，东家阿伐雷利跟♠8，定约人用♠K拿。定约人立即打出♥10，如能树立一墩红心，那么草花即可免输一墩。阿伐雷利用♥Q吃下后，只见他兑现♦A，接着打出♦10！你会责怪定约人不跟小牌飞过去吗？我想在看到四家牌之前没人会笑话定约人白白放弃飞牌机会的。定约人用♦K拿后，他继续出红心，东家用♥A拿后反过来替定约人打回红心，这时定约人停下来思考对策。

假如将牌2-2分布，那么定约人可以摊牌了，明手余下的两张将牌恰好将吃手中的两张方块，而明手的♥K则可用来垫手中的一张草花。不过，既然东家不再调将牌，那么将牌就不像2-2分布。立即垫一张草花怎么样？如果这样行得通，那么再兑现♦K和♣A之后便可一路交叉将吃到底。万一西家真的只有两张红心怎么办？垫草花便将立刻输4墩牌。最终定约人找到一条万全之计：既然西家持♦Q，那么通过将吃飞牌可以树立手中的♦8，哪怕将牌3-1分布也无所谓了。想到这里，定约人用♠Q将吃，在肃清将牌之后，定约人满怀信心地打出♦9，当西家并没有盖上大牌时，定约人就飞了过去……

例3.7.7 桥牌好手兼演员夏里夫于1967年组织了一个夏里夫桥牌表演队（Sharif Bridge Circus），开始了长达近四年的欧美桥牌巡回表演赛。这支表演队除了夏里夫本人外，还有大名鼎鼎的贝拉唐纳、伽洛佐、福奎等欧美桥坛的顶尖好手。1970年英国两名国手弗林特和堪辛诺（Jonanthan Cansino）向表演队发起挑战，在伦敦进行了一场100盘（后因时间拖得太久而改为80盘）的对抗赛，在当时引起了轰动。除了名人高手外，这场对抗赛的又一令人瞩目的原因是可下注的对抗赛，且赌注十分可观，达1镑/1分，也就是说一个有局方的小满贯便意味着约1 400镑的进出了。加上旁观者踊跃下注，彩金加起来就大得惊人。接下来的这手牌便是出自那场有名的对抗赛中。

```
              ♠ 5
              ♥ 7 2
              ♦ A 10 8 7 6 3
              ♣ Q 5 3 2
♠ A 7 6 4 2               ♠ K J 10 9
♥ 8 5 3                   ♥ K Q 10 6 4
♦ K 9 2                   ♦ 5
♣ 6 4                     ♣ 10 9 8
              ♠ Q 8 3
              ♥ A J 9
              ♦ Q J 4
              ♣ A K J 7
```

盘式桥牌，南北有局，叫牌过程如下：

南	西	北	东
1♣	—	1♦	1♥
2NT	—	3♣	—
3NT	都不叫		

三无将并不是个出色的定约，相比之下 5♣ 要好得多。西家首攻♠4，很幸运，由于阻塞，东家在拿了第四墩黑桃之后不得不改出别的花色。定约人堪辛诺在第四轮黑桃时被迫垫♥9，尽管这时东家伽洛佐打出♥K 丝毫无损，他仍然低引红心，他出的是♥4！伽洛佐为什么不肯出一张安全得多的♥K 呢？难道他喜爱冒险吗？并非如此。定约人不会飞红心是毋需置疑的，伽洛佐意在给定约人这么个印象：我在红心上至多有一张大牌，我同伴持另一张红心大牌，加上他的♠A，他是不会有♦K，你飞方块不可能成功的。不过堪辛诺并没被伽洛佐的诡计所迷惑，在用♥A 拿了之后他还是猜对了♦K 的位置。伽洛佐这一手虽未能取得成功，但人

们看得仍很过瘾,觉得他虽败犹荣。

例 3.7.8 30多年前,在蒙特卡罗举行了一场桥牌队式赛,夏里夫和亚路士为伴,法国桥牌高手谢姆拉则是他们的队友,其中有这么一手牌:

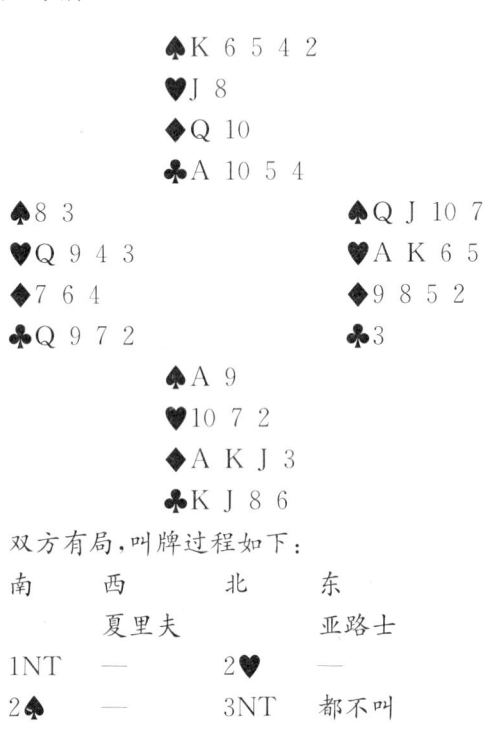

```
              ♠K 6 5 4 2
              ♥J 8
              ◆Q 10
              ♣A 10 5 4
♠8 3                      ♠Q J 10 7
♥Q 9 4 3                  ♥A K 6 5
◆7 6 4                    ◆9 8 5 2
♣Q 9 7 2                  ♣3
              ♠A 9
              ♥10 7 2
              ◆A K J 3
              ♣K J 8 6
```

双方有局,叫牌过程如下:

南	西	北	东
	夏里夫		亚路士
1NT	—	2♥	—
2♠	—	3NT	都不叫

位于西家的夏里夫首攻红心,防家连拿4墩之后打回方块给定约人。定约人松了一口气,发现他已有8墩牌在握,也就是说,他只要找对♣Q的位置,那么他还是能完成定约的。请允许我先回头说一下另一张牌桌上的进程,定约人谢姆拉在被防家连拿4墩红心之后,他连打四轮方块,这时西家垫"无用的"小黑桃,接着他又兑现♠A K,西家不得不垫草花。当西家的2-4-3-4牌型一清二楚之后,谢姆拉打掉手中的♣K并生擒西家的♣Q。

让我们回头再看看这张牌桌上的情况吧。前五轮出牌完全一样,这位定约人也是企图通过方块的兑现来找到线索的,在第四轮方块时,夏里夫垫草花而不是黑桃。当定约人转而兑现黑桃两大牌时,夏里夫都有小黑桃跟出,而东家亚路士则跟 ♠Q 和 ♠10 ! 这时定约人停下来琢磨防家的牌型,到头来他判断东家只有两张黑桃,东家的牌型是 2-4-4-3,于是他持有 ♣Q 的可能性居大,再说西家不是已垫掉一张草花了吗? 在他打掉明手的 ♣A 并再出草花时,亚路士的垫牌令他长长地叹了口气。

例 3.7.9 你在本书中多次见过伽洛佐和沙加斯的精彩表演,你是否想知道当这两位诱骗战术高手过招时又将会如何呢?我恰好有一个这样的精彩牌例,它发生于 1973 年的百慕大杯赛中,意大利队和巴西队在循环赛时相遇了。

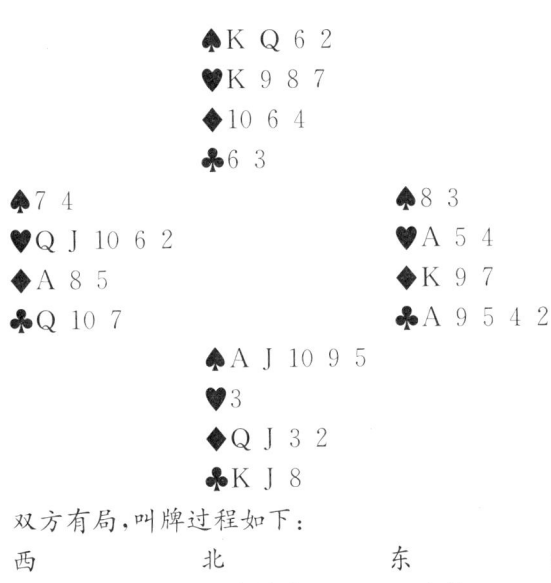

```
              ♠ K Q 6 2
              ♥ K 9 8 7
              ♦ 10 6 4
              ♣ 6 3
♠ 7 4                    ♠ 8 3
♥ Q J 10 6 2             ♥ A 5 4
♦ A 8 5                  ♦ K 9 7
♣ Q 10 7                 ♣ A 9 5 4 2
              ♠ A J 10 9 5
              ♥ 3
              ♦ Q J 3 2
              ♣ K J 8
```

双方有局,叫牌过程如下:

西	北	东	南
贝拉唐纳	阿森普索	伽洛佐	沙加斯
—	—	1♦ (1)	1♠
2♥	3♠	都不叫	

(1) 在超级精确制(Super Precision)中,这样的牌只能作 1♦ 开叫

西家贝拉唐纳首攻♥Q并拿到一墩，他发现再出红心无益时，改出将牌。定约人沙加斯手中拿后又调一轮将牌到明手，现在他从明手出小方块。位于东家的伽洛佐毫不迟疑地抽出♦K！接着伽洛佐马上低引小草花。你可看出伽洛佐的用意吗？他想给定约人制造这么一个印象：你已经知道我有♥A了，现在再给你看看我还有♦A K，那么你看我还会有♣A吗？假如沙加斯认准这一点，那么就该用♣J飞牌了，定约也就无法完成了。

沙加斯毕竟不是泛泛之辈，再说伽洛佐虚虚实实、诡计多端又久享盛名，因此沙加斯在沉思片刻之后决定朝相反的方向去理解对手出牌的用意，他放上手中的♣K并完成了这个定约。两位桥牌高手的精彩表演博得了观战者的热烈掌声。

例 3.7.10 1970年在瑞典的斯德哥尔摩举行的世界桥牌双人锦标赛中有这么一手牌，美国桥牌高手兼优秀桥牌作家坎特巧妙地为定约人布下了迷魂阵。

```
                ♠10 8 7 2
                ♥A 7 6 2
                ♦9 6
                ♣A 4 3
♠3                              ♠K 9
♥Q J 10 8                       ♥9 4 3
♦A K 7 5                        ♦J 10 4 3 2
♣Q 9 7 5                        ♣10 8 2
                ♠A Q J 6 5 4
                ♥K 5
                ♦Q 8
                ♣K J 6
```

双人赛,双方有局,叫牌过程如下：

西	北	东	南
1♦	—	2♦	2♠
—	3♠	—	4♠

都不叫

坎特当时位于西家,他不认为定约人的方块输张能马上遁去,所以他并不急于兑现方块大牌,他选择♥Q作为首攻。

丹麦定约人莫勒(Steen Moller)略加思索后用明手的♥A拿,东家跟出♥3。耐人寻味的是定约人并没有急着调将牌,相反,他不慌不忙地从明手拿♦6,东家毫不怠慢地放上♦J以告诉同伴他还有♦10,定约人放上♦Q。坎特已看出定约人的用意：他想收集一些信息后再决定如何处理将牌。坎特干脆将计就计,准备把一些假情报兜售给定约人。坎特用♦A拿下这一墩,接着他打回♦5!因为他想让同伴的♦10拿,造成一种东家持♦K J 10的假象。如果定约人认为西家只露出了♦A以及在黑花色上可能持5点大牌,那么定约人势必会判断坎特一定还持♠K,既然黑桃飞牌无法取得成功,定约人只好企图一举击落♠K。

非常遗憾的是坎特的苦心根本没有得到应有的回报,他不但未能获得一个他应得的顶分,相反,他还不得不接受一个不该属于他的底分。原来他的同伴懒洋洋地坐在那儿没好好动脑筋,那位东家想当然地认为坎特不可能持♦K,既然定约人的♦K自动跑了出来,他又何必将他的♦10送出去同归于尽呢？于是东家随手跟出♦2。定约人很意外地发现明手的♦9居然拿到一墩,他当然不客气地将东家的♠K缉拿归案。但定约人并没满足于超额一墩的结果,在将吃了一墩红心后,他又毫不留情地将坎特在红心和草花上逼得走投无路。就这样,坎特这一对选手成了唯一的只拿到一墩牌的防家,他们得了个绝对底分。不难想象,那位定约人在暗暗庆贺自己侥幸获得绝对高分的同时，他还会不忘感谢东家的"全力协助"。顺便提一句，坎特的同伴是鼎鼎大名的艾森伯格，一位五届世界冠军的获得者。

艾森伯格怎么可能不懂什么反探索法？你在本书中也见过他多次蒙骗对手的牌例，如果他不谙诱骗战术，他又如何能荣获五个世界冠军呢？一时思想不集中，或是说一时间没深入细想，这种情形可能每个人都经历过。说到这里我不由想起我曾遇到的一手牌。先父有位老友张去病医生，熟悉的朋友称他CP①，一位上海滩很出名的桥牌好手兼老前辈。1972年劳动节，张医生请先父和我去他府上打牌，他的搭档是蔡建仁，是我这一辈中知名桥牌好手。

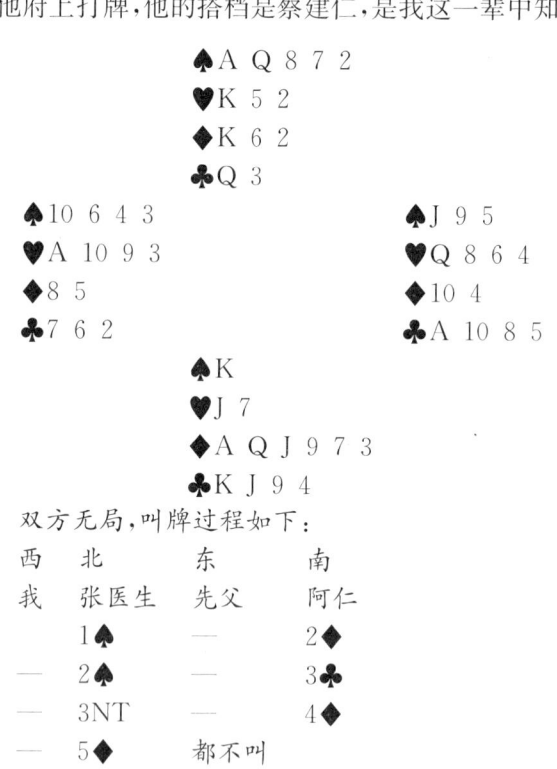

♠ A Q 8 7 2
♥ K 5 2
♦ K 6 2
♣ Q 3

♠ 10 6 4 3
♥ A 10 9 3
♦ 8 5
♣ 7 6 2

♠ J 9 5
♥ Q 8 6 4
♦ 10 4
♣ A 10 8 5

♠ K
♥ J 7
♦ A Q J 9 7 3
♣ K J 9 4

双方无局，叫牌过程如下：

西	北	东	南
我	张医生	先父	阿仁
	1♠	—	2♦
—	2♠	—	3♣
—	3NT	—	4♦
—	5♦	都不叫	

---

① "去病"两个字的英文注音以前是以 C 和 P 打头的。

从叫牌可知,阿仁有 6 张方块,4 张甚至 5 张草花。既然定约人舍 3NT 而选多拿 2 墩的 5◆,说明他的红心很弱,而且他只有一张黑桃,要不他会选择 4♠ 的。首拔个 ♥A 看看? 我脑中闪过此念,但马上又放弃了,因为我想不出我能在哪儿拿到 3 墩牌。为什么不出红心呢? 想到这里我首出 ♥10! 看到这张牌,阿仁很不安,思考一番之后,他让明手跟小红心,我万万没想到先父随手也出张小红心。就这样,这 5◆ 在短短的一分钟之内在成与败中走了一圈。♥Q 10 9 ×首出 ♥10 是很正常的,定约人是这样想的,所以他选择用 ♥J 飞牌。先父也是这样想的,既然他有 ♥Q,那么我的红心只能是 ♥10 9 为首的了,既然定约人既有 ♥A,又有 ♥J,那么放上 ♥Q 又有什么作用呢? 假如先父估计到我有可能使诈,那么他毫无疑问是会出 ♥Q 的。正如他后来自己解释的那样,出 ♥Q 是可能被定约人的 ♥A 所捕杀,若是这样的话,跟小红心同样会让定约人还是可拿到 3 墩红心的。唉,一念之差,这类事恐怕谁都有过吧。

例 3.7.11 1994 年麦卡兰桥牌双人邀请赛(Macallan Pairs Invitatioal 又名 Macallan International Pairs Tournament)在伦敦的白宫酒店举行,16 对世界一流高手应邀参加。赛事很隆重,赛前由英国前国手柔斯作为竞赛组织者——采访每一位赛手并在电视上播放,众望所归的瑞士"老外公"贝斯被聘为现场评讲员。齐亚和哈曼作为一对选手也应邀参赛。参赛者中有数位世界冠军,也有前辈高人,这使得齐亚马上联想起一个名叫《辛辛那提孩子》的美国电影。他说看过那部影片的人都不会忘记这么一个场面:影片中的"孩子"和"大人"打扑克,"孩子"抓得一手好牌,三张同点大牌另加一对,一个 fullhouse。在比大小时,"大人"把他的牌摊开了,哇,原来是至尊无上的同花顺。"大人"一边把钱捞进自己的腰包,一边对"孩子"说:"你干得不错啊,不过当我在场时,你只能是第二棒的。"当齐亚和哈曼来到其中的一张牌桌时,齐亚认出了那两位对手就是昔日的无敌高手、意大利蓝队的两名传奇人物贝拉唐纳和

福奎,齐亚当时的感受是自己就像那""孩子",而他的对手就像那"大人"。在他们的交手过程中,有这么一手牌:

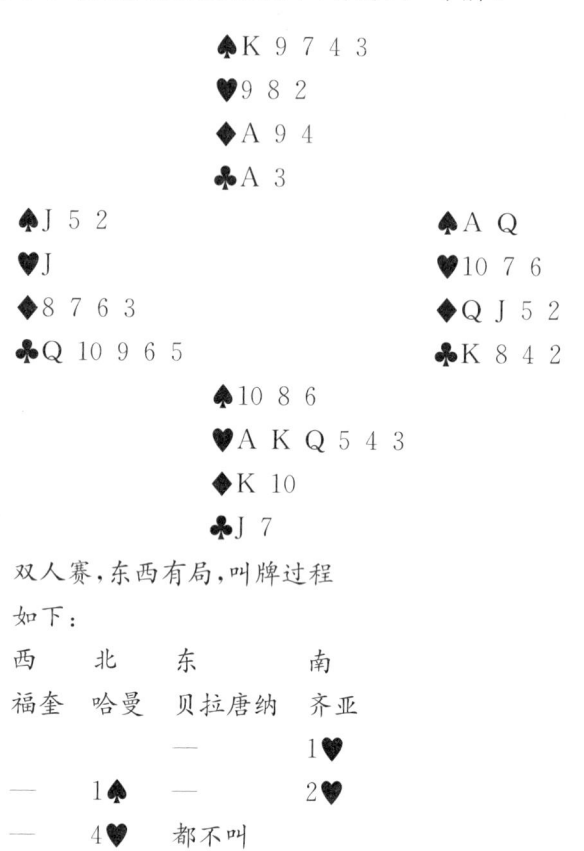

♠ K 9 7 4 3
♥ 9 8 2
♦ A 9 4
♣ A 3

♠ J 5 2
♥ J
♦ 8 7 6 3
♣ Q 10 9 6 5

♠ A Q
♥ 10 7 6
♦ Q J 5 2
♣ K 8 4 2

♠ 10 8 6
♥ A K Q 5 4 3
♦ K 10
♣ J 7

双人赛,东西有局,叫牌过程如下:

西	北	东	南
福奎	哈曼	贝拉唐纳	齐亚
		—	1♥
—	1♠	—	2♥
—	4♥	都不叫	

西家福奎首攻♦7,齐亚让明手跟♦4,东家贝拉唐纳放上♦J,齐亚用♦K拿。齐亚设想,假如将牌2-2分布,那么他将有个万全之策:肃清将牌之后再剥光方块,拔掉♣A后再送出草花,对手替他打黑桃势必要让他拿到一墩黑桃,要么给他将吃垫牌的机会。可惜现实并不那么美满,齐亚不得不连调三轮将牌,他接着出♦10,当西家跟小方块时,他飞了过去。东家拿后改出草花,福奎用♣Q盖上定约人的♣J,齐亚用明手的♣A拿,他赶紧用♦A垫去

♣7。当他从明手出♣3时,贝拉唐纳拿出♣K,齐亚将吃。

现在定约人只好动黑桃了,他出♠6,西家跟♠2,定约人让明手跟小黑桃,这一墩为东家的♠Q所获。贝拉唐纳出草花迫使齐亚将吃,齐亚再次从手中出黑桃,福奎再次跟小黑桃。贝拉唐纳已亮相的大牌有♠Q、◆Q J和♣K,如果他还有♠A,那么他持12点牌不是要开叫了吗?想到这里,齐亚放上明手的♠K,结果宕了一墩。

当齐亚起身离开牌桌时,他猜贝拉唐纳肯定在想:"嗯,你干得不错啊,孩子,不过当我还……"为什么齐亚会觉得他是被两位七旬老人打败的呢?因为他发现贝拉唐纳早就揣摩了自己的意图,好比高手不待对手招式变完已在半路上等着。当齐亚用明手的◆A垫去手中的♣7时,贝拉唐纳肯定对定约人的牌型是3-6-2-2不再有任何的怀疑,他只消跟个小草花就足以使定约人将吃了,然而他特意不放弃一个让他的♣K登台亮相的机会。定约人会不会持♣J 10 ×三张草花呢?没此可能,如果他有三张草花,那么他是不会主动调将牌的,让明手得到一次将吃草花的机会才是定约人的当务之急啊。不难想象,假如贝拉唐纳持♠Q J双张黑桃,那么他一定会在第二轮草花时跟小草花的,因为他可不希望齐亚在第二轮黑桃时会放上明手的♠K。

第八章 "希腊礼物"

据希腊神话,希腊大军久困特洛伊不下,双方将士都有大量死伤。某日希腊大军佯作撤军,舰船乘风扬帆,不一会儿便走得无影无踪。空无一人的营地仅留下一只硕大无朋的木马。欢欣鼓舞的特洛伊人把木马作为战利品拖进城内并举行盛大的欢庆活动。夜间当特洛伊人醉倒熟睡时,躲在木马腹中的全副武装的希腊勇士爬出木马,他们打开城门,与调转船头杀回的希腊大军一举攻陷特洛伊。后人便把这种不安好心的送礼称为"希腊(式)礼物"(Greek Gift)。

我们常说打桥牌实际是在比谁的失误少。我在上世纪80年代的同伴王俊人大师说得好："所谓桥牌比赛赢了，实际是小错赢了大错，没错赢了小错。"不过当你偶尔发现对手犯不该犯的低级错误时，请你格外小心，没准这是一个故意的破绽，假如你不慎收下他的"送礼"，那么到头来吃亏的不是他而是你。北美桥联的《桥牌大百科全书》在谈到什么是"希腊礼物"时，介绍了这么一手牌：

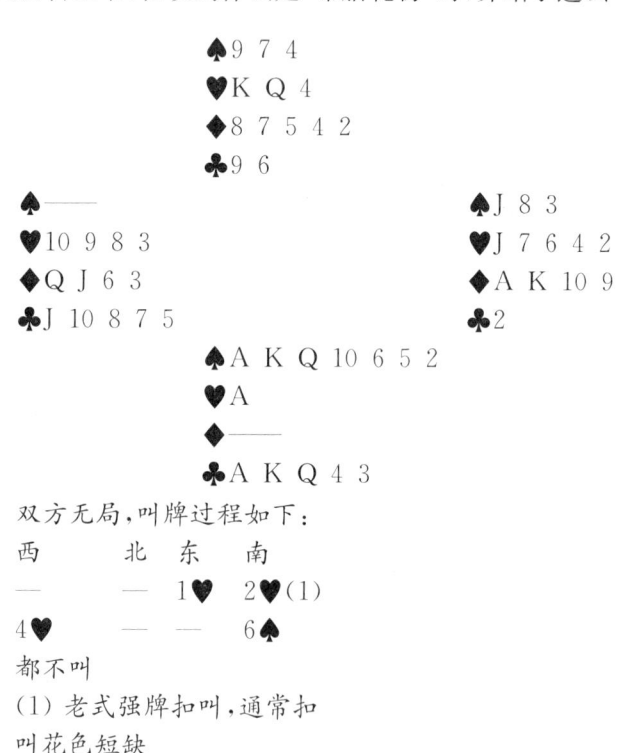

```
              ♠ 9 7 4
              ♥ K Q 4
              ♦ 8 7 5 4 2
              ♣ 9 6
♠ —                         ♠ J 8 3
♥ 10 9 8 3                  ♥ J 7 6 4 2
♦ Q J 6 3                   ♦ A K 10 9
♣ J 10 8 7 5                ♣ 2
              ♠ A K Q 10 6 5 2
              ♥ A
              ♦ —
              ♣ A K Q 4 3
```

双方无局，叫牌过程如下：
西　　北　　东　　南
—　　—　　1♥　　2♥(1)
4♥　　—　　—　　6♠
都不叫
(1) 老式强牌扣叫，通常扣叫花色短缺

西家首攻♥10，定约人拿后送出♠10，指望防家的♠J拿后，他可以明手的♠9作桥把手中的两张小草花垫去。位于东家的哈岑几乎要抽出自己的♠J。但是他及时停下来寻思为什么完全可以免输一墩将牌的定约人突然变得如此慷慨呢？在回顾一下叫牌之后，哈岑找到了答案：定约人定是没有第二张红心了，他想为明手制造一个进手张。想到这里，哈岑婉拒了这份"希腊礼物"。定约人一计不成，又生一计，他连打草花三大牌，不料洞若观火的哈岑再次谢绝将吃。始终送礼不成的定约人不得不以宕一墩认输了。

本书将探讨两方面问题，一是防家要设法识破什么是"希腊礼物"以免上钩，二是防家如何向定约人赠送"希腊礼物"。

例 3.8.1 当发现明手的将牌都很小根本无法阻拦我们将吃时，我们往往会欣然接受一个将吃的机会。需指出的是，偶尔你放弃这么一个将吃机会，或许得到的将不止一墩牌。

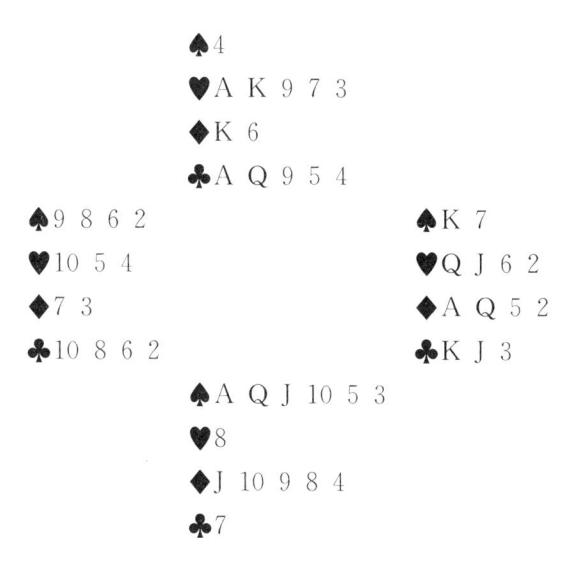

♠ 4
♥ A K 9 7 3
♦ K 6
♣ A Q 9 5 4

♠ 9 8 6 2　　　　　　♠ K 7
♥ 10 5 4　　　　　　♥ Q J 6 2
♦ 7 3　　　　　　　♦ A Q 5 2
♣ 10 8 6 2　　　　　♣ K J 3

♠ A Q J 10 5 3
♥ 8
♦ J 10 9 8 4
♣ 7

双方有局，在东家开叫 1NT 之后，南家最终用 4♠ 买下了合约。西家首攻♦7，定约人让明手跟♦6，东家用♦Q 和♦A 连拿 2 墩之后再出第三张方块，西家见明手的将牌如此之小，他高兴地用♠6 将吃。在此之后，不论西家打回什么，都没有防家的份。定约人只消飞一轮将牌，即可将防家的将牌一网打尽。

事后人们发现，假如西家于第三轮方块时用♠2 将吃，那么定约人将面临一大考验。假如他不假深究地用♠4 盖吃，那么这个定约十之八九将垮台。定约人在回手后多半会用♠A Q 连调将牌,那么东家用♠K 拿下后打出第四张方块便击败这个定约。

假如定约人细心且又警觉,那么他将会对西家的行径感到蹊跷,难道♠2 是西家唯一的将牌吗? 如果西家真是只有一张将牌,那么东家不是将有 5 张之多的黑桃了吗? 东家有 5 张黑桃,加上已知的 4 张方块,他为什么不开叫 1♠而开叫 1NT 呢? 很显然,西家有不止一张的将牌,那么他又为什么不肯用大一点的将牌将吃呢? 想到这里,定约人豁然开窍,西家用♠2 将吃是特意诱使我盖吃啊,这不是份"希腊礼物"吗? 只要定约人谢绝用♠4 盖吃,防家再也没有其他高招了。

例 3.8.2 1984 年世界奥林匹克桥牌队式锦标赛女子组的决赛在美国女队和英国女队之间进行,其中有这么一手牌,居南的是美国女队的格林伯格夫人,一位多次世界冠军获得者。

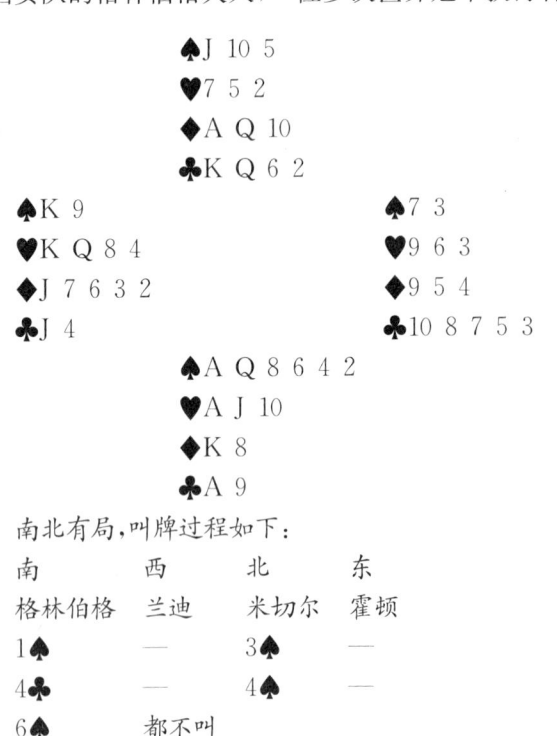

```
              ♠J 10 5
              ♥7 5 2
              ♦A Q 10
              ♣K Q 6 2
♠K 9                        ♠7 3
♥K Q 8 4                    ♥9 6 3
♦J 7 6 3 2                  ♦9 5 4
♣J 4                        ♣10 8 7 5 3
              ♠A Q 8 6 4 2
              ♥A J 10
              ♦K 8
              ♣A 9
```

南北有局,叫牌过程如下:

南	西	北	东
格林伯格	兰迪	米切尔	霍顿
1♠	—	3♠	—
4♣	—	4♠	—
6♠	都不叫		

西家兰迪(Sandra Landy)首攻♥K,定约人不得不拿,她连打3 轮方块,垫去手中一张红心,接着又连打 3 轮草花,再垫余下的另一张红心,这时西家将吃了。西家打回的牌耐人寻味,她可安全地打回红心,然而她却打回方块给定约人一个将吃垫牌的机会,格林伯格女士让明手将吃后开始琢磨兰迪的用意:明手的进手张全已用尽,却主动提供我一个让明手出牌的机会,为什么? 定约人得出的结论是西家很希望我飞黑桃,我偏不飞黑桃而打出♠A。格林伯格女士谢绝了这份"希腊礼物",击落西家的♠K 后她拿到了1 430 分。这手牌为美国女队赢得冠军奠定了基础,因为英国女队选择了毫无希望的 6NT。

例 3.8.3 前面提到哈岑作为防家婉拒了定约人的"希腊礼物",无独有偶,一次在他打牌时,也拒收了防家慷慨赠送的"希腊礼物"。那是在 1939 年全美桥牌混合双人赛时,那位送礼者是美国名将老杰可比。

```
               ♠ 7 6 5
               ♥ K 8
               ♦ J 4 3 2
               ♣ J 8 5 4
♠ K                           ♠ 8 3 2
♥ A Q 10 7 6 5 2              ♥ 9 4 3
♦ 9 8 7                       ♦ 10 6 5
♣ 7 2                         ♣ 10 9 6 3
               ♠ A Q J 10 9 4
               ♥ J
               ♦ A K Q
               ♣ A K Q
```

双人赛,南北有局,叫牌过程如下:

西	北	东	南
3♥	—	—	4♠
—	4NT	—	6♠

都不叫

位于西家的老杰可比首拔♥A,接着他再出红心让明手的♥K拿到一墩。许多南家急不可待地尝试飞黑桃,结果都宕了一墩。定约人哈岑并没有那么做,他想这么一个问题:西家打回其他旁套花色,我都无法进入明手,为什么他偏偏如此厚爱地帮这个忙呢?哈岑的答案是老杰可比出的红心定是份希腊礼物,西家正期待定约人的一个失败的飞牌。想到这里,哈岑决定反其道而行之,一举击落了西家的♠K而完成了定约。

例 3.8.4 谢因吾是北美桥联名人榜上一员,尽管他不是桥牌职业选手。下面的这手牌便是他在一次盘式桥牌中的杰作:

```
              ♠Q 9 7 2
              ♥A Q J 9
              ♦A K J 7
              ♣5
♠A 5                      ♠3
♥10 3                     ♥K 6 4 2
♦Q 8 3 2                  ♦10 9 4
♣J 8 7 3 2                ♣A K Q 10 6
              ♠K J 10 8 6 4
              ♥8 7 5
              ♦6 5
              ♣9 4
```

盘式桥牌,双方无局,叫牌过程如下:

西	北	东	南
	1♥	2♣	—
3♣	加倍	4♣	4♠

都不叫

虽然东西方一个劲儿地干扰,但是南北方仍叫到了最佳定约4♠。西家首攻♣3,位于东家的谢因吾看到自己有两个赢张,但他不认为同伴也能拿下2墩,除非定约人出差错。考虑定当后,谢因吾打回♥6,似乎是他最大的一张红心,这张牌给定约人一个免费飞牌的机会,定约人事后回忆才发现这实际就是一份"希腊礼物"。定约人随手跟出♥7,西家盖上♥10,明手的♥J拿下这一墩。定约人立即调将牌,西家用♠A截下后打回♥3。定约人认定西家必定持♥K,他信心十足地用♥Q飞过去。这也难怪,又有多少人会乐意向定约人提供免费飞牌呢?令定约人跌破眼镜的是东家居然抽出了♥K。谢因吾再出红心,让同伴将吃了一墩。

例 3.8.5 桥牌高手赫尔格莫2007年作为挪威桥牌队的第一主力,无疑为挪威荣获那年百慕大杯赛桂冠立下了丰功伟绩。对手和队友爱用稳、准、狠三个字来形容他的风格,不过有时他的出牌似乎并不与这三字风格相吻合,令旁观者困惑不解,那是在一次挪威举行的全国桥牌双人赛时。

♠10 8 7
♥K
♦J 6 2
♣A K Q J 7 6

♠Q 4 3 2　　　　　　　♠9 6 5
♥Q 8 5 4 3　　　　　　♥A 10 6 2
♦K 10　　　　　　　　♦8 7 3
♣8 4　　　　　　　　♣10 9 5

♠A K J
♥J 9 7
♦A Q 9 5 4
♣3 2

双人赛,双方无局,叫牌过程如下:

南	西	北	东
1NT(1)	—	3NT	都不叫

(1) 平均牌型,15-17 点

位于西家的赫尔格莫首攻♥3,在他和同伴的约定中,这可能是长套第三张,也可能是第五张。东家毫不留情地捕杀明手的单张♥K,在东家打回红心时,定约人猜对了♥Q和♥10的位置。在用♥Q拿下这一墩后,赫尔格莫略加思索便改出♣8! 在赫尔格莫牌桌旁的许多围观者,见了这张牌不由得面面相觑,大家都十分纳闷,这哪像赫尔格莫打出的牌啊,怎么如此消极呢?

定约人让明手拿后立即飞方块,当飞牌失利后定约人马上摊牌了,超额一墩,得 430 分。看出其中奥妙的人现在点头微笑了,不得要领者则赶忙向高人请教。原来这是赫尔格莫特地请定约人飞方块的。要不然,定约人主动打掉♥J并兑现♠A K,接着他连打明手的草花,当明手还留下一张草花时,得如下形势:

582 | 实用桥牌诱骗战术大全

```
            10
            J
            6
Q
─────       东家牌已
K 10        无关紧要
            ─────
            A Q 9
```

当明手兑现最后一张草花时,定约人可从容地垫去手中的♦9,而西家则无安全牌可垫了,结果将被定约人拿到11墩牌。

假如赫尔格莫像常人那样逼出定约人手中的♥J,那么定约人说什么也不敢飞方块,西家到头来促使定约人紧逼了自己,岂不是搬起石头砸自己的脚吗?赫尔格莫在预见自己会遭紧逼后,他特意让定约人在每门花色上都保持止张,那么飞方块将是定约人既安全又可行的选择之一。在定约人收下份"希腊礼物"之后,不无遗憾地发现他在这手牌上的得分率只有31%。

例 3.8.6　在本篇第四章中,我介绍了英格兰女选手史密斯打的一手牌,她单枪匹马地把对手的一个大满贯给葬送了。在她24岁时,还用的是原名伽德纳(Nicola Gardener),这位当时英格兰最年轻的桥牌终身大师遇到了高人,那位高人给她上了很生动的一课:

♠Q J 10 9 4
♥Q 7 5 3
♦J 4
♣K 6

♠A K 5 3　　　　　　　　　♠8 7 6
♥K　　　　　　　　　　　♥9 8 2
♦7 5　　　　　　　　　　 ♦A 9 2
♣A 10 8 4 3 2　　　　　　♣Q J 9 7

♠2
♥A J 10 6 4
♦K Q 10 8 6 3
♣5

双方无局,叫牌过程如下:

南	西	北	东
1♦	2♣	2♠	3♣
3♥	4♣	4♥	都不叫

西家首拔♠K,接着是♣A,然后他出♠A,伽德纳将吃。对定约人来说,逮住♥K即可完成定约,而捕捉♥K的最有效手段莫过于飞红心了。寄希望于西家持♦A,定约人马上从手中出小方块。对这位年轻的女选手来说,很不幸的是一位高人正坐在东家的位子,他好像没看见明手的♦J似的而跟小方块。伽德纳哪有不飞红心的道理,结果宕了一墩。原来那位高人就是两届世界冠军获得者坎特,他从定约人不调将牌而出方块中,立刻悟出定约人有飞红心之念,他将计就计地成全了她。

例 3.8.7 为了有效地控制局面,定约人在有将定约时的策略之一是宁可先送出一墩将牌给防家,其道理很简单,一来用A(K)连调将牌还是非输一墩将牌不可,二来可让短将牌的一方,譬如说是明手来保护定约人的某个薄弱的花色。反过来,要是定约人一开始便连调将牌,那么明手也就失去将吃能力。当明手只有两张将牌且又有一门花色很短时,这种先予后取的战术常能有效地保护明手那门短花色。

然而有时树欲静而风不止,偶尔你越是想大度地让对手先拿一墩,没想到防家越是慷慨地送出大牌给你吃,这对你来说未必是个福音,相反,没准儿这可是防家对你的一个严峻的考验。1973年在摩洛哥的拉巴特举行的一场国际桥牌双人赛时,伽洛佐就是这样给定约人出了道难题。令人叫绝的是明明自己的将牌K还可苟且偷安一阵,伽洛佐却满不在乎地拱手相赠,常人恐怕通阅了四家牌之后,也未必悟出这条妙计。

```
                ♠ A 10 8 3
                ♥ J 7
                ♦ A
                ♣ A K J 7 4 2
♠ K 4                              ♠ 7 6 5 2
♥ 9 2                              ♥ K 6 5
♦ K Q 10 4                         ♦ 9 8 7 6 5 3
♣ 10 9 8 6 3                       ♣ —
                ♠ Q J 9
                ♥ A Q 10 8 4 3
                ♦ J 2
                ♣ Q 5
```

双人赛,双方有局,叫牌过程如下:

南	西	北	东
1♥	—	3♣	—
3♥	—	3♠	—
4♥	—	4NT	—
5♦	—	5NT	—
6♣	—	6♥	都不叫

第三篇　防家在整手牌时诱骗战术的运用 | 585

西家首攻♦K，一下子就捅去了明手的♦A。如果由你来打这手牌，你将如何打？立即用♥J飞吗？好，♥J拿到一墩，接下来呢？你再飞红心吗？假如西家持♥K，假如他忍让一轮，那么你第二次飞红心时，他收下这一墩并又兑现一墩方块。如果你并不想把你的满贯寄托于一个只有50％的飞牌，那么你需要想别的办法了。

当时那位定约人想：既然只叫到6♠，那么先别想超额赢墩，还是着眼于完成定约为好。为了预防红心飞牌失败，遏制防家再出方块，定约人想先送出一墩红心给对手。通常定约人总希望飞牌成功，不过此时此刻定约人却很乐意看到红心飞牌失败，越早让防家拿到一墩，定约人就越有安全感，因为防家在拿下这一墩之后便没有他们的份儿了。当定约人从明手拿起♥7并准备用手中的♥Q飞牌时，意想不到的事发生了，东家突然亮出♥K！我不说你也一定猜得出，此君不是伽洛佐又能是谁呢？

假如定约人能拒收这份"希腊式礼物"，那么伽洛佐也就没什么戏可唱了。然而这是场双人赛，定约人已看到13墩在向他招手了，他怎能挡住超额赢墩的诱惑呢，他照单收下了这份送礼。定约人分析了一下眼下的形势：既然东家只有单张♥K，那么西家持的便是♥9 6 5 2 四张红心了，为了免输一墩红心，定约人出小红心继续调将牌。令定约人吃惊不小的是伽洛佐竟然还有第二张红心跟出，他开始有一种不祥之感。为了回手清将，定约人只得从明手出草花，令他险些昏倒的是伽洛佐掏出了第三张将牌……

例3.8.8 作为一名防家，当你发现定约人似乎犯挺愚蠢的错误时，你觉得求之不得，还是令你生疑？在一次北美桥联的春季大赛中，有这么一手牌：

```
                ♠ 8 6 5
                ♥ A
                ♦ K 6 4 2
                ♣ J 10 9 7 3
♠ A 10 4 3                    ♠ K J 9 7
♥ J 10 8 6                    ♥ Q 9 7 5 3
♦ 5                           ♦ Q 8 7
♣ A 8 4 2                     ♣ 5
                ♠ Q 2
                ♥ K 4 2
                ♦ A J 10 9 3
                ♣ K Q 6
```

双方无局,叫牌过程如下:

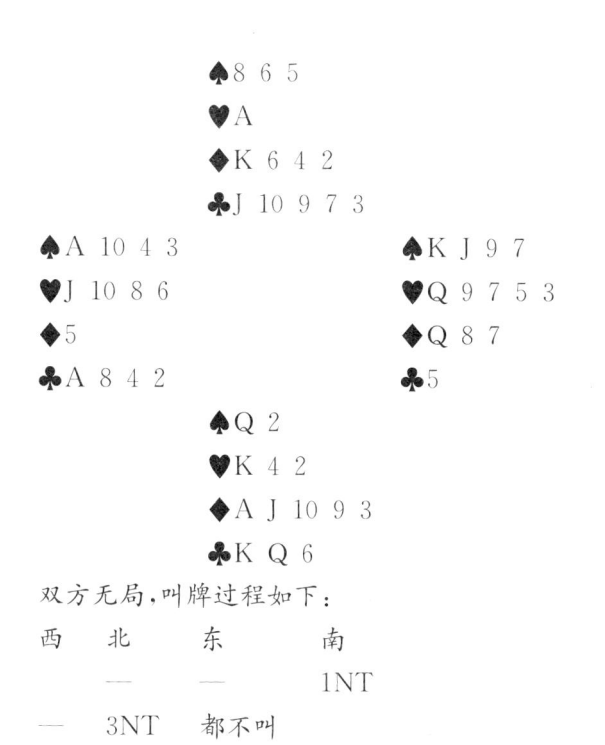

西	北	东	南
—	—		1NT
—	3NT	都不叫	

西家首攻♥J,明手的♥A拿后,定约人阿克尔(Jeff Aker)[①]从明手出♣J,他手中跟♣6,西家忍让。定约人再出草花,东家垫牌,西家看到定约人似乎和他有点过不去,如此处理草花,使得他本来可拿到4墩变成了现在的3墩,于是他忍让了一回。面对西家的慷慨和仁慈,阿克尔并不打算给对手一个改正错误的机会,他出方块到明手的♦K,回手飞方块,就这样,他拿到5墩方块,并在红心和草花上各得2墩。

请记住,出色的定约人不会犯初学者那样低级错误,如果你发现这样的定约人像是出事故般地犯了个挺愚蠢的错误时,你应该立即生疑才是。

---

① 阿克尔作为美国二队的一名成员参加了2015年百慕大杯赛中的老年组团体赛,这个队在半决赛中不敌同胞美国一队,然后负于波兰队屈居第四名。

例 3.8.9 接下来的这个牌例令人叫绝不已,防家就像在跟牌的瞬间已把四家的牌彻底研究了一遍似的。定约人本来是缺桥短路去明手的,谁知防家于第三家时拒不盖上自己的大牌,不但白送定约人一墩牌,而且附加桥梁一座。但天下有白白送礼这等美事吗?防家的"慷慨和热心"总是别有用心的,定约人果然一头扎进了圈套之中,那位"助人为乐"的防家就是一贯笑容可掬的多次世界冠军获得者沃尔夫。

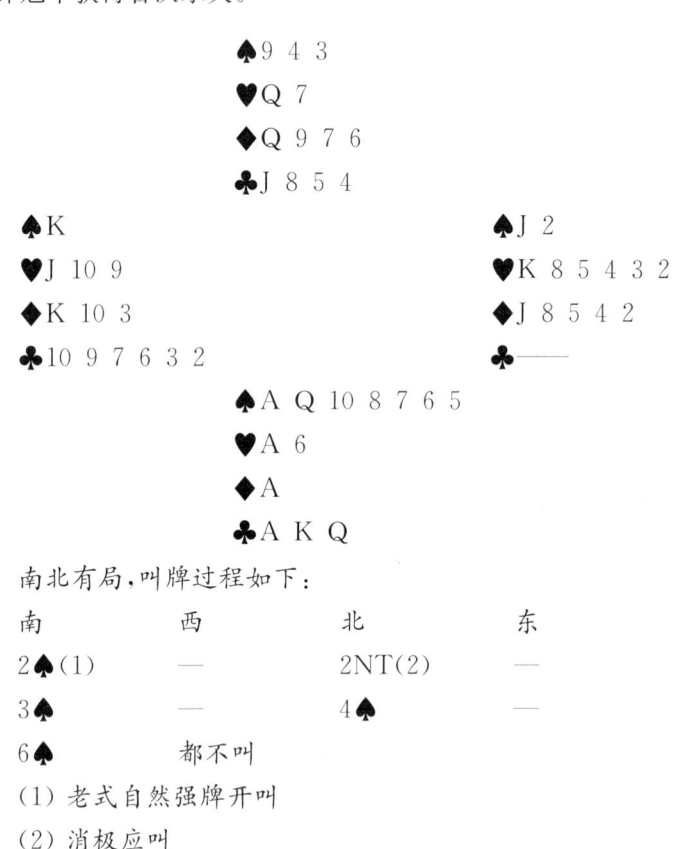

♠ 9 4 3
♥ Q 7
♦ Q 9 7 6
♣ J 8 5 4

♠ K
♥ J 10 9
♦ K 10 3
♣ 10 9 7 6 3 2

♠ J 2
♥ K 8 5 4 3 2
♦ J 8 5 4 2
♣ —

♠ A Q 10 8 7 6 5
♥ A 6
♦ A
♣ A K Q

南北有局,叫牌过程如下:

南	西	北	东
2♠(1)	—	2NT(2)	—
3♠	—	4♠	—
6♠	都不叫		

(1) 老式自然强牌开叫
(2) 消极应叫

位于东家的是沃尔夫,他不愿使用莱特纳加倍,因为他知道哪怕同伴能准确地首攻草花,防家也未必能击败这个定约。

西家作出正常首攻♥J，定约人觉得与其留着孤零零的一张♥Q在明手，还不如将它盖上为好。假如沃尔夫像常人般地也盖上他的♥K，那么我的这个故事也就无法再说下去了，他抽出♥2！在白白地便宜了一墩红心之后，定约人觉得飞黑桃何乐而不为呢，再说既然西家有♥K，那么东家持有♠K 的可能性也就更大了。飞牌的结果是让西家的单张♠K 拿到一墩，西家打回草花，于是沃尔夫不客气地将吃到了一墩。如你所见，假如沃尔夫盖上♥K，那么被逼得无路可走的定约人只好硬拔♠A 了。

例 3.8.10　2007 年威尼斯杯赛的 1/4 决赛中，英格兰女队遇上了中国女队，前四节双方咬得很紧，但在后两节赛事中，英格兰女队再也抵挡不住了。不过在前一阶段的比赛中，英格兰女队的布鲁纳女士（Michelle Brunner，1953 - 2011）有着上乘表演，为此她荣获了 2008 年 IBPA 颁发的最佳防守奖。

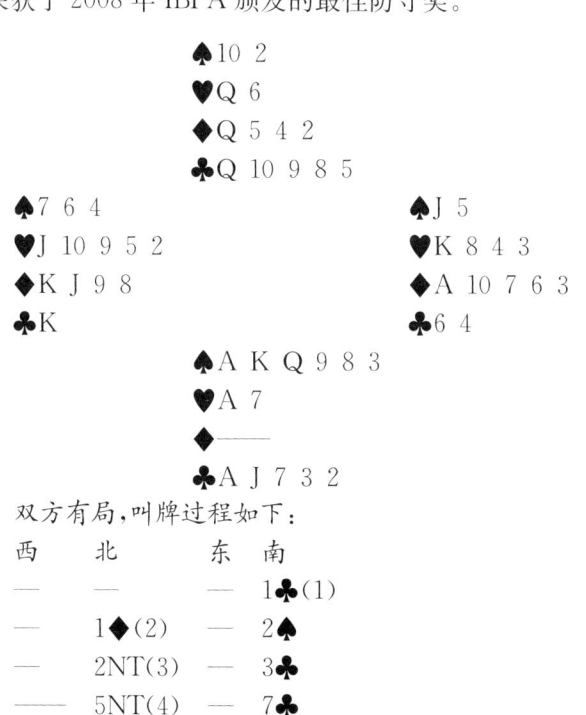

```
              ♠ 10 2
              ♥ Q 6
              ♦ Q 5 4 2
              ♣ Q 10 9 8 5
♠ 7 6 4                    ♠ J 5
♥ J 10 9 5 2               ♥ K 8 4 3
♦ K J 9 8                  ♦ A 10 7 6 3
♣ K                        ♣ 6 4
              ♠ A K Q 9 8 3
              ♥ A 7
              ♦ —
              ♣ A J 7 3 2
```

双方有局，叫牌过程如下：

西	北	东	南
—	—	—	1♣(1)
—	1♦(2)	—	2♠
—	2NT(3)	—	3♣
—	5NT(4)	—	7♣

都不叫
(1)精确制,强牌虚叫
(2)弱牌,0-7点
(3)黑桃上弱支持
(4)以草花为一致将牌后的大满贯尝试

通常在北家的大满贯尝试之后,南家需要在草花上有♣A K Q中的两个才能叫大满贯,否则应在小满贯上停下来。然而我认为南家的处理有其道理,因为她所叫的2♣只保证四张,同伴既然敢尝试大满贯,说明她有至少五张的草花,联手有至少十张的草花,加上南家不但有♣A,而且还有♣J,所以说她如求稳,那么可安全地停在6♣;如果积极进取,那么她也可以叫7♣,总之,两种选择都可考虑。

西家首攻♥J,一个非常正常的出牌,定约人放上明手的♥Q,东家布鲁纳不为所动地跟小红心放过!本来定约人缺桥少路去明手,她只能先用♣A调将牌,击落西家的单张♣K后,余下便迎刃而解了。现在布鲁纳忍让红心,让明手的♥Q白白拿到了一墩,定约人又多了一个处理将牌的方法。兴冲冲的订约人果然舍击落而取飞牌,结果本因运气极佳而该成的大满贯就这样在布鲁纳的劝说下寿终正寝。

单就草花5-5组合而言,飞牌的成功率稍高于击落的,问题是在首轮出牌之后定约人还该一成不变地选择飞牌吗?布鲁纳的当机立断无疑该受嘉奖,她在瞬间已看出定约人不存在旁套花色上的输张,唯一有可能得墩的只能是将牌了,同时她已看出唯有当同伴持♣K才有可能挫败定约,如此高效的思考,分析和判断真是难能可贵啊。在赞赏布鲁纳高招的同时,我们也应汲取可贵的教训,如果你在对付一个大满贯定约时不会在你的K J 10 ×中首出J,如果你从来没见过高手如此冒险,那么你就应该为此犯疑,不要马上轻信这种可能。再说对付一个大满贯的有将定约,最正常的首攻莫过于将牌了,令人高兴的是这位定约人在三年后的另一个世界桥牌锦标赛中,就是从对手拒绝首攻将牌悟出了对手的"难出(言)之隐"，结果她舍弃飞牌而击落对手的将牌 Q 保住可贵的大满贯。

例 3.8.11　你还记得本章前面谢因吾的那个牌例吗？他主动送定约人一个免费飞牌的机会，由此挫败了定约。如果他不这样做，那么他的 K 无疑仍然可拿到一墩，但是他的同伴是不可能得到将吃的机会的。防家持 K 位于 A Q 的左手方，这 K 总能牢牢地看守住 Q，而持 K 低引有可能竹篮打水一场空。正是绝大多数的防家不肯或是很忌讳如此低引，因此一旦你在实践中这样做，定约人往往想不到你居然持 K，当他对牌型和牌力错判之后，他就有可能出错了。你在前文见过英格兰女选手布鲁纳女士的精彩表演，她为此荣获了 IBPA 颁发的最佳防守奖，接下来请你欣赏她又一精彩表演，这使她又一次荣获了 IBPA 颁发的最佳防守奖，迄今为止，还没有第二人能连续两次获此殊荣呢。

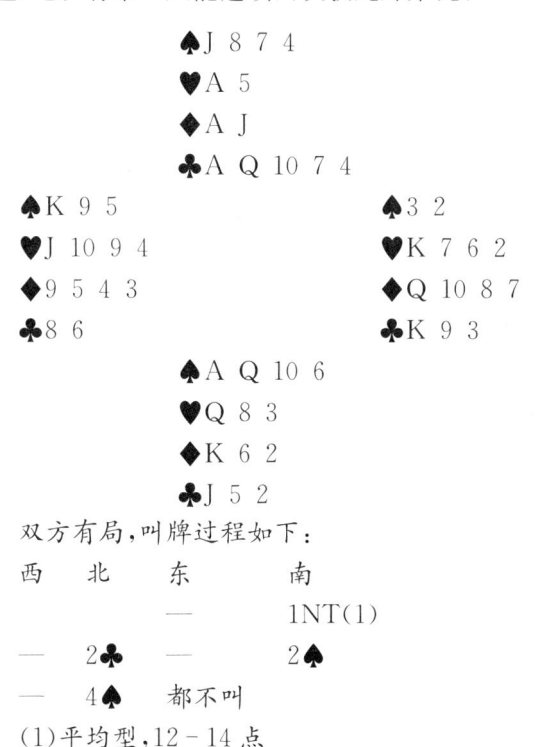

```
            ♠ J 8 7 4
            ♥ A 5
            ♦ A J
            ♣ A Q 10 7 4
♠ K 9 5              ♠ 3 2
♥ J 10 9 4           ♥ K 7 6 2
♦ 9 5 4 3            ♦ Q 10 8 7
♣ 8 6                ♣ K 9 3
            ♠ A Q 10 6
            ♥ Q 8 3
            ♦ K 6 2
            ♣ J 5 2
```

双方有局，叫牌过程如下：
西	北	东	南
			1NT(1)
—	2♣	—	2♠
—	4♠	都不叫	

(1) 平均型，12 - 14 点

西家首攻♥J，定约人让明手跟小红心，东家就是布鲁纳女士，她用♥K拿。接着她苦苦思索如何有可能击败这个定约。从明手如此强的牌来看，定约方联手至少有28点大牌，换句话说，同伴至多只能有4点大牌。她手中的♣K肯定能拿到一墩，另2墩在哪儿呢？布鲁纳设想同伴持♠K，西家已亮出的♥J表明她不可能还有♠A。如果同伴有♠K××三张将牌，而她只有两张草花，那么就存在那么一丝机会。想到这里，布鲁纳改出了♣9！她主动送定约人一个免费飞牌，西家跟的小牌被定约人解读为不愿无谓地牺牲她的♣K。当西家的♠K拿到一墩之后，西家自然打回草花，定约人想当然地飞草花。令她颇感意外的是东家抽出♣K，她再出草花又让西家将吃了一墩。

可能有的读者会想，定约人用♣A拿下，肃清对手的将牌后再输一墩草花不完事了吗？情况并非这么简单。东家出♣9，谁能肯定她有几张草花呢？万一她只有一张草花，那么放上明手的♣A将被东家将吃，然后还得再输一墩草花给西家的♣K。问题在这里，当东家出♣9时，几乎人人会判断她的草花很短，而不是多于西家。如果打一开始定约人就能看出东家持有比西家还多的草花，那么她就不可能后来出错。所以我的结论还是那句话：正是少而又少的防家会想到主动为定约人提供一个免费飞牌，所以一旦防家在实战中这样做，那么定约人不出错的可能性是非常小的。请留意这一点，谢因吾和布鲁纳都有极丰富的想象力，同时他们也有相当准确的判断力，即使定约人识破他们的骗局，他们的K仍然是赢张。

第九章　妙如双簧的默契配合

有时，一名防家着手布置一个"骗局"等待定约人上钩，在他设计这个"骗局"的同时他还应问自己这么一个问题：尽管我这个

"骗局"是针对定约人的,同伴是否也会憷然不觉地破坏我的计划?假如你认为同伴非常可能对你的"骗局"作出不利的反应,那么就需考虑另谋出路。与此同时,对"骗局"设计者的同伴来说,在防御过程中不能懒懒散散地随手跟牌,要对同伴的一举一动加以关注和分析。在这一章中的一些牌例讲的都是"骗局"设计者的同伴及时地心领神会,并积极地配合同伴"圆谎",如果离开同伴的积极配合,那么这个"骗局"就未必能成功,或是未必能取得可喜的效果。

例 3.9.1 前面提到坎特煞费苦心地设计了一个骗局,没想到同伴不动脑筋没有配合,以致反倒予以戳穿,这种令人尴尬的事时有发生。西罗多是美国的一代桥牌高手,他代表北美地区赢得过首届百慕大杯赛的冠军及 1958 年和 1961 年的亚军。西罗多赢得了 30 多个北美桥联的诸大赛事的第一名,他还曾创下了赢得北美桥联五次混合双人赛冠军的纪录。在下面的这手牌中,西罗多巧妙使诈,谁知同伴未能领会反而将其点破。

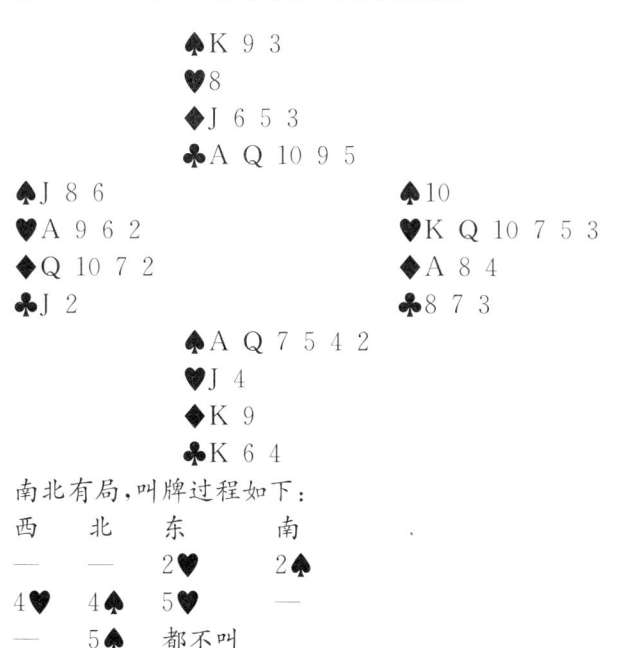

```
                  ♠ K 9 3
                  ♥ 8
                  ♦ J 6 5 3
                  ♣ A Q 10 9 5
♠ J 8 6                          ♠ 10
♥ A 9 6 2                        ♥ K Q 10 7 5 3
♦ Q 10 7 2                       ♦ A 8 4
♣ J 2                            ♣ 8 7 3
                  ♠ A Q 7 5 4 2
                  ♥ J 4
                  ♦ K 9
                  ♣ K 6 4
```

南北有局,叫牌过程如下:

西	北	东	南
—	—	2♥	2♠
4♥	4♠	5♥	—
—	5♠	都不叫	

东家主动叫5♥有点意外,通常作阻击开叫者金口只开一次,是否有必要继续干扰或牺牲应由同伴来作决定,不管怎么说这5♥还是很成功,把对手的定约抬高一个水平之后,东西方就有机会击败它了,可惜东家坐在那里沾沾自喜,把这大好机会白白放弃了。

位于西家的西罗多感觉到这手牌的分量,他知道己方或许能挫败这个定约,但处理不好也将让定约人得逞。斟酌一番后西罗多打出♥9!东家用♥Q就拿下了这一墩。从首轮出牌及叫牌来看,东家该是持♥A K Q为首的红心套的,他就不该还有◆A,既然◆A在西家之手,那么当东家改出方块时,你说定约人会出哪一张方块呢?

那位可怜的东家显然没仔细想同伴出♥9的用意,总不见得他会判断定约人持♥A而忍让吧。这位浑然不觉的东家倒是没糊里糊涂地再出红心,他改出方块,不过他打回◆A,这张牌顿时使西罗多的努力付诸东流,因为定约人已失去了任何出错的机会。

例 3.9.2 在 2008 年第一届世界智力运动会上的桥牌锦标赛中,来自德国的一对选手配合默契,力挫对手的一个局。

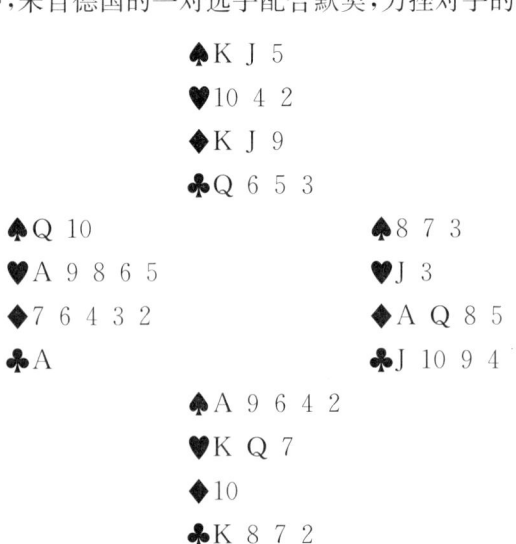

```
              ♠ K J 5
              ♥ 10 4 2
              ♦ K J 9
              ♣ Q 6 5 3
♠ Q 10                      ♠ 8 7 3
♥ A 9 8 6 5                 ♥ J 3
♦ 7 6 4 3 2                 ♦ A Q 8 5
♣ A                         ♣ J 10 9 4
              ♠ A 9 6 4 2
              ♥ K Q 7
              ♦ 10
              ♣ K 8 7 2
```

双方无局，叫牌过程如下：

南	西	北	东
1♠	—	2♠	—
—	2NT	3♠	都不叫

西家的 2NT 表示有两套牌，硬是把对手的定约抬高一阶。西家格罗摩勒（Michael Gromoeller）首拔♣A，看到明手的牌之后，他改出♦2，这张牌按约定表示他持有奇数张的方块。定约人猜想西家持有♦A，于是他让明手跟♦9，东家科姆斯（Andreas Kirmse）用♦Q拿，他留意到定约人跟出♦10。东家打回♣9，他最小的那张草花，他希望同伴将吃后可打回方块，当时他以为自己的♦A能得到上手的机会。西家将吃这一墩，他判断定约人不再有第二张方块，他不认为自己还有机会将吃，因此他打出♠Q。再说如果定约人还有第二张方块，那么他认为该拿的，总是能拿到的。

定约人肃清了对手的将牌后，他从明手出♦K。这时东家已看出定约人已没有方块了，他不为所动地跟小方块放过，定约人以为西家持♦A，他就将吃这一墩。接着定约人通过草花进入明手，他从明手出红心并放上♥K，格罗摩勒也忍让。两位防家的忍让，使得定约人判断东家持♥A，而西家则持♦A。既然他已清楚对手的牌型，于是他出小红心并等待♥A被拱出，令他失望的是他输了2墩红心而宕了一墩。

如果西家不客气地用♥A痛宰定约人的♥K，那么被逼得无路可走的定约人只能再出♥Q，击落东家的♥J便能完成定约。假如东家盖上明手的♦K，一来将吃飞牌能使定约人少输一墩红心，二来即使得不到垫牌，也将使定约人知道西家持♥A，哪怕后来西家放过定约人的♥K，定约人也会大胆地打出♥Q。

例3.9.3 假如一位防家不愿让定约人知道某门花色的真相，那么其同伴虽然在该花色上的小牌似乎毫无价值，但也切不可把这无用的小牌垫得一干二净，因为这无意透露的信息正是定约人所渴求的。

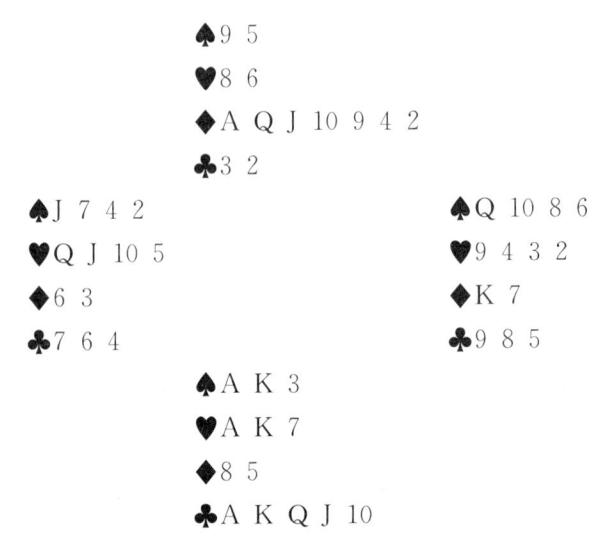

```
              ♠ 9 5
              ♥ 8 6
              ♦ A Q J 10 9 4 2
              ♣ 3 2
♠ J 7 4 2                ♠ Q 10 8 6
♥ Q J 10 5               ♥ 9 4 3 2
♦ 6 3                    ♦ K 7
♣ 7 6 4                  ♣ 9 8 5
              ♠ A K 3
              ♥ A K 7
              ♦ 8 5
              ♣ A K Q J 10
```

显而易见，6♦是个稳成的最佳定约，可能出于对高分的追求，结果南家选择 6NT，这就给防家反击的机会。位于东家的是冯-泽德威兹，他的同伴是哈克维（Harold Harkavy, 1915－1965），被认为是世界上最精于打牌同时又是叫牌极不正规的美国桥牌高手之一。

西家首攻♥Q，定约人用♥A 拿后立即用♦8 飞牌，西家跟♦3，东家则毫不犹豫地跟出♦7。定约人深知这两位对手并非寻常，他并没有因♦8 拿到一墩而大喜过望，他暂停在方块上的深入转而兑现手中的草花赢张，西家很小心地留他的♦6 而垫去两张黑桃，东家则垫掉两张红心。定约人现在不打方块不过门了，他丝毫看不出任何有助于他判断的蛛丝马迹，最终还是继续方块飞牌，结果宕了 2 墩。冯-泽德威兹的大胆忍让固然应受到称赞，哈克维仔细保护同伴也功不可没。

例 3.9.4 在 1955 年的北美桥联的终身大师级的团体赛中，有这么一手牌，为我们作出精彩表演的两位防家并不是什么大明

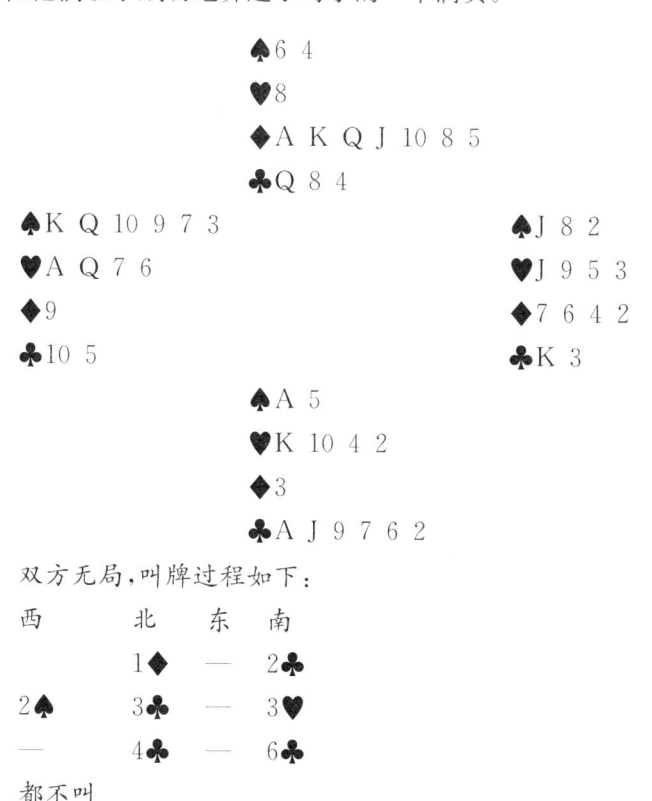

星,但他俩联手成功地葬送了对手的一个满贯。

　　　　　　　♠ 6 4
　　　　　　　♥ 8
　　　　　　　♦ A K Q J 10 8 5
　　　　　　　♣ Q 8 4
♠ K Q 10 9 7 3　　　　　　　♠ J 8 2
♥ A Q 7 6　　　　　　　　　♥ J 9 5 3
♦ 9　　　　　　　　　　　　♦ 7 6 4 2
♣ 10 5　　　　　　　　　　♣ K 3
　　　　　　　♠ A 5
　　　　　　　♥ K 10 4 2
　　　　　　　♦ 3
　　　　　　　♣ A J 9 7 6 2

双方无局,叫牌过程如下:

西	北	东	南
		1♦	—
			2♣
2♠	3♣	—	3♥
—	4♣	—	6♣

都不叫

位于西家的是阿林杰(Paul Allinger),他是Astro约定叫的发明者之一,东家是威尔德(D. Weld),他的知名度比其同伴的要小一些。

西家首攻♠K,定约人马上用♠A拿。定约人发现如果草花飞牌失败,那么结局可能将不止宕一墩了,但不飞捉♣K是无法完成定约的。定约人立即出♦3到明手,从明手出♣Q,东家并不盖上,他很快跟出♣3,定约人以为飞牌必定失败而摇了摇头,这时西家阿林杰很爽快地送出♣10!这张牌的出现使定约人认为东家持♣K 5 3,而西家仅此一张草花而已。由于明手匮乏进手张,明手余下的♣8 4又都比东家的♣K 5小,因此草花再次飞牌虽能捕捉到东家的"两张"将牌,但明手的一大把方块都无法得到利用。不过定约人应变能力也很快,他马上想到一个应付这种局面的办法,那就是当东家拒绝将吃方块的时候便不断地兑现明手的方块赢张。只要东家将吃一次,那么定约人就能把东家的将牌捕尽杀绝,而明手的♣8又将是个可靠的进手张。假如东家真的持♣K 5 3三张草花,那么定约人的这个方案将使他能全拿13墩牌,可惜现实与假设并不相吻,西家用小心隐藏起来的♣5将吃了方块并又兑现一墩红心。

例 3.9.5　在英国的一次桥牌比赛中,一位选手"撒了谎",另一位赶忙帮他"圆谎",他们的默契配合顿时蒙住了定约人。

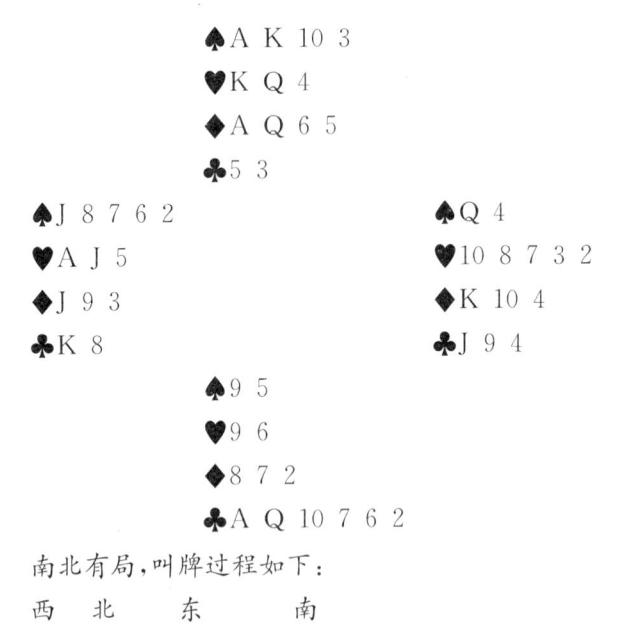

♠A K 10 3
♥K Q 4
♦A Q 6 5
♣5 3

♠J 8 7 6 2　　　　　　♠Q 4
♥A J 5　　　　　　　♥10 8 7 3 2
♦J 9 3　　　　　　　♦K 10 4
♣K 8　　　　　　　　♣J 9 4

♠9 5
♥9 6
♦8 7 2
♣A Q 10 7 6 2

南北有局,叫牌过程如下:

西	北	东	南
	1♦	—	1NT
—	3NT	都不叫	

西家是 M·史密斯(Marc Smith),一位英国桥牌作家,他首攻

♠6。定约人哪里知道红心的分布对他如此有利,唯恐东家有可能改出红心,因此他不愿忍让而用♠K拿。他从明手出草花,但东家跟♣4时,定约人用♣10飞。M·史密斯早有提防,他知道拿下这一墩就好比缴械投降,于是他不露声色地放过这一墩。定约人出方块并用◆Q飞,东家吃下后打回小红心,西家的♥J被明手的♥Q所擒。定约人再次从明手出草花,东家很快跟出♣J! 定约人不疑有诈,他用♣Q飞了过去……如果东家懵然不觉地跟♣9,那么定约人只好放上他的♣A,击落西家的♣K,将使他能超额完成定约了。这位机警的东家是泽尔涅乌斯基(Peter Czerniewski,1949-2009),一名很成功的英格兰桥牌选手。

在定约人初次飞草花时,他的♣10拿到一墩表明东家持♣J,所以东家必须适时地跟出这张身份"已暴露"的牌。

例 3.9.6 在第一篇的第二章中介绍过这样的一个组合:

```
            K Q 10 7
J 9 3                  A 8 2
            6 5 4
```

当定约人从手中出4时,他总是先放上明手的一张大牌的,持A的东家必须忍让一轮。当定约人回手再出红心时,他很有可能会出错。我还说假如东西两家的牌互换,得如下组合时:

```
            K Q 10 7
A 8 2                  J 9 3
            6 5 4
```

定约人仍出小红心,持A的西家必须连续忍让。尽管定约人用明手的大牌已经拿到一墩,然而在第二轮红心时,他不一定敢再次放上明手的另一张大牌,没准儿定约人疑神疑鬼地以为东家持A忍让而临时改主意用10飞的。如果你对我的说法信疑参半,那么我接下来就给你介绍一个真人实例来证实这种可能性的存在。

就像是北美桥联吸引了众多的欧洲桥牌好手那样,欧洲桥牌公开赛也有不少北美桥牌好手参加,下面这手牌便是出自2006年欧洲桥牌公开赛中。

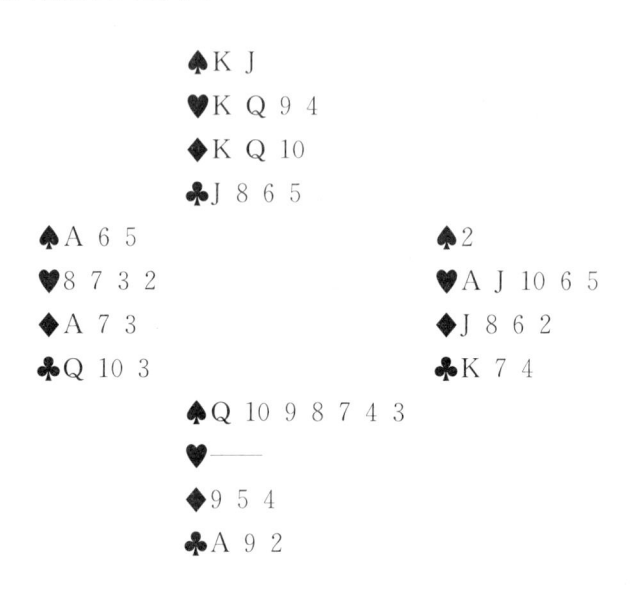

♠K J
♥K Q 9 4
♦K Q 10
♣J 8 6 5

♠A 6 5
♥8 7 3 2
♦A 7 3
♣Q 10 3

♠2
♥A J 10 6 5
♦J 8 6 2
♣K 7 4

♠Q 10 9 8 7 4 3
♥——
♦9 5 4
♣A 9 2

东西有局,当东家首家pass后,南家直接用4♠买下定约。位于西家的是莫斯(Brad Moss),一位近几年来十分活跃且又取得很好成绩的桥牌好手,他首攻♣3。定约人让明手跟小草花,东家吉特尔曼放上♣K,定约人用♣A拿。定约人立即调将牌,莫斯放过,明手的♠J拿到一墩。定约人接着再调将牌,这时西家收下了,他不露声色地改出♦3,定约人放上明手的♦K并拿到一墩。这时定约人从明手出♥K,吉特尔曼根本不瞅第二眼就跟小红心放过!定约人一来没什么牌要垫,二来他从东家毫不迟疑的忍让判断西家持♥A,于是他将吃并调出西家最后一张将牌。现在定约人出草花,莫斯拿后从容不迫地打出小方块。从前几轮的出牌,定约人得出的结论是西家持♠A、♥A及♣Q,他还会有♦A吗?定约人的分析是东家更像有♦A,在迟疑了一阵之后,他还是放上

明手的 ◆10……

两位防家一个敢于忍让,另一个则敢于一再低引,既使定约人对大牌的位置产生误判,又使他的信心动摇,在如此防御之下定约人所受压力之大是不难想象的。

例 3.9.7 在上世纪四五十年代美国的第一搭档恐怕非盛铿和拉庇而莫属了。在下面的这手牌中,两位高手心领神会,把定约人杀了个人仰马翻。

```
                ♠ K Q 4 3
                ♥ A 10 7
                ♦ K 8 4
                ♣ 8 7 4
♠ J 10 6                    ♠ 9 8 2
♥ J 5 4                     ♥ 9 6 2
♦ Q 10 3                    ♦ J 5
♣ K J 6 5                   ♣ A Q 10 9 3
                ♠ A 7 5
                ♥ K Q 8 3
                ♦ A 9 7 6 2
                ♣ 2
```

南北有局,叫牌过程如下:

南	西	北	东
1♥	—	1♠	—
2♦	—	3♥	—
4♥	都不叫		

北家的判断很出色,他主动绕开 3NT 而支持同伴的红心。相比之下,5♦ 更安全一些,不过现在红心 3-3 分布,似乎定约人可以完成这个定约了。位于西家的盛铿首攻 ♠J,定约人用明手的 ♠

Q拿了之后用♥A K连调两轮将牌,接着他又连打三轮方块。防家拿一墩方块后开始用草花迫使定约人将吃。这时定约人留着♥Q在手不再调将牌,代之他打出第四张方块。两位防家顿时明白了定约人的苦衷:万一将牌4-2分布,那么继续调将牌令定约人失去控制。盛铿拒绝将吃,他垫了张黑桃,因为他将吃时,明手可趁机垫去黑桃,明手的♥10可有效地遏制防家再出草花,而定约人待♠A上手后又可调出东家的那张将牌。出于同样的原因,拉庇也谢绝将吃,他垫的是张草花,得如下形势:

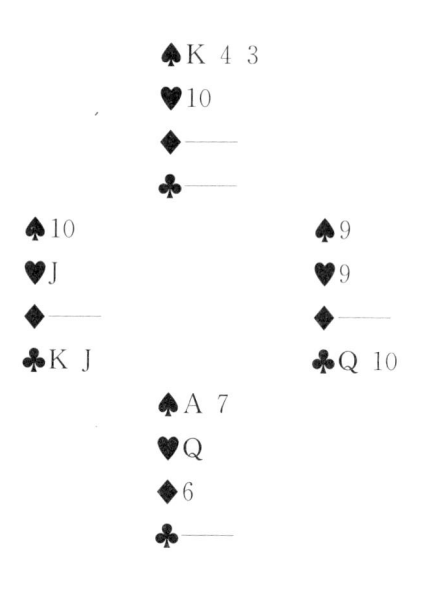

♠K 4 3
♥10
♦
♣

♠10　　　　　　　♠9
♥J　　　　　　　♥9
♦　　　　　　　　♦
♣K J　　　　　　♣Q 10

♠A 7
♥Q
♦6
♣

两位防家都不肯将吃,使定约人更有理由认为其中一位持有♥J 9两张将牌。定约人信心十足地打出第五张方块,盛铿再垫黑桃,明手也垫黑桃,这时拉庇将吃了。现在东家打回黑桃,定约人不得不让盛铿的♥J得到了利用。

例 3.9.8　盛铿和拉庇曾被喻为整个北美桥坛天衣无缝的一对搭档,不过可能另外一对选手比他俩更厉害一些,至少那一对选手取得了比盛铿和拉庇更为辉煌的成绩,那就是意大利蓝队的福奎和伽洛佐，这两位桥牌高手在上世纪60年代被整个世界桥坛誉为世界第一搭档，用伽洛佐的话来说，那就是："当彼德罗和我打防御时，我们总是处于同一波长上。"下面这手牌取自他俩多次默契配合中的一个，那是1968年在法国举行的世界奥林匹克桥牌锦标赛的团体赛中，意大利队在决赛时遇到了美国队的顽强抵抗。

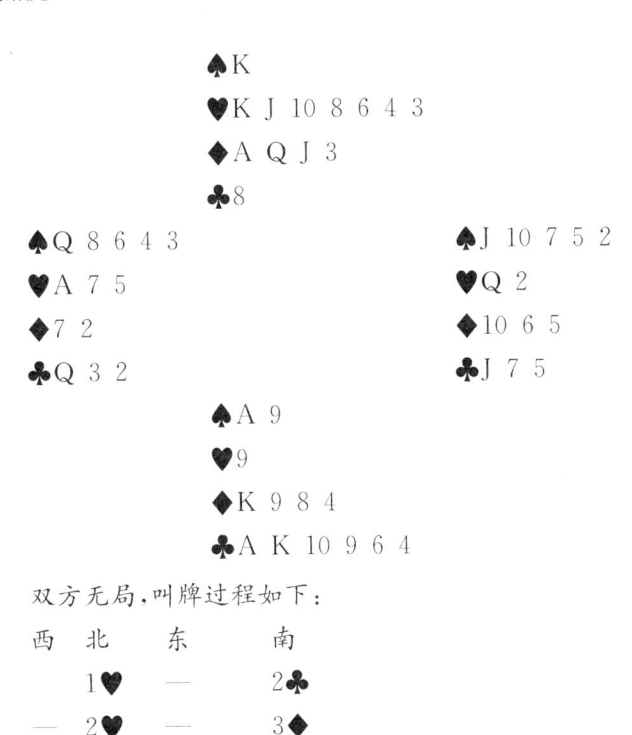

♠K
♥K J 10 8 6 4 3
♦A Q J 3
♣8

♠Q 8 6 4 3
♥A 7 5
♦7 2
♣Q 3 2

♠J 10 7 5 2
♥Q 2
♦10 6 5
♣J 7 5

♠A 9
♥9
♦K 9 8 4
♣A K 10 9 6 4

双方无局，叫牌过程如下：

西	北	东	南
	1♥	—	2♣
—	2♥	—	3♦
—	4♦	—	4♠
—	4NT	—	5♥
—	6♦	都不叫	

位于西家的伽洛佐首攻小黑桃，明手的♠K拿后定约人立即从明手出小红心，东家福奎毫不犹豫地放上♥Q，因为他很清楚，

假如定约人还有♥A在手,那么任何抵抗都将是多余的。在拿到一墩红心之后,福奎改出草花,定约人用♣A止住之后并停下来思考下一步的行动计划。

定约人面临着两个选择：树立起明手的红心,或是树立自己手中的草花。第一个选择充满着吸引力,东家不假思索地扑下他的♥Q,他很像还有♥A,那么只消一次将吃飞牌便能树立明手的红心。尽管如此,谨慎从事的定约人也不想立即放弃第二个选择,特别是当草花3-3分布时,树立草花也是个简易可行的方案。为此定约人主动兑现第二张草花大牌,这时伽洛佐大大方方地送出♣Q! 使定约人不疑他还会有第三张草花。

假如定约人执意树立草花,而西家的确只有两张草花,那么定约人将会遇到麻烦。试想：当定约人出第三张草花时,西家将吃,明手不得不用♦J盖吃,定约人如何回手呢？用♦9飞牌吗？这似乎太冒险,如果用♦K回手,那么就调一轮将牌。接下来再出草花,明手只好用♦Q将吃了,如果♦A未能击落♦10,那么定约就告败。

如果说福奎毫不犹豫地用♥Q拿使定约人以为他还持♥A,从而定约人有意用将吃飞牌的方法树立红心,那么伽洛佐主动送出♣Q则有效地劝说了定约人彻底放弃树立草花的打算。将吃飞牌的结果使定约以宕一墩告终。在另一牌桌上,意大利队的定约人完成了6♦定约,使意大利队在这手牌上赢得了15个IMP。而整场决赛,意大利队不过胜出49个IMP而已(172：123 IMP)。

例 3.9.9 我在前面不止一次地提到过挪威的桥牌新星赫尔格莫,他真是位不可多得的桥牌天才,年纪虽轻,但足以使所有对手对他心存敬畏,他和海尔尼斯是挪威最强劲的一对选手,他俩无疑为挪威队荣获2007年百慕大杯赛的桂冠立下了汗马功劳。在1998年盖普·吉米尼桥牌双人邀请赛中,他俩默契配合,使一个本该铁成的定约触了礁。

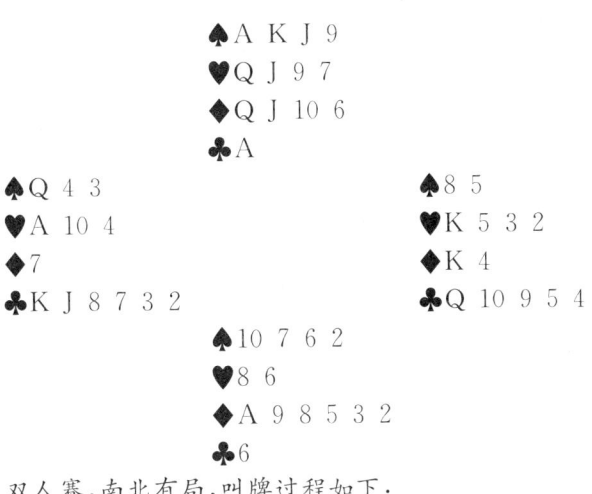

```
                    ♠ A K J 9
                    ♥ Q J 9 7
                    ♦ Q J 10 6
                    ♣ A
♠ Q 4 3                                ♠ 8 5
♥ A 10 4                               ♥ K 5 3 2
♦ 7                                    ♦ K 4
♣ K J 8 7 3 2                          ♣ Q 10 9 5 4
                    ♠ 10 7 6 2
                    ♥ 8 6
                    ♦ A 9 8 5 3 2
                    ♣ 6
```

双人赛，南北有局，叫牌过程如下：

南	西	北	东
—	1♣	加倍	1♥
2♦	加倍(1)	再加倍	3♣
3♦	4♣	5♦	都不叫

(1) 支持性加倍：对同伴的花色有三张支持

位于西家的是赫尔格莫，假如他没有作 1♣ 轻开叫，那么对手很可能叫到 4♠，如果 4♠ 定约能超额一墩完成，那么南北方将得一个很好的分数。现在东西方叫得如此带劲儿，使得南北两位选手都没有合适的机会叫出黑桃来。

应该说把对手推到一个不十分理想的定约已是一种成功了，不过赫尔格莫还不甘心于此，他试图将它挫败，因为他首攻 ♥4！假如你的同伴从不低引 A，那么你持东家的牌时，可考虑并不盖上你的 ♥K。然而东家海尔尼斯认为既然定约人有两张红心，他就该放上他的 ♥K，因为要是定约人真的持 ♥A，那么定约人可以轻易完成这个定约。海尔尼斯几乎不假思索地抽出 ♥K，在拿下这一墩后，他马上明白了同伴的用意，他把 ♦4 放到牌桌上！

两位防家的大牌点加起来不过 17 点，西家是开叫者，而东家显然持 ♥A K，那么余下的所有大牌不在西家手中又将在何处呢？

既然方块飞牌不可能取得成功,那么飞牌又有何意义呢? 定约人很合逻辑地打出♦A,可惜他未能击落♦K,由于南北方在黑牌上完全重叠,他没有办法不再输2墩牌了。

顺便提一笔,位于南家的是威斯特霍夫(Jan Westerhof),北家是詹森(Piet Jansen),他俩都是1993年获得百慕大杯赛冠军的荷兰队成员。

例3.9.10 1984年第七届世界奥林匹克桥牌队式锦标赛在美国的西雅图举行,加拿大队与奥地利队在分组循环赛中相遇,其中有这么一手牌:

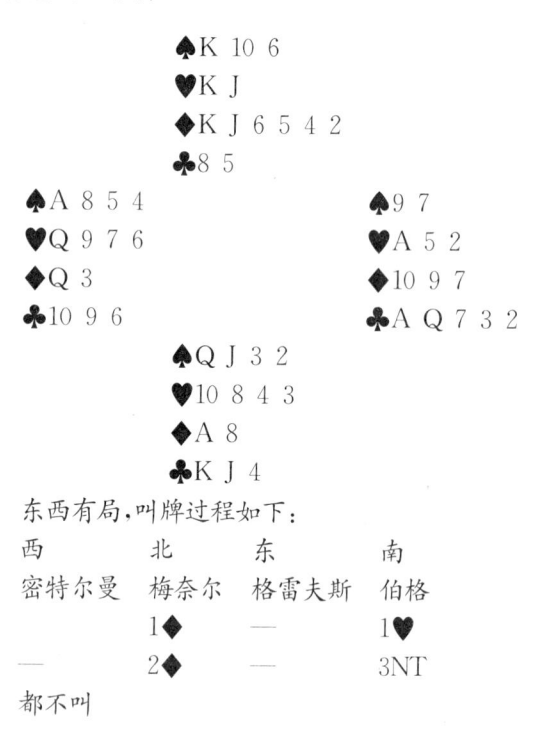

```
            ♠K 10 6
            ♥K J
            ♦K J 6 5 4 2
            ♣8 5
♠A 8 5 4                ♠9 7
♥Q 9 7 6                ♥A 5 2
♦Q 3                    ♦10 9 7
♣10 9 6                 ♣A Q 7 3 2
            ♠Q J 3 2
            ♥10 8 4 3
            ♦A 8
            ♣K J 4
```

东西有局,叫牌过程如下:

西	北	东	南
密特尔曼	梅奈尔	格雷夫斯	伯格
	1♦	—	1♥
—	2♦	—	3NT

都不叫

位于西家的是加拿大队的密特尔曼,他是1982年世界桥牌混合双人赛的冠军,他判断同伴不会有较好的黑桃套,否则在1♦之后可能会争叫1♠,不过他的pass并不排除他有草花套,于是他首攻♣10。东家格雷夫斯(Allan Graves)用♣A拿后特意打回♣2而不是♣3,这使定约人伯格(Heinrich Berger)以为防家的草花呈4-4均布。在用♣J飞得一墩后,定约人打掉◆A,不料西家毫不迟疑地送出◆Q！这张牌打乱了定约人的作战方案,他以为东家持◆10 9 7 3几张方块,于是他摆下方块转而树立黑桃。西家忍让两轮黑桃后于第三轮时拿下,他再出草花捅出了定约人的♣K。

定约人并不知道余下的牌已经归他所有,在他盘算中只有3墩黑桃、3墩方块及2墩草花,那么还需拿到一墩红心才可完成定约,当然,定约人还得猜对红心大牌的位置。想到这里,定约人打出红心,当西家跟小红心时,他放上明手的♥K,结果宕了2墩。假如东家诚实地打回♣3,那么定约人将可能感到草花5-3分布的威胁;假如西家先跟◆3,那么不论定约人采用飞牌还是击落,他都可轻松地全拿6墩方块。两位防家都不失时机地使诈,两个诱骗战术均令定约人信以为真,结果痛失一局。

例3.9.11 如果我请你只看下面四家的牌并让你选择一个合适的定约,那么恐怕答者都会挑选4♠吧,假如定约人猜对红心大牌的位置,那么南北方可望得11墩牌。现在我想说的事多少会令你惊奇,一位倒霉的南家打2♠,他不但没有任何超额赢墩,而且还宕了一墩。

　　　　　　　♠A K 8 6
　　　　　　　♥10 7 5 2
　　　　　　　◆K 7 4
　　　　　　　♣K J

♠J 5　　　　　　　　　　　♠Q 7
♥Q 8 4 3　　　　　　　　　♥A 9 6
◆A Q 3　　　　　　　　　　◆J 9 5 2
♣10 7 5 2　　　　　　　　 ♣8 6 4 3

　　　　　　　♠10 9 4 3 2
　　　　　　　♥K J
　　　　　　　◆10 8 6
　　　　　　　♣A Q 9

南北有局,叫牌过程如下:

西	北	东	南
1♦	—		1♠
—	2♠	都不叫	

位于西家的是荷兰的谭门斯(Kees Tammens),他出奇念,找到了极大胆且又有效的首攻:♦Q!定约人见了这张牌很不自在,他判断西家必是出自♦QJ的连张,一是希望东家的方块并不多,二是自己手中还有♦10,于是他让明手跟小方块。先下一城之后,谭门斯很乐意地打出♦3,定约人按先前的判断,再次让明手跟小方块,多少有点令他意外的是东家亮出♦J。东家马上明白这是怎么一回事,他不动声色地改出小红心。前两轮的出牌"很清楚"地告诉定约人:东家持♦AJ。寄希望于两个红A分居两边,定约人很合逻辑地用♥J飞,结果又失败了。现在西家兑现他的♦A,他再出红心让同伴上手,东家又打出第十三张方块,不管定约人出什么,谭门斯一概用♠J将吃,使东家的♠Q得到升级。

如此大胆而又完美无缺的防御是很难得看到的,对于谭门斯的出奇制胜除了赞叹,我还想说的是,这样的首攻需慎用,一旦错判,肯定是吃亏多于成功的。不过慎用并不意味着不使用,因为你一次也不将它付诸于实践中,那么你也永远不可能成功一次。

例 3.9.12 本章最后的一个牌例真有点绝,一位防家对定约人撒了谎,其同伴马上替他圆谎。在定约人上当受骗之后,替同伴圆谎的防家丝毫没有半点内疚,相反,他也很起劲地向定约人兜售假药,用雪上加霜来描述那位不幸定约人的惨遇恐毫不为过。前面我曾不止一次介绍过法国桥牌名宿阿尔巴朗,在下面的这手牌中,他与同伴默契配合,简直把定约人玩弄于股掌之中,使定约人额外地多输3墩牌。两位防家从首攻起就着手欺骗定约人,接着在防御过程中,他俩不放弃一个使诈的机会,一而再,再而三地劝诱定约人出错,他们精心组织的防御令人赏心悦目并叹服不已。

```
            ♠ A 10
            ♥ K 5 3
            ♦ K J 8 3
            ♣ K 6 5 4
♠ 9 5 4 3 2              ♠ J
♥ Q J 8 2                ♥ A 9 4
♦ 7 6                    ♦ A Q 10 9 2
♣ A 7                    ♣ Q 10 9 8
            ♠ K Q 8 7 6
            ♥ 10 7 6
            ♦ 5 4
            ♣ J 3 2
```

南北有局，叫牌过程如下：

西	北	东	南
—	1NT	2♦	2♠
加倍	都不叫		

我不知道有多少人拿了西家的牌会加倍对手 2♠ 的，万一加倍不成，那岂不拱手送对手一个局？不过那时的西家是阿尔巴朗，他不认为定约人能从他手中拿到 8 墩牌，看来凡艺高者均胆大过人也。阿尔巴朗判断开叫 1NT 的北家十之八九持 ♣K，于是他首出 ♣7！不出所料，定约人果然不敢放上明手的 ♣K，于是东家用 ♣Q 拿下首墩。在弄清怎么一回事之后，东家放心地打回 ♣10，西家吃下后按同伴所给的花色选择信号改出红心，不过他并没有循常规地出 ♥Q，他打出 ♥J，因为他估计如果他出 ♥Q，定约人很可能会忍让，接下来谁先出红心便将受损。定约人果然再次错判，以为东家持 ♥A Q，所以他扑上明手的 ♥K，东家的 ♥A 收下这一墩。东家并不着急打回红心，他不慌不忙出 ♣8（他最小的那张草花）先让同伴将吃。直到连拿 4 墩之后，阿尔巴朗"这才想起"该出

同伴争叫的花色，东家的◆Q擒走明手的◆J。东家改出红心，定约人的♥10毫无意外地丧身于西家的♥Q之手。西家再出方块，定约人放上明手的◆K，被东家无情地捕杀。尽管定约人一再左右碰壁，一墩牌还未拿到，东家对他也丝毫没有半点怜悯，东家打回◆9，似乎同伴持◆10呢。早已晕头转向的定约人果然第三次中计，他糊里糊涂地用小将牌将吃，西家盖吃。阿尔巴朗出第三轮红心，使得东家再次上手，这时定约人的旁套花色全部输尽，手中余下♠K Q 8 7四张黑桃。看起来定约人该输的早已输尽，然而防家仍无心慈手软之意，这时阿尔巴朗还不想放弃一个欺骗定约人的机会。在东家打回第四轮方块时，定约人不敢怠慢地用♠Q将吃，阿尔巴朗并没随便地垫张红心，他特意用小将牌跟吃（underruff）！似乎他手中持的都是将牌。这位饱受折腾的定约人再一次轻信狡黠的对手。在定约人首次有机会调将牌时，他用明手的♠10飞……细细一算，这位可怜的定约人只用♠A K Q拿到3墩牌而已。

第十章　你可曾骗过你的同伴

可能有的读者见了本节的标题会感到惊异：同伴之间该彼此信任和谅解，怎可相欺呢？必须强调的是为了防家的整体利益，偶尔欺骗同伴也是不得已而为之的手段之一。不妨说，桥牌打得越多，欺骗同伴的次数恐也会越多。

防家之间的联络全靠跟、垫牌时的信号来进行，当一位防家发出假信号，他就无形之中欺骗了同伴。为什么要发假信号呢？在防家发信号的时候，定约人也在关注信号的内容，为了向定约人传递一个错误的信息，防家偶尔不得不发出假信号。这就给防家提出了这么一个问题：如何能向定约人传递一个误导他的信息同时又免使同伴遭到伤害呢？在探讨这个问题之前，我先想提请读者慎用此不寻常战术，假如你使用得当，那么你的同伴不但不会对你的"不忠"有所啧言，而且还会称赞你的机智和灵活；但假如你数次使用不当，那么其不良后果可能会影响到你们的伙伴关系。

在什么情形下防家将会考虑使用欺骗同伴这种颇不寻常的战术呢？我想不外乎两种可能：(一)防家的欺骗对象是定约人而不是自己的同伴，但是在他试图欺骗定约人的同时不可避免地把同伴也骗了。反过来，要是防家不想把同伴也蒙骗在内，那么定约人也不会上当受骗，这方面的例子在本篇第三章中已有过。第三章的首例告诉我们，当我们持一个五张套时，有时不宜首攻长套第四张，如果首攻最小的那一张，有可能使定约人误以为这门花色还不致构成威胁。齐亚用这种方法对付多次世界冠军获得者沃尔夫，结果使后者痛失一局。再如波兰名将克鲁考乌斯基明明持三张小红心，却像是持双张那样给出欢迎信号，他同时骗了同伴和定约人，同伴受骗后起劲地再打第三轮红心，定约人受骗后则动用明手的大将牌，以致多输了一墩将牌。假如克鲁考乌斯基诚实地告诉同伴他有三张小红心，那么其同伴十之八九不愿再出红心，定约人也就不会冤输一墩将牌。(二)防家甲有时对整手牌的知情多于防家乙，如果循正常手段，那么乙的出牌是无法击败定约的，为此甲不得不对乙进行"误导"，为的是将乙引到正确的轨道上来。美国著名桥牌作家兼世界特级大师坎特在他的《桥牌防御战大全》一书的第五节常识信号中指出：当西家持某一旁套花色Ａ Ｋ ×(×)首攻Ｋ时，有时尽管东家既没有Q，又没有将吃能力，他也应该给出假信号，鼓励同伴赶快兑现他的A。坎特不无遗憾地回忆说，在一次全美桥牌锦标赛中，由于他漫不经心地随手跟了张小牌，因此同伴改出别的花色，致使定约人有机会垫去输张而完成了定约。坎特为此错误付出了惨重的代价，他和同伴痛失了全国冠军。

除了敦促同伴尽快兑现赢张外，防家在什么场合下还需要以同伴作为对象进行欺骗呢？本节着重探讨一下这方面的内容。在引出正文之前，我想强调的是，欺骗同伴的打法是一种不得已而为之的特殊手段，使用这种战术既不是因为甲对同伴乙缺乏信任，更不是以此来显示甲的判断能力优于乙，甲之所以采取这种战术纯粹是因为甲掌握了一些乙一时还不知道的重要信息。事实上，一旦甲发现唯有通过欺骗同伴乙才有可能击败定约，那么甲有责任毫不迟疑地将这种想法付诸实施。

在介绍本节内容之前，我想提请读者必须注意的是，尽管防家的任何诱骗战术都是针对定约人的，然而在诱骗战术使出后究竟是定约人遭骗还是同伴被蒙尚属未知。下面是一个真人实例，一位防家企图诱骗定约人，结果他的骗局为定约人所识破，而其同伴却被引向歧途。由此可见，当你试图蒙骗同伴的时候需格外小心，不然同伴被你骗了，而定约人却由此从中获利。你还记得斯拉芬堡这个名字吗？第二篇第一章中提到过他，这位1966年世界桥牌双人锦标赛的冠军在那届比赛中有多次上佳表演，下面这手牌告诉人们为什么他和克雷恩斯这对选手会常常获得高分。

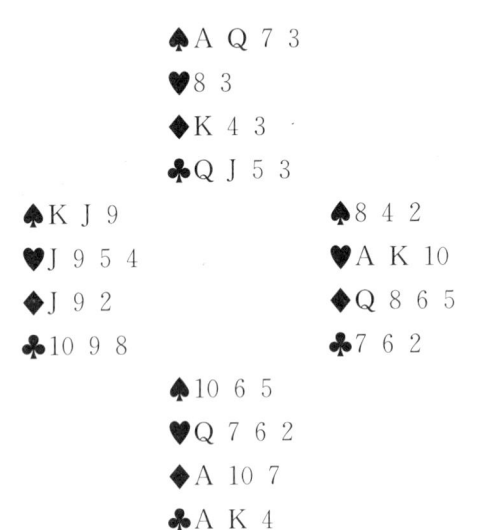

```
                ♠ A Q 7 3
                ♥ 8 3
                ♦ K 4 3
                ♣ Q J 5 3
♠ K J 9                       ♠ 8 4 2
♥ J 9 5 4                     ♥ A K 10
♦ J 9 2                       ♦ Q 8 6 5
♣ 10 9 8                      ♣ 7 6 2
                ♠ 10 6 5
                ♥ Q 7 6 2
                ♦ A 10 7
                ♣ A K 4
```

叫牌过程如下：

西	北	东	南
	1♣	—	1♥
—	1♠	—	3NT
都不叫			

西家没有很理想的首攻，他唯一的四张套又是定约人所叫的红心，考虑了一阵后他决定首攻未叫花色方块，四家依序出的牌分别是♦2、♦3、♦Q和♦A。定约人斯拉芬堡打掉♣AK后再出♣4到明手的♣Q，大家均有草花跟出。接着他从明手出小红心，东家以为这是个误导定约人的大好机会，他用♥A截下，好像西家持♥K似的。东家打回♦5，定约人不得不用明手的♦K拿。现在定约人兑现明手的♣J，他和东家都毫无困难地各垫了张小黑桃。西家则停下来为舍弃哪一张牌而苦恼。很显然，西家必须保留黑桃，东家用♥A拿使得西家以为定约人多半持♥KQ，所以他也不得不守着红心，寄希望于同伴持♦10，最终他放弃♦J。

如果斯拉芬堡用方块回手飞个黑桃，那么他可以立即拿到9墩牌，不过他看出东家必定持♥AK，所以他不愿轻易放弃超额赢墩。定约人从明手再出红心，东家无奈之中只好用♥K拿，东家打回方块，协助定约人把其同伴在两门高级花色上挤得无路可走，结果斯拉芬堡拿到11墩牌。

这个例子告诉我们，当防家设法欺骗定约人的同时，他将冒着欺骗同伴的风险，假如未能达到欺骗定约人的目的而反倒骗了同伴，那么这种危险的诱骗战术还是舍弃不用为妙。无疑，以同伴作为欺骗的对象，是一种更具风险的游戏。

例 3.10.1 尽可能清晰地告诉同伴自己手中持哪些大牌，这是我们在防御时所习以为常的，需指出的是，有时这样做并不妥，甚至可能适得其反。

```
                    ♠K 10 7
                    ♥J 6
                    ♦A Q 10 6 4
                    ♣9 8 6
♠9 8 6 4 3 2                        ♠A Q
♥K 8 3                              ♥5 2
♦9 7                                ♦8 5 2
♣7 3                                ♣K Q J 5 4 2
                    ♠J 5
                    ♥A Q 10 9 7 4
                    ♦K J 3
                    ♣A 10
```

双方有局，叫牌过程如下：

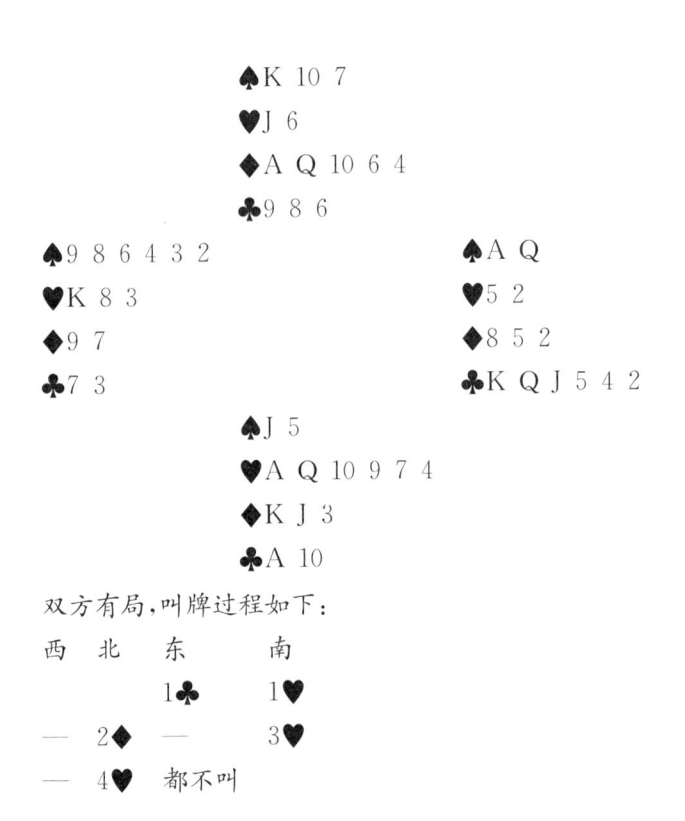

西	北	东	南
	1♣		1♥
—	2♦	—	3♥
—	4♥	都不叫	

西家首攻♣7，东家的♣J逼下了定约人的♣A。定约人出♦3到明手的♦Q，他从明手出♥J并飞了过去。西家用♥K吃下后再出草花，东家用♣Q拿后再出♣K，但定约人用♥A将吃。在肃清对手的将牌之后，定约人用明手的方块垫去手中的黑桃输张。一个该宕的定约反倒超额一墩完成了。另一位东家比较仔细一些，他在用♣Q拿下第二轮草花之后，他并没急着打出♣K。他不认为同伴会有两次将牌升级的机会，他先兑现♠A，接着他再出♣K，结果还是让定约人完成了定约，只是没超额赢墩罢了。两位东家都发现假如西家在将牌拿到一墩后，他改出黑桃即可击败定约。不过问题是怎样才能让西家知道他不该再出草花而必须改出黑桃呢？是不是像有些东家所说的："你在将牌上没有升级的机会，你

就不该再出草花来误导我。"

我相信这样的防御过程和结果你以前一定见过，但我无法知道你是否和同伴一起找到解决问题的办法。东家对同伴的指责有点牵强，相反，我倒认为防御上失误的主要责任在于东家，他的毛病出在于过于诚实，他根本没必要告诉同伴自己持♣K Q J 为首的连张草花。东家在见了明手的牌后应该看出，要击败定约的唯一机会是同伴在将牌上拿到一墩后马上改出黑桃。至于西家在连出草花后能否得到将牌升级的机会，那已经不很重要了，那只是多一个宕墩还是少一个宕墩的区别而已。能不能有效地使西家改出黑桃呢？完全可能，那就是在首轮草花时，东家不应该跟♣J，而应该出♣K！这张牌无疑欺骗了同伴，但对西家毫无伤害，它告诉西家这么一个信息：很抱歉，我没有♣Q。在这个欺骗性的信息指引下，西家在♥K 上手之后怎么会不改出黑桃呢？

例 3.10.2 持大牌连张时有时没必要从最小的那张跟起，上例告诉我们让同伴太知情有时未必会是好事，而本例则告诉我们，有时从最小的那张跟起反倒不能澄清现状。

　　　　　　　　♠ K Q 5
　　　　　　　　♥ 6
　　　　　　　　♦ Q 8 7 6
　　　　　　　　♣ Q J 9 7 6

♠ 10 9 4 2　　　　　　　　　　♠ J 6 3
♥ A 9 8 5 2　　　　　　　　　　♥ Q J 10 4
♦ 9 4　　　　　　　　　　　　　♦ K 10 5 3
♣ K 4　　　　　　　　　　　　　♣ 8 5

　　　　　　　　♠ A 8 7
　　　　　　　　♥ K 7 3
　　　　　　　　♦ A J 2
　　　　　　　　♣ A 10 3 2

双方有局,叫牌过程很简洁,在南家开叫 1NT 后,北家一跃 3NT 便结束了叫牌。西家首攻♥5,东家跟♥10,定约人不得不用 ♥K 拿。定约人出张黑桃到明手,接着他从明手出♣Q 并飞了过去。西家的♣K 拿后,犹豫再三,他怎么不怕再出红心会吃亏呢? 东家在一边干着急,他又不能吭声点拨。考虑一阵之后,西家还是改出♦9,明手放上♦Q,现在不论东家盖上♦K 与否,都无法阻挡定约人至少拿到 10 墩牌,而本来他是能拿到 8 墩牌的。

事后东家满心不悦地埋怨西家说:"你不是看见我的一个♥10 就逼下了定约人的♥K 吗?这说明♥Q J 都在我手中呀,你再出红心就能击败定约了。"西家不无委屈地分辩说:"我是极想再出红心的,但我又担心定约人持♥K Q ×使诈用♥K 拿,那么我再出红心就亏了。"

如果你做裁判,你会赞成哪一种说法呢?譬如说这手牌:

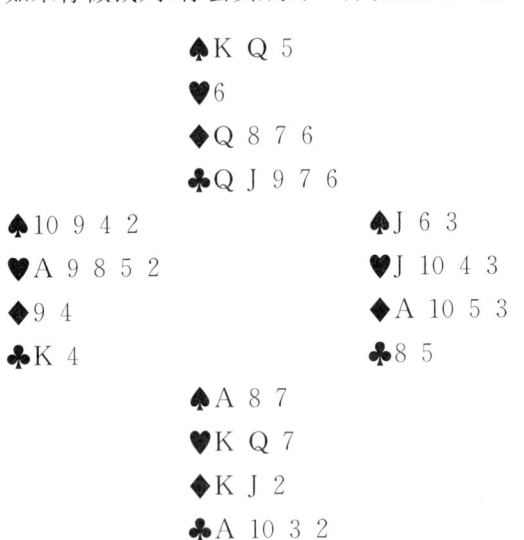

```
                 ♠K Q 5
                 ♥6
                 ♦Q 8 7 6
                 ♣Q J 9 7 6
♠10 9 4 2                  ♠J 6 3
♥A 9 8 5 2                 ♥J 10 4 3
♦9 4                       ♦A 10 5 3
♣K 4                       ♣8 5
                 ♠A 8 7
                 ♥K Q 7
                 ♦K J 2
                 ♣A 10 3 2
```

可能你很棘手,似乎两人说的都有理,东家说的是不争事实,而西家的顾虑也显然有其根据。假如西家再出红心,那不是成全定约人了吗?反过来,这时西家改出方块,那么防家将立即击败定约。从这两个稍有不同的组合中我们应该汲取宝贵的经验和教训。当我们持东家的牌时，需要动一番脑筋，至少我们不能指望每次跟最小的大牌连张都能使同伴弄清形势。

对于前一种组合，东家在首轮红心时的正确跟牌应该是♥J而不是♥10。可能你会不以为然地说：东家跟♥J，并不能说明他一定还有♥Q，因为定约人持♥K Q时，他同样会出♥K 欺骗防家。你说得一点没错，不过你可能忽略一个不明之处，那就是，当东家跟♥J时，应该很清楚地向西家传递"我没有♥10"的信息。这种暂时性的欺骗并不对西家构成伤害，因为他会看出定约人的红心不是♥K Q 10 就是♥K 10 ×，不论是哪一种，西家再出红心都不会吃亏。

对于后一种组合，东家的正确跟牌是♥10，这将使西家知道同伴持♥J，但没有♥Q，于是西家只好设法找到同伴的一个上手张来击穿定约人的红心。

例 3.10.3 前两例告诉我们，当东家持三张大牌连张时不一定要从最小的那张跟起，应视牌情而定，有时需跟最大的那一张，有时则宜跟中间的那一张。当东家持两张大牌连张时，同样也需要视牌情而定，先跟最小的那张不见得是个正确的选择。

```
              ♠ K Q 10 9 3
              ♥ 10 8 7
              ♦ Q 9
              ♣ A K 4
♠ A 8 7 6 2                    ♠ J 4
♥ K 9 6                        ♥ Q J 5 4 3
♦ K 8 3                        ♦ A 10 6 5 2
♣ 3 2                          ♣ 9
              ♠ 5
              ♥ A 2
              ♦ J 7 4
              ♣ Q J 10 8 7 6 5
```

东西有局，叫牌过程如下：

西	北	东	南
	1♠	—	2♣
—	2♠	—	3♣
—	4♣	—	都不叫

持质量不坏的 7 张草花，南家本想叫 1NT，但又怕北家 pass，一旦手中的草花无法树立，那么这一手牌除了♥A，其余的将成为废物，于是他硬了头皮叫 2♣。相形之下，北家的 4♣ 有点画蛇添足，这给了防家一个机会来告诫他：下回可别冒叫了。西家考虑一阵后勇敢地打出♥6，东家不由为同伴的正确选择而暗暗喝彩，当明手跟小红心时，东家放上♥J，定约人用♥A 拿。定约人立即出♠5，西家毫不怠慢地用♠A 截下，东家跟出♠J。西家兑现♥K 后再出红心，没想到定约人将吃了并将余下的牌都收归己有。

这是个令东西方很不愉快的结果，有什么办法合情合理地告诉西家仅仅兑现♥K，接着该改出方块了呢？有人建议：当西家兑现♥K 时，东家应该赶紧丢掉他的♥Q。毫无疑问，西家见了这张牌是不该再出红心的，但他会不会理解为请他改出黑桃的信号呢？譬如说东家持单张♠J，而定约人则持♠5 4 两张黑桃。为了不使西家误解，使西家只兑现一轮红心，我们有两种方法可以避免这种不必要的误会。第一个方法是本章所讨论的内容，那就是东家在首轮红心时不必跟♥J 来告诉西家自己还有♥Q，他完全可以先跟♥Q，这种暂时欺骗同伴并不会给同伴带来伤害。你想，当西家兑现♥K 时，他没看见♥J 跌了出来，他一定会以为定约人持♥J。明手有这么强大的黑桃，又有如此可靠的将牌进手张，西家怎么会不赶紧改出方块呢？用这种方法跟牌，当东家持单张黑桃时，他可在西家兑现♥K 时扔掉他的♥J，这样便可指引西家改出黑桃让东家将吃了（东家绝不会只有♥Q J 两张红心的，要不然定约人有 5 张红心怎会只盯着草花叫呢？）。第二个方法虽然不是本书所讨论的内容,顺便提一下也好。东家仍然可以先跟♥J来告诉西家自己还有♥Q,但西家不可以兑现♥K而必须代之打出♥9让东家的♥Q拿。东家知道唯一看不见的那张红心便是西家所持有的♥K,既然定约人已不再有红心了,那么改出方块便是迫在眉睫。作为东家,如果你担心同伴会急地兑现他的♥K,那么你最好采用第一方案;如果你对同伴充满信心,知道他肯定会出♥9而不是♥K,那么你不妨采用第二个方案如实相告。

例 3.10.4 下面这个牌例很常见,不知你是否在实践中很留意它,如果防家处理得当,那么定约将必败无疑。反之,防家将会拱手白送定约人一个局。

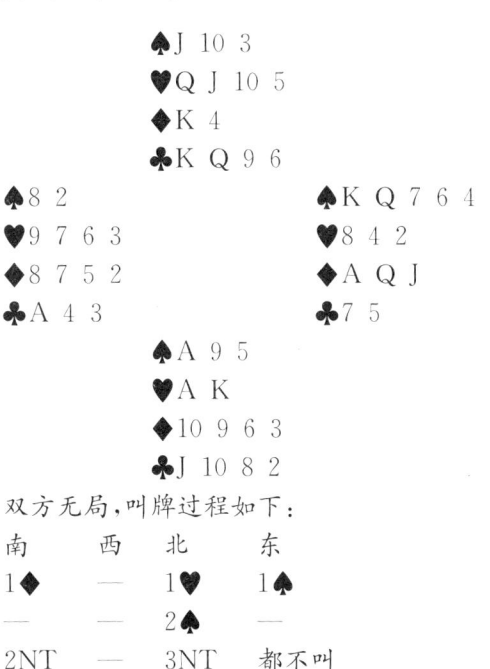

```
              ♠ J 10 3
              ♥ Q J 10 5
              ♦ K 4
              ♣ K Q 9 6
♠ 8 2                      ♠ K Q 7 6 4
♥ 9 7 6 3                  ♥ 8 4 2
♦ 8 7 5 2                  ♦ A Q J
♣ A 4 3                    ♣ 7 5
              ♠ A 9 5
              ♥ A K
              ♦ 10 9 6 3
              ♣ J 10 8 2
```

双方无局,叫牌过程如下:

南	西	北	东
1♦	—	1♥	1♠
—	—	2♠	
2NT	—	3NT	都不叫

西家很忠实地首攻♠8,定约人放上明手的♠J。如果东家很希望同伴有一次上手机会来帮助自己树立黑桃,那么他正确的跟牌是♠7而不是任何的一张黑桃大牌,否则定约人会放过东家的

大牌而使东西方在黑桃上的联络中断。现在的情况有所不同,定约人在黑桃上有两个止张,待东家的黑桃树立起来时,定约人早已9墩牌在手了。既然方块的特殊形势决定了东家应该告诉同伴改出方块已势在必行,那么跟♠7或是别的小黑桃肯定是不该考虑的。东家这时正确的跟牌应该是♠K而不是♠Q,不要让西家知道自己还有♠Q在手,要使西家意识到再出黑桃已毫无希望击败定约,必须逼着西家改出别的花色。当西家看到同伴的♠K被定约人掳去,他必定会以为定约人有♠Q,既然在黑桃上不可能有任何作为,那么除了方块,你说西家还能有其他选择吗?

例 3.10.5 在前面的几个牌例中,东家都持两张甚至三张大牌连张,由于定约人有 A 并赢得首墩,因此东家跟牌的正确与否对防御的成败起着至关重要的作用。你已经看到了,有时让同伴太知情未必是好事,反过来,偶尔欺骗他一次有时也是很有必要的。接下来的这个牌例告诉你,哪怕你持 A K Q 三大牌时,你在出哪一张时也需三思而行。

♠ J 10 8
♥ Q 10
♦ A Q
♣ K Q 10 7 5 4

♠ 9 5　　　　　　　　　♠ A K Q 7 6 3
♥ 8 5 3 2　　　　　　　♥ J 4
♦ 7 4 2　　　　　　　　♦ 9 6 3
♣ A J 9 8　　　　　　　♣ 3 2

♠ 4 2
♥ A K 9 7 6
♦ K J 10 8 5
♣ 6

东西有局,叫牌过程如下:

南	西	北	东
1♥	—	2♣	1♠
2♦	—	2♠	加倍
3♦	—	3♥	—
4♥	都不叫		

西家首攻♠9,当北家摊牌之后,东家看到击败定约的希望。南家的叫牌显示他有至少十张的红牌,假如他恰好持5-5两红,同时又有两张黑桃及一张草花,那么防家就有可能挫败定约了。东家设想的是需要让同伴尽快地兑现一个草花赢张,然后由他连打黑桃,这样就有可能使西家的红心得到升级。很显然,如果能击败这个定约,那么这种防御方案将最合逻辑。能不能直接由东家连打三轮黑桃呢?不行,因为在第三轮黑桃时,定约人会将计就计地把他的草花输张垫去的,而明手的将牌又能有效地对付东家打出的第四张黑桃。所以说防家的任务是把草花上的赢墩先抓在手,然后再设法在黑桃上制造将牌升级的机会。然而令东家感到棘手的是当他打回草花时,又如何能让西家知道他持的不是单张草花,要不然西家拿下一墩草花后,他很可能想给东家将吃草花呢。

解决这个问题的关键在于东家用哪一张黑桃大牌拿下首墩。如果东家用♠Q赢得首墩,那么西家在♣A拿第二墩后将会陷入苦苦思索之中:打回草花还是黑桃呢?打回黑桃吸引着西家,但万一东家并没有♥J或♥9,那么将牌升级只是一种空想而已。反过来,要是东家只有一张草花,那不就能立即将吃到一墩了吗?西家的猜测将有50%的可能会出错。东家用♠A拿又将怎样呢?这将使得西家以为同伴肯定没有♠K,于是在♣A拿得一墩之后,西家将百分之百地打回草花了。东家最合理的出牌应该是♠K,这使得西家以为同伴有♠A但没有♠Q。于是西家在♣A赢得一墩后,他会很放心地打回黑桃的。

如你所见,虽然东家没告诉同伴自己有黑桃上的三大牌,但这对防家的整体计划丝毫无损,在击败了这个定约之后,西家不但不会有所嗔言,反而会很赞赏同伴的机智和灵活。

说到这里,肯定有读者会问,那么当东家持的黑桃仍是这样的6张,但他持单张草花又该怎么打呢?这时东家最好的策略是用♠K和♠A连拿2墩,假如西家持双张黑桃,那么不要再打第三轮黑桃,赶快改出草花;假如西家持单张黑桃,那么东家大可从容地再拿第三墩黑桃,接着改出草花。总之,只要西家手中不再有黑桃余下,那么他就可能打回草花。

例 3.10.6　在上例中,东家有意隐瞒大牌,西家不但没有受到任何伤害,而且他在防御时打消了顾虑。类似的牌例还有一个,说明东家偶尔这样做对整个防御的部署很有必要。

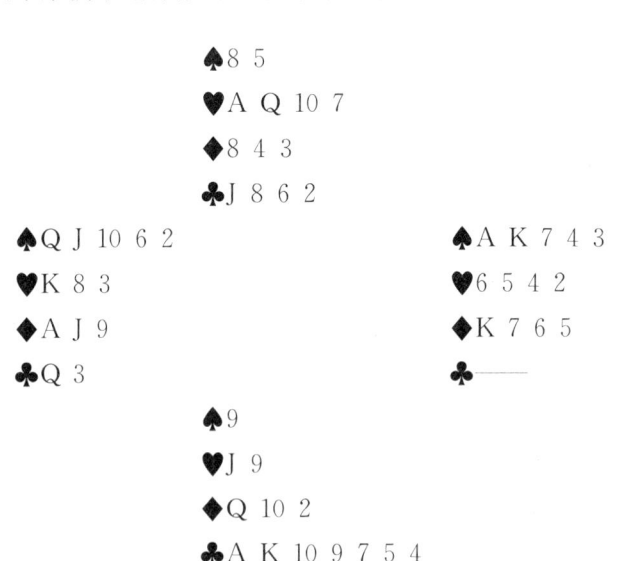

　　　　　　　♠ 8 5
　　　　　　　♥ A Q 10 7
　　　　　　　♦ 8 4 3
　　　　　　　♣ J 8 6 2

♠ Q J 10 6 2　　　　　　　♠ A K 7 4 3
♥ K 8 3　　　　　　　　　♥ 6 5 4 2
♦ A J 9　　　　　　　　　♦ K 7 6 5
♣ Q 3　　　　　　　　　　♣ ——

　　　　　　　♠ 9
　　　　　　　♥ J 9
　　　　　　　♦ Q 10 2
　　　　　　　♣ A K 10 9 7 5 4

南北有局，叫牌过程如下：

西	北	东	南
—	—	—	3♣
—	—	加倍	—
4♠	5♣	—	—
加倍	都不叫		

西家首攻♠Q，现在东家面临考验了。东家担忧己方在黑桃上多半只能拿到一墩，他很自然地想把黑桃接过来改出方块，因为打出第二轮黑桃要是被定约人将吃，那么在肃清将牌之后，明手的红心又将提供4墩牌。想到这里，东家不寒而栗。再说定约人的草花越是坚强，西家的方块越有可能为防家提供赢墩。问题是当西家拿到一墩方块之后，他会不会想通过黑桃让同伴上手再击穿方块呢？西家无法知道东家有五张黑桃，已不可能拿到第二墩黑桃。如牌所示，只有当东家打出第四轮方块时，防家才可望击败定约3墩。东西方能做成5♠，要是不能从对方手中索回500分，那岂不亏大了吗？

东家正确的出牌应该是♠A，不要让同伴知道自己还有♠K。当东家改出方块之后，西家势必会认为定约人持♠K，自己再出黑桃已毫无意义，他只能一心一意地在方块上求发展。在用♦A J连拿2墩方块之后，西家再出♦9，结果西家的♣Q成了防家的第五个赢张。

当然，上述介绍的防御方法并不是唯一可行的一种。东家在拿下一墩黑桃之后，他还可以先打掉♦K，然后再出方块让同伴拿足方块上的赢墩。

例 3.10.7 下面这个牌例与前例稍有不同，东家有将吃的机会，不过这个机会能否成功还取决于西家的判断，为使同伴不出差错，东家自然有义务为同伴指点迷津。

(1)

♠Q 10 5
♥K Q 8 7
♦K 4
♣K J 9 4

♠J 8 4
♥5 2
♦9 7 3 2
♣A 6 5 2

♠A K 9 7 3 2
♥A 3
♦10 8 6 5
♣7

♠6
♥J 10 9 6 4
♦A Q J
♣Q 10 8 3

(2)

♠Q 10 5
♥K Q 8 7
♦K 4
♣K J 9 4

♠J 8 4
♥5 2
♦9 7 3 2
♣A 6 5 2

♠A K 9 7 3 2
♥A 3
♦10 8 6
♣7 3

♠6
♥J 10 9 6 4
♦A Q J 5
♣Q 10 8

(1)和(2)的牌只有一点不同,东家和定约人在方块和草花上

的张数稍有点变化,假设双方无局,(1)和(2)两手牌的叫牌过程如下:

南	西	北	东
—	—	1♣	1♠
2♥	2♠	4♥	都不叫

西家首攻♠4,定约人让明手跟♠10。不论是(1)还是(2),东家在拿一墩黑桃后都不会再试图兑现第二墩黑桃,他肯定会改出♣7的。问题是西家如何知道他该立即拿下还是忍让一轮呢? 对于(1),忍让一轮草花,或是对于(2),立即用♣A拿下,都将使这个定约死而复生。我相信有不少读者和同伴都遇到过诸如此类的问题吧。

解决这个问题并不难,关键在于东家用哪一张大牌去赢第一墩以及和同伴需有个相应的约定。假如东家本着对同伴坦诚相告的原则,他将会一概用♠K拿下首墩的,这样做将使西家陷入苦苦的猜测之中。换句话说,有时候让同伴知道太多的事反倒不美,必要的时候隐瞒一点情报会有助于整体的防御。

对于(1),东家正确的处理方法是用♠A拿,让西家以为同伴并没有♠K(这个暂时的欺骗并不会对西家有伤害),从而他会认为打回黑桃无益。与此同时,我们约定,西家用♣A拿后应立即打回草花。有了(1)的约定,问题(2)也就迎刃而解了,我们可以约定,当东家用♠K拿下首墩立即改出草花时,西家应该忍让一轮。

这样的约定并非没有缺陷,因为定约人会对防家的牌型和意图一清二楚,尤其是当西家没有♣A时,东家不但得不到将吃的机会,还可能反而帮助定约人解决了一个双向飞牌的猜测问题。究竟利弊孰大,最好还是请你和同伴认真研究一番后再作决定吧。

例 3.10.8 人人都有这样的经验,身居暗处看明亮的地方是那么一清二楚,但是反过来,人在亮处往暗处看,恐怕什么也看不清。相类似的,在防御过程中,有时防家所处的地位好比在暗处往明亮的地方看,而他的同伴则处于明亮之中难辨东南西北,于是前者自然有义务为同伴指明方向。

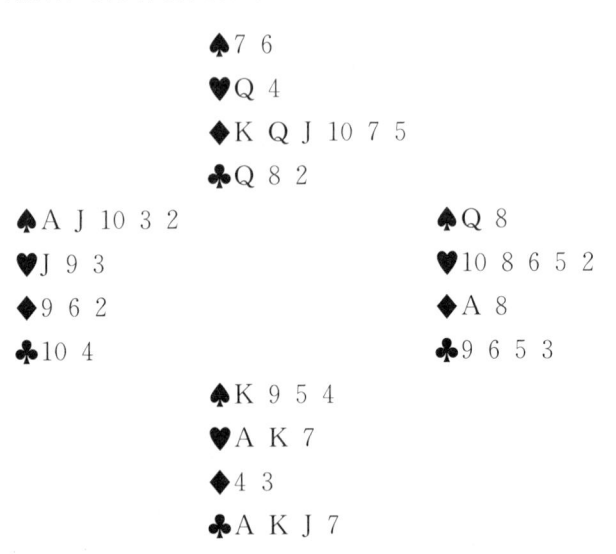

♠ 7 6
♥ Q 4
♦ K Q J 10 7 5
♣ Q 8 2

♠ A J 10 3 2　　　　　　♠ Q 8
♥ J 9 3　　　　　　　　♥ 10 8 6 5 2
♦ 9 6 2　　　　　　　　♦ A 8
♣ 10 4　　　　　　　　 ♣ 9 6 5 3

♠ K 9 5 4
♥ A K 7
♦ 4 3
♣ A K J 7

南北有局,叫牌过程很简洁,南家开叫 1NT 后,北家径直加叫到 3NT 便结束叫牌。

西家对首攻♠J 还是♠3 踌躇了好一阵,最终他还是选择后者,当他见到同伴拿出♠Q 时,他不由地对自己的正确选择庆幸不已。定约人不够明智地用♠K 收下了,随即他打出♦4。如果西家这时仍陶醉于自己的正确首攻中,那么他将前功尽弃了。

通常持♦9 6 2 三张方块,西家应该跟♦2,由东家决定要不要忍让以及忍让几轮。如牌所示,只要东家忍让一轮方块,那么定约人便可摊牌了。虽然西家并不知道定约人在拿到一墩方块之后便有 9 墩牌在手,但他很清楚,只要东家不忍让,拿下♦A 后立即打回黑桃,那么就大功告成了,也就是说西家有义务告诉同伴不要忍让。所以西家这时正确的跟牌应该是♦9 而不是♦2!

当东家看到西家的♦9 时,他会以为同伴不是持双张方块,就是单张◆9,也就是说东家的忍让并无法切断南北之间在方块上的联系,如此忍让也就缺乏意义了。我不敢肯定是否所有的东家在见了◆9之后一定会用◆A拿,但是对西家来说,设法暂时地蒙骗东家以指引同伴朝正确的方向走,他已经尽了最大努力了。

例 3.10.9　为了给同伴指明方向,有时防家不得不发出信号,这一点我们在前面已讨论过。如果你担心同伴看了你提供的地图之后还有迷路的可能,那么你最好设法直截了当地充当他的领路人。

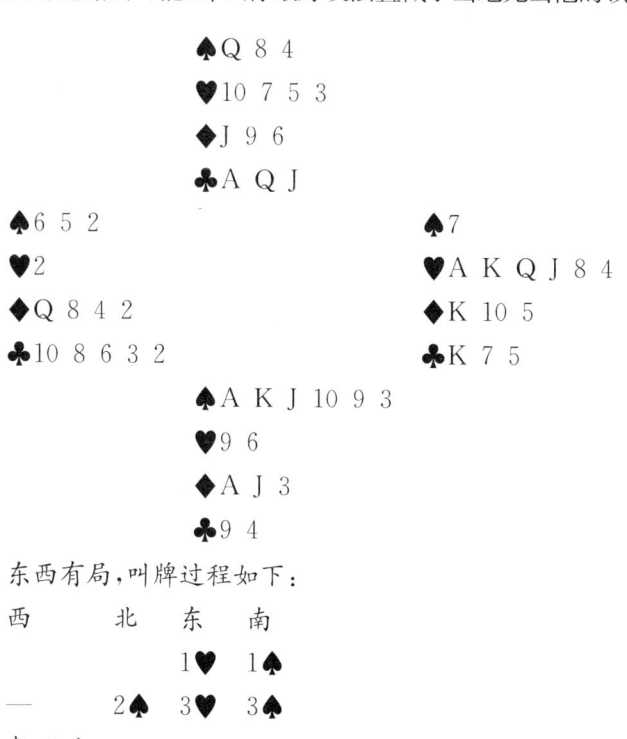

```
                ♠Q 8 4
                ♥10 7 5 3
                ◆J 9 6
                ♣A Q J
♠6 5 2                          ♠7
♥2                              ♥A K Q J 8 4
◆Q 8 4 2                        ◆K 10 5
♣10 8 6 3 2                     ♣K 7 5
                ♠A K J 10 9 3
                ♥9 6
                ◆A J 3
                ♣9 4
```

东西有局,叫牌过程如下:

西	北	东	南
		1♥	1♠
—	2♠	3♥	3♠

都不叫

西家首攻♥2,东家用♥J拿后再出♥A,定约人在两轮红心时分别跟♥6和♥9,西家该出什么好呢? 从叫牌西家可知己方只能拿到2墩红心,而且西家看出,同伴再出第三轮红心从表面上看并不吃亏,但实际上防家放弃了主动还击的机会,或者说等于放弃了先手,因为防家是不可能得到将牌升级机会的,哪怕东家持♠A,他还能打出第四轮红心,仍然无济于事。如果西家不立即劝说同伴停止再出红心,那么东家不出♥K才怪呢。

如果西家不想失去先手,那么你说他应出哪一张牌好呢?跟♣2或是♦8并不能保证东家一定会改出方块,这时西家最好的策略莫过于将吃这一墩,尽管同伴的♥A已经是个赢张。东家可能会对西家的行为惊异五秒钟,在他看见同伴打出♦2,他马上会明白西家这样做是为了不致贻误战机。

例 3.10.10 在 1999 年世界青少年桥牌锦标赛中,哥伦比亚女子桥牌队没能取得很好的名次,不过有一对选手在一手牌中的防御赢得众人的赞赏。

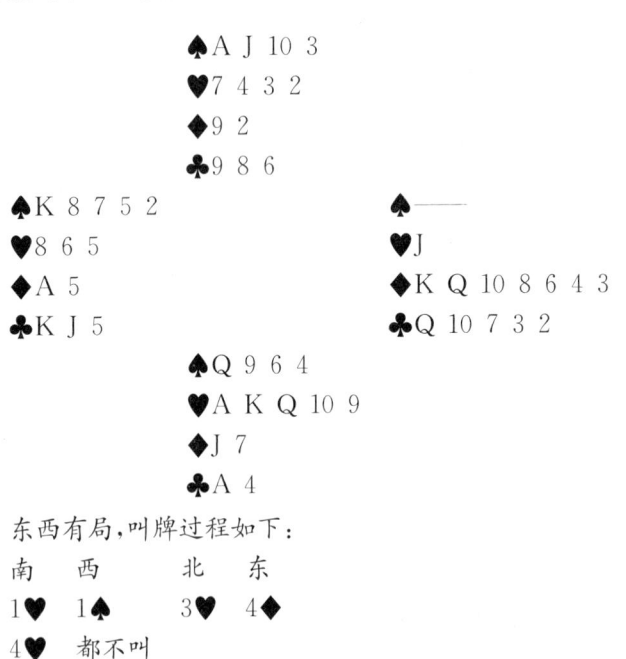

```
              ♠ A J 10 3
              ♥ 7 4 3 2
              ♦ 9 2
              ♣ 9 8 6
♠ K 8 7 5 2                ♠ —
♥ 8 6 5                    ♥ J
♦ A 5                      ♦ K Q 10 8 6 4 3
♣ K J 5                    ♣ Q 10 7 3 2
              ♠ Q 9 6 4
              ♥ A K Q 10 9
              ♦ J 7
              ♣ A 4
```

东西有局,叫牌过程如下:

南	西	北	东
1♥	1♠	3♥	4♦
4♥	都不叫		

看了四家的牌,我们知道东西方可稳当地做成 5♦ 定约。然而东家很难预料到这一点,因为同伴争叫的花色是她最没兴趣的

黑桃。再说处于有局对无局，否则我想她多半会叫 4NT 的。倒是西家可考虑叫 5◆，因为她知道同伴至多只有一张红心。

西家卡斯蒂拉（Juan Carlos Castilla）首拔 ◆A，东家奥齐阿（Juanita Ochoa）跟的不是 ◆K 而是 ◆Q！这张牌表明她没有 ◆K，同时这样一张不寻常的大牌要求同伴考虑不按常规作战了。卡斯蒂拉没有曲解同伴的提示，她准确地改出黑桃，定约就此被击败一墩。

例 3.10.11　2007 年在上海举行的威尼斯杯赛中，金银铜三枚奖牌得主分别是美国女队、德国女队和中国女队。德国女队的一对主力队员在下面的这手牌中出了错，原因在于对同伴过于诚实。

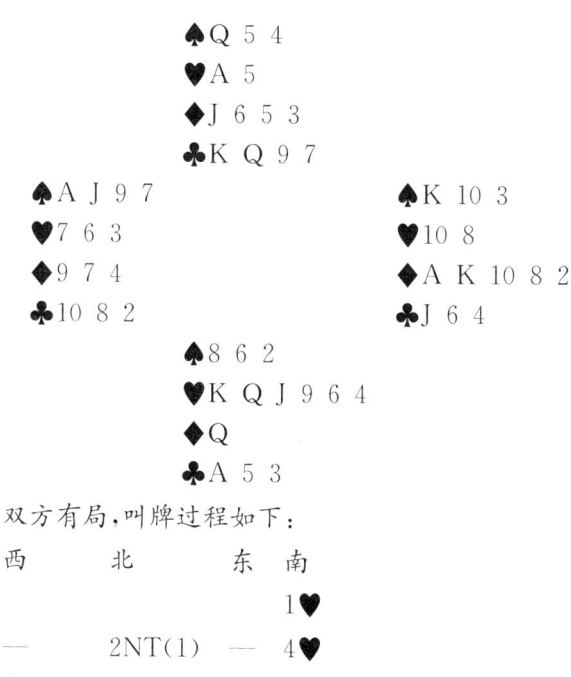

```
              ♠ Q 5 4
              ♥ A 5
              ♦ J 6 5 3
              ♣ K Q 9 7
♠ A J 9 7                   ♠ K 10 3
♥ 7 6 3                     ♥ 10 8
♦ 9 7 4                     ♦ A K 10 8 2
♣ 10 8 2                    ♣ J 6 4
              ♠ 8 6 2
              ♥ K Q J 9 6 4
              ♦ Q
              ♣ A 5 3
```

双方有局，叫牌过程如下：

西	北	东	南
			1♥
—	2NT(1)	—	4♥

都不叫

（1）这不是现在流行的杰可比 2NT，它表示对红心有支持，邀请成局。

东西方是两位久享盛名的德国女将,在此之前,她俩作为德国女队的成员已在威尼斯杯赛中荣获过二金一银。西家冯-亚宁首攻♦7,这在她们是出牌约定中是 MUD 式出法,即先出当中的那一张,再出大的,最后出小的。东家奥肯夫人用♦K 拿,定约人的♦Q 应声而落。东家改出♠3,西家用♠A 拿。接下来西家应该打回方块,还是黑桃呢? 冯-亚宁考虑许久,到头来她选择方块。由于草花 3-3 分布,因此定约人在肃清将牌之后马上就拿到 10 墩牌。

作为旁观者,我们很清楚地看到,即使定约人持双张方块而使诈,西家再出方块也只能再拿一墩方块。要击败定约,唯一的希望只能在黑桃。同时我们也不会因当局者迷而过多责备西家,再说东家应对这手牌的失利负主要责任。既然她也知道充其量只能再拿一墩方块,也希望同伴打回黑桃,那么她就应该在首轮方块时用♦A 拿! 这张牌确实会欺骗同伴,但西家在用♠A 拿到一墩之后将不会对方块心存侥幸,她会心无旁骛地打回黑桃。

附：

格罗斯芬诺妙招

"coup"源自法语，在桥牌中可作妙招解释。桥牌中有不少妙招，然而对格罗斯芬诺妙招（Grosvenor Coup）恐怕知之不多，至于它妙在哪里可能更是鲜为人知了。让我从格罗斯芬诺（Philip Grosvenor）本人说起吧，他打的这手牌刊登在1961年美国的一期《桥牌世界》上。

在洛杉矶举行的一场桥牌双人赛中，我们的主人公格罗斯芬诺在下面的这手牌中位于东家，当地的两位桥牌专家分坐南北家。

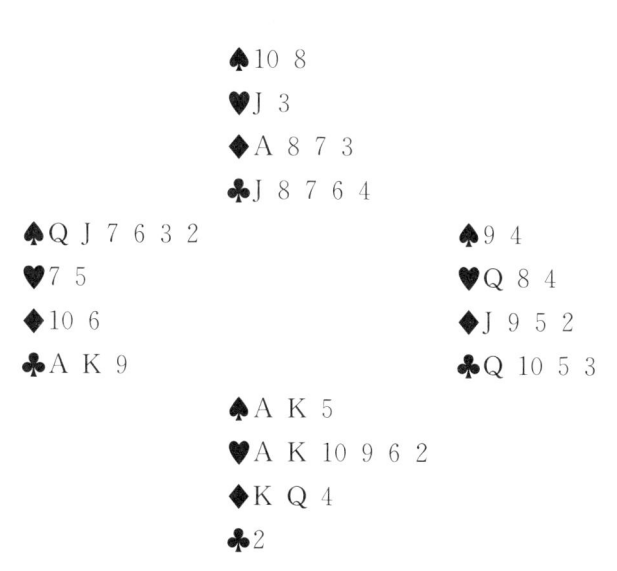

```
            ♠ 10 8
            ♥ J 3
            ♦ A 8 7 3
            ♣ J 8 7 6 4
♠ Q J 7 6 3 2           ♠ 9 4
♥ 7 5                   ♥ Q 8 4
♦ 10 6                  ♦ J 9 5 2
♣ A K 9                 ♣ Q 10 5 3
            ♠ A K 5
            ♥ A K 10 9 6 2
            ♦ K Q 4
            ♣ 2
```

叫牌过程不详，不过可以想象持好牌的南家一个劲儿地鼓动同伴，最终由南家打6♥。西家连打草花大牌，定约人于第二轮草花时将吃。随着定约人兑现♠A K后再出♠5,他用明手的♥J将吃。假如格罗斯芬诺很正常地用♥Q盖吃,那么我的下文也就无法说下去了,事实上他垫了张小方块。如你所见,格罗斯芬诺显然犯了极大的错误,本来他盖吃即可把这个定约盖棺论定了,现在倒好,定约人面前重露一线生机,他只消飞一次红心便可将这个满贯捧回家去了。然而,你说定约人该飞红心吗? 东家没盖吃明手的♥J,这不正说明他没有♥Q吗? 要是现在定约人仍然执意飞红心,不是连最基本的推理能力也不具备吗? 定约人连打♥A K,见♥Q仍然逍遥法外,便很扫兴地对西家说:"给你一墩将牌吧。"令举座皆惊的是格罗斯芬诺这时开了口:"♥Q在我这儿呢。"假如格罗斯芬诺盖吃击败这个定约,那么那位定约人至多会觉得运气还不够好。现在则不然,他觉得被耍弄了,从而一直不能很好地镇定自己的情绪,以致在紧接着的一手牌中,他在跟牌时还违规跟错了花色,最终他和同伴在那场比赛中的得分率只有41%。

由于防家无意中的失误,致使本该失败的定约重现一线生机,然而定约人又根据防家出牌的正常推理又折向了一条失败不归路,后人便把防家这种失误造成的误导叫做格罗斯芬诺妙招。显然,这里的"妙招"饱含揶揄之意。

所谓的格罗斯芬诺妙招其实是防家的失误,它对定约人的误导也完全是在防家无意犯错之中进行的。桥牌诱骗战术则不同,它是一位选手故意设计的一个骗局或是一个圈套,致使对手在推理之后出错的。

在1997年的全美桥牌锦标赛中,当时的《纽约时报》桥牌专栏作家A·楚斯考特(Alan Truscott,1925-2005)成了格罗斯芬诺妙招的受害者。

```
                    ♠Q 7 6
                    ♥Q 8 4
                    ♦7 5
                    ♣A Q J 3 2
♠A K 5 2                        ♠10 9 8 4 3
♥10                             ♥K 7 2
♦A K Q 9 8                      ♦10 6
♣9 8 7                          ♣10 5 4
                    ♠J
                    ♥A J 9 6 5 3
                    ♦J 4 3 2
                    ♣K 6
```

双方有局，叫牌过程如下：

西	北	东	南
1♦	加倍	—	4♥

都不叫

面对南家 A·楚斯考特的 4♥ 定约，西家首拨 ♦K 当时那两位防家对大牌连张的首攻这样约定：首攻 A 时，同伴表态——欢迎或否；首攻 K 时，同伴给出张数信号。现在东家很忠实地按约定行事，他用 ♦10 告诉西家他持偶数张方块。西家改而兑现 ♠K，东家仍然正确无误地跟出 ♠3，定约人的 ♠J 则应声而落。在第三轮出牌时，西家继而兑现 ♦A，东家很清晰地完成了大小信号。东家持的究竟是双张方块，还是四张呢？就这手牌而言，要区别这一点毫不困难。假如东家持四张方块，那么他在第二轮的方块时应出他最小的那一张方块。不论定约人在两轮方块时跟哪两张，所有人都可清楚无误地看出 ♦6 绝不会是东家四张方块中最小的那张，所以说东家只可能持双张方块而不可能是四张。现在西家只消再出一轮方块，那么这个定约在短短的四个回合中便夭折。我无法知道西家当时是如何制定他的防御方针的，我仅知道他并没有再出方块,相反,他出人意料之外地拔出♠A!

A·楚斯考特将吃了这张牌。看了四家的牌,我们知道原来必败的定约现在出现转机,定约人可以通过♣J进入明手,从明手出♥Q,在拱出东家的♥K的同时又可铲下西家的♥10,肃清防家的将牌之后,明手的草花长套或是两个黑色Q便可把定约人手中的两个方块输张垫得一干二净。然而在牌桌上的A·楚斯考特怎能不想这么一个问题:西家明明可出小方块使防家毫不吃亏,他却打出♠A让我树立明手的♠Q,其用意何在?定约人的结论是西家一定持♥K,如果是这样的话,西家出第三轮方块时,明手会用♥Q将吃,而东家则无力盖吃,这就把♥K暴露给了定约人。接下来定约人的行为是不会令我们惊异的,A·楚斯考特毫不犹豫地打出手中的♥A,在未能击落西家的"♥K"之后,他只好认输宕一墩,与此同时他愕然发现成功之机竟然与他擦肩而过。

印度和巴基斯坦是剑拔弩张的老冤家,在桥牌上亦如此,在一次地区性比赛中,双方展开了一场互不相让的争夺,其中有下面这手很有趣的牌:

♠A Q 10 9 4 2
♥Q 10 4
♦Q 9 6
♣2

♠K 7 6　　　　　　　♠J 8 5
♥A 8 6 5 2　　　　　♥J 9 3
♦A K 2　　　　　　　♦10 8 5 4
♣9 8　　　　　　　　♣K 10 4

♠3
♥K 7
♦J 7 3
♣A Q J 7 6 5 3

双方有局，叫牌过程如下：

南	西	北	东
1♣	1♥	1♠	—
2♣	—	3♠	—
3NT	都不叫		

印度队的西家罗伊(Kamal Kumar Roy)首攻自己争叫的长套♥5，定约人马苏德用♥K吃掉东家的♥J。定约人立即用♠Q飞得一墩，兑现明手的♠A后，马苏德送出黑桃给西家。很幸运，黑桃恰好3-3分布。假如你是西家，持罗伊拿的那手牌，你将打回什么呢？

红心是绝对不考虑的，让明手再拿一墩红心后，定约人可拿到5墩黑桃、2墩红心及2墩方块，所以你只能在两门低级花色上作一挑选。罗伊选择♦2！很显然，他指望同伴没准持♦J而定约人则有♦10，他当然没想到这给马苏德一个完成定约的好机会。

看了四家牌，我们知道，这像西家打回红心一样，让明手的♦Q拿下这一墩后，余下的5墩牌将滚滚而来。但事实上哪个定约人不会判断方块两大牌分居两边呢？马苏德不无例外地放上明手的♦9，东家盖上♦10，定约人只好用♦J拿。定约人出红心，罗伊用♥A截下，他连拿2墩方块后改出草花。当然，东家不会傻乎乎地送出他的♣K。

没辙了的马苏德只有草花可出，东家上手后又拿到一墩方块，结果宕2墩。在另一张牌桌上，巴基斯坦的南家成了3♣的定约人，他恰好拿到9墩牌，于是印度队在这手牌上赢得非常珍贵的3个IMP，最终他们以2个IMP的微弱优势击败了宿敌巴基斯坦队。

可能这时你已经看出来了，其实罗伊根本没必要使诈便能击溃这个定约。在♠K上手之后，他应该兑现他的♥A，接着再出草花。定约人上手后他没办法再拿他的♣A，因为明手将被紧逼得要么放弃一个赢张黑桃,要么失去方块可能的上手张或是失去对红心的保护。假如定约人在♣J拿得一墩后并不兑现♣A即打出方块,那么西家可截下并送出红心到明手。这样定约人将只有8墩牌,宕一墩的结果将会使两个对手恰好打平手,那么将增加若干手牌再决高低,而多宕一墩使得马苏德永远失去这个机会,你说他窝囊不窝囊。

看到这里,可能有的读者在感到这些错误可笑的同时还会想,格罗斯芬诺妙招之所以诞生和不断有人采用,那全是因为当事者的水平还不够高,甚至对这些出错者心存藐视。英美人常说:桥牌是个出错的游戏(Bridge is a game of mistakes)。既然如此,没人能保证自己不出错,那么你我有朝一日不知不觉地使出格罗斯芬诺妙招或是成为其受害者也不无可能。请不要先夸下海口:"我是不会……"因为世界顶尖高手偶尔也会犯下这类或那类错误,何况别人呢?你还记得我在前面提及的凯文迪希桥牌邀请赛吗?这是个十分特殊的比赛,一来该赛有巨额奖金,二来参赛者和观众都可自由下注,当然这个比赛历来只邀请为数不多的桥牌高手参加。在1998年的凯文迪希邀请赛中,出现了这么一手趣牌:

♠ 8 5
♥ 8 7 6 3
♦ A 7 6 3
♣ J 5 4

♠ Q 10 9 7　　　　　　♠ A K 2
♥ J 2　　　　　　　　♥ 10 4
♦ K 9 4　　　　　　　♦ Q 10 8 5 2
♣ K 10 9 7　　　　　　♣ Q 6 2

♠ J 6 4 3
♥ A K Q 9 5
♦ J
♣ A 8 3

东西有局,叫牌过程如下:

西	北	东	南
赫尔格莫	穆勒	格伦	德-博尔
			1♥
—	2♥	—	4♥

都不叫

毫无疑问,南家德-博尔(Wubbo de Boer)有点急功近利。按说他应该叫2♠或是3个花色邀请同伴,而北家则会在接到邀请后在3♥上停下来。这种该邀请却代之以自己一味进局的叫法在英国被称为"兰迪式尝试进局"(Landy Game-try),因为前世界冠军英格兰的兰迪女士就十分喜爱这种叫牌方式。

西家赫尔格莫首攻♠10,东家格伦用♠K拿后改出方块,捅下了明手的♦A。在将吃方块回手后,定约人德-博尔送出黑桃,东家拿后转而替定约人调将牌。定约人用♥A拿下,他先让明手将吃一轮黑桃,接着他用♥K回手后让明手将吃第四轮黑桃,然后他将吃方块回手,得如下形势:

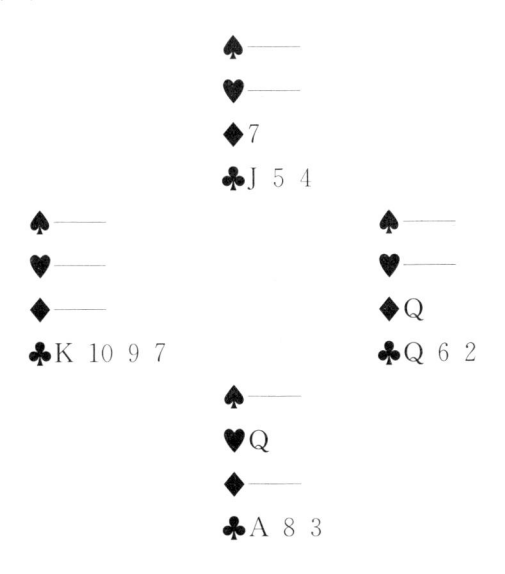

```
              ♠ —
              ♥ —
              ♦ 7
              ♣ J 5 4
♠ —                      ♠ —
♥ —                      ♥ Q
♦ —                      ♦ —
♣ K 10 9 7               ♣ Q 6 2
              ♠ —
              ♥ Q
              ♦ —
              ♣ A 8 3
```

此时此刻德-博尔是不是可以认输投降了呢？他可不这么想，他已成功地剥光了西家除去草花之外的三门花色，假如西家恰好持♣K Q × ×四张草花，那么当德-博尔从手出小草花时，西家将不得不拿，而他拿了之后又将不得不让明手的♣J拿到一墩。

怀着一丝希望，德-博尔打出♣3。你说西家赫尔格莫应该用♣K拿吗？当然不。假如定约人持♣Q，那么西家的♣K迟早能拿到一墩，何需着急；假如东家持♣Q，那么为什么不让东家先拿一墩呢？事实上，赫尔格莫令人意外地用♣K拿下了。好，拿就拿下吧，那么你说他该打回哪一张草花呢？"当然是♣10，这还用问，"你大概会这样回答我吧。信不信由你，令所有人都极感奇怪莫解的是赫尔格莫竟然打回♣7！现在只要定约人让明手跟♣5，他就能捧回这个该宕的定约了，但是你说德-博尔会如此推理吗？当然不会，他情有可原地放上明手的♣J。就这样，说时迟，那时快，这个该失败的 4♥ 定约，在最后几秒钟时间里从宕——做成——宕之间走了个来回。

就个人技艺，赫尔格莫被认为是世界第一高手，连昔日长踞世界桥坛头把交椅近 20 年的哈曼也对他十分推崇。在看完这手牌之前，恐怕没有什么人会想到他竟然也会犯下如此低级错误。金无足赤，人无完人，人非圣贤，孰能无过？说得不中听点，你桥牌打得越多，你犯的错误也就越多，桥牌这门游戏决定了任何人都会犯形形色色的错误。